Die Markennennung

AF821709

Europäische Hochschulschriften
Publications Universitaires Européennes
European University Studies

Reihe II
Rechtswissenschaft

Série II Series II
Droit
Law

Bd./Vol. 4789

PETER LANG
Frankfurt am Main · Berlin · Bern · Bruxelles · New York · Oxford · Wien

Daniel Blankenburg

Die Markennennung

PETER LANG
Internationaler Verlag der Wissenschaften

Bibliografische Information der Deutschen Nationalbibliothek
Die Deutsche Nationalbibliothek verzeichnet diese Publikation in der Deutschen Nationalbibliografie; detaillierte bibliografische Daten sind im Internet über <http://www.d-nb.de> abrufbar.

Zugl.: Köln, Univ., Diss., 2008

Gedruckt auf alterungsbeständigem,
säurefreiem Papier.

D 38
ISSN 0531-7312
ISBN 978-3-631-58858-1

© Peter Lang GmbH
Internationaler Verlag der Wissenschaften
Frankfurt am Main 2009
Alle Rechte vorbehalten.

Das Werk einschließlich aller seiner Teile ist urheberrechtlich geschützt. Jede Verwertung außerhalb der engen Grenzen des Urheberrechtsgesetzes ist ohne Zustimmung des Verlages unzulässig und strafbar. Das gilt insbesondere für Vervielfältigungen, Übersetzungen, Mikroverfilmungen und die Einspeicherung und Verarbeitung in elektronischen Systemen.

Printed in Germany 1 2 3 4 5 7

www.peterlang.de

Vorwort

Die Arbeit wurde im Sommersemester 2008 als Dissertation an der juristischen Fakultät der Universität zu Köln angenommen. Rechtsprechung und Literatur konnten bis Oktober 2008 berücksichtigt werden.

Mein Dank gilt insbesondere meiner Doktormutter Professor Steinbeck, die mich in den schwierigen Phasen meiner Arbeit stets unterstützte und sowohl mit fachlichem als auch persönlichem Rat zur Seite stand.

Für das unermüdliche Korrekturlesen bedanke ich mich bei Christian Joeken und Dr. Christian Baudewin.

Widmen möchte ich diese Arbeit Antje Blankenburg, die mich in jeglicher Hinsicht dabei unterstützt hat und viele Entbehrungen auf sich nehmen musste.

Daniel Blankenburg

Inhaltsverzeichnis

Literaturverzeichnis

Abeltshauser, Thomas	Redaktionelle Presseäußerungen im Lichte des § 1 UWG WRP 1997, 1143 (1153)
Alterhammer, Werner	Warenzeichengesetz 4. Auflage, 1989 Zit.: Alterhammer, § … WZG, Rdn. …
Anschütz, Klaus / *Nägele*, Thomas	Die Rechtsposition des Modellherstellers gegenüber dem Hersteller des Vorbildes in Deutschland WRP 1998, 937 (951)
Baumbach, Adolf / *Hefermehl*, Wolfgang	Warenzeichengesetz 12. Auflage, 1985 Zit.: Baumbach/Hefermehl, § … WZG, Rn. …
Bayreuther, Frank	Rechtsprobleme im Zusammenhang mit dem Schutz von Vertriebsbindungssystemen nach Markenrecht WRP 2000, 349 (362)
Beater, Axel	Unlauterer Wettbewerbs 1. Auflage, 2002 Zit.: Beater, Unlauterer Wettbewerb, § … Rdn. …
Beier, Friedrich-Karl / *Krieger*, Ulrich	Wirtschaftliche Bedeutung, Funktionen und Zweck der Marke – Bericht erstattet im Namen der Landesgruppe der Bundesrepublik Deutschland GRUR Int. 1976, 125 (128)
Bergmann, Alfred	Ein Jahrzehnt deutsche Rechtsprechung zum Markenrecht – Entwicklungen und Perspektiven – Von der „Springenden Raubkatze“ bis zur „FUSSBALL WM 2006“ GRUR 2006, 793 (801)
Berlit, Wolfgang	Vergleichende Werbung 1. Auflage, 2002 Zit.: Berlit, Vergleichende Werbung, Rdn. …

–. Wettbewerbsrecht – Ein Grundriss
6. Auflage, 2005
Zit.: Berlit, Wettbewerbsrecht, Rdn. …

–. Markenrecht
6. Auflage, 2005
Zit.: Berlit, Markenrecht, Rdn. …

–. Markenrechtliche und europarechtliche Grenzen des Markenschutzes
GRUR 1998, 423 (433)

–. Gesetzentwurf der Bundesregierung zur vergleichenden Werbung und zur Änderung wettbewerbsrechtlicher Vorschriften
BB 2000, 1305 (1310)

–. Die Verkehrsbekanntheit von Kennzeichen (§§ 9 II Nr. 3, 14 II Nr. 3, 15 III MarkenG)
GRUR 2002, 572 (578)

Best, Michael — Die Händlerwerbung für vom Hersteller gekennzeichnete Waren unter der Verwendung des Originalzeichens
Diss., Mainz, 1991
Zi.: Best, Händlerwerbung, S. …

Biermann, Claudia — Kennzeichenrechtliche Probleme des Internets: Das Domain-Name-System
WRP 1999, 997 (1005)

Blankenburg, Daniel — Gespaltenes Verständnis des Mitbewerberbegriffs im UWG?
WPR 2008, 186 (192)

–. Neues zur vergleichenden Werbung, zur Verwechslungsgefahr und zur markenmäßigen Benutzung?
WPR 2008, 1294 (1299)

Boes, Ulrich / *Deutsch*, Volker — Die „Bekanntheit" nach dem neuen Markenrecht und ihre Ermittlung durch Meinungsumfragen
GRUR 1996, 168 (173)

Boesche, Katharina Vera — Wettbewerbsrecht
2. Auflage, 2007
Zit.: Boesche, Wettbewerbsrecht, Rdn. …

Bonn, Volkmar — Der Rechtsschutz von Marken mit gesteigerter Verkehrsgeltung

	Diss., Trier, 1997 Zit.: Bonn, Der Rechtsschutz von Marken mit gesteigerter Verkehrsgeltung, S. …
Borck, Hans-Günter	Vermutung über vergleichende Werbung, über Wertreklame und deren weitere Entwicklung WRP 2001, 1124 (1132)
Born, Christian	Zur Zulässigkeit einer humorvollen Markenparodie – Anmerkung zum Urteil des BGH „Lila-Postkarte“ GRUR 2006, 192 (194)
Bornkamm, Joachim	Kennzeichenrecht und Irreführungsverbot – Zur wettbewerbsrechtlichen Beurteilung der irreführenden Kennzeichenbenutzung Festschrift für Alexander von Mühlendahl, 2005, S. 9 ff. (21) Zit.: Bornkamm, in: FS v. Mühlendahl, S. …
–.	Markenrecht und wettbewerbsrechtlicher Kennzeichenschutz – Zur Vorrangthese der Rechtssprechung GRUR 2005, 97 (102)
Bottenschein, Florian	Die Erschöpfung des markenrechtlichen Werbehinweisrechts WRP 2004, 435 (439)
–.	Markenrecht versus notwendige Bestimmungshinweise GRUR 2006, 462 (466)
Buck-Freytag, Christina	Auswirkungen der Richtlinie 97/55/EG über irreführende und vergleichende Werbung auf das nationale Wettbewerbsrecht Diss., Bonn, 2002 Zit.: Buck-Freytag, Auswirkungen der Richtlinie 97/55/EG, S. …
Buhrow, Astrid	Markenmäßiger Gebrauch im Spannungsfeld von horizontaler und vertikaler Benutzung – Eine Analyse der Rechtsprechung des Europäischen Gerichtshofs Diss., Freiburg, 2004 Zit.: Buhrow, Markenmäßiger Gebrauch im Spannungsfeld von horizontaler und vertikaler Benutzung, S. …

Büscher, Wolfgang / *Dittmer*, Stefan / *Schiwy*, Peter — Gewerblicher Rechtsschutz – Urheberrecht – Medienrecht
1. Auflage, 2008
Zit.: Bearb., in: Büscher/Dittmer/Schiwy, § ... Rdn. ...

Büscher, Wolfgang — Bekannte Zeichen – Kennzeichnungskraft und Schutzumfang
Festschrift für Eike Ullmann, 2006, S. 129 ff. (146)
Zit.: Büscher, in: FS Ullmann, S. ...

Busse, Rudolf / *Starck*, Joachim — Warenzeichengesetz
6. Auflage, 1990
Zit.: Busse/Starck, § ... WZG, Rdn. ...

Büttner, Hermann — Über allen Wipfeln ist Ruh ... – Satire und Parodie im Markenrecht
Festschrift für Eike Ullmann, 2006, S. 157 ff. (174)

Danger, Torben — Die rechtsverletzende Benutzungshandlung im Markenrecht – Abschied von der Herkunftsbezogenheit
Diss., Freiburg, 2005
Zit.: Danger, Die rechtsverletzende Benutzungshandlung im Markenrecht, Rdn. ...

Deutsch, Volker — Zur Markenverunglimpfung – Anmerkung zu den BGH-Entscheidungen „Mars und „Nivea“ (GRUR 1994, 808 und GRUR 1995, 57)
GRUR 1995, 319 (321)

–. — Anspruchskonkurrenzen im Marken- und Kennzeichenrecht
WRP 2000, 854 (858)

Dilly, Thorsten — Das Irreführungsverbot des Art. 3a der Richtlinie über irreführende und vergleichende Werbung
Diss., Heidelberg, 2001
Zit.: Dilly, Das Irreführungsverbot des Art. 3a der Richtlinie über irreführende und vergleichende Werbung, S. ...

Dilly, Thorsten / *Ulmar*, Susanne — Vergleichende Werbung ohne Vergleich – Zugleiche eine Anmerkung zu den BGH-Entscheidungen „Genealogie der Düfte“,

	„Aluminiumräder" und „Bestellnummerübernahme" WRP 2005, 467 (473)
Dittmer, Stefan	Rufausbeutung (nicht nur) durch Bestellnummernübernahme – Zugleiche eine weitere Besprechung der Entscheidung Bestellübernahme (BGH, Beschluss vom 2.12.2004 – I ZR 273/01, WRP 2005, 336) WRP 2005, 955 (961)
Dorndorf, Maximilian Dominik Fritz	Schutz vor Herkunftstäuschung und Rufausbeutung – Zugleich zum Anwendungsbereich des ergänzenden wettbewerbsrechtlichen Leistungsschutzes in Anbetracht des markenrechtlichen Schutzes Diss., Köln, 2004 Zit.: Dorndorf, Schutz vor Herkunftstäuschung und Rufausbeutung, S. …
Dreyer, Gunda	Konvergenz und Divergenz – Der deutsche und der europäische Mitbewerberbegriff im Wettbewerbsrecht GRUR 2008, 123 (130)
Eck, Matthias / *Ikas*, Klaus	Neue Grenzen vergleichender Werbung – Zur Auslegung und Anwendung der Richtlinie 97/55/EG vom 06. Oktober 1997 WRP 1999, 251 (273)
–.	Anmerkung zum Urteil des Bundesgerichtshofs vom 15. Oktober 1998 – I ZR 69/96 (WRP 1999, 414) WRP 1999, 772 (775)
Egerer, Ralf	Die markenrechtliche Zulässigkeit beschreibender Angaben im geschäftlichen Verkehr Diss., Frankfurt am Main, 2001 Zit.: Egerer, Die markenrechtliche Zulässigkeit beschreibender Angaben, S. …
Eichhammer, Stefan	Die markenmäßige Benutzung Diss., Bayreuth, 2008 Zit.: Eichhammer, Die markenmäßige Benutzung, S. …
Eichmann, Helmut	Der Schutz von bekannten Kennzeichen GRUR 1998, 201 (214)

Eisenführ, Günther
Muss das Publikum lernen, ein Zeichen als Marke zu erkennen?
Festschrift für Eike Ullmann, 2006, S. 175 ff. (186)
Zit.: Eisenführ, in: FS Ullmann, S. …

Emmerich, Volker
Unlauterer Wettbewerb
7. Auflage, 2004
Zit.: Emmerich, Unlauterer Wettbewerb, S. …

–.
Der böse Außenseiter
Festschrift für Willi Erdmann, 2002, S. 561 (570)
Zit.: Emmerich, in: FS Erdmann, S. …

Engeländer, Thomas
Der ergänzende Schutz von Marken durch das Wettbewerbsrecht
Diss., Düsseldorf, 2004
Zit.: Engeländer, Der ergänzende Schutz von Marken durch das Wettbewerbsrecht, S. …

Ernst, Stefan
Anmerkung zu LG Hamburg CR 2000, 121
CR 2000, 122 (123)

–.
AdWord-Werbung in Internet-Suchmaschinen als kennzeichen- und wettbewerbsrechtliches Problem
MarkenR 2006, 57 (59)

Fammler, Michael
Bekanntheitsschutz bei Produktähnlichkeit – Lässt „Davidoff“ noch Fragen offen?
MarkenR 2004, 89 (98)

Fassbender, Kurt
Zum Erfordernis einer richtlinienkonformen Auslegung des Begriffs der vergleichenden Werbung
EuZW 2005, 42 (45)

Fezer, Karl-Heinz
Kommentar zum Markengesetz, zur Pariser Verbandsübereinkunft und zum Madrider Markenabkommen
3. Auflage, 2001
Zit.: Fezer, MarkenR, § … Rdn. …

–.
Lauterkeitsrecht – Kommentar zum Gesetz gegen den unlauteren Wettbewerb (UWG)
1. Auflage, 2005
Zit.: Bearb., in: Fezer, UWG, Rdn. …

–. Die Ausstrahlungswirkung berühmter und bekannter Marken im Wettbewerbsrecht
Festschrift für Rudolf Nirk, 1992, S. 247 ff. (262)
Zit.: Fezer, in: FS Nirk, S. …

–. Zum Anwendungsbereich der Kollisionstatbestände des Identitätsschutzes, des Verwechslungsschutzes und des Bekanntheitsschutzes einer Marke
Festschrift für Willi Erdmann, 2002, S. 281 ff. (290)
Zit.: Fezer, in: FS Erdmann, S. …

–. Anmerkung zu BGH GRUR 1977, 614 – Gebäudefassade
GRUR 1977, 616 (619)

–. Leistungsschutz im Wettbewerbsrecht
WRP 1993, 63 (73)

–. Rechtsverletzende Benutzung einer Marke als Handeln im geschäftlichen Verkehr – Abschied von der markenmäßigen Benutzung im MarkenG
GRUR 1996, 566 (571)

–. Grundprinzipien und Entwicklungslinien im europäischen und internationalen Markenrecht – Richtlinienkonforme Auslegung – Internationale Marktaufteilung – Funktionenlehre – Markenrechtlicher Designschutz
WRP 1998, 1 (14)

–. Markenfunktionale Wechselwirkung zwischen Markenbekanntheit und Produktähnlichkeit – Gemeinschaftsrechtliche Verwechslungsgefahr als Produktkontrolle und Produktverantwortung des Markeninhabers – Zur „Canon"-Entscheidung des EuGH
WRP 1998, 1123 (1127)

–. Wettbewerbsrechtlicher und markenrechtlicher Bestandsschutz funktionsfähiger Distributionssysteme selektiven Vertriebs vor Außenseiterwettbewerb – Die Bedeutung der Rechtsprechung des EuGH für die Vertriebsbindungs-

systeme in den Mitgliedstaaten der EU
GRUR 1999, 99 (107)

–. Was macht ein Zeichen zur Marke?
WRP 2000, 1 (8)

–. Kumulative Normenkonkurrenz im Kennzeichenrecht – Ein Beitrag zur autonomen Anwendung des MarkenG, des UWG und des BGB nach § 2 MarkenG
WRP 2000, 863 (872)

–. Entwicklungslinien und Prinzipien des Markenrechts in Europa – Auf dem Weg zur Marke als einem immaterialgüterrechtlichen Kommunikationszeichen
GRUR 2003, 457 (469)

–. Plädoyer für eine offensive Umsetzung der Richtlinie über unlautere Geschäftspraktiken in das deutsche UWG – Originärer Verbraucherschutz durch Lauterkeitsrecht als Paradigma der europäischen Rechtsharmonisierung
WRP 2006, 781 (790)

–. Imitationsmarketing – Die irreführende Produktvermarktung im Sinne der europäischen Lauterkeitsrichtlinie (Art. 6 Abs. 2 lit. a RL)
MarkenR 2006, 511 (515)

–. Normenkonkurrenz zwischen Kennzeichenrecht und Lauterkeitsrecht – Ein Beitrag zur kumulativen und subsidiären Normenkonkurrenz im Immaterialgüterrecht – Kritik der Vorrangthese des BGH zum MarkenG
WRP 2008, 1 (9)

Freund, Christine
Vergleichende Werbung nach der Richtlinie 97/55/EG und der UWG-Novelle
Diss., Mannheim, 2000
Zit.: Freund, Vergleichende Werbung, S. …

Fröndhoff, Barbara
Die Inhaltsbeschränkungen irreführender und vergleichender Werbung – England und Deutschland im Vergleich
Diss., Münster, 2001
Zit.: Fröndhoff, Irreführende und vergleichende Werbung, S. …

Füller, Jens Thomas	Der Identitätsschutz im Markenrecht – eine systematische Neuorientierung MarkenR 2007, 365 (372)
Gamm, Otto-Friedrich Freiherr von	Warenzeichengesetz 1. Auflage, 1965 Zit.: Gamm, § ... WZG, Rdn. ...
–.	Das Erfordernis der kennzeichenmäßigen Benutzung GRUR 1974, 539 (542)
–.	Vorschlag der EG-Kommission für eine Richtlinie des Rates über vergleichende Werbung und zur Änderung der Richtlinie 84/450/EWG über irreführende Werbung, ABlEG Nr. L 250 v. 19.9.1984, S. 17 WRP 1992, 143 (147)
–.	Zur Warenzeichenrechtsreform WRP 1993, 793 (798)
–.	Schwerpunkt des neuen Markenrechts – Referat anläßlich der GRUR-Jahrestagung am 03.06.1994 GRUR 1994, 775 (781)
Geiseler-Bonse, Sebastian	Internet-Suchmaschinen als rechtliches Problemfeld – Die rechtliche Beurteilung von Meta-tags, Keyword Advertisement und Paid Listings Diss., Münster, 2003 Zit.: Geiseler-Bonse, Internet-Suchmaschinen als rechtliches Problemfeld, S. ...
Gloy, Wolfgang / *Bruhn*, Dirk	Die Zulässigkeit von Preisvergleichen nach der Richtlinie 97/55/EG – Kehrtwende oder Kontinuität? GRUR 1998, 226 (239)
Götting, Horst-Peter	Wettbewerbsrecht – Das neue UWG 1. Auflage, 2005 Zit.: Götting, Wettbewerbsrecht, § ... Rdn. ...
–.	Anmerkung zu BGH JZ 1995, 202 – Markenverunglimpfung I JZ 1995, 206 (209)

Grabrucker, Marianne — Braucht die Dienstleistungsgesellschaft die Einzelhandelsmarke?
GRUR 2001, 623 (630)

–. — Giacomelli Sport und die Folgen – Retail-Services als neue Dimension der Dienstleistungsmarken und ihre Bedeutung für Hersteller und Handelsmarken
MarkenR 2002, 361 (367)

Großner, Ivo — Der Rechtsschutz bekannter Marken – Markengesetzliche Betrachtung
Diss., Konstanz, 1998
Zit.: Großner, Der Rechtsschutz bekannter Marken, S. …

Grünberger, Johannes — Rechtliche Probleme der Markenparodie unter Einbeziehung amerikanischen Fallmaterials
GRUR 1994, 246 (260)

Grützmacher, Malte / *Schmidt-Bogatzky*, Florian — Kompatibilitätshinweise bei Computersoftware und ihre kennzeichenrechtlichen Grenzen – Eine Untersuchung unter besonderer Berücksichtigung der Rechtsprechung zum markenmäßigen Gebrauch
CR 2005, 545 (554)

Grunewald, Barbara — Der Schutz bekannter Marken vor dem Vertrieb branchenfremder Waren unter Benutzung übereinstimmender Zeichen
NJW 1987, 105 (112)

Hackbarth, Ralf / *Kurtz*, Constantin P. — Gebieten ein Zwang zur Originaltreue und das Kindeswohl eine Sonderrechtsprechung zugunsten von Spielzeugautoherstellern? – Zugleich eine kritische Anmerkung zum Urteil des LG Nürnberg-Fürth WRP 2007, 840
WRP 2007, 1152 (1160)

Hacker, Franz — Die Benutzung einer Marke „als Marke“ als rechtliche Voraussetzung für den Erwerb, die Aufrechterhaltung und die Verletzung von Rechten
GRUR Int. 2002, 502 (511)

Harte-Bavendamm, Henning / *Henning-Bodewig*, Frauke — Gesetz gegen den unlauteren Wettbewerb (UWG) – Kommentar
1. Auflage, 2004

Zit.: Bearb., in: Harte-Bavendamm/Henning-Bodewig, UWG, § … Rdn. …

Hartl, Robert — Fremde Kennzeichen im Quelltext von Webseiten – Marken- und wettbewerbsrechtliche Zulässigkeit
MMR 2007, 12 (15)

Hartlage, Bernd — Vergleichende Werbung in England und Deutschland
Diss., München, 1997
Zit.: Hartlage, Vergleichende Werbung, S. …

Hasselblatt, Gordian — Gewerblicher Rechtsschutz – Münchener Anwaltshandbuch
2. Auflage, 2005
Zit.: Bearb., in: Hasselblatt, Gewerblicher Rechtsschutz, § … Rdn. …

Hasselblatt, Fabian Urs Dieter — Die vergleichende Werbung in der Europäischen Gemeinschaft für die Zeit nach Maastricht und Amsterdam
Diss., Köln, 2000
Zit.: Hasselblatt, Vergleichende Werbung, S. …

Hauck, Felix / *Fischoeder*, Sebastian — Gattungsmäßige Benutzung von Kennzeichen in den Medien – Rechte des Kennzeicheninhabers

Hefermehl, Wolfgang — Anmerkung zu BGH GRUR 1959, 130 – Vorrasur/Nachrasur
GRUR 1959, 133 (134)

Hefermehl, Wolfgang / *Köhler*, Hartmut / *Bornkamm*, Joachim — Wettbewerbsrecht
26. Auflage, 2008
Zit.: *Bearb*., in: Hefermehl/Köhler/Bornkamm, UWG, § … Rdn. …

Heim, Andreas — Zur Markenbenutzung durch Meta-Tags – Bisherige Trends und ein neuer differenzierender Ansatz zur Beurteilung markenrechtlicher Zulässigkeit von Meta-Tags
CR 2005, 200 (205)

Heister, Andrea — Harmonisierung des Rechts der vergleichenden Werbung durch die Richtlinie 997/55/EG? – Eine vergleichende Untersuchung des englischen, deutschen und französischen Rechts

Diss., Bayreuth, 2003
Zit.: Heister, Vergleichende Werbung, S. ...

Henning-Bodewig, Frauke — Vergleichende Werbung – Liberalisierung des deutschen Rechts? – Zugleiche eine Besprechung der Urteile des BGH vom 5. Februar, 23. April und 15. Oktober 1998
GRUR Int. 1999, 385 (394)

–. — Relevanz der Irreführung, UWG-Nachahmungsschutz und die Abgrenzung Lauterkeitsrecht/ IP-Rechte
GRUR Int. 2007, 986 (990)

Henning-Bodewig, Frauke / *Kur*, Annette — Marke und Verbraucher – Funktionen der Marke in der Marktwirtschaft
Band I – Grundlagen
1988
Zit.: Henning-Bodewig/Kur – Marke und Verbraucher, Bd. I, S. ...

Helm, Marianne — Zur ergänzenden Anwendung wettbewerbsrechtlicher Bestimmungen auf markenrechtliche Tatbestände
GRUR 2001, 291 (295)

Heydn, Truiken J. — Grenzenlose Marktransparenz im Internet? – Zur rechtlichen Problematik von automatisierten Preisvergleichen im Internet
GRUR 2000, 657 (663)

–. — Anmerkung zu BGH GRUR 1966, 676 – Shortening
GRUR 1966, 679 (681)

–. — Anmerkung zu BGH GRUR 1968, 365– Praliné
GRUR 1968, 366 (367)

–. — Parallelimporte und Warenzeichenrecht
GRUR 1969, 450 (467).

–. — Zur Begriff des „warenzeichenmäßigen Gebrauchs" im Sinne des § 16 WZG
MittdPatAnw 1969, 319 (328)

–. — Anmerkung zu BGH GRUR 1971, 251 – Oldtimer
GRUR 1971, 253 (255)

–. Wider der herrschende Lehre vom Erfordernis der warenzeichenmäßigen Benutzung
GRUR 1976, 7 (15)

–. Zur Funktion der Marke
GRUR Int. 1976, 339 (345)

Hildebrandt, Ulrich — Marken und andere Kennzeichen – Einführung in die Praxis
1. Auflage, 2006
Hildebrandt, Marken und andere Kennzeichen, § … Rdn. …

HK-Wettbewerbsrecht — Heidelberger Kommentar zum Wettbewerbsrecht
Herausgeber Friedrich Ekey, Diethelm Klippel, Jost Kotthoff, Astrid Meckel, Gunda Plass
2. Auflage, 2005
Zit.: Bearb., in: HK-WettbewerbsR, § … Rdn. …

HK-Markenrecht — Heidelberger Kommentar zum Markenrecht
Herausgeber Friedrich Ekey, Diethelm Klippel
1. Auflage 2003
Zit.: Bearb., in: HK-MarkenR, § … Rdn. …

Holtkotte, Carolin — Marken- und wettbewerbsrechtliche Probleme bei Suchmaschinen
Diss., Berlin, 2003
Zit.: Holtkotte, Marken- und wettbewerbsrechtliche Probleme bei Suchmaschinen, S. …

Horak, Michael — Di Platzierung von nicht sichtbaren Keywords zwecks Bewerbung von Leistungen als Markenverletzung am Beispiel der Keywords in Google AdWords
MarkenR 2007, 240 (245)

Hotz, Andreas — Die rechtsverletzende Markenbenutzung in der neueren Rechtsprechung von EuGH und BGH
GRUR 2003, 993 (1002)

Hubmann, Heinrich — Anmerkung zu BGH JZ 1986, 1108 – BMW
JZ 1986, 1110 (1111)

Hüsch, Moritz — Keyword Advertising und Keyword Buying
Diss., Hamburg, 2006
Zit.: Hüsch, Keyword Advertising und Keyword Buying, S. …

–.	Der Gebrauch geschützter Kennzeichen als Advertising Keywords (AdWords) – ein Fall für das Marken- oder Wettbewerbsrecht? – Zugleich eine Besprechung von OLG Köln Beschl. v. 8.6.2004, Az 6 W 59/04, K&R 2006, 240 K&R 2006, 223 (225)
–.	Anmerkung zu LG Braunschweig CR 2007, 189 CR 2007, 190 (191)
–.	Anmerkung zu OLG Düsseldorf MMR 2007, 247 – Beta Layout MMR 2007, 249 (249)
Illing, Helena	Die gesetzliche Neuregelung vergleichender Werbung unter Berücksichtigung ihrer Entstehung und ihrer Auswirkung auf die Werbewirtschaft Diss., Würzburg, 2001 Zit.: Illing, Vergleichende Werbung, S. …
Ingerl, Reinhard / *Rohnke*, Christian	Kommentar zum Markengesetz 1. Auflage, 1998 2. Auflage, 2003 Zit.: Ingerl/Rohnke, MarkenG, § … Rdn. …
–.	Die Umsetzung der Markenrechts-Richtlinie durch das deutsche Markengesetz NJW 1994, 1247 (1255)
Ingerl, Reinhard	Der Schutz eingetragener Marken vor der Wiedergabe als Gattungsbezeichnung in Nachschlagewerken WRP 1997, 817 (820)
–.	Die markenrechtliche Rechtsprechung des Europäischen Gerichtshofs – Weichenstellung für die Entwicklung des europäischen Markenrechts GRUR Int. 2001, 581 (590)
–.	Rechtsverletzende und rechtserhaltende Benutzung im Markenrecht WRP 2002, 861 (870)

–. Der wettbewerbsrechtliche Kennzeichenschutz und sein Verhältnis zum MarkenG in der neueren Rechtsprechung des BGH und in der UWG-Reform
WRP 2004, 809 (816)

Isay, Hermann Die Selbständigkeit des Rechts an der Marke
GRUR 1929, 23 (42)

Jarass, Hans D. / *Pieroth*, Bodo Grundgesetz für die Bundesrepublik Deutschland – Kommentar
9. Auflage, 2007
Zit.: Bearb., in: Jarass/Pieroth, GG, Art. … Rdn. …

Joller, Gallus Zur Verletzung von Markenrechten durch Domainnames – eine Standortbestimmung
MarkenR 2000, 341 (350)

Karl, Roland Die Rechte des Markeninhabers gegenüber dem Modellhersteller
WRP 2006, 848 (856)

Kaufmann, Noogie C. Metatagging – Markenrecht oder reformiertes UWG
MMR 2005, 348 (352)

Kazemi, Robert Die Verwendung von Marken und geschäftlichen Bezeichnungen in Meta-Tags
MarkenR 2006, 192 (199)

Kebbedies, Astrid Vergleichende Werbung – Die europäischen Harmonisierungsbemühungen im deutschen und englischen Lauterkeitsrecht
Diss., Osnabrück, 2004
Zit.: Kebbedies, Vergleichende Werbung, S. …

Keller, Erhard Der Schutz eingetragener Marken gegen Rufausbeutung – nach deutschem und europäischen Recht
Diss., Heidelberg, 1992
Zit.: Keller, Der Schutz eingetragener Marken gegen Rufausbeutung, S. …

–. Die zeichenmäßige Benutzung im Markenrecht – Umfang und Grenzen der markenrechtlichen Abwehrbefugnis
GRUR 1996, 607 (613)

Kießling, Erik — Die Werbung mit Emotionen – zugleich Anm. zu BVerfG, Beschluss vom 6. 2. 2002 (1 BvR 952/90 und 1 BvR 2151/96), und zu BGH, Urteil vom 6. 12. 2001 (I ZR 284/00)
WRP 2002, 615 (627)

Kiethe, Kurt / *Krauß*, Oliver — Die Verwechslungsgefahr nach dem Markengesetz- Verstärkter Rechtsschutz durch legislative Begriffserweiterung
WPR 1996, 495 (502)

Kleiner, Christoph — Anmerkung zu BGH WRP 1986, 669 – BMW
WRP 1987, 99 (101)

Knaak, Roland — Markenmäßiger Gebrauch als Grenzlinie des harmonisierten Markenschutzes
GRUR Int. 2008, 91 (95)

Koch, Susanne — Schutz vor kommerzieller Markenverunglimpfung durch das Markengesetz
Diss., Marburg, 2000
Zit.: Koch, Markenverunglimpfung, S. …

Köhler, Helmut — Was ist „vergleichende Werbung“?
GRUR 2005, 273 (280)

–. — Zur Umsetzung der Richtlinie über unlautere Geschäftspraktiken
GRUR 2005, 793 (802)

–. — Das Verhältnis des Wettbewerbsrechts zum Recht des geistigen Eigentums – Zur Notwendigkeit einer Neubestimmung auf Grund der Richtlinie über unlautere Geschäftspraktiken
GRUR 2007, 548 (554)

–. — Die Rechtsprechung der Europäischen Gerichtshofs zur vergleichenden Werbung: Analyse und Kritik
WRP 2008, 414 (420)

Köhler, Helmut / *Piper*, Henning — Gesetz gegen den unlauteren Wettbewerb
3. Auflage, 2002 (seit der 4. Auflage Piper/Ohly)
Zit.: Bearb., in: Köhler/Piper, 3. Aufl., UWG, § … Rdn. …

Koos, Stefan — Vergleichende Werbung und die Fesseln der Harmonisierung – Erweiterungen des Zulässigkeitsbereichs vergleichender Werbung im Lich-

te der Richtlinie 97/55/EG
WRP 2005, 1096 (1102)

Körber, Thomas / *Lee*, U-Ju Tomy — Rechtliche Bewertung der Markenbenutzung in Computerspielen nach dem Opel-Blitz-Urteil des EuGH
WRP 2007, 609 (615)

Körner, Eberhard — Der Schutzumfang des Markenrechts als absolutem Recht mit Zuordnungsfunktion
Festschrift für Willi Erdmann, 2002, S. 343 ff. (355)
Zit.: Körner, in: FS Erdmann, S. …

Kotthoff, Jost — Neue Maßstäbe für vergleichende Werbung
BB 1998, 2217 (2221)

–. — Fremde Kennzeichen in Metatags: Marken- und Wettbewerbsrecht
K&R 1999, 157 (163)

Kraft, Alfons — Notwendigkeit und Chancen eines verstärkten Schutzes bekannter Marken in neuen WZG
GRUR 1991, 339 (344)

Krieger, Ulrich — Anmerkung zu BGH GRUR 1969, 274 – Mokka-Express
GRUR 1969, 276 (277)

–. — Das Ersatzteil- und Zubehörgeschäft nach dem Marken- und Wettbewerbsrecht
WRP 2000, 927 (930)

Krings, E. Ph. — Haben §§ 14 Abs. 2 Nr. 3 und § 15 Abs. 3 MarkenG den Schutz der berühmten Marke sowie des berühmten Unternehmenskennzeichens aus §§ 12, 823 Abs. 1, 1004 BGB ersetzt?
GRUR 1996, 624 (626)

Krogmann, Carrie P. — Die Rechtsposition des Verletzers im Markenrecht – Verteidigung und Abwehrmöglichkeiten gegenüber der Durchsetzung von Ansprüchen aus eingetragenen Marken im Licht der neueren Markenrechtsentwicklung
Diss., Frankfurt a.M., 2003
Zit.: Krogmann, Die Rechtsposition des Verletzers im Markenrecht, S.

Krüger, Christof — Zum gedanklichen Inverbindungbringen im Sinn der §§ 9 I 2, 14 II 2 Markengesetz
GRUR 1995, 527 (530)

Krüger-Nieland, Gerda — Neue Beurteilungsmaßstäbe für die Verwechslungsgefahr im Warenzeichenrecht
GRUR 1980, 425 (429)

Kur, Annette — Die Harmonisierung der europäischen Markengesetze – Resultate – offene Fragen – Harmonisierungslücken
GRUR 1997, 241 (254)

–. — Anmerkung zu EuGH JZ 1999, 835 – BMW
JZ 1999, 838 (840)

–. — Metatags – pauschale Verurteilung oder differenzierende Betrachtung? – Zugleich eine Stellungnahme zur „kennzeichenmäßigen Benutzung" im Lichte der EuGH-Rechtsprechung
CR 2000, 448 (454)

–. — Die Schnittstelle zwischen Marken- und Wettbewerbsrecht bei nationalen und bei Gemeinschaftsmarken
MarkenR 2001, 137 (146)

–. — Confusion Over Use? – Die Benutzung „als Marke" im Lichte der EuGH-Rechtsprechung
GRUR Int. 2008, 1 (12)

Laas, Bernhard — Entfernung von Herstellungsnummern – Ein Vergleich der Rechtsprechung in Deutschland und den USA am Beispiel der Entfernung von Produktionsnummern von kosmetischen Artikeln
GRUR Int. 2002, 829 (836)

Lange, Paul — Marken- und Kennzeichenrecht
1. Auflage, 2006
Zit.: Lange, Marken- und Kennzeichenrecht, Rdn. …

–. — Das System des Markenschutzes in der Rechtsprechung des EuGH – Versuch einer Interpretation
WRP 2003, 323 (335)

Lehmann, Michael — Die wettbewerbswidrige Ausnutzung und Beeinträchtigung des guten Rufs bekannter Marken, Namen und Herkunftsangaben – Die Rechtslage in der Bundesrepublik Deutschland
GRUR Int. 1986, 6 (17)

Lehmler, Lutz — UWG – Kommentar zum Wettbewerbsrecht
1. Auflage – 2007
Zit.: Lehmler, UWG, § … Rdn. …

Lerach, Mark — Rechtsverletzende Benutzung einer Marke auf Miniaturmodellen
MarkenR 2007, 303 (308)

Lettl, Tobias — Das neue UWG
1. Auflage, 2004
Zit.: Lettl, Das neue UWG, Rdn. …

Linstow, Bernhard von — Die Verwendung fremder Zeichen zur Bezeichnung fremder Waren – Ein Beitrag zum markenmäßigen Gebrauch
WRP 2000, 955 (959)

Mahr, Anne Catrin — Die Zulässigkeit von Markenparodien – Von „Mordoro" bis zur „Lila-Postkarte"
WRP 2006, 1083 (1089)

Marx, Claudius — Deutsches, europäisches und internationales Markenrecht
2. Auflage, 2007
Zit.: Marx, Markenrecht, Rdn. …

Mayrhofer, Matthias — Rufausbeutung im Recht des unlauteren Wettbewerbs
Diss., Berlin, 1994
Zit.: Mayrhofer, Rufausbeutung im Recht des unlauteren Wettbewerbs, S. …

Menke, Burkhart — Die vergleichende Werbung in Deutschland nach der Richtlinie 97/55/EG und der BGH-Entscheidung „Testpreis-Angebot"
WRP 1998, 811 (826)

–. — Die Verwendung fremder Kennzeichen in Meta-Tags: Ein Fall für das Kennzeichen- und/oder das Wettbewerbsrecht?
WRP 1999, 982 (990)

Mergel, Harald — Die Rufausnutzung als Unlauterkeitstatbestand in der neueren Rechtsprechung des BGH – der wettbewerbsrechtlich verankerte Schutz „bekannter“ und „exklusiver“ Marken ein gangbarer Weg?
GRUR 1986, 646 (656)

Messer, Herbert — Wettbewerbsrechtliche Beurteilung von Presseäußerungen
Festschrift für Otto-Friedrich Freiherr von Gamm, 1990, S. 95 (109)
Zit.: Messer, in: FS v. Gamm, S. …

Meyer, Andreas — Das deutsche und französische Markenrecht nach der Umsetzung der Ersten Markenrichtlinie (RL 89/104/EWG)
GRUR Int. 1995, 592 (612)

Miller, Jochen — Die rechtliche Beurteilung der Irreführung von Internet-Suchmaschinen – Eine marken- und wettbewerbsrechtliche Untersuchung des Meta-Tagging
Diss., Tübingen, 2001
Zit.: Miller, Irreführung von Internet-Suchmaschinen, S. …

Münchener Kommentar zum Lauterkeitsrecht — Münchener Kommentar zum Lauterkeitsrecht
Hrsg. Peter W. Heermann/ Günter Hirsch
Band 1, 1. Auflage 2006
Band 2, 1. Auflage 2006
Zit.: Bearb., in: MünchKomm, UWG, § 6 Rdn. …

Mulch, Joachim — Der Tatbestand der markenrechtlichen Erschöpfung
Diss., Münster, 2001
Zit.: Mulch, Der Tatbestand der markenrechtlichen Erschöpfung, S. …

Nägele, Thomas — Die rechtsverletzende Benutzung im Markenrecht
Diss., Heidelberg, 1998
Zit.: Nägele, Die rechtsverletzende Benutzung im Markenrecht, S. …

–. Das konkrete Wettbewerbsverhältnis – Entwicklungen und Ausblick
WRP 1996, 997 (1001)

–. Die Benutzung fremder Marken im Rahmen von Werbevergleichen
MarkenR 1999, 177 (182)

Nauta, Walther — Ausnahmen vom Erschöpfungsgrundsatz im Markenrecht
GRUR Int. 2004, 994 (1002)

Nordmann, Matthias Johannes — Neuere Entwicklungen im Recht der vergleichenden Werbung
GRUR Int. 2002, 297 (303)

Ohly, Ansgar / *Spence*, Michael — Vergleichende Werbung: Die Auslegung der Richtlinie 97/55/EG in Deutschland und Großbritannien
GRUR Int. 1999, 681 (698)

Ohly, Ansgar — Irreführende vergleichende Werbung – Anmerkung zu EuGH „Pippig Augenoptik/Hartlauer"
GRUR 2003, 641 (646)

–. Vergleichende Werbung für Zubehör und Warensortiment – Anmerkung zu den EuGH-Urteilen „Siemens/VIPA" und „LIDL Belgium/Colruyt"
GRUR 2007, 3 (11)

–. Anmerkung zu EuGH GRUR 2008, 698 – O2/Hutchison
GRUR 2008, 701 (702)

Oppenhoff, Walter — Wandel der Markenrechtskonzeption?
GRUR Int. 1973, 433 (436)

Ott, Stefan — Anmerkung zu LG Braunschweig MMR 2007, 121 – Bananabay
MMR 2007, 123 (124)

Paech, Philipp — Der Einfluss der Richtlinie 84/450/EWG auf die Rechtsprechung zur irreführenden und vergleichenden Werbung
Diss., 2001, Bonn
Zit.: Paech, Irreführende und vergleichende Werbung, S. …

Pankoke, Stefan	Anmerkung zu LG München I MMR 2004, 689 – Impulsonline.de MMR 2004, 690 (692)
Pellens, Hartmut	Anmerkung zu LG Hamburg CR 2002, 136 CR 2002, 136 (137)
Plaß, Gunda	Die gesetzliche Neuregelung der vergleichenden Werbung NJW 2000, 3161 (3169)
–.	Die EG-Richtlinie Vergleichende Werbung WRP 1999, 766 (771)
Plassmann, Clemens	Vergleichende Werbung im Gemeinsamen Markt – Die geplante EG-Richtlinie über vergleichende Werbung und ihre Auswirkung auf das deutsche Wettbewerbsrecht GRUR 1996, 377 (382)
Piper, Henning / *Ohly*, Ansgar	Gesetz gegen den unlauteren Wettbewerb 4. Auflage, 2006 Zit.: Bearb., in: Piper/Ohly, UWG, § … Rdn. …
Piper, Henning	Der Schutz der bekannten Marken GRUR 1996, 429 (439)
Raßmann, Christian	Der Schutz des Freihaltebedürfnisses im Rahmen von § 23 MarkenG GRUR 1999, 384 (390)
Reimer, Eduard	Wettbewerbs- und Warenzeichengesetzt 4. Auflage, 1966 Zit.: Reimer/*Bearb.*, Kap. …, Rdn. …
Reinartz, Oliver	Erschöpft das Werbehinweisrecht vor Produktauslieferung? MarkenR 2004, 8 (11)
Renner, Cornelius	Metatags und Keyword Advertising mit fremden Kennzeichen im Marken- und Wettbewerbsrecht – Zugleich eine Besprechung der „Impuls"-Entscheidung des BGH WRP 2007, 49 (54)
–.	Anmerkung zu OLG Düsseldorf CR 2007, 256 – Beta Layout CR 2007, 258 (258)
Riedel, Gerd	Das Spannungsverhältnis zwischen markenmäßigem Gebrauch und vergleichender Werbung

Diss., Würzburg, 2004
Zit.: Riedel, Spannungsverhältnis, S. …

Riehle, Gerhard — Funktion der Marke und europäisches Markenrecht – Versuch einer dualen Deutung
MarkenR 2001, 337 (343)
Entspricht Beitrag in: FS Koppensteiner, S. 479

Rohnke, Christian — Die Bindung des Verletzungsgerichts an die eingetragene Marke – Ein überholtes Axiom
GRUR 2001, 696 (705)

Rosner, Christian — Marken- und wettbewerbsrechtlicher Schutz selektiver Vertriebsbindungssysteme
Diss., Köln, 2005
Zit.: Rosner, Vertriebsbindungssysteme, S. …

Rössel, Markus — Wettlauf um Suchmaschinen – Wettbewerbswidrige Einflussnahme auf Trefferlisten
CR 2003, 349 (353)

Rößler, Bernd — Die Rufausbeutung als Unlauterkeitskriterium in der Rechtsprechung zu § 1 UWG
Diss., Halle-Wittenberg, 1994
Zit.: Rößler, Rufausbeutung, S. …

–. — Die Ausnutzung der Wertschätzung bekannter Marken im neuen Markenrecht
GRUR 1994, 559 (569)

Sachs, Michael — Grundgesetz – Kommentar
4. Auflage, 2007
Zit.: Bearb., in: Sachs, GG, Art. … Rdn. …

Sack, Rolf — Die rechtliche Funktion des Warenzeichens
GRUR 1972, 402 (412) – 1. Teil
GRUR 1972, 445 (453) – 2. Teil

–. — Sonderschutz bekannter Marken
GRUR 1995, 81 (98)

–. — „Doppelidentität“ und „gedankliches Inverbindungbringen“ im neuen deutschen und europäischen Markenrecht
GRUR 1996, 663 (674)

–. — Der markenrechtliche Erschöpfungsgrundsatz im deutschen und europäischen Recht
WRP 1998, 549 (576)

–. Probleme des Markenschutzes im Ähnlichkeitsbereich
WRP 1998, 1127 (1141)

–. Die Bedeutung der EG-Richtlinie 84/450/EWG und 97/55/EG über irreführende und vergleichende Werbung für das deutsche Wettbewerbsrecht
GRUR Int. 1998, 263 (272)

–. Markenrechtlicher Schutz von Vertriebsbindung
WRP 1999, 467 (474)

–. Die Erschöpfung von gewerblichen Schutzrechten und Urheberrechten nach deutschem Recht
WRP 1999, 1088 (1115)

–. Vertriebsbindung und Außenseiter
WRP 2000, 447 (457)

–. Vergleichende Werbung nach der UWG-Novelle
WRP 2001, 327 (349)

–. Die Toshiba-Entscheidung des EuGH zur vergleichenden Werbung
WRP 2002, 363 (367)

–. Markenschutz und UWG
WRP 2004, 1405 (1425)

–. Zur Anwendbarkeit von § 6 UWG auf Werbung für Ersatzteile und Zubehör
GRUR 2004, 720 (724)

–. Personen- und unternehmensbezogene Werbehinweise auf Mitbewerber als vergleichende Werbung nach § 6 UWG
WRP 2004, 817 (820)

–. Vergleichende Werbung ohne Vergleich?
WRP 2008, 170 (176)

–. Markenrechtliche Probleme vergleichender Werbung
GRUR 2008, 201, 205

–. Der Mitbewerberbegriff des § 6 UWG
WRP 2008, 1141 (1147)

Säcker, Franz Jürgen — Das UWG zwischen den Mühlsteinen europäischer Harmonisierung und grundrechtsgebotener Liberalisierung
WRP 2004, 1199 (1221)

Sambuc, Thomas — Der UWG-Nachahmungsschutz
1. Aufl., 1996
Zit.: Sambuc, UWG-Nachahmungsschutz, Rdn. …

–. — Rufausbeutung bei fehlender Warengleichartigkeit
GRUR 1983, 533 (539)

–. — Was soll das Markenrecht? – Ein Beitrag zur Funktionenlehre
WRP 2000, 985 (991)

Saßmann, Kirsten — Das Binnenmarktrecht der vergleichenden Werbung
Diss., Heidelberg, 2001
Zit.: Saßmann, Das Binnenmarktrecht der vergleichenden Werbung, S. …

Schackert, Susanne — Verwechslungs- und Assoziationsgefahr als Determinante für den Schutzumfang der Marken
Diss., Konstanz, 2001
Zit.: Schachert, Verwechslungs- und Assoziationsgefahr, S. …

Schaefer, Matthias — Kennzeichenrechtliche Haftung von Suchmaschinen für AdWords – Rechtsprechungsüberblick und kritische Analyse
MMR 2005, 807 (810)

Schaefer, Thorsten — Normenkonkurrenz beim Schutz von Marken und geschäftlichen Bezeichnungen
Diss., Hamburg, 2004
Zit.: Schaefer, Normenkonkurrenz, S.

Schartel, Klaus — Der wettbewerbsrechtliche Schutz vor qualitativ geringwertigen Ersatz- und Nachbauteilen
WRP 1995, 901 (904)

Scherer, Inge — Partielle Verschlechterung der Verbrauchersituation durch die Rechtsvereinheitlichung bei vergleichender Werbung?
WRP 2001, 89 (97)

Schmelz, Christoph — Keyword-Advertising als Markenrechtsverletzung – Ende der Diskussion oder Diskussion ohne Ende?
MarkenR 2008, 196 (199)

Schmidt-Bogatzky, Florian — Zeichenrechtliche Fragen im Internet
GRUR 2000, 959 (965)

Schoene, Volker — Der Benutzungszwang im Markengesetz – Grundsätze und Einzelfragen unter Berücksichtigung der Verordnung über die Gemeinschaftsmarke
Diss., Mannheim, 2002
Zit.: Schoene, Der Benutzungszwang im Markengesetz, S. …

Schreiner, Rupert — Die Dienstleistungsmarke – Typus, Rechtsschutz und Funktion – Eine rechtstatsächliche und rechtsvergleichende Untersuchung aus Anlaß der Einführung des Formalschutzes der Dienstleistungszeichen im deutschen Recht
Diss., München, 1983
Zit.: Schreiner, Die Dienstleistungsmarke, S. …

Schultz, Detlef von — Kommentar zum Markenrecht
2. Auflage, 2007
Zit.: Bearbeiter, in: v. Schultz, MarkenG, § … Rdn. …

–. — Zu den Privilegierungstatbeständen des § 23 MarkenG
GRUR 1997, 408 (414)

Schultze, Hanno / *Schwenn*, Dirk — Zur künftigen Behandlung der Markenparodie
WRP 1997, 536 (549)

Schulz, Birgit — Die relevante Benutzungshandlung im deutschen Markenrecht
Diss., Mannheim, 1996
Zit.: Schulz, Die relevante Benutzungshandlung, S. …

Schuster, Silke — Die Ausnahmen vom markenrechtlichen Erschöpfungsgrundsatz
Diss., Mannheim, 1998
Zit.: Schuster, Die Ausnahmen vom markenrechtlichen Erschöpfungsgrundsatz, S. …

Seichert, Dirk — Der Umsetzungsbedarf der Richtlinie über unlautere Geschäftspraktiken
WRP 2005, 1087 (1095)

Siems, Mathias — Die Umsetzung der Eu-Richtlinie zu vergleichender Werbung in deutsches Recht
ZEuP 2001, 686 (696)

Somarriello, Silvia — Vergleichende Werbung in Italien und Deutschland – Eine rechtsvergleichende Darstellung im Lichte der EG-Richtlinie 97/55
Diss., Bochum, 2001
Zit.: Somarriello, Vergleichende Werbung in Italien und Deutschland, S. ….

Soznitza, Olaf — Aktuelle Probleme im europäischen und deutschen Markenrecht
WRP 2003, 1186 (1193)

Spieker, Oliver — Retro, Ostalgie und Nostalgie im Markenrecht
WRP 2004, 985 (993)

Stadelmann, Katja — Die Entwicklung der kritisierenden Werbung in Deutschland und Frankreich unter Berücksichtigung der einschlägigen EG-Richtlinien
Diss., Erlangen-Nürnberg, 1999
Zit.: Stadelmann, Die Entwicklung der kritisierenden Werbung, S. …

Starck, Joachim — Markenmäßiger Gebrauch – Besondere Voraussetzung für die Annahme einer Markenverletzung?
GRUR 1996, 688 (693)

–. — Markenschutz – Bemerkung zum Schutz gegen Rufausnutzung und Rufbeeinträchtigung
MarkenR 2000, 73 (76)

Steinbeck, Anja — Zur These vom Vorrang des Markenrechts
Festschrift für Eike Ullmann, 2006, S. 409 ff. (423)
Zit.: Steinbeck, in: FS Ullmann, S. …

–. — Veränderungen bei der Beurteilung der Warenähnlichkeit
GRUR 2005, 108 (113)

–. — Anmerkung zu EuGH JZ 2005, 1103 – Gillette Company/LA-Laboratories
JZ 2005, 1106 (1108)

–. Richtlinie über unlautere Geschäftspraktiken: Irreführende Geschäftspraktiken – Umsetzung in das deutsche Recht
WRP 2006, 632 (639)

Stieper, Malte — Das Verhältnis von Immaterialgüterrechtsschutz und Nachahmungsschutz nach neuem UWG
WRP 2006, 291 (302)

Storck, Ute — GIACOMELLI SPORT – Frischer Wind in Sachen Einzelhandelsdienstleistung
MittdPatAnw 2000, 399 (405)

Strepp, Hans Michael — Irreführung und Verwechslungsgefahr – Einige dogmatische Aspekte des Verhältnisses von Wettbewerbs- und Markenrecht
Diss., München, 2000
Zit.: Strepp, Irreführung und Verwechslungsgefahr, S. …

Ströbele, Paul / *Hacker*, Franz — Markengesetz
8. Auflage 2006
Zit.: Bearbeiter, in: Ströbele/Hacker, MarkenG, § … Rdn. …

Terhaag, Michael — Anmerkung zu OLG Braunschweig MMR 2007, 110 – Impuls
MMR 2007, 111 (111)

Thomasberger, Wolfgang — Rufausbeutung im Wettbewerbsrecht – Ein Problem des ergänzenden wettbewerbsrechtlichen Leistungsschutzes
Diss., Mannheim, 1992
Zit.: Thomasberger, Rufausbeutung im Wettbewerbsrecht, S. …

Tillmann, Winfried — Zeichenbenutzung und Zeichenverletzung
GRUR 1968, 619 (626)

–. Richtlinie vergleichende Werbung
GRUR 1997, 790 (799)

–. Anwendungsbereich und Bindungswirkung der Richtlinie vergleichende Werbung
GRUR 1999, 546 (551)

Ullmann, Eike — Wer sucht, der findet – Kennzeichenverletzung im Internet
GRUR 2007, 633 (638)

Vanzetti, Adriano — Funktion und Rechtsnatur der Marke
GRUR Ausl. 1965, 128 (142) – 1. Teil
GRUR Ausl. 1965, 185 (201) – 2. Teil

–. — Die Funktion der Marke in einem System der freien Übertragbarkeit
GRUR Int. 1999, 205 (212)

Varadinek; Brigitta — Trefferlisten von Suchmaschinen im Internet als Werbeplatz für Wettbewerber – Zugleich ein Beitrag zum Erfordernis des kennzeichenmäßigen Gebrauchs nach neuem Markenrecht
GRUR 2000, 279 (285)

Viefhues, Martin — Internet und Kennzeichenrecht: Meta-Tags
MMR 1999, 336 (341)

Voges, Hans-Joachim — Das Markenrecht des Kraftfahrzeugherstellers als Instrument zur Stärkung selektiver Vertriebssysteme – Das Verhältnis zur Gruppenfreistellungsverordnung Kraftfahrzeuge
MarkenR 2002, 73 (83)

Völker, Stefan — Die Neuregelung der vergleichenden Werbung
MDR 2000, 1360 (1362)

Völp, Fromut — Darf der Händler das Warenzeichen des Herstellers zur Ankündigung von Originalwaren verwenden?
WRP 1977, 688 (690)

Wagner, Christian — Sonderrechtsschutz für bekannte Kennzeichen im Marken-, Wettbewerbs- und Deliktsrecht
Diss., Mainz, 2002
Zit.: Wagner, Sonderrechtsschutz für bekannte Kennzeichen, S. …

Wehlau, Andreas — Äpfel mit Birnen vergleichen – Der rechtliche Rahmen vergleichender Werbung für Lebensmittel
ZLR 1999, 393 (416)

Weidert, Stefan — Kurzkommentar zum Urteil des EuGH vom 17.03.2005 – Rs C-228/03 – Gillette Company/LA-Laboratories
EWiR 2005, 549 (550)

Wendlandt, Bettina — Cybersquatting, Metatags und Spam – Gemeinsamkeiten und Gegensätze im amerikanischen und deutschen Wettbewerbs- und Markenrecht

Diss., Düsseldorf, 2001
Zit.: Wendlandt, Cybersquatting, Metatags und Spam, S. …

Wiebe, Andreas — Zur Kennzeichenfunktion von Domain Namen
CR 1998, 157 (165)

Wilde, Günther — Probleme der warenzeichenmäßigen Benutzung von Kennzeichnungen
GRUR 1968, 477 (485)

Will, Stefanie — Der Markenschutz nach § 14 Markengesetz – Eine Untersuchung zum neuen Markenrecht nach der Umsetzung der Ersten Richtlinie des Rates vom 21. Dezember 1989 zur Angleichung der Rechtsvorschriften der Mitgliedstaaten über die Marken (89/104/EWG)
Diss., Saarbrücken, 1996
Zit.: Will, Der Markenschutz nach § 14 Markengesetz, S. …

Wolf, Christian — Die Schutzschranke des § 23 MarkenG – Benutzung von Namen, beschreibenden Angaben und Ersatzteilbezeichnungen durch Dritte im geschäftlichen Verkehr
Diss., Bonn, 2002
Zit.: Wolf, Die Schutzschranke des § 23 MarkenG, Rdn. …

Worm, Ulrich — Die Verletzung von Urheberrechten und gewerblichen Schutzrechten durch das Setzen von Hyperlinks, Inline-Frames und Mata-Tags
Diss., Frankfurt am Main, 2001
Zit.: *Worm*, Hyperlinks, Inline-Frames und Meta-Tags, S. …

Ziervogel, Klaas — Rufausbeutung im Rahmen vergleichender Werbung – Veränderungen im Zuge der gesetzlichen Regelung vergleichender Werbung
Diss., Göttingen, 2002
Zit.: Ziervogel, Rufausbeutung im Rahmen vergleichender Werbung, S. …

Abkürzungsverzeichnis

a.A.	anderer Auffassung
Abl. EG	Amtsblatt der Europäischen Union
Abs.	Absatz
a.F.	alter Fassung
AfP	AfP – Zeitschrift für Medien- und Kommunikationsrecht
AG	Aktiengesellschaft
Art.	Artikel
Az.	Aktenzeichen
BB	Betriebberater
Bd.	Band
Begr.	Begründung
BGB	Bürgerliches Gesetzbuch (BGBl. I S. 42, ber. S. 2909 und BGBl. I 2003, S. 738)
BGBl.	Bundesgesetzblatt
BGH	Bundesgerichtshof
BPatG	Bundespatengericht
BT-Drucks.	Drucksache des Bundestages
BVerfG	Bundesverfassungsgericht
BVerfGE	Entscheidungen des Bundesverfassungsgerichts
bzw.	beziehungsweise
CR	Computerreport
Ders./ dies..	Derselbe/ dieselbe
d.h.	das heißt
EG	Europäische Gemeinschaft
EMRK	Konvention zum Schutz der Menschenrechte und Grundfreiheiten vom 04.11.1950 (BGBl. I, S. 686) in der Fassung der Bekanntmachung vom 17.05.2002 (BGBl. II, S. 1055)
EU	Europäische Union
EuGH	Gerichtshof der europäischen Gemeinschaft

EuZW	Europäische Zeitschrift für Wirtschaftsrecht
EWR	Europäischer Wirtschaftsraum
f., ff.	folgende
Fn.	Fußnote
FS	Festschrift
GRUR	Gewerblicher Rechtsschutz und Urheberrecht
GRUR Int.	Gewerblicher Rechtsschutz und Urheberrecht Internationaler Teil
GRUR-RR	Gewerblicher Rechtsschutz und Urheberrecht – Rechtsprechungsreport
h.M.	herrschende Meinung
i.E.	im Ergebnis
i.V.m.	in Verbindung mit
JZ	Juristenzeitung
Kap.	Kapitel
Kfz	Kraftfahrzeug
KG	Kammergericht (Berlin)
K&R	Kommunikation und Recht
LG	Landgericht
lit.	Litera
MarkenG	Gesetz über den Schutz von Marken und sonstigen Kennzeichen vom 25.10.1994 (BGBl. I S. 3082, ber. 1995 I S. 156)
MarkenR	Zeitschrift für deutsches, europäisches und internationales Markenrecht
MD	Magazindienst
m.E.	meiner Entscheidung
MMR	Multimedia und Recht – Zeitschrift für Informations-, Telekommunikations- und Medienrecht
MRL	Erste Richtlinie des Rates zur Angleichung der Rechtsvorschriften der Mitgliedsstaaten über die Marken

	(89/104/EWG) vom 21.12.1989 (Abl. EG Nr. 40/1 vom 11.02.1989)
MittdPatAnw.	Mitteilungen der deutschen Patentanwälte
MüKo	Münchener Kommentar
MuW	Markenschutz und Wettbewerb
mwN	mit weiteren Nachweisen
n.F.	neuer Fassung
NJOZ	Neue juristische Online-Zeitschrift
NJW	Neue juristische Wochenschrift
NJWE-WettbR	NJW-Entscheidungsdienst – Wettbewerbsrecht
NJW-RR	Neue juristische Wochenschrift – Rechtsprechungsreport
Nr.	Nummer
OLG	Oberlandesgericht
OLGR	OLG-Report
Rdn.	Randnummer
Reg.-Entw.	Regierungsentwurf
Richtlinie 84/450/EWG	Richtlinie 84/450/EWG des Rates vom 10. September 1984 zur Angleichung der Rechts- und Verwaltungsvorschriften der Mitgliedstaaten über irreführende Werbung (ABl. EG Nr. 250 vom 19.09.1984, S. 17 ff.)
Richtlinie 97/55/EG	Richtlinie 97/55/EG des Europäischen Parlaments und des Rates vom 6. Oktober 1997 zur Änderung der Richtlinie 84/450/EWG über irreführende Werbung zwecks Einbeziehung der vergleichenden Werbung (ABl. EG Nr. 290 vom 23.10.1997, S. 18 ff.)
Richtlinie 2005/29/EG	Richtlinie 2005/29/EG des Europäischen Parlaments und des Rates vom 11. Mai 2005 über unlautere Geschäftspraktiken im binnenmarktinternen Geschäftsverkehr zwischen Unternehmen und Verbrauchern und zur Änderung der Richtlinie 84/450/EWG des Rates, der Richtlinien 97/7/EG, 98/27/EG und 2002/65/EG des Europäischen Parlaments und des Rates sowie der Verordnung (EG) Nr. 2006/2004 des Europäischen Parlaments und des Rates (ABl. EU Nr. 149 vom 11.06.2005, S. 22 ff.)

Richtlinie 2006/114/EG	Richtlinie 2006/114/EG des Europäischen Parlaments und des Rates vom 12. Dezember 2006 über irreführende und vergleichende Werbung (ABl. EU Nr. 376 vom 27.12.2006, S. 21)
RG	Reichsgericht
RGBl.	Reichsgesetzblatt
RGZ	Die Entscheidungssammlungen der Entscheidungen des Reichsgerichts in Zivilsachen
S.	Seite
s.o.	siehe oben
St. Rspr.	Ständige Rechtsprechung
u.a.	unter anderem, unter andere
UWG	Gesetz gegen den unlauteren Wettbewerb vom 03.07.2004 (BGBl. I S. 1414)
v.	von/ vom
Vgl.	vergleiche
WRP	Wettbewerb in Recht und Praxis
WZG	Warenzeichengesetz vom 05.05.1936 (RGBl. II, S. 134) in der Fassung der Bekanntmachung vom 02.01.1968 (BGBl. I S. 29)
z.B.	zum Beispiel
ZEuP	Zeitschrift für europäisches Privatrecht
ZLR	Zeitschrift für das gesamte Lebensmittelrecht

A. Einleitung

Marken werden in der Regel dazu verwendet, die eigenen Produkte von anderen auf dem Markt befindlichen Produkten abzugrenzen. Eine Marke ermöglicht es dem Verkehr, in gleicher Weise gekennzeichnete Produkte einem bestimmten Markeninhaber zuzuordnen. In dieser Konstellation entzünden sich die rechtlichen Streitigkeiten zumeist daran, ob die von einem Unternehmer für seine Produkte gewählte Marke genügend Abstand zu anderen Marken einhält, so dass es nicht zu einer Verwirrung der Verbraucher über die Zuordnung zu bestimmten Markeninhabern kommt.

Indes kann eine Marke nicht nur zur Kennzeichnung des eigenen Produktes verwendet werden. Sie kann vielmehr auch dazu benutzt werden, um auf ein fremdes Produkt Bezug zu nehmen, es mithin zu adressieren. Die Marke wird dann als eine Art „Name" für das betreffende Produkt verwendet. Als Begriff für diese Art der Markenverwendung wurde von *Ingerl/Rohnke* der Begriff der ***Markennennung*** geprägt.[1] Eine allgemeingültige Typisierung für diese Art der Markenverwendung wurde bisher noch nicht gefunden.[2] Im Rahmen dieser Arbeit wird von folgenden Fallgruppen der Markennennung ausgegangen:

- Bezugnahme auf eine Marke durch einen Weiterverkäufer
- Bezugnahme auf eine Marke im Rahmen des Ersatz- und Zubehörproduktabsatzes
- Bezugnahme auf eine Marke durch einen Dienstleister
- Kritisierende und anlehnende vergleichende Werbung
- Begleitende und blickfangmäßige Verwendung einer fremden Marke
- Produktgestaltender Gebrauch
- Redaktionelle Benutzung einer fremden Marke
- Markenparodie

Eine genaue Beschreibung dieser Fallgruppen erfolgt bei der Darstellung der Rechtsprechung zu den jeweiligen Fallgruppen.

Diese Arten der Markennennung können für einen Dritten eine nützliche, wenn nicht sogar notwendige Unterstützung für den Vertrieb seiner Produkte dar-

1 So erstmals *Ingerl/Rohnke*, 1. Auflage 1998, MarkenG, § 14 Rdn. 86; weiterhin in *Ingerl/Rohnke*, 2. Auflage 2003, MarkenG, § 14 Rdn. 145.

2 Verschiedene Ansätze der Klassifizierung finden sich bei *Ingerl/Rohnke*, MarkenG, § 14 Rdn. 145 und *v. Linstow*, WRP 2000, 955 ff.

stellen. So könnte beispielsweise der Verkäufer die von ihm vertriebenen Waren nur sehr schwer absetzen, wenn er nicht im Rahmen seiner Verkaufsleistung auf die fremde Marke der zu verkaufenden Ware Bezug nehmen könnte. Andererseits ist der Markeninhaber bestrebt, die zu seinen Gunsten geschützten Zeichen möglichst weitestgehend für seine Zwecke zu monopolisieren. Zum einen besteht ein Schutzinteresse zu entscheiden, wer und wie seine Marke beim Absatz seiner Produkte verwendet. Zum anderen besteht das wirtschaftliche Interesse, von Dritten ein Entgelt zu verlangen, wenn diese die Marke verwenden. Diese widerstreitenden Interessen des potentiellen Markenverwenders und des Markeninhabers sind in Einklang zu bringen. Diese Aufgabe erfüllt primär das Markenrecht, dessen Schutz jedoch durch das Wettbewerbsrecht ergänzt wird.

Wie dieser Interessenausgleich bei der Markennennung zu bewältigen ist und insbesondere über welche Vorschriften dies zu erfolgen hat, ist sowohl in der Rechtsprechung als auch der Literatur umstritten. Dies beruht darauf, dass sowohl die internen Voraussetzungen des Markenrechts als auch das Verhältnis des Markenrechts zu anderen Regelungskomplexen noch nicht abschließend geklärt sind. Daher beschränkt sich die Rechtsprechung zumeist nur auf eine isolierte Betrachtung der einzelnen Fallgruppen der Markennennung, ohne die Konsequenzen für die anderen Fallgruppen zu überdenken. Auch die Literatur behandelt immer wieder einzelne Probleme der Markennennung, ohne sie bisher in sich geschlossen begutachtet zu haben.

Ziel dieser Arbeit ist es daher, ein schlüssiges Gesamtkonzept für die Formen der Markennennung zu entwickeln. Dieses soll sich nicht auf ein bestimmtes Rechtsgebiet beschränken, sondern sowohl markenrechtliche als auch wettbewerbsrechtliche Ansprüche erfassen. Um den Rahmen der Untersuchung nicht zu sprengen, wird unterstellt, dass an den genannten Marken und Produkten kein sonstiger Sonderschutz besteht. Urheber- oder geschmacksmusterrechtliche Ansprüche werden daher nicht behandelt.

Als Ausgangspunkt für die Prüfung wird im Folgenden zunächst die Rechtsprechung zu den einzelnen Fallgruppen dargestellt. Bevor diese Rechtsprechung gewürdigt und eine Lösung für die einzelnen Fallgruppen entwickelt wird, erfolgt zunächst eine Untersuchung der Probleme, die bei allen Fallgruppen gemeinsam eine Rolle spielen. Dabei handelt es sich um das Verhältnis zwischen wettbewerbsrechtlichen und markenrechtlichen Ansprüchen, insbesondere in Bezug auf § 6 UWG, sowie um das Erfordernis der markenmäßigen Benutzung.

Den Hauptteil dieser Arbeit bildet als Anschluss an die Untersuchung der allgemeinen Probleme die rechtliche Auseinandersetzung mit den einzelnen Fallgruppen.

B. Behandlung der Fallgruppen durch die Rechtsprechung

Im Folgenden werden zunächst die einzelnen Fallgruppen und die dazu ergangene Rechtsprechung dargestellt.

I. Bezugnahme auf eine Marke durch einen Weiterverkäufer

Der Absatz eines Produktes erfolgt in der Regel nicht durch den Hersteller selbst, sondern durch nachgeordnete Verkäufer. Diese sind darauf angewiesen, die verkauften Produkte nicht nur auszustellen, sondern auch zu bewerben. Solche Werbemaßnahmen reichen von Werbung im eigenen Laden bis zur überregionalen Werbung in den Medien wie Zeitung und Fernsehen. Damit solche Ankündigungen für die Kunden verständlich sind, ist der Verkäufer darauf angewiesen, die Kennzeichen der angebotenen Waren zu benutzen. Allein eine detaillierte Beschreibung der Produkte genügt den Anforderungen der modernen Massenkommunikation nicht. Insbesondere wenn mehrere Waren der gleichen Art vertrieben werden, kann das Informationsbedürfnis der Kunden nur durch die Verwendung der Produktmarken befriedigt werden. Dies liegt auch grundsätzlich im Interesse des Markeninhabers, denn die Benennung der Produkte garantiert seinen Absatz. Dementsprechend wird er eine mögliche Markenverletzung zumeist nicht verfolgen.

Anders kann es sich jedoch verhalten, wenn der Hersteller entweder selbst ein Vertriebsnetz aufrechterhält oder seine Produkte nur durch bestimmte Verkäufer vertreiben lassen möchte. In diesen Fällen kann es von Interesse sein, Anbietern, die die Waren möglicherweise nicht vom Hersteller bezogen haben, die Nennung der Marke in der Werbung und damit faktisch den Vertrieb zu verbieten. Daher ist fraglich, inwieweit ein Hersteller die Nennung der Marke durch einen Verkäufer verhindern kann. Sollte der Hersteller die Nennung der Marke aufgrund des Charakters als absolutes Recht nach Belieben verhindern können, wären Verkäufer, die eine solche Zustimmung nicht erlangen, darauf beschränkt, die Produkte allein in ihrem Laden aufzustellen. Eine effektive Anpreisung wäre nicht möglich.[3]

---

3 Diese Bedenken finden sich auch bei *Best*, Händlerwerbung, S. 160 f.

1. Rechtsprechung bis zum Inkrafttreten des MarkenG

Im Folgenden wird zunächst dargestellt, wie die Rechtsprechung die Fälle der Markenverwendung durch einen Händler bis zum Inkrafttreten des Markengesetzes im Jahre 1994 behandelt hat. Erst die Kenntnis der früheren Rechtsprechung ermöglicht eine Untersuchung, ob die aktuelle Rechtsprechung ausreichend die systematischen Strukturen des neuen Marken- und Wettbewerbsrechts berücksichtigt oder ob sie noch zu sehr an dem traditionellen Verständnis der früheren Rechtslage festhält.

a) Zeichenrechtliche Beurteilung

Gemäß § 15 Abs. 1 WZG bewirkte die Eintragung eines Warenzeichens, dass der Inhaber es verbieten konnte, dass das Zeichen auf Ankündigungen, Preislisten, Geschäftsbriefen, Empfehlungen, Rechnungen oder dergleichen angebracht wurde.

Hinsichtlich der Befugnisse aus § 15 Abs. 1 WZG differenzierte das RG zwischen dem so genannten Ankündigungsrecht und dem Bezeichnungsrecht.[4] Als ***Ankündigungsrecht*** wurde die Befugnis verstanden, auf den Vertrieb der Sache mit dem Warenzeichen hinzuweisen, welches der Kennzeicheninhaber auf der Ware angebracht hat. Das ***Bezeichnungsrecht*** betraf hingegen die Befugnis, die Ware erstmalig mit dem Kennzeichen in Verbindung zu bringen.

Das Bezeichnungsrecht stand grundsätzlich dem Kennzeicheninhaber zu. Er sollte entscheiden können, auf welche Waren sich sein Kennzeichen bezog. Vertrieb der Hersteller dieselbe Ware sowohl in gekennzeichneter als auch in ungekennzeichneter Form, so war es dem Händler untersagt, die ungekennzeichneten Waren mit dem Warenzeichen des Herstellers zu versehen.[5]

Die Verwendung des Kennzeichens des Herstellers zur Ankündigung des Verkaufs der Ware wurde hingegen als grundsätzlich zulässig erachtet.[6] Dies galt sowohl für den Fall, dass die Ware von dem Kennzeicheninhaber mit den Kennzeichen versehen war als auch für ungekennzeichnete Waren gleicher Sorte.

---

4 So RGZ 124, 273 „*Stellin*"; MuW 1931, 613 „*Shell*".

5 Bei den heutigen Marktverhältnissen werden ungekennzeichnete Waren kaum noch vorkommen. Vielmehr vertreiben die Markeninhaber ihre Produkte unter einer Zweitmarke, wenn sie die eigentliche Herkunft der Ware verschleiern wollen. Beispielhaft ist das Lebensmittelsektor. Dort vertreiben die Lebensmittelhersteller ihre Produkte in Discountläden zumeist unter unbekannten Zweitmarken.

6 RGZ 49, 101, 103 „*Brennaborräder*"; 124, 273 „*Stellin*"; MuW 1931, 613, 614 „*Shell*"; ebenso OLG Hamm WRP 1977, 730 „*Adidas-Schuhe*"; LG Nürnberg-Fürth BB 1963, 286 „*WMF*"; LG Düsseldorf GRUR 1983, 327, 329 „*Ankündigungsrecht*".

Folglich durfte der Händler ungekennzeichnete Ware zwar nicht selbst mit dem Warenzeichen versehen, er durfte sie jedoch mit dem Warenzeichen der Waren der gleichen Sorte bewerben. Konsequenz der Auffassung des RG war, dass bei ungekennzeichneter Ware genau untersucht werden musste, ob das Zeichen als Warenzeichen auf der Ware verwendet und damit das Bezeichnungsrecht verletzt wurde oder ob lediglich der Verkauf der ungekennzeichneten Ware unter dem Kennzeichen angekündigt wurde.[7] Nur Letzteres war vom Ankündigungsrecht gedeckt und damit als zulässig zu bewerten.

Der BGH ist dieser Linie des RG nicht gefolgt. Vielmehr ging er davon aus, dass grundsätzlich auch das Ankündigungsrecht allein dem Kennzeicheninhaber oblag.[8] Daher konnte auch eine Ankündigung das Warenzeichenrecht verletzen. Eine solche Rechtsverletzung war nur dann ausgeschlossen, wenn das Ankündigungsrecht durch das Inverkehrbringen der Ware verbraucht war.

Obwohl beim Weiterkauf die Ware immer in den Verkehr gebracht worden ist, unterschieden sich die Rechtsprechung des BGH und des RG dadurch, dass der BGH das Ankündigungsrecht durch das Inverkehrbringen der Ware nicht als vollständig verbraucht ansah. Zwar habe der Weiterverkäufer grundsätzlich das Recht, den Verkauf der Ware anzukündigen, allerdings könne sich der Kennzeicheninhaber einer missbräuchlichen Ankündigung seiner Waren widersetzen.[9] Von einem solchen Missbrauch schien der BGH dann auszugehen, wenn die Markenware nicht im ausreichenden Maß vorhanden war und daher die Ankündigung des Verkaufs vorwiegend der Aufbesserung des Ansehens des Händlers selbst diente.[10]

b) Wettbewerbsrechtliche und namensrechtliche Beurteilung

In der Ankündigung des Verkaufs einer Ware sah das RG weder einen Verstoß gegen wettbewerbsrechtliche Vorschriften noch gegen § 12 BGB. Bei ungekennzeichneten Waren kam es darauf an, ob Waren dieser Warenart vom Kennzeicheninhaber unter einem bestimmten Warenzeichen vertrieben wurden. Soweit

---

7 Ein gutes Beispiel stellt das *Stellin*-Urteil dar (RGZ 124, 273). Dort musste sich das RG ausführlich damit beschäftigen, ob unterirdisch gelagertes Benzin dadurch gekennzeichnet wird, dass das Kennzeichen auf den Zapfsäulen verwendet wird. Mangels einer festen Verbindung zur Ware sah das RG darin nur eine Ankündigung.

8 BGH GRUR 1987, 707, 708 „*Ankündigungsrecht I*“; GRUR 1987, 823, 824 „*Ankündigungsrecht II*“.

9 BGH GRUR 1987, 707, 708 „*Ankündigungsrecht I*“; GRUR 1987, 823, 824 „*Ankündigungsrecht II*“; hinsichtlich dieser Rechtsprechung ist zu beachten, dass der BGH zwar formell strengere Anforderungen als das RG aufstellte. In beiden Urteilen verstieß die konkrete Werbung jedoch nicht gegen diese Anforderungen.

10 BGH GRUR 1987, 823, 824 „*Ankündigungsrecht II*“.

dies der Fall war, durften auch die ungekennzeichneten Waren unter diesem Kennzeichen angekündigt werden.[11]

Auch die neuere Rechtsprechung ging grundsätzlich davon aus, dass ein Verstoß gegen §§ 1, 3 UWG a.F. allein durch die Ankündigung nicht gegeben war.[12] Erst wenn der Eindruck entstand, dass zwischen dem Kennzeicheninhaber und dem Weiterverkäufer eine wirtschaftliche Verbindung in Form eines Konzessionsverhältnisses bestehe und damit die Gefahr einer Irreführung des Verkehrs gegeben sei, wurde das Verhalten als wettbewerbswidrig beurteilt.[13] Einen solchen Ausnahmefall sah beispielsweise das LG Düsseldorf darin, dass eine Luxusmarke, die grundsätzlich über Vertragshändler vertrieben wurde, durch ein Kaufhaus blickfangmäßig beworben wurde.[14]

Ein Verstoß gegen § 1 UWG a.F. wurde ferner dann in Erwägung gezogen, wenn die Ware unter dem Einstandspreis vertrieben und beworben wurde.[15] Als Begründungserwägung wurde geltend gemacht, dass ein Verkauf eines Markenprodukts zu einem niedrigen Preis als dem üblichen zu einer Imageschädigung führen könne. Allerdings ließ die Rechtsprechung hier Zurückhaltung walten, da anderenfalls die Gefahr bestanden hätte, eine unzulässige Preisbindung über die Hintertür des sittenwidrigen Unterbietens einzuführen.

2. Rechtsprechung seit Inkrafttreten des MarkenG

a) Markenrechtliche Beurteilung

1) Markenrechtsverletzung

Die Rechtsprechung beurteilt die Verwendung der Marke durch den Weiterverkäufer in der Werbung grundsätzlich als eine Markenrechtsverletzung gemäß § 14 Abs. 2 MarkenG. Unklarheit besteht jedoch darüber, welche Alternative dieser Norm in diesen Fällen einschlägig ist. Während als Verletzungsalternative

---

11 So RG MuW 1931, 613, 614 ff. „*Shell*".

12 BGH GRUR 1987, 707, 709 „*Ankündigungsrecht I*".

13 So BGH GRUR 1970, 467 ff. „*Vertragswerkstatt*"; wohl auch BGH GRUR 1969, 413, 415 „*Angélique II*". Dieser Entscheidung lag allerdings der atypische Sachverhalt zugrunde, dass die fremde Ware nicht verkauft, sondern als Bonus für den Beitritt zu einer Büchergemeinschaft verschenkt werden sollte.

14 LG Düsseldorf GRUR 1983, 327, 329 f. „*Ankündigungsrecht*".

15 BGH GRUR 1984, 204 ff. „*Verkauf unter Einstandspreis II*".

zumeist § 14 Abs. 2 Nr. 1 MarkenG herangezogen wird,[16] bildet das Urteil *Gewinnfahrzeug mit Fremdemblem* des BGH eine Ausnahme, da das Gericht hier allein auf § 14 Abs. 2 Nr. 3 MarkenG abstellte.[17]

2) Rechtfertigung

Als Rechtfertigungsgrund für diese Markenrechtsverletzung wird in der Regel § 24 MarkenG herangezogen. Eine Ausnahme stellt ein Urteil des OLG Köln dar, das zusätzlich noch § 23 Nr. 3 MarkenG als mögliche Schranke geprüft hat.[18]

Nach § 24 Abs. 1 MarkenG kann es Dritten nicht untersagt werden, eine Marke für die Waren zu benutzen, die unter dieser Marke vom Markeninhaber im Europäischen Wirtschaftsraum (EWR) in den Verkehr gebracht wurden. Der EuGH hat hinsichtlich des werbungsmäßigen Herausstellens der Marke die Reichweite dieser Bestimmung dahin präzisiert, dass darunter nicht nur der Weitervertrieb der Ware selbst, sondern auch das Recht fällt, deren Vertrieb in der Öffentlichkeit anzukündigen.[19] Dies sei geboten, um den Zweck der Bestimmung, nämlich den Schutz vor Abschottung der Märkte und vor Beibehaltung eventueller Preisunterschiede zwischen den Mitgliedstaaten, zu erreichen. Ohne ein Ankündigungsrecht würde der dazu erforderliche Weiterverkauf aber erheblich erschwert.[20]

---

16 So EuGH GRUR Int. 1999, 438, 441 (Rdn. 41) „*BMW/Deenik*“; BGH GRUR 2003, 340, 341 „*Mitsubishi*“; GRUR 2003, 878, 879 „*Vier Ringe über Audi*“; GRUR 2007, 882 (Rdn. 12) „*Parfümtester*“; OLG Braunschweig, Beschluss vom 13.01.2000, Az.: 2 U 151/99 (Rdn. 9 f.) = OLGR 2000, 157 (insoweit jedoch nicht abgedruckt) „*Fahrräder*“; OLG Köln GRUR-RR 2001, 301 „*Anzeigenwerbung für EU-Neufahrzeuge*“; OLG Hamburg GRUR-RR 2004, 355 „*Parfümtester*“; offen gelassen in EuGH GRUR Int. 1998, 140, 143 (Rdn. 34 ff.) „*Dior/Evora*“; OLG Frankfurt GRUR Int. 1998, 895, 896 „*Contains Aspirin*“; OLG Naumburg GRUR-RR 2001, 297, 298 „*Mitsubishi*“: OLG Düsseldorf GRUR-RR 2001, 299 „*Mercedes-Stern*“; OLG Karlsruhe GRUR-RR 2002, 221 „*Ferrari-Emblem*“.

17 BGH GRUR 2006, 329, 330 „*Gewinnfahrzeug mit Fremdemblem*“.

18 OLG Köln GRUR-RR 2001, 301 „*Anzeigenwerbung für EU-Neufahrzeuge*“; gegen eine Anwendung des § 23 MarkenG auf diese Fallgruppe hingegen OLG Braunschweig, Beschluss vom 13.01.2000, Az.: 2 U 151/99 (Rdn. 12 f.) = OLGR 2000, 157 (insoweit jedoch nicht abgedruckt) „*Fahrräder*“.

19 EuGH GRUR Int. 1998, 140, 143 (Rn. 36) „*Dior/Evora*“; GRUR Int. 1999, 438, 441 (Rdn. 48) „*BMW/Deenik*“; ebenso BGH GRUR 2003, 340, 341 „*Mitsubishi*“; OLG Naumburg GRUR-RR 2001, 297, 298 „*Mitsubishi*“; OLG Düsseldorf GRUR-RR 2001, 299, 300 „*Mercedes-Stern*“; OLG Karlsruhe GRUR-RR 2002, 221 „*Ferrari-Emblem*“.

20 EuGH GRUR Int. 1998, 140, 143 (Rn. 37) „*Dior/Evora*“.

Hinsichtlich des Anwendungsbereichs des § 24 Abs. 1 MarkenG wurde von der Rechtsprechung bei werbungsmäßiger Verwendung der Marke insbesondere problematisiert, ob Erschöpfung auch bereits dann eintreten kann, wenn der Werbende noch nicht im Besitz der beworbenen Ware ist. Entgegen dem OLG Köln[21] hat der BGH insoweit entschieden, dass es ausreichend sei, wenn der Verkäufer die Ware im Zeitpunkt des Absatzes markenrechtlich zulässig veräußern könne.[22] Unerheblich sei daher, ob der Werbende die Waren zum Zeitpunkt der Werbung bereits vorrätig habe oder ob sie zu diesem Zeitpunkt vom Markeninhaber oder mit seiner Zustimmung im Europäischen Wirtschaftsraum in den Verkehr gebracht worden seien.[23]

Das Hauptaugenmerk der Rechtsprechung liegt indes nicht auf der Anwendbarkeit des § 24 Abs. 1 MarkenG, sondern auf der Prüfung des Ausschlusses gemäß § 24 Abs. 2 MarkenG. Zu der Fragestellung, wann berechtigte Gründe des Markeninhabers der Verwendung der Marke durch den Weiterverkäufer entgegenstehen, wurden von der Rechtsprechung mehrere Fallgruppen entwickelt.

Der Markenverwendung sollen zunächst berechtigte Interessen des Markeninhabers entgegenstehen, wenn dadurch der Eindruck einer wirtschaftlichen Verbundenheit entstehe.[24] Indes werden von der Rechtsprechung an einen solchen Eindruck hohe Voraussetzungen gestellt, so dass in den meisten Fällen ein solcher nicht festgestellt werden konnte. Die Gerichte gehen davon aus, dass zumindest die in der Werbung üblichen Verwendungsformen nicht zu einem solchen Eindruck führen. Insbesondere wird ein solcher Eindruck ausgeschlossen, wenn mehrere Marken verwendet werden.[25] In diesen Fällen wisse der Verkehr, dass nicht zu jedem Markeninhaber wirtschaftliche Verbindungen unterhalten würden.

Als weiteres Interesse des Markeninhabers hat die Rechtsprechung den Schutz vor Schädigung des Rufs der Marke anerkannt.[26] Demnach sei der Mar-

---

21 OLG Köln GRUR-RR 2001, 301, 302 „*Anzeigenwerbung für EU-Neufahrzeuge*".

22 BGH GRUR 2003, 340, 342 „*Mitsubishi*"; GRUR 2003, 878, 879 „*Vier Ringe über Audi*".

23 BGH GRUR 2003, 878, 880 „*Vier Ringe über Audi*".

24 EuGH GRUR Int. 1999, 438, 441 (Rdn. 51) „*BMW/Deenik*"; BGH GRUR 2003, 340, 342 „*Mitsubishi*"; GRUR 2006, 329, 332 (Rdn. 34) „*Gewinnfahrzeug mit Fremdemblem*"; OLG Naumburg GRUR-RR 2001, 297, 298 „*Mitsubishi*"; OLG Karlsruhe GRUR-RR 2002, 221, 222 „*Ferrari-Emblem*"; LG Hamburg MittdPatAnw 2001, 83, 85 „*Ferrari Official Merchandise*"; wohl auch OLG Düsseldorf GRUR-RR 2001, 299, 301 „*Mercedes-Stern*".

25 BGH GRUR 2003, 340, 341 „*Mitsubishi*"; OLG Naumburg GRUR-RR 2001, 297, 298 „*Mitsubishi*"; OLG Karlsruhe GRUR-RR 2002, 221, 222 „*Ferrari-Emblem*".

26 EuGH GRUR Int. 1998, 141, 143 (Rdn. 43 ff.) „*Dior/Evora*"; BGH GRUR 2005, 160, 161 „*SIM-LOCK*"; GRUR 2006, 329, 332 (Rdn. 31) „*Gewinnfahrzeug mit Fremdemblem*"; GRUR 2007, 882, 884 (Rdn. 26) „*Parfümtester*".

keninhaber nicht nur davor geschützt, dass der Ruf durch eine Veränderung der Ware oder Verpackung beeinträchtigt wird, sondern auch vor einer Beeinträchtigung durch die konkrete Werbeform. Der Werbende müsse daher darauf achten, dass er mit der Werbung nicht die Wertschätzung der Marke beeinträchtige. Insbesondere dürfe der Luxus- und Prestigecharakter sowie die von der Ware ausgehende luxuriöse Ausstrahlung nicht beeinträchtigt werden.[27] Diesen prinzipiellen Schutz der Wertschätzung hat der EuGH indes dahin eingeschränkt, dass es zu einer *erheblichen* Schädigung kommen müsse.[28]

Schließlich besteht nach der Rechtsprechung ein berechtigtes Schutzinteresse vor Ausbeutung des Rufs der Marke.[29] Zwar gewähre § 24 Abs. 1 MarkenG ein Recht, den Ruf in gewissem Maße auszunutzen, allerdings beschränke sich dies nur auf die übliche Werbung.[30] Der Kreis der üblichen Werbeformen wird allerdings von den Gerichten weit gezogen. So soll es nicht darauf ankommen, ob diese konkrete Werbeform von anderen Händlern der gleichen Branche vorgenommen werde, sondern ob sie generell in Deutschland üblich sei.[31] Zudem müsse sich der Händler nicht auf die geringst mögliche Kennzeichnung beschränken.[32] Daher wird ihm auch zugestanden, dass er neben Wortmarken auch Bildmarken der entsprechenden Ware verwendet.[33]

Das berechtigte Interesse des Markeninhabers, den Vertrieb veränderter oder verschlechterter Ware zu unterbinden, spielte in der Rechtsprechung zum Ankündigungsrecht bisher keine Rolle. Dies wird daran liegen, dass sich der Markeninhaber in diesen Fällen regelmäßig direkt gegen den Vertrieb wendet und nicht nur gegen dessen Ankündigung.

---

27 EuGH GRUR Int. 1998, 141, 143 (Rdn. 45) „*Dior/Evora*".

28 EuGH GRUR Int. 1998, 141, 143 (Rdn. 46) „*Dior/Evora*"; zustimmend BGH GRUR 2007, 882, 884 (Rdn. 26) „*Parfümtester*"; OLG Hamburg GRUR-RR 2004, 355, 359 „*Parfümtester*".

29 So BGH GRUR 2005, 160, 161 „*SIM-LOCK*"; GRUR 2006, 329, 332 (Rdn. 34) „*Gewinnfahrzeug mit Fremdemblem*"; OLG Braunschweig OLGR 2000, 157, 159 „*Fahrräder*"; OLG Düsseldorf GRUR-RR 2001, 299, 301 „*Mercedes-Stern*"; in diesem Sinne schon EuGH GRUR Int. 1999, 438, 441 (Rdn. 48) „*BMW/Deenik*".

30 OLG Braunschweig OLGR 2000, 157, 158 „*Fahrräder*"; OLG Düsseldorf GRUR-RR 2001, 299, 301 „*Mercedes-Stern*".

31 OLG Düsseldorf GRUR-RR 2001, 299, 301 „*Mercedes-Stern*".

32 BGH GRUR 2003, 340, 342 „*Mitsubishi*"; OLG Naumburg GRUR-RR 2001, 297, 298 „*Mitsubishi*"; a.A. OLG Köln GRUR-RR 2001, 301, 302 „*Anzeigenwerbung für EU-Neufahrzeuge*", allerdings in Bezug auf § 23 Nr. 3 MarkenG.

33 BGH GRUR 2003, 340, 342 „*Mitsubishi*"; GRUR 2003, 878, 880 „*Vier Ringe über Audi*"; OLG Naumburg GRUR-RR 2001, 297, 298 „*Mitsubishi*"; OLG Düsseldorf GRUR-RR 2001, 299, 301 „*Mercedes-Stern*"; OLG München GRUR-RR 2006, 363, 366 „*BMW-Bildmarke*".

b) Wettbewerbsrechtliche Beurteilung

Wettbewerbsrechtliche Ansprüche spielen im Rahmen der Händlerwerbung seit Einführung des MarkenG keine Rolle mehr. So führte der BGH in dem Urteil *Gewinnfahrzeug mit Fremdemblem* aus, dass der Markenschutz in seinem Anwendungsbereich den lauterkeitsrechtlichen Schutz verdränge.[34] Da bereits im Rahmen des § 24 Abs. 2 MarkenG die unlautere Rufausbeutung zu prüfen sei, könne eine Unlauterkeit nach den Vorschriften des UWG nur dann angenommen werden, wenn weitere, nicht bereits bei der Prüfung des § 24 Abs. 2 MarkenG berücksichtigte Umstände vorlägen, die die Unlauterkeit begründeten.[35]

II. Bezugnahme auf eine Marke im Rahmen des Ersatz- und Zubehörproduktabsatzes

Für den Hersteller einer Ware kann es erforderlich sein, die Marke eines anderen Produktes zu benennen, wenn sich die Produkte aufeinander beziehen. Dies ist insbesondere im Rahmen des Ersatz- und Zubehörproduktabsatzes erforderlich.

Neben dem Vertrieb der eigentlichen Produkte hat sich in vielen Branchen ein umsatzstarker Handel mit Ersatz- und Zubehörprodukten entwickelt, so insbesondere in der Automobil- und Computerbranche. Teilweise drängt der Vertrieb der Ersatzteile sogar den Absatz des eigentlichen Hauptproduktes in den Hintergrund. So ist etwa bei Druckern aufgrund des geringen Preises des Hauptproduktes davon auszugehen, dass die Hersteller primär an den Ersatzteilen wie Patronen ihren Umsatz erwirtschaften.

Da sowohl Zubehörprodukte als auch Ersatzteile an bestimmte Hauptprodukte gebunden sind, besteht ein erhebliches Interesse daran, die kompatiblen Hauptprodukte auch mit ihren Marken zu benennen. Da die Markeninhaber meist mehrere Produkte mit unterschiedlichen Spezifikationen vertreiben, reicht es für den Vertrieb der Ersatz- und Zubehörprodukte nicht aus, allein den Unternehmensnamen zu nennen, vielmehr muss das Produkt genau bezeichnet werden.

---

34 BGH GRUR 2006, 329, 332 (Rdn. 36) „*Gewinnfahrzeug mit Fremdemblem*“.

35 BGH GRUR 2006, 329, 332 (Rdn. 36) „*Gewinnfahrzeug mit Fremdemblem*“; in seiner Entscheidung „*Mitsubishi*“ (GRUR 2003, 340) hat sich der BGH hingegen noch mit wettbewerbsrechtlichen Ansprüchen auseinandergesetzt. Er hat geprüft, ob der Verkehr dadurch irregeführt wird, wenn der Eindruck eines Vertragshändlerverhältnisses entstehen kann (ebenso OLG Celle WRP 2001, 1248 „*Opel in W.*“). Indes wird dies von der Rechtsprechung gerade auch im Rahmen des § 24 Abs. 2 MarkenG geprüft. Daher muss wohl davon ausgegangen werden, dass eine solche Prüfung nach dem Urteil „*Gewinnfahrzeug mit Fremdemblem*“ nicht mehr erfolgen würde.

1. Rechtsprechung bis zum Inkrafttreten des MarkenG

a) Zeichenrechtliche Beurteilung

Unter Geltung des WZG konnte die Bezugnahme auf ein fremdes Warenzeichen gegen die Rechte des Warenzeicheninhabers aus § 15 WZG verstoßen. Insoweit war entscheidend, ob das fremde Zeichen als Herkunftshinweis für die Ware des Zeichenverwenders oder aber als Hinweis auf die Beschaffenheit dieser Ware im Sinne des § 16 WZG verstanden wurde.[36] Nur wenn der Verkehr davon ausging, dass das Ersatz- oder Zubehörteil ebenfalls von dem Zeicheninhaber des Hauptprodukts stammte, mithin eine *warenzeichenmäßige Verwendung* vorlag, konnte dieser einen Unterlassungsanspruch geltend machen.

Zur der Frage, in welchen Fällen die Bezugnahme auf ein fremdes Warenzeichen als Herkunftshinweis oder als Beschaffenheitsangabe verstanden wurde, hatte sich eine umfangreiche, sich zum Teil widersprechende Rechtsprechung gebildet.

Von einem warenzeichenmäßigen Gebrauch war zunächst dann auszugehen, wenn der Ersatzteilhersteller das Ersatzteil im primär sichtbaren Bereich lediglich mit dem Kennzeichen des Originalteilherstellers kennzeichnete.[37] Daher wurde einem Ersatzteilhersteller der Abdruck einer fremden Marke auf Radkappen untersagt, obwohl diese ohne die Marke des Kfz, für das sie bestimmt waren, nahezu unverkäuflich waren.[38]

Dieser Verwechslungsgefahr haben die Hersteller von Ersatz- und Zubehörteilen dadurch zu begegnen versucht, dass sie die Bezugnahme auf die fremden Waren mit Zusätzen wie „passend für“ „für“ „zu/ zum“ ergänzt haben.

Insoweit ging die Rechtsprechung davon aus, dass die Verwendung solcher Zusätze zum Ausschluss des warenzeichenmäßigen Gebrauchs ausreichend war, wenn darüber hinaus aus den sonstigen Umständen die Fremdherstellereigenschaft deutlich zum Ausdruck kam. Für die Kennzeichnung der Fremdherstellereigenschaft wurde es als ausreichend angesehen, wenn neben der Fremdmarke

---

36 Den Sachverhalt auf diesen Aspekt prüfend RGZ 95, 209 ff. „*Pfaff*“; MuW 1923, 123 ff. „*Rexflaschen*“; GRUR 1928, 394 ff. „*Alfa-Separatoren*“; MuW 1929, 113 ff. „*Jupiter*“; GRUR 1934, 598 ff. „*Yale*“; BGH GRUR 1958, 343 ff. „*Bohnergerät*“; GRUR 1962, 537 „*Radkappe*“; OLG Hamburg GRUR 1955, 46 ff. „*Weck-Ringe*“; OLG Karlsruhe GRUR 1978, 111 ff. „*Hammerbohrer*“.

37 BGH GRUR 1962, 537 ff. „*Radkappe*“; OLG Köln MarkenR 1999, 355, 359 ff. „*Marke ARAL auf Kassenbons*“.

38 BGH GRUR 1962, 537 ff. „*Radkappe*“.

die Zusätze „Imitationsteile",[39] „eigenen Fabrikats"[40] oder „Original *(Marke des Erteilhersteller)* für …"[41] verwendet wurden. Dies galt allerdings nur insoweit, wie dem Verkehr der Unterschied zwischen Hersteller und Zeicheninhaber erkennbar war. So wurde der Hinweis „geprüfte Nadeln von *Leo Lammertz* zur *Pfaff*-Nähmaschine" nicht für ausreichend erachtet, die warenzeichenmäßige Verwendung auszuschließen, da der flüchtige Verkehr nicht wissen könne, ob „*Lammertz*" nicht auch Hersteller der „*Pfaff*-Nahmaschine" sei.[42]

Uneinheitlich wurde es hingegen von der Rechtsprechung bewertet, wenn die Zusätze „passend für"/ „geeignet für" ohne expliziten Hinweis auf die Fremdherstellereigenschaft verwendet wurden. Überwiegend hat die Rechtsprechung einen zeichenmäßigen Gebrauch bejaht, wenn ein expliziter Hinweis auf die Fremdherstellereigenschaft fehlte.[43] Ausnahmen von diesem Grundsatz wurden jedoch dann gemacht, wenn die Bezugnahmen in Preislisten erfolgten, die sich lediglich an Weiterkäufer und Handwerker, nicht aber auch an Endverbraucher richteten.[44]

Wurde die Bezugnahme auf die Fremdmarke nicht als Herkunftshinweis verstanden und fehlte es damit an einer warenzeichenmäßigen Verwendung, war es unerheblich, ob die Bezugnahme notwendig war.[45] Eine Warenzeichenrechtsverletzung lag selbst dann nicht vor, wenn die Nennung des Warenzeichens in der konkreten Form nicht notwendig war. Die Notwendigkeit spielte allein im Rahmen der wettbewerbsrechtlichen Prüfung eine Rolle.

b) Wettbewerbsrechtliche Beurteilung

In den Fällen, in denen die Zeichenverwendung nicht bereits über das WZG untersagt werden konnte, kam ein Unterlassungsanspruch gemäß § 1 UWG a.F. in

39 RG GRUR 1941, 116, 123 „*Torpedo*" (so allerdings nur im Rahmen des UWG geprüft).

40 RG GRUR 1928, 394, 395 „*Alfa-Separatoren*"; GRUR 1934, 598, 602 „*Yale*".

41 RG GRUR 1934, 598, 602 „*Yale*".

42 RGZ 95, 209 „*Pfaff*"; hinzu kam allerdings noch, dass das Wort „Pfaff" besonders drucktechnisch hervorgehoben wurde.

43 RG GRUR 1925, 224 „*Torpedo Nabe*" (allerdings grds. auf das UWG abstellend); MuW 1929, 113 „*Jupiter*"; GRUR 1934, 598, 604 „*Yale*"; OLG Karlsruhe GRUR 1978, 111 „*Hammerbohrer*".

44 RG MuW 1923, 123 „*Rexflaschen*"; GRUR 1934, 598, 602 „*Yale*"; so auch das OLG Hamburg GRUR 1955, 46, 47 „*Weck-Ringe*", das allerdings auf den Gesamteindruck des Prospekts und der dabei deutlichen Hervorhebung der eigenen Marke des Verletzers abstellt. Im Ergebnis wird allerdings doch eine Verletzung angenommen, da die Benutzung nicht unbedingt notwendig gewesen sei.

45 BGH GRUR 1958, 343, 344 „*Bohnergerät*"; so schon vorher RG GRUR 1928, 394, 395 „*Alfa-Separatoren*"; in diesem Sinne auch RG MuW 1929, 112, 113 „*Jupiter*"; a.A. OLG Hamburg GRUR 1955, 46, 47 „*Weck-Ringe*".

Betracht. Ein solcher wurde von der Rechtsprechung bejaht, wenn der gute Ruf der Waren eines Konkurrenten zur Erregung der Aufmerksamkeit ausgenutzt wurde.[46] Eine Rufausbeutung war indes ausgeschlossen, wenn die Bezugnahme auf das fremde Zeichen zur Aufklärung des Verkehrs über den Verwendungszweck des zu einer fremden Hauptware hergestellten Ersatzteils sachlich geboten war.[47] Ob sich der Hersteller für einen sachgerechten Vertrieb eines Ersatz- oder Zubehörteils darauf beschränken musste, das Hauptprodukt zu umschreiben, war in der Rechtsprechung umstritten.[48]

2. Rechtsprechung nach dem Inkrafttreten des MarkenG

a) Markenrechtliche Beurteilung

Nach dem MarkenG kommt es nunmehr darauf an, ob eine Markenrechtsverletzung im Sinne des § 14 Abs. 2 MarkenG vorliegt und ob diese möglicherweise gemäß § 23 MarkenG gerechtfertigt ist.

1) Verletzungshandlung

Der EuGH und die nationale Rechtsprechung gehen sowohl beim Vertrieb von Ersatzteilen als auch bei Zubehörprodukten hinsichtlich der Benutzung von Marken zur Bewerbung dieser Teile von einer Verletzung des § 14 Abs. 2 Nr. 1 MarkenG aus.[49]

In der *Gillette Company/LA-Laboratories*-Entscheidung hat der EuGH zwar eine Verletzung des Art. 5 Abs. 1 S. 2 lit. a) MRL (§ 14 Abs. 2 Nr. 1 MarkenG) nicht ausdrücklich erwähnt.[50] Da das Gericht jedoch die Rechtfertigung einer

---

46 RG MuW 1923, 123 „*Rexflaschen*“; GRUR 1925, 224, 226 „*Torpedo*“ GRUR 1928, 394, 395 „*Alfa-Separatoren*“; in BGH GRUR 1958, 343, 344 „*Bohnergerät*“ wird auf die Grundsätze der anlehnenden vergleichen Werbung abgestellt.

47 So BGH GRUR 1996, 781, 783 „*Verbrauchsmaterialien*“; ähnlich vorher RG MuW 1923, 123 „*Rexflaschen*“; BGH GRUR 1958, 343, 344 „*Bohnergerät*“.

48 Dafür RG GRUR 1928, 394, 396 „*Alfa-Separatoren*“; OLG Hamburg GRUR 1955, 46, 47 „*Weck-Ringe*“ (allerdings im Rahmen des WZG); dagegen RG MuW 1923, 123 „*Rexflaschen*“.

49 EuGH GRUR 2005, 509, 511 (Rdn. 28) „*Gillette Company/LA-Laboratories*“; BGH GRUR 2005, 423 ff. „*Staubsaugerfiltertüten*“; OLG Köln MarkenR 1999, 355, 359 „*Marke ARAL auf Kassenbons*“; OLG Nürnberg OLGR 2002, 106 ff. „*Staubsaugerfiltertüten*“ (Vorinstanz); OLG Braunschweig MittdPatAnw 2001, 266 ff. „*ALF*“; OLG München NJOZ 2003, 984, 986 „*JE DESIGN*“.

50 EuGH GRUR 2005, 509, 511 „*Gillette Company/LA-Laboratories*“.

Verletzungshandlung gemäß Art. 6 Abs. 1 lit. c) MRL (§ 23 Nr. 3 MarkenG) prüfte, kann davon ausgegangen werden, dass es zumindest konkludent eine Verletzung des Art. 5 Abs. 1 S. 2 lit. a) MRL (§ 14 Abs. 2 Nr. 1 MarkenG) angenommen hat.

Die nationale Rechtsprechung hat sich grundsätzlich darauf beschränkt, die Verletzungshandlung entweder konkludent oder mit einem kurzen Hinweis auf die EuGH-Rechtsprechung zu bejahen.[51] Bisher erst einmal schien der BGH Zweifel an einer Verletzung zu haben. In der Entscheidung *Aluminiumräder* ließ es das Gericht dahingestellt, ob der Abdruck des Hauptprodukts inklusiv der geschützten Marke eine Verletzung des § 14 Abs. 2 Nr. 1 oder Nr. 3 MarkenG darstellt. Vielmehr konzentrierte sich der BGH auf eine Rechtfertigung des möglichen Eingriffs.[52]

2) Rechtfertigung

Als Rechtfertigungsgrund für die Markenrechtsverletzung wird sowohl vom EuGH[53] als auch von der nationalen Rechtsprechung[54] Art. 6 Abs. 1 lit. a) MRL bzw. § 23 Nr. 3 MarkenG herangezogen. Es kommt daher darauf an, ob die Verwendung zum Hinweis auf die Bestimmung notwendig ist und nicht gegen die guten Sitten verstößt.

(a) Notwendigkeit

Der EuGH geht davon aus, dass die Nennung der Marke dann notwendig ist, wenn eine Information der Öffentlichkeit über die Bestimmung der Ware eines Dritten praktisch nicht übermittelt werden kann, ohne die Marke zu benutzen, deren Inhaber der Dritte nicht ist.[55] Die Notwendigkeit der Nennung der Marke soll daher dann entfallen, wenn es technische Standards oder Normen gibt, die ebenfalls geeignet sind, der Öffentlichkeit eine verständliche und vollständige Information über die Bestimmung der von dem Dritten vertriebenen Ware zu liefern.[56]

51 BGH GRUR 2005, 423, 425 „*Staubsaugerfiltertüten*“; OLG Braunschweig MittdPatAnw 2001, 266, 271 „*ALF*“; OLG München NJOZ 2003, 984, 986 „*JE DESIGN*“; ausführlich OLG Nürnberg, OLGR 2002, 106 ff., allerdings aufgehoben durch BGH GRUR 2005, 423 ff. „*Staubsaugerfiltertüten*“.

52 BGH GRUR 2005, 163, 164 „*Aluminiumräder*“.

53 EuGH GRUR 2005, 509, 511 (Rdn. 29 ff.) „*Gillette Company/LA-Laboratories*“.

54 BGH GRUR 2005, 423 425 ff. „*Staubsaugerfiltertüten*“; OLG Braunschweig MittdPatAnw 2001, 266, 269 ff. „*ALF*“; OLG München NJOZ 2003, 984, 987 „*JE DESIGN*“.

55 EuGH GRUR 2005, 509, 512 (Rdn. 34 f.) „*Gillette Company/LA-Laboratories*“.

56 EuGH GRUR 2005, 509, 512 (Rdn. 36) „*Gillette Company/LA-Laboratories*“.

Der BGH schien hingegen vor dieser Rechtsprechung des EuGH ein weiteres Verständnis der Notwendigkeit zu vertreten. In der *Aluminiumräder*-Entscheidung ging das Gericht davon aus, dass die Abbildung des Produktes und der Marke auch dann notwendig sei, wenn sie dazu diene, den ästhetischen Eindruck der Zubehörteile, der entscheidend für die Kaufentscheidung sei, hinreichend darzustellen. In solchen Fällen sei es nicht ausreichend, entweder nur das Zubehörprodukt isoliert darzustellen oder sich gar auf die wörtliche Bezeichnung des Hauptproduktes zu beschränken.[57] Daher durfte ein Kfz-Zubehörteilhersteller die von ihm vertriebenen Reifen in seinem Katalog an einem *Porsche* montiert abbilden.

(b) Verstoß gegen die guten Sitten

Nach dem Wortlaut des § 23 MarkenG darf die Benutzung nicht gegen die guten Sitten verstoßen. Den Begriff der guten Sitten setzt die deutsche Rechtsprechung mit den berechtigten Interessen des Markeninhabers gleich.[58] Der EuGH hat vier Kriterien aufgestellt, die zu einer Beeinträchtigung der berechtigten Interessen des Markeninhabers in unlauterer Weise führen.[59]

Erstens darf durch die Nennung nicht der Eindruck hervorgerufen werden, dass eine Handelsbeziehung zwischen dem Dritten und dem Markeninhaber bestehe. Zweitens darf die Handlung nicht den Wert der Marke beeinträchtigen, indem sie deren Unterscheidungskraft oder deren Wertschätzung in unlauterer Weise ausnutzt. Drittens darf die Handlung die Marke nicht herabsetzen oder schlechtmachen. Und schließlich darf der Dritte seine Ware nicht als Imitation oder Nachahmung der Ware mit der Marke darstellen, deren Inhaber er nicht ist.

Der BGH hat das erste Kriterium der Irreführung über die Herkunft dahin präzisiert, dass daran erhöhte Anforderungen für einen Verstoß gegen die guten Sitten zu stellen seien.[60] Dies ergebe sich daraus, dass die Nennung der Marke im Zusammenhang mit dem Angebot eines Ersatz- oder Zubehörteils immer eine gewisse Verwechslungsgefahr begründe, die hingenommen werden müsse, um

57 BGH GRUR 2005, 163, 164 „*Aluminiumräder*".

58 BGH GRUR 2005, 163, 164 „*Aluminiumräder*"; GRUR 2005, 423, 425 „*Staubsaugerfiltertüten*"; OLG München NJOZ 2003, 984, 988 „*JE DESIGN*"; ebenso entspricht der Begriff der anständigen Gepflogenheiten im Sinne des Art. 6 Abs. 1 MRL den berechtigten Interessen (EuGH GRUR 2005, 509, 512 (Rdn. 41) „*Gillette Company/LA-Laboratories*").

59 EuGH GRUR 2005, 509, 512 (Rdn. 42 ff.) „*Gillette Company/LA-Laboratories*".

60 BGH GRUR 2005, 423, 425 „*Staubsaugerfiltertüten*".

§ 23 Nr. 3 MarkenG nicht vollkommen leer laufen zu lassen.[61] Daher erfordere es § 23 Nr. 3 MarkenG auch nicht, dass der Lieferant von Ersatz- oder Zubehörteilen Maßnahmen ergreife, die jegliche denkbare Fehlvorstellung des Verkehrs über die Herkunft der Marke ausschließen.[62]

Um die Irreführung zu verhindern, sie sieht es der BGH vielmehr als ausreichend an, wenn die eigene Marke des Ersatzteilherstellers in deutlich größerem Schriftbild der fremden Marke, möglichst mit dem Registriert-Zeichen „®" versehen, vorangestellt wird.[63] Ferner sollte sprachlich unmissverständlich herausgestellt werden, dass die Ersatzprodukte für das Hauptprodukt dienen, etwa durch das Wort „für".[64] Mangels eines solchen Zusatzes hat es das OLG Düsseldorf als unzulässig angesehen, Mainboards mit der Marke für die passenden Prozessoren zu kennzeichnen.[65]

Hinsichtlich des Vertriebs von Zubehörprodukten geht die Rechtsprechung davon aus, dass dem Verbraucher bewusst ist, dass Zubehör auch durch Dritte angeboten wird, so dass die Nennung der Marke noch nicht den Schluss auf eine Vertragsbeziehung zwischen den Parteien zulässt.[66] Wenn ein Dritter nicht den Eindruck einer Vertragswerkstatt erzeuge, wird sich dem Verbraucher nicht der Eindruck aufdrängen, dass es sich um Zubehör des Markeninhabers handele.[67] Das OLG München geht daher davon aus, dass die Möglichkeit eines Verstoßes gegen die guten Sitten nur dann gegeben sei, wenn die Marke in hervorgehobener und plakativer Form dargestellt werde.[68]

b) Wettbewerbsrechtliche Beurteilung

Seit dem Inkrafttreten des MarkenG geht die Rechtsprechung davon aus, dass im Anwendungsbereich der jeweiligen Bestimmungen des Markenrechts für die gleichzeitige Anwendung der Vorschriften des UWG oder des § 823 BGB kein Raum sei.[69] Soweit daher die Bezugnahme bei Ersatz- und Zubehörteilen durch

---

61 BGH GRUR 2005, 423, 425 „*Staubsaugerfiltertüten*"; so auch OLG Nürnberg, OLGR 2002, 106 (Rn. 49).

62 BGH GRUR 2005, 423, 427 „*Staubsaugerfiltertüten*".

63 BGH GRUR 2005, 423, 427 „*Staubsaugerfiltertüten*".

64 BGH GRUR 2005, 423, 427 „*Staubsaugerfiltertüten*".

65 OLG Düsseldorf CR 2000, 583, 585 „*Pentium*"; die Beklagte bewarb ihre Mainboards mit „Pentium-Mainboards". Das OLG forderte in diesem Fall Zusätze wie „Mainboards geeignet für" oder „ausgelegt für die Aufnahme von Pentium-Prozessoren".

66 BGH GRUR 2005, 163, 164 „*Aluminiumräder*".

67 BGH GRUR 2005, 163, 165 „*Aluminiumräder*".

68 OLG München NJOZ 2003, 984, 989 „*JE DESIGN*".

69 Nachweise dazu siehe unter C.I., S. 97.

die Verwendung einer Marke erfolgt, greift die Rechtsprechung grundsätzlich nicht mehr auf wettbewerbsrechtliche Ansprüche zurück.[70]

Wird die Bezugnahme hingegen nicht mittels Marken, sondern anderer Zeichen wie z.B. Bestellnummern hergestellt, wendet die Rechtsprechung die wettbewerbsrechtlichen Vorschriften an. Hauptanknüpfungspunkt bilden dabei die Vorschriften zur vergleichenden Werbung.[71] Schwerpunkte bei dieser Prüfung sind die Fragen, ob durch die Bezugnahme objektiv eine wesentliche, relevante, nachprüfbare und typische Eigenschaft im Sinne des § 6 Abs. 2 Nr. 2 UWG herausgestellt wird[72] und ob eine unlautere Ausbeutung bzw. Beeinträchtigung der Wertschätzung des Kennzeichens vermieden wird[73]. Soweit die Anwendbarkeit des § 6 UWG abgelehnt wird, stellt die Rechtsprechung ergänzend auf eine Rufausbeutung gemäß § 4 Nr. 9 UWG ab.[74] Eine solche sei jedoch nur dann gegeben, wenn für die Bezugnahme kein hinreichender Anlass bestehe oder wenn Art und Maß der Angaben nicht im Rahmen einer zutreffenden Darstellung lägen.[75]

III. Bezugnahme auf eine Marke durch einen Dienstleister

Nicht nur bei Waren, sondern auch bei Dienstleistungen kann sich das Bedürfnis ergeben, auf ein Produkt Bezug zu nehmen, auf das die Dienstleistung Anwendung findet. Ein solches Bedürfnis wird zumeist in folgenden beiden Fallkonstellationen auftreten:

Die erste Konstellation betrifft die Instandsetzung der Waren. Insbesondere bei hochwertigen oder technisch anspruchsvollen Produkten ist es für Dritte von Interesse, die Instandsetzung anstelle des Markeninhabers vorzunehmen. Zu denken sei hier etwa an Autoreparaturwerkstätten.

---

70 BGH GRUR 2005, 163, 165 „*Aluminiumräder*"; GRUR 2005, 423, 427 „*Staubsaugerfiltertüten*"; OLG Braunschweig MittdPatAnw 2001, 266, 271 „*ALF*"; grundsätzlich auch OLG München NJOZ 2003, 984, 990 „*JE DESIGN*", das jedoch hilfsweise bei Verneinung der markenmäßigen Benutzung einen Verstoß gegen § 2 UWG a.F. prüfte.

71 EuGH GRUR 2002, 354 ff. „*Toshiba/Katun*"; GRUR 2006, 345 f. „*Siemens/VIPA*"; BGH GRUR 2001, 350 ff. „*OP-Lampen*"; GRUR 2003, 444 ff. „*Ersetzt*"; GRUR 2005, 348 ff. „*Bestellnummernübernahme*".

72 EuGH GRUR 2002, 354, 355 (Rdn. 28 ff.) „*Toshiba/Katun*"; BGH GRUR 2003, 444, 445 „*Ersetzt*".

73 EuGH GRUR 2002, 354, 356 (Rdn. 48 ff.) „*Toshiba/Katun*"; GRUR 2006, 345, 346 (Rdn. 18 ff.) „*Siemens/VIPA*"; BGH GRUR 2003, 444, 445 „*Ersetzt*"; GRUR 2005, 348, 349 „*Bestellnummernübernahme*".

74 BGH GRUR 2005, 163, 165 „*Aluminiumräder*".

75 BGH GRUR 2005, 163, 165 „*Aluminiumräder*".

Die zweite Konstellation stellt die Umgestaltung bzw. Funktionserweiterung eines Produktes dar. So werden etwa Kraftfahrzeuge von Dritten „getunt", d.h. die Leistung der Fahrzeuge wird durch Veränderungen am Motor und durch das Anbringen sonstiger Zubehörteile erhöht.

In beiden Konstellationen ist eine effektive Werbung für die eigene Leistung nur möglich, wenn dazu Bezug auf die fremde Marke genommen werden kann.

1. Rechtsprechung bis zum Inkrafttreten des MarkenG

a) Zeichenrechtliche Beurteilung

Während zur Warenzeichenbenutzung im Rahmen von Warenverkäufen mehrere Urteile ergangen sind, hat sich unter der Geltung des WZG allein das KG mit der vorliegenden Konstellation befasst.[76] Das KG hat eine Warenzeichenverletzung durch den Dienstleister abgelehnt, da sich das Benutzungsrecht eines Zeicheninhabers nur auf Waren beziehe und darunter nur bewegliche körperliche Sachen zu verstehen seien, die in einem darauf gerichteten Geschäftsbetrieb als Gegenstand des Handelsverkehrs in den Verkehr gebracht werden.[77] Dementsprechend stelle die Verwendung einer Marke als Werbemittel für eine Dienstleistung keine Verletzungshandlung dar.

b) Wettbewerbsrechtliche Beurteilung

Ein wettbewerbsrechtlicher Anspruch wegen eines Verstoßes gegen § 3 UWG a.F. wurde von der Rechtsprechung gewährt, wenn durch die Bezugnahme der Eindruck entstand, dass der Dienstleister als Vertragswerkstatt tätig sei. Während der BGH in seinem einzigen zu dieser Fallgruppe ergangenen Urteil einen solchen Eindruck aufgrund der häufigen Verwendung der Fremdmarke bejahte,[78] verneinte das KG einen solchen Eindruck aufgrund des Zusatzes „Spezialabteilung für" und des Gesamteindrucks der Werbung.[79]

76 KG GRUR 1977, 537 „*Mercedes-Benz*".
77 KG GRUR 1977, 537 f. „*Mercedes-Benz*".
78 BGH GRUR 1970, 467, 469 „*Vertragswerkstatt*"; allerdings muss bei diesem Urteil beachtet werden, dass sich der BGH hauptsächlich mit dem Verkauf von Markenwaren durch einen freien Händler beschäftigte und dass die Werbung für die Reparaturleistung nur peripher behandelt wurde.
79 KG GRUR 1977, 537, 538 „*Mercedes-Benz*".

Ferner wurde vom KG ein Anspruch gemäß § 1 UWG wegen anlehnender bezugnehmender Werbung verneint, da eine Bezugnahme im Reparaturgeschäft notwendig sei.[80]

2. Rechtsprechung seit Inkrafttreten des MarkenG

Seit Inkrafttreten des MarkenG hat sich bisher nur der EuGH mit einer Konstellation dieser Fallgruppe auseinandergesetzt. Das Urteil *BMW/Deenik* betraf den Fall, dass eine Kfz-Werkstatt für die Instanzstandsetzung von *BMW*-Fahrzeugen mit der Wort- und Bildmarke der *Bayerischen Motorenwerke AG* warb.[81]

a) Markenrechtliche Beurteilung

Der EuGH sah in der bezugnehmenden Verwendung einer Marke durch einen Dienstleister keinen Unterschied zu einer Verwendung durch einen Händler und bejahte aus denselben Gründen wie beim Verkauf einer Ware auch bei der Werbung für die Instandsetzung einer Markenware eine Verletzungshandlung im Sinne des Art. 5 Abs. 1 S. 2 lit. a) MRL (§ 14 Abs. 2 Nr. 1 MarkenG). Auch in diesem Fall werde die Marke benutzt, um die Waren abzugrenzen, auf die sich die Dienstleistung beziehe.[82]

Hinsichtlich der Rechtfertigung des Eingriffs verneinte der EuGH zunächst die Anwendung des Art. 7 MRL (§ 24 MarkenG).[83] Diese Vorschrift solle nur den Wiederverkauf der Marke ermöglichen, nicht hingegen sonstige Dienstleistungen im Rahmen mit dem Produkt rechtfertigen.[84]

Allerdings sah das Gericht Art. 6 Abs. 1 lit. c) MRL (§ 23 Nr. 3 MarkenG) als einschlägig an. Die konkrete Markenverwendung stellte sich als erforderlich und den anständigen Gepflogenheiten im Gewerbe oder Handel entsprechend dar, da nicht zu erkennen gewesen sei, wie ein unabhängiger Unternehmer, der tatsächlich auf die Instandsetzung und Wartung von *BMW*-Fahrzeugen spezialisiert sei, dies seinen Kunden in der Praxis mitteilen solle, ohne die *BMW*-Marken zu benutzen.[85]

80 KG GRUR 1977, 537, 538 „*Mercedes-Benz*“; der BGH hat sich in der Entscheidung „*Vertragswerkstatt*“ (GRUR 1970, 467 ff.) mit der Problematik der vergleichenden Werbung nicht auseinander gesetzt.

81 EuGH GRUR Int. 1999, 438 ff. „*BMW/Deenik*“.

82 EuGH GRUR Int. 1999, 438, 441 (Rdn. 39) „*BMW/Deenik*“.

83 EuGH GRUR Int. 1999, 438, 442 (Rdn. 56) „*BMW/Deenik*“.

84 EuGH GRUR Int. 1999, 438, 442 (Rdn. 57) „*BMW/Deenik*“.

85 EuGH GRUR Int. 1999, 438, 442 (Rdn. 60) „*BMW/Deenik*“.

b) Wettbewerbsrechtliche Beurteilung

Mit wettbewerbsrechtlichen Ansprüchen hat sich der EuGH mangels einer entsprechenden Vorfrage nicht auseinandergesetzt.

IV. Kritisierende und anlehnende vergleichende Werbung

Neben der bereits dargestellten Spezialfallgruppe der Ersatz- und Zubehörteile kann eine fremde Marke auch in sonstigen Werbevergleichen eingesetzt werden, um die Bezugnahme auf Konkurrenzprodukte zu ermöglichen.

Hinsichtlich der vergleichenden Werbung wird in der Regel zwischen der kritisierenden, anlehnenden und persönlich bzw. unternehmensbezogenen vergleichenden Werbung differenziert. Die kritisierende vergleichende Werbung nimmt in negativer Form erkennbar auf das fremde Waren- oder Leistungsangebot Bezug.[86] Die anlehnende vergleichende Werbung ist demgegenüber durch eine Bezugnahme in positiver Form gekennzeichnet.[87] Die persönlich und unternehmensbezogene vergleichende Werbung nimmt hingegen auf persönliche Eigenschaften und Verhältnisse des Mitbewerbers negativen Bezug.[88]

Für die Untersuchung dieser Arbeit sind nur die kritisierende und anlehnende vergleichende Werbung von Bedeutung, da die persönlich und unternehmensbezogene vergleichende Werbung nicht durch eine Markennennung, sondern nur durch die Verwendung von Namen oder Unternehmenskennzeichen erfolgen kann.

1. Rechtsprechung bis zum Inkrafttreten der Richtlinie 97/55/EG

Die Rechtsprechung war bis zum Erlass der Richtlinie 97/55/EG von dem Grundsatz geprägt, dass vergleichende Werbung wettbewerbsrechtlich unzulässig sei und daher gegen § 1 UWG a.F. verstoße. Nur bei einem ausreichenden Anlass wurde die Werbung ausnahmsweise als zulässig angesehen. Von einer Darstel-

---

86 *Menke*, WRP 1998, 811, 812, der jedoch auch die unternehmensbezogene Werbung unter die kritisierende vergleichende Werbung fast; ähnliche Definition bei *Plassmann*, GRUR 1996, 377.

87 *Menke*, WRP 1998, 811, 812; sinngemäß auch *Plassmann*, GRUR 1996, 377; *Gloy/Bruhn*, GRUR 1998, 226.

88 Siehe *Lettl*, Neues UWG, Rdn. 470; *Plassmann*, GRUR 1996, 377; *Menke*, WRP 1998, 811, 812; *Sack*, WRP 2001, 327, 331.

lung der Rechtsprechung wird vorliegend abgesehen, da die damaligen Grundsätze für die Auslegung der gegenwärtigen Rechtslage keine Bedeutung entfalten.[89]

Da die vergleichende Werbung zumeist schon aus wettbewerbsrechtlichen Gründen unlauter war, stellte die Rechtsprechung nicht auf warenzeichenrechtliche Ansprüche ab.

2. Rechtsprechung nach dem Inkrafttreten der Richtlinie 97/55/EG

Seit Erlass der Richtlinie 97/55/EG ist eine wahre Flut von Urteilen zur vergleichenden Werbung ergangen. Da bei diesen Urteilen häufig nicht ausreichend dargelegt wird, ob für das Konkurrenzprodukt Markenschutz besteht, kann sich die Darstellung nicht lediglich auf die Urteile beschränken, die eine Markennennung aufwiesen. Allerdings würde auch eine dezidierte Darstellung aller Urteile zur vergleichenden Werbung den Rahmen diese Bearbeitung überschreiten, insbesondere da nicht alle Punkte der vergleichenden Werbung auch für die Markennennung entscheidend sind. Folglich wird hinsichtlich der wettbewerbsrechtlichen Beurteilung lediglich aufgezeigt, welche Schwerpunkte die Rechtsprechung bisher gesetzt hat.

a) Wettbewerbsrechtliche Beurteilung

Die Zulässigkeit der vergleichenden Werbung wurde detailliert in der Richtlinie 97/55/EG geregelt, die nunmehr in § 6 UWG umgesetzt ist. Da die Rechtsprechung die vergleichende Werbung primär an dieser Norm beurteilt, wird vorliegend entgegen den bisherigen Fallgruppen die wettbewerbsrechtliche vor der markenrechtlichen Beurteilung dargestellt.

1) Vergleichende Werbung

Ein Schwerpunkt der bisherigen Rechtsprechung liegt darin, den Begriff der vergleichenden Werbung auszulegen. Nach dem Wortlaut des § 6 Abs. 1 UWG setzt vergleichende Werbung voraus, dass in einer Werbung Mitbewerber oder von diesen angebotene Waren oder Dienstleistungen erkennbar gemacht werden.

---

89 In der Literatur findet sich eine Vielzahl von Zusammenstellungen der früheren Rechtsprechung. Siehe dazu nur *Menke*, in: MünchKomm, UWG, § 6 Rdn. 2 ff.; *Kebbedies*, Vergleichende Werbung, S. 47 ff.; *Riedel*, Spannungsverhältnis, S. 52 ff.; *Ziervogel*, Rufausbeutung im Rahmen vergleichender Werbung, S. 64 ff.

Wenig Einigkeit bestand in der Rechtsprechung zunächst darin, wie der Mitbewerberbegriff auszulegen ist. Während ein Teil der instanzgerichtlichen Rechtsprechung zu einer sehr weiten Auslegung tendierte,[90] hat der BGH in der einzigen zu diesem Begriff ergangenen Entscheidung eine gegenüber früheren Urteilen restriktive Linie vertreten. Verlangte das Gericht unter Geltung des UWG a.F. für ein konkretes Wettbewerbsverhältnis, das nunmehr Voraussetzung für die Mitbewerbereigenschaft ist, lediglich eine Wechselwirkung zwischen den Vor- und Nachteilen, verlangte es in der *Lottoschein*-Entscheidung eine Substituierbarkeit der verglichenen Produkte.[91] Dieser Linie folgt nunmehr auch der EuGH, der in der Entscheidung *De Landtsheer/CIVC* für ein Mitbewerberverhältnis darauf abstellt, ob die Unternehmen substituierbare Produkte anbieten.[92]

Eine heftige Kontroverse hat sich in der Rechtsprechung entwickelt, ob die Definition der vergleichenden Werbung einen Vergleich im eigentlichen Sinne voraussetzt. Der BGH ging zunächst in ständiger Rechtsprechung davon aus, dass eine Werbung, die einen Mitbewerber kenntlich mache, nur dann vergleichende Werbung sein könne, wenn die beworbenen Produkte auch verglichen werden.[93] Der EuGH ließ hingegen das reine Kenntlichmachen der Produkte eines Mitbewerbers ausreichen und verzichtete auf einen Vergleich.[94] Die diesem Urteil zeitlich folgende Rechtsprechung des BGH schwankte. Während sich der BGH dem EuGH zunächst ohne zu zögern anschloss,[95] lehnt er in der *Aluminiumräder*-Entscheidung die Anwendung des § 6 Abs. 1 UWG explizit wegen eines fehlenden Vergleichs ab.[96] Kaum ein halbes Jahr nach diesem Urteil kehrte der BGH jedoch wieder zu der Linie des EuGH zurück, ohne sich mit der zwischenzeitlichen Abkehr überhaupt auseinanderzusetzen.[97]

---

90 KG GRUR 2000, 242 „*Punkte-Vergleich*"; NJWE-WettbR 2000, 185 „*Versicherungsvergleich*"; OLG Frankfurt a.M. GRUR 2000, 84 „*Deutscher Aktienindex DAX*"; GRUR-RR 2004, 359 „*Markenparfüm*"; OLG Hamburg GRUR 2000, 243, 244 „*Lottoschein*"; OLG Dresden GRUR 2000, 916 „*Hochleistungstarif*".

91 BGH GRUR 2002, 828, 829 „*Lottoschein*"; ebenso OLG München GRUR 2003, 719 „*JUVE-Handbuch*".

92 EuGH GRUR 2007, 511, 513 (Rdn. 32) „*De Landtsheer/CIVC*".

93 BGH GRUR 1999, 501, 502 „*Vergleichen Sie*"; GRUR 1999, 1100, 1101 „*Generika-Werbung*"; GRUR 2001, 350, 351 „*OP-Lampen*"; GRUR 2002, 75, 76 „*SOOOO...BILLIG!?*"; GRUR 2002, 828, 829 „*Lottoschein*".

94 EuGH GRUR 2002, 354, 355 (Rdn. 28 ff.) „*Toshiba/Katun*".

95 GRUR 2004, 607, 611 „*Genealogie der Düfte*".

96 GRUR 2005, 163, 164 „*Aluminiumräder*".

97 BGH GRUR 2005, 348 „*Bestellnummerübernahme*".

Einen weiteren Schwerpunkt der Rechtsprechung bildete die Prüfung der Erkennbarkeit des Mitbewerbers.[98] Auf eine genauere Darstellung dieser Rechtsprechung wird verzichtet, da dieses Kriterium bei der Markennennung immer unproblematisch erfüllt ist.

2) Zulässigkeitsvoraussetzungen

Hinsichtlich der Prüfung der Zulässigkeit können in der Rechtsprechung drei Schwerpunkte ausgemacht werden.

Einen Schwerpunkt bildet die Auslegung des § 6 Abs. 2 Nr. 2 UWG. Erst eine Reihe von höchstinstanzlichen Urteilen konnte diesen Tatbestandsmerkmalen Konturen verleihen.[99]

Ferner hat sich die Rechtsprechung intensiv mit den Vorschriften § 6 Abs. 2 Nr. 4 und Nr. 5 UWG auseinandergesetzt. Da vergleichende Werbung nach der bisherigen Rechtsprechung grundsätzlich unzulässig war, müsste die Rechtsprechung vollkommen neue Kriterien herausbilden, wann eine solche Werbung die Wertschätzung der Mitbewerber oder ihrer Produkte gemäß § 6 Abs. 2 Nr. 4 und Nr. 5 UWG unlauter ausnutzt bzw. beeinträchtigt.[100] Insbesondere die Beurtei-

---

98 Siehe nur EuGH GRUR 2007, 511, 513 (Rdn. 18 ff.) „*De Landtsheer/CIVC*"; BGH GRUR 2002, 982, 983 „*Die Steinzeit ist vorbei*".

99 EuGH GRUR 2002, 354, 355 (Rdn. 33 ff.) „*Toshiba/Katun*"; GRUR 2007, 69, 73 (Rdn. 40 ff.) „*LIDL/Colruyt*"; BGH GRUR 1999, 69, 71 „*Preisvergleichsliste II*"; GRUR 1999, 501, 502 „*Vergleichen Sie*"; GRUR 2003, 444, 445 „*Ersetzt*"; GRUR 2004, 607, 611 „*Genealogie der Düfte*"; GRUR 2005, 172, 174 „*Stresstest*"; GRUR 2007, 605, 607 (Rdn. 30 ff.) „*Umsatzzuwachs*".

100 Zur **Ausnutzung der Wertschätzung**: EuGH GRUR 2002, 354, 356 (Rdn. 48 ff.) „*Toshiba/Katun*"; GRUR 2006, 345 (Rdn. 12 ff.) „*Siemens/VIPA*"; BGH GRUR 1999, 501, 502 „*Vergleichen Sie*"; GRUR 2002, 72, 73 „*Preisgegenüberstellung im Schaufenster*"; GRUR 2003, 444, 445 „*Ersetzt*"; GRUR 2004, 607, 611 „*Genealogie der Düfte*"; GRUR 2005, 348 „*Bestellnummerübernahme*"; zur **Beeinträchtigung der Wertschätzung**: EuGH GRUR 2003, 533, 536 (Rdn. 46 ff.; 80 ff.) „*Pippig Augenoptik/Hartlauer*"; BGH GRUR 1998, 824, 828 „*Testpreisangebot*"; GRUR 1999, 501, 502 „*Vergleichen Sie*"; GRUR 2002, 633, 635 „*Hormonersatztherapie*"; GRUR 2008, 443, 444 f. „*Saugeinlagen*"; bemerkenswert aus der umfangreichen **Instanzrechtsprechung**: OLG Hamburg GRUR 2000, 243, 245 „*Lottoschein*"; GRUR-RR 2003, 251, 252 „*Müsli-Riegel*"; GRUR-RR 2004, 259 „*Babes und Zicken*"; OLG München NJWE-WettbR 2000, 177 „*Mineralwasser*"; GRUR-RR 2003, 189 „*Dogge*"; OLG Jena GRUR-RR 2003, 254 „*Fremdgehen*"; NJW 2005, 2089 „*Spezialanwalt*"; OLG Frankfurt a.M. GRUR-RR 2005, 137 „*Vergleich mit Stachelschwein*".

lung humorvoller und ironischer Werbung bereitete den Gerichten Schwierigkeiten.[101]

Neben diesen beiden Voraussetzungen des § 6 Abs. 2 UWG hat sich die Rechtsprechung ferner schwerpunktmäßig mit dem Irreführungsverbot gemäß § 5 Abs. 1 UWG i.V.m. § 5 Abs. 3 UWG beschäftigt.[102]

b) Markenrechtliche Beurteilung

Die markenrechtliche Problematik wird von der Rechtsprechung nur am Rande behandelt. Obwohl der Tatbestand einer Reihe von Urteilen darauf hindeutet, dass in der angegriffenen Werbung auch Kennzeichen im Sinne der § 4 und § 5 MarkenG verwendet wurden,[103] befassten sich nur wenige Urteile mit markenrechtlichen Ansprüchen.[104]

---

101 KG WRP 1999, 339, 340 „*Werbevergleich*"; OLG Hamburg GRUR 2000, 243, 245 „*Lottoschein*"; GRUR-RR 2003, 251, 252 „*Müsli-Riegel*"; OLG München NJWE-WettbR 2000, 177 „*Mineralwasser*"; GRUR-RR 2003, 189 „*Dogge*"; OLG Jena GRUR-RR 2003, 254 „*Fremdgehen*"; OLG Frankfurt a.M. GRUR-RR 2005, 137 „*Vergleich mit Stachelschwein*".

102 Siehe dazu EuGH GRUR 2003, 533, 536 (Rdn. 39 ff.) „*Pippig Augenoptik/Hartlauer*"; GRUR 2007, 69, 75 (Rdn. 76 ff.) „*LIDL/Colruyt*"; BGH GRUR 1999, 501, 502 „*Vergleichen Sie*"; GRUR 2001, 350, 351 „*OP-Lampen*"; GRUR 2005, 172, 175 „*Stresstest*"; die instanzgerichtliche Rechtsprechung hat sich insbesondere im Rahmen von Krankenversicherungsvergleichen (OLG Stuttgart NJW-RR 1999, 266, 267; OLG Dresden GRUR 2000, 916 „*Hochleistungstarif*"; KG NJWE-WettbR 2000, 185) und Telefontarifvergleichen (OLG Düsseldorf NJW-RR 1999, 408 „*Tabellarischer Preisvergleich*"; OLG Hamburg GRUR 2000, 532 „*Telefonkostenvergleich*"; Hamburg GRUR-RR 2005, 131, 132 „*Schlauer Telefonkunde*"; GRUR-RR 2007, 244, 245 „*Neuwahlen*"; OLG Frankfurt a.M. GRUR-RR 2001, 89 „*Komfortanschluss*") mit dem Irreführungsverbot beschäftigt; lesenswert auch OLG München WRP 1999, 692, 694 „*Satte Mehrheit*".

103 So etwa bei OLG Stuttgart NJWE-WettbR 1999, 98 „*Drogeriemärktevergleich*"; OLG Düsseldorf NJW-RR 1999, 408; OLG München WRP 1999, 692, 694 „*Satte Mehrheit*"; GRUR-RR 2003, 373 „*Branchentelefonbuch*"; OLG Saarbrücken NJW-RR 1999, 1424 „*Mitsubishi Fahrer*"; OLG Frankfurt a.M. GRUR 2000, 621 „*Magentafarbener* Pfeil"; GRUR 2000, 1062 „*Wiederbefüllte Toner-Kartusche*"; GRUR-RR 2001, 89 „*Komfortanschluss*"; OLG Hamburg GRUR-RR 2001, 33 „*Verkaufszahlen*"; GRUR-RR 2001, 84 „*Handzahnbürste*"; GRUR-RR 2002, 112 „*Verlierer*"; GRUR-RR 2004, 259 „*Babes und Zicken*"; GRUR-RR 2005, 131 „*Schlaufe Telefonkunde*"; OLG Jena GRUR-RR 2003, 254 „*Fremdgehen*".

104 BGH GRUR 2004, 607, 611 „*Genealogie der Düfte*"; GRUR 2008, 628, 629 (Rdn. 14 ff.) „*Imitationswerbung*"; OLG Frankfurt a.M. GRUR 2000, 84 „*Deutscher Aktienindex*"; GRUR-RR 2004, 359 „*Markenparfüm*"; GRUR 2004, 1043 „*Cartier-Stil*"; OLG Hamburg GRUR 2000, 243, 247 „*Lottoschein*"; OLG München WRP 2001, 820, 828 „*Duftvergleichslisten*".

Der EuGH äußerte sich zur markenrechtlichen Problematik bei der vergleichenden Werbung das erste Mal in der *Toshiba/Katun*-Entscheidung. Die Bezugnahme auf OEM-Artikelnummern sah das Gericht als wettbewerbsrechtlich zulässig an. Zur Begründung wurde dazu als ein Argument ausgeführt, dass dieses Verhalten auch gemäß Art. 6 Abs. 1 lit. c) MRL zulässig sei.[105] Eine Begründung für diese Feststellung fehlte indes. Allerdings lässt sich aus der Bezugnahme auf die Schrankenregelung schließen, dass der EuGH in der vergleichenden Werbung auch eine Markenrechtsverletzung im Sinne des Art. 5 Abs. 1 MRL sah. Zweifel an diesem Ergebnis bestanden allerdings aufgrund der acht Monate später ergangenen *Hölterhoff*-Entscheidung.[106] In dieser Entscheidung verneinte der EuGH bei einer bezugnehmenden Markennennung schon die Anwendung des Art. 5 Abs. 1 MRL, da es nicht zu einer Interessenbeeinträchtigung des Markeninhabers gekommen sei.[107]

Diese Zweifel hat der EuGH nunmehr durch die *O2/Hutchison*-Entscheidung vom 12.06.2008 ausgeräumt.[108] In diesem Urteil stellt der EuGH fest, dass die Benutzung eines mit der Marke eines Mitbewerbers identischen oder ihm ähnlichen Zeichens durch einen Werbenden in einer vergleichenden Werbung geeignet sei, eine Benutzung im Sinne des Art. 5 Abs. 1 und 2 der Richtlinie 89/104 zu bilden.[109] Gleichzeitig stellt das Gericht jedoch fest, dass der abschließende Charakter der Regelungen zur vergleichenden Werbung nicht durch das Markenrecht unterlaufen werden dürfe. Um den Schutz eingetragener Marken und die Verwendung vergleichender Werbung in Einklang zu bringen, seien daher Art. 5 Abs. 1 und 2 MRL und Art. 4 Richtlinie 2006/114/EG dahin auszulegen, dass der Inhaber einer eingetragenen Marke nicht dazu berechtigt sei, die Benutzung eines mit seiner Marke identischen oder ihr ähnlichen Zeichens durch einen Dritten in einer vergleichenden Werbung zu verbieten, die sämtliche in Art. 4 Richtlinie 2006/114/EG genannten Zulässigkeitsbedingungen erfüllt.[110]

Der BGH hat sich zum ersten Mal in der Entscheidung *Genealogie der Düfte* mit dem Verhältnis zwischen § 6 UWG und den markenrechtlichen Regelungen auseinandergesetzt. Ohne weitere Ausführungen stellte das Gericht fest, dass eine Markenennung im Rahmen zulässiger vergleichender Werbung aufgrund § 23

105 EuGH GRUR 2002, 354, 355 (Rdn. 34) „*Toshiba/Katun*".
106 EuGH GRUR Int. 2002, 692 f. „*Hölterhoff*"; Die genaue Darstellung dieses Urteils erfolgt unter C.II.2.a)1)(b), S. 108 f.
107 EuGH GRUR Int. 2002, 692, 693 (Rdn. 16) „*Hölterhoff*".
108 EuGH, Urteil v. 12.06.2008, RS. C-533/06 „*O2/Hutchison*".
109 EuGH, Urteil v. 12.06.2008, RS. C-533/06 (Rdn. 33) „*O2/Hutchison*".
110 EuGH, Urteil v. 12.06.2008, RS. C-533/06 (Rdn. 45) „*O2/Hutchison*".

Nr. 3 MarkenG ohne das Hinzutreten weiterer Umstände keine Markenrechtsverletzung darstelle.[111]

Die zweite Entscheidung zum Verhältnis zwischen § 6 UWG und den markenrechtlichen Regelungen stellt die *Aluminiumräder*-Entscheidung dar. Hinsichtlich der verwendeten Marken führte der BGH aus, dass mit dem Inkrafttreten des MarkenG an die Stelle der kennzeichenrechtlichen Regelungen, die bis dahin im Warenzeichengesetz und im UWG enthalten waren oder auch den Bestimmungen der §§ 1, 3 UWG, § 823 BGB entnommen wurden, eine umfassende, in sich geschlossene kennzeichenrechtliche Regelung getreten sei, die den deliktischen und wettbewerbsrechtlichen Schutz im Allgemeinen verdränge.[112] Aufgrund dieses Vorrangs hat der BGH die Regelungen zur vergleichenden Werbung nur hinsichtlich der Abbildung des damals nicht markenrechtlich geschützten *Porsche*-Fahrzeugs geprüft.

In der *Imitationswerbung*-Entscheidung hat der BGH nunmehr entschieden, dass der Vorrang des Markenrechts grundsätzlich nicht gegenüber den Vorschriften der vergleichenden Werbung gelte.[113] Da die Bezugnahme auf die Marke oder ein anderes Kennzeichen des Mitbewerbers für eine wirksame vergleichende Werbung unerlässlich sein können und daher, wenn sie die Zulässigkeitsvoraussetzungen für vergleichende Werbung beachte, keine Verletzung des Ausschließlichkeitsrechts des Mitbewerbers darstelle, könne bereits aus diesem Grund dem markenrechtlichen Schutz gegenüber dem harmonisierten Recht der vergleichenden Werbung grundsätzlich kein Vorrang zukommen.[114] Im Rahmen des § 6 Abs. 2 Nr. 6 UWG sei zudem noch zusätzlich zu beachten, dass hier schon kein Vorrang des Markenrechts in Betracht komme, da diese Regelung nicht an die Verwendung der Marke an sich, sondern an die Imitationsdarstellung anknüpfte.[115]

Die instanzgerichtliche Rechtsprechung gewährt keine markenrechtlichen Ansprüche bei der Verwendung fremder Marken zur vergleichenden Werbung. Nach dieser Rechtsprechung scheitert die Anwendbarkeit markenrechtlicher Normen bereits an dem ungeschriebenen Merkmal der markenmäßigen Benutzung.[116]

---

111 BGH GRUR 2004, 607, 611 „*Genealogie der Düfte*".

112 BGH GRUR 2005, 163, 165 „*Aluminiumräder*".

113 BGH GRUR 2008, 628, 629 f. „*Imitationswerbung*".

114 BGH GRUR 2008, 628, 629 f. (Rdn. 15) „*Imitationswerbung*".

115 BGH GRUR 2008, 628, 630 (Rdn. 16) „*Imitationswerbung*".

116 So OLG Hamburg GRUR 2000, 243, 247 „*Lottoschein*"; OLG München WRP 2001, 820, 828 „*Duft-Vergleichslisten*"; OLG Frankfurt a.M. GRUR 2000, 84 „*Deutscher Aktienindex DAX*"; GRUR 2004, 1043 „*Cartier-Stil*"; unklar allerdings OLG Frankfurt a.M. GRUR-RR 2004, 359, 360 „*Markenparfüm*", das in einer nicht

V. Begleitende und blickfangmäßige Verwendung fremder Marken in der Werbung

Neben der Verwendung als Bezugsobjekt für den Bestimmungszweck des beworbenen Produktes oder für einen Werbevergleich kann eine fremde Marke auch in zwei weiteren Arten in der Werbung benutzt werden.

Zunächst kann eine fremde Marke als Teil der Außenumgebung in der Werbung für ein bestimmtes Produkt auftreten. Fährt beispielsweise das beworbene Kfz in dem Werbefilm durch eine belebte Straße, kann es durchaus vorkommen, dass dabei auch fremde Marken im Bildausschnitt erscheinen, so z.B. solche, die an Geschäften angebracht sind. Diese Konstellation wird als *begleitende Benutzung* einer Marke bezeichnet.[117]

Darüber hinaus kann die fremde Marke nicht nur zufällig, sondern ganz bewusst von dem Werbenden in seiner Werbung verwendet werden. Eine solche Markennennung kann dann dazu dienen, die Aufmerksamkeit von der fremden Marke auf das beworbene Produkt zu lenken. Zusätzlich kann sich der positive Effekt einstellen, dass der gute Ruf der fremden Marke auf die beworbenen Produkte übertragen wird, etwa indem der Verkehr von einer geschäftlichen Verbindung ausgeht. Da diese Effekte meist durch eine blickfangmäßige Verwendung der Marke erreicht werden, wird für diese Konstellation das Schlagwort „*blickfangmäßiges Herausstellen*" verwendet.

An der Unterbindung dieser beiden Arten der Markennennung kann der Markeninhaber aus zwei Aspekten ein Interesse haben. Zum einen möchte er verhindern, dass seine Marke mit bestimmten anderen Produkten in Verbindung gebracht wird. Nur durch einen effektiven Schutz kann verhindert werden, dass der mit der bekannten Marke verbundene Ruf durch die Drittnutzung verwässert wird. Zum anderen kann es für den Markeninhaber von Interesse sein, die Benutzung seiner Marke im Zusammenhang mit anderen Produkten nur gegen eine angemessene Lizenzgebühr zu gestatten, um sie über die eigentliche Bestimmung zur Produktkennzeichnung hinaus noch zu vermarkten.

Die Rechtsprechung hat sich bisher nur mit den Fällen auseinandergesetzt, bei denen die fremde Marke als Blickfang in der Werbung verwendet wurde. Zur begleitenden Benutzung existiert hingegen keine Rechtsprechung. Die Leitent-

---

entscheidungserheblichen Passage darauf hinweist, dass eine Markennennung im Rahmen einer zulässigen vergleichenden Werbung grundsätzlich gemäß § 23 Nr. 3 MarkenG gerechtfertigt sei. Dies setzt jedoch voraus, dass das Zeichen markenmäßig verwendet wird; zweifelnd auch OLG Düsseldorf WRP 2000, 316, 317 „*Spirit Sun*".

117 So *Keller*, Der Schutz eingetragener Marken gegen Rufausbeutung, S. 68; *Nägele*, Die rechtsverletzende Benutzung im Markenrecht, S. 20.

scheidung zum blickfangmäßigen Herausstellen ist das *Rolls-Royce*-Urteil des BGH.[118] Dieser Entscheidung lag der Sachverhalt zugrunde, dass ein Whiskey-Hersteller in seiner Werbung einen *Rolls-Royce* abgebildet hatte, auf dem zwei kartenspielende Männer saßen. Im Vordergrund der Anzeige wurde die eigentlich beworbene Whiskey-Flasche abgebildet.

Die zweite Entscheidung zu dieser Fallgruppe stellt ein Beschluss des KG aus dem Jahre 2005 dar.[119] Das Urteil betraf den Fall, dass eine Marke im Rahmen eines E-Bay-Angebots blickfangmäßig herausgestellt wurde. Das KG bewertete die Fallgestaltung als vergleichende Werbung. Obwohl sich dem Beschluss der genaue Sachverhalt nicht zweifelsfrei entnehmen lässt, sprechen die Entscheidungsgründe gegen das Vorliegen einer vergleichenden Werbung. So führt das KG aus, dass der Antragsteller die Marke nicht in Rahmen eines Aufklärungsvergleichs verwendet habe, sondern sie lediglich als Vorspann für die eigene Produktwerbung herangezogen habe. Daher wird das Urteil unter der vorliegenden Fallgruppe geführt.

1. Markenrechtliche Beurteilung

Der BGH hat in der *Rolls-Royce*-Entscheidung die damals einschlägigen warenzeichenrechtlichen Ansprüche verneint, da nach Auffassung des Gerichts eine warenzeichenmäßige Benutzung nicht festgestellt werden konnte.[120] Der Verkehr habe keine Hinweise darauf gehabt, dass der Automobilhersteller auch den beworbenen Whiskey herstelle und vertreibe oder irgendwie wirtschaftlich oder organisatorisch mit dem Whiskey-Hersteller verbunden sei.[121]

In der nach Inkrafttreten des MarkenG ergangenen Entscheidung hat es das KG dahingestellt gelassen, ob in der Nennung der fremden Marke mittels blickfangmäßigen Herausstellens eine markenmäßige Benutzung im Sinne des § 14 Abs. 2 Nr. 1 MarkenG liege, da die konkrete Nennung schon als unlauter gemäß § 6 Abs. 2 Nr. 4 UWG beurteilt wurde.[122]

---

118 BGH GRUR 1983, 247 ff. „*Rolls-Royce*“; als weitere Entscheidung könnte auch die „*Telefonnummer 4711*“-Entscheidung des BGH angesehen werden (BGH GRUR 1990, 711). Allerdings lag der Entscheidung der atypische Sachverhalt zugrunde, dass das fremde Kennzeichen als Telefonnummer verwendet wurde. Da es sich damit nicht um ein typisches blickfangmäßiges Verwenden der Marke handelte, wird diese Entscheidung nicht unter diese Fallgruppe gefasst.

119 KG MMR 2005, 315 „*Eye-Catcher*“.

120 BGH GRUR 1983, 247, 248 „*Rolls-Royce*“.

121 BGH GRUR 1983, 247, 248 „*Rolls-Royce*“.

122 KG MMR 2005, 315, 316 „*Eye-Catcher*“.

2. *Wettbewerbsrechtliche Beurteilung*

Bei beiden zu dieser Fallgruppe ergangenen Entscheidungen lag daher der Schwerpunkt auf der Prüfung wettbewerbsrechtlicher Normen.

Der BGH nahm in der *Rolls-Royce*-Entscheidung an, dass das blickfangmäßige Herausstellen des Automobils eine unzulässige Rufausbeutung im Sinne des § 1 UWG a.F. gewesen sei. Das für die Anwendung des § 1 UWG a.F. erforderliche Wettbewerbsverhältnis sah der BGH darin begründet, dass sich der Automobilhersteller und die Werbeagentur mit dem gleichen Angebot an die werbungtreibende Wirtschaft wendeten, nämlich der Verschaffung der Möglichkeit, Abbildungen von *Rolls-Royce*-Automobilen als Vorspann für die eigene Werbung zu verwenden.[123] Die Sittenwidrigkeit sei darin begründet, dass die fremde Marke allein wegen ihrer anerkannten Qualität oder Exklusivität faktisch als Vorspann für die eigenen Produkte genutzt wurde. Zulässig sei es nur, wenn die Abbildung beiläufig und ohne sich aufdrängende Beziehung zu der Werbeaussage verwendet werde, wie etwa in der Darstellung der Umwelt.[124]

Auch das KG hat darauf abgestellt, ob die Marke lediglich als Vorspann für die eigene Werbung genutzt wird. Dies sei jedenfalls dann der Fall, wenn die Werbung so gestaltet sei, dass dem Verbraucher vorrangig das Unterscheidungszeichen des Mitbewerbers ins Auge springe und damit nur als „Eye-Catcher" verwendet werde, um die Aufmerksamkeit der Verbraucher auf den Werbenden zu lenken.[125]

VI. Produktgestaltender Gebrauch

Weiterhin kann eine fremde Marke als Designmerkmal einer Ware, d.h. produktgestaltend eingesetzt werden. Ein solcher produktgestaltender Gebrauch kann in zwei Arten auftreten.

1. Zunächst kann das Fremdprodukt und damit auch die Fremdmarke detailgetreu als Spielzeug nachgebildet werden. Dies erfolgt insbesondere bei Spielkaufläden und Autorennbahnen. Um eine realitätsnahe Spielatmosphäre für die Kinder zu schaffen, kommt es bei Spielkaufläden darauf an, möglichst viele Waren, die in Supermärkten vertrieben werden, in Miniaturform nachzubilden. Da sich diese Waren meist nicht in ihrer Form unterschieden, müssen zwangsläufig auch die sich auf den Originalpackungen befindlichen Mar-

---

123 BGH GRUR 1983, 247, 249 *„Rolls-Royce"*.
124 BGH GRUR 1983, 247, 248 „Rolls-Royce".
125 KG MMR 2005, 315, 316 *„Eye-Catcher"*.

ken mit abgebildet werden. Gleiches gilt für Autorennbahnen. Auch bei diesen werden die Verbraucher Wert darauf legen, möglichst realitätsnahe Rennautos zu benutzen.

2. Ferner können fremde Marke auf so genannten Merchandisingartikeln eingesetzt werden. Dies sind Artikel, die zumeist nicht wegen ihrer selbst, sondern wegen der Identifikation zu einer bestimmten Marke gekauft werden. Insoweit hatte sich die Rechtsprechung insbesondere damit zu beschäftigen, in welchem Umfang es zulässig ist, fremde Marken als Blickfang auf T-Shirts zu drucken.

Innerhalb dieser Fallgruppe werden zunächst nur die Urteile behandelt, bei denen die fremde Marke originalgetreu wiedergegeben wurde. Die Urteile, denen eine parodistische Verfremdung der Marke zugrunde lag, werden erst unter der Fallgruppe der *Markenparodie* aufgeführt.[126]

1. Rechtsprechung bis zum Inkrafttreten des MarkenG

a) Zeichenrechtliche Beurteilung

Ein warenzeichenrechtlicher Unterlassungsanspruch setzte eine warenzeichenmäßige Verwendung des Zeichens voraus, d.h. der Zeicheninhaber musste als Hersteller der gekennzeichneten Ware aufgefasst werden. In seiner einzigen in dieser Fallgruppe zum WZG ergangenen Entscheidung ging der BGH davon aus, dass zumindest dann kein warenzeichenmäßiger Gebrauch vorlag, wenn sich auf dem Produkt mehrere Marken befanden.[127] Vielmehr fasse der Verkehr dann das Zeichen nur als dekorative Verzierung auf. Dass OLG München hat diese Ausnahme verallgemeinert und festgestellt, dass bei Merchandisingprodukten der Verkehr das Zeichen nicht als Kennzeichnungsmerkmal, sondern als schmückender Bestandteil der Ware wahrnehme. Dies gelte auch, wenn nur eine Marke auf dem Produkt abgedruckt werde. So wurde der warenzeichenmäßige Gebrauch

---

126 Siehe dazu B.VIII.1., S. 91 ff.

127 BGH GRUR 1994, 635, 636 „*Pulloverbeschriftung*“; In den beiden Urteilen *McLaren* (GRUR 1994, 732) und *Spielzeugautos* (GRUR 1996, 57), die ebenfalls Fallkonstellationen dieser Fallgruppe betrafen, ist der BGH nicht auf das Warenzeichengesetz eingegangen. In der *McLaren*-Entscheidung ist nicht ersichtlich, ob *McLaren* als Warenzeichen angemeldet gewesen war. Dagegen spricht, dass das Gericht Abwehransprüche nur auf § 12 BGB und § 812 Abs. 1 S. 1 Alt. 2 BGB gestützt hat. Im *Spielzeugautos*-Urteil bedurfte es keiner Prüfung von warenzeichenrechtlichen Ansprüchen, da der diesbezügliche Teil des angegriffenen Berufungsgerichtsurteils bereits einen Verfahrensfehler aufwies und daher deswegen aufgehoben werden konnte.

des Zeichens „*The Beatles*“ auf Souvenirartikeln trotz des Zusatzes „TM“ verneint.[128]

Ferner scheiterten warenzeichenrechtliche Ansprüche auch an dem Erfordernis der Warengleichartigkeit. Merchandisingartikel wurden nicht als Gleichartigkeit mit den vertriebenen Produkten angesehen.[129]

b) Wettbewerbsrechtliche Beurteilung

Wettbewerbsrechtlich wurde ein Unterlassungsanspruch wegen eines Verstoßes gegen § 1 UWG a.F. bejaht, wenn die Zeichenverwendung zu einer unzulässigen Rufausbeutung des Zeichens führte.

Hinsichtlich der Verwendung von Fremdmarken auf einem Pullover ging der BGH ohne weiteres von einer unzulässigen Rufausbeutung aus.[130] Anders verhielt es sich hingegen bezüglich der originalgetreuen Nachbildung von Spielzeugsautos. Insoweit stellte der BGH fest, dass die Nachahmung an sich erlaubt sei und dass das damit verbundene Anhängen an einen fremden Ruf ohne Hinzutreten besonderer Gründe wettbewerbsrechtlich als zulässig zu beurteilen sei.[131] Solche Gründe sollten etwa in der deutlichen Herausstellung des guten Rufes des Originalproduktes, in der ausschließlichen Bewerbung nur eines von mehreren nachgebildeten Produkten oder in der Herstellung zusätzlicher Bezüge zwischen der Nachbildung und dem Originalprodukt liegen.[132] Ob als ein solcher zusätzlicher Bezug auch die Verwendung von geschützten Zeichen gelten sollte, wurde aus den beiden Urteilen nicht ersichtlich.[133]

---

128 OLG München NJW-RR 1995, 1260 „*The Beatles*“.

129 So OLG München GRUR Int. 1981, 180, 183 „*John Player*“.

130 BGH GRUR 1994, 635, 636 „*Pulloverbeschriftung*“; anders hingegen in der Entscheidung „*Cartier-Uhren-Applikation*“ (BGH GRUR 1996, 508, 509), wonach eine nachlässige und unauffällige Stickereiapplikation einer Markenuhr nicht zu einer Rufausnutzung führen solle.

131 BGH GRUR 1994, 732, 735 „*McLaren*“.

132 BGH GRUR 1994, 732, 735 „*McLaren*“; 1996, 57, 59 „*Spielzeugautos*“.

133 Insbesondere in der *McLaren*-Entscheidung hat der BGH diese Frage offen gelassen, da ein Abwehranspruch schon auf das Namensrecht gestützt werden konnte (BGH GRUR 1994, 732, 735 „*McLaren*“).

2. Rechtsprechung seit Inkrafttreten des MarkenG

a) Markenrechtliche Beurteilung

1) Merchandisingartikel

Hinsichtlich der Verwendung einer fremden Marke auf Merchandisingartikeln geht die Rechtsprechung seit Inkrafttreten des MarkenG davon aus, dass dieses Verhalten eine Markenrechtsverletzung darstellt.[134]

In allen Entscheidungen wurde der markenmäßige Gebrauch durch den Aufdruck des Zeichens auf ein Merchandisingprodukt bejaht. Es bestehe dann die Gefahr, dass durch die Verwendung des Zeichens der Eindruck aufkomme, dass eine Verbindung im geschäftlichen Verkehr zwischen dem Hersteller des Merchandisingproduktes und dem Markeninhaber bestehe.[135] Ein solcher Eindruck könne nur dann ausgeschlossen werden, wenn sich der Bedeutungsgehalt des gewählten Motivs in der nennenden Bezugnahme auf ein anderes Produkt, Unternehmen oder eine andere Marke erschöpfe, so dass die Bedeutung des Zeichens quasi auf seine optische Gefälligkeit reduziert würde.[136] Ein solcher zweifelfreier Eindruck wurde jedoch weder dadurch begründet, dass der Markeninhaber keine entsprechenden Merchandisingprodukte herstellt,[137] noch dadurch, dass es sich um ein so genanntes Retro-Motiv handelte.[138]

Keine Einigkeit besteht hingegen hinsichtlich der verwirklichten Alternative des § 14 Abs. 2 MarkenG. Während der EuGH und das LG Braunschweig Art. 5 Abs. 1 S. 2 lit. a) MRL (§ 14 Abs. 2 Nr. 1 MarkenG) bzw. § 14 Abs. 2 Nr. 2 MarkenG herangezogen haben,[139] hat das OLG Hamburg allein auf eine Rufausnutzung gemäß § 14 Abs. 2 Nr. 3 MarkenG abgestellt.[140]

---

134 So EuGH GRUR 2003, 55, 58 (Rdn. 56) „*Arsenal*"; OLG Hamburg GRUR-RR 2005, 258, 259 „*Ahoj-Brause*"; LG Braunschweig NJOZ 2004, 3564, 3565 „*Interflug*".

135 EuGH GRUR 2003, 55, 58 (Rdn. 56) „*Arsenal*".

136 LG Braunschweig NJOZ 2004, 3564, 3567 „*Interflug*".

137 OLG Hamburg GRUR-RR 2005, 258, 260 „*Ahoj-Brause*".

138 LG Braunschweig NJOZ 2004, 3564, 3566 f. „*Interflug*".

139 EuGH GRUR 2003, 55 „*Arsenal*"; LG Braunschweig NJOZ 2004, 3564, 3568. „*Interflug*", bei dem ein Anspruch aus § 14 Abs. 2 Nr. 1 MarkenG nur daran scheiterte, dass das verwendete Zeichen leicht von der Originalmarke abwich.

140 OLG Hamburg GRUR-RR 2005, 258, 260 „*Ahoj-Brause*".

2) Modelle

Mit der Verwendung von Marken auf Modellen hat sich der EuGH in der *Opel/ Autec*-Entscheidung beschäftigt.[141] In diesem Rechtsstreit wendete sich die *Adam Opel AG* gegen die Verwendung ihrer Marken auf originalgetreuen Nachbildungen ihrer Produkte. Die Marken waren sowohl für Kraftfahrzeuge als auch für Spielzeug eingetragen.

Der EuGH stellte insoweit fest, dass es für eine Markenrechtsverletzung gemäß Art. 5 Abs. 1 S. 2 lit. a) MRL (§ 14 Abs. 2 Nr. 1 MarkenG) entscheidend sei, dass eine Funktion der Marke verletzt werde. Ob eine solche Funktionsverletzung der Spielzeugmarke durch die Verwendung auf Modellen fremder Hersteller eintrete, konnte der EuGH mangels einer hinreichenden Tatsachengrundlage nicht feststellen und verwies die Rechtssache an das Ausgangsgericht zurück.[142] Ferner ging das Gericht davon aus, dass durch die Markenverwendung grundsätzlich eine Markenrechtsverletzung gemäß Art. 5 Abs. 2 MRL (§ 14 Abs. 2 Nr. 3 MarkenG) in Betracht käme. Auch insoweit hat der EuGH den Rechtsstreit an das Ausgangsgericht zurückgewiesen.[143] Schließlich hob das Gericht noch hervor, dass eine Rechtsfertigung der Markenrechtsverletzung keinesfalls gemäß Art. 6 Abs. 1 lit. b) MRL (§ 23 Nr. 2 MarkenG) möglich sei, da die Markenverwendung nicht dazu diene, eine Angabe über ein Merkmal der Modelle zu machen, sondern nur ein Teil der originalgetreuen Abbildung sei.[144] Sowohl das LG Nürnberg-Fürth[145] als auch das OLG Nürnberg[146] haben im Anschluss an diese EuGH-Rechtsprechung eine Markenrechtsverletzung durch die originalgetreue Verwendung von Marken auf Spielzeugautos verneint.

b) Wettbewerbsrechtliche Beurteilung

Mit wettbewerbsrechtlichen Ansprüchen haben sich die Gerichte seit Erlass des MarkenG nicht mehr auseinander gesetzt.

141 EuGH GRUR 2007, 318 ff. „*Opel/Autec*".

142 EuGH GRUR 2007, 318, 319 (Rdn. 25) „*Opel/Autec*"; das LG Nürnberg-Fürth hat nunmehr festgestellt, dass der Verkehr dem Markeninhaber weder als Hersteller ansehe noch diesem die Produktverantwortung zuordne (WRP 2007, 840 ff. „*Opel/ Autec II*").

143 EuGH GRUR 2007, 318, 320 (Rdn. 36) „*Opel/Autec*".

144 EuGH GRUR 2007, 318, 320 (Rdn. 44) „*Opel/Autec*".

145 LG Nürnberg-Fürth WRP 2007, 840 ff. „*Opel/Autec II*".

146 OLG Nürnberg WRP 2008, 1257 ff. „*Opel/Autec*".

VII. Sonstige Markennennungen (sog. Redaktionelle Benutzung)

Als eine weitere Fallgruppe der Markennennung wird die so genannte redaktionelle Verwendung einer Marke aufgeführt.[147] Indes verschleiert diese Bezeichnung der Fallgruppe als „redaktionelle Benutzung" eher den Inhalt, als dass sie zu einer Systematisierung beiträgt. Redaktionell leitet sich von Redakteur ab. Dieses Berufsbild wird dahin definiert als jemand, der Beiträge für Zeitungen, Rundfunk oder Fernsehen verfasst.[148] Die Fallgruppe soll allerdings mehr als nur Medienbeiträge erfassen, so etwa auch die Verwendung in politischen Auseinandersetzungen und in geschäftlichen Veröffentlichungen.[149]

Vorliegend werden daher diese Fälle als sonstige Markennennung bezeichnet. Eine Systematisierung der möglichen Konstellationen ist in dieser Fallgruppe nahezu unmöglich, da schier unendlich viele Möglichkeiten einer sonstigen Markennennung denkbar sind. Folglich beschränkt sich diese Ausarbeitung auf zwei mögliche Fallgestaltungen, deren Ergebnisse dann auf andere Konstellationen übertragen werden können.

1. Redaktionelle Benutzung im eigentlichen Sinne

Die erste Unterfallgruppe ist die redaktionelle Benutzung im eigentlichen Sinne. Gemeint sind damit die Fälle, bei denen eine Marke in der medialen Berichterstattung über ein Produkt eingesetzt wird. Die Rechtsprechung hat sich nur vereinzelt explizit mit der Zulässigkeit hinsichtlich der Kennzeichenverwendung beschäftigt. In den meisten Entscheidungen, die auf das Vorliegen einer Marke schließen lassen, beschäftigte sich die Rechtsprechung lediglich mit den weiteren Aussagen der Berichterstattung, ohne sich mit der kennzeichenrechtlichen oder markenrechtlichen Problematik auseinanderzusetzen.[150]

Der BGH hatte im Jahre 1979 zu beurteilen, ob die Verwendung der Marke *Bild* in einer Zeitung, die sich kritisch mit der *Bild*-Zeitung auseinandersetzte, zu-

---

147 So *Ingerl/Rohnke*, § 14 MarkenG Rdn. 157; *Danger*, Die rechtsverletzende Benutzungshandlung im Markenrecht, Rdn. 36 ff.; *Engeländer*, Der ergänzende Schutz von Marken durch das Wettbewerbsrecht, S. 95; *v. Linstow*, WRP 2000, 955.

148 Siehe in *Duden*, Das Fremdwörterbuch, 9. Aufl. 2007.

149 Siehe die Auflistung bei *Ingerl/Rohnke*, MarkenG, § 14 Rdn. 157 ff.

150 So lassen beispielsweise die Urteile *Kundenboykott* (BGH GRUR 1984, 461 ff.) und *Gastrokritiker* (BGH GRUR 1986, 812 ff.) auf die Verwendung von Kennzeichen schließen, ohne dass sich die Rechtsprechung mit diesem Problem auseinandergesetzt hat.

lässig war.[151] Das Gericht hat sowohl warenzeichenrechtliche als auch namensrechtliche Ansprüche verneint. Insbesondere die Wertung des Art. 5 GG führte dazu, dass die kritische Bezugnahme auf eine Marke möglich sein müsse.

Nicht behandelt wird die Verwendung von fremden Marken in Titeln von Druckerzeugnissen, da es sich insoweit um eine über die reine Markennennung hinausgehende Materie handelt.[152]

Ebenso ausgeklammert wird die Problematik, wenn ein Zeichen nicht als Hinweis auf die Ware des Zeicheninhabers, sondern als allgemeiner Gattungshinweis verwendet wird.[153] Es handelt sich dabei nicht um eine Markennennung im eigentlichen Sinne, da der Bezug auf die geschützte Markenware gerade nicht gewollt ist.

2. Sonstige Bezugnahmen auf fremde Marken im geschäftlichen Verkehr

In den Fallgruppen I. – IV. wurde bereits dargestellt, wie die Rechtsprechung vergleichende oder produktbeschreibende Bezugnahmen auf die Marken anderer Marktteilnehmer rechtlich bewertet. Indes kann der Verkehr auch über diese Fallgestaltungen hinaus darauf angewiesen sein, auf eine fremde Marke Bezug zu nehmen. Beispielsweise kann die Kritik an fremden Produkten es erfordern, dass dazu deren Marken genannt werden.

Die Leitentscheidung zu dieser Fallgruppe ist das *Photokina*-Urteil des BGH aus dem Jahre 1983.[154] Das Gericht hatte darüber zu entscheiden, ob ein Unternehmer darauf hinweisen durfte, dass er nicht mehr auf der Ausstellung *Photokina* ausstellte, weil ihm nicht mehr der ursprüngliche Stand zugewiesen wurde. Der Begriff *Photokina* war als Warenzeichen geschützt. Der BGH verneinte zwar mangels einer zeichenmäßigen Benutzung warenzeichenrechtliche Ansprüche und mangels eines konkreten Wettbewerbsverhältnisses lauterkeitsrechtliche Ansprüche. Dennoch gab er der Klage aufgrund eines Eingriffs in den eingerichteten und ausgeübten Gewerbebetrieb statt.

---

151 BGH GRUR 1979, 564 ff. „*Metall-Zeitung*".

152 Siehe dazu die Urteile OLG Frankfurt a.M. GRUR Int. 1993, 872 ff. „*Beatles*"; OLG Hamburg NJWE-WettbR 2000, 15 ff. „*Spice Girls*"; NJW-RR 2000, 48 ff. „*FC Schalke*"; Urteil vom 22.04.2004, Az.: 3 U 115/03 „*Was Biotronik alles kann*".

153 Dazu die Urteile RG GRUR 1927, 706 ff. „*Lysol*"; OLG Frankfurt a.M. GRUR-RR 2000, 1066 „*Abkürzung ACC*"; eine Erörterung dieser Problematik findet sich bei *Ingerl*, WRP 1997, 817 ff. und *Hauck/Fischoeder*, GRUR 2004, 185 ff.

154 BGH GRUR 1983, 467 ff. „*Photokina*"; einen gleich gelagerten Fall betrifft das Urteil des OLG Hamburg WRP 1979, 732 „*Nord-Boot '78*".

Eine weitere Entscheidung zu dieser Art der Markenverwendung hat das OLG Nürnberg getroffen.[155] Das Gericht hatte den Fall zu entscheiden, dass ein Unternehmer hinsichtlich der Eröffnung seines Geschäftes mit dem Hinweis „neben M." warb. Zwar handelte es sich bei „M." um ein Unternehmenskennzeichen im Sinne des § 5 Abs. 2 MarkenG. Allerdings können die Überlegungen auf die Markennennung entsprechend übertragen werden. Das OLG verneinte einen Anspruch aus § 15 Abs. 2 MarkenG mangels einer kennzeichenmäßigen Verwendung, da das Kennzeichen nur dazu gedient habe, den Standort des neu eröffneten Verkaufshauses zu beschreiben.[156] Zu § 15 Abs. 3 MarkenG und § 1 UWG a.F. führte das Gericht aus, dass die Unterscheidungskraft oder die Wertschätzung weder ausgenutzt noch beeinträchtigt wurde. Eine Rufausbeutung schied aus, da nicht ersichtlich war, dass mit dem Standort besondere Gütevorstellungen verbunden waren. Die Unterscheidungskraft sei weder ausgenutzt noch beeinträchtigt worden, da sich die Beklagte nicht den Wert des Kennzeichens wirtschaftlich zu Nutze gemacht habe. Die Auswahl des Kennzeichens sei rein zufällig durch den Standort bedingt gewesen.[157]

VIII. Markenparodie

Eine Fremdmarke kann nicht nur in ihrer identischen, sondern auch in parodistischer Form verwendet werden. Dabei wird die ursprüngliche Marke regelmäßig mit Zusätzen versehen oder in ihrer Form leicht abgewandelt, so dass ihr ein anderer Aussagewert als originär zukommt. Diese Form der Markennutzung kann sowohl dazu eingesetzt werden, um Kritik an der Fremdmarke zu äußern als auch um den Absatz des eigenen Produktes zu fördern.

Bei der Markenparodie handelt es sich nicht um eine selbständige Fallgruppe der Verwendung fremder Marken. Vielmehr kann die Markenparodie in den zuvor dargestellten Markenverwendungsformen in Erscheinung treten. Relevant ist die Markenparodie in der Rechtsprechung allerdings bisher hauptsächlich beim produktgestaltenden Gebrauch und bei der redaktionellen Benutzung geworden. Daher beschränkt sich die vorliegende Darstellung auf diese beiden Hauptaspekte der Markenparodie.

155 OLG Nürnberg MD 1999, 212 ff. *„Neben M."*.
156 OLG Nürnberg MD 1999, 212, 213 *„Neben M."*.
157 OLG Nürnberg MD 1999, 212, 214 *„Neben M."*.

1. Produktgestaltender Gebrauch

Der Großteil der zur Markenparodie ergangenen Urteile betrifft die satirische oder parodistische Verwendung fremder Marken als Produktdesign. Dabei stand häufig die Intention im Vordergrund, durch die fremde Marke die Attraktivität einer eigentlich unverkäuflichen Ware zu steigern.

a) Rechtsprechung bis zum Inkrafttreten des MarkenG

1) Zeichenrechtliche Beurteilung

Zunächst ging die Rechtsprechung bei der parodistischen Verwendung einer Marke davon aus, dass zeichenrechtliche Ansprüche mangels einer Verwendung als Herkunftshinweis nicht in Betracht kämen.[158] Unisono beschränkten sich die Gerichte darauf knapp festzustellen, dass die Vorschriften des Warenzeichengesetzes die Kennzeichnungen einer Ware nur in ihrer Funktion als Herkunftshinweis gegen eine Irreführung des Verkehrs schützten und dass eine solche Funktionsbeeinträchtigung bei einer parodistischen Verwendung nicht gegeben sei. Weder in einem Aufkleber mit der Aufschrift *Lusthansa*[159] noch in einem mit dem kreisrunden Emblem der *BMW AG*, welches durch den Zusatz *„Bumms mal wieder"* ergänzt wurde,[160] sahen die Gericht eine kennzeichenmäßige Verwendung der geschützten Zeichen. Gleiches galt für ein Werbeplakat, das einen Cowboy und den Text *„Großes Mordoro-Poker – 1. Preis Magengeschwür, 2. Preis Herzinfarkt, 3. Preis Lungenkrebs"* abbildete und eine Anspielung auf die Marke *Marlboro* darstellte.[161]

Diese Beurteilung durch die Rechtsprechung hat sich mit zwei Urteilen des OLG Hamburg und des BGH geändert. Das OLG Hamburg ging bei einem T-Shirt-Aufdruck von drei Hanfblättern und dem Text *„Adihash gives you speed"* von einem kennzeichenmäßigen Gebrauch aus.[162] Der BGH sah darin einen kennzeichenmäßigen Gebrauch, dass auf eine Faltschachtel, die ein Kondom enthielt, der Text *„Mars macht mobil – bei Sex, Sport und Spiel"* gedruckt wurde, da von einem nicht ganz unerheblichen Teil des Verkehrs die Markeninhaberin als Hersteller des „Werbeartikels" angesehen werden könne.[163] Gleichzeitig schloss

158 BGH GRUR 1984, 684, 685 *„Mordoro"*; 1986, 759, 760 *„BMW"*; OLG Frankfurt a.M. GRUR 1982, 319, 320 *„Lusthansa"*.
159 OLG Frankfurt a.M. GRUR 1982, 319 *„Lusthansa"*.
160 BGH GRUR 1986, 759, 760 *„BMW"*.
161 BGH GRUR 1984, 684 *„Mordoro"*.
162 OLG Hamburg GRUR 1992, 58 *„Adihash"*.
163 BGH GRUR 1994, 808, 809 *„Markenverunglimpfung I"*.

das Gericht eine Rechtfertigung über die Grundsätze der Erschöpfung aus, da die Erschöpfung nur eine bedürfnisgerechte und keine rechtsmissbräuchliche Verwendung der Marke decke.[164] Soweit daher keine Meinung über das Markenprodukt geäußert werde, sondern die Markenverwendung allein dazu diene, ein sonst nicht verkäufliches Produkt auf den Markt zu bringen, scheide eine Rechtfertigung aus.[165]

2) Wettbewerbsrechtliche Beurteilung

Neben zeichenrechtlichen Ansprüchen kam ein Anspruch wegen eines Verstoßes gegen § 1 UWG a.F. in Betracht.

Nachdem der BGH in den ersten Entscheidungen zur Markenparodie noch jeweils das Vorliegen eines konkreten Wettbewerbsverhältnisses verneint hatte, ging er in den Folgeentscheidungen von einem solchen aus, da der Verletzer durch den Gebrauch der fremden Kennzeichnung deren wirtschaftlich verwertbaren besonderen Ruf für sich auszunutzen suche.[166] Ein solches sollte nur dann nicht gegeben sein, wenn aufgrund der Vulgarität der Parodie jeder Gedanke an eine hypothetische Lizenzierung ausgeschlossen werden konnte.[167]

Als sittenwidrig wurde das Verhalten eingestuft, wenn es geeignet war, die Werbewirksamkeit für die eigentliche Ware zu beeinträchtigen und ihr wenigstens in Teilen des Verkehrs ein negatives Image zu verschaffen.[168] Auch wenn dem Scherzartikel selbst keine Aussage in Bezug auf den Zeicheninhaber zukomme, reiche schon die Gefahr, dass der Kennzeicheninhaber von dem flüchtigen Verbraucher als Anbieter des Scherzartikels angesehen werde. Daher nahm der BGH an, dass derjenige wettbewerbswidrig handele, der eine fremde bekannte Marke dadurch verballhorne, dass er sie in eine unpassende und jedenfalls von Teilen des Verkehrs als anstößig oder zumindest als geschmacklos empfundene Beziehung zu bestimmten Erzeugnissen setze oder sie in einen im übrigen schlüpfrigen Spruchzusammenhang bringe, sofern nur die Möglichkeit bestehe, dass wenigstens nicht ganz unerhebliche Teile des Verkehrs die darin von ihnen gesehene Geschmacklosigkeit als eine solche des Markeninhabers selbst auffas-

164 BGH GRUR 1994, 808, 810 „*Markenverunglimpfung I*".
165 BGH GRUR 1994, 808, 810 „*Markenverunglimpfung I*".
166 BGH GRUR 1994, 808, 810 f." *Markenverunglimpfung I*"; GRUR 1995, 57, 58 f. „*Markenverunglimpfung II*".
167 So die Interpretation des Urteils BGH GRUR 1986, 759, 760 „*BMW*" durch BGH GRUR 1994, 808, 811 „*Markenverunglimpfung I*".
168 BGH GRUR 1994, 808, 811 „*Markenverunglimpfung I*".

sen.[169] Insoweit wurde es als anstößig angesehen, dass durch den Scherzartikel eine Verbindung zwischen einem Schokoriegel und einem Kondomen hergestellt wurde.[170]

3) Sonstige Ansprüche

Neben warenzeichen- und wettbewerbsrechtlichen Ansprüchen konnte sich ein Unterlassungsanspruch auch aus dem Namensrecht oder dem allgemeinen Deliktsrecht ergeben. Insoweit wurde § 823 Abs. 1 BGB zur Abwehr von Angriffen in das allgemeine Persönlichkeitsrecht und in den eingerichteten und ausgeübten Gewerbebetrieb herangezogen. Insbesondere in den Anfängen der Rechtsprechung zur Markenparodie schlugen die Gerichte noch eine liberale Linie ein. Eine Verletzung des Persönlichkeitsrechts wurde erst dann angenommen, wenn die Parodie eine ehrverletzende und herabwürdigende Kritik enthielt.[171] So führte der BGH in der *BMW*-Entscheidung noch aus, dass vermeintliche oder echte Scherze hinzunehmen seien, solange keine Ansehensminderung des Wirtschaftsunternehmens zu befürchten sei. So wurde selbst der Ausspruch „*Bumms mal wieder*“ im Zusammenhang mit der Marken *BMW* als nicht herabwürdigend angesehen, da er sich nicht auf die Qualität der Produkte und das Auftreten der Markeninhaberin beziehe.[172]

b) Rechtsprechung seit Inkrafttreten des MarkenG

1) Markenrechtliche Beurteilung

Die ersten nach Inkrafttreten des MarkenG ergangenen Urteile verneinten markenrechtliche Ansprüche mangels eines kennzeichenmäßigen Gebrauchs. Sowohl das KG[173] als auch das OLG Hamburg[174] verneinten diesen, da jeweils die Origi-

---

169 BGH GRUR 1995, 57, 59 „*Markenverunglimpfung II*“; so bereits BGH GRUR 1994, 808, 812 „*Markenverunglimpfung I*“.

170 BGH GRUR 1995, 57, 59 „*Markenverunglimpfung II*“.

171 BGH GRUR 1984, 684, 686 „*Mordoro*“; 1986, 759, 761 „*BMW*“; ebenso OLG Frankfurt a.M. GRUR 1982, 319, 320 „*Lusthansa*“, das allerdings schon einen unmittelbaren Eingriff verneinte, da sich die Anspielung auf die gesamte Flugbranche beziehen sollte.

172 BGH GRUR 1986, 759, 761 „*BMW*“.

173 KG GRUR 1997, 295, 296 „*Alles wird teurer*“.

174 OLG Hamburg NJW-RR 1999, 1060, 1061 „*Bild Dir keine Meinung*“; NJWE-WettbR 2000, 83, 84 „*Fit for Fun*“; in dem Urteil *Shell-Muschel* hatte sich das OLG hingegen überhaupt nicht mit markenrechtlichen Ansprüchen beschäftigt (NJW-RR 1998, 1121 ff. „*Shell-Muschel*“).

nalmarken abgewandelt wurden und da so für den Verbraucher nicht der Eindruck einstehen solle, dass das mit der Markenparodie versehene Produkt eine Werbemaßnahme des Markeninhabers sei.

Von dieser Rechtsprechung abweichend hat zunächst das LG Hamburg,[175] dann auch das OLG Hamm eine markenmäßige Benutzung bei der Markenparodie bejaht.[176] Letzteres hat festgestellt, dass angesichts der heutigen Gebräuche in der Werbung auch eine Markenparodie als Aufmerksamkeitswerbung ohne weiteres aus dem eigenen Unternehmen stammen könne.[177]

Die Leitentscheidung des BGH zu dieser Fallgruppe erging im Jahre 2005. Entgegen der Vorinstanz, dem OLG Hamm, ließ der BGH es offen, ob auch bei der Markenparodie der Eindruck entstehen könne, dass das Produkt aus dem Unternehmen des Markeninhabers stamme. Das Gericht stellte vielmehr auf § 14 Abs. 2 Nr. 3 MarkenG ab, für dessen Anwendung es bereits ausreichen solle, wenn die Markenparodie aufgrund der Ähnlichkeit mit der Originalmarke verknüpft werde.

Dieser Rechtsprechung haben sich auch die Instanzgerichte angeschlossen und differenzieren nunmehr hinsichtlich der markenmäßigen Benutzung zwischen §§ 14 Abs. 2 Nr. 1 und Nr. 2 auf der einen Seite und § 14 Abs. 2 Nr. 3 MarkenG auf der anderen Seite.[178]

Einen weiteren Schwerpunkt neben der Prüfung der markenmäßigen Benutzung setzt die Rechtsprechung in Bezug auf die Unlauterkeit der Markenparodie. Insoweit kommt es dann zumeist im Rahmen des § 14 Abs. 2 Nr. 3 MarkenG auf eine Abwägung zwischen der durch Art. 5 Abs. 3 GG geschützten Kunstfreiheit und dem Markenrecht als Eigentumsposition an. Das Eigentumsrecht des Markeninhabers soll jedenfalls dann überwiegen, wenn die Parodie zu einer Herabsetzung oder Verunglimpfung der Marke führt. Ist diese nicht festzustellen, differenziert die Rechtsprechung weiterer danach, ob die Parodie eine Botschaft transportieren soll oder ob sie allein kommerziellen Interessen dient.[179]

---

175 LG Hamburg GRUR 2000, 514 „*Markenbeeinträchtigung Deutsche Post*“.

176 OLG Hamm AfP 2002, 442 f. „*Lila-Postkarte*“.

177 OLG Hamm AfP 2002, 442, 443 „*Lila-Postkarte*“.

178 So hat das OLG Hamburg hinsichtlich der Parodie einer Marke auf einem Abi-T-Shirt die markenmäßige Benutzung bei § 14 Abs. 2 Nr. 1 MarkenG abgelehnt und trotzdem dem Tatbestand des § 14 Abs. 2 Nr. 3 MarkenG als eröffnet angesehen (OLG Hamburg GRUR-RR 2006, 231, 232 „*Bildmarke AOL*“); siehe auch OLG Hamburg GRUR-RR 2006, 224 „*Trabi 03*“; LG Berlin GRUR-RR 2007, 40 „*Stiftung Gentest*“.

179 BGH GRUR 2005, 583, 585 „*Lila-Postkarte*“; OLG Hamburg GRUR-RR 2006, 231, 232 „*Bildmarke AOL*“; wohl auch OLG Hamburg GRUR-RR 2006, 224 „*Trabi 03*“; LG Berlin GRUR-RR 2007, 40, 42 „*Stiftung Gentest*“; im Ansatz ebenso, allerdings die Abwägung im Rahmen des UWG vornehmend KG GRUR 1997, 295,

2) Wettbewerbsrechtliche Beurteilung

Bei den ersten nach Inkrafttreten des MarkenG ergangenen Urteilen lag aufgrund der Ablehnung der markenmäßigen Benutzung der Schwerpunkt der Prüfung auf wettbewerbsrechtlichen Ansprüchen.[180]

Dabei wurde im Anschluss an die ältere Judikatur grundsätzlich ein Wettbewerbsverhältnis bejaht. Im Rahmen der Sittenwidrigkeit kam es dann auf eine Abwägung zwischen der Kunst- bzw. der Meinungsfreiheit und dem Eigentumsrecht des Markeninhabers an. Prinzipiell orientierte sich die Abwägung an den gleichen Kriterien, die die Rechtsprechung nunmehr bei § 14 Abs. 2 Nr. 3 MarkenG heranzieht.

In der neueren Rechtsprechung spielen wettbewerbsrechtliche Ansprüche hingegen keine Rolle mehr. In Anlehnung an die Vorrangthese hat der BGH in der *Lila-Postkarte*-Entscheidung festgestellt, dass wettbewerbsrechtliche Ansprüche im Anwendungsbereich des Markengesetzes nicht gegeben seien.[181]

3) Sonstige Rechte

Namens- und deliktsrechtliche Ansprüche haben in der neueren Rechtsprechung hinsichtlich der produktgestaltenden Markenparodie neben marken- und wettbewerbsrechtlichen Ansprüchen keine Bedeutung mehr.

2. Redaktioneller Gebrauch

Über die Produktgestaltung hinaus kann eine Marke auch in redaktionellen Beiträgen parodiert werden. Zu dieser Fallgestaltung findet sich lediglich ein Urteil des OLG Köln. Die Entscheidung *Kampagne gegen die Jagd* betraf den Fall, dass auf der Internetseite eines Tierrechtsmagazins eine Abbildung veröffentlicht wurde, bei der ein Männchen mit heruntergelassener Hose auf das Emblem eines

---

297 „*Alles wird teurer*"; OLG Hamburg NJW-RR 1998, 1121, 1122 „*Shell-Muschel*"; NJW-RR 1999, 1060, 1062 „*Bild Dir keine Meinung*"; NJWE-WettbR 2000, 83, 84 „*Fit for Fun*"; LG Hamburg GRUR 2000, 514, 515 „*Markenbeeinträchtigung Deutsche Post*".

180 Siehe dazu KG GRUR 1997, 295 „*Alles wird teurer*"; OLG Hamburg NJW-RR 1998, 1121 „*Shell-Muschel*"; NJW-RR 1999, 1060 „*Bild Dir keine Meinung*"; NJWE-WettbR 2000, 83 „*Fit for Fun*".

181 BGH GRUR 2005, 583, 585 „*Lila-Postkarte*"; dem hat sich das OLG Hamburg angeschlossen (GRUR-RR 2006, 231, 232 „*Bildmarke AOL*").

Jagdschutzverbandes urinierte.[182] Das OLG Köln verneinte zunächst ein Handeln im geschäftlichen Verkehr, da die Handlung auch von der ideellen Zielsetzung einer Auseinandersetzung mit dem Tierschutz und den Zwecken der Jagd getragen war.[183] Hilfsweise verneinte das Gericht aber auch markenrechtliche Ansprüche. Zwar werde eine bekannte Marke herabgesetzt, indes stelle sich dies nicht als unlauter dar, da die Beklagte den Rechtfertigungsgrund der Meinungs- und Pressefreiheit gemäß Art. 5 GG für sich in Anspruch nehmen könne. Soweit sich die Markenparodie auf ein sachliches Anliegen beziehe, werde dem Äußernden ein breiter Gestaltungsspielraum eingeräumt. Es müsse nur vermieden werden, dass die konkrete Form nicht als willkürliche, ausschließlich dem Zweck der Diffamierung des Markeninhabers dienende Schmähkritik eingeordnet werde.[184]

182 OLG Köln NJWE-WettbR 2000, 242 „*Kampagne gegen die Jagd*".
183 OLG Köln NJWE-WettbR 2000, 242 „*Kampagne gegen die Jagd*".
184 OLG Köln NJWE-WettbR 2000, 242, 243 „*Kampagne gegen die Jagd*".

C. Allgemeine Grundsätze

Die Ausführungen zu den Fallgruppen zeigen, dass eine einheitliche Linie der Rechtsprechung bisher nur schwer auszumachen ist. Die deutsche Rechtsprechung ist noch von großen Unsicherheiten hinsichtlich der Handhabung der einzelnen Fallgruppen geprägt. Insbesondere findet sich kein einheitliches durchgehendes Konzept, vielmehr werden die Fallgruppen in der Regel für sich isoliert betrachtet. Auch in der Rechtsprechung des EuGH ist bisher nicht die zu wünschende klare Linie zu erkennen. Bevor die Rechtsprechung zu den einzelnen Fallgruppen kritisch beleuchtet wird, bedarf es für eine einheitliche Lösung der Gesamtproblematik einer Darstellung der für alle Fallgruppen allgemeingültigen Anforderungen. Vorab werden daher das Verhältnis zwischen MarkenG und UWG sowie die Problematik der markenmäßigen Benutzung dargestellt.

I. Verhältnis zwischen MarkenG und UWG

Unter Geltung des WZG hat die Rechtsprechung warenzeichenrechtliche und wettbewerbsrechtliche Ansprüche parallel angewandt. Insbesondere wurde neben dem WZG der Schutz der bekannten Marke durch die Bestimmungen des § 1 UWG a.F. und des § 823 Abs. 1 BGB entwickelt.

Im Markengesetz ist das Verhältnis dieses Gesetzes zu anderen Vorschriften in § 2 geregelt. Dort heißt es: „*Der Schutz von Marken, geschäftlichen Bezeichnungen und geographischen Herkunftsangaben nach diesem Gesetz schließt die Anwendung anderer Vorschriften zum Schutz dieser Kennzeichen nicht aus.*“.

Zunächst ging insbesondere die oberlandesgerichtliche Rechtsprechung davon aus, dass gemäß § 2 MarkenG das UWG neben dem MarkenG weiterhin Anwendung findet. Allerdings konnte häufig eine Anwendung des § 14 Abs. 2 Nr. 3 MarkenG dahingestellt bleiben, da zumindest § 3 UWG eingriff.[185]

Hinsichtlich des Schutzes bekannter Marken hat der BGH im Jahre 1999 dieser oberlandesgerichtlichen Rechtsprechung durch das *MAC Dog*-Urteil wider-

---

185 So beispielhaft in den Urteilen OLG München WRP 1996, 51 „*MAC Dog*“; OLG Köln WRP 1998, 1104 „*BOSS*“, das nur auf die nicht von § 1 UWG a.F. erfassten Fallkonstellationen das Markenrecht anwenden wollte; OLG Hamburg GRUR 1999, 76 ff. „*Tagesschau*“; OLG Karlsruhe, GRUR 1999, 353, 354 „*Peugeot*“.

sprochen.[186] Nach dem Inkrafttreten des MarkenG ergebe sich der Schutz bekannter Kennzeichen in erster Linie aus § 9 Abs. 1 Nr. 3 und § 14 Abs. 2 Nr. 3 MarkenG sowie aus § 15 Abs. 3 MarkenG. Diese Regelungen seien an die Stelle des bisherigen durch die Rechtsprechung entwickelten Schutzes getreten und ließen in ihrem Anwendungsbereich für eine gleichzeitige Anwendung des § 1 UWG a.F. und § 823 BGB keinen Raum.[187] Damit scheidet nach Ansicht des BGH zumindest beim Bekanntheitsschutz von Marken eine Anspruchskonkurrenz zwischen § 14 Abs. 2 Nr. 3 MarkenG und außermarkenrechtlichen Normen aus. Dies soll jedenfalls insoweit gelten, als keine zusätzlichen wettbewerbswidrigen Umstände geltend gemacht werden, die nicht schon bei der Prüfung im Rahmen des § 14 Abs. 2 Nr. 3 MarkenG zugrunde gelegen haben.[188]

Außerhalb des Anwendungsbereichs des Markenschutzes soll hingegen der Rückgriff auf den wettbewerbsrechtlichen Schutz möglich sein.[189] Als außerhalb des Anwendungsbereichs des Markenschutzes liegend wurden Fallgestaltungen angesehen, die die Rufausbeutung eines nicht markenrechtlich geschützten Zeichens betrafen[190] oder bei denen es an einer markenmäßigen Benutzung des angegriffenen Zeichens fehlte[191]. Zudem wurde auf den wettbewerbsrechtlichen Leistungsschutz zurückgegriffen, wenn die Nachahmung von Produkten oder Produktgestaltungen angegriffen wurde.[192] Ob diese Fälle nur dann außerhalb des Anwendungsbereichs des MarkenG liegen, wenn nicht das gesamte Produkt oder

186 BGH GRUR 1999, 161 „*MAC Dog*".

187 BGH GRUR 1999, 161, 162 „*MAC Dog*"; so wiederholt in BGH GRUR 1999, 992, 995 „*BIG PACK*"; GRUR 2000, 608. 610 „*ARD-1*"; GRUR 2002, 340, 342 „*Fabergé*"; GRUR 2005, 163, 165 „*Aluminiumräder*"; GRUR 2005, 423, 427 „*Staubsaugerfiltertüten*"; für den nunmehr einschlägigen § 4 Nr. 9 UWG BGH GRUR 2005, 583, 585 „*Lila-Postkarte*"; ebenso für den Titelschutz gemäß § 15 Abs. 3 MarkenG BGH GRUR 2000, 70, 73 „*SZENE*"; GRUR 2001, 1050, 1051 „*Tagesschau*"; GRUR 2991, 1054, 1055 „*Tagesreport*"; für das Namensrecht aus § 12 BGB BGH GRUR 2002, 622, 623 „*Shell.de*".

188 So explizit BGH GRUR 2002, 340, 342 „*Fabergé*"; GRUR 2006, 329, 333 (Rdn. 36) „*Gewinnfahrzeug mit Fremdemblem*"; vorsichtig angedeutet bereits in BGH GRUR 2002, 167, 171 „*Bit/Bud*".

189 BGH GRUR 2005, 423, 427 „*Staubsaugerfiltertüten*"; GRUR 2006, 329, 333 (Rdn. 36) „*Gewinnfahrzeug mit Fremdemblem*".

190 BGH GRUR 2003, 973, 974 „*Tupperwareparty*"; Wohl auch BGH GRUR 2005, 163, 165 „*Aluminiumräder*". Die Ausführungen des BGH zu wettbewerbsrechtlichen Ansprüchen beziehen sich in diesem Urteil auf die Darstellung eines Kfz an sich, dessen Erscheinungsbild damals noch keinen Schutz genoss. Da nunmehr auch die Markenfähigkeit der Form eines Kfz anerkannt wurde, ist fraglich, ob der BGH den Fall erneut in diese Richtung entscheiden würde.

191 BGH GRUR 2004, 1039, 1040 f. „*SB-Beschriftung*".

192 BGH GRUR 2001, 251 ff. „*Messerkennzeichnung*"; GRUR 2001, 443 ff. „*Viennetta*"; GRUR 2003, 332 ff. „*Abschlussstück*".

die Produktgestaltung markenrechtlichen Schutz genießt, oder ob ein Rückgriff auf § 4 Nr. 9 UWG auch dann möglich ist, wenn die angegriffene Form als Marke eingetragen ist, ergibt sich bisher aus der Rechtsprechung des BGH nicht.

In der Literatur stehen sich hinsichtlich des Verhältnisses des MarkenG zum UWG zwei Positionen gegenüber. Auf der einen Seite befindet sich die vornehmlich von *Fezer* vertretene Auffassung, nach der eine Anspruchskonkurrenz[193] zwischen dem MarkenG und außermarkenrechtlichen Normen besteht.[194] Danach sollen die Normen des UWG autonom neben dem Markenrecht anwendbar sein. Dem steht die als *Vorrangthese des Markenrechts* bezeichnete Auffassung der h.M. gegenüber. Nach dieser These sind im Anwendungsbereich des MarkenG sonstige Ansprüche ausgeschlossen.[195]

Allerdings werden bei beiden Ansichten die aufgestellten Grundsätze in unterschiedlichem Umfang durch Einschränkungen relativiert. *Fezer* postuliert zwar grundsätzlich eine autonome Anwendung des UWG neben dem MarkenG, allerdings sollen die Wertungen des MarkenG auf die außermarkenrechtlichen Ansprüche einwirken.[196]

Auch die Autoren, die von einem grundsätzlichen Vorrang des MarkenG ausgehen, schränken diesen mehr oder minder für bestimmte Fallkonstellationen ein. So ist insbesondere noch nicht geklärt, wann der Anwendungsbereich des MarkenG eröffnet ist[197], wie sich der Vorrang des MarkenG zu den Vorschriften

---

193 Zur Bestimmung der im Rahmen dieser Diskussion verwendeten Fachtermini siehe *Schaefer*, Normenkonkurrenz, S. 161.

194 *Fezer*, MarkenR, § 1 Rdn. 1 ff.; *der.*, WRP 2000, 863, 865; *ders.*, WRP 2008, 1 ff. (so auch schon unter Geltung des WZG, siehe dazu *Fezer*, WRP 1993, 63, 73 f.; *ders.*, in: FS Nirk, S. 256 ff.); *Ekey*, in: HK-MarkenR, § 14 Rdn. 141; *Deutsch*, WRP 2000, 854, 857; hinsichtlich § 4 Nr. 7 UWG *Omsel*, in: Harte-Bavendamm/Henning-Bodewig, UWG, § 4 Nr. 7 Rdn. 31; *Geiseler-Bonse*, Internet-Suchmaschinen als rechtliches Problemfeld, S. 103 f.; bezogen auf § 823 BGB auch *Krings*, GRUR 1996, 624 ff.

195 So grundsätzlich *Hacker*, Ströbele/Hacker, MarkenG, § 14 Rdn. 10 ff.; *Ingerl/Rohnke*, MarkenG, § 2 Rdn. 2; *Köhler*, in: Hefermehl/Köhler/Bornkamm, UWG, § 4 Rdn. 7.9; *Kotthoff*, in: Harte-Bavendamm/Henning-Bodewig, UWG, § 4 Rdn. 408 f.; *Ohly*, in: Piper/Ohly, UWG, Einl. D Rdn. 83; *Engeländer*, Der ergänzende Schutz von Marken durch das Wettbewerbsrecht, S. 16; *Schaefer*, Normenkonkurrenz, S. 157 und S. 179 ff.; *Wagner*, Sonderschutz für bekannte Kennzeichen, S. 180; *Steinbeck*, in: FS Ullmann, S. 414 ff.; *Piper*, GRUR 1996, 429, 435; *Starck*, MarkenR 2000, 73, 74; *Helm*, GRUR 2001, 291, 293; *Sosnitza*, WRP 2003, 1186, 1187; *Ingerl*, WRP 2004, 809, 810; *Bornkamm*, GRUR 2005, 97 ff.

196 *Fezer*, MarkenR, § 1 Rdn. 9; *Omsel*, in: Harte-Bavendamm/Henning-Bodewig, UWG, § 4 Nr. 7 Rdn. 31.

197 So ist streitig, ob der Anwendungsbereich des MarkenG bei fehlender markenmäßiger Benutzung nicht eröffnet ist (dafür BGH GRUR 2005, 419, 422 „*Räucherkate*“; *Hacker*, Ströbele/Hacker, MarkenG, § 14 Rdn. 13; *Schaefer*, Normenkonkurrenz,

zur vergleichenden Werbung und § 4 Nr. 7 UWG verhält[198] und wann der ergänzende wettbewerbsrechtliche Leistungsschutz anwendbar ist.[199]

Diese Relativierungen der jeweiligen Grundsätze zeigen, dass es kaum möglich erscheint, eine für alle denkbaren Fälle allgemeingültige Aussage über das Verhältnis zwischen den Normenkomplexen zu treffen. Vielmehr bedarf es bei jeder Fallgestaltung der Prüfung, ob durch die Anwendung bestimmter Normen der Regelungs- und Schutzzweck der anderen Normen umgangen wird.[200]

Da Gegenstand dieser Arbeit nicht die abstrakte Bestimmung des Verhältnisses des MarkenG zu außermarkenrechtlichen Normen ist, soll auf diese Problematik erst bei den einzelnen Fallgruppen eingegangen werden, wenn sie Fall entscheidend ist.

II. Markenmäßige Benutzung

Anknüpfungspunkt für den markenrechtlichen Unterlassungsanspruch ist § 14 Abs. 5 MarkenG. Danach ergibt sich ein solcher, wenn ein Zeichen entgegen den Absätzen 2 bis 4 des § 14 MarkenG benutzt wird. Wann ein solches Benutzen vorliegt, gehört zu den umstrittensten Fragen des Markenrechts.

Diese Streitfrage hat insbesondere für die Markennennung Bedeutung. Würden keine besonderen Anforderungen an das Benutzen gestellt, könnte grundsätzlich jede Markennennung als Verwendung des identischen Zeichens für eine identische Ware eine Markenrechtsverletzung gemäß § 14 Abs. 2 Nr. 1 MarkenG darstellen. Um nunmehr einen Unterlassungsanspruch zu verneinen, bedürfte es für den Dritter einer Rechtfertigung gemäß §§ 23, 24 MarkenG. Erfüllt die konkrete Benutzungshandlung nicht die Voraussetzungen dieser Normen, hat der Dritte sie einzustellen.

Anders stellt sich die Lage dar, wenn eine spezifische markenmäßige Benutzung verlangt wird. Je nachdem wie eng dieser Begriff gefasst wird, scheiden bestimmte Benutzungsweisen eines Zeichens von vornherein als Markenrechtsver-

---

S. 241; grundsätzlich auch *Ingerl*, WRP 2004, 809, 811, jedoch sei noch stets eine Prüfung erforderlich, ob sich eine Beschränkungswirkung ergebe; dagegen *Steinbeck*, in: FS Ullmann, S. 416).

198 Dazu *Hacker*, Ströbele/Hacker, MarkenG, § 14 Rdn. 32 u. 46; *Köhler*, in: Hefermehl/Köhler/Bornkamm, UWG, § 4 Rdn. 7.9a; *Bornkamm*, GRUR 2005, 97, 100 f.

199 So will *Steinbeck*, in: FS Ullmann, S. 421 f. etwa § 4 Nr. 9 a) UWG neben dem MarkenG anwenden, § 4 Nr. 9 b) UWG hingegen nicht; nach *Hacker*, Ströbele/Hacker, MarkenG, § 14 Rdn. 24 soll hingegen bei geschützten Kennzeichen nur ein Schutz nach dem Markenrecht in Betracht kommen (so wohl auch *Köhler*, in: Hefermehl/Köhler/Bornkamm, UWG, § 4 Rdn. 9.11).

200 In diesem Sinne auch *Sack*, WRP 2004, 1405, 1414.

letzung aus. In diesen Fällen bedarf es dann keiner Prüfung der Rechtfertigung. Die Unzulässigkeit der Benutzungsform kann dann nur noch aus anderen Gesetzen hergeleitet werden, etwa aus dem UWG oder aus § 823 Abs. 1 BGB.

Dementsprechend wird durch die Auslegung des Begriffs der markenmäßigen Benutzung die Weiche gestellt, ob dem markenrechtlichen Schutz ein weiter oder ein eher enger Anwendungsbereich zukommt.

Zum besseren Verständnis der Auslegung des § 14 Abs. 2 MarkenG wird zunächst die Praxis der Rechtsprechung unter Geltung des WZG dargestellt. Erst ein Blick auf die historische Entwicklung der Rechtsprechung ermöglicht ein umfassendes Verständnis der sich im Rahmen des § 14 Abs. 2 MarkenG stellenden Probleme und deren Lösung.

I. Rechtslage zum WZG

Gemäß § 15 Abs. 1 WZG hatte die Eintragung eines Warenzeichens die Wirkung, dass seinem Inhaber das Recht zustand, Waren der angemeldeten Art oder ihre Verpackung oder Umhüllung mit dem Warenzeichen zu versehen, die so bezeichneten Waren in den Verkehr zu setzen sowie auf Ankündigungen, Preislisten, Geschäftsbriefen, Empfehlungen, Rechnungen oder dergleichen das Zeichen anzubringen. Wurde dieses Recht verletzt, konnte der Zeicheninhaber gemäß § 24 Abs. 1 WZG den verletzenden Dritten auf Unterlassen in Anspruch nehmen. Gemäß § 16 WZG wurde das Recht aus dem Kennzeichen aber insoweit eingeschränkt, dass niemand durch das Kennzeichenrecht gehindert sein sollte, seinen Namen, seine Firma, seine Wohnung sowie Angaben über die Bestimmung über Preis-, Mengen- oder Gewichtsverhältnisse auf Waren, auf ihrer Verpackung oder Umhüllung anzubringen und derartige Angaben im Geschäftsverkehr zu gebrauchen. Davon war wiederum eine Ausnahme zu machen, wenn der Gebrauch warenzeichenmäßig erfolgte.

Ein Streit entzündete sich daran, wie dieses Regel-Ausnahme-Verhältnis von § 15 WZG und § 16 WZG zu verstehen war.

a) Auffassung der h.M.

Die Rechtsprechung[201] und die herrschende Ansicht in der Literatur[202] gingen davon aus, dass § 15 Abs. 1 WZG ein Ausschließlichkeitsrecht gewährte, wenn der Dritte das Zeichen warenzeichenmäßig gebrauchte. Begründet wurde diese Auffassung hauptsächlich mit § 1 Abs. 1 WZG und der darin zum Ausdruck kommenden Funktion des Warenzeichenrechts.[203] § 1 Abs. 1 WZG sah die Möglichkeit der Eintragung eines Zeichens in die Zeichenrolle vor, wenn die Absicht

---

201 So erstmals RGZ 117, 408, 410 „*Lysol*"; dann in st. Rspr. RG MuW 1927/28, 524, 525 „*Kleiderbügel*"; GRUR 1928, 394, 395 „*Alfa-Separatoren*"; MuW 1929, 112, 113 „*Jupiter*"; RGZ 155, 374, 377 „*Kaffeemühle*"; GRUR 1938, 348 „*Wein – eingefangener Sonnenschein*"; GRUR 1940, 366, 368 „*Sauerbruch*"; BGH GRUR 1953, 175, 176 „*Kabel-Kennzeichnung*"; GRUR 1955, 484, 485 „*Luxor/Luxus*"; GRUR 1956, 719, 10 „*Ettaler-Klosterliqueur*"; GRUR 1957, 433, 434 „*Hubertus*"; GRUR 1958, 500, 502 „*Mecki-Igel*"; GRUR 1959, 130, 132 „*Vorrasur/Nachrasur*"; GRUR 1960, 126, 128 „*Sternbild*"; GRUR 1961, 280, 281 „*Tosca*"; GRUR 1962, 537, 539 „*Radkappe*"; GRUR 1962, 647, 648 „*Strumpf-Zentrale*"; GRUR 1964, 385, 386 „*Kaffeetafelrunde*"; GRUR 1968, 148, 149 „*Zwillingsbeutelfrisch*"; GRUR 1968, 365 „*Praliné*"; GRUR 1969, 274 , 275 „*Mokka-Express*"; GRUR 1968, 368, 369 „*Corrida*"; GRUR 1969, 683 „*Isolierte Hand*"; GRUR 1971, 251, 252 „*Oldtimer*"; GRUR 1974, 84, 86 „*Trumpf*"; GRUR 1975, 257 „*Buddelei*"; GRUR 1981, 277, 278 „*Biene Maja*"; GRUR 1981, 362, 364 „*Aus der Kurfürst-Quelle*"; GRUR 1981, 592, 593 „*Championne du Monde*"; GRUR 1982, 229, 230 „*Klix/Klick*"; GRUR 1983, 247, 248 „*Rolls-Royce*"; GRUR 1984, 352, 354 „*Ceramix*"; GRUR 1984, 354, 356 „*Tina-Spezialverandt II*"; GRUR 1984, 684, 685 „*Mordoro*"; GRUR 1985, 41, 43 „*REHAB*"; GRUR 1986, 759, 760 „*BMW*"; GRUR 1989, 508, 509 „*Campione del Mondo*"; GRUR 1990, 274, 275 „*Klettverschluss*"; GRUR 1991, 609, 610 „*SL*"; GRUR 1994, 191, 201 „*Asterix-Persiflage*"; GRUR 1994, 635, 636 „*Pulloverbeschriftung*"; GRUR 1995, 156 f. „*Garant-Möbel*"; GRUR 1998, 830, 834 „*Les-Paul-Gitarren*"; zwar stellte das RG auch bereits in denen vor der *Lysol*-Entscheidungen ergangenen Urteilen auf die warenzeichenmäßige Benutzung ab, jedoch befassten sich diese Entscheidungen immer nur damit, ob eine Angabe im Sinne des § 16 WZG (damals § 13 WZG a.F.) ausnahmsweise warenzeichenmäßig benutzt wurde, so dass die Berufung auf diese Vorschrift ausgeschlossen wäre (so z.B. RGZ 95, 209, 211 „*Pfaff*"; 95, 292, 295 „*Birresborner Mineralbrunnen*"; MuW 1927/28, 15, 16 „*David-Dominikus*"). Diese Entscheidungen ließen sich daher auch im Sinne der Gegenansicht deuten (so *Heydt*, MittdPatAnw 1969, 319, 321 ff. mit ausführlicher Darstellung der bisherigen Rechtsprechung).

202 *Althammer*, § 15 WZG, Rdn. 7; *Baumbach/Hefermehl*, § 15 WZG, Rdn. 22; *Busse/Starck*, § 15 WZG, Rdn. 15; Reimer/*Trüstedt*, Kap. 19, Rdn. 3; *v. Gamm*, § 15 WZG, Rdn. 14; *ders.*, GRUR 1974, 539, 540; *Wilde*, GRUR 1968, 477, 483; *Tilmann*, GRUR 1968, 619, 620.

203 BGH GRUR 1953, 175 176 „*Kabel-Kennzeichnung*"; GRUR 1957, 433, 434 „*Hubertus*"; GRUR 1961, 280, 281 „*Tosca*"; *Baumbach/Hefermehl*, § 15 WZG, Rdn. 22; Reimer/*Trüstedt*, Kap. 19, Rdn. 3; *Tilmann*, GRUR 1968, 619, 620.

bestand, dieses Zeichen zur Unterscheidung der Waren des potentiellen Zeicheninhabers von denen eines anderen Warenzeicheninhabers zu unterscheiden. Dementsprechend deutete die h.M. die Funktion eines Zeichens dahin, dass dieses dazu diene, die Herkunft der Waren von einem bestimmten Zeicheninhaber aufzuzeigen.[204] In Anbetracht dieser Funktion konnte daher eine Beeinträchtigung des Warenzeichenrechts nur dann angenommen werden, wenn der Verkehr die konkrete Verwendungsform des Zeichens als Herkunftshinweis und damit zeichenmäßig verstand. Dies war der Fall, wenn die Möglichkeit bestand, dass der Verkehr aus dem Zeichen auf den Ursprung der Ware aus dem Geschäftsbetrieb des Zeicheninhabers oder doch auf das Bestehen irgendwie gearteter geschäftlicher oder organisatorischer Beziehungen des Benutzers zum Zeicheninhaber schloss.[205] Dafür sollte es auf die Ansicht des unbefangenen Durchschnittsbetrachters ankommen.[206] Wurde dieser Eindruck erweckt, war es unerheblich, ob der Benutzer das Zeichen als Hinweis auf die Herkunft der Ware verwenden wollte oder nicht.[207]

Die Rechtsprechung ging davon aus, dass die Verwendung eines Zeichens in der Werbung, in Preislisten oder in ähnlichen gewerblichen Ankündigungen im Zweifel zeichenmäßig erfolgte.[208] Als nicht zeichenmäßig angesehen wurden die

---

204 BGH GRUR 1953, 175 176 „*Kabel-Kennzeichnung*"; GRUR 1961, 280, 281 „*Tosca*"; GRUR 1962, 647, 648 „*Strumpf-Zentrale*"; GRUR 1968, 368, 369 „*Corrida*"; ausführlich zur Herkunftsfunktion *Vanzetti*, GRUR Ausl. 1965, 128, 133 ff.

205 RG MuW 1929, 112, 113 „*Jupiter*"; RGZ 149, 335, 342 „*Personifizierte Kaffeekanne*"; BGH GRUR 1953, 175 176 „*Kabel-Kennzeichnung*"; GRUR 1955, 484, 485 „*Luxor/Luxus*"; GRUR 1957, 433, 434 „*Hubertus*"; GRUR 1959, 130, 132 „*Vorrasur/Nachrasur*"; GRUR 1959, 423, 425 „*Fußballstiefel*"; GRUR 1960, 83, 87 „*Nährbier*"; GRUR 1961, 280, 281 „*Tosca*"; GRUR 1962, 537, 539 „*Radkappe*"; GRUR 1968, 148, 149 „*Zwillingsfrischbeutel*"; GRUR 1968, 365 „*Praliné*"; GRUR 1968, 368, 369 „*Corrida*"; GRUR 1969, 683 „*Isolierte Hand*"; GRUR 1974, 84, 86 „*Trumpf*"; GRUR 1977, 789, 790 „*Tina-Spezialversand*"; GRUR 1981, 362, 364 „*Aus der Kurfürst-Quelle*"; GRUR 1981, 592, 593 „*Championne du Monde*"; GRUR 1982, 229, 230 „*Klix/Klick*"; GRUR 1989, 508, 508 „*Campione del Mondo*"; *Baumbach/Hefermehl*, § 15 WZG, Rdn. 24.

206 BGH GRUR 1953, 175, 176 „*Kabel-Kennzeichnung*"; in späteren Urteilen nur noch als Verkehr bezeichnet, so BGH GRUR 1977, 789 „*Tina-Spezialversand*".

207 RGZ 149, 335, 342 „*Kaffeekanne*"; BGH GRUR 1955, 484, 485 „*Luxor/Luxus*"; GRUR 1961, 280, 281 „*Tosca*"; GRUR 1962, 647, 648 „*Strumpf-Zentrale*"; *Alterhammer*, § 16 WZG, Rdn. 7.

208 BGH GRUR 1961, 280, 281 „*Tosca*"; GRUR 1964, 71, 73 „*Personifizierte Kaffeekanne*"; GRUR 1964, 385, 386 „*Kaffeetafelrunde*"; GRUR 1971, 251, 252 „*Oldtimer*"; GRUR 1985, 41, 43 „*REHAB*"; GRUR 1988, 307, 308 „*Gaby*"; *Baumbach/Hefermehl*, § 15 WZG, Rdn. 22; Reimer/*Trüstedt*, Kap. 19, Rdn. 3; *Wilde*, GRUR 1968, 477, 485; ähnlich bereits schon RG MuW 1927/28, 15, 16 „*David-Dominikus*"; RGZ 149, 335, 343 „*Kaffeekanne*".

schmuckhafte Verwendung eines Zeichens,[209] z.B. die Verwendung des unsymmetrischen Sterns der Illustrierten *Stern* auf einem Weihnachtsplakat,[210] die Benutzung des Zeichens lediglich als eine Art Produktnummer[211] oder die Verwendung in Werktiteln, da der Verkehr aus wörtlichen oder bildlichen Buchtiteln nicht auf ein bestimmtes Verlagsunternehmen schließe.[212]

Der vorstehende Erfahrungssatz wurde jedoch in das Gegenteil verkehrt, soweit es sich bei dem Zeichen um eine Angabe im Sinne des § 16 WZG handelte. Die h.M. maß daher dem § 16 WZG die Funktion zu, solche Angaben aufzuzählen, bei denen nicht grundsätzlich von einem zeichenmäßigen Gebrauch ausgegangen werden konnte. Gerade bei den dort aufgezählten Angaben liege der Schluss nahe, dass der Verkehr diese Angaben nicht als Hinweis auf die betriebliche Herkunft der mit ihnen gekennzeichneten Waren verstehe, sondern lediglich als einen Sachhinweis.[213] Insoweit handelte es sich aber nicht um absolute Ausschlussgründe des zeichenmäßigen Gebrauchs. Soweit die Angaben vom Verkehr dennoch als Hinweis auf die betriebliche Herkunft der Ware verstanden wurden, konnte ein warenzeichenmäßiger Gebrauch vorliegen. Insofern wurde dem letzten Halbsatz des § 16 WZG, „sofern der Gebrauch nicht warenzeichenmäßig erfolgt“, lediglich klarstellende Bedeutung beigemessen.[214]

Von einer warenzeichenmäßigen Verwendung der in § 16 WZG aufgeführten Angabe ging die Rechtsprechung aus, wenn diese nach der Art einer Marke ver-

---

209 BGH GRUR 1960, 126, 128 „*Sternbild*“; GRUR 1969, 601, 602 „*Candahar*“; so bereits RG GRUR 1923, 18, 19 „*Bierbrauerei*“.

210 BGH GRUR 1960, 126, 128 „*Sternbild*“.

211 So etwa bei der Verwendung eines gebräuchlichen Frauennamens zur Bezeichnung des Produktes (GRUR 1988, 307, 308 „*Gaby*“), offen gelassen in BGH GRUR 1968, 368, 369 „*Corrida*“; warenzeichenmäßiger Gebrauch wurde hingegen bei der Bezeichnung „*Tosca*“ für ein Kleid angenommen (BGH GRUR 1961, 280, 282 „*Tosca*“).

212 BGH GRUR 1958, 500, 502 „*Mecki-Igel*“; GRUR 1994, 908, 910 „*WIR IM SÜDWESTEN*“; anders hingegen BGH GRUR 1961, 232 233 „*Hobby*“.

213 So BGH GRUR 1966, 676, 677 „*Shortening*“; GRUR 1968, 365 „*Praliné*“; GRUR 1968, 368, 369 „*Corrida*“; GRUR 1969, 274, 275 „*Mokka-Express*“; GRUR 1970, 31, 32 „*Heinzelmännchen*“; GRUR 1981, 362, 364 „*Aus der Kurfürst-Quelle*“; GRUR 1985, 41, 43 „*REHAB*“; GRUR 1989, 508, 508 „*Campione del Mondo*“; GRUR 1990, 274, 275 „*Klettverschluss*“; GRUR 1994, 908, 910 „*WIR IM SÜDWESTEN*“; so auch *Wilde*, GRUR 1968, 477, 483 der davon ausgeht, dass der Unterschied zwischen § 15 und § 16 WZG gerade darin bestehe, dass im Rahmen des § 16 WZG die nichtwarenzeichenmäßige Benutzung die Regel sei, während sie bei § 15 WZG die Ausnahme darstelle.

214 So *v. Gamm*, GRUR 1974, 539, 541.

wandt wurden.[215] Zunächst wurde eine Verwendung in der Art einer Marke angenommen, wenn das Zeichen auf der Ware, ihrer Verpackung oder Umhüllung in der Weise herausgestellt wurde, dass die Aufmerksamkeit des Verkehrs vornehmlich auf sie gerichtet und so der Eindruck vermittelt wurde, sie solle als unabhängiges Schlagwort die Herkunft der Ware aus einem bestimmten Betrieb kennzeichnen.[216] Dementsprechend wurde in der Aufschrift „Luxus-Seife" ein zeichenmäßiger Gebrauch in Bezug auf das geschützte Zeichen *Luxor* gesehen, da der Bestandteil „Luxus" gegenüber dem Herstellerhinweis und sonstigen beschreibenden Angaben besonders auffällig durch Großdruck und Schreibweise herausgestellt war.

Später wurde die Rechtsprechung dahin präzisiert, dass bei einem herausgestellten Ausdruck nur dann von einer Verwendung als Marke ausgegangen werden könne, wenn der Ausdruck keine direkte Beschreibung der Wareneigenschaft darstelle und für eine solche Beschreibung nicht unentbehrlich sei oder wenn er dem Verkehr bereits als kennzeichnender Bestandteil eines bestimmten anderen Zeichens vertraut war.[217]

b) Gegenmeinung

Die insbesondere von *Heydt* vertretene Gegenmeinung ging davon aus, dass es im Rahmen des § 15 WZG nur darauf ankam, dass das Zeichen mittels der aufgeführten Alternativen, d.h. Kennzeichnung, Vertrieb oder Werbehinweis für eine Ware verwendet wurde.[218] Das Merkmal der warenzeichenmäßigen Benutzung sollte für § 15 WZG irrelevant sein. Wurde eine Benutzung im Sinne des § 15 WZG bejaht, sollte eine Verletzung des Zeichenrechts dennoch ausscheiden, wenn das Zeichen aus einer der in § 16 WZG enumerativ aufgezählten Angaben bestand. Davon wurde wiederum eine Rückausnahme gemacht, wenn die in § 16 WZG enthaltenen Angaben warenzeichenmäßig gebraucht wurden. Ein waren-

---

215 BGH GRUR 1955, 484, 485 „*Luxor/Luxus*"; GRUR 1959, 130, 132 „*Vorrasur/ Nachrasur*"; GRUR 1964, 385, 386 „*Kaffeetafelrunde*"; GRUR 1968, 148, 149 „*Zwillingsfrischbeutel*".

216 BGH GRUR 1955, 484, 485 „*Luxor/Luxus*"; GRUR 1959, 130, 133 „*Vorrasur-Nachrasur*; GRUR 1964, 385, 386 „*Kaffeetafelrunde*"; kritisch bereits BGH GRUR 1964, 71, 73 „*Personifizierte Kaffeekanne*"; die Rechtsprechung weiterhin verteidigend *Krieger*, GRUR 1969, 276.

217 BGH GRUR 1968, 365 f. „*Praliné*"; GRUR 1969, 274, 275 „*Mokka-Express*"; im gleichen Sinne BGH GRUR 1969, 683, 684 „*Isolierte Hand*"; GRUR 1970, 31 32 „*Heinzelmännchen*"; ähnlich schon *Hefermehl*, GRUR 1959, 133, 134.

218 *Heydt*, GRUR 1966, 679, 680; *ders*., MittdPatAnw 1969, 319 f.; *ders*., GRUR 1971, 253 ff.; *ders*., GRUR 1976, 7, 8 ff.; zustimmend *Fezer*, GRUR 1977, 616, 619 f.

zeichenmäßiger Gebrauch solcher Angaben sollte vorliegen, wenn sie der Art einer Marke nach gebraucht wurden.[219]

Folglich kam es bei dieser Ansicht auf den warenzeichenmäßigen Gebrauch nur bei den Angaben im Sinne des § 16 WZG an, nicht hingegen wie bei der h.M. bei allen Zeichen. Eine Warenzeichenrechtsverletzung ließ sich damit auch bei einem nicht warenzeichenmäßigen Gebrauch eines Zeichens bejahen.

Relativiert wurde der Streit jedoch dadurch, dass auch die Gegenmeinung die Gefahr einer Täuschung über die betriebliche Herkunft im Rahmen der Verwechslungsgefahr prüfte. Dort waren dieselben Punkte wie bei der Prüfung des warenzeichenmäßigen Gebrauchs heranzuziehen.[220] Die Ansichten kamen daher nur zu unterschiedlichen Ergebnissen, wenn das angegriffene Zeichen und das eingetragene Warenzeichen gleich waren,[221] da eine Warenzeichenrechtsverletzung dann keine Verwechslungsgefahr voraussetzte. Diese Konstellationen treten aber gerade bei der Markennennung auf, so dass der Streit seine Bedeutung insbesondere bei den dieser Arbeit zugrunde liegenden Fallgruppen hatte.

2. Rechtslage zum MarkenG

Ob auch im Rahmen des § 14 Abs. 2 MarkenG, der zentralen Normen für den Unterlassungsanspruch gemäß § 14 Abs. 5 MarkenG, eine dem bisherigen Verständnis entsprechende markenmäßige Benutzung erforderlich ist, gehört zu den umstrittensten Fragen des reformierten Markenrechts.

Nachfolgend wird zunächst die unter Geltung des MarkenG ergangene Rechtsprechung des EuGH und BGH dargelegt. Daran schließt sich eine Darstellung der in der Literatur vertretenen Auffassung an. Schließlich wird aufgrund der kritischen Würdigung dieser Ansichten ein eigener Lösungsansatz entwickelt.

a) Auffassung der Rechtsprechung

Aufgrund der Harmonisierung des Markenrechts durch die MRL kommt dem EuGH bezüglich der Auslegung auch der deutschen Vorschriften die führende Rolle zu. Daher wird zunächst untersucht, wie der EuGH die MRL auslegt, um

---

219 *Heydt*, GRUR 1968, 366; *ders.*, MittdPatAnw 1969, 319, 325.

220 *Heydt*, GRUR 1971, 253, 254; daran setzt auch die Kritik von *v. Gamm* (GRUR 1974, 539, 540) an. Dieser geht davon aus, dass nach der Gegenmeinung § 16 WZG nur anwendbar sein könne, wenn eine Verwechslungsgefahr vorliege. Aufgrund der Verwechslungsgefahr müsse jedoch dann immer ein warenzeichenmäßiger Gebrauch angenommen werden, so dass § 16 WZG völlig überflüssig würde.

221 *Heydt*, GRUR 1971, 253, 254; *Fezer*, GRUR 1977, 616, 618 f.

dann die sich daran orientierende Rechtsprechung des BGH und der Instanzgerichte darzustellen.

1) Rechtsprechung des EuGH

(a) BMW/Deenik

Zur Benutzung einer Marke hat sich der EuGH erstmals in dem *BMW/Deenik*-Urteil geäußert, nachdem in der zuvor ergangenen *Dior/Evora*-Entscheidung die Benutzung im Sinne des Art. 5 MRL inzident bejaht wurde.

Grundlage dieser Entscheidung war, dass eine Kfz-Werkstatt, die sich auf den Verkauf und die Instandsetzung von *BMW*-Fahrzeugen spezialisiert hatte, jedoch keine Vertragswerkstatt der *BMW AG* war, in der Werbung und in sonstigen Bekanntmachungen geäußert hatte, dass sie „*Fachmann für BMW*“ oder „*spezialisiert auf BMW*“ sei und dass sie die „*Instandsetzung und Wartung von BMW-Fahrzeugen*“ vornehme.[222] Für die *BMW AG* ist die Wortmarke *BMW* u.a. für Motoren und Kraftfahrzeuge sowie für Bestandteile und Zubehör von Motoren und Kraftfahrzeugen eintragen.[223]

Das Gericht ging davon aus, dass Art. 5 Abs. 1 (§ 14 Abs. 2 Nr. 1 und Nr. 2 MarkenG) und Abs. 2 MRL (§ 14 Abs. 2 Nr. 3 MarkenG) dann Anwendung finden würden, wenn die Marke zur Unterscheidung von Waren oder Dienstleistungen als solchen eines bestimmten Unternehmens, also als Marke, benutzt werde und nicht zu anderen Zwecken.[224] Im vorliegenden Fall sei eine solche Benutzung zu bejahen gewesen, da die Marke *BMW* dazu benutzt wurde, die Herkunft einer Ware zu bestimmen, nämlich die Herkunft der Ware, auf die sich die Dienstleistung des Verletzers bezog.[225] Nach der Auffassung des EuGH diente die Markenbenutzung dazu, die Dienstleistung an *BMW*-Fahrzeugen von Dienstleistungen an anderen Fahrzeugen (z.B. *Mercedes-Benz* oder *Audi*) zu unterscheiden. Dass die Marke nicht als Herkunftshinweis für die Dienstleistung verstanden wurde, war unerheblich. Da die gekennzeichneten Waren, hier die Produkte der *BMW AG*, mit denen identischen waren, für die die Marke eingetragen wurde, nahm das Gericht eine Benutzung gemäß Art. 5 Abs. 1 S. 2 lit. a) MRL (§ 14 Abs. 2 Nr. 1 MarkenG) an.[226]

222 EuGH GRUR Int. 1999, 438, 439 (Rdn. 8, 10) „*BMW/Deenik*“.
223 EuGH GRUR Int. 1999, 438, 439 (Rdn. 6) „*BMW/Deenik*“.
224 EuGH GRUR Int. 1999, 438, 441 (Rdn. 38) „*BMW/Deenik*“.
225 EuGH GRUR Int. 1999, 438, 441 (Rdn. 39) „*BMW/Deenik*“.
226 EuGH GRUR Int. 1999, 438, 441 (Rdn. 42) „*BMW/Deenik*“.

(b) Hölterhoff

Mit der Benutzung eines Zeichens im Sinne des Art. 5 Abs. 1 und Abs. 2 MRL hat sich der EuGH erneut drei Jahre später in der *Hölterhoff*-Entscheidung befasst.[227] Der Entscheidung lag folgender Sachverhalt zugrunde. Der Zeicheninhaber hatte zwei Wortmarken, *Sprit Sun* und *Context Cut*, für Diamanten und Edelsteine zur Weiterverarbeitung als Schmuckwaren eintragen lassen.[228] Die unter diesen Marken vertriebenen Erzeugnisse zeichneten sich durch einen bestimmten Schliff aus. Der verklagte Händler bot in einem Verkaufsgespräch einem Fachmann Edelsteine aus eigener Produktion in dem Schliff der Konkurrenzprodukte an.[229] Dazu bezeichnete er seine eigenen Produkte als Edelsteine im *Spirit Sun*- bzw. *Context Cut*-Schliff.[230]

Zur Prüfung der Benutzung gemäß Art. 5 Abs. 1 und Abs. 2 MRL knüpfte der EuGH in der *Hölterhoff*-Entscheidung nicht an die in der *BMW/Deenik*-Entscheidung eingeschlagene Linie an. Ohne auf die erste Entscheidung einzugehen, entschied der EuGH, dass eine rechtsverletzende Benutzung einer fremden Marke im Sinne des Art. 5 Abs. 1 S. 2 lit. a) MRL (§ 14 Abs. 2 Nr. 1 MarkenG) nicht vorlege, wenn ein Dritter im Rahmen eines Verkaufsgesprächs die Herkunft der Ware aus seiner eigenen Produktion offenbare und er das betreffende Zeichen ausschließlich zur Kennzeichnung der besonderen Eigenschaften der von ihm angebotenen Ware verwende, so dass ausgeschlossen sei, dass die benutzte Marke im Verkehr als betriebliches Herkunftszeichen aufgefasst werde.[231] In diesem Fall seien keine Interessen beeinträchtigt, deren Schutz Art. 5 Abs. 1 MRL bezwecke.[232] Anders als in der *BMW/Deenik*-Entscheidung stellte das Gericht nicht darauf ab, ob das Zeichen als Marke benutzt wurde.

(c) Arsenal

Im selben Jahr erfolgte abermals eine Korrektur der eingeschlagenen Linie durch die *Arsenal*-Entscheidung, in der der EuGH erneut nicht auf die *BMW/Deenik*-Entscheidung Bezug nahm.[233]

Klägerin dieses Rechtsstreits war der *FC Arsenal*, ein Fußballclub aus London. Für diesen Verein sind als Wortmarken *Arsenal* und *Arsenal Gunners* sowie

227 EuGH GRUR 2002, 692 f. „*Hölterhoff*".
228 EuGH GRUR 2002, 692, 693 (Rdn. 5) „*Hölterhoff*".
229 EuGH GRUR 2002, 692, 693 (Rdn. 7 f.) „*Hölterhoff*".
230 EuGH GRUR 2002, 692, 693 (Rdn. 10) „*Hölterhoff*".
231 EuGH GRUR 2002, 692, 693 (Rdn. 17) „*Hölterhoff*".
232 EuGH GRUR 2002, 692, 693 (Rdn. 16) „*Hölterhoff*".
233 EuGH GRUR 2003, 55, 57 (Rdn. 47 ff.) „*Arsenal*".

als Bildmarken ein Kanonen- und Wappenemblem für Konfektionsartikel, Sportbekleidung und Schuhe eingetragen.[234] Der Beklagte bot nicht von der Klägerin stammende Schals zum Verkauf an, auf denen Zeichen des *FC Arsenal* abgebildet waren.[235] Er wies beim Verkauf durch ein Plakat daraufhin, dass die Aufschriften und Logos lediglich zu Dekorationszwecken dienten und keinerlei Zugehörigkeit oder Geschäftsbeziehungen zu anderen Herstellern oder Vertriebshändlern implizieren. Originalwaren seien mit dem Etikett „Orignal-Arsenal-Waren" gekennzeichnet.[236]

Der EuGH nahm an, dass ein mit der Marke identisches Zeichen im geschäftlichen Verkehr für identische Waren benutzt werde und damit das Verhalten grundsätzlich unter Art. 5 Abs. 1 S. 2 lit. a) MRL (§ 14 Abs. 2 Nr. 1 MarkenG) falle.[237] Gleichwohl warf das Gericht die Frage auf, ob Art. 5 Abs. 1 MRL jede Benutzung im geschäftlichen Verkehr verbiete oder ob nur solche Benutzungshandlungen erfasst seien, durch die die Funktion der Marke beeinträchtigt werde oder beeinträchtigt werden könne.[238]

Das Gericht entschied die Frage dahin, dass die Ausübung des in Art. 5 Abs. 1 MRL niedergelegten Ausschließlichkeitsrechts auf Fälle beschränkt bleiben müsse, in denen die Benutzung des Zeichens durch einen Dritten die Funktionen der Marke und insbesondere ihre Hauptfunktion, d.h. die Gewährleistung der Herkunft der Ware gegenüber den Verbrauchern, beeinträchtige oder beeinträchtigen könne.[239] Der Inhaber könne folglich die Benutzung eines mit der Marke identischen Zeichens für Waren, die mit denjenigen identisch sind, für die die Marke eingetragen ist, nicht verbieten, wenn diese Benutzung im Hinblick auf die Funktionen der Marke seine Interessen als Markeninhaber nicht beeinträchtigen kann.[240]

Die Hauptfunktion, die in diesem Rahmen geschützt werden müsse, bestehe darin, dem Verbraucher oder Endabnehmer die Ursprungsidentität der durch die Marke gekennzeichneten Ware oder Dienstleistung zu garantieren, indem sie ihm ermöglicht, diese Ware oder Dienstleistung ohne Verwechslungsgefahr von Waren oder Dienstleistungen anderer Herkunft zu unterscheiden.[241]

234 EuGH GRUR 2003, 55 (Rdn. 13) „*Arsenal*".
235 EuGH GRUR 2003, 55 (Rdn. 15) „*Arsenal*".
236 EuGH GRUR 2003, 55 (Rdn. 16) „*Arsenal*".
237 EuGH GRUR 2003, 55, 57 (Rdn. 40) „*Arsenal*".
238 EuGH GRUR 2003, 55, 57 (Rdn. 42) „*Arsenal*".
239 EuGH GRUR 2003, 55, 57 f. (Rdn. 51) „*Arsenal*"; bestätigt in EuGH GRUR 2005, 153, 155 (Rdn. 59 und 71) „*Anheuser Busch*".
240 EuGH GRUR 2003, 55, 57 f. (Rdn. 51) „*Arsenal*".
241 EuGH GRUR 2003, 55, 57 (Rdn. 48) „*Arsenal*".

Welche Funktionen neben der Ursprungsgarantie als Hauptfunktion noch geschützt werden, ließ der EuGH offen. Jedoch sah er unter Verweis auf die *Hölterhoff*-Entscheidung eine Beeinträchtigung der Funktion als ausgeschlossen an, wenn die Marke zu rein beschreibenden Zwecken benutzt werde.[242]

Im konkret zu entscheidenden Fall nahm der EuGH eine verletzende Benutzung im Sinne des Art. 5 Abs. 1 S. 2 lit. a) MRL (§ 14 Abs. 2 Nr. 1 MarkenG) an, da durch die Aufschrift der Eindruck einer Verbindung im geschäftlichen Verkehr aufkommen konnte. Dies würde auch durch den Hinweis auf dem Plakat nicht ausgeschlossen, da dieser nicht von den Verbrauchern wahrgenommen werden könne, nachdem die Ware den Verkaufsstand verlassen habe.[243]

(d) Robelco/Robeco

In der *Robelco/Robeco*-Entscheidung verlangte die Klägerin, die die Marke *Robeco* für Finanz- und Dienstleistungsprodukte besaß, dass die Beklagte, die *Robelco NV*, es unterlassen solle, ein mit der eingetragenen Marke ähnliches Zeichen als Handelsname zu nutzen.[244] Diesbezüglich entschied der EuGH, dass die schlichte Verwendung eines Zeichens als Handelsname nicht eine Verwendung zum Zwecke der Unterscheidung von Waren und Dienstleistungen darstelle[245] und daher nicht als Markenrechtsverletzung einzuordnen sei.

(e) Gillette Company/LA-Laboratories

Die *Gillette Company/LA-Laboratories*-Entscheidung des EuGH betraf den Vertrieb von Zubehörprodukten. Die Beklagte vertrieb Rasierklingen. Diese passten sowohl auf den von ihr vertriebenen Rasierergriff als auch auf den der Klägerin, die ihre Rasierer unter den Marken *Gillette* und *Sensor* vertreibt. Die Beklagte wies auf den Verpackungen darauf hin, dass die Klinge auch auf den Rasierer *Gillette Sensor* passe. Der EuGH ging konkret auf die Benutzung im Sinne des Art. 5 Abs. 1 MLR nicht ein. Er wies lediglich auf die Garantie der Ursprungsidentität als Hauptfunktion der Marke hin und nahm ohne weiteres eine Benutzung im Sinne des Art. 5 Abs. 1 MRL an.[246]

242 EuGH GRUR 2003, 55, 58 (Rdn. 54) „*Arsenal*".
243 EuGH GRUR 2003, 55, 58 (Rdn. 57) „*Arsenal*".
244 EuGH GRUR 2003, 143, 144 (Rdn. 10 ff.) „*Robelco/Robeco*".
245 EuGH GRUR 2003, 143, 145 (Rdn. 34) „*Robelco/Robeco*"; offen gelassen durch EuGH GRUR 2005, 153, 155 (Rdn. 36) „*Anheuser Busch*".
246 EuGH GRUR 2005, 509, 511 (Rdn. 26 ff.) „*Gillette Company/LA-Laboratories*".

(f) Opel/Autec

In seiner aus dem Jahre 2007 stammenden *Opel/Autec*-Entscheidung hat sich der EuGH erneut ausführlich mit der markenmäßigen Benutzung auseinandergesetzt. Klägerin war die *Adam Opel AG*, für die das *Opel*-Logo sowohl für Kraftfahrzeuge als auch für Spielzeug als Marke eingetragen ist. In dem Rechtsstreit wendete sich die Klägerin gegen die Verwendung der Marke auf Spielzeugautos. Auf diese hatte die Beklagte entsprechend den Originalfahrzeugen die geschützte Marke der Klägerin angebracht. Die Gebrauchsanleitung und Fernsteuerung der Autos waren hingegen mit eigenen Marken der Beklagten versehen.

Zunächst stellte der EuGH fest, dass eine Doppelidentität gemäß Art. 5 Abs. 1 S. 1 lit. a) MRL (§ 14 Abs. 2 Nr. 1 MarkenG) gegeben sei, da das *Opel*-Logo auch für Spielzeug als Marke eingetragen wurde. Darüber hinaus wies das Gericht jedoch darauf hin, dass nicht allein die Doppelidentität für die Erfüllung des Tatbestandes ausreiche, sondern dass vielmehr das Recht auf die Fälle beschränkt bleiben müsse, in denen die Benutzung des Zeichens durch einen Dritten die Funktion der Marke und insbesondere ihre Hauptfunktion, d.h. die Gewährleistung der Herkunft der Ware gegenüber den Verbrauchern, beeinträchtige oder beeinträchtigen könne.[247] In Anbetracht der Auffassung des Vorlagegerichts, dass der Verbraucher bei verkleinerten Modellen der Originalfahrzeuge die Originalmarke nicht als Hinweis auf eine wirtschaftliche Verbindung zwischen dem Spielzeughersteller und dem Kfz-Hersteller betrachte, sah der EuGH die Hauptfunktion der Marke als nicht beeinträchtigt an. Er stellte insoweit dem Vorlagegericht anheim, die Verletzung weiterer Markenfunktionen aufzuklären.[248]

Ferner hat sich das Gericht damit beschäftigt, ob durch die Verwendung der *Opel*-Marke der Tatbestand des Art. 5 Abs. 2 MRL (§ 14 Abs. 2 Nr. 3 MarkenG) verwirklicht sein kann. Entgegen den Ausführungen zu Abs. 1 hat der EuGH insoweit nicht mehr darauf abgestellt, ob durch die Verwendung eine Funktion der Marke verletzt wird. Vielmehr lag der Fokus allein auf der Feststellung, ob durch die Benutzung die Unterscheidungskraft oder die Wertschätzung ohne rechtfertigenden Grund in unlauterer Weise ausgenutzt oder beeinträchtigt werden.[249]

(g) Céline

Ebenso wie die *Robelco*-Entscheidung betraf die *Céline*-Entscheidung des EuGH die Frage, in welcher Form Art. 5 Abs. 1 MRL die Verwendung einer Geschäfts-

---

247 EuGH GRUR 2007, 318, 319 (Rdn. 21) „*Opel/Autec*“.
248 EuGH GRUR 2007, 318, 319 (Rdn. 23 – 25) „*Opel/Autec*“.
249 EuGH GRUR 2007, 318, 320 (Rdn. 36) „*Opel/Autec*“.

bezeichnung erfasst.[250] Neben der Problematik, wann ein Zeichen für Waren und Dienstleistungen verwendet wird, beschäftigte sich der EuGH erneut mit dem Erfordernis der markenmäßigen Benutzung. Wie in den Entscheidungen zuvor forderte das Gericht, dass eine derartige Benutzung vorliegt, die die Funktionen der Marke und insbesondere ihre Hauptfunktion, d.h. die Gewährleistung der Herkunft der Waren oder Dienstleistungen gegenüber den Verbrauchern, beeinträchtigt oder beeinträchtigen kann.[251]

(h) O2/Hutchison

Die bisher letzte Entscheidung zur markenmäßigen Benutzung stellt die *O2/Hutchison*-Entscheidung des EuGH dar.[252] Hatte sich der EuGH bisher hinsichtlich der markenmäßigen Benutzung im Rahmen von Art. 5 Abs. 1 S. 2 lit. a) MRL und Art. 5 Abs. 2 MRL befasst, betraf diese Entscheidung nunmehr den Bereich der Verwechslungsgefahr. Unter Bezugnahme auf die Urteile *Arsenal*, *Opel/Autec* und *Céline* urteilte das Gericht, dass auch eine Markenrechtsverletzung gemäß Art. 5 Abs. 2 S. 1 lit. b) MRL unter anderem voraussetze, dass die Hauptfunktion der Marke, d.h. die Gewährleistung der Herkunft der Waren oder Dienstleistungen gegenüber den Verbrauchern, beeinträchtigt werde oder beeinträchtigt werden könne.[253] Zugleich stellte der EuGH jedoch fest, dass eine Benutzung des mit der Marke identischen oder ihr ähnlichen Zeichens, die beim Publikum eine Verwechslungsgefahr hervorruft, die Hauptfunktion der Marke beeinträchtigt.[254]

(i) Zusammenfassung

Aus der Gesamtschau der Urteile des EuGH kann geschlossen werden, dass das Gericht zumindest im Rahmen des Art. 5 Abs. 1 S. 2 MRL nicht auf das Merkmal der markenmäßigen Benutzung verzichten will. Zur Auslegung dieses Merkmals sind zwei Grundtendenzen auszumachen.

Entsprechend der *BMW/Deenik*-Rechtsprechung kann eine markenmäßige Benutzung nur dann angenommen werden, wenn das Zeichen dazu verwendet wird, Produkte eines Unternehmens von Produkten anderer Unternehmen abzugrenzen. Diese Abgrenzung muss sich jedoch nicht zwingend auf das Produkt des

250 EuGH GRUR 2007, 971 ff. „*Céline*".
251 EuGH GRUR 2007, 971, 972 f. (Rdn. 16 u. 26) „*Céline*".
252 EuGH, Urteil v. 12.06.2008, RS. C-533/06 „*O2/Hutchison*".
253 EuGH, Urteil v. 12.06.2008, RS. C-533/06 (Rdn. 57) „*O2/Hutchison*".
254 EuGH, Urteil v. 12.06.2008, RS. C-533/06 (Rdn. 59) „*O2/Hutchison*".

Verwenders beziehen, vielmehr kann die Marke auch dazu verwendet werden, das Produkt des Markeninhabers von anderen Produkten abzugrenzen.

In den jüngeren Urteilen lässt allerdings das Gericht dies allein nicht mehr ausreichen, sondern fordert vielmehr eine Beeinträchtigung der Funktion der Marke. Ob nunmehr dies das alleinige Abgrenzungskriterium ist oder ob es nur zusätzlich zur Verwendung als Marke heranzuziehen ist, wird aus den bisherigen Urteilen nicht deutlich. Für einen neuen Ansatz spricht, dass die *BMW/Deenik*-Entscheidung in den neueren Entscheidungen zur Bestimmung des Benutzungsbegriffs nicht mehr erwähnt wurde.

Aus dem *Opel/Autec*-Urteil zeichnet sich ab, dass der EuGH den Benutzungsbegriff bei Art. 5 Abs. 2 MRL anders auslegen will als bei Abs. 1. Ob damit ein vollkommener Verzicht auf das Merkmal der markenmäßigen Benutzung bei Art. 5 Abs. 2 MRL einhergeht, werden erst weitere Urteile des EuGH klären.

2) Rechtsprechung des BGH

Der BGH hat es zunächst in mehreren Entscheidung offen gelassen, ob § 14 Abs. 2 MarkenG eine markenmäßige Benutzung voraussetzt und wann diese vorliegt.[255] Erst nachdem sich der EuGH zur Benutzung geäußert hatte, nahm auch der BGH zu dieser Problematik Stellung.

(a) Allgemeine Grundsätze der Auslegung durch den BGH

Entsprechend den Vorgaben durch die *BMW/Deenik*-Entscheidung des EuGH ging der BGH davon aus, dass nicht jeder Gebrauch eines Zeichens von § 14 Abs. 2 MarkenG erfasst sei. Dies sei vielmehr nur dann der Fall, wenn ein Zeichen im Rahmen des Produkt- oder Leistungsabsatzes auch der Unterscheidung der Waren/Dienstleistungen eines Unternehmens von denen anderer diene.[256] Aufgrund des beschreibenden Charakters hat es der BGH daher nicht als markenmäßige Benutzung angesehen, dass ein Getränk mit *Frühstücks-Trank* bezeichnet wurde und hat so einen Eingriff in die Marke *Frühstücks-Drink* abgelehnt.[257]

---

255 BGH GRUR 1998, 697, 699 „*VENUS MULTI*"; GRUR 1998, 830, 835 „*Les-Paul-Gitarren*"; GRUR 1999, 238, 239 „*Tour de culture*"; GRUR 1999, 992 994 „*BIG PACK*".

256 BGH GRUR 2002, 809, 811 „*FRÜHSTÜCKS-DRINK I*"; GRUR 2002, 812, 813 „*FRÜHSTÜCKS-DRINK II*"; GRUR 2002, 814, 815 „*Festspielhaus*".

257 BGH GRUR 2002, 812, 813 „*FRÜHSTÜCKS-DRINK II*". Dies galt jedoch nur in Bezug auf die Wortmarke. Hinsicht der Übernahme einer Wort-/Bildmarke ent-

Auch in den meisten weiteren Entscheidungen hat der BGH für die kennzeichenmäßige Benutzung darauf abgestellt, ob das Zeichen in der angegriffenen Benutzungsform vom Verkehr als Herkunftshinweis für die Ware des Verwenders verstanden wird.[258] Insoweit entsprach die Auslegung dem bisherigen Verständnis der markenmäßigen Benutzung.

Dennoch sind drei Entscheidungen des BGH ergangen, in denen sich die Auslegung von der herkömmlichen Auslegung der kennzeichenmäßigen Benutzung entfernt hat.

(b) Staubsaugerfiltertüten

Der *Staubsaugerfiltertüten*-Entscheidung lag der Sachverhalt zugrunde, dass die Beklagte eine Staubsaugerfiltertüte vertrieb, die neben der Marke *Europlus* den Zusatz erhielt „*Filtertüte passend für VORWERK KOBOLD 130*".[259]

Der BGH ging davon aus, dass der Aufdruck eine kennzeichenmäßige Benutzung darstelle, da damit auf die Staubsauger eines bestimmten Typs und auch auf deren Hersteller hingewiesen werde.[260] Eine weitere Begründung erfolgte nicht. Mit dem an der Herkunftsfunktion orientierten Verständnis der markenmäßigen Benutzung ist die Entscheidung nicht zu erklären, da das Gericht nicht dargelegt hat, warum der Verkehr die Herkunft der Staubsaugerfiltertüte der Marke *Vorwerk* zuordnet. Damit hat sich das Gericht erst innerhalb der Rechtfertigung gemäß § 23 Nr. 3 MarkenG auseinandergesetzt. Insofern scheint es der BGH bei dieser Entscheidung ähnlich wie der EuGH in der *BMW/Deenik*-Entscheidung für die markenmäßige Benutzung ausreichen zu lassen, wenn die Marke die Herkunft der Ware bezeichnet, auf die sich das Produkt des Markenverwenders bezieht.

---

schied der BGH hingegen, dass diese als Herkunftshinweis verstanden werde (BGH GRUR 2002, 809, 811 „*FRÜHSTÜCKS-DRINK I*").

258 BGH GRUR 2004, 151, 153 „*Farbmarkenverletzung I*"; GRUR 2004, 154, 155 „*Farbmarkenverletzung II*"; GRUR 2005, 162 „*SodaStream*"; GRUR 2005, 163, 164 „*Aluminiumräder*"; GRUR 2005, 414, 415 „*Russisches Schaumgebäck*"; GRUR 2005, 419, 421 „*Räucherkate*"; GRUR 2005, 1044, 1046 „*Dentale Abformmasse*"; GRUR 2006, 763, 764 „*Seifenspender*"; GRUR 702, 707 (Rdn. 60) „*Internet-Versteigerung III*"; GRUR 2008, 793, 794 (Rdn. 15) „*Rillenkoffer*"; in der Entscheidung „*Abschlussstück*" hat der BGH zwar zunächst ausführlich die *Arsenal*-Entscheidung zitiert und herausgestellt, dass es auf eine Verletzung einer Funktion der Marke ankomme. Bei der Anwendung der Grundsätze auf den konkreten Fall stellte das Gericht aber wieder einzig darauf ab, ob das Zeichen als Herkunftshinweis aufgefasst wird (BGH GRUR 2003, 332, 334 „*Abschlussstück*").

259 BGH GRUR 2005, 423, 424 „*Staubsaugerfiltertüten*".

260 BGH GRUR 2005, 423, 424 „*Staubsaugerfiltertüten*".

(c) Lila-Postkarte

In der *Lila-Postkarte*-Entscheidung hatte der BGH zu entscheiden, ob die parodistische Verwendung der Marken eines Schokoladenherstellers auf einer Postkarte eine Markenrechtsverletzung darstellt. Der BGH stellte zwar zunächst fest, dass bei allen Alternativen des § 14 Abs. 2 MarkenG ein markenmäßiger Gebrauch erforderlich sei und dass von einem solchen auszugehen sei, wenn das Zeichen in der Weise verwendet werde, dass es im Rahmen des Produktabsatzes die gekennzeichneten Waren oder Dienstleistungen von Waren oder Dienstleistungen anderer Unternehmen unterscheide.[261] Im konkreten Fall ließ es das Gericht offen, ob von den angesprochenen Verkehrskreisen angenommen wurde, dass die Postkarte aus dem Unternehmen des Markeninhabers stamme. Vielmehr hat es der BGH im Rahmen des § 14 Abs. 2 Nr. 3 MarkenG für die markenmäßige Benutzung als ausreichend erachtet, wenn die beteiligten Verkehrskreise das Kollisionszeichen zwar als Verzierung auffassen, es wegen der hochgradigen Ähnlichkeit jedoch gedanklich mit der bekannten Marke verknüpfen.[262] Dies sei aufgrund der Ähnlichkeit der Marken vorliegend der Fall gewesen.

Damit scheint der BGH die Anforderungen an die markenmäßige Benutzung bei den Alternativen des § 14 Abs. 2 MarkenG unterschiedlich auslegen zu wollen. Zwar betont das Gericht zunächst, dass den Alternativen ein identischer Benutzungsbegriff zugrunde liege. Es ist jedoch nicht davon auszugehen, dass bei § 14 Abs. 2 Nr. 1 MarkenG bereits die gedankliche Verknüpfung als markenmäßige Benutzung ausreichen wird. Insoweit können allerdings erst die nächsten Urteile zu § 14 Abs. 2 Nr. 1 MarkenG Klarheit bringen.

(d) Gewinnfahrzeug mit Fremdemblem

In der letzten zur markenmäßigen Benutzung ergangenen Entscheidung hatte sich der BGH mit einem Preisausschreiben zu befassen.[263] Die verklagte Verlegerin einer Programmzeitschrift hatte ein Preisausschreiben veranstaltet und dazu in einer Anzeige als Gewinn einen Ferrari ausgelobt. Dazu hatte sie einen *Ferrari* mit einem Jägermeisteremblem, das auf den Partner des Preisausschreibens hinwies, abgebildet.

Der BGH bejahte eine markenmäßige Benutzung der *Ferrari*-Marken im Rahmen des § 14 Abs. 2 Nr. 3 MarkenG. Die Marken seien zur Kennzeichnung

261 BGH GRUR 2005, 583, 584 „*Lila-Postkarte*".

262 *Büttner*, in: FS Ullmann, S. 163 bezeichnet insoweit die Annahme der markenmäßigen Benutzung als überraschend.

263 BGH GRUR 2006, 329 „*Gewinnfahrzeug mit Fremdemblem*".

der Herkunft des ausgelobten Preises und daher herkunftshinweisend verwendet worden.[264]

Auch vorliegend hätte die herkömmliche Auslegung der markenmäßigen Benutzung nicht zu einer Markenrechtsverletzung geführt. Die *Ferrari*-Marken wurden eindeutig nicht zur Kennzeichnung des Veranstalters des Preisausschreibens, dem Produkt des Markenverwenders, verwendet. Ähnlich der *Staubsaugerfiltertüten*-Entscheidung hat der BGH es für die markenmäßige Benutzung ausreichen lassen, dass die Marke lediglich das Produkt des Markeninhabers adressiert und nicht die Herkunft des Verwenderproduktes beschreibt. Wie allerdings diese Entscheidung mit der *Aluminiumräder*-Entscheidung[265] in Einklang zu bringen ist, erscheint fraglich, da in dieser Entscheidung die Abbildung einer Kfz-Marke für eine markenmäßige Benutzung nicht ausreichte.

(e) Zusammenfassung

Auch wenn es zunächst so schien, dass der BGH an der herkömmlichen Auslegung der markenmäßigen Verwendung festhält, so ist er doch von dieser erheblich abgewichen. Die letzten Entscheidungen sind nicht mehr von einer strukturierten Systematik geprägt. Ob allein die Bezugnahme auf eine Fremdmarke ausreicht und wie mit der reinen Assoziation mit der Fremdmarke umzugehen ist, erscheint durch die Rechtsprechung noch nicht endgültig geklärt.

b) Ansicht der Literatur

In der Literatur herrscht hinsichtlich der markenmäßigen Benutzung ein vielschichtiges Meinungsbild. Schwerpunktmäßig lassen sich drei Richtungen ausmachen:

- Aufgabe des Erfordernisses der markenmäßigen Benutzung durch das MarkenG
- Auslegung der markenmäßigen Benutzung entsprechend dem warenzeichenmäßigen Gebrauch
- Annahme der markenmäßigen Benutzung bei Verständnis des verwendeten Zeichens als Marke

Diese Einteilung soll nur eine grobe Richtung vorgeben. Innerhalb dieser Strömungen weisen die einzelnen Meinungen jedoch Nuancen auf.

---

264 BGH GRUR 2006, 329, 331 „*Gewinnfahrzeug mit Fremdemblem*".
265 BGH GRUR 2005, 163 „*Aluminiumräder*".

1) Aufgabe des Erfordernisses der markenmäßigen Benutzung

Beachtliche Stimmen in der Literatur gehen davon aus, dass entgegen der Rechtslage unter Geltung des WZG an dem Erfordernis einer markenmäßigen Benutzung für die Annahme einer Markenrechtsverletzung im Sinne des § 14 Abs. 2 MarkenG nicht mehr festzuhalten sei.[266]

(a) Begründung

Das Hauptargument dieser Ansicht ist zunächst der Wortlaut des § 14 Abs. 2 MarkenG.[267] Anders als unter Geltung des WZG findet sich der Begriff des warenzeichenmäßigen Gebrauchs nicht mehr im MarkenG. Gemäß dem Wortlaut des § 14 Abs. 2 MarkenG kommt es in allen Alternativen für die Verletzungshandlung lediglich auf die Benutzung eines Zeichens im geschäftlichen Verkehr an unabhängig davon, ob die Benutzungshandlung als markenmäßige Benutzung zu qualifizieren ist. Anders als noch § 16 WZG enthalten auch die Ausnahmetatbestände in den §§ 23 f. MarkenG in ihrem Wortlaut den Begriff des markenmäßigen Gebrauchs nicht.

Weiterhin stützt sich diese Ansicht auf die Gesetzesbegründung zum Markengesetz. Dort heißt es in der Anmerkung zu § 14 MarkenG, dass nach den Absätzen 2 und 3 jede Benutzung eines kollidierenden Zeichens im geschäftlichen Verkehr untersagt sei. Die in Absatz 3 aufgeführten Beispielsfälle seien nicht als abschließend zu verstehen.[268] Dies wird dahin interpretiert, dass der Gesetzgeber auch die nicht markenmäßige Benutzungshandlung als Markenverletzung in das

266 *Fezer*, MarkenR, § 14 Rdn. 31 ff.; *ders.*, GRUR 1996, 566, 567 ff.; *Ekey*, in: HK-MarkenR, § 14 Rdn. 48 f.; *Engeländer*, Der ergänzende Schutz von Marken durch das Wettbewerbsrecht, S. 45 ff.; *Geiseler-Bonse*, Internet-Suchmaschinen als rechtliches Problemfeld, S. 35; *Großner*, Der Rechtsschutz bekannter Marken, S. 251 ff.; *Koch*, Markenverunglimpfung, S. 83 ff.; *Nägele*, Die rechtsverletzende Benutzung im Markenrecht, S. 53 ff.; *ders.*, MarkenR 1999, 177, 178 ff.; *Worm*, Hyperlinks, Inline-Frames und Meta-Tags, S. 72 ff.; *Starck*, GRUR 1996, 688, 690 ff.; *Eichmann*, GRUR 1998, 201, 203; *Berlit*, GRUR 1998, 423, 426; *Hotz*, GRUR 2003, 993 ff.; *Kur*, GRUR Int. 2008, 1, 11 f.; wohl auch *Raßmann*, GRUR 1999, 384,389; *Egerer*, Die markenrechtliche Zulässigkeit beschreibender Angaben, S. 76 ff., dessen Ausführungen jedoch teilweise widersprüchlich sind; es ist jedoch zu beachten, dass die Auffassungen teilweise bereits vor den ersten Entscheidungen des EuGH zu den Anforderungen des § 14 Abs. 2 MarkenG ergangen sind und dementsprechend diese Tendenzen nicht berücksichtigen konnten.

267 *Fezer*, MarkenR, § 14 Rdn. 32; *ders.*, GRUR 1996, 566, 568; *Starck*, GRUR 1996, 688, 691; ebenso *Ekey*, in: HK-MarkenR, § 14 Rdn. 49, jedoch nur in Bezug auf den Wortlaut der MRL.

268 Begr. Reg.-Entw. BT-Drucks 12/6581, S. 75.

MarkenG miteinbezogen habe.[269] Eine weitere Bestätigung der Auffassung wird in der Begründung zu § 23 MarkenG gesehen, wonach es künftig nicht mehr auf die kennzeichenmäßige oder nicht kennzeichenmäßige Benutzung ankomme.[270]

Schließlich wird gegen die Annahme einer markenmäßigen Benutzung als gewichtiges Argument auf ein geändertes Verständnis der geschützten Markenfunktion abgestellt.[271] Das Hauptargument unter Geltung des § 15 WZG zur Annahme des Erfordernisses der warenzeichenmäßigen Benutzung sei der alleinige rechtliche Schutz der Herkunftsfunktion eines Warenzeichens gewesen. Nunmehr gehe jedoch das MarkenG in Umsetzung der MRL nicht mehr davon aus, dass die Herkunftsfunktion die allein rechtlich geschützte Markenfunktion darstelle.[272] Aufgrund dieses Paradigmenwechsels im Verständnis der Markenfunktion sei die markenmäßige Benutzung keine legitime Schranke des Markenschutzes mehr.

(b) Rechtliche Folgerungen

Folge dieser Auffassung ist es, dass es bei den Verletzungstatbeständen allein auf die ausdrücklich normierten Voraussetzungen ankommt. Dies führt dazu, dass eine identische Verwendung eines Zeichens für identische Waren ohne weiteres eine Markenrechtsverletzung darstellt. Die erforderlichen Korrektive des weiten Verletzungstatbestandes sieht diese Ansicht zum einen in der Auslegung der Verwechslungsgefahr und zum anderen in den Schutzschranken der §§ 23 f. MarkenG.[273]

269 *Starck*, GRUR 1996, 688, 691; vorsichtiger *Fezer*, MarkenR, § 14 Rdn. 34; *ders.*, GRUR 1996, 566, 569, der darin nur eine Deutungsmöglichkeit der Äußerung des Gesetzgebers sieht.

270 Begr. Reg.-Entw. BT-Drucks 12/6581, S. 80.

271 *Fezer*, MarkenR, § 14 Rdn. 36; *ders.*, GRUR 1996, 566, 569 f.; *Engeländer*, Der ergänzende Schutz von Marken durch das Wettbewerbsrecht, S. 45; *Großner*, Der Rechtsschutz bekannter Marken, S. 254: *Nägele*, Die rechtsverletzende Benutzung im Markenrecht, S. 128 ff.; *Koch*, Markenverunglimpfung, S. 90 f.; *Worm*, Hyperlinks, Inline-Frames und Meta-Tags, S. 72 f.; *Berlit*, GRUR 1998, 423, 426.

272 Siehe dazu nur die ausführlichen Darstellungen von *Fezer*, MarkenR, § 14 Rdn. 36; *ders.*, GRUR 1996, 566, 570 und *Nägele*, Die rechtsverletzende Benutzung im Markenrecht, S. 128 ff.

273 Stärker abstellend auf die Schutzschranken: *Starck*, GRUR 1996, 688, 693; stärker abstellend auf die Verwechslungsgefahr: *Hotz*, GRUR 2003, 993, 998.

2) Erforderlichkeit der markenmäßigen Benutzung

Die Gegenansicht geht davon aus, dass auch weiterhin an dem Erfordernis der markenmäßigen Benutzung im Sinne des warenzeichenmäßigen Gebrauchs festzuhalten sei.[274]

(a) Begründung

Auch dieser Teil der Literatur zieht zur Begründung seiner Auffassung den Wortlaut des § 14 Abs. 2 MarkenG heran. Zwar enthält diese Vorschrift anders als § 16 WZG nicht mehr den Begriff der „warenzeichenmäßigen" Benutzung, jedoch sei dies unschädlich, da sich bereits aus dem Wortlaut „ein Zeichen ... zu benutzen" ergebe, dass nur die zeichenmäßige Benutzung erfasst sein könne.[275]

Ferner stützt sich diese Ansicht auf mehrere Passagen der gesetzgeberischen Begründung zum MarkenG.[276] So habe der Gesetzgeber selbst festgestellt, „*dass insbesondere Zweifel daran bestehen, ob es gerechtfertigt ist, einen markenrechtlichen Anspruch dann zu gewähren, wenn die Marke nicht zur Kennzeichnung von Waren oder Dienstleistungen oder im Zusammenhang mit der Werbung oder Dienstleistung verwendet wird*".[277] Diese Zweifel würden auch da-

274 *Heim*, Einflussnahme auf Trefferleisten von Internet-Suchdiensten, S. 111 ff.; *Krogmann*, Die Rechtsposition des Verletzers im Markenrecht, S. 100; *Schulz*, Die relevante Benutzungshandlung, S. 89 f.; *Sack*, GRUR 1995, 81, 94; *Piper*, GRUR 1996, 429, 433 f.; *Keller*, GRUR 1996, 607, 608 ff.; *v. Schultz*, GRUR 1997, 408 f.; *Schultze/Schwenn*, WRP 1997, 536, 537 f.; *Spieker*, WRP 2004, 985, 987; wohl auch *Hüsch*, Keyword Advertising und Keyword Buying, S, 71 f.; wohl auch *Büscher*, in: Büscher/Dittmer/Schiwy, § 14 MarkenG Rdn. 107 ff.; im Kern folgt dieser Ansicht auch *Ingerl* (*Ingerl/Rohnke*, MarkenG, § 14 Rdn. 63 ff.; *Ingerl*, GRUR Int. 2002, 581, 585 f.; *ders.*, WRP 2002, 861, 866), ohne dies jedoch eindeutig zu kennzeichnen. Nach seiner Ansicht bestimmt sich der Benutzungsbegriff zunächst durch zwei Kriterien. Zum einen muss das Zeichen als Herkunftszeichen verwendet werden. Dadurch soll klargestellt werden, dass nicht jede Verwendung einer Marke von dem Verletzungsbegriff des § 14 Abs. 2 MarkenG erfasst wird, d.h. es wird das Erfordernis der markenmäßigen Benutzung begründet. Insoweit soll aber allein die Erkennbarkeit als Marke nicht ausreichen, sondern es soll als zweites Kriterium darauf ankommen, dass die Verwendung des fraglichen Zeichens gerade als Hinweis auf die betriebliche Herkunft des eigenen Angebots des Verwendenden verstanden werden muss. Dies bedeutet jedoch nichts anderes, dass die Marke markenmäßige im klassischen Sinne, nämlich als Herkunftszeichen verwendet werden muss.

275 *Piper*, GRUR 1996, 429, 434; *v. Schultz*, GRUR 1997, 408, 409; *Spieker*, WRP 2004, 985, 988.

276 *Keller*, GRUR 1996, 607, 610; *Schultze/Schwenn*, WRP 1997, 536, 538.

277 Begr. Reg.-Entw. BT-Drucks 12/6581, S. 61.

durch bestätigt, dass der Gesetzgeber in der vergleichenden Werbung regelmäßig keine Markenverletzung sehe.[278]

Das entscheidende Argument für die Annahme des Erfordernisses einer markenmäßigen Benutzung wird jedoch in der richtlinienkonformen Auslegung gesehen. Aus Art. 5 Abs. 5 MRL ergebe sich, dass nicht alle Benutzungshandlungen einer Marke erfasst seien, sondern nur solche, deren Zweck in der Unterscheidung von Waren und Dienstleistungen liege.[279] Damit könnten durch Art. 5 Abs. 1 MRL nicht alle Benutzungsformen unabhängig von der markenmäßigen Benutzung geschützt sein.

(b) Rechtliche Folgerungen

Nach dieser Ansicht kommt es folglich bei allen Alternativen des § 14 Abs. 2 MarkenG darauf, ob der Verkehr in der konkreten Verwendungsform einen Hinweis auf die Herkunft der gekennzeichneten Ware sieht. Zur Bestimmung dieses Verständnisses kann dann auf die zum WZG und der warenzeichenmäßigen Benutzung ergangene Rechtsprechung zurückgegriffen werden. Unterschiede können sich aber insoweit daraus ergeben, dass sich das MarkenG nicht mehr nur auf das Recht zur Kennzeichnung, das Recht zum Erstinverkehrbringen und das Recht zur Benutzung in den Geschäftspapieren und in der Werbung beschränkt, sondern alle Benutzungsformen erfasst, bei denen der Verkehr das verwendete Zeichen als Herkunftshinweis für die Produkte des Verletzers auffasst.[280]

3) Vermittelnde Ansichten

Neben diesen beiden Extrempositionen haben sich mehrere vermittelnde Ansichten herausgebildet, von denen im Folgenden zwei genauer dargestellt werden.

(a) Kombinationsansicht

Eine insbesondere von *Hacker* vertretene Ansicht unterscheidet hinsichtlich des Erfordernisses des markenmäßigen Gebrauchs zwischen den einzelnen Verletzungstatbeständen des § 14 Abs. 2 MarkenG.[281]

278 Begr. Reg.-Entw. BT-Drucks 12/6581, S. 75.

279 *Keller*, GRUR 1996, 607, 610.

280 *Ingerl/Rohnke*, MarkenG, § 14 Rdn. 93.

281 *Hacker*, in: Ströbele/Hacker, MarkenG, § 14 Rdn. 58 f.; *Eichhammer*, Die markenmäßige Benutzung, S. 133 ff.; *Kazemi*, MarkenR 2006, 192, 194; *Ohly*, GRUR 2008, 701, 702.

Hinsichtlich des Identitätsschutzes (§ 14 Abs. 2 Nr. 1 MarkenG) und des Verwechslungsschutzes (§ 14 Abs. 2 Nr. 2 MarkenG) komme es auf eine markenmäßige Benutzung an.[282] Diese sei in Übereinstimmung mit dem warenzeichenmäßigen Gebrauch danach zu bestimmen, ob das Zeichen als Herkunftskennzeichen für die Waren des Verletzers verwendet werde.

Im Rahmen des Bekanntheitsschutzes (§ 14 Abs. 2 Nr. 3 MarkenG) sei hingegen auf dieses Erfordernis zu verzichten.[283] Begründet wird dies damit, dass bekannte Marken über die ursprüngliche Herkunftsfunktion hinaus weitere Funktionen hinzu erworben hätten. Diese könnten im Rahmen des durch die Herkunftsfunktion determinierten Begriffs der markenmäßigen Benutzung nicht ausreichend geschützt werden. Ferner sei der Verletzungstatbestand des § 14 Abs. 2 Nr. 3 MarkenG im Wesentlichen wettbewerbsrechtlicher Natur. Der Sache nach gehe es um die Unterbindung wettbewerbswidriger Handlungen im Gewande des Markenrechts.

(b) Verständnis als Marke erforderlich

Ein Teil der Literatur erkennt zwar das Erfordernis der markenmäßigen Benutzung im Rahmen des § 14 Abs. 2 MarkenG grundsätzlich an, setzt jedoch die markenmäßige Benutzung nicht mit der warenzeichenmäßigen Benutzung gleich.[284]

(1) Inhaltliche Anforderungen an die markenmäßige Benutzung

Nach dieser Ansicht soll es für eine markenmäßige Benutzung ausreichen, wenn das verwendete Zeichen vom Verkehr als Marke verstanden wird. Dies kann sowohl dann der Fall sein, wenn das Zeichen als Herkunftshinweis für das Produkt des Zeichenverwenders verstanden wird, als auch, wenn mit dem Zeichen auf die

---

282 *Hacker*, in: Ströbele/Hacker, MarkenG, § 14 Rdn. 58; anders noch *v. Gamm*, WRP 1993, 793, 798, der für die § 14 Abs. 2 Nr. 2 und Nr. 3 MarkenG eine markenmäßige Benutzung fordert, nicht hingegen für § 14 Abs. 2 Nr. 1 MarkenG.

283 *Hacker*, in: Ströbele/Hacker, MarkenG, § 14 Rdn. 58; ebenso *Dorndorf*, Der Schutz vor Herkunftstäuschung und Rufausbeutung, Rdn. 386; auch schon *Kraft*, GRUR 1991, 339, 342; andeutungsweise auch *Bornkamm*, GRUR 2005, 97, 100.

284 *v. Linstow*, WRP 2000, 955 ff.; *Kur*, MarkenR 2001, 137, 141 ff.; *Lange*, Marken- und Kennzeichenrecht, Rdn. 1818 ff.; *ders.*, WRP 2003, 323 ff.; *Danger*, Die rechtsverletzende Benutzungshandlung im Markenrecht, Rdn. 309 ff.; *Holtkotte*, Marken- und wettbewerbsrechtliche Probleme bei Suchmaschinen, S. 104 ff.; *Wolf*, Die Schutzschranke des § 23 MarkenG, Rdn. 362 ff.; wohl auch *Schweyer*, in: v. Schultz, MarkenG, § 14 Rdn. 17; *Riedel*, Spannungsverhältnis, S. 136 f.; *Knaak*, GRUR Int. 2008, 91, 95; *Sack*, GRUR 2008, 201 202.

Ware des Markeninhabers hingewiesen werden soll. Daher wird z.B. die Verwendung einer fremden Marke in der vergleichenden Werbung als markenmäßige Benutzung eingeordnet.[285] Eine Benutzung des Zeichens als Marke soll nur dann ausscheiden, wenn der Verkehr das verwendete Zeichen weder als Marke des Verletzers noch als die eines Dritten ansieht.[286]

(2) Begründung

Gestützt wird diese Auffassung hauptsächlich auf die Aussagen und Systematik des *BMW/Deenik*-Urteils des EuGH. Dass nicht jede Verwendung eines Zeichens als Markenrechtsverletzung eingeordnet werden könne, ergebe sich schon daraus, dass der EuGH für die Anwendung der Verletzungstatbestände fordere, dass das Zeichen zur Unterscheidung von Waren und Dienstleistungen und nicht zu einem anderen Zwecke verwendet werde.[287] Dass aber nicht nunmehr unbesehen auf die zeichenrechtliche Auslegung für das Erfordernis der markenmäßigen Benutzung zurückzugreifen sei, wird aus der Systematik des *BMW/Deenik* -Urteils gefolgert. Der EuGH sah eine Benutzung eines Zeichens zur Unterscheidung von Waren und Dienstleistungen schon darin, dass der Zeichenverwender darauf hinwies, dass seine Reparaturleistung an *BMW*-Fahrzeugen erfolge. In diesem Fall wurde aber nicht die Reparaturleistung als solche mit der Marke *BMW* bezeichnet. Vielmehr diente das Zeichen nur dazu, auf die Produkte des Markeninhabers hinzuweisen. Da dieser Hinweis nicht für eine warenzeichenmäßige Benutzung im klassischen Sinne gereicht hätte, müsse von einem weiten Begriff der markenmäßigen Benutzung ausgegangen werden.

(3) Rechtliche Folgerung

Ebenso wie bei der Ansicht, die eine markenmäßige Benutzung im herkömmlichen Sinne fordert, müsste nach der vorliegenden Auffassung zunächst vor der Anwendung des § 14 Abs. 2 MarkenG geprüft werden, ob das angegriffene Zeichen markenmäßig verwendet wird. Dabei muss dieses entgegen der herkömmlichen Auffassung nicht die Herkunft der angegriffenen Ware kennzeichnen, vielmehr reicht es bereits aus, wenn mit dem Zeichen die Produkte des Markeninhabers adressiert werden.

---

285 *Danger*, Die rechtsverletzende Benutzungshandlung im Markenrecht, Rdn. 498; *Kur*, MarkenR 2001, 137, 141; *Lange*, WRP 2003, 323, 326; *ders.*, Marken- und Kennzeichenrecht, Rdn. 1819.

286 *v. Linstow*, WRP 2000, 955; *Kur*, MarkenR 2001, 137, 143.

287 *v. Linstow*, WRP 2000, 955, 956 f.; *Lange*, WRP 2003, 323, 325.

c) Schlussfolgerung

Die vorhergehende Darstellung zeigt, dass der zentrale Begriff der markenmäßigen Benutzung auch nach mehr als 10 Jahren seit Inkrafttreten der MRL nicht abschließend geklärt ist. Insbesondere die Rechtsprechung lässt bisher keine klare Linie erkennen. Insbesondere durch die *Opel/Autec*-Entscheidung des EuGH und die *Lila-Postkarte*-Entscheidung des BGH scheint erneut Bewegung in die Bestimmung der markenmäßigen Benutzung gekommen zu sein.

3. Eigener Lösungsansatz

Im Folgenden wird ein eigener Lösungsansatz zum Erfordernis der markenmäßigen Benutzung entwickelt. Dieses Tatbestandsmerkmal wird dabei jedoch nicht isoliert betrachtet. Vielmehr werden die möglichen Konflikte der unterschiedlichen Lösungsmöglichkeiten mit den weiteren Tatbestandsmerkmalen des § 14 Abs. 2 MarkenG und den wettbewerbsrechtlichen Vorschriften aufgezeigt. Eine interessengerechte und praktikable Lösung kann nur dann gefunden werden, wenn solche Konflikte ausgeschlossen oder zumindest minimiert werden. Denn anderenfalls besteht die Gefahr, dass zur interessengerechten Lösung immer wieder von der aufgestellten dogmatischen Grundsatzstruktur abgewichen werden muss.

a) Auswirkung der Richtlinie 97/55/EG zur vergleichenden Werbung

In der Diskussion um das Erfordernis einer markenmäßigen Benutzung wird das Verhältnis des Markenrechts zum UWG meist vollkommen außen vorgelassen. Insbesondere die Regelungen zur vergleichenden Werbung, die je nach Auslegung der Definition der vergleichenden Werbung auch zahlreiche Konstellationen der Markennennung erfassen können, werden nicht ausreichend beachtet.

1) Problemstellung

Die Anforderungen zur vergleichenden Werbung wurden durch die Richtlinie 97/55/EG[288], die nunmehr in die Richtlinie 2006/114/EG[289] überführt wurde,

288 ABl. EG Nr. 290 vom 23.10.1997, S. 18 ff.
289 ABl. EG Nr. 376 vom 27.12.2006, S. 21.

harmonisiert und in das deutsche Recht in § 6 UWG übernommen.[290] Nach Art. 4 Richtlinie 2006/114/EG, auf dem § 6 UWG beruht, ist vergleichende Werbung nur dann als zulässig anzusehen, sofern die in diesem Artikel aufgestellten Bedingungen erfüllt sind. Gemäß der elften Begründungserwägung der Richtlinie 2006/114/EG wurden die Voraussetzungen für die Zulässigkeit der vergleichenden Werbung von der Richtlinie kumulativ und abschließend festgelegt, so dass den Mitgliedstaaten keine weiteren Spielräume verbleiben. Dementsprechend dürfen die Mitgliedstaaten keine vergleichende Werbung verbieten, die den Zulässigkeitsbedingungen der Richtlinie entspricht.[291]

Da diese Bindung über die europarechtskonforme Auslegung auch im Rahmen des § 6 UWG zu beachten ist, würde gegen diese Wertung des europäischen Gesetzgebers verstoßen, wenn Fälle der vergleichenden Werbung, die gemäß § 6 UWG als zulässig zu bewerten sind, nach dem MarkenG eine nicht mehr zu rechtfertigende Markenverletzung darstellten. Um diesen Konflikt zu vermeiden, könnte das MarkenG möglicherweise auf die Fälle der vergleichenden Werbung keine Anwendung finden. Sollten die nach § 6 UWG zulässigen Fälle der vergleichenden Werbung vom Anwendungsbereich des Markenrechts ausgeschlossen sein, würde dies erhebliche Auswirkungen auf die Diskussion um das Erfordernis der markenmäßigen Benutzung haben. Denn je nach Weite der Auslegung des Begriffs der vergleichenden Werbung könnten zahlreiche problematische Fallkonstellationen schon von vornherein aus dem Anwendungsbereich des MarkenG ausgeschlossen sein, so dass sich in diesen Fällen die Problematik der markenmäßigen Benutzung überhaupt nicht mehr stellte und daher nur noch zum Scheinproblem würde.

---

290 Ursprünglich wurden durch die Richtlinie 97/55/EG die Vorschriften zur vergleichenden Werbung erlassen. Allerdings handelte es sich bei der Richtlinie 97/55/EG nicht um eine eigenständige Richtlinie, vielmehr modifizierte diese nur die Richtlinie 84/450/EWG (ABl. EG Nr. 250 vom 19.09.1984, S. 17 ff.). Die Vorschriften über die vergleichende Werbung wurden dann ein weiteres Mal durch die Richtlinie 2005/29/EG (ABl. EG Nr. 149 vom 11.06.2005, S. 22 ff.) modifiziert. Um eine Zitierung einer Vielzahl von Richtlinien zu vermeiden, wurden die Vorschriften zur vergleichenden Werbung durch die Richtlinie 2006/114/EG einheitlich neu gefasst. Im Folgenden werden daher entgegen der Praxis in der Literatur die Artikel zur vergleichenden Werbung nicht als solche der Richtlinie 97/55/EG bezeichnet, sondern als solche der Richtlinie 2006/114/EG. Nur soweit es auf Abweichungen in den ursprünglichen Versionen ankommt, werden diese angegeben.

291 So auch EuGH GRUR 2003, 533, 536 (Rdn. 44) „*Pippig Augenoptik/Hartlauer*“; in der Literatur unstreitig, siehe dazu nur *Köhler*, in: Hefermehl/Köhler/Bornkamm, UWG, § 6 Rdn. 3; *Koos*, in: Fezer, UWG, § 6 Rdn. 6; *Menke*, in: MünchKomm, UWG, § 6 Rdn. 10, jeweils mwN.

Um die Reichweite dieses Konfliktes zu überblicken, bedarf es zunächst einer Darstellung, welche Fälle von den Regelungen der vergleichenden Werbung überhaupt erfasst sind. Anschließend erfolgen dann die Überlegungen, wie ein solcher Konflikt zu lösen ist.

2) Vergleichende Werbung

(a) Vergleichende Werbung nach dem Wortlaut des § 6 Abs. 1 UWG

Gemäß dem auf Art. 2 lit. c) Richtlinie 2006/114/EG zurückgehenden § 6 Abs. 1 UWG ist vergleichende Werbung „*jede Werbung, die unmittelbar oder mittelbar einen Mitbewerber oder die Erzeugnisse oder Dienstleistungen, die von einem Mitbewerber angeboten werden, erkennbar macht.*“ Daher setzt vergleichende Werbung nach dem Wortlaut des § 6 Abs. 1 UWG drei Komponenten voraus, nämlich „Werbung“, „Mitbewerber bzw. seine Erzeugnisse oder Dienstleistungen“ und deren „unmittelbare oder mittelbare Kenntlichmachung“.

(1) Werbung

Werbung ist gemäß Art. 2 lit. a) Richtlinie 2006/114/EG „*jede Äußerung bei der Ausübung eines Handels, Gewerbes, Handwerks oder freien Berufs mit dem Ziel, den Absatz von Waren oder die Erbringung von Dienstleistungen, einschließlich unbeweglicher Sachen, Rechte und Verpflichtungen zu fördern*“. Der Begriff der Äußerung ist weit auszulegen, so dass eine Äußerung in beliebiger Form erfolgen kann.[292] Nach der h.M. ist der Begriff der Werbung nicht nur auf öffentliche Äußerungen beschränkt, sondern erfasst auch Äußerungen gegenüber Einzelpersonen,[293] so etwa bei individuellen Verkaufsgesprächen[294] oder Auskunftsvergleichen[295].

---

292 EuGH GRUR 2002, 354, 355 (Rdn. 31) „*Toshiba/Katun*“; BGH GRUR 2004, 607, 611 „*Genealogie der Düfte*“; *Köhler*, in: Hefermehl/Köhler/Bornkamm, UWG, § 6 Rdn. 28; *Menke*, in: MünchKomm, UWG, § 6 Rdn. 36; *Ohly*, in: Piper/Ohly, UWG, § 6 Rdn. 24; *Dilly*, Das Irreführungsverbot des Art. 3a der Richtlinie über irreführende und vergleichende Werbung, S. 21; *Ziervogel*, Rufausbeutung im Rahmen vergleichender Werbung, S. 52.

293 *Koos*, in: Fezer, UWG, § 6 Rdn. 50; *Köhler*, in: Hefermehl/Köhler/Bornkamm, UWG, § 6 Rdn. 33; *Menke*, in: MünchKomm, UWG, § 6 Rdn. 40 ff.; *Ohly*, in: Piper/Ohly, UWG, § 6 Rdn. 24; *Plaß*, in: HK-WettbewerbsR, § 6 UWG, Rdn. 26; *Beater*, Unlauterer Wettbewerb, § 15 Rdn. 51; *Lettl*, Das neue UWG, Rdn. 467; *Buck-Freytag*, Auswirkungen der Richtlinie 97/55/EG, S. 24; *Dilly*, Das Irreführungsverbot des Art. 3a der Richtlinie über irreführende und vergleichende Werbung, S. 31; *Freund*, Vergleichende Werbung, S. 42 f.; *Fröndhoff*, Irreführende und

Hinsichtlich der Markennennung stellt sich die Frage, ob die Beschriftung auf dem Produkt selbst als Werbung zu qualifizieren ist.[296] Diese wäre dann nicht als Werbung einzuordnen, wenn die Äußerung immer losgelöst von der Ware erfolgen muss, d.h. nicht selbst auf der Ware angebracht sein darf. Folge einer solchen Auslegung wäre, dass die Verwendung einer Fremdmarke auf dem eigenen Produkt nicht der vergleichenden Werbung unterfiele und damit nicht nach § 6 UWG zu beurteilen wäre. Mangels Anwendbarkeit der Regelungen zur vergleichenden Werbung könnten diese keine Sperrwirkung entfalten, so dass das MarkenG ohne weiteres auf diese Fälle anzuwenden wäre.

Gegen diese Auslegung sprechen jedoch folgende Erwägungen:

Zunächst lässt sich solch eine Einschränkung weder dem Wortlaut der Richtlinie noch dem des § 6 Abs. 1 UWG entnehmen. Die Definition der vergleichenden Werbung soll denkbar weit sein.[297]

Schwere systematische Bedenken ergeben sich zudem daraus, dass die identische Nennung einer Fremdmarke jeweils unterschiedlichen Regelungskomplexen unterworfen wäre, je nachdem ob sie auf dem Produkt selbst oder von diesem losgelöst erfolgte. Demnach würde der Ausspruch in der Fernsehwerbung „*Unser Produkt ersetzt das Produkt XY*“ eine Werbung darstellen und könnte abhängig von den weiteren Voraussetzungen der vergleichenden Werbung unter die Voraussetzungen des § 6 UWG zu subsumieren sein. Die Anwendung des MarkenG wäre bei einer unterstellten Sperrwirkung des § 6 UWG ausgeschlossen. Würde die gleiche Aussage hingegen auf das Produkt selbst gedruckt und so in die Verkaufsregale gestellt, käme es bei der engen Auslegung der Werbung nicht zu ei-

vergleichende Werbung, S. 103; *Illing*, Vergleichende Werbung, S. 10; *Kebbedies*, Vergleichende Werbung, S. 159 f.; *Paech*, Irreführende und vergleichende Werbung, S. 170 f.; *Saßmann*, Das Binnenmarktrecht der vergleichenden Werbung, S. 106; *Stadelmann*, Die Entwicklung der kritisierenden Werbung, S. 153; *Ziervogel*, Rufausbeutung im Rahmen vergleichender Werbung, S. 51; *Eck/Ikas*, WRP 1999, 251, 252 f.; *Scherer*, WRP 2001, 89, 92; grundsätzlich zustimmend zwar auch *Sack*, in: Harte-Bavendamm/Henning-Bodewig, UWG, § 6 Rdn. 39, der jedoch durch teleologische Reduktion den Auskunftsvergleich aus dem Anwendungsbereich des § 6 UWG herausnehmen will (ebenso *ders.*, WRP 2001, 327, 336).

294 Hierzu ausführlich *Scherer*, WRP 2001, 89, 91 f.

295 Zur Zulässigkeit solcher Auskunftsvergleiche *Scherer*, WRP 2001, 89, 93 f.

296 Dagegen wohl OLG Köln MarkenR 2006, 33, 35 „*Duftvergleich mit Markenparfüm*“, das jedenfalls in der Bezeichnung und der Ausstattung keine Werbung sieht; zweifelnd hinsichtlich des Merkmals „Werbung“ auch *Boesche*, Wettbewerbsrecht, Rdn. 198, die Produktaufschriften grundsätzlich nur als Produktkennzeichnungen ansieht, jedoch Aufschriften wie „Neu“ oder „10%mehr“ als Werbung qualifizieren will.

297 *Köhler*, in: Hefermehl/Köhler/Bornkamm, UWG, § 6 Rdn. 28; *Menke*, in: Münch-Komm, UWG, § 6 Rdn. 35; *Ohly*, in: Piper/Ohly, UWG, § 6 Rdn. 24.

ner Anwendung des UWG und das MarkenG wäre auch bei einer grundsätzlichen Sperrwirkung anwendbar. Die gleiche Aussage müsste demnach je nach Ausgestaltung anhand unterschiedlicher Gesetze beurteilt werden. Aufgrund der unterschiedlichen Regelungszielsetzungen des § 6 UWG und des MarkenG könnte dies zu unterschiedlichen Ergebnissen führen. Indes stellte es nur einen marginalen Unterschied dar, wenn der Bezug zu einer Fremdmarke auf der Ware selbst oder etwa mittels eines Hinweises am Verkaufsregal, welcher als Werbung aufgefasst werden müsste, hergestellt wird. Ein die Unterscheidung rechtfertigender erheblicher Unterschied ist kaum ersichtlich. Vielmehr ist die Nennung eines Mitbewerbers auf dem Produkt die intensivste Form der vergleichenden Werbung, da in diesen Fällen der Verbraucher selbst noch beim Verbrauch der Ware mit der Aussage konfrontiert wird.

Schließlich spricht auch der beabsichtigte Zweck der Richtlinie 2006/114/EG für eine weite Auslegung. Demnach soll der Verbraucher vor Werbung geschützt werden, die ihn zu nachteiligen Entscheidungen beim Erwerb von Waren oder anderen Gütern veranlassen kann. Eine solche Gefahr besteht aber umso mehr, wenn die Ware direkt mit der vergleichenden und möglicherweise irreführenden Angabe versehen ist. Kann sich der Verbraucher der medialen Werbung noch entziehen, ist dies bei einem Hinweis auf der Ware selbst nicht möglich.

Demnach erfüllt auch eine Äußerung auf der Ware selbst das Merkmal der Werbung, soweit sie der Absatzförderung dient.[298] Dies wird in der Regel der Fall sein, da anderenfalls der Bezug auf den Mitbewerber überflüssig wäre.[299]

(2) Erzeugnisse oder Dienstleistungen von Mitbewerbern

Weiterhin erfordert vergleichende Werbung, dass auf einen Mitbewerber oder auf die von einem Mitbewerber angebotenen Erzeugnisse oder Dienstleistungen

298 Ebenso *Wehlau*, ZLR 1999, 393, 395; nunmehr auch BGH GRUR 2008, 628, 630 (Rdn. 18) „*Imitationswerbung*"; wohl auch *Boesche*, Wettbewerbsrecht, Rdn. 198 und *Dilly*, Das Irreführungsverbot des Art. 3a der Richtlinie über irreführende und vergleichende Werbung, S. 21, der jede gewerbliche Äußerung unabhängig von der Natur des Werbeträgers erfassen will; ebenso *Hacker*, in: Ströbele/Hacker, MarkenG, § 2 Rdn. 47, der als Beispiel für eine Kollision zwischen dem Markenrecht und der vergleichenden Werbung die Fallkonstellation angibt, dass das eigene Produkt mit einer fremden Marke und dem Hinweis versehen wird, dass es sich um eine Kopie des Originalprodukts handelt; unklar, im Ergebnis wohl aber auch *Menke*, in: MünchKomm, UWG, § 6 Rdn. 36, der als Beispiel „Aufdrucke" angibt; a.A. wohl OLG Köln MarkenR 2006, 33, 35 „*Duftvergleich mit Markenparfum*".

299 Zur Problematik der Bezugnahme auf dem Produkt als Werbung siehe auch die Ausführungen zur produktgestaltenden Verwendung einer Marke, D.VI.1.a)1), S. 364 f.

Bezug genommen wird. Erforderlich ist daher, dass es sich bei dem kenntlich gemachten Unternehmer um einen Mitbewerber des Werbenden handelt.

Mitbewerber sind gemäß § 2 Abs. 1 Nr. 3 UWG diejenigen Unternehmen, die mit einander als Anbieter oder Nachfrager von Waren oder Dienstleistungen in einem konkreten Wettbewerbsverhältnis stehen. Fraglich ist daher, was unter einem konkreten Wettbewerbsverhältnis zu verstehen ist.

Der Begriff des konkreten Wettbewerbsverhältnisses war bereits vor der UWG-Reform und der Richtlinie zur vergleichenden Werbung für die Anwendung des § 1 UWG a.F. entscheidend und wurde daher schon vor der Richtlinie von der Rechtsprechung geprägt.

(A) Bisherige nationale Ansicht

Die bisher absolut h.M. hat zur Bestimmung des Begriffs grundsätzlich auf die bisherige nationale Rechtsprechung zurückgegriffen.[300] Ein konkretes Wettbewerbsverhältnis liegt demnach vor, wenn die Wettbewerbshandlung objektiv geeignet ist, den erstrebten wirtschaftlichen Erfolg des handelnden Wettbewerbers auf Kosten eines anderen Mitbewerbers irgendwie zu fördern. Es muss eine Wechselbeziehung zwischen den erstrebten Vorteilen des handelnden Wettbewerbers und den Nachteilen des verletzten Mitbewerbers bestehen.[301]

(i) Konkretes Wettbewerbsverhältnis aufgrund des gleichen Kunden- oder Lieferantenkreises

Grundsätzlich wird dafür zunächst verlangt, dass sich die beiden Unternehmen an den *gleichen Kunden- oder Lieferantenkreis* wenden.[302] Maßgeblich soll dabei

300 So *Köhler*, in: Hefermehl/Köhler/Bornkamm, UWG, 25. Auflage 2007, § 6 Rdn. 34 (a.A. 26. Auflage 2008, § 6 Rdn. 34); *Menke*, in: MünchKomm, UWG, § 6 Rdn. 51; *Ohly*, in: Piper/Ohly, UWG, § 6 Rdn. 26; *Boesche*, Wettbewerbsrecht, Rdn. 48 ff.; wohl auch *Emmerich*, Unlauterer Wettbewerb, S. 129; a.A. *Plaß*, in: HK-WettbewerbsR, § 6 UWG Rdn. 32, nach der auch abstrakte Mitbewerber erfasst sein sollen (so auch noch *Köhler*, in: Köhler/Piper, 3. Aufl., UWG, § 2 Rdn. 23); ebenfalls a.A. *Sack*, WRP 2004, 1405, 1415, der jedoch den Begriff nicht erweitern, sondern auf echte Mitbewerber beschränken und damit die Fälle der Rufausbeutung aus dem Anwendungsbereich des § 6 UWG nehmen will, dazu auch Fn. 319.

301 Gesetzesbegründung zu § 2 Abs. 1 Nr. 3, BT-Drucks. 15/1487, S. 16; BGH GRUR 1951, 283, 284 „*Möbelbezugsstoffe*“; *Fezer*, in: Fezer, UWG, § 2 Rdn. 102 mwN.

302 St. Rspr., so zuletzt BGH GRUR 1999, 69, 70 „*Preisvergleichslisten II*“; GRUR 2001, 258 „*Immobilienpreisangaben*“; GRUR 2001, 260 „*Vielfachabmahner*“; GRUR 2002, 902, 903 „*Vanity-Nummer*“; GRUR 2002, 985, 986 „*WISO*“; GRUR 2004, 877, 878 „*Werbeblocker*“; 2005, 520, 521 „*Optimale Interessenvertretung;*

sein, ob sich Waren oder gewerbliche Leistungen gegenüberstehen, die nach der Verkehrsanschauung einander im Absatz behindern können.[303] Ein Indiz für diese Verkehrsanschauung sei es, wenn die Gewerbetreibenden der gleichen oder einer verwandten Branche angehören.[304] Aber auch bei Gewerbetreibenden auf unterschiedlichen Wirtschaftsstufen komme ein konkretes Wettbewerbsverhältnis in Betracht, da nicht auszuschließen sei, dass Handlungen des Verkäufers den Absatz des Herstellers und umgekehrt beeinträchtigen könnten.[305] Der gleiche Kunden- oder Lieferantenkreis liegt dann nicht mehr vor, wenn die Konkurrenten nicht im selben räumlichen Bereich tätig sind.[306]

Die Rechtsprechung und die ihr folgende h.M. sind bei der Branchenverwandtschaft jedoch nicht stehen geblieben, sondern haben die Möglichkeit von so genannten ad-hoc-Wettbewerbsverhältnissen[307] begründet. Danach soll es nicht mehr darauf ankommen, ob sich die Unternehmen ständig an den gleichen Kunden- oder Lieferantenkreis wenden.

(ii) Konkretes Wettbewerbsverhältnis bei Substitutionswerbung

Zunächst wurde die Annahme eines konkreten Wettbewerbsverhältnisses auch auf die Fallgestaltungen der Substitutionswerbung erstreckt.[308] Eine solche Werbung liegt vor, wenn das eigene Produkt des Werbenden als ein Substitutionsprodukt, d.h. als austauschbares Ersatzprodukt eines branchenfremden Produkts dargestellt wird. Insoweit werde das konkrete Wettbewerbsverhältnis dadurch begründet, dass die Absatzförderung des beworbenen Produktes dann zwingend einen Absatzrückgang bei den branchenfremden Produkten auslösen muss. Dabei dürften die Anforderungen an die Austauschbarkeit nicht allzu sehr abgesenkt

---

GRUR 2006, 1042, 1043 „*Kontaktanzeigen*"; *Fezer*, in: Fezer, UWG, § 2 Rdn. 103; *Koos*, in: Fezer, UWG, § 6 Rdn. 94; *Keller*, in: Harte-Bavendamm/Henning-Bodewig, UWG, § 2 Nr. 3 Rdn. 22 jeweils mwN.

303 BGH GRUR 1955, 598, 600 „*Werbeidee*"; *Fezer*, in: Fezer, UWG, § 2 Rdn. 104.

304 BGH GRUR 1959, 182, 186 „*Quick*"; *Fezer*, in: Fezer, UWG, § 2 Rdn. 107.

305 BGH GRUR 1955, 598, 600 „ „*Werbeidee*"; BGH GRUR 1982, 431, 433 „*POINT*"; GRUR 1999, 69, 70 „*Preisvergleichslisten II*"; dazu *Piper*, in: Piper/Ohly, UWG, § 2 Rdn. 60; *Fezer*, in: Fezer, UWG, § 2 Rdn. 111 jeweils mwN.

306 *Fezer*, in: Fezer, UWG, § 2 Rdn. 107; *Veil/Müller* in; MünchKomm, UWG, § 2 Rdn. 137; *Köhler*, in: Hefermehl/Köhler/Bornkamm, UWG, § 2 Rdn. 65 jeweils mwN; nach der Terminologie des BGH müssen die Konkurrenten innerhalb desselben sachlichen und räumlichen Bereich im Wettbewerb zueinander stehen (BGH GRUR 2001, 78 „*Falsche Herstellerpreisempfehlung*").

307 So bezeichnet von Baumbach/Hefermehl, UWG, 20. Auflage, Einl. Rdn 228.

308 So etwa BGH GRUR 1972, 553 „*Statt Blumen ONKO-Kaffee*"; dazu *Koos*, in: Fezer, UWG, § 6 Rdn. 94.

werden. Entscheidend sei, ob ein durchschnittlich informierter, verständiger und aufmerksamer Durchschnittsverbraucher eine Substitution ernsthaft in Betracht ziehe.[309] Die Austauschbarkeit müsse zudem nicht von vornherein gegeben sein, sondern könne gerade auch durch die konkrete Werbemaßnahme hergestellt werden.[310] Ein konkretes Wettbewerbsverhältnis wurde daher zwischen einem Kaffeehändler und den Blumenhändlern angenommen, als jener seinen Kaffee mit dem Slogan „*Statt Blumen ONKO-Kaffee*“ bewarb.[311] Verneint wurde es hingegen bei der Werbung eines Verlagsunternehmens für eine Wirtschaftszeitung, bei der ein Lottoschein mit dem Spruch „*Um Geld zu vermehren, empfehlen wir ein anderes Papier*“ abgebildet wurde, da beide Unternehmer in völlig verschiedenen Branchen tätig seien.[312]

(iii) Konkretes Wettbewerbsverhältnis bei Rufausbeutung

Besonders umstritten ist die Annahme eines ad-hoc-Wettbewerbsverhältnisses, wenn das Verhalten eines Unternehmers zur Ausbeutung des Rufs eines anderen Unternehmens oder des Rufs einer Marke führt. Nach der Rechtsprechung soll ein konkretes Wettbewerbsverhältnis dabei aufgrund des Umstandes entstehen, dass es zu einer Lizenzierung zwischen den Unternehmen hinsichtlich des Kennzeichens kommen könnte.[313] Dies gelte unabhängig davon, ob tatsächlich eine

309 BGH GRUR 2002, 828, 829 „*Lottoschein*“; *Ohly*, in: Piper/Ohly, UWG, § 6 Rdn. 26.

310 *Köhler*, in: Hefermehl/Köhler/Bornkamm, UWG, § 6 Rdn. 34.

311 BGH GRUR 1972, 553 „*Statt Blumen ONKO-Kaffee*“; Weitere Beispiele bei *Fezer*, in: Fezer, UWG, § 2 Rdn. 117.

312 BGH GRUR 2002, 828, 829 „*Lottoschein*“; a.A. die Vorinstanz OLG Hamburg GRUR 2000, 243, 244 „*Lottoschein*“; *Boesche*, Wettbewerbsrecht, Rdn. 229; kritisch zur BGH-Entscheidung und für eine weite Auslegung des konkreten Wettbewerbsverhältnisses *Kebbedies*, Vergleichende Werbung, S. 163. Insoweit solle es trotz fehlender Substituierbarkeit der Produkte ausreichen, dass durch die Art und Weise der Werbung eine gegenseitige Behinderung im Absatz eintrete.

313 So schon BGH GRUR 1960, 144, 146 „*Bambi*“; grundlegend dazu BGH GRUR 1983, 247, 249 „*Rolls-Royce*“; GRUR 1985, 550, 552 „*DIMPEL*“; GRUR 1988, 453, 454 „*Ein Champagner unter den Mineralwässern*“; GRUR 1991, 465, 466 „*Salomon*“; GRUR 1994, 732, 733 „*McLaren*“; allerdings trennt der BGH nicht immer scharf zwischen der Begründung des konkreten Wettbewerbsverhältnisses und den die Sittenwidrigkeit begründenden Umständen. In der *Salomon*-Entscheidung bestätigt der BGH, dass die wirtschaftliche Verwertbarkeit sowohl bei der Begründung des Wettbewerbsverhältnisses als auch zur Annahme der Sittenwidrigkeit herangezogen werden müsse und dass insoweit die Voraussetzungen übereinstimmten (BGH GRUR 1991, 465, 466 „*Salomon*“).

Lizenzbereitschaft beim beeinträchtigten Unternehmer bestehe.[314] Die Beeinträchtigung des Absatzes des betroffenen Unternehmens beziehe sich daher nicht auf die angebotenen Waren, sondern auf eine mögliche Lizenztätigkeit des Kennzeicheninhabers. Folglich wurde auch in den Fällen der Markenparodie[315] und des blickfangmäßigen Herausstellens einer Marke[316] ein konkretes Wettbewerbsverhältnis von der Rechtsprechung begründet. Für die wirtschaftliche Verwertbarkeit des Kennzeichens soll es maßgeblich sein, dass diesem ein so überragender Ruf zuzuerkennen ist, dass der Inhaber dieses selbst seinerseits auch außerhalb seiner eigentlichen Warenbereiche wirtschaftlich nutzen könne, wofür es entscheidend sowohl auf die Bekanntheit als auch auf die Art der Waren, deren Qualität und Ansehen sowie dem Verhältnis der Waren zu denjenigen Waren, für die der Ruf genutzt werden soll, ankomme.[317] Ausgeschlossen sei die wirtschaftliche Verwertbarkeit hingegen dann, wenn die Vulgarität der Markenparodie jede Zuordnung zum Markeninhaber und jeden Gedanken an eine auch nur hypothetische Lizenzierung der Marke für einen solchen Zweck ausschließe.[318]

Gegen diese Art der Begründung eines konkreten Wettbewerbsverhältnisses wurde erhebliche Kritik geäußert.[319] Ob dieser gefolgt werden kann, soll hier zunächst dahingestellt bleiben und davon ausgegangen werden, dass ein konkretes

---

314 BGH GRUR 1994, 808, 811 „*Markenverunglimpfung I*"; ebenso KG GRUR 1997, 295 „*Alles wird teurer*"; OLG Hamburg NJW-RR 1998, 1121 „*Shell-Muschel*"; offen gelassen durch das OLG Hamburg NJW-RR 1999, 1060, 1061 „*Bild Dir keine Meinung*"; NJWE-WettbR 2000, 83, 84 „*Fit for Fun*".

315 BGH GRUR 1994, 808, 810 f. „*Markenverunglimpfung I*"; offen gelassen in BGH GRUR 1995, 57, 58 f. „*Markenverunglimpfung II*", da hier beide Parteien Kondome vertrieben; verneint hingegen in BGH GRUR 1986, 759, 760 f. „*BMW*".

316 BGH GRUR 1983, 247, 249 „*Rolls-Royce*".

317 BGH GRUR 1985, 550, 552 „*DIMPEL*"; GRUR 1991, 465, 466 „*Salomon*"; GRUR 1994, 808, 811 „*Markenverunglimpfung I*".

318 So die Interpretation des *BMW*-Urteils des 6. Senats des BGH (GRUR 1986, 759 „*BMW*") durch den primär für Wettbewerbsrecht zuständigen 1. Senat (GRUR 1994, 808, 812 „*Markenverunglimpfung I*").

319 So insbesondere *Sack*, in: Harte-Bavendamm/Henning-Bodewig, UWG, § 6 Rdn. 42; *ders.*, GRUR 2004, 1405, 1415; *ders.*, WRP 2004, 720, 721, der bei § 6 Abs. 1 UWG einen anderen Mitbewerberbegriff als dem der Mitbewerberdefinition des § 2 Abs. 1 Nr. 3 UWG zugrunde legen will; ferner *Koos*, in: Fezer, UWG, § 6 Rdn. 86; *Beater*, Unlauterer Wettbewerb, § 15 Rdn. 53; *Freund*, Vergleichende Werbung, S. 46; zwar sah auch *Köhler*, in: Hefermehl/Köhler/Bornkamm, UWG, § 2 Rdn. 62 diese Rechtsprechung als bedenklich an, betrachtet sie aber nunmehr durch das MarkenG als überholt, da die Fälle durch § 14 Abs. 2 Nr. 3 MarkenG geregelt seien; ebenso *Veil/Müller*, in: MünchKomm, UWG, § 2 Rdn. 148; *Boesche*, Wettbewerbsrecht, Rdn. 44; wohl auch *Götting*, Wettbewerbsrecht, § 5 Rdn. 27; *Lettl*, Das neue UWG, Rdn. 26; *Nägele*, WRP 1996, 997, 1001.

Wettbewerbsverhältnis und damit vergleichende Werbung auch in den Fällen der Rufausbeutung möglich ist.[320]

Nach der nationalen Rechtsprechung werden daher insgesamt an das konkrete Wettbewerbsverhältnis und damit an die Mitbewerbereigenschaft nur marginale Anforderungen gestellt, so dass dieses Tatbestandsmerkmal bei der vergleichenden Werbung kaum ein Korrektiv darstellt.

(B) De Landtsheer/CIVC-Entscheidung des EuGH

Dieser Auslegung des Mitbewerberbegriffs könnte nunmehr die im Jahre 2007 ergangene *De Landtsheer/CIVC*-Entscheidung des EuGH entgegenstehen. Der EuGH hat entschieden, dass es für den Mitbewerberbegriff allein auf die Substituierbarkeit der durch die Unternehmen angebotenen Waren ankomme.[321] Damit scheint ein Rückgriff auf die Fallgruppen des Ad-hoc-Wettbewerbsverhältnisses nicht mehr möglich zu sein. Allerdings ist zu beachten, dass die Rechtsprechung des EuGH nur vordergründig eindeutig ist. Nach Ansicht des Gerichts soll es für die Substituierbarkeit der Waren ausreichen, wenn die Waren aufgrund des Images austauschbar sind, das der Werbende ihnen geben will. Damit ließe sich auch in solchen Konstellationen eine Austauschbarkeit der Waren begründen, bei denen die Waren von ihrer Funktion an sich nicht den gleichen Zweck erfüllen. Die Austauschbarkeit wird daher denkbar weit gefasst. Folglich scheiden auch nach der neuen EuGH-Rechtsprechung nur wenige Fallgestaltungen schon über den Mitbewerberbegriff aus dem Anwendungsbereich der vergleichenden Werbung aus.[322]

(3) Erkennbarkeit der Mitbewerber

Schließlich bedarf es noch der unmittelbaren oder mittelbaren Erkennbarkeit eines Mitbewerbers. Dieses Merkmal ist insbesondere dann problematisch, wenn die Produkte der Mitbewerber nicht direkt mit der Werbung adressiert werden, sondern sich die Nennung erst schlüssig ergibt. Da es bei der vorliegenden Untersuchung jedoch um die Nennung von Marken fremder Mitbewerber geht, werden sich in diesem Bereich für die Markennennung kaum Probleme ergeben. Denn soweit die Marke eines Mitbewerbers in der eigenen Werbung verwendet wird, ist der Bezug zu dem Markeninhaber gegeben.

---

320 Eine Auseinandersetzung mit dieser Problematik erfolgt unter D.II.1.a)2)(c), S. 247 ff.

321 EuGH GRUR 2007, 511, 513 (Rdn. 32) „*De Landtsheer/CIVC*".

322 Zur Bewertung dieser Rechtsprechung siehe D.II.1.a)2)(b), S. 244 ff.; D.IV.1.a)2)(b)(2), S. 310 ff.; D.IV.1.b)1)(a), S. 317 f. und D.V.1.a)1), S. 343 f.

(4) Folgerung für die Auslegung des MarkenG

Folge dieser skizzierten weiten Auslegung der Tatbestandsmerkmale der vergleichenden Werbung wäre, dass in vielen Fällen der Markennennung vergleichende Werbung vorläge. Vergleichende Werbung wäre zumindest dann anzunehmen, wenn die Marke dazu verwendet wird, die Produkte des Markeninhabers von den Produkten anderer Markeninhaber abzugrenzen. Daher müsste in den Fällen der Werbung für Ersatzteile und Zubehörprodukte,[323] in der anlehnenden und kritisierenden vergleichenden Werbung sowie des blickfangmäßigen Herausstellens der Marke eines Dritten grundsätzlich vergleichende Werbung gesehen werden. In den Fällen der Markenparodie müsste zumindest dann eine vergleichende Werbung angenommen werden, wenn die Verfremdung noch eine Bezugnahme auf den Markeninhaber zulässt und nicht als Eigenmarke des Parodieproduktes verstanden wird.

Ferner könnte selbst in den Fällen, bei denen die Marke des Dritten als Unterscheidungszeichen für die Produkte des Werbenden verwendet wird, vergleichende Werbung gegeben sein. Grundsätzlich dient die Marke zwar in solchen Fallkonstellationen nur zur Kennzeichnung der eigenen Produkte, ohne dass damit ein Mitbewerber erkennbar gemacht werden soll. Dass dies jedoch nicht zwingend so sein muss, hat sich in der Rechtssache *Siemens/VIPA* gezeigt. Dort hat die Beklagte einen Teil einer Bestellnummer der Klägerin dazu benutzt, ihre Produkte zu kennzeichnen. Sowohl der BGH[324] als auch der EuGH[325] sahen darin eine vergleichende Werbung, da durch die Übernahme des Kernbestandteils des Bestellnummersystems der Klägerin gegenüber den Verkehrskreisen eine funktionale Gleichwertigkeit der Produkte beider Parteien behauptet wurde.

Demnach kann die Problematik der vergleichenden Werbung bei einer weiten Auslegung der Tatbestandsmerkmale des § 6 UWG in allen Fallgruppen der Markennennung auftreten. Würde die Regelung zur vergleichenden Werbung diese Fallgruppen abschließend regeln und damit vom Anwendungsbereich des MarkenG ausschließen, würde sich die Bedeutung des Problems der markenmäßigen Benutzung einer Marke deutlich reduzieren und insbesondere für den Themenkreis dieser Arbeit kaum noch relevant werden. Problematisch an dieser Auslegung wäre jedoch, dass Art. 4 Richtlinie 2006/114/EG, an dem sich § 6 UWG zu orientieren hat, einen restriktiven Katalog von Zulässigkeitsbedingungen aufstellt, so dass auch viele wünschenswerte Formen der Werbung und der

---

323 Zur Problematik der Mitbewerbereigenschaft in diesen Fällen, siehe D.II.1.a)2), S. 242ff.

324 BGH GRUR 2005, 348 „*Bestellnummerübernahme*“.

325 EuGH GRUR 2006, 345, 346 (Rdn. 17) „*Siemens/VIPA*“.

Markenverwendung ohne weiteres dem Verdikt der Unlauterkeit unterworfen würden.

(b) Erfordernis eines Vergleichs

Aufgrund dieser Divergenz zwischen der Weite des Tatbestandes des § 6 Abs. 1 UWG auf der einen und den engen Zulässigkeitsvoraussetzungen auf der anderen Seite wird in der Rechtsprechung und Literatur diskutiert, ob und wie dieser weite Begriff der vergleichenden Werbung einzuschränken ist, insbesondere ob ein Vergleich als ungeschriebenes Tatbestandsmerkmal anzusehen ist.

(1) Rechtsprechung des EuGH

Der EuGH hat in der *Toshiba/Katun*-Entscheidung festgestellt, dass es sich schon dann um vergleichende Werbung handele, wenn eine Äußerung in einer beliebigen Form vorliegt, die – auch nur mittelbar – auf einen Mitbewerber oder die Erzeugnisse oder Dienstleistungen, die dieser anbietet, Bezug nimmt. Es sei dabei ohne Belang, ob ein Vergleich zwischen den vom Werbenden angebotenen Erzeugnissen und Dienstleistungen und denjenigen des Mitbewerbers vorliege.[326] Damit geht der EuGH grundsätzlich von einem weiten Verständnis der vergleichenden Werbung aus. Gleichzeitig erkennt das Gericht aber auch, dass diese Auslegung zu erheblichen Problemen führen könnte, da nach Art. 4 Richtlinie 2006/114/EG nur solche Werbemaßnahmen zulässig sind, die einen Vergleich enthalten. Die weite Auslegung könnte daher dazu führen, dass jede Angabe in einer Äußerung unzulässig wäre, die einerseits die Identifizierung eines Mitbewerbers oder der Erzeugnisse oder Dienstleistungen, die er anbietet, ermöglicht, die aber andererseits keinen Vergleich im Sinne des Art. 4 Richtlinie 2006/114/EG enthält.[327] Da aber nach der MRL die Benutzung der Marke eines anderen erlaubt sein kann, wenn sie erforderlich ist, um den Verkehr über die Natur der Erzeugnisse oder den Zweck der angebotenen Dienstleistungen zu informieren, sei eine solche Auslegung der Richtlinie mit der MRL nicht zu vereinbaren. Der EuGH hat diesen Konflikt in der konkreten Entscheidung jedoch nicht auf der Ebene der Definition der vergleichenden Werbung gelöst, sondern im Rahmen der Zulässigkeitsvoraussetzungen. Er hat dementsprechend festgestellt, dass die Anforderungen an einen Vergleich im Sinne des Art. 4 Richtlinie 2006/114/EG weit ausgelegt werden müssen. Im konkreten Fall entschied das Gericht, dass ein Vergleich schon dann vorliege, wenn die Gleichwertigkeit der

326 EuGH GRUR 2002, 354, 355 (Rdn. 31) „*Toshiba/Katun*".
327 So EuGH GRUR 2002, 354, 355 (Rdn. 33) „*Toshiba/Katun*".

Erzeugnisse des Konkurrenten mit den eigenen Produkten herausgestellt werden soll.[328]

Nicht eindeutig ist die Position im zweiten zur vergleichenden Werbung ergangenen Urteil des EuGH in der Rechtssache *Pippig Augenoptik/Hartlauer*.[329] Zunächst bezieht sich der EuGH auf die *Toshiba/Katun*-Entscheidung und führt aus, dass Art. 2 lit. c) Richtlinie 2006/114/EG eine weite Definition enthalte, die es ermögliche, alle Arten der vergleichenden Werbung abzudecken, so dass es sich also schon dann um vergleichende Werbung handele, wenn eine Äußerung vorliegt, die – auch nur mittelbar – auf einen Mitbewerber oder die Erzeugnisse oder Dienstleistungen, die dieser anbietet, Bezug nimmt.[330]

Anschließend stellt das Gericht jedoch fest, dass jede vergleichende Werbung die Vorteile der vom Werbenden angebotenen Waren oder Dienstleistungen gegenüber denjenigen eines Mitbewerbers herausstellen solle. Um dies zu erreichen, müsse die Aussage notgedrungen die Unterschiede zwischen den verglichenen Waren oder Dienstleistungen hervorheben, indem sie ihre Haupteigenschaften beschreibe. Der vom Werbenden durchgeführte Vergleich ergebe sich zwangsläufig aus einer solchen Beschreibung.[331]

Wie diese Aussagen zu interpretieren sind, ist streitig. Auf der einen Seite ließe sich aus der Entscheidung möglicherweise entnehmen, dass vergleichende Werbung zwingend einen Vergleich voraussetzt.[332] Wenn der EuGH feststellt, dass jede vergleichende Werbung die Vorteile der vom Werbenden angebotenen Waren oder Dienstleistungen gegenüber denjenigen eines Mitbewerbers herausstellen solle und dafür notgedrungen die Unterschiede zwischen den verglichenen Waren oder Dienstleistungen hervorheben müsse, so spricht dies für die Annahme eines Vergleichs schon bei der Bestimmung des Begriffs der vergleichenden Werbung. Denn es sind durchaus Bezugnahmen denkbar, bei denen gerade keine Unterschiede herausgestellt werden, so etwa bei der Herausstellung von persönlichen Merkmalen des Mitbewerbers.

Auf der anderen Seite könnte argumentiert werden, dass der EuGH davon ausgeht, dass in jeder Bezugnahme auf einen Mitbewerber ein Vergleich liegt.[333]

---

328 EuGH GRUR 2002, 354, 355 (Rdn. 39) „*Toshiba/Katun*".

329 EuGH GRUR 2003, 533 „*Pippig Augenoptik/Hartlauer*".

330 EuGH GRUR 2003, 533, 535 (Rdn. 35) „*Pippig Augenoptik/Hartlauer*".

331 EuGH GRUR 2003, 533, 535 (Rdn. 36) „*Pippig Augenoptik/Hartlauer*".

332 So *Dilly/Ulmar*, WRP 2005, 467, 469; *Ohly*, GRUR 2007, 3, 5; auch *Sack*, in: Harte-Bavendamm/Henning-Bodewig, UWG, § 6 Rdn. 81 versteht dieses Urteil so, relativiert die Äußerungen des EuGH jedoch dadurch, dass sie nur im Zusammenhang mit Art. 7 Abs. 2 Richtlinie 84/450/EWG in Fassung durch die Richtlinie 97/55EG ergangen seien.

333 In diesem Sinne *Plas*, in: HK-WettbewerbsR, § 6 UWG Rdn. 44.

Zu diesem Ergebnis könnte man gelangen, wenn in jeder Bezugnahme und der damit verbundenen Aussage ein impliziter Vergleich gesehen wird, dass die Aussage auf den Werbenden nicht oder ebenso zutrifft.

Die Rechtsprechung des EuGH ist daher nicht eindeutig.[334] Erst wenn dem EuGH ein Fall vorgelegt wird, bei dem auch mittels der weiten Auslegung kein Vergleich begründet werden kann, wird sich zeigen, ob der EuGH daran festhalten wird, dass für die vergleichende Werbung kein Vergleich erforderlich ist.

(2) Rechtsprechung des BGH

Nachdem der BGH es in seinen ersten Urteilen nach Erlass der Richtlinie 97/55/EG zunächst offen gelassen hat, ob vergleichende Werbung zwingend einen Vergleich voraussetzt,[335] befasste sich das Gericht erstmals in den Entscheidungen *Vergleichen Sie*[336] und *Generika-Werbung*[337] mit diesem Erfordernis. Während in der ersten Entscheidung nur konkludent anklingt,[338] dass ein Vergleich erforderlich sei, wurde dies in der *Generika-Werbung*-Entscheidung erstmals ausdrücklich festgestellt. Unerlässliches Erfordernis einer vergleichenden Werbung sei, dass überhaupt ein Vergleich vorgenommen werde. Dazu sei erforderlich, dass ein für den Verkehr, auf dessen Sicht es maßgebend ankommt, erkennbarer Bezug zu einem Mitbewerber oder dessen Waren hergestellt werde, sei es in anlehnender oder in kritisierender Weise. Damit sei aber nicht gemeint, dass

---

334 Auch in der neusten Entscheidung zur vergleichenden Werbung nimmt der EuGH lediglich Bezug auf die bisherigen Entscheidungen, ohne sich mit der Problematik auseinanderzusetzen (EuGH, Urteil v. 12.06.2008, RS. C-533/06 (Rdn. 42) „*O2/Hutchison*“). Ebenso wie in den bisherigen Entscheidungen war auch bei dieser unstreitig ein Vergleich gegeben, so dass die Problematik nicht entscheidungserheblich war. Es bleibt daher abzuwarten, wie der EuGH einen Fall entscheiden wird, bei dem auch nach der weitesten Auslegung kein Vergleich in die Bezugnahme hereingelesen werden kann.

335 BGH GRUR 1998, 824 „*Testpreis-Angebot*“; GRUR 1999, 69 „*Preisvergleichsliste II*“.

336 BGH GRUR 1999, 501 „*Vergleichen Sie*“.

337 BGH GRUR 1999, 1100 „*Generika-Werbung*“.

338 Der BGH stellte in dieser Entscheidung fest, dass in der bloß allgemein gehaltenen Aufforderung an das angesprochene Publikum, einen Vergleich vorzunehmen, nicht ohne weiteres bereits ein Vergleich zu sehen sei. Da jedoch die Beklagte damit warb, dass sie hochwertigen Designer-Modeschmuck zu akzeptablen Preisen anbot, sah das Gericht in der Aufforderung zum Vergleich eine vergleichende Werbung (BGH GRUR 1999, 501, 502 „*Vergleichen Sie*“). Insoweit differenziert das Gericht zwischen einer Werbung durch einen Vergleich und der schlichten Nennung der Konkurrenten, forderte mithin einen Vergleich zur Annahme der vergleichenden Werbung.

jede noch so fern liegende, „nur um zehn Ecken gedachte" Bezugnahme genüge, da andernfalls der Begriff des Werbevergleichs uferlos ausgeweitet würde.[339] An diesem Erfordernis hat der BGH zunächst auch in den folgenden Urteilen festgehalten, in denen er immer wieder betonte, dass ein Vergleich unerlässlich für die vergleichende Werbung sei.[340]

Eine Abkehr von dieser Rechtsprechung stellt dann jedoch die Entscheidung *Genealogie der Düfte*[341] dar, nachdem der BGH schon bereits zuvor einen Vergleich nicht mehr explizit gefordert hatte.[342] In dieser Entscheidung stellte der BGH unter Bezugnahme auf den EuGH heraus, dass vergleichende Werbung immer dann vorliege, wenn eine Äußerung auf einen Mitbewerber oder die von ihm angebotenen Waren oder Dienstleistungen Bezug nehme. Dabei sei es ohne Belang, welche Form die Äußerung aufweise, ob die Bezugnahme unmittelbar oder mittelbar erfolge und ob ein Vergleich zwischen den vom Werbenden angebotenen Waren und Dienstleistungen und denen des Mitbewerbers vorliege.[343] Die Abkehr von der bisherigen Rechtsprechung wird weder erwähnt noch begründet.

Im diametralen Widerspruch zu dieser eingeschlagenen Richtung steht dann jedoch wiederum die *Aluminiumräder*-Entscheidung vom 15.07.2004.[344] Anknüpfend an seine bisherige Rechtsprechung stellte das Gericht fest, dass die Bezugnahme auf einen Mitbewerber, die zwar alle Merkmale des § 6 Abs. 1 UWG, nicht aber die eines Vergleichs erfülle, keine vergleichende Werbung darstelle. Dementsprechend liege in der bloßen Bezugnahme auf die Waren eines Mitbewerbers keine vergleichende Werbung, auch wenn sie mit dem Ziel einer Anlehnung an den guten Ruf erfolge, da keine Kaufalternativen gegenübergestellt würden.[345] Folglich sah der BGH in der Abbildung eines Porsches in einem Katalog eines Zubehörteilherstellers keine vergleichende Werbung. In der zuletzt ergangenen *Bestellnummernübernahme*-Entscheidung vom 02.12.2004 hat das Gericht

339 BGH GRUR 1999, 1100, 1101 „*Generika-Werbung*"; GRUR 2008, 628, 632 (Rdn. 29) „*Imitationswerbung*".

340 BGH GRUR 2002, 75, 76 „*SOOO...BILLIG!?*"; GRUR 2002, 828, 830 „*Lottoschein*"; GRUR 2002, 982, 983 „*DIE STEINZEIT IST VORBEI*"; dabei ist zu beachten, dass die letzten beiden Urteil bereits nach Verkündung der *Toshiba/Katun*-Entscheidung des EuGH ergangen sind; zwar nicht ausdrücklich, aber wohl konkludent wurde das Erfordernis eines Vergleichs auch in der Entscheidung BGH GRUR 2001, 350, 351 „*OP-Lampen*" gefordert.

341 BGH GRUR 2004, 607 „*Genealogie der Düfte*".

342 BGH GRUR 2003, 444 „*Ersetzt*".

343 BGH GRUR 2004, 607, 611 „*Genealogie der Düfte*"; die gleiche Formulierung findet sich in BGH GRUR 2005, 348 „*Bestellnummerübernahme*".

344 BGH GRUR 2005, 163 „*Aluminiumräder*".

345 BGH GRUR 2005, 163, 165 „*Aluminiumräder*".

jedoch erneut herausgestellt, dass ein Vergleich nicht erforderlich sei, ohne die *Aluminiumräder*-Entscheidung auch nur zu zitieren.[346]

Eine einheitliche Linie in der Rechtsprechung des BGH ist seit der *Toshiba/Katun*-Entscheidung des EuGH nicht mehr auszumachen. Auffällig ist, dass es in den Urteilen, in denen der Vergleich als Tatbestandsmerkmal abgelehnt wurde,[347] insoweit nicht streitentscheidend auf dieses Merkmal ankam, da in diesen Fallgestaltungen ohnehin ein Vergleich im Sinne der EuGH-Rechtsprechung vorlag. In der einzigen Entscheidung, in der es an einem Vergleich mangelte,[348] wich der BGH von seiner eigenen vorher eingeschlagenen Linie ohne Begründung ab.

(3) Ansichten innerhalb der Literatur

Die Auffassung in der Literatur ist gespalten. Die h.M. ging sowohl vor der *Toshiba/Katun*-Entscheidung des EuGH[349] als auch noch danach[350] von dem Erfordernis eines Vergleichs aus. Begründet wird dies insbesondere damit, dass bei einer weiten Auslegung Sachverhalte von dem Regelungskomplex der vergleichenden Werbung erfasst seien, die anhand der gegebenen Zulässigkeitsvoraussetzungen nicht adäquat gelöst werden könnten.[351]

---

346 BGH GRUR 2005, 348 „*Bestellnummerübernahme*".

347 BGH GRUR 2004, 607, 611 „*Genealogie der Düfte*"; GRUR 2005, 348 „*Bestellnummerübernahme*"; wohl auch BGH GRUR 2005, 172 „*Stresstest*", da in diesem Urteil der sonst übliche Hinweis auf das Erfordernis eines Vergleichs fehlt.

348 BGH GRUR 2005, 163 „*Aluminiumräder*".

349 *Dilly*, Das Irreführungsverbot des Art. 3a der Richtlinie über irreführende und vergleichende Werbung, S. 21 f.; *Illing*, Vergleichende Werbung, S. 22; *Tilmann*, GRUR 1999, 456; *Ohly/Spence*, GRUR Int. 1999, 681, 686; *Plaß*, NJW 2000, 3161, 3162; *Siems*, ZEuP 2001, 686, 688.

350 *Köhler*, in: Hefermehl/Köhler/Bornkamm, UWG, § 6 Rdn. 18; *ders.*, GRUR 2005, 273, 278 f.; *ders.* WRP 2008, 414, 416 f.; *Dittmer*, in: Büscher/Dittmer/Schiwy, § 6 UWG Rdn. 18; *Koos*, in: Fezer, UWG, § 6 Rdn. 79 ff.; *Ohly*, in: Piper/Ohly, UWG, § 6 Rdn. 36; *ders.*, GRUR 2007, 3, 5; *Götting*, Wettbewerbsrecht, § 8 Rdn. 66; *Eck/Ikas*, in: Hasselblatt, Gewerblicher Rechtsschutz, § 23 Rdn. 20; *Berlit*, Vergleichende Werbung, Rdn. 35; *Buck-Freytag*, Auswirkungen der Richtlinie 97/55/EG, S. 25 u. S. 163; *Heister*, Vergleichende Werbung, S. 19; *Kebbedies*, Vergleichende Werbung, S. 172 ff.; *Riedel*, Spannungsverhältnis, S. 166; *Nordmann*, GRUR Int. 2002, 297, 298; *Dilly/Ulmar*, WRP 2005, 467, 471 f.; nunmehr auch *Sack*, WRP 2008, 170, 173 ff.; *ders.*, GRUR 2008, 201, 203; wohl auch *Boesche*, Wettbewerbsrecht, Rdn. 203.

351 So *Köhler*, in: Hefermehl/Köhler/Bornkamm, UWG, § 6 Rdn. 18; *Ohly*, in: Piper/Ohly, UWG, § 6 Rdn. 36; *Kebbedies*, Vergleichende Werbung, S. 173; *Dilly/Ulmar*, WRP 2005, 467, 471 f.

Nach der Gegenansicht soll es im Rahmen der vergleichenden Werbung nicht darauf ankommen, ob ein Vergleich vorliegt.[352] Begründet wird dies insbesondere mit dem Wortlaut des § 6 Abs. 1 UWG und Art. 2 lit. c) Richtlinie 2006/114/EG, die jeweils das Erfordernis eines Vergleichs nicht erwähnen. Ferner werden die Entstehungsgeschichte der Richtlinie 97/55/EWG und die 8. Begründungserwägung der Richtlinie 2006/114/EG herangezogen, nach der der Begriff „vergleichende Werbung" breit gefasst werden solle.

Um jedoch die Reichweite der Richtlinie und damit auch des § 6 UWG nicht uferlos werden zu lassen und damit möglicherweise nicht beabsichtigte Verbote bestimmter Werbeformen herbeizuführen, wurden und werden von der Gegenansicht verschiedene Korrektivmöglichkeiten in Erwägung gezogen.

Zunächst wurde der Verzicht auf einen Vergleich insbesondere damit begründet, dass durch die Richtlinie lediglich ein Zulässigkeitskatalog und kein Verbotskatalog aufgestellt wurde.[353] Folglich hätten bei der weiten Definition auch solche Vergleiche als zulässig eingestuft werden können, deren Zulässigkeit sich nicht aus der Richtlinie 2006/114/EG ergibt. Nachdem die *Toshiba/Katun*-Entscheidung einer Auslegung der Richtlinie als reiner Zulässigkeitskatalog entgegensteht, wird nun von der Gegenmeinung versucht, den Anwendungsbereich der Richtlinie alternativ oder kumulativ entweder durch eine restriktive Auslegung des Mitbewerberbegriffs,[354] dem Erfordernis einer Bezugnahme, die den Dritten in seiner Eigenschaft als Mitbewerber erkennbar macht[355] oder durch eine

352 *Menke*, in: MünchKomm, UWG, § 6 Rdn. 88 ff.; *Plaß*, in: HK-WettbewerbsR, § 6 UWG Rdn. 43; *Lettl*, Das neue UWG, Rdn. 468; *Freund*, Vergleichende Werbung, S. 53 f.; *Saßmann*, Das Binnenmarktrecht der vergleichenden Werbung, S. 107; *Ziervogel*, Rufausbeutung im Rahmen vergleichender Werbung, S. 105; *Borck*, WRP 2001, 1124, 1126 f.; *Fassbender*, EuZW 2005, 42 f.; Als vehementer Vertreter dieser Auffassung tat sich *Sack* hervor (so *Sack*, WRP 2001, 327, 335; *ders.*, WRP 2002, 363 ff.; *ders.*, WRP 2004, 1405, 1415; *ders.*, in: Harte-Bavendamm/Henning-Bodewig, UWG, § 6 Rdn 74 ff.). Er hat allerdings seine Auffassung mittlerweile ausdrücklich revidiert und vertritt nunmehr die gegenteilige Auffassung (so *Sack*, WRP 2008, 170, 173 ff.; *ders.*, GRUR 2008, 201, 203).

353 *Sack*, WRP 2001, 327, 330 ff.; *ders.*, WRP 2002, 363, 365; *ders*, in: Harte-Bavendamm/Henning-Bodewig, UWG, § 6 Rdn. 35; *Borck*, WRP 2001, 1124, 1129; *Freund*, Vergleichende Werbung, S. 69 spricht sich dafür aus, dass zumindest Werbemaßnahmen, die vor der Richtlinie in allen Mitgliedsstaaten zulässig waren, auch danach nicht untersagt werden können.

354 *Sack*, GRUR 2004, 720 f.; *ders.*, WRP 2004, 1405, 1415; nicht so weitgehend *Menke*, in: MünchKomm, UWG, § 6 Rdn. 52, jedoch restriktiv bei den so genannten ad-hoc-Wettbewerbsverhältnissen.

355 *Sack*, GRUR 2004, 720, 722; *ders.*, in: Harte-Bavendamm/Henning-Bodewig, UWG, § 6 Rdn. 47; dagegen *Plaß*, in: HK-WettbewerbsR, § 6 UWG Rdn. 33.

Erweiterung der Zulässigkeitskriterien,[356] insbesondere einer restriktive Handhabung des § 6 Abs. 2 Nr. 1 und Nr. 2 UWG,[357] zu begrenzen.

(4) Eigene Auffassung

(A) Bedeutung der Problematik für die Markennennung

Zunächst ist der zutreffende Hinweis von *Koos* zu beachten, dass in den meisten Fallgestaltungen nicht der Vergleich das eigentliche Problem ist, sondern das Kenntlichmachen eines konkreten Mitbewerbers.[358] Die Problematik des Vergleichs solle sich daher nur dann ergeben, wenn

- der Werbende sich ausschließlich über den Mitbewerber oder dessen Produkt äußere oder
- der Werbende zwar sein Produkt in Beziehung zum Produkt des Mitbewerbers setze, ohne indes eine Gleichsetzung oder Herabsetzung zu bezwecken, sondern um über die Kompatibilität zu informieren oder den Ruf auszubeuten.

Gerade das zweite Beispiel betrifft aber typische Fallgestaltungen der Markennennung. Insoweit zeigt sich, dass die Vergleichsproblematik gerade bei der Markennennung ihre Bedeutung hat und daher einer Entscheidung bedarf.[359]

(B) Vergleich als zwingendes Erfordernis der vergleichenden Werbung

Das natürliche Sprachempfinden lässt zunächst vermuten, dass ***vergleichende*** Werbung auch stets einen Vergleich voraussetzt. Denn reichte allein die Bezugnahme auf einen Mitbewerber aus, so müsste statt von vergleichender Werbung von ***bezugnehmender*** Werbung gesprochen werden.[360]

---

356 *Menke*, in: MünchKomm, UWG, § 6 Rdn. 74; *Sack*, WRP 2002, 363, 366 f.; *ders*., WRP 2004, 817, 819; *ders*., in: Harte-Bavendamm/Henning-Bodewig, UWG, § 6 Rdn. 77; *Fassbender*, EuZW 2005, 42 f..

357 *Sack*, WRP 2004, 817, 819; *ders*., in: Harte-Bavendamm/Henning-Bodewig, UWG, § 6 Rdn. 77.

358 *Koos*, in: Fezer, UWG, § 6 Rdn. 74 und Rdn. 79.

359 *Menke*, in: MünchKomm, UWG, § 6 Rdn. 74 meint, dass die praktische Bedeutung der Problematik des Erfordernisses eines Vergleichs nicht überschätzt werden darf. Dies mag zwar global gesehen für die vergleichende Werbung zutreffend sein, da in den meisten Fällen ein Vergleich vorliegt, jedoch werden gerade die Grenzfälle die Gerichte beschäftigen.

360 So in der Tat *Plaß*, in: HK-WettbewerbsR, § 6 UWG Rdn. 44; *Borck*, WRP 2001, 1124, 1126.

Indes hat sich das natürliche Sprachempfinden nicht in der Definition der vergleichenden Werbung niedergeschlagen, da gemäß § 6 Abs. 1 UWG und Art. 2 lit. c) Richtlinie 2006/114/EG allein die Erkennbarkeit eines Mitbewerbers oder seiner Produkte gefordert wird. Daher scheint der Wortlaut dafür zu sprechen, dass „vergleichende" Werbung keinen Vergleich voraussetzt. Unterstützt wird dieses Verständnis dadurch, dass in der 8. Begründungserwägung der Richtlinie 2006/114/EG ausdrücklich erwähnt wird, dass der Begriff „vergleichende Werbung" breit gefasst werden sollte, so dass alle Arten der vergleichenden Werbung abgedeckt würden.

Gegen eine solch weite Fassung spricht allerdings schon die mittelbar auf das UWG wirkende Regelungssystematik der Richtlinie. Art. 4 Richtlinie 2006/114/EG stellt gemäß seinem Wortlaut nur Zulässigkeitsvoraussetzungen für die vergleichende Werbung auf, was den Vergleich anbelangt. Da durch diese Vorschrift nach mittlerweile unbestrittener Ansicht ein abschließender Verbotskatalog geregelt wurde,[361] müsste davon ausgegangen werden, dass bezugnehmende Werbung ohne Vergleich grundsätzlich unzulässig ist.[362] Viele Fälle der Markennennung wären trotz ihres wirtschaftlichen Bedürfnisses unzulässig.

Das Verdikt der grundsätzlichen Unzulässigkeit lässt sich auch nicht über eine weite Auslegung des Vergleichsbegriffs lösen, etwa in der Art, dass jede Bezugnahme die implizite Behauptung enthalte, dass die Werbeaussage nicht oder ebenso auf den Werbenden zutreffe. So wäre beispielsweise bei der Aussage „*Wir sind spezialisiert auf die Reparatur von BMW-Fahrzeugen*", die einen Bezug auf einen Mitbewerber darstellen könnte,[363] nicht ersichtlich, worin der Vergleich liegen sollte. Für den Empfänger ergibt sich aus dieser Aussage nur, dass die Werkstatt wohl vorrangig *BMW*-Fahrzeuge repariert. Er kann aber daraus nicht ableiten, dass die Werkstatt genauso gut oder besser als *BMW*-Vertragswerkstätten das Fahrzeug reparieren wird. Ein Vergleich zu unterstellen käme einer Fiktion gleich. Diese Aussage aber grundsätzlich als unzulässig zu betrachten, begegnet erheblichen Bedenken.

Ein Verzicht auf das Erfordernis eines Vergleichs könnte dazu führen, dass möglicherweise höherrangige Rechte, Art. 10 EMRK oder Art. 5 Abs. 3 GG bei einer Markenparodie, beeinträchtigt würden, ohne dass die Regelungen zur vergleichenden Werbung einen möglichen Ausgleich vorsähen. Die Regelungen wä-

---

361 EuGH GRUR 2003, 533, 536 (Rdn. 44) „*Pippig Augenoptik/Hartlauer*"; ebenso *Koos*, in: Fezer, UWG, § 6 Rdn. 6; *Köhler*, in: Hefermehl/Köhler/Bornkamm, UWG, § 6 Rdn. 3; *Plaß*, in: HK-WettbewerbsR, § 6 UWG Rdn. 9; *Menke*, in: MünchKomm, UWG, § 6 Rdn. 10; *Ohly*, in: Piper/Ohly, UWG, § 6 Rdn. 8.

362 Auf diese Problematik weist auch *Köhler*, WRP 2008, 414, 416 hin.

363 Dies wäre insbesondere der Fall, wenn *BMW* selbst Reparaturleistungen anbietet oder die Leistungen der *BMW*-Vertragshändler der *BMW AG* zugerechnet werden.

ren allenfalls über eine dahingehende EMRK- oder grundrechtskonforme Auslegung zu retten, dass bestimmte Formen der vergleichenden Werbung ohne Vergleich doch zulässig wären. Die pauschale Beurteilung, dass die Kenntlichmachung in der Werbung des Konkurrenten ohne Vergleich immer die Interessen des Konkurrenten in unzulässiger Weise beeinträchtigen, kann so nicht aufgestellt werden. Daher spricht es dafür, zumindest diesen Bereich nicht in die Richtlinie mit einzubeziehen, da sie dafür keine adäquaten Lösungsansätze bietet.

Zudem könnte es zu einem nicht lösbaren Wertungswiderspruch mit der MRL führen.[364] Gemäß Art. 6 MRL sind Bezugnahmen auf fremde Marken im Rahmen des Zubehör- und Ersatzteilehandels ausdrücklich zulässig, sofern sie nicht gegen die guten Sitten verstoßen. Da es in diesen Fällen mangels einer Gleichstellungsbehauptung an einem Vergleich fehlt, wenn der Konkurrent nicht das gleiche Produkt vertreibt, so insbesondere bei Zubehörprodukten, führte eine weite Auslegung der vergleichenden Werbung dazu, dass diese Fallgestaltungen zwar markenrechtlich zulässig wären, jedoch nach der Richtlinie 2006/114/EG und damit auch nach § 6 UWG als unzulässig zu bewerten wären.

Diese systematischen Widersprüche lassen sich auch mit den Einschränkungen der Gegenauffassung nicht effektiv beseitigen.

Eine Einschränkung über den Mitbewerberbegriff birgt zunächst die Gefahr der Rechtsunsicherheit, da bisher noch nicht vollkommen absehbar ist, in welche Richtung die Rechtsprechung steuert, insbesondere wie sie sich im Bereich der so genannten ad-hoc-Wettbewerbsverhältnisse verhalten wird. Zudem können durch die Einschränkung des Mitbewerberbegriffs die Konflikte nur zahlenmäßig reduziert, nicht jedoch beseitigt werden.

Daher ist es ferner erforderlich, auf der Zulässigkeitsebene des § 6 Abs. 2 UWG mögliche Konflikte zu entschärfen. Dies soll dann über eine großzügige Handhabung der Zulässigkeitskriterien erfolgen. Dazu ist es aber zunächst erforderlich, überhaupt über die Schranke des Art. 4 Richtlinie 2006/114/EG hinwegzukommen, nach der die Zulässigkeitsvoraussetzungen für die vergleichende Werbung nur gelten, „was den Vergleich anbelangt“. Dieses Problem lässt sich auch nicht lösen, wenn mit dem EuGH der Begriff des Vergleichs weit ausgelegt wird und auch eine implizite Gleichstellungsbehauptung als ausreichend angesehen wird, da auch dann noch nicht alle Bezugnahmen auf Mitbewerber als Vergleich einzustufen wären.[365] Entweder mag man dies hinnehmen und möglicherweise auch Werbemaßnahmen verbieten, an denen sowohl der Wettbewerb als

364 So nunmehr auch Sack, WRP 2008, 170, 174.
365 So auch *Koos*, in: Fezer, UWG, § 6 Rdn. 78.

auch die Verbraucher ein Interesse haben[366], oder man muss sich über den Wortlaut der Richtlinie hinwegsetzen, um zu einer großzügigen Handhabung der Zulässigkeitskriterien zu kommen. Insofern muss dann entweder „was den *Vergleich* anbelangt" aus der Norm herausgelesen werden[367] oder man muss diesen Passus als „was die *Bezugnahme* anbelangt" verstehen.[368] Es erscheint dann jedoch zweifelhaft, sich gegen das Erfordernis eines Vergleichs vehement mit dem Argument des Wortlautes zu stellen, um sich dann an einer anderen Stelle für eine Interpretation gegen den Wortlaut auszusprechen.

Folglich sprechen sowohl die Systematik als auch der Sinn und Zweck der Richtlinie dafür, dass vergleichende Werbung nur dann vorliegt, wenn ein Vergleich vorgenommen wird.

(c) Anforderungen an einen Vergleich

Nachdem festgestellt wurde, dass vergleichende Werbung einen Vergleich voraussetzt, ist zu klären, was unter einem Vergleich zu verstehen ist.

Ein Vergleich enthält nach der Rechtsprechung des EuGH zunächst drei Elemente, nämlich Angaben über das Angebot des Werbenden, Angaben über das Angebot des Mitbewerbers und über das Verhältnis zwischen diesen beiden Angeboten.[369]

Unzweifelhaft liegt daher ein Vergleich vor, wenn der Werbende explizit behauptet, dass sein Produkt besser sei als das des Mitbewerbers oder dass es der Qualität des Mitbewerberproduktes entspreche. Behauptet ein Bohrmaschinenhersteller, dass seine Bohrmaschine 2.000 Umdrehungen pro Minute schaffe und damit besser bohre als die des Konkurrenten, die nur 1.500 Umdrehungen schaffe, so stellt dies einen klassischen Vergleich dar.

Zweifelhaft kann hingegen die Annahme eines Vergleichs nach der oben dargestellten Definition sein, wenn keine Angaben über ein Produkt, sondern über den Mitbewerber selbst gemacht werden. Es könnte bereits an Angaben über ein Angebot fehlen, so dass die schlichte Angabe „*Wir sind besser als Mitkonkurrent*

366 So *Plaß*, in: HK-WettbewerbsR, § 6 UWG Rdn. 55; *Lettl*, Das neue UWG, Rdn. 471.

367 So wohl *Menke*, in: MünchKomm, UWG, § 6 Rdn. 98 u. 109, da er in Fällen, bei denen kein Vergleich vorliegt, die Zulässigkeitskriterien großzügig interpretieren will. Dies setzt aber zwangsläufig voraus, dass das Erfordernis eines Vergleichs aus Art. 4 Richtlinie 2006/114/EG „weggelesen" wird.

368 *Freund*, Vergleichende Werbung, S. 53; ebenso *Ziervogel*, Rufausbeutung im Rahmen vergleichender Werbung, S. 105, der auf S. 102 es noch als rechtsmethodisch höchst fraglich ansieht, sich über den Wortlaut einer Norm hinwegzusetzen.

369 EuGH GRUR 2003, 533, 535 (Rdn. 37) „*Pippig Augenoptik/Hartlauer*".

XY" keinen Vergleich darstellen würde. Indes wäre es mit dem natürlichen Sprachempfinden nicht zu vereinbaren, in solchen Fallgestaltungen keinen Vergleich zu sehen. Daher sollte die Definition eines Vergleichs dahin gefasst werden, dass ein solcher vorliegt, wenn Angaben über das Verhältnis der Mitbewerber oder ihrer Angebote zueinander gemacht werden.[370] Die Bezugnahme muss derart erfolgen, dass zwei Alternativen aufgezeigt werden, die geeignet sind, die Kaufentscheidung des Adressaten zu beeinflussen.[371]

Problematisch ist weiterhin, wie implizite Vergleiche zu behandeln sind, d.h. solche Vergleiche, bei denen sich die vergleichenden Bezugsgrößen erst aus dem Zusammenhang ergeben.

Grundsätzlich ist mit der Rechtsprechung des EuGH davon auszugehen, dass der Begriff des Vergleichs weit auszulegen ist und auch implizite Gleichstellungsbehauptungen für einen Vergleich ausreichen.[372] Bewirbt der Werbende daher sein Produkt als Ersatzmöglichkeit für ein fremdes Produkt, so kann der Verkehr daraus schließen, dass zumindest eine Behauptung der Gleichwertigkeit hinsichtlich der technischen Eigenschaften der beiden Erzeugnisse erfolgt.

Ebenso wird ein impliziter Vergleich vorliegen, wenn ein negatives Merkmal eines fremden Produkts herausgestellt wird, ohne gleichzeitig ausdrücklich herauszustellen, dass dies nicht auf das eigene Produkt zutrifft.[373] Behauptet beispielsweise ein Pflanzenschutzmittelhersteller, dass das Produkt der Marke *XY* den zulässigen Wert an bestimmten Stoffen übersteige und daher gesundheits-

370 Ebenso *Köhler*, in: Hefermehl/Köhler/Bornkamm, UWG, § 6 Rdn. 20; in diesem Sinne auch *Plaß*, in: HK-WettbewerbsR, § 6 UWG Rdn. 55; *Nordmann*, GRUR Int. 2002, 297, 298.

371 *Köhler*, in: Hefermehl/Köhler/Bornkamm, UWG, § 6 Rdn. 20; *Boesche*, Wettbewerbsrecht, Rdn. 197.

372 EuGH GRUR 2002, 354, 356 (Rdn. 39) „*Toshiba/Katun*".

373 So auch OLG Hamburg GRUR-RR 2002, 112 „*Verlierer*"; *Koos*, in: Fezer, UWG, § 6 Rdn. 79 und 84; *Eck/Ikas*, in: Hasselblatt, Gewerblicher Rechtsschutz, § 23 Rdn. 21; *Ohly*, GRUR 2007, 3, 6; a.A. *Köhler*, in: Hefermehl/Köhler/Bornkamm, UWG, § 6 Rdn. 21; *ders.*, GRUR 2005, 273, 277; *Plaß*, in: HK-WettbewerbsR, § 6 UWG Rdn. 55; *Nordmann*, GRUR Int. 2002, 297, 298; *Dilly/Ulmar*, WRP 2005, 467, 472; wohl auch BGH GRUR 2002, 75, 76 „*SOOO... BILLIG!?*", jedenfalls soweit die Werbeaussage so allgemein gehalten ist, dass sich den angesprochenen Verkehrskreisen eine Bezugnahme auf den Werbenden nicht aufdrängt, sondern sich diese nur reflexartig daraus ergibt, dass mit jeder Kritik an Mitbewerbern in der Regel unausgesprochen zum Ausdruck gebracht wird, dass diese Kritik auf den Werbenden nicht zutrifft. Daher müsse der Bezug ausgesprochen oder jedenfalls eindeutig nahe gelegt werden.

schädlich sei, so kann dies der Verkehr nur so verstehen, dass das Produkt des Werbenden diesen Wert gerade nicht übersteigt.[374]

Insofern wird aber genau zu überprüfen sein, ob es sich lediglich um eine bloße Bezugnahme auf ein fremdes Produkt handelt, bei der kein Vergleich anzunehmen ist, oder ob in der Nennung zumindest ein impliziter Vergleich zu sehen ist. Ein impliziter Vergleich wird insbesondere dann nicht anzunehmen sein, wenn sich der Bezug auf den Werbenden nicht ohne weiteres, d.h. erst um zehn Ecken gedacht,[375] für den Verbraucher ergibt.

Soweit der Mitbewerberbegriff weit gefasst wird, muss es zusätzlich, um eine uferlose Ausweitung der vergleichenden Werbung zu verhindern, darauf ankommen, dass durch den Vergleich eine Alternative zum Produkt des Werbenden darstellt wird, d.h. dass eine Substituierbarkeit statuiert wird.[376]

(d) Zwischenergebnis

Die Anwendbarkeit der Regelung zur vergleichenden Werbung auf die Fälle der Markennennung kann zum einen durch eine restriktive Auslegung des Mitbewerberbegriffs als auch durch das Erfordernis eines Vergleichs eingeengt werden. Dennoch lässt sich nicht ausschließen, dass einige Fälle der Markennennung sowohl in den Regelungsbereich der vergleichenden Werbung als auch des MarkenG fallen. Selbst wenn für eine Markenverletzung eine markenmäßige Benutzung im Sinne des warenzeichenmäßigen Gebrauchs[377] gefordert wird, lassen sich solche Konstellationen nicht ausschließen. Nicht gefolgt werden kann der schlichten Behauptung, dass die vergleichende Werbung nie eine markenmäßige Benutzung einer Marke darstellen könne.[378] Dies zeigt sich schon an der Rechts-

---

374 Das OLG Hamburg (GRUR-RR 2002, 112 „*Verlierer*") hat beispielsweise einen Vergleich in dem Fall bejaht, bei dem *T-Online* eine Werbung geschaltet hatte, in der ein Pressebeitrag aus dem Branchenblatt „Der Kontakter" wiedergegeben wurde, der die Überschrift „*AOL* verliert bei Unternehmen" trug und sich mit einer Studie zum den Marktanteilen von Online-Anbieter befasste.

375 So die Terminologie in BGH GRUR 1999, 1100, 1101 „*Generika-Werbung*".

376 So *Koos*, in: Fezer, UWG, § 6 Rdn. 85 und *Boesche*, Wettbewerbsrecht, Rdn. 203, die von einem weiten Mitbewerberbegriff ausgehen.

377 Siehe zur Auslegung dieses Begriffs C.II.1.a), S. 102 ff.

378 In diesem Sinne aber *Sack*, WRP 2004, 1405, 1418; *Plaß*, in: HK-WettbewerbsR, § 6 UWG Rdn. 9; *Eck/Ikas*, WRP 1999, 251, 270; ebenfalls *Berlit*, Vergleichende Werbung, Rdn. 177, nach dem Kennzeichen im Rahmen der vergleichenden Werbung in der Regel nicht kennzeichenmäßig verwendet werden; nach *Ingerl/Rohnke*, MarkenG, § 14 Rdn. 154 soll vergleichende Werbung solange kennzeichenrechtlich irrelevant sein und nur den sachgerechteren wettbewerbsrechtlichen Schranken und Rechtsfolgen der §§ 1, 2 und 3 UWG a.F. unterliegen, als aus der Sicht des Verkehrs nicht der Eindruck entsteht, mit dem fremden Zeichen werde (auch) das eige-

sache *Siemens/VIPA*. Hier hatte die Beklagte die Bestellnummer der Klägerin in die Bezeichnung ihres Produktes aufgenommen. Sowohl der BGH[379] als auch der EuGH[380] sahen hier eine vergleichende Werbung. Wird entgegen dieser Rechtssache nicht nur eine schwer identifizierbare Bestellnummer, sondern direkt eine Marke des Konkurrenzproduktes übernommen, so müsste von einer markenmäßigen Benutzung ausgegangen werden. Damit ergäbe sich ein Konflikt zwischen dem Markenrecht und § 6 UWG. Ferner ist zu beachten, dass der EuGH Handlungen im Bereich des Zubehör- und Ersatzteilhandels sowohl der vergleichenden Werbung[381] als auch der MRL[382] zugeordnet hat. Daher ist die These, dass vergleichende Werbung nie die Voraussetzungen einer markenmäßigen Benutzung erfüllen könne, so nicht aufrechtzuerhalten.[383]

Folglich stellt sich die Frage, wie ein Konflikt zwischen dem MarkenG und § 6 UWG zu lösen ist.

---

ne Produktangebot des Werbenden bezeichnet; ebenso OLG Hamburg GRUR 2000, 243, 247 „*Lottoschein*"; OLG Frankfurt a.M. GRUR 2000, 84 „*DAX*"; *Köhler*, in: Hefermehl/Köhler/Bornkamm, UWG, § 6 Rdn. 64, im gleichen Sinne, aber jeweils nur kurz Bezug nehmend auf den Kommentar von Ingerl/Rohnke; OLG Frankfurt a.M. GRUR-RR 2002, 397 „*Tiapridex*"; GRUR 2004, 1043, 1044 „*Cartier-Stil*"; apodiktisch OLG München WRP 2001, 820, 828 „*Duftvergleichslisten*".

379 BGH GRUR 2005, 348 „*Bestellnummerübernahme*".

380 EuGH GRUR 2006, 345, 346 (Rdn. 17) „*Siemens/VIPA*".

381 EuGH GRUR 2002, 354 ff. „*Toshiba/Katun*".

382 EuGH GRUR 2005, 509 „*Gillette Company/LA-Laboratories*".

383 Unklar ist insoweit die Gesetzesbegründung zum MarkenG. Diese lautet: „Die Verwendung einer Marken eines Konkurrenten in der vergleichenden Werbung stellt in aller Regel keine Markenrechtsverletzung dar, weil – soweit vergleichende Werbung zulässig ist – üblicherweise die Marke nicht für die eigenen Waren oder Dienstleistungen des Werbenden, sondern als Bezugnahme auf die Konkurrenten (dem die Marken gehört) benutzt wird" (Begr. Reg.-Entw. BT-Drucks. 12/6581, S. 75). Die Begründung könnte dahin ausgelegt werden, dass eine zulässige vergleichende Werbung schon keine Markenbenutzung darstellt. Es bliebe jedoch nebulös, was die Worte „in aller Regel" und „üblicherweise" bedeuten sollen, d.h. ob auch Ausnahmen möglich sind. Zudem wäre unklar, warum es auf die Zulässigkeit der vergleichenden Werbung ankommt. Es stellte sich die Frage, ob bei einer unzulässigen vergleichenden Werbung dann doch eine markenmäßige Benutzung vorliegt und worin sich für das MarkenG der Unterschied zur zulässigen vergleichenden Werbung ergibt. Daher spricht die Begründung eher dafür, dass bei einer zulässigen vergleichenden Werbung die Markenbenutzung gerechtfertigt ist. Da dies jedoch nicht eindeutig aus der Begründung hervorgeht, kann diese keinen Aufschluss über das Verhältnis zwischen den beiden Regelungskomplexen geben.

3) Verhältnis zwischen § 6 UWG und MarkenG

Zunächst lassen sich drei mögliche Richtungen für das Verhältnis zwischen § 6 UWG und dem MarkenG in Erwägung ziehen:

1. Wie bereits oben dargelegt, geht die h.M. davon aus, dass die Vorschriften des UWG durch das MarkenG ausgeschlossen sind, soweit der Markenschutz eingreift.[384] Dieser Ausschluss könnte auch für den Bereich der vergleichenden Werbung gelten, so dass die Fallgestaltungen der vergleichenden Werbung, bei denen eine fremde Marke verwendet wird, zunächst nur vom MarkenG erfasst wären.[385] § 6 UWG könnte damit bei der Auslegung der markenmäßigen Benutzung unbeachtet bleiben, das MarkenG wäre autonom auszulegen.[386] **(Verdrängung des UWG)**
2. Anderseits könnte bei einer abschließenden Regelung des § 6 UWG das MarkenG für den Bereich der vergleichenden Werbung ausgeschlossen sein.[387] Unabhängig davon, ob vergleichende Werbung als Markenverletzung einzuordnen wäre, wäre eine Markenverwendung in der vergleichenden Werbung immer nur nach § 6 UWG zu beurteilen. **(Verdrängung des MarkenG)**
3. Als dritte Lösungsmöglichkeit bliebe die Alternative, dass MarkenG und UWG bei der vergleichenden Werbung parallel Anwendung finden und die Zulässigkeit sowohl nach dem MarkenG als auch nach dem UWG festgestellt

---

384 Dazu C.I., S. 97 ff.

385 Unklar ist, ob der BGH in der *Aluminiumräder*-Entscheidung (GRUR 2005, 163) von einem Ausschluss des § 6 UWG ausgegangen ist. Dies klingt in der Entscheidung insoweit an, als der BGH von einem grundsätzlichen Vorrang des Markenrechts ausgeht. Die Anwendung des § 6 UWG auf den konkreten Fall begründete der BGH mit dem Umstand, dass nicht nur die Marke genutzt wurde, sondern dass auch das Produkt selbst abgebildet wurde, für das kein Markenschutz in Anspruch genommen werden konnte. Insofern könnte davon ausgegangen werden, dass der BGH zur Anwendbarkeit des § 6 UWG nicht gekommen wäre, wenn nur die Marke abgebildet gewesen wäre.

386 Dahin scheint *Steinbeck*, in: FS Ullmann, S. 416 ff. zu tendieren. Der Vorrang des Markengesetzes wird jedoch dadurch relativiert, dass das UWG daneben anwendbar sein soll, wenn dieses höhere Voraussetzungen an ein Verbot als das MarkenG aufstellt. So sei etwa § 6 Abs. 2 Nr. 4 UWG gegenüber § 14 Abs. 2 Nr. 2 MarkenG nicht ausgeschlossen, da erstere Norm auf eine konkrete Verwechslungsgefahr, letztere hingegen auf eine abstrakte Verwechslungsgefahr abstelle.

387 So *Engeländer*, Der ergänzende Schutz von Marken durch das Wettbewerbsrecht, S. 95; *Sack*, WRP 2004, 1405, 1418; *ders.*, WRP 2008, 170, 175; *ders.*, GRUR 2008, 201, 204; *Bottenschein*, GRUR 2006, 462, 465; in diesem Sinne könnte auch die Begründung zum MarkenG verstanden werden (Begr. Reg.-Entw. BT-Drucks. 12/6581, S. 75); *Köhler*, in: Hefermehl/Köhler/Bornkamm, UWG, § 6 Rdn. 69 sieht das MarkenG zumindest im Bereich des § 6 Abs. 2 Nr. 4 UWG als ausgeschlossen an.

werden muss.[388] Auch in diesem Fall müsste geklärt werden, ob vergleichende Werbung überhaupt in den Anwendungsbereich des MarkenG fällt. (**Parallele Anwendung des UWG und MarkenG**)

(a) Anwendungskonkurrenz bei unzulässiger vergleichender Werbung

Der Wortlaut der beiden Regelungskomplexe ist insoweit unergiebig. Das UWG enthält keine Bestimmung zum Verhältnis zum MarkenG. Im MarkenG ist zwar in § 2 MarkenG geregelt, dass die Anwendung anderer Vorschriften zum Schutz der geschützten Kennzeichen nicht ausgeschlossen sei. Jedoch hindert dies die h.M. bisher nicht, von einer grundsätzlichen Verdrängung des UWG durch das MarkenG auszugehen.[389] Daher kommt es entscheidend auf die Regelungssystematik sowie den Sinn und Zweck der Vorschriften an.

Gegen eine Verdrängung des § 6 UWG durch das MarkenG spricht, dass es unabhängig von der Einordnung als Verbotskatalog unstreitig ist, dass vergleichende Werbung auf jeden Fall zulässig ist, wenn sie die Voraussetzungen des § 6 UWG bzw. Art. 4 Richtlinie 2006/114/EG erfüllt. Andernfalls würde das Ziel der Harmonisierung und Liberalisierung durch die Richtlinie nicht erreicht werden.[390] Dagegen kann auch nicht angeführt werden, dass das Markenrecht durch die MRL ebenfalls europarechtlich harmonisiert wurde. Denn insoweit ist zu beachten, dass durch die Richtlinie nur eine Teilharmonisierung erreicht wurde. Insbesondere der Schutz bekannter Marken außerhalb des Ähnlichkeitsbereichs ist gemäß Art. 5 Abs. 2 MRL den Mitgliedsstaaten fakultativ zur Verfügung gestellt worden. Dies könnte dazu führen, dass vergleichende Werbung in einigen Mitgliedsstaaten an der Umsetzung von Art. 5 Abs. 2 MRL zu messen wäre. In den anderen Staaten, die von dieser Befugnis keinen Gebrauch gemacht haben, wäre der Beurteilungsmaßstab mangels einer markenrechtlichen Regelung die Umsetzung der Richtlinie 2006/114/EG. Mögen sich die Voraussetzung auch

---

388 *Fezer*, MarkenR, § 14 Rdn. 496; *Köhler*, in: Hefermehl/Köhler/Bornkamm, UWG, § 6 Rdn. 64, geht von diesem Verständnis im Rahmen des § 6 Abs. 2 Nr. 3 UWG aus. Daher sei vergleichende Werbung, soweit in ihr eine markenmäßige Benutzung liege, sowohl nach § 6 UWG als auch nach dem MarkenG zu beurteilen (vgl. aber auch Fn. 387); ebenso *Lehmler*, MarkenG, § 6 Rdn. 60; wohl auch *Bornkamm*, GRUR 2005, 97, 101, ohne jedoch den Ausschluss ausdrücklich zu formulieren; nunmehr hat auch der BGH entschieden, dass der Vorrang des Markenrechts der Anwendung des § 6 UWG nicht entgegensteht, da diese Vorschrift an andere Voraussetzungen anknüpfe (BGH GRUR 2008, 628, 630 (Rdn. 15 f.) „*Imitationswerbung*“).

389 Dazu C.I., S. 97 ff.

390 So auch *Menke*, in: MünchKomm, UWG, § 6 Rdn. 28; ebenso nunmehr BGH GRUR 2008, 628, 630 (Rdn. 15) „*Imitationswerbung*“.

ähnlich sein, so sind Divergenzen nicht ausgeschlossen, so dass eine Harmonisierung der Zulässigkeitsvoraussetzungen der vergleichenden Werbung in Frage gestellt würde.

Die Auslegung des MarkenG als abschließende Regelung stünde auch mit der 15. Begründungserwägung der Richtlinie 2006/114/EG nicht im Einklang, nach der eine Benutzung von Marken, Handelsnamen oder anderen Unterscheidungszeichen eines Mitbewerbers keine Verletzung des Ausschließlichkeitsrechtes Dritter darstellt, wenn sie unter Beachtung der in dieser Richtlinie aufgestellten Bedingungen erfolgt und nur eine Unterscheidung bezweckt, durch die Unterschiede objektiv herausgestellt werden sollen. Dieses Ziel würde vereitelt, wenn die Richtlinie bei einer Markenbenutzung überhaupt nicht zur Anwendung käme.

Schließlich würden auch § 6 Abs. 2 Nr. 3 und Nr. 4 UWG leer laufen, die gerade eine Verwechslung oder Ausnutzung bzw. Beeinträchtigung fremder Kennzeichen voraussetzen. Bei einem weiten Verständnis des § 14 Abs. 2 MarkenG wären kaum noch Fälle einer Markenverwendung denkbar, die nicht unter das MarkenG, aber in den Anwendungsbereich des § 6 UWG fielen. Daher ist nicht davon auszugehen, dass § 6 UWG durch das MarkenG verdrängt wird.

Die aufgezeigten Bedenken bestünden nicht, wenn § 6 UWG dem MarkenG als lex specialis vorginge. Sowohl die Zulässigkeit als auch die Unzulässigkeit der vergleichenden Werbung wäre dann durch § 6 UWG abschließend geregelt. Das Ziel der Harmonisierung würde damit erreicht.

Aber auch gegen die Einordnung des § 6 UWG als lex specialis zum Markenrecht ergeben sich Bedenken. Zunächst könnten sich Schwierigkeiten im Vorfeld von Werbemaßnahmen ergeben. Wie oben aufgezeigt, kann auch die Bezugnahme, die auf der Ware selbst abgedruckt ist, eine vergleichende Werbung darstellen.[391] Insoweit wäre es fraglich, ob allein das Bedrucken der Ware ausreicht, um Werbung anzunehmen, oder ob die Ware dafür nicht zunächst in den Verkehr gebracht werden muss. Für letzteres spricht, dass auch sonstige Vorbereitungshandlungen für vergleichende Werbung noch nicht von § 6 UWG erfasst werden. Hinsichtlich der markenrechtlichen Ansprüche wird indes angenommen, dass eine Markenrechtsverletzung gemäß § 14 Abs. 2 i.V.m. Abs. 3 Nr. 1 MarkenG dann gegeben sein kann, wenn das Zeichen betriebsintern auf der Ware angebracht wird. Ein Inverkehrbringen sei nicht erforderlich.[392] Wird dieser Ansicht

391 C.II.3.a)2)(a)(1), S. 126 ff.

392 Begr. Reg.-Entw. BT-Drucks 12/6581, S. 77; OLG Düsseldorf GRUR-RR 2005, 281, 282 „*ATLAS*"; *Büscher*, in: Büscher/Dittmer/Schiwy, § 14 MarkenG Rdn. 98; *Ingerl/Rohnke*, MarkenG, § 14 Rdn. 183; *Lange*, Marken- und Kennzeichenrecht, Rdn. 1884; ähnlich *Wolf*, Die Schutzschranke des § 23 MarkenG, Rdn. 303, der allerdings auf eine qualifizierte Vorbereitungsmaßnahme abstellt, d.h. das Anbringen

gefolgt, könnte dies dazu führen, dass das Anbringen des Zeichens auf der Ware zunächst vom MarkenG erfasst wird, dass dann aber nach dem Inverkehrbringen das MarkenG durch die Regelungen des § 6 UWG verdrängt werden würde. Dies stellt eine kaum hinnehmbare Rechtsunsicherheit dar und verkomplizierte die Ansprüche des Zeicheninhabers erheblich.

Vorzugswürdiger erscheint es daher, das MarkenG zumindest insoweit anzuwenden, wie vergleichende Werbung nach § 6 UWG unzulässig ist.[393] Weder das Ziel der Harmonisierung noch der Liberalisierung spricht dagegen, dem Markeninhaber zusätzlich zu Ansprüchen aus dem UWG auch Ansprüche aus dem MarkenG zu gewähren. Dies ist für den Markeninhaber insbesondere vorteilhaft, da das MarkenG für ihn günstigere Verjährungsvorschriften – 3 Jahre (§ 20 MarkenG) statt 6 Monate (§ 11 Abs. 1 UWG) – vorsieht. Ferner sieht das MarkenG klarere Regelungen für einen Vernichtungsanspruch (§ 18 MarkenG) und einen Auskunftsanspruch (§ 19 MarkenG) vor.[394]

Diese Auslegung steht auch im Einklang mit der 15. Begründungserwägung der Richtlinie 2006/114/EG. Aus dieser ergibt sich nur, dass die zulässige vergleichende Werbung mit fremden Marken keine Verletzung des Ausschließlichkeitsrechts des Zeicheninhabers darstellt. Ein Umkehrschluss, dass damit auch bei Unzulässigkeit der Werbung die das Ausschließlichkeitsrecht begründenden Vorschriften keine Anwendung finden, kann daraus nicht gezogen werden. In diesem Sinne muss wohl auch die Gesetzesbegründung zum MarkenG ausgelegt werden. Der Ausschluss einer Markenverletzung wurde unter die Prämisse gestellt, dass die vergleichende Werbung zulässig ist.[395] Wäre von einem generellen Ausschluss der Markenverletzung bei vergleichender Werbung ausgegangen worden, ließe sich nicht erklären, warum der eingeschobene Satz „– soweit vergleichende Werbung zulässig ist –“ in die Begründung mit aufgenommen wurde.

---

muss zum Zwecke des Inverkehrsbringens erfolgen; a.A. *Fezer*, MarkenR, § 14 Rdn. 465.

393 So auch *Hacker*, in: Ströbele/Hacker, MarkenG, § 2 Rdn. 47; *Menke*, in: MünchKomm, UWG, § 6 Rdn. 30; *Ohly*, GRUR 2008, 701; ebenso *Sack*, in: Harte-Bavendamm/Henning-Bodewig, UWG, § 6 Rdn. 189; *ders.*, WRP 2004, 1405, 1418, der die Richtlinie 97/55/EG nur bei zulässiger vergleichender Werbung als lex specialis ansieht; nunmehr hat auch der EuGH festgestellt, dass marken- und wettbewerbsrechtliche Ansprüche bei einer unzulässigen vergleichenden Werbung nebeneinander stehen können (EuGH GRUR 2008, 698, 699 (Rdn. 37) „*O2/Hutchison*“).

394 Zu den Vorteilen des MarkenG siehe BGH GRUR 2002, 709, 711 „*Entfernung der Herstellungsnummer III*“; und *Schäfer*, Normenkonkurrenz beim Schutz von Marken, S. 25 und 177 ff.; ferner *Eichmann*, GRUR 1998, 201, 205; *Sack*, WRP 2004, 1405, 1425.

395 Begr. Reg.-Entw. BT-Drucks 12/6581, S. 75.

Dieses Auslegungsergebnis wird nunmehr auch durch die jüngste EuGH- und BGH-Rechtsprechung bestätigt. In seiner neusten Entscheidung hat sich der EuGH erstmals explizit zum Verhältnis zwischen den Regelungen zur vergleichenden Werbung und dem Markenrecht geäußert. Dabei kam er zu dem Ergebnis, dass im Rahmen der vergleichenden Werbung eine Markenrechtsverletzung grundsätzlich nicht ausgeschlossen sei.[396] Zugleich betonte der EuGH aber auch, dass der abschließende Charakter der Richtlinie 2006/114/EG hinsichtlich der Zulässigkeitsvoraussetzungen für vergleichende Werbung nicht durch das Markenrecht unterlaufen werden dürfe.[397]

(b) Möglichkeiten der Auflösung des Konkurrenzverhältnisses bei zulässiger vergleichender Werbung

Verdrängt das UWG daher das MarkenG nicht als lex specialis, so fragt sich, wie in den Fällen der zulässigen vergleichenden Werbung eine Markenverletzung abzulehnen ist.

In der neusten Entscheidung des EuGH ist diese Frage offen geblieben.[398] In der deutschen Literatur wird dazu eine Vielzahl von Möglichkeiten in Betracht gezogen. Soweit nicht schon die markenmäßige Benutzung verneint wird,[399] werden § 23[400] und § 24[401] MarkenG als Korrektive herangezogen.[402] Die Wer-

396 EuGH, Urteil v. 12.06.2008, RS. C-533/06 (Rdn. 33) „*O2/Hutchison*".

397 EuGH, Urteil v. 12.06.2008, RS. C-533/06 (Rdn. 45) „*O2/Hutchison*"; ebenso BGH GRUR 2008, 628, 630 (Rdn. 15) „*Imitationswerbung*".

398 Gleiches gilt für die Rechtsprechung des BGH (GRUR 2008, 628 ff. „*Imitationswerbung*"). In seinem neusten Urteil hat sich der BGH allein zu der Frage geäußert, ob § 6 UWG neben dem Markenrecht anwendbar ist. Wie jedoch mit den Vorschriften des MarkenG neben § 6 UWG zu verfahren ist, blieb in der Entscheidung offen.

399 *Ingerl/Rohnke*, MarkenG, § 14 Rdn. 153; *Illing*, Vergleichende Werbung, S. 124; *Riedel*, Spannungsverhältnis, S. 186 f.; *Saßmann*, Das Binnenmarktrecht der vergleichenden Werbung, S. 196; *Somarriello*, Vergleichende Werbung in Italien und Deutschland, S. 101; *Stadelmann*, Entwicklung der kritisierenden Werbung, S. 24; *Ingerl*, WRP 2004, 809, 816; auch *Plaß*, WRP 1999, 766, 769, die selbst dann eine markenmäßige Benutzung ablehnt, wenn beim Umworbenen durch eine missverständliche Formulierung der Eindruck erweckt wird, dass das Produkt des Werbenden unmittelbar aus dem Hause des Mitbewerbers stamme (unklar *Plaß*, in: HK-WettbewerbsR, § 6 UWG Rdn. 9, da zum einen die markenmäßige Benutzung abgelehnt wird, zum anderen aber auf die markenrechtliche Erschöpfung Bezug genommen wird).

400 OLG Frankfurt a.M. GRUR-RR 2004, 359, 360 „*Markenparfüm*"; *Fezer*, MarkenR, § 14 Rdn. 496; *Koos*, in: Fezer, UWG, § 6 UWG Rdn. 183; *Stuckel*, in: v. Schultz, MarkenG, § 23 Rdn. 23; *Lange*, Marken- und Kennzeichenrecht, Rdn. 1873; *Buck-Freytag*, Auswirkungen der Richtlinie 97/55/EG, S. 105; *Buhrow*, Markenmäßiger Gebrauch im Spannungsfeld von horizontaler und vertikaler Benutzung, S. 98;

tungen des § 6 UWG könnten dann sowohl bei den guten Sitten als auch bei den berechtigten Interessen des Zeicheninhabers berücksichtigt werden. Soweit diese Schranken nicht als ausreichend angesehen werden, um alle Fälle der zulässigen vergleichenden Werbung als Markenverletzung auszuschließen, wird § 6 UWG als analoge Schranke des Markenrechts herangezogen.[403]

Bei diesen Lösungsvorschlägen wird jedoch nicht ausreichend beachtet, dass Marken in der vergleichenden Werbung in zwei verschiedenen Arten benutzt werden können. Die Marke kann sowohl als Unterscheidungszeichen für die eigenen Produkte als auch als Kennzeichnungsmittel für die fremden Produkte verwendet werden. Exemplarisch soll dazu ein von *Plaß* gebildetes Beispiel herangezogen werden: *„Milam Quark 2% ist jetzt noch kalorienärmer als Milram Quark 20%"*.[404] Der Werbende verwendet die Marke *Milam* als Unterscheidungszeichen für sein eigenes Produkt, die Marke *Milram* hingegen zur Kennzeichnung des fremden Produktes, von dem er sich durch die kritisierende vergleichende Werbung absetzen will.

Der Fokus der Betrachtung der Literatur liegt allein auf die Verwendung der Marke als Kennzeichnungsmittel für die fremden Produkte. So ist es zutreffend, dass die Marke *Milram* nicht markenmäßig im warenzeichenrechtlichen Sinne, d.h. als Herkunftshinweis für die Ware des Zeichenverwenders,[405] verwendet wird und dass sich deren Gebrauch auch über die Schranken der §§ 23 f. MarkenG bewältigen ließe, soweit die Verwendung nach § 6 Abs. 2 UWG als zu-

---

Danger, Die rechtsverletzende Benutzungshandlung im Markenrecht, Rdn. 543; *Heister*, Vergleichende Werbung, S. 80; *Nägele*, Die rechtsverletzende Benutzung im Markenrecht, S. 177; *ders.*, MarkenR, 1999, 177, 181; *v. Linstow*, WRP 2000, 955, 958; wohl auch BGH GRUR 2004, 607, 612 *„Genealogie der Düfte"*, ohne dies jedoch auch nur ansatzweise zu begründen; kritisch zu dieser Schranke *Ingerl/Rohnke*, MarkenG, § 23 Rdn. 56.

401 *Ohly*, in: Piper/Ohly, UWG, § 6 Rdn. 19; *Wagner*, Sonderschutz für bekannte Kennzeichen, S. 193; *Kur*, GRUR 1997, 241, 250; *dies.*, MarkenR 2001, 137, 142; wohl auch *Menke*, in: MünchKomm, UWG, § 6 Rdn. 29.

402 *Sack*, in: Harte-Bavendamm/Henning-Bodewig, § 6 Rdn. 189; *ders.*, WRP 2004, 1405, 1418 sieht beide Normen als einschlägig an.

403 *Hacker*, in: Ströbele/Hacker, MarkenG, § 2 Rdn. 47, *ders.*, GRUR Int. 2002, 502, 510 will die markenrechtliche Freistellung unmittelbar in der 15. Begründungserwägung der Richtlinie 2006/114/EG sehen; ebenso *Kebbedies*, Vergleichende Werbung, S. 212; *Lange*, WRP 2003, 323, 332; (anders nunmehr aber *ders.*, Marken- und Kennzeichenrecht, Rdn. 2286, 2301 ff., wonach die vergleichende Werbung unter § 23 Nr. 2 MarkenG zu subsumieren sei).

404 *Plaß*, in: HK-WettbewerbsR, § 6 UWG Rdn. 102; bei dem Beispiel ist davon auszugehen, dass *Milam* eine Phantasiemarke, *Milram* hingegen eine für Quark verwendete Marke ist.

405 Siehe zur Auslegung dieses Begriffs C.II.1.a), S. 102 ff.

lässig anzusehen wäre. Probleme bereitet hingegen die Benutzung der Marke *Milam*. Diese wird unstreitig markenmäßig benutzt und fällt keinesfalls unter die §§ 23 f. MarkenG. Daher wäre die Verwendung gemäß § 14 Abs. 2 Nr. 2 MarkenG verboten, wenn Verwechslungsgefahr bezüglich der Marke *Milram* angenommen wird. Indes ist die Marke auch Teil des Vergleichs, da dieser gemäß der oben dargestellten Definition sowohl Angaben über das Produkt des Werbenden als auch über ein Produkt eines Mitbewerbers beinhalten muss. Dementsprechend müsste auch die Zulässigkeit der Verwendung der Marke *Milram* primär nach § 6 UWG beurteilt werden. Dies scheint zunächst unschädlich zu sein, da gemäß § 6 Abs. 2 Nr. 3 UWG die Verwendung einer Marke unlauter ist, wenn der Vergleich zu einer Verwechslung zwischen dem Werbenden und dem von einem Mitbewerber verwendeten Kennzeichen führt. Im vorliegenden Beispiel läge daher auch eine unzulässige vergleichende Werbung vor, so dass das parallele Verbot nach UWG und MarkenG nicht auf Bedenken stieße.

Dies ändert sich jedoch, soweit das Beispiel folgendermaßen abgewandelt wird: „*Milam Quark 2% ist jetzt noch kalorienärmer als Almighurt Quark*". Auch in diesem Fall würde die Verwechslungsgefahr im Sinne des § 14 Abs. 2 Nr. 2 UWG gegenüber der Marke *Milram* weiterhin bestehen, so dass die Verwendung auch in diesem Beispiel nach dem MarkenG unzulässig wäre. Die Anwendung des § 6 Abs. 2 Nr. 3 UWG erscheint hingegen fraglich, da dieser gemäß dem Wortlaut voraussetzt, dass die Verwechslung durch den Vergleich herbeigeführt wird, mithin eine Kausalität bestehen muss.[406] Indes führt beim abgewandelten Beispiel nicht der Vergleich mit der Mitbewerbermarke *Almighurt* zu einer Verwechslung, da die Verwechslungsgefahr nur gegenüber einer Marke besteht, die im Vergleich überhaupt nicht genannt wurde (nämlich *Milram*). Bei wörtlicher Auslegung müsste eine Verwechslung im Sinne des § 6 Abs. 2 Nr. 3 UWG verneint werden, so dass die Werbung zulässig wäre. Aufgrund des abschließenden Charakters müsste damit auch eine Markenrechtsverletzung abgelehnt werden. Dies wäre aber nur bei der Auffassung möglich, die § 6 UWG als analoge Schranke ansieht. Die anderen Lösungsvorschlägen könnten hingegen nicht zu dem eigentlich postulieren Ausschluss des MarkenG bei zulässiger vergleichender Werbung kommen, da *Milam* keine Eigenschaftsbeschreibung ist und da auch keine Erschöpfung eingetreten ist.

Verneint man eine Verwechslung im Sinne des § 6 Abs. 2 Nr. 3 UWG, führte dies ferner zu dem nicht hinnehmbaren Ergebnis, dass der Werbende außerhalb der vergleichenden Werbung die Marken aufgrund § 14 Abs. 2 Nr. 2 MarkenG nicht verwenden dürfte, so z.B. zur Kennzeichnung der eigenen Produkte, inner-

406 So auch *Plaß*, in: HK-WettbewerbsR, § 6 UWG Rdn. 101; *Menke*, in: MünchKomm, UWG, § 6 Rdn. 167; *Illing*, Vergleichende Werbung, S. 128.

halb der vergleichenden Werbung die Verwendung hingegen zulässig wäre. Dieses Ergebnis könnte nur dadurch umgangen werden, dass für die Verwechslung im Sinne des § 6 Abs. 2 Nr. 3 UWG keine Kausalität hinsichtlich des Vergleichs gefordert wird und allein die Verwendung in der Werbung ausreichend ist.

Dies widerspräche jedoch dem Wortlaut des § 6 Abs. 2 Nr. 3 UWG, nach dem der Vergleich zu einer Verwechslung führen muss. Allein die aus der Marke des Werbenden hervorgehende Verwechslungsgefahr reicht daher nicht aus. Gleiches ergibt sich aus Art. 4 lit. h) Richtlinie 2006/114/EG, wonach der Vergleich nicht zu einer Verwechslungsgefahr führen darf. Allerdings ist zu beachten, dass Art. 4 lit. h) Richtlinie 2006/114/EG nur für die Werbung gegenüber Gewerbetreibenden gilt. Hinsichtlich der Werbung gegenüber Verbrauchern gilt vielmehr Art. 6 Abs. 2 Richtlinie 2005/29/EG i.V.m. Art. 4 lit. a) Richtlinie 2006/114/EG, wonach vergleichende Werbung als irreführend gilt, die eine Verwechslungsgefahr mit Warenzeichen, Warenname oder anderen Kennzeichen eines Mitbewerbers begründet. Der Wortlaut dieser Norm enthält daher nicht die Beschränkung auf einen Vergleich und ließe einen Verzicht auf das Kausalitätserfordernis zu.

Selbst wenn aber auf das Kausalitätserfordernis bei der vergleichenden Werbung gegenüber Verbrauchern verzichtet würde, wären damit nicht alle Wertungswidersprüche ausgeschlossen. Insbesondere bei der Werbung gegenüber Gewerbetreibenden bestünde die Gefahr der divergierenden Auslegung des MarkenG und des UWG hinsichtlich der Marke des Werbenden weiter. Aber auch hinsichtlich der Verbraucherwerbung könnten sich Schwierigkeiten einstellen, da sich Art. 6 Abs. 2 Richtlinie 2005/29/EG auf die Kennzeichen von Mitbewerbern beschränkt. Der Mitbewerberbegriff des UWG und die Warenähnlichkeit des MarkenG korrelieren jedoch nicht miteinander. Beide Begriffe sind unabhängig voneinander entwickelt und ausgelegt worden. Es bestünde daher die Gefahr, dass nicht alle Fälle, die eine Verwechslungsgefahr im Sinne des § 14 Abs. 2 Nr. 2 MarkenG begründen, unter § 6 Abs. 2 Nr. 3 MarkenG subsumiert werden könnten.

Um nicht in die Gefahr einer divergierenden Auslegung zu kommen, bietet es sich an, hinsichtlich des Anwendungsbereichs des § 6 Abs. 2 UWG bei einer Markenverwendung zwischen der Verwendung als Eigenmarke des Werbenden und der Bezugnahme auf eine Fremdmarke zu differenzieren.[407] Die Zulässigkeit der Verwendung als Eigenmarke sollte sich vorrangig nach dem MarkenG

407 So auch OLG Frankfurt a.M. GRUR-RR 2004, 359, 360 „*Markenparfüm*“; *Berlit*, Vergleichende Werbung, Rdn. 155; *Riedel*, Spannungsverhältnis, S. 186 ff.; wohl auch *Illing*, Vergleichende Werbung, S. 128, ohne dies jedoch explizit zu formulieren.

bestimmen und nicht vom Regelungsbereich der vergleichenden Werbung erfasst werden. Die Bezugnahme auf eine Fremdmarke ist hingegen primär nach § 6 Abs. 2 Nr. 3 UWG zu bewerten. Ist die Verwendung in dieser Art nach dem UWG zulässig, kann diese Wertung nicht durch das MarkenG umgangen werden. Entsprechend den in der Literatur vertretenen Auffassungen ist dann zu untersuchen, ob sich die Freistellung bereits aus der fehlenden markenmäßigen Verwendung, aus § 23 oder § 24 MarkenG oder aus § 6 Abs. 2 UWG als analoge Schranke zum MarkenG ergibt.

Für diese Auslegung sprechen auch die 14. und 15. Begründungserwägung der Richtlinie 2006/114/EG. Danach soll es unerlässlich sein, dass auf Waren und Dienstleistungen eines Mitbewerbers Bezug genommen wird. Eine solche Bezugnahme soll die Ausschließlichkeitsrechte Dritter nicht beeinträchtigen. Damit bezieht sich die Richtlinie eindeutig nur auf die Bezugnahme, nicht hingegen auf die Verwendung als Eigenmarke.

Ohne dies explizit zu begründen, scheinen auch die verschiedenen Literaturansichten von diesem Lösungsansatz auszugehen. Denn die vorgeschlagenen Lösungen des Konflikts zwischen dem MarkenG und dem UWG hinsichtlich der vergleichenden Werbung kommen nur bei der Bezugnahme zu adäquaten Ergebnissen. Schon der pauschale Hinweis, dass die Benutzung einer Marke in der vergleichenden Werbung keine markenmäßige Benutzung darstelle, kann nur für die Bezugnahme gelten, nicht hingegen für die Verwendung als Eigenmarke.

Der hier vertretene Lösungsansatz führt dazu, dass hinsichtlich einer Markenverwendung im Rahmen der vergleichenden Werbung zunächst danach zu differenzieren ist, ob die Marke als Eigenmarke verwendet wird oder ob eine Bezugnahme vorliegt. Ein Indiz dafür, ob eine Marke als Eigenmarke benutzt wird, ist es, ob der Werbende die Marke auch außerhalb der vergleichenden Werbung für seine Produkte verwendet. So wird sich im Ausgangsbeispiel die Wortmarke *Milam* auch auf dem Produkt selbst befinden, die Marke *Milram* hingegen nicht, so dass nur bei ersterer von einer Eigenmarke ausgegangen werden kann.

Ob die Verwendung eines Zeichens als Eigenmarke zulässig ist, beurteilt sich ohne Einschränkungen nach dem MarkenG. Hinsichtlich der Bezugnahme auf eine fremde Marke ist hingegen zunächst die Zulässigkeit nach § 6 Abs. 2 UWG zu prüfen. Ist die Bezugnahme danach zulässig, muss sie auch vom MarkenG freigestellt sein. Ist sie hingegen unzulässig, finden das UWG und das MarkenG parallel Anwendung. Durch welche Korrektive die zulässige vergleichende Werbung als Markenverletzung auszuschließen ist, soll hier zunächst dahingestellt bleiben, da dies keine Auswirkung auf die Auslegung der markenmäßigen Benutzung hat. Diese Untersuchung erfolgt vielmehr bei den einzelnen Fallgruppen.[408]

---

408 Siehe dazu insbesondere D.II.2.a)2), S. 280 ff. und D.IV.2.a)2), S. 336 f.

4) Ergebnis

Der Regelungskomplex über die vergleichende Werbung hat zunächst keine Auswirkung auf die Auslegung des Erfordernisses der markenmäßigen Benutzung. Dieses ist davon unabhängig allein anhand der Regelungen des MarkenG zu beurteilen.

Allerdings wird die markenrechtliche Zulässigkeit dadurch beeinflusst, ob die vergleichende Werbung zulässig oder unzulässig ist. Soweit sie nach § 6 UWG als zulässig zu beurteilen ist, darf diese Wertung nicht durch die Rechtsfolgen des MarkenG unterlaufen werden. Daher wird bei der Beurteilung der einzelnen Fallgruppen zunächst immer geprüft, ob die Verwendung der fremden Marke als vergleichende Werbung einzuordnen ist. Entgegen der üblichen Praxis wird daher ein Teilbereich des UWG vor dem MarkenG untersucht. Die sonstigen Regelungen des UWG werden hingegen erst nach der Untersuchung der markenrechtlichen Vorschriften geprüft, da dann insoweit ein abschließender Vorrang des MarkenG als möglich erscheint.

b) Weitere methodische Vorgehensweise

Entgegen der üblichen Vorgehensweise soll die Entwicklung einer eigenen Auffassung nicht nach einer streng getrennten Prüfung der unterschiedlichen Auslegungstopoi erfolgen.

Wie bei der Darstellung der unterschiedlichen Ansichten gezeigt, werden sowohl der Wortlaut als auch die Entstehungsgeschichte von beiden Lagern zur Untermauerung ihrer Ansicht herangezogen. Da es die h.M. über 60 Jahre lang nicht gehindert hat, trotz des entgegenstehenden Wortlauts des § 15 WZG von dem ungeschriebenen Tatbestandsmerkmal des warenzeichenmäßigen Gebrauchs auszugehen und da die Begründung des Gesetzgebers sich bereits in vielen Bereichen des MarkenG durch die Rechtsprechung des EuGH als überholt und nicht zutreffend erwiesen hat, kann diesen beiden Auslegungstopoi keine primäre Bedeutung zugemessen werden. Sie mögen allenfalls zur Bestätigung des mittels der verbleibenden Topoi gefundenen Ergebnisses herangezogen werden. Im Vordergrund stehen vielmehr die systematische und teleologische Auslegung, wobei eine strikte Trennung zwischen beiden Methoden nicht ratsam erscheint. In der folgenden Darstellung wird zwar die teleologische Auslegung im Mittelpunkt stehen, an den erforderlichen Stellen wird sie jedoch durch die systematische Auslegung ergänzt.

c) *Markenfunktionen*

Für die teleologische Auslegung kommt es entscheidend darauf an, welche möglichen Markenfunktionen es gibt und welche durch die einzelnen Vorschriften des MarkenG rechtlich geschützt sind. Um den rechtlichen Schutz der jeweiligen Vorschriften herausarbeiten zu können, bedarf es zunächst abstrakt einer Darstellung der in Betracht kommenden ökonomischen Markenfunktionen.

1) *Unterscheidungsfunktion*

Marken dienen zunächst dazu, das gekennzeichnete Produkt von anderen Produkten zu unterscheiden.[409] Ohne eine Kennzeichnung wäre es dem Verbraucher nur unter erschwerten Bedingungen möglich, das von ihm begehrte Produkt von anderen Produkten der gleichen Waren- oder Dienstleistungsart abzugrenzen. In diesem Fall könnte er die Produkte nur anhand der unterschiedlichen stofflichen Zusammensetzung oder den äußeren Umständen des Angebots unterscheiden. Durch die Marke wird dem Verbraucher ein abstraktes Unterscheidungszeichen an die Hand gegeben.

Teilweise wird die Unterscheidungsfunktion dahin eingegrenzt, dass diese sich nur auf die Unterscheidung von Produkten des einen Unternehmens zu Produkten eines anderen Unternehmens beziehe.[410] Soweit es um die Unterscheidung von Produkten desselben Unternehmens gehe, wird die Funktion dann auch Sortenfunktion[411] oder Warenunterscheidungsfunktion[412] genannt.

2) *Herkunftsfunktion*

Über die schlichte Unterscheidung hinaus kann die Marke auch noch dazu dienen, die Herkunft des Produktes aus einem bestimmten Hersteller- oder An-

409 Daher wird die Unterscheidungsfunktion auch als Grundfunktion des Markenrechts verstanden, so *Fezer*, MarkenR, Ein. Rdn. 30; *Danger*, Die rechtsverletzende Benutzungshandlung im Markenrecht, Rdn. 216 ff. (jedoch von ihm als Kennzeichenfunktion bezeichnet); *Nägele*, Die rechtsverletzende Benutzung im Markenrecht, S. 104; *Schulz*, Die relevante Benutzungshandlung, S. 63; *Will*, Der Markenschutz nach § 14 Markengesetz, S. 51; *Wolf*, Die Schutzschranke des § 23 MarkenG, Rdn. 415.

410 *Fezer*, MarkenR, Einl. Rdn. 30; Sack, GRUR 1972, 402, 404.

411 Dieser Begriff wurde von *Heydt*, GRUR 1969, 450, 453; *ders*., GRUR Int. 1976, 339, 342 geprägt; ihm folgend *Fezer*, MarkenR, Einl. Rdn. 30; *Schackert*, Verwechslungs- und Assoziationsgefahr, S. 33; von *Wolf*, Die Schutzschranke des § 23 MarkenG, Rdn. 417 wird der Terminus Sortendifferenzierungsfunktion verwendet.

412 *Baumbach/Hefermehl*, WZG, Einl. Rdn. 11.

bieterbetrieb zu gewährleisten. Je nach rechtlicher Ausgestaltung kann der Verbraucher mehr oder minder stark darauf vertrauen, dass die gekennzeichnete Ware auch immer von demselben Hersteller produziert wird.

3) Qualitätsfunktion

Eine weitere Funktion, die die Marke erfüllen kann, ist die Qualitätsfunktion,[413] auch Vertrauens-[414] oder Garantiefunktion[415] genannt. Gewöhnt sich der Verbraucher an eine bestimmte Qualität eines Produktes, so wird er davon ausgehen, dass bei einem erneuten Erwerb der Markenware diese die gleiche Qualität hat. Durch die Abgrenzungsmöglichkeit zu anderen Produkten wird es dem Markeninhaber ermöglicht, den Verbrauchern eine bestimmte Qualität seiner Produkte zuzusichern. Allein dem Markeninhaber bleibt es vorbehalten zu bestimmen, ob er den Qualitätsstandard hält, verbessert oder absinken lässt.

4) Werbefunktion

Da eine Marke geeignet sein kann, sich als Schlagwort für eine Ware bei Verbrauchern leicht und dauerhaft einzuprägen, kann sie idealer Weise als Werbemittel für das gekennzeichnete Produkt herangezogen werden. Der Markeninhaber kann mit der Marke die Aufmerksamkeit für das Produkt und damit den Absatz steigern. Diese Eigenschaft der Marke wird als Werbefunktion bezeichnet.[416]

Darüber hinaus kann der Markeninhaber durch die Werbung bestimmte Assoziationen mit der Marke verbinden. Von dem eigentlichen Produkt losgelöst kann ein bestimmtes Markenimage aufgebaut werden. Diese Funktion der Marke wird

413 So bezeichnet von *Henning-Bodewig/Kur*, Marke und Verbraucher, Bd. I, S. 235; *Schoene*, Der Benutzungszwang im Markengesetz, S, 62; *Schulz*, Die relevante Benutzungshandlung, S. 64; *Will*, Der Markenschutz nach § 14 Markengesetz, S. 56; *Wolf*, Die Schutzschranke des § 23 MarkenG, Rdn. 431 ff.; *Sack*, GRUR 1972, 445; *Meyer*, GRUR Int. 1996, 592, 598.

414 So *Fezer*, MarkenR, Einl. Rdn. 32; *Danger*, Die rechtsverletzende Benutzungshandlung im Markenrecht, Rdn. 207; *Geiseler-Bonse*, Internet-Suchmaschinen als rechtliches Problemfeld, S. 27: *Koch*, Markenverunglimpfung, S. 30; *Miller*, Irreführung von Internet-Suchmaschinen, S. 178; *Heydt*, GRUR 1969, 450, 453; *Krüger-Nieland*, GRUR 1980, 425, 428.

415 *Isay*, GRUR 1929, 23, 24; *Oppenhoff*, GRUR Int. 1973, 433.

416 Siehe nur *Fezer*, MarkenR, Einl. Rdn. 33 mwN; ausführlicher zu dieser Funktion u.a. *Nägele*, Die rechtsverletzende Benutzung im Markenrecht, S. 114 ff.; *Riedel*, Spannungsverhältnis, S. 16 ff.; *Wolf*, Die Schutzschranke des § 23 MarkenG, Rdn. 421 ff.; erstmal ausführlich dazu *Isay*, GRUR 1929, 23, 25 ff.

entweder der Werbefunktion zugeordnet[417] oder als Eigenwertfunktion bezeichnet.[418]

5) Kommunikationsfunktion

In neuerer Zeit wird der Marke auch eine Kommunikationsfunktion zugeschrieben.[419] Die Marke soll zwischen dem Anbieter und den Verbrauchern einen Kommunikationskanal eröffnen, um als Signalcode für den Austausch verschiedenster Botschaften zu dienen.

d) Ablehnung des bisherigen Verständnisses der markenmäßigen Benutzung

Seit Erlass des MarkenG bis in die Gegenwart wird hartnäckig die zum WZG entwickelte Auffassung zur warenzeichenmäßigen Benutzung verteidigt und auf das MarkenG in Form der markenmäßigen Benutzung übertragen. Zumindest in Bezug auf § 14 Abs. 2 Nr. 3 MarkenG wird sich diese Ansicht jedoch nicht aufrechterhalten lassen. Dafür sprechen der Wandel der rechtlich geschützten Markenfunktionen und das modifizierte Verständnis der neueren Rechtsprechung.

417 *Schackert*, Verwechslungs- und Assoziationsgefahr, S. 35.

418 So *Sambuc*, WRP 2000, 985, 986; *Engeländer*, Der ergänzende Schutz von Marken durch das Wettbewerbsrecht, S. 51 bezeichnet sie als Imagefunktion.

419 Basierend auf *Schreiner*, Die Dienstleistungsmarke, S. 451 ff.; die Funktion ebenfalls herausstellend *Fezer*, MarkenR, Einl. Rdn. 34; GRUR 457, 461 f.; *Engeländer*, Der ergänzende Schutz von Marken durch das Wettbewerbsrecht, S. 50; *Nägele*, Die rechtsverletzende Benutzung im Markenrecht, S. 111; *Riedel*, Spannungsverhältnis, S. 21 ff.; *Mahr*, WRP 2006, 1083, 1088; *Lehmann*, GRUR Int. 1986, 6, 14 sieht in der Identifizierungs- und Kommunikationsfunktion die Hauptfunktion der Marke, deren Unterfunktion die anderen Funktionen seien; ebenso *Strepp*, Irreführung und Verwechslungsgefahr, S. 100; sich gegen die Kommunikationsfunktion wendend *Henning-Bodewig/Kur*, Marke und Verbraucher, Bd. I, S. 253 ff.; *Schoene*, Der Benutzungszwang im Markengesetz, S, 60 f.; *Will*, Der Markenschutz nach § 14 Markengesetz, S. 62 f.

l) Wandel der rechtlich geschützten Markenfunktionen

(a) Wegfall der Herkunftsfunktion im klassischen Sinne als Hauptfunktion der Marke

Zutreffend hat *Nägele* herausgearbeitet, dass aufgrund der Derogation der Bedeutung der Herkunftsfunktion eine tragende Säule der bisherigen Argumentation weggefallen ist.[420]

Gestützt wurde die Auffassung vom Erfordernis eines warenzeichenmäßigen Gebrauchs hauptsächlich auf das Postulat, dass nach dem WZG nur die Herkunftsfunktion eines Zeichens rechtlich geschützt und eine Beeinträchtigung dieser Funktion nur bei einer warenzeichenmäßigen, d.h. herkunftshinweisenden Verwendung des Warenzeichens möglich sei.[421] Diese Funktion wurde daraus hergeleitet, dass der Verkehr aus dem Warenzeichen auf einen bestimmten Herkunftsbetrieb der Ware schließen konnte.[422]

Unabhängig davon, ob das Festhalten an dieser Auffassung schon unter Geltung des WZG nicht mehr gerechtfertigt war,[423] kann diese Funktion nicht mehr als alleinige rechtlich geschützte Position im MarkenG angesehen werden. Der Hauptrechtfertigungsgrund für die bisherige Auffassung war die Bindung des Warenzeichens an den Geschäftsbetrieb,[424] denn dadurch bestand für die Verbraucher die Garantie, dass die mit dem Zeichen gekennzeichnete Ware immer aus demselben Betrieb stammte. Diese Bindung ergab sich aus § 8 Abs. 1 S. 2 WZG in Verbindung mit § 1 Abs. 1 WZG. Gemäß § 1 Abs. 1 WZG konnte ein Warenzeichen nur von demjenigen zur Unterscheidung seiner Waren angemeldet werden, der sich des Warenzeichens in seinem Geschäftsbetrieb bedienen wollte. Diese Bindung an den Geschäftsbetrieb wurde über die Anmeldung hinaus dadurch gesichert, dass gemäß § 8 Abs. 1 S. 2 WZG das Recht an dem Warenzeichen rechtsgeschäftlich nur mit dem Geschäftsbetrieb oder dem Teil des Geschäftsbetriebsübertragen werden konnte, zu dem das Warenzeichen gehörte. Andere Vereinbarungen waren gemäß § 8 Abs. 1 S. 3 WZG unwirksam. Dement-

---

420 *Nägele*, Die rechtsverletzende Benutzung im Markenrecht, S. 94 ff.; in kompakter Form zu dieser Problematik *Körner*, in: FS Erdmann, S. 344 ff.

421 Siehe dazu die Ausführungen unter C.II.1.a), S. 102 ff.

422 Ausführlich zur Herleitung der Herkunftsfunktion *Vanzetti*, GRUR Ausl. 1965, 128, 133 ff.; im gleichen Sinne *Beier/Krieger*, GRUR Int. 1976, 125, 126.

423 Gegen das Abstellen auf eine Herkunftsfunktion als alleinige geschützte Funktion *Best*, Händlerwerbung, S. 87 f.; *Heydt*, GRUR 1969, 450, 453; *ders.*, GRUR Int. 1976, 339, 341 ff.; *Sack*, GRUR 1972, 402, 408; *Oppenhoff*, GRUR Int. 1973, 433; *Krüger-Nieland*, GRUR 1980, 425, 427 f.

424 Dazu insbesondere *Vanzetti*, GRUR Int. 1965, 185, 192, der die Bindung der Marke an den Geschäftsbetrieb als unentbehrlich bezeichnet.

sprechend war eine Löschung des Warenzeichens gemäß § 11 Abs. 1 Nr. 2 WZG möglich, soweit der Geschäftsbetrieb, zu dem das Warenzeichen gehörte, von dem Inhaber des Zeichens nicht mehr fortgesetzt wurde. Ziel dieser Regelungen war es, die Allgemeinheit vor Täuschungen über die betriebliche Herkunft der Ware zu schützen.[425] Gesichert wurde die Unübertragbarkeit der Marke zudem dadurch, dass die Erteilung dinglicher Lizenzen, die dem Lizenznehmer ein ausschließliches Benutzungsrecht einräumen würden, nicht möglich war. Vielmehr waren die Parteien einer Lizenzvereinbarung darauf beschränkt, eine solche nur mit einer schuldrechtlichen inter-partes-Wirkung zu schließen. Der Zeicheninhaber musste lediglich die Benutzung des Zeichens durch den Dritten dulden. Ein selbständiges Klagerecht stand diesem nicht zu.[426]

War das Rechtsinstitut der Akzessorietät der Marke insbesondere aufgrund der Möglichkeit der Leerübertragung bereits unter Geltung des WZG nicht unumstritten,[427] hat das MarkenG an diesem nicht mehr festgehalten. Entsprechend der Tradition einiger anderer europäischer Rechtsordnungen bereits vor Erlass der MRL[428] sieht § 27 Abs. 1 MarkenG nunmehr vor, dass die Rechte an allen Markenformen im Sinne des § 4 MarkenG uneingeschränkt auf einen anderen Inhaber übertragen werden können. Damit ist die Marke nicht mehr akzessorisch zum Geschäftsbetrieb, womit die Möglichkeit korrespondiert, gemäß § 30 Abs. 1 MarkenG dingliche Lizenzen an Marken zu erteilen.[429]

Aufgrund der Aufhebung der Akzessorietät kann der Verkehr daher nicht mehr zwingend davon ausgehen, dass eine mit einer Marke gekennzeichnete Ware immer aus dem gleichen Geschäftsbetrieb stammt. Eine Veräußerung oder eine Lizenzerteilung an einen Dritten ist für den Verkehr nicht erkennbar, insbesondere da keine Pflicht besteht, solche Rechtsänderungen auf der Ware selbst kenntlich zu machen.[430] Ein unterstelltes Vertrauen des Verkehrs in die Herkunft einer Ware oder Dienstleistung aus einem bestimmten Geschäftsbetrieb findet folglich seine Grundlage nicht mehr in der rechtlich geschützten Marke.

Dem Verkehr dient daher eine Marke primär nur noch dazu, die mit einer bestimmten Marke gekennzeichnete Ware oder Dienstleistung von anderen Waren oder Dienstleistungen zu unterscheiden.[431] Eine andere Funktion kann einer bis-

---

425 *Baumbach/Hefermehl*, WZG, § 8 Rdn. 2; *Fezer*, MarkenR, § 27 Rdn. 7.

426 *Baumbach/Hefermehl*, WZG, Anh. § 8 Rdn. 2.

427 *Baumbach/Hefermehl*, WZG, § 8 Rdn. 2.

428 Dazu *Baumbach/Hefermehl*, WZG, § 8 Rdn. 1.

429 Dazu umfassend *Fezer*, MarkenR, § 30 Rdn. 2 ff.

430 Eine solche Pflicht will indes *Vanzetti*, GRUR Int. 1999, 205, 210 aus Art. 12 Abs. 2 lit. b) MRL zur Rettung der Herkunftsfunktion herleiten.

431 So auch *Danger*, Die rechtsverletzende Benutzungshandlung im Markenrecht, Rdn. 222; *Nägele*, Die rechtsverletzende Benutzung im Markenrecht, S. 99; *Schulz*,

her noch nicht benutzten oder beworbenen Marke bei ihrer Anmeldung auch noch nicht zukommen. Begegnet sie dem Verbraucher erstmalig im Verkehr, kann er daraus nur schließen, dass das Produkt, das mit der Marke gekennzeichnet ist, nicht mit den Produkten identisch ist, die er bisher auf diesem Waren- oder Dienstleistungssektor kennen gelernt hat. Auch kann er nicht auf einen neuen Anbieter schließen, da es den bisherigen Markeninhabern nicht verwehrt ist, weitere Marken für gleiche Produkte einzuführen. Erst wenn dem Verbraucher durch den Markeninhaber bestimmte Eigenschaften des Produktes suggeriert werden oder der Verbraucher bestimmte Eigenschaften selbst erfahren hat, kann er mit der Marke bestimmte Vorstellungen verbinden. In diesen Fällen können dann der Marke möglicherweise noch andere Funktionen zukommen, als das Produkt von anderen Produkten zu unterscheiden. Folglich ist die originäre und damit primäre Funktion jeder Marke die Unterscheidungsfunktion. Diese Funktion muss bei jeder eingetragenen Marke gegeben und deren Schutz primäre Aufgabe des MarkenG sein.[432]

(b) Schlussfolgerung aus der Unterscheidungsfunktion als primäre Markenfunktion

Als Zwischenergebnis lässt sich damit festhalten, dass das Postulat des alleinigen Schutzes der Herkunftsfunktion im klassischen Sinne unter dem MarkenG nicht mehr aufrechtzuerhalten ist. Folglich ist damit auch die tragende Stütze der Annahme des Erfordernisses einer markenmäßigen Benutzung entfallen. Dies führt jedoch nicht zwingend dazu, dass an diesem Erfordernis nicht mehr festgehalten werden kann. Ein solches wäre vielmehr möglich, wenn nunmehr die Unterscheidungsfunktion als alleinige geschützte Funktion angesehen würde[433] und eine Beeinträchtigung dieser Funktion nur durch den markenmäßigen Gebrauch möglich wäre. Insoweit erscheint es möglich zu argumentieren, dass eine Markenrechtsverletzung erfordere, dass der potentielle Verletzer die Marke derart verwende, dass sie vom Verkehr als Unterscheidungskennzeichen für seine Produkte

Die relevante Benutzungshandlung, S. 63; *Will*, Der Markenschutz nach § 14 Markengesetz, S. 51; *Wolf*, Die Schutzschranke des § 23 MarkenG, Rdn. 415; *Kiethe/Krauß*, WRP 1996, 495, 497.

432 In diesem Sinne wohl auch *Hacker*, GRUR Int. 2002, 502, 505, obwohl er nach dem Wortlaut als primäre Funktion die Herkunftsfunktion ansieht. Allerdings wird die „Herkunftsfunktion“ im Sinne einer Unterscheidungsfunktion verstanden, da nicht darauf abgestellt wird, dass der Verkehr die Waren und Dienstleistungen immer aus dem gleichen Unternehmen stammend ansehen muss.

433 So wohl Meyer, GRUR Int. 1996, 592, 605, der die Unterscheidungsfunktion als einzige umfassende geschützte Funktion ansieht. Die sonstigen Funktionen sollen allenfalls punktuell geschützt sein.

von anderen Produkten wahrgenommen werde, seien es seine eigenen oder die Dritter. Die Definition der markenmäßigen Benutzung wäre folglich dahin zu modifizieren, dass nicht mehr eine herkunftshinweisende Verwendung erforderlich wäre, sondern vielmehr eine Verwendung als Unterscheidungskennzeichen für die eigenen Waren gefordert werden müsste. Größere Abweichungen zum bisherigen Begriff der markenmäßigen Benutzung entstünden dadurch nicht.

(c) Aufgabe des Postulats des Schutzes lediglich einer Markenfunktion

Indes lässt sich das Postulat, dass durch das Kennzeichenrecht nur eine Funktion der Marke geschützt wird, nicht mehr aufrechterhalten.

Zunächst ließe sich allein mit der Unterscheidungsfunktion die Verwechslungsgefahr im weiteren Sinne nicht erklären.[434] Danach reicht es für die Verwechslungsgefahr aus, wenn der Verkehr zwar erkennt, dass das Produkt nicht von dem Markeninhaber stammt, aber dennoch nur davon ausgeht, dass zwischen dem Hersteller des gekennzeichneten Produktes und dem Markeninhaber eine wirtschaftliche Beziehungen besteht. Da in diesem Fall die Unterscheidungsfunktion der geschützten Marke nicht beeinträchtigt wird – die geschützte Marke wird weiterhin allein dem Markeninhaber zugeordnet –, kann die Unterscheidungsfunktion nicht die alleinige geschützte Funktion sein.

Die Feststellung, dass durch das MarkenG nicht nur der Schutz der primären Unterscheidungsfunktion gewährleistet werden soll, sondern dass auch andere wirtschaftliche Funktionen in den rechtlichen Schutzbereich einbezogen sind, wird ferner durch § 14 Abs. 2 Nr. 3 MarkenG bestätigt.[435]

Es wäre kaum verständlich, warum der Markeninhaber nur bei der Verwendung seiner Marke als Unterscheidungszeichen oder als Herkunftszeichen gegen die Beeinträchtigung der Wertschätzung markenrechtlich geschützt sein soll. Ein Ausnutzen oder Beeinträchtigen der Wertschätzung einer Marke ist auch dann möglich, wenn der Verkehr das verwendete Zeichen nicht als Unterscheidungs- oder Herkunftshinweis für das Produkt des potentiellen Verletzers versteht. So kann etwa die Wertschätzung der Marke erheblich durch kritisierende vergleichende Werbung beeinträchtigt werden, ohne dass es zu einer Fehlzurechnung der Herkunft kommt. Grundsätzlich könnte diese Differenzierung zwar als gesetzgeberische Entscheidung hingenommen werden. Indes war es nicht die Inten-

434 Zu den Begrifflichkeiten der Verwechslungsgefahr siehe unten C.II.3.f)1), S. 168 ff.

435 So auch *Engeländer*, Der ergänzende Schutz von Marken durch das Wettbewerbsrecht, S. 49; *Koch*, Markenverunglimpfung, S. 39; *Riedel*, Spannungsverhältnis, S. 93 f. und S. 104.; *Schulz*, Die relevante Benutzungshandlung, S. 73 f.; *Strepp*, Irreführung und Verwechslungsgefahr, S. 98; *Wolf*, Die Schutzschranke des § 23 MarkenG, Rdn. 411.

tion des Gesetzgebers, dem betroffenen Markeninhaber allein wegen des Fehlens einer markenmäßigen Benutzung markenrechtliche Ansprüche zu versagen und auf sonstige Ansprüche zu verweisen. Vielmehr sollte der in der bekannten Marke verkörperte Goodwill geschützt werden, ohne dass es auf eine Beeinträchtigung der Herkunftsfunktion der Marke ankäme.[436] Diese Ausweitung des Schutzes einer Marke kann dann aber nur dadurch erklärt werden, dass auch andere Markenfunktionen, seien dies die Werbe-, Garantie- oder Kommunikationsfunktion, geschützt sind.

Da die Beeinträchtigung dieser Funktionen nicht davon abhängt, dass die Marke herkunftshinweisend verwendet wird, kann an dem bisherigen Verständnis der markenmäßigen Benutzung nicht mehr festgehalten werden.

2) Aufgabe der restriktiven Rechtsprechung

Die Ablehnung der herkömmlichen Auffassung des markenmäßigen Gebrauchs wird auch durch einen Blick auf die bisherige Rechtsprechung zum MarkenG untermauert.

Zunächst ließen sich mit der traditionellen Auffassung zum markenmäßigen Gebrauch die Urteile des EuGH in den Rechtssachen *BMW/Deenik*[437] und *Gillette Company/LA-Laboratories*[438] nicht erklären. In beiden Fällen wurde die Fremdmarke so gebraucht, dass aus ihr nicht auf die Herkunft der von dem Dritten angebotenen Waren oder Dienstleistungen geschlossen werden konnte. So konnte der Verkehr in der Rechtssache *Gillette Company/LA-Laboratories* den Hinweis, dass die Rasierklinge *Parason Flexor* auf alle *Parason Flexor* und alle *Gillette Sensor* Apparate passe, nicht so verstehen, dass die Klinge unter der Marke *Gillette Sensor* vertrieben werde. Die Funktion der Marke *Gillette Sensor*, die unter dieser Marke in den Verkehr gebrachten Rasierapparate von anderen Produkten zu unterscheiden, wurde durch den Hinweis auf die konkurrierenden Rasierklingen nicht beeinträchtigt, da der Verkehr diese Klinge eben nicht für eine *Gillette Sensor*-Klinge hielt. Nach dem bisherigen Verständnis hätte eine markenmäßige Benutzung abgelehnt werden müssen.

Auch der BGH hält an dem Erfordernis einer markenmäßigen Benutzung im herkömmlichen Sinne nicht fest. So nahm er eine markenmäßige Benutzung auch für den Fall an, bei dem die Marke auf einer Postkarte verwendet wurde und unterstellt werden konnte, dass der Verkehr sie nicht als Herkunftshinweis, sondern als reine Produktausstattung wahrnehme. Das Gericht ließ es für eine markenmä-

---

436 Begr. Reg.-Entw. BT-Drucks. 12/6581 S. 72.
437 EuGH GRUR Int. 1999, 438 „*BMW/Deenik*".
438 EuGH GRUR 2005, 509 „*Gillette Company/LA-Laboratories*".

ßige Benutzung jedoch ausreichen, dass der Verkehr die Gestaltung gedanklich mit der Marke des Markeninhabers verknüpfe.[439] Von einer Benutzung der Marke im warenzeichenmäßigen Sinne kann bei dieser Konstellation nicht die Rede sein. Weder die Herkunftsfunktion noch die Unterscheidungsfunktion wird beeinträchtigt, wenn die Marke vom Verkehr lediglich als Gestaltungselement wahrgenommen wird.

3) Zwischenergebnis

Festhalten lässt sich damit, dass sowohl aufgrund des Umstandes, dass der singulärfunktionale Markenschutz zwingend abzulehnen ist, als auch aufgrund der neueren Rechtsprechung an dem herkömmlichen Verständnis der markenmäßigen Benutzung im Sinne des warenzeichenmäßigen Gebrauchs nicht mehr festgehalten werden kann. Unabhängig davon, ob weiterhin eine markenmäßige Benutzung gefordert wird, muss diese an die Gegebenheiten des MarkenG angepasst werden.

e) Wegfall des Erfordernisses des markenmäßigen Gebrauchs im Rahmen des § 14 Abs. 2 Nr. 3 MarkenG

Müssen aufgrund des Schutzes der bekannten Marke vor der Beeinträchtigung ihrer Wertschätzung auch andere Funktionen als die Unterscheidungsfunktion für die Geltung des § 14 Abs. 2 Nr. 3 MarkenG entscheidend sein, kann im Rahmen dieser Vorschrift nicht mehr auf den markenmäßigen Gebrauch im bisherigen Sinne abgestellt werden. Da § 14 Abs. 2 Nr. 3 MarkenG jedoch voraussetzt, dass ein Zeichen von einem Dritten benutzt wird, stellt sich die Frage, wie diese Benutzungsart auszulegen ist.

Der BGH ist davon ausgegangen, dass auch weiterhin ein markenmäßiger Gebrauch im Rahmen des § 14 Abs. 2 Nr. 3 MarkenG erforderlich sei. Allerdings will das Gericht diesen nicht im traditionellen Sinne auslegen, sondern lässt es ausreichen, wenn die beteiligten Verkehrskreise das Kollisionszeichen mit dem geschützten Zeichen gedanklich verbinden.[440] Eine solche Verknüpfung wird selbst dann für möglich gehalten, wenn der Verkehr das verwendete Zeichen als Verzierung oder Produktgestaltung wahrnimmt. Trotz des vordergründigen Festhaltens an dem Erfordernis des markenmäßigen Gebrauchs fordert der BGH wohl

439 BGH GRUR 2005, 583, 585 „*Lila-Postkarte*".
440 BGH GRUR 2005, 583, 585 „*Lila-Postkarte*".

im Rahmen des § 14 Abs. 2 Nr. 3 MarkenG nun nicht mehr, dass der Verkehr das Kollisionszeichen als einen Hinweis auf die Herkunft des Produktes ansieht.[441]

Entgegen dem BGH verzichtet der EuGH nunmehr bei Art. 5 Abs. 2 MRL (§ 14 Abs. 2 Nr. 3 MarkenG) ganz auf eine gesonderte Prüfung der markenmäßigen Benutzung. In der *Opel/Autec*-Entscheidung stellte das Gericht nur noch darauf ab, ob die eingetragene Marke ohne rechtfertigenden Grund in unlauterer Weise ausgenutzt oder beeinträchtigt werde.[442] Die Abkehr von einem selbständigen Benutzungsbegriff im Rahmen des Art. 5 Abs. 2 MRL verdeutlicht der EuGH dadurch, dass bei Art. 5 Abs. 1 S. 2 lit. a) MRL (§ 14 Abs. 2 Nr. 1 MarkenG) explizit die Beeinträchtigung einer Funktion der Marke gefordert wird und dass hingegen bei Art. 5 Abs. 2 MRL lediglich auf die Ausnutzung oder Beeinträchtigung abgestellt wird. Entsprechend seiner schon in der *Adidas/Fitnessworld*-Entscheidung eingeschlagenen Linie wird dann innerhalb der Tatbestandsmerkmale des Art. 5 Abs. 2 MRL zunächst zu prüfen sein, ob es zu einer gedanklichen Verknüpfung zwischen dem verwendeten Zeichen und der geschützten Marke kommt.[443] Erst wenn dies der Fall ist und der Verkehr das Zeichen nicht ausschließlich als Verzierung auffasst, kann es überhaupt zu einem Ausnutzen oder Beeinträchtigen kommen.

Die vom EuGH eingeschlagene Linie überzeugt. Mangels des alleinigen Schutzes der Herkunftsfunktion kann im Rahmen des § 14 Abs. 2 Nr. 3 MarkenG nicht mehr darauf abgestellt werden, ob die Marke als Herkunftshinweis verwendet wird.[444] Vielmehr sind alle Verwendungsformen erfasst, soweit nur die Unterscheidungskraft oder die Wertschätzung ausgenutzt oder beeinträchtigt werden.[445] Dann erscheint es aber nicht mehr geboten, an dem Merkmal der markenmäßigen Benutzung festzuhalten. Die vom BGH noch vorgenommene Einschränkung dient lediglich dazu, solche Verwendungsformen aus dem Anwendungsbereich des § 14 Abs. 2 Nr. 3 MarkenG auszunehmen, die zu keiner gedanklichen Verknüpfung mit der geschützten Marke führen. Dazu bedarf es jedoch nicht eines ungeschriebenen Merkmals der markenmäßigen Benutzung, vielmehr kann dieser Aspekt bei den sonstigen Merkmalen der Vorschrift berücksichtigt werden.[446] Denn wenn das verwendete Zeichen vom Verkehr nicht mit dem Kennzeichen des Markeninhabers gedanklich in Verbindung gebracht wird, kann von einem Ausnutzen bzw. Beeinträchtigen der Unterscheidungskraft oder der Wertschätzung nicht ausgegangen werden. Die Beeinträchtigung der Unter-

441 So auch *Büscher*, in: FS Ullmann, S. 149.
442 EuGH, GRUR 2007, 318, 320 (Rdn. 34 ff.) „*Opel/Autec*".
443 EuGH GRUR 2004, 58, 60 (Rdn. 30) „*Adidas/Fitnessworld*".
444 Dazu bereits C.II.3.d)1)(c), S. 163 f.
445 So auch *Nägele*, Die rechtsverletzende Benutzung im Markenrecht, S. 108.
446 Ebenso *Eichhammer*, Die markenmäßige Benutzung, S. 191.

scheidungskraft, die so genannte Verwässerungsgefahr, setzt zwingend voraus, dass in dem verwendeten Zeichen die bekannte Marke wiedererkannt wird. Erst dann kann die Unterscheidungsfunktion der Marke beeinträchtigt werden. Gleiches gilt naturgemäß auch für das Ausnutzen der Unterscheidungskraft und Wertschätzung bzw. das Beeinträchtigen der Wertschätzung. Ohne eine gedankliche Verbindung vom dem benutzten Zeichen zu der geschützten Marke ist eine Übertragung des Rufs der Marke auf das Produkt des Verletzers nicht möglich.

Insoweit ist daher die gedankliche Verknüpfung nicht vorab im Rahmen eines ungeschriebenen Merkmals der markenmäßigen Benutzung zu prüfen, sondern bei den Ausnutzungs- und Beeinträchtigungsvarianten zu verorten. Auf das Erfordernis einer markenmäßigen Benutzung als eigenes Tatbestandsmerkmal kann im Rahmen des § 14 Abs. 2 Nr. 3 MarkenG verzichtet werden.[447]

Das Merkmal „für Waren oder Dienstleistungen zu benutzen" dient daher lediglich dazu, solche Handlungen auszuschließen, bei denen die Marke nicht zum Absatz einer Ware oder Dienstleistung verwendet wird.[448]

f) Auslegung des § 14 Abs. 2 Nr. 2 MarkenG

Nachdem nunmehr festgestellt wurde, dass § 14 Abs. 2 Nr. 3 MarkenG keine markenmäßige Benutzung voraussetzt, ist fraglich, ob auch bei § 14 Abs. 2 Nr. 2 MarkenG auf dieses Merkmal verzichtet werden kann.

---

447 Ebenso in diese Richtung *Hacker*, in: Ströbele/Hacker, § 14 MarkenG, Rdn. 62; *Ann*, in: MüKo, UWG, Grundl. Rdn. 259; *Buhrow*, Markenmäßiger Gebrauch im Spannungsfeld von horizontaler und vertikaler Benutzung, S. 100; *Dorndorf*, Der Schutz vor Herkunftstäuschung und Rufausbeutung, Rdn. 386; *Eichhammer*, Die markenmäßige Benutzung, S. 193; *Mahr*, WRP 2006, 1083, 1086; *Hackbarth/Kurtz*, WRP 2007, 1152, 1158; gegen eine solche Auslegung *Fammler*, MarkenR 2004, 89, 98; zu welch abenteuerlichen Formulierungen das Festhalten an dem Merkmal der markenmäßigen Benutzung im Rahmen des § 14 Abs. 2 Nr. 3 MarkenG führt, zeigt ein Urteil des OLG Nürnberg (WRP 2008, 1257 ff. *„Opel/Autec"*). Das Gericht begründet die markenmäßige Benutzung bei einem produktgestaltenden Gebrauch damit, „weil das mit der in Rede stehenden Marke identische Zeichen im geschäftlichen Verkehr benutzt wird, da die Benutzung im Zusammenhang mit einer auf einen wirtschaftlichen Vorteil gerichteten kommerziellen Tätigkeit und nicht im privaten Bereich erfolgt," (so OLG Nürnberg, WRP 2008, 1257, 1262 *„Opel/Autec"*). Um trotz des Tatbestandmerkmals der markenmäßigen Benutzung in den Anwendungsbereich des § 14 Abs. 2 Nr. 3 MarkenG zu kommen, setzt das Gericht dieses Merkmal schlicht mit dem Merkmal des Handelns im geschäftlichen Verkehr gleich.

448 Ebenso *Fezer*, MarkenR, § 14 Rdn. 66 ff.; *Miller*, Irreführung von Internet-Suchmaschinen, S. 132.

Ob ein solches Merkmal im Rahmen des § 14 Abs. 2 Nr. 2 MarkenG erforderlich ist, hängt ebenso wie bei §14 Abs. 2 Nr. 3 MarkenG davon ab, welchen Zweck die Norm erfüllen soll. Es ist mithin der Schutzumfang des § 14 Abs. 2 Nr. 2 MarkenG zu ermitteln.

1) Bestimmung der Verwechslungsgefahr

Der Schutzzweck der Norm ist nach dem Wortlaut die Verhinderung einer Verwechslungsgefahr. Es ist daher fraglich, was sich hinter dem unbestimmten Rechtsbegriff der Verwechslungsgefahr verbirgt.

Die h.M.[449] unterteilte die Verwechslungsgefahr unter Geltung des WZG und den Anfängen des MarkenG in die Fallgruppen unmittelbare Verwechslungsgefahr im engeren Sinne, der mittelbaren Verwechslungsgefahr im engeren Sinne und der unmittelbaren Verwechslungsgefahr im weiteren Sinne.

Der EuGH ist dieser deutschen Diktion nicht gefolgt, sondern geht vielmehr dann von einer Verwechslungsgefahr aus, wenn das Publikum glauben könnte, dass die betreffenden Waren oder Dienstleistungen aus demselben Unternehmen oder gegebenenfalls aus wirtschaftlich miteinander verbundenen Unternehmen stammen.[450] Der EuGH differenziert also nur noch zwischen zwei Arten der Verwechslungsgefahr. Die Gefahr, dass das Publikum das Zeichen und die betreffende Marke verwechselt, bezeichnet der EuGH als ***unmittelbare Verwechslungsgefahr***.[451] Dies entspricht insoweit der unmittelbaren Verwechslungsgefahr im engeren Sinne gemäß der bisherigen deutschen Terminologie.

Erfasst der Verkehr die Zeichen hingegen nur so, dass er davon ausgeht, dass die Waren oder Dienstleistungen aus miteinander verbundenen Unternehmen stammen, liegt eine ***mittelbare Verwechslungsgefahr*** vor.[452] Dies entspricht der unmittelbaren Verwechslungsgefahr im weiteren Sinne gemäß der bisherigen deutschen Terminologie.

Mit der mittelbaren Verwechslungsgefahr im engeren Sinne gemäß der klassischen Betrachtungsweise hat sich der EuGH bisher noch nicht beschäftigt. Es ist jedoch davon auszugehen, dass diese Fallgruppe nunmehr unter die unmittelbare

---

449 Siehe zur ursprünglichen Diktion *Ingerl/Rohnke*, MarkenG, 1. Auflage. 1998, § 14 Rdn. 150.

450 EuGH GRUR 1998, 387, 389 (Rdn. 16) „*Puma/Sabel*"; GRUR 1998, 922, 924 (Rdn. 29) „*Canon*"; GRUR Int. 1999, 734, 736 (Rdn. 17) „*Lloyd*"; GRUR 2005, 1042, 1043 (Rdn. 26) „*Thomson LIFE*".

451 EuGH GRUR 1998, 387, 389 (Rdn. 16) „*Puma/Sabel*".

452 EuGH GRUR 1998, 387, 389 (Rdn. 16) „*Puma/Sabel*".

Verwechslungsgefahr zu subsumieren ist, da der Verkehr dabei davon ausgeht, dass die Waren oder Dienstleistungen aus demselben Unternehmen stammen.[453]

Ausdrücklich klargestellt hat der EuGH, dass es für eine Verwechslungsgefahr nicht ausreicht, wenn der Verkehr nicht über die Produktverantwortung irrt, sondern die Zeichen lediglich rein assoziativ gedanklich verbindet.[454] Die Übertragung von Gütevorstellungen oder anderen Assoziationen zur geschützten Marke begründen daher noch keine Verwechslungsgefahr.[455] Solche Verwendungsformen können allenfalls über § 14 Abs. 2 Nr. 3 MarkenG bekämpft werden.

Als Reaktion auf diese Rechtsprechung hat auch der BGH seine Terminologie modifiziert, ohne damit aber inhaltliche Änderungen vorzunehmen. Nunmehr differenziert das Gericht zwischen der unmittelbaren Verwechslungsgefahr im engeren Sinne, der Verwechslungsgefahr durch die Gefahr des gedanklichen Inverbindungbringens und der Verwechslungsgefahr im weiteren Sinne. Die Verwechslungsgefahr durch die Gefahr des gedanklichen Inverbindungbringens ersetzt damit die mittelbare Verwechslungsgefahr und beinhaltet die Fälle des Serienzeichens[456] und die Fallgestaltungen, bei denen sich dem Verkehr aufdrängt, dass die Zeichen wegen ihres Sinngehalts und ihrer Zeichenbildung aufeinander bezogen sind.[457] Die Verwechslungsgefahr im weiteren Sinne erfasst die Fälle, bei denen der Verkehr aufgrund der Zeichen von einer organisatorischen oder wirtschaftlichen Verbindung der Unternehmen ausgeht.[458]

Unabhängig von der Terminologie bleibt damit festzuhalten, dass es für eine Verwechslungsgefahr im Sinne des § 14 Abs. 2 Nr. 2 MarkenG darauf ankommt, ob der Verkehr davon ausgeht, dass das Produkt des Dritten aus dem Unternehmen des Markeninhabers stammt oder dass die Unternehmen wirtschaftlich verbunden sind. Es muss dem Markeninhaber mithin die Produktverantwortung zugerechnet werden.

---

453 So *Ingerl/Rohnke*, MarkenG, § 14 Rdn. 251.

454 EuGH GRUR 1998, 387, 389 f. (Rdn. 18 u. 26) „*Puma/Sabel*"; bestätigt in EuGH GRUR 1998, 922, 924 (Rdn. 30) „*Canon*".

455 A.A. vor der EuGH-Rechtsprechung *Sack*, GRUR 1995, 81, 87 f.

456 So BGH GRUR 2007, 1066, 1070 (Rdn. 45) „*Kinderzeit*"; GRUR 2007, 1071, 1074 (Rdn. 40) „*Kinder II*".

457 So zuletzt BGH GRUR 2006, 60 ff. „*cocodrillo*"; bereits vorher BGH GRUR 2004, 779, 782 f. „*Zwilling/Zweibrüder*".

458 So in mittlerweile st. Rspr., zuletzt BGH GRUR 2004, 598, 599 „*kleiner Feigling*"; GRUR 2004, 779, 783 „*Zwilling/Zweibrüder*"; GRUR 2006, 60, 63 (Rdn. 28) „*cocodrillo*".

2) Benutzungsbegriff im Rahmen des § 14 Abs. 2 Nr. 2 MarkenG

Nach der Feststellung des Schutzumfangs des § 14 Abs. 2 Nr. 2 MarkenG können nun daraus Schlüsse für die Auslegung des Benutzungsbegriffs gezogen werden.

(a) Markenmäßige Benutzung bei der Verwechslungsgefahr im engeren Sinne

Zunächst ist zu konstatieren, dass es zu einer Verwechslungsgefahr im engeren Sinne nur kommen kann, wenn das Zeichen im klassischen markenmäßigen Sinne verwendet wird.

Die unmittelbare Verwechslungsgefahr im engeren Sinne liegt vor, wenn der Verkehr davon ausgeht, dass das Produkt aus dem Unternehmen des Markeninhabers stammt, weil er die verwendete Marke für die des Markeninhabers hält. Diese Art der Verwechslungsgefahr setzt schon denklogisch eine markenmäßige Verwendung im klassischen Sinne voraus.[459] Sieht der Verkehr das konkrete Zeichen nur als beschreibende Angabe oder als Dekor an, scheidet eine unmittelbare Verwechslungsgefahr unabhängig davon aus, ob eine markenmäßige Benutzung als ungeschriebenes Tatbestandsmerkmal des § 14 Abs. 2 MarkenG gefordert wird.

Gleiches gilt für die mittelbare Verwechslungsgefahr, nunmehr auch teilweise durch den BGH als Gefahr des gedanklichen Inverbindungbringens bezeichnet. Bei dieser Fallgruppe weiß der Verkehr zwar, dass das verwendete Zeichen nicht mit der geschützten Marke identisch ist, jedoch geht er davon aus, dass es sich um eine Weiterentwicklung der geschützten Marke handelt und dass damit das Produkt aus dem Unternehmen des Markeninhabers stammt. Auch insoweit ist es zwingend, dass das Zeichen als Herkunftshinweis und damit als markenmäßig im klassischen Sinne verwendet wird, da sonst nicht auf den Markeninhaber als Herkunftsunternehmen geschlossen werden kann.

Unabhängig davon, ob weiterhin eine markenmäßige Benutzung im Sinne des unter dem WZG gängigen Verständnisses gefordert wird, kann die Verwechslungsgefahr im engeren Sinne nur bei Verletzungshandlungen gemäß dem früheren Verständnis auftreten.[460] Das Erfordernis der markenmäßigen Benutzung ist diesem Teil des Tatbestandes immanent.

459 So auch *Eichhammer*, Die markenmäßige Benutzung, S. 162.
460 So auch *Egerer*, Die markenrechtliche Zulässigkeit beschreibender Angaben, S. 77.

(b) Produktverantwortungsbezogene Benutzung bei der Verwechslungsgefahr im weiteren Sinne

Ob auch eine markenmäßige Benutzung im Rahmen der Verwechslungsgefahr im weiteren Sinne zu fordern ist, kann nicht ebenso einfach wie bei den beiden anderen Alternativen der Verwechslungsgefahr beantwortet werden.

Verwechslungsgefahr im weiteren Sinne liegt vor, wenn der Verkehr zwar erkennt, dass das Produkt nicht aus dem Unternehmen des Markeninhabers stammt, jedoch aufgrund der Kennzeichnung auf eine irgendwie geartete wirtschaftliche Beziehung schließt. Es ist erforderlich, dass dem Markeninhaber eine Produktverantwortung zugeschrieben wird.

Die bisherigen Entscheidungen der Rechtsprechung bezogen sich nur auf Fallgestaltungen, bei denen das Zeichen als Herkunftshinweis für die konkrete Ware verwendet wurde, mithin markenmäßig im traditionellen Sinne. Beispielhaft ist hierzu die Entscheidung *Allstar* des BGH. Die Klägerin war Inhaberin der Marke *Electrostar*, die sich u.a. auf Haushaltsgeräte und Werkzeuge bezog. Die Beklagte hatte sich die Marke *Allstar* eintragen lassen und diese u.a. für Staubsaugerdüsen verwendet. Der BGH nahm an, dass aufgrund der Markenverwendung die Gefahr bestand, dass der Verkehr von Beziehungen geschäftlicher, wirtschaftlicher oder organisatorischer Art zwischen dem Hersteller der Ware und dem Inhaber des Zeichens *Electrostar* ausgehe. In diesem Fall waren somit zwei Marken involviert, zum einen die Marke *Electrostar* auf der Klägerseite, zum anderen die Marke *Allstar* auf der Beklagtenseite. Es lag ein typischer Fall der markenmäßigen Verwendung vor.

Wird das Zeichen hingegen nicht markenmäßig im warenzeichenrechtlichen Sinne verwendet, d.h. nicht als primäres Herkunftszeichen, sondern in Form der Markennennung benutzt, sind in die Konstellation regelmäßig drei Zeichen involviert: zunächst die geschützte Marke auf der Klägerseite, ferner zwei Zeichen auf der Beklagtenseite. Von dem Beklagten wird zum einen das Zeichen benutzt, das als Herkunftshinweis für seine Ware dient und zum anderen das Zeichen, das der geschützten Marke entspricht. So ist beispielsweise die Ware im Zubehörhandel regelmäßig mit zwei Zeichen versehen, zum einen mit der Eigenmarke des Zubehörherstellers und zum anderen mit der Marke des Hauptproduktes, bei dem das Zubehörprodukt Anwendung findet. Soweit der Verkehr die Marke des Zubehörherstellers als Herkunftshinweis versteht, wird das Zeichen, mit dem auf das Hauptprodukt Bezug genommen wird, nach dem warenzeichenrechtlichen Verständnis regelmäßig nicht markenmäßig benutzt.[461] Möglicherweise unterstellt

461 Eine Ausnahme besteht in den Fällen, bei denen der Verkehr die Zeichenverwendung nicht als reine Bezugnahme, sondern als eine Zweitmarke versteht. In diesen

der Verkehr aber trotzdem aufgrund der Zeichenverwendung wirtschaftliche Beziehungen zwischen dem Zubehörhersteller und dem Hersteller des Hauptproduktes. Es besteht die Gefahr, dass der Verkehr von einem Einfluss des Markeninhabers auf die Gestaltung des Zubehörproduktes ausgeht. Mithin könnte eine Verwechslungsgefahr vorliegen, obwohl keine markenmäßige Benutzung im klassischen Sinne gegeben ist.[462]

Für die Einbeziehung dieser Fallgestaltung in den Bereich der Verwechslungsgefahr spricht, dass weder dem Wortlaut der Norm noch der Rechtsprechung des EuGH nach eine Eingrenzung auf den markenmäßigen Gebrauch im warenzeichenrechtlichen Sinne zu entnehmen ist. Das Gericht fordert für das Eingreifen des Art. 5 Abs. 1 S. 2 lit. b) MRL (§ 14 Abs. 2 Nr. 2 MarkenG) nur, dass das Publikum glauben könnte, dass die betreffenden Waren oder Dienstleistungen aus demselben Unternehmen oder gegebenenfalls aus wirtschaftlich miteinander verbundenen Unternehmen stammen. Damit geht keine Eingrenzung auf eine markenmäßige Benutzung im warenzeichenrechtlichen Sinne einher. Vielmehr wäre es kaum verständlich, Fälle von der Verwechslungsgefahr auszugrenzen, bei denen der Verkehr zwar von einer Produktverantwortung des Markeninhabers ausgeht, aber eine herkunftshinweisende Verwendung im klassischen Sinne nicht gegeben ist. Obwohl die Wirkung dieselbe wie bei der klassischen markenmäßigen Benutzung ist, könnte der Markeninhaber nur Ansprüche aus § 14 Abs. 2 Nr. 3 MarkenG oder außermarkenrechtliche Ansprüche geltend machen.

Dass eine Verwechslungsgefahr auch ohne eine markenmäßige Benutzung im warenzeichenrechtlichen Sinne begründet werden kann, entspricht ferner dem Verständnis des Markenrechts durch den EuGH. Danach soll das Markenrecht ein wesentlicher Bestandteil des Systems eines unverfälschten Wettbewerbs sein, das der EG-Vertrag schaffen wolle. In einem solchen System müssten die Unternehmen in der Lage sein, die Kunden durch die Qualität ihrer Waren oder ihrer Dienstleistungen an sich zu binden, was nur möglich sei, wenn es Kennzeichen gebe, mit denen sich diese identifizieren ließen.[463] Damit die Marke diese Aufgabe erfüllen könne, müsse sie die Gewähr dafür bieten, dass alle Waren oder

---

Fällen wird dann auch das zweite Zeichen markenmäßig verwendet. Wird indes die Bezugnahme erkennbar, kann von einem Verständnis als Zweitmarke zumeist nicht ausgegangen werden. Vielmehr wird der Verkehr dann häufig lediglich eine wirtschaftliche Verbindung unterstellen.

462 A.A. *Eichhammer*, Die markenmäßige Benutzung, S. 163, der zwingend für jede Art von Verwechslungsgefahr eine markenmäßige Benutzung im klassischen Sinne voraussetzt.

463 EuGH GRUR Int. 1990, 960, 961 (Rdn. 13) „*HAG II*"; GRUR Int. 1998, 145, 146 (Rdn. 22) „*Loendersloot/Ballantine*"; GRUR 2001, 1148, 1149 (Rdn. 21) „*Merz & Krell*"; GRUR 2003, 55, 57 (Rdn. 47) „*Arsenal*"; GRUR 2005, 509, 511 (Rdn. 25) „*Gillette Company/LA-Laboratories*".

Dienstleistungen, die mit ihr versehen seien, unter der Kontrolle eines einzigen Unternehmens hergestellt oder erbracht worden seien, das für ihre Qualität verantwortlich gemacht werden könne.[464] Da – wie oben am Beispiel des Zubehörteils gezeigt – nicht auszuschließen ist, dass diese Produktverantwortlichkeit auch bei einer Zeichenverwendung vom Verkehr unterstellt wird, die nicht der markenmäßigen Benutzung im warenzeichenrechtlichen Sinne entspricht, kann eine Begrenzung auf den markenmäßigen Gebrauch entsprechend dem klassischen Verständnis der Rechtsprechung des EuGH nicht entnommen werden.

Daher ist davon auszugehen, dass nach der europäischen Markenrechtskonzeption der Markeninhaber gemäß § 14 Abs. 2 Nr. 2 MarkenG generell vor einer Fehlzurechnung seiner Produktverantwortung geschützt ist.[465] Insoweit ist dann unerheblich, wie diese Fehlzurechnung herbeigeführt wird.

3) Schlussfolgerung für die Auslegung des § 14 Abs. 2 Nr. 2 MarkenG

Hinsichtlich der Verwechslungsgefahr im weiteren Sinne kann nicht mehr auf die bisherige Auslegung des Benutzungsbegriffs abgestellt werden. Aufgrund der Rechtsprechung des EuGH ist vielmehr davon auszugehen, dass der Markeninhaber generell vor einer Fehlzurechnung seiner Produktverantwortung geschützt wird. Daher könnte im Rahmen des § 14 Abs. 2 Nr. 2 MarkenG der Begriff der markenmäßigen Benutzung nicht mehr im herkömmlichen Sinne verstanden werden, sondern müsste produktverantwortungsorientiert ausgelegt werden. Indes wäre eine klare Trennung zwischen den Tatbestandsmerkmalen „markenmäßige Benutzung" und der „Verwechslungsgefahr" nur schwer vorzunehmen, da die Produktverantwortung dann für beide Merkmale der zentrale Prüfungspunkt wäre.

Dementsprechend biete es sich an, bei § 14 Abs. 2 Nr. 2 MarkenG ganz auf das Merkmal der markenmäßigen Benutzung zu verzichten und nur auf die Verwechslungsgefahr abzustellen. Allein bei diesem Begriff ist dann die Problematik der Zurechnung der Produktverantwortung zu prüfen.[466] Dieser Konzeption

---

464 So zuerst in EuGH GRUR Int. 1990, 960, 961 (Rdn. 13) „*HAG II*"; seitdem ständige Formulierung des EuGH zuletzt GRUR 2003, 55, 57 (Rdn. 48) „*Arsenal*"; GRUR 2005, 507, 509 (Rdn. 38) „*Peak Holding/Axolin-Elinor*"; GRUR 2005, 509, 511 (Rdn. 26) „*Gillette Company/LA-Laboratories*"; GRUR 2006, 416, 418 (Rdn. 38) „*ELIZABETH EMANUEL*"; ähnlich schon früher in EuGH NJW 1978, 1739, 1740 „*Hoffmann La Roche/Centrafarm*".

465 In diesem Sinne auch *Fezer*, WRP 1998, 1123, 1126, der die Produktkontrolle und Produktverantwortung des Markeninhabers als das Referenzmodell der Verwechslungsgefahr ansieht; ebenso *Fezer*, MarkenR, § 14 Rdn. 132 ff.

466 Im Ergebnis auch *Eichhammer*, Die markenmäßige Benutzung, S. 165 f, Jedoch plädiert er aus Klarstellungsgründen dafür, an dem Merkmal der markenmäßigen

schien auch der EuGH zu folgen, da sich die Ausführungen zur markenmäßigen Benutzung in den letzten Urteilen nur auf Art. 5 Abs. 1 S. 2 lit. a) MLR und Art. 5 Abs. 2 MRL, nicht aber auf Art. 5 Abs. 1 S. 2 lit. b) MRL bezogen.[467] Indes hat der EuGH nunmehr in der *O2/Hutchison*-Entscheidung geurteilt, dass auch im Rahmen des Art. 5 Abs. 1 S. 2 lit. b) zu prüfen ist, ob die Markenverwendung die Hauptfunktion der Marke, d.h. die Gewährleistung der Herkunft der Waren oder Dienstleistungen gegenüber den Verbrauchern, beeinträchtigt oder beeinträchtigen kann.[468] Zu beachten ist jedoch, dass der EuGH zugleich feststellt, dass eine Verwechslungsgefahr immer dazu führt, dass die Hauptfunktion der Marke beeinträchtigt wird.[469] Es ist folglich kein Fall denkbar, in dem zwar eine Verwechslungsgefahr bejaht wird, zugleich aber eine markenmäßige Benutzung nicht vorliegt. Daher stellt das Merkmal der markenmäßigen Benutzung in der *O2/Hutchison*-Entscheidung lediglich eine Leerhülse dar, so dass diese Entscheidung nicht dem vorliegenden Ergebnis entgegensteht.[470]

g) Auslegung des § 14 Abs. 2 Nr. 1 MarkenG

Nachdem nunmehr festgestellt wurde, dass § 14 Abs. 2 Nr. 2 MarkenG nur solche Benutzungshandlungen erfasst, die zu einer Zurechnung der Produktverantwortlichkeit führen, stellt sich die Frage, ob der Benutzungsbegriff im Rahmen des § 14 Abs. 2 Nr. 1 MarkenG ebenfalls in diese Richtung zu beschränken ist. Bevor allerdings die Problematik der markenmäßigen Benutzung geklärt werden kann, bedarf es zunächst der Feststellung der Reichweite dieser Vorschrift. Erst nach deren Bestimmung können mögliche Konfliktpotentiale herausarbeitet werden, deren Bewältigung über den Begriff der markenmäßigen Benutzung erforderlich ist.

1) Bestimmung der Reichweite des § 14 Abs. 2 Nr. 1 MarkenG

Gemäß § 14 Abs. 2 Nr. 1 MarkenG liegt eine Verletzung des Markenrechts vor, wenn ein Zeichen, das mit der geschützten Marke identisch ist, für Waren oder

Benutzung auch im Rahmen der Verwechslungsgefahr festzuhalten. Die Prüfung der Verwechslungsgefahr soll aufgrund ihrer bereits bestehenden Komplexität nicht noch mit diesem Merkmal belastet werden.

467 EuGH GRUR 2003, 55, 57 (Rdn. 37 ff.) „*Arsenal*"; GRUR 2007, 318, 319 (Rdn. 20 ff.) „*Opel/Autec*".

468 EuGH GRUR 2008, 698, 700 (Rdn. 57) „*O2/Hutchison*".

469 EuGH, Urteil v. 12.06.2008, RS. C-533/06 „*O2/Hutchison*" (Rdn. 57).

470 Weitergehend zu dieser Entscheidung siehe *Blankenburg*, WRP 2008, 1294 ff.

Dienstleistungen benutzt wird, die mit denjenigen identisch sind, für die die Marke Schutz genießt.

(a) Restriktive Auslegung

Grundsätzlich geht die markenrechtliche Literatur ohne weitere Problematisierung davon aus, dass eine Produktidentität nur dann vorliegt, wenn die Waren oder Dienstleistungen des Zeichenverwenders mit denen des Markeninhabers identisch sind.[471] Demnach wären die Fälle der Markennennung nicht von § 14 Abs. 2 Nr. 1 MarkenG erfasst, bei denen die Produkte des Dritten und des Markeninhabers nicht identisch sind. So käme es etwa bei einem Bestimmungshinweis auf einem Zubehörprodukt darauf an, ob das Hauptprodukt und das Zubehörprodukt noch als identisch angesehen werden. Soweit dies nicht der Fall ist, würde eine Markenrechtsverletzung gemäß § 14 Abs. 2 Nr. 1 MarkenG ausscheiden und es käme darauf an, ob eine Verwechslungsgefahr auch durch die Markennennung begründet werden kann.[472]

(b) Extensive Auslegung

Diese Auslegung ist jedoch durch die Entscheidung des EuGH in der Rechtssache *BMW/Deenik* in Frage gestellt worden.[473] Wie bereits dargelegt, hatte der EuGH den Fall zu entscheiden, dass die Marke *BMW* von einem Dritten dazu benutzt wurde, um sowohl auf die Verkaufstätigkeit als auch die Reparaturtätigkeit hinsichtlich der unter der Marke *BMW* vertriebenen Fahrzeuge hinzuweisen. Die Marke *BMW* war nur für Kraftfahrzeuge, nicht aber für Verkaufs- oder Reparaturleistungen an Fahrzeugen eingetragen.

471 So wird die Markennennung in den gängigen Kommentaren bei § 14 Abs. 2 Nr. 1 MarkenG nicht angesprochen und als Beispiele werden immer solche Konstellationen angeführt, bei denen Identität zwischen den Produkten des Markenverwenders und des Markeninhabers besteht (siehe nur *Fezer*, MarkenR, § 14 Rdn. 71 ff; *Ingerl/Rohnke*, MarkenG, § 14 Rdn. 214 ff.; *Hacker*, in; Ströbele/Hacker, MarkenG, § 14 Rdn. 145; *Schweyer*, in: v. Schultz, MarkenG, § 14 Rdn. 40 ff.); lediglich *Heim*, Einflussnahme auf Trefferleisten von Internet-Suchdiensten, S. 104 und *Holtkotte*, Marken- und wettbewerbsrechtliche Probleme bei Suchmaschinen, S. 110 ff. problematisieren das Bezugsobjekt für eine Markenrechtsverletzung gemäß § 14 Abs. 2 Nr. 1 MarkenG.

472 Davon scheint auch *Köhler*, in: Hefermehl/Köhler/Bornkamm, UWG, § 6 Rdn. 64 auszugehen, da er nur das Verhältnis von § 14 Abs. 2 Nr. 2 MarkenG zu § 6 UWG anspricht.

473 EuGH GRUR Int. 1999, 438 „*BMW/Deenik*“.

Bei einer restriktiven Auslegung des § 14 Abs. 2 Nr. 1 MarkenG hätte davon ausgegangen werden müssen, dass zwischen den angebotenen Dienstleistungen und den für den Markeninhaber eingetragenen Waren keine Produktidentität besteht. Folglich hätte allenfalls eine Markenrechtsverletzung gemäß § 14 Abs. 2 Nr. 2 oder Nr. 3 MarkenG angenommen werden können.

Der EuGH sah jedoch den Identitätstatbestand des Art. 5 Abs. 1 S. 2 lit. a) MRL (§ 14 Abs. 2 Nr. 1 MarkenG) als erfüllt an.[474] Dies kann nur damit begründet werden, dass die genannte Marke nicht für die Dienstleistung „Verkauf" oder „Reparatur" verwendet wurde, sondern für die *BMW*-Fahrzeuge selbst. Auf dieses Verständnis deutet die Formulierung des EuGH hin, dass die Marke dazu verwendet werde, die zu reparierenden Fahrzeuge von anderen Fahrzeugen zu unterscheiden.[475]

Folglich könnte die EuGH-Rechtsprechung dahingehend verstanden werden, dass in allen Fällen der Verwendung der Marke zur Adressierung des Originalproduktes § 14 Abs. 2 Nr. 1 MarkenG eingreift.[476]

(c) Eigene Auffassung

Gegen dieses Verständnis bestehen jedoch erhebliche Bedenken. Folge dieser Auslegung müsste zunächst sein, dass es auf die Identität zwischen den Waren oder Dienstleistungen des Zeichenverwenders und des Markeninhabers nicht mehr ankäme, wenn das Zeichen nicht als Herkunftshinweis für das Produkt des Verletzers verwendet wird, sondern nur dazu, das geschützte Markenprodukt von anderen Produkten abzugrenzen. Bezugsobjekt für die Identität wäre allein das Produkt des Markeninhabers, für das die Marke zwingend eingetragen ist.[477]

Diese Auslegung führt jedoch zu nicht mehr hinnehmbaren Ergebnissen, wenn das Zeichen *herkunftshinweisend im klassischen Sinne* verwendet wird. Soweit die Produkte des Zeichenverwenders mit den eingetragenen Produkten des Markeninhabers identisch sind, fällt diese Handlung unzweifelhaft unter § 14 Abs. 2 Nr. 1 MarkenG, so etwa wenn ein neuer Kfz-Hersteller seine Fahrzeuge mit der Marke *BMW* kennzeichnen würde. Anders verhält es sich jedoch, wenn

---

474 EuGH GRUR Int. 1999, 438, 441 (Rdn. 42) „*BMW/Deenik*".

475 EuGH GRUR Int. 1999, 438, 441 (Rdn. 39) „*BMW/Deenik*".

476 So *Sack*, in: Harte-Bavendamm/Henning-Bodewig, § 6 Rdn. 186; *ders.*, WRP 2004, 1405, 1418; *Menke*, in: MünchKomm, UWG, § 6 Rdn. 29; *Danger*, Die rechtsverletzende Benutzungshandlung im Markenrecht, Rdn. 469; *Egerer*, Die markenrechtliche Zulässigkeit beschreibender Angaben , S. 110; *Kur*, JZ 1999, 838, 840; *dies.*, CR 2000, 448, 451; *dies.*, MarkenR 2001, 137, 142; *v. Linstow*, WRP 2000, 955, 957; *Lange*, WRP 2003, 323, 332.

477 So in der Tat *Sack*, WRP 2004, 1405, 1418.

die Produkte nicht mehr identisch sind, wenn z.B. ein Staubsauger mit der Marke *BMW* gekennzeichnet würde. In diesen Fällen wird die Marke eindeutig nicht dazu verwendet, das Produkt des Markeninhabers von anderen Produkten abzugrenzen. Eine Adressierung der Produkte des Markeninhabers liegt mithin nicht vor. Käme es nun aufgrund der identischen Zeichenverwendung nicht auf einen Vergleich zwischen dem Produkt des Zeichenverwenders (Staubsauger) und dem des Markeninhabers (Kraftfahrzeuge) an, könnte der Markeninhaber jede zeichenidentische Verwendung seiner Marke untersagen.[478] Gerade dies ist jedoch nicht die Intention der MRL oder des MarkenG. Denn wie sich aus dem Wortlaut des § 14 Abs. 2 Nr. 2 MarkenG ergibt, muss es auch Fälle der Verwechslungsgefahr geben, bei denen identische Zeichen verwendet werden. Wäre jedoch jede identische Verwendung des Zeichens von § 14 Abs. 2 Nr. 1 MarkenG erfasst, wäre diese Fallvariante überflüssig. Gleiches würde für die Nennung der Identität innerhalb des § 14 Abs. 2 Nr. 3 MarkenG gelten. Ferner könnten auch für unterschiedliche Produkte keine identischen Marken mehr angemeldet werden. Eine einmal angemeldete Marke würde bei einer solchen Auslegung jegliche identische Verwendung verhindern. Diese Rechtsfolge wäre jedoch mit der begrenzten Wirkung einer Marke auf die angemeldeten Waren oder Dienstleistungen nicht mehr vereinbar. Folglich muss es bei einer klassischen herkunftshinweisenden Verwendung einer Marke darauf ankommen, ob das Produkt des Zeichenverwenders mit dem des Markeninhabers identisch ist.

Die extensive Auslegung ließe sich daher nur dann vertreten, wenn zwischen der herkunftshinweisenden Verwendung und der schlicht bezugnehmenden Verwendung unterschieden wird. Dies hätte aber zur Konsequenz, dass der Markeninhaber gegen die *nicht herkunftshinweisende* Markennennung eher vorgehen könnte als gegen die *herkunftshinweisende* Verwendung.[479] Denn im ersten Fall

478 Diese Gefahr sehen auch *Heim*, Einflussnahme auf Trefferleisten von Internet-Suchdiensten, S. 105 und *Holtkotte*, Marken- und wettbewerbsrechtliche Probleme bei Suchmaschinen, S. 112.

479 Beispielhaft für dieses absurde Ergebnis ist der Sachverhalt des Urteils *Pulloverbeschriftung* des BGH (GRUR 1994, 635). Wird § 14 Abs. 2 Nr. 1 MarkenG bei der nicht herkunftshinweisenden Verwendung eines Zeichens weit ausgelegt, so würde die dekorative Verwendung der Marken mehrerer Uhrenhersteller unter diese Vorschrift fallen und wäre zunächst ohne weiteres verboten (so z.B. *Danger*, Die rechtsverletzende Benutzungshandlung im Markenrecht, Rdn. 618). Würde nun aber der Pullover lediglich mit einer Marke beschriftet, beispielsweise mit der Marke *Omega*, so würde der Verkehr diese Marke als Herkunftszeichen verstehen und eine Anwendung des § 14 Abs. 2 Nr. 1 MarkenG schiede mangels Produktidentität aus. Es käme also darauf an, ob zwischen der Uhrenmarke *Omega* und der nun für Textilwaren verwendeten Marke *Omega* Verwechslungsgefahr besteht, die möglicherweise abgelehnt werden könnte. Eine Erklärung dafür, warum die Markennen-

wäre eine Markenrechtsverletzung gemäß § 14 Abs. 2 Nr. 1 MarkenG indiziert, die dann einer Rechtfertigung bedürfte. Bei einer herkunftshinweisenden Verwendung läge eine Markenrechtsverletzung gemäß § 14 Abs. 2 Nr. 1 MarkenG nur im Falle der Produktidentität vor, außerhalb dieses relativ schmalen Bereichs käme es darauf an, ob eine Verwechslungsgefahr besteht oder ob der Bekanntheitsschutz eingreift. Es erscheint indes zweifelhaft, ob dem MarkenG und der MRL eine solche Intention zu entnehmen ist. Grundsätzlich stellt die Benutzung der Marke zur Kennzeichnung der eigenen Produkte einen wesentlich intensiveren Eingriff in die Rechtsstellung des Markeninhabers dar als die schlichte Markennennung z.B. beim Vertrieb von Zubehörprodukten.

Auch der EuGH ist sich der Problematik der extensiven Auslegung durch das *BMW/Deenik*-Urteil bewusst geworden. Das Gericht hat in der *Opel/Autec*-Entscheidung nunmehr festgestellt, dass Art. 5 Abs. 1 S. 2 lit. a) MRL (§ 14 Abs. 2 Nr. 1 MarkenG) dahin ausgelegt werden müsse, dass diese Vorschrift grundsätzlich nur „*die Benutzung eines mit der Marke identischen Zeichens für von dem Dritten vertriebene Waren oder erbrachte Dienstleistungen betrifft, die mit denjenigen identisch sind, für die die Marke eingetragen ist*“.[480] Durch diese nicht ganz glücklich formulierte Erklärung soll zum Ausdruck gebraucht werden, dass für die Identität die Bezugsobjekte auf der einen Seite die Produkte des Zeichenverwenders und auf der anderen Seite die Produkte sind, für die die Marke eingetragen wurde.

Die *BMW/Deenik*-Entscheidung versucht das Gericht damit zu retten, dass dort ein spezifischer Fall vorgelegen habe, da zwischen den mit der Marke versehenen Waren und den vom Dritten erbrachten Dienstleistungen eine spezifische und untrennbare Beziehung bestanden habe.[481] Worin diese spezifische Beziehung zu sehen ist und weshalb sie besteht, hat der EuGH nicht ausgeführt. Mangels einer hinreichenden Begründung kann diese Ausnahme von dem allgemeinen Grundsatz nicht überzeugen.

Deshalb muss es im Rahmen des § 14 Abs. 2 Nr. 1 MarkenG auf eine restriktive Auslegung ankommen. Für eine Identität ist es allein entscheidend, ob die vom Zeichenverwender vertriebenen Produkte mit denen identisch sind, für die die Marke eingetragen wurde.[482] Liegt eine solche Identität nicht vor, kann trotz

nung eher verboten sein soll als die herkunftshinweisende Verwendung, ist nicht ersichtlich und wird von der Gegenansicht auch nicht vorgebracht.

480 EuGH GRUR 2007, 318, 319 (Rdn. 28) „*Opel/Autec*“; ähnlich versucht bereits *Riedel*, Spannungsverhältnis, S. 85 und S. 145 die *BMW/Deenik*-Entscheidung zu rechtfertigen.

481 EuGH GRUR 2007, 318, 319 (Rdn. 27) „*Opel/Autec*“.

482 Ebenso *Eichhammer*, Die markenmäßige Benutzung, S. 139.

Identität der Zeichen nur eine Markenrechtsverletzung gemäß § 14 Abs. 2 Nr. 2 oder Nr. 3 MarkenG gegeben sein.

2) Auslegung des Benutzungsbegriffs

Nach der Bestimmung der Reichweite der Vorschrift kann nun geklärt werden, ob eine markenmäßige Benutzung bei § 14 Abs. 2 Nr. 1 MarkenG erforderlich ist.

(a) Ablehnung des herkömmlichen Verständnisses der markenmäßigen Benutzung

Mit den Ausführungen zu § 14 Abs. 2 Nr. 2 MarkenG würde es nicht korrespondieren, wenn im Rahmen des § 14 Abs. 2 Nr. 1 MarkenG wie unter Geltung des WZG darauf abgestellt würde, ob der Verkehr das Zeichen als Herkunftshinweis für das gekennzeichnete Produkt auffasst. Wie bereits dargelegt, ist die Annahme einer Verwechslungsgefahr im weiteren Sinne auch dann möglich, wenn der Verkehr trotz Fehlens der Verwendung der Marke im klassischen herkunftsbezogenen Sinne eine wirtschaftliche Beziehung zwischen dem Markeninhaber und dem potentiellen Verletzer annimmt.[483] Würde nunmehr innerhalb des § 14 Abs. 2 Nr. 1 MarkenG die markenmäßige Benutzung so ausgelegt, dass der Verkehr das verwendete Zeichen als primären Herkunftshinweis für die gekennzeichnete Marke verstehen müsste und eine mittelbare Zurechnung der Produktverantwortung nicht ausreichend würde, führte dies dazu, dass Marken im Identitätsbereich geringer geschützt wären als im Ähnlichkeitsbereich. Der erweiterte Schutz im Identitätsbereich würde in sein Gegenteil verkehrt. Wird daher § 14 Abs. 2 Nr. 2 MarkenG produktverantwortungsbezogen ausgelegt, besteht für die herkömmliche Verständnisweise bei § 14 Abs. 2 Nr. 1 MarkenG keine Rechtfertigung mehr.

Unterstrichen wird dieses Ergebnis auch durch das bereits oben dargelegte Markenverständnis des EuGH. Danach soll eine Marke die Gewähr bieten, dass alle Waren oder Dienstleistungen, die die Marke kennzeichnet, unter der Kontrolle eines einzigen Unternehmens hergestellt oder erbracht worden sind, das für ihre Qualität verantwortlich gemacht werden kann.[484] Da es, wie bei der Verwechslungsgefahr gezeigt,[485] nicht ausgeschlossen ist, dass der Markeninhaber auch bei einer Verwendungsweise der Marke, die nicht der herkömmlichen mar-

483 Dazu C.II.3.f)2)(b), S. 171 ff.

484 So insbesondere EuGH GRUR Int. 1990, 960, 961 (Rdn. 13) „*HAG II*"; GRUR 2003, 55, 57 (Rdn. 48) „*Arsenal*"; weitere Nachweise in FN. 464.

485 C.II.3.f)2)(b), S. 171 ff.

kenmäßigen Benutzung entspricht, für die Qualität des Produktes verantwortlich gemacht wird, würde eine allein herkunftsbezogene Auslegung der markenmäßigen Benutzung dem Markenverständnis des EuGH zuwiderlaufen.

(b) Kein Verzicht auf das Merkmal der markenmäßigen Benutzung

Auch der vollständige Verzicht auf das Merkmal der markenmäßigen Benutzung bei § 14 Abs. 2 Nr. 1 MarkenG überzeugt nicht. Die Verwendung von geschützten Zeichen ist in einer vielfältigen Weise möglich. Die Zeichen können sowohl in der Weise verwendet werden, dass noch eine Assoziation zur geschützten Marke durch den Verkehr erfolgt, als auch in der Art, dass eine Assoziation nahezu ausgeschlossen ist. Wird eine Wortmarke in der Regel entweder als Herkunftshinweis verstanden oder führt sie zumindest zu Assoziationen zur geschützten Marke, so ist dies bei neueren Markenformen fraglich. Beispielsweise könnte ein Produkt sowohl mit der Wortmarke des Produzenten als auch in marginaler Weise mit einer für Konkurrenzwaren als Marke geschützten Farbe gekennzeichnet werden. Denkbar wäre etwa, dass auf einer Schokoladenverpackung ein unscheinbarer lilafarbener Punkt abgebildet wird.[486] Aufgrund der Wortmarke und der nur untergeordneten Bedeutung der Farbe in der Produktgestaltung wird der Verkehr das Produkt nicht dem Markeninhaber der Farbe Lila[487] zuordnen, mag die Marke auch noch so berühmt sein.[488] Auch die Annahme einer wirtschaftlichen Beziehung wäre schlicht eine Unterstellung. Da jedoch ein mit der Marke identisches Zeichen für ein identisches Produkt verwendet wird, müsste bei einem Verzicht auf das Merkmal der markenmäßigen Benutzung trotzdem zunächst gemäß § 14 Abs. 2 Nr. 1 MarkenG eine Markenrechtsverletzung angenommen werden.[489] Eine Rechtfertigung der Markenrechtsverletzung über § 23 Nr. 2

486 Ebenso könnte das Fragenzeichen-Beispiel der EU-Kommission herangezogen werden. Dem Beispiel lag die Annahme zugrunde, dass ein Fragezeichen als Marke für Zeichenschriften bestehe. Nach Ansicht des Kommission kann die Eintragung der Marke nicht dazu führen, dass nunmehr auch die grammatikalische Verwendung des Fragezeichens über Art. 5 Abs. 1 MRL verboten werden könne (Das Beispiel ist zitiert in den Schlussanträgen des Generalanwalts *Jacobs* zur Rechtssache C-2/00 „*Hölterhoff*", Rdn. 29).

487 Unter der Registernummer 2906959 ist beim DPMA die Farbe Lila zugunsten der Kraft Food Schweiz Holding AG für Schokoladenwaren eingetragen. Diese Marke wird für Schokolade im Zusammenhang mit der Wortmarke *Milka* benutzt.

488 Instruktiv zu neuen Markenformen als Herkunftshinweis *Eisenführ*, in: FS Ullmann, S. 181 ff.

489 Möglich erschiene, dem Punkt die Zeichenqualität abzusprechen. Indes würde unstreitig eine Markenrechtsverletzung vorliegen, wenn die Verpackung mit lilafarbenen Punkten übersäht wäre, da dann die Gefahr bestünde, dass die farbige Verpa-

MarkenG ließe sich nur mit Gewalt begründen, da ein farbiger Punkt auf keinen der dort bezeichneten Umstände hinweist. Obwohl eine Beeinträchtigung einer Markenfunktion durch den lilafarbenen Punkt mehr als fraglich erscheint, wäre die konkrete Produktgestaltung als Markenverletzung zu werten und würde die erheblichen Rechtsfolgen des MarkenG auslösen.

Da aufgrund der vielfältigen Markenformen und Verwendungsmöglichkeiten immer Gestaltungen möglich sind, bei denen keine Assoziation zum Markeninhaber erfolgt, müssen diese Verwendungsformen der geschützten Marke vom dem Bereich des § 14 Abs. 2 Nr. 1 MarkenG ausgenommen werden. Weil diese Vorschrift anders als die anderen beiden Alternativen des § 14 Abs. 2 MarkenG keine weiteren Tatbestandsmerkmale als Korrekturmöglichkeiten aufweist, muss diese Korrektur über die markenmäßige Benutzung erfolgen.[490]

(c) Ablehnung des Abstellens auf die Erkennbarkeit als Marke

Diese Korrektur könnte dadurch erreicht werden, dass für eine Markenrechtsverletzung gemäß § 14 Abs. 2 Nr. 1 MarkenG im Rahmen der markenmäßigen Benutzung darauf abgestellt wird, ob das Zeichen als Marke verwendet wird. Dies soll dann der Fall sein, wenn das Zeichen vom Verkehr entweder als Herkunftskennzeichen für das vermarktete Produkt oder aber als Bezugnahme auf das Produkt des Markeninhabers aufgefasst wird.[491] Diese Konstruktion entspricht der im *BMW/Deenik*-Urteil vertretenen Ansicht des EuGH.[492] Ohne genauer darauf einzugehen, hat das Gericht durch die Bezugnahme auf dieses Urteil die Konstruktion auch im *Gillette Company/LA-Laboratories*-Urteil implizit zugrunde gelegt.[493]

Indes überzeugt auch diese Betrachtungsweise des § 14 Abs. 2 Nr. 1 MarkenG nicht. Gegen diese Auslegung der markenmäßigen Benutzung spricht zunächst, dass der EuGH selbst nicht von dieser Konstruktion überzeugt zu sein scheint, da er in seinem letzten Urteil zu Art. 5 Abs. 1 S. 2 lit. a) MRL (§ 14 Abs. 2 Nr. 1 MarkenG) nicht mehr darauf abgestellt hat. Vielmehr hat das Gericht nur noch geprüft, ob eine Funktion der Marke beeinträchtigt wird.[494]

ckung als Herkunftshinweis verstanden wird. Wenn aber mehrere Punkte ein Zeichen sein können, muss dies auch für einen einzigen Punkt gelten.

490 Ebenso *Eichhammer*, Die markenmäßige Benutzung, S. 155 f.

491 *Kur*, MarkenR 2001, 137, 141; *Lange*, Marken- und Kennzeichenrecht, Rdn. 1819; *ders.*, WRP 2003, 323, 326.

492 EuGH GRUR Int. 1999, 438, 441 (Rdn. 38 ff.) „*BMW/Deenik*".

493 EuGH GRUR 2005, 509, 511 (Rdn. 33) „*Gillette Company/LA-Laboratories*".

494 EuGH GRUR 2007, 318, 319 (Rdn. 21 ff.) „*Opel/Autec*".

Ferner führte die Auslegung bei bestimmten Fallkonstellationen zu Widersprüchen zwischen der Verwendung im Identitätsbereich einerseits und im Ähnlichkeitsbereich andererseits,[495] insbesondere wenn die Annahme einer wirtschaftlichen Beziehung zwischen dem Verwender und dem Markeninhaber verneint wird. So könnte es beispielsweise bei Ersatzteilen einerseits, die dem Identitätsbereich zuzuordnen sind, und Zubehörteilen andererseits, die nur in den Ähnlichkeitsbereich fallen, zu nicht erklärbaren Differenzen kommen. Zur Illustration dieser Problematik dienen folgende Werbeaussagen: zum einen *„Das Erstsatzteil AB passt auf das Produkt XY.“* (**Ersatzteilbeispiel**); zum anderen *„Das Zubehörprodukt AB passt auf das Produkt XY“* (**Zubehörteilbeispiel**). Dabei soll unterstellt werden, dass die Marke *XY* sowohl für das Hauptprodukt als auch für die passenden Ersatzteile, nicht aber für das Zubehörprodukt eingetragen ist und dass in beiden Beispielen durch die Markenverwendung für den Verkehr nicht der Eindruck einer wirtschaftlichen Beziehung zwischen den beiden Unternehmen entsteht.

Im ***Ersatzteilbeispiel*** müsste von einer Markenrechtsverletzung gemäß § 14 Abs. 2 Nr. 1 MarkenG ausgegangen werden. Das verwendete Wortzeichen *XY* ist mit der eingetragenen Marke *XY* identisch. Zudem umfasst ihr Schutzbereich auch Ersatzteile, so dass ebenfalls die Identität hinsichtlich der Waren gegeben ist. Ferner wird das Zeichen *XY* als Marke im Sinne des *BMW/Deenik*-Urteils verwendet, da durch dieses das Produkt von anderen unterschieden werden soll, auf das das Ersatzteil passt. Im weiteren Verlauf der Prüfung käme es darauf an, ob die Markenrechtsverletzung gemäß § 23 Nr. 3 MarkenG gerechtfertigt ist. Insoweit ist dann auf die Notwendigkeit der Benutzung und die Einhaltung der guten Sitten bzw. der anständigen Gepflogenheiten abzustellen. Dass diese Merkmale auch bei Ersatzteilen nicht ohne weiteres zu bejahen sind, zeigen die umfangreichen Ausführungen des EuGH im *Gillette Company/LA-Laboratories*-Urteil zu Art. 6 Abs. 1 lit. c) MRL (§ 23 Nr. 3 MarkenG).[496]

Anders wäre hingegen das ***Zubehörteilbeispiel*** zu behandeln. § 14 Abs. 2 Nr. 1 MarkenG wäre nicht einschlägig, soweit die Produkte nicht als identisch angesehen werden. Eine Identität der Produkte wäre beispielsweise zu verneinen, wenn der Hersteller Einbaunavigationssysteme für Kfz vertreibt und mit der Markennennung angibt, in welche Kfz-Modelle sein Gerät eingebaut werden kann. Mangels Doppelidentität käme es folglich darauf an, ob § 14 Abs. 2 Nr. 2 MarkenG eingreift. Dies ist, wie oben dargelegt,[497] nur dann der Fall, wenn das

495 Auf diesen Widerspruch weist auch *Jacobs* in seinen Schlussanträgen zur Rechtssache C-2/00 *„Hölterhoff“*, Rdn. 40 hin.

496 EuGH GRUR 2005, 509, 512 (Rdn. 35 – 53) *„Gillette Company/LA-Laboratories“*.

497 Siehe zur Auslegung der Verwechslungsgefahr C.II.3.f)3), S. 173.

Publikum glauben könnte, dass die betreffenden Waren oder Dienstleistungen aus demselben Unternehmen oder gegebenenfalls aus wirtschaftlich miteinander verbundenen Unternehmen stammen. Bei den Beispielsfällen sollte jedoch davon ausgegangen werden, dass das Publikum solche Verbindungen nicht annimmt. Dementsprechend läge auch keine Verwechslungsgefahr vor. Eine Markenrechtsverletzung wäre damit allenfalls über § 14 Abs. 2 Nr. 3 MarkenG herzuleiten. Indes setzt die Vorschrift eine bekannte Marke und das Ausnutzen oder Beeinträchtigen der Unterscheidungskraft bzw. Wertschätzung voraus. Obwohl der zweite Werbespruch die gleiche Intention wie der erste hat und obwohl in beiden Fällen die Belastung für den Markeninhaber die gleiche ist, wäre im ersten Fall die Markenverwendung grundsätzlich verboten und rechtfertigungsbedürftig, im zweiten Fall wäre sie hingegen nur unter den besonderen Voraussetzungen des § 14 Abs. 2 Nr. 3 MarkenG unzulässig.

Sollte für die Bestimmung der markenmäßigen Benutzung auf die Verwendung als Marke abgestellt werden, käme der Warenidentität bei der Markennennung eine ungeahnte Bedeutung zu. Allein von dieser würde es abhängen, ob die Markennennung grundsätzlich unzulässig und damit rechtfertigungsbedürftig ist oder ob bei Ablehnung der Verwechslungsgefahr die Markennennung allein an § 14 Abs. 2 Nr. 3 MarkenG zu messen wäre.

(d) Ablehnung der Funktionenlehre zur Bestimmung des markenmäßigen Gebrauchs

Der EuGH hat den in der *BMW/Deenik*-Entscheidung eingeschlagenen Ansatz nicht konsequent verfolgt. Bereits in der *Hölterhoff*-Entscheidung hat das Gericht darauf abgestellt, ob durch die Benutzung ein Interesse des Markeninhabers beeinträchtigt wird.[498] Diese Ausführungen hat der EuGH in der *Arsenal*-Entscheidung dahin präzisiert, dass eine beeinträchtigende Benutzung im Sinne des Art. 5 Abs. 1 S. 2 lit. a) MRL dann nicht vorläge, wenn die Benutzung im Hinblick auf die Funktion der Marke die Interessen als Markeninhaber nicht beeinträchtigen könne.[499] Zuletzt hat er wiederholt betont, dass die Ausübung des Rechts des Markeninhabers auf die Fälle beschränkt bleiben müsse, in denen die Benutzung des Zeichens durch einen Dritten die Funktionen der Marke und insbesondere ihre Hauptfunktion, d.h. die Gewährleistung der Herkunft der Ware gegenüber den Verbrauchern beeinträchtige oder beeinträchtigen könne.[500]

498 EuGH GRUR 2002, 692, 693 (Rdn. 14) „*Hölterhoff*".

499 EuGH GRUR 2003, 55, 58 (Rdn. 54) „*Arsenal*".

500 EuGH GRUR 2005, 153, 155 (Rdn. 59) „*Anheuser-Busch*"; GRUR 2007, 318, 319 (Rdn. 21) „*Opel/Autec*"; GRUR 2008, 698, 700 (Rdn. 57) „*O2/Hutchison*".

Insoweit wäre bei jeder Benutzung im Rahmen des § 14 Abs. 2 Nr. 1 MarkenG zu prüfen, ob durch die Verwendung eine Funktion der Marke beeinträchtigt wird oder beeinträchtigt werden könnte. Dies könnte dazu führen, dass eine nicht markenmäßige Benutzung im klassischen Sinne unter diese Vorschrift zu subsumieren wäre, soweit nur eine Beeinträchtigung einer Funktion festgestellt wird. Damit würde der Anwendungsbereich des § 14 Abs. 2 Nr. 1 MarkenG gegenüber der herkömmlichen Auffassung wesentlich erweitert.

Indes bestehen auch gegen diese Auslegung erhebliche Bedenken.

Zunächst hat der EuGH bisher in keiner seiner Entscheidungen dargelegt, welche Funktionen der Marken neben der als Hauptfunktion bezeichneten Herkunftsfunktion geschützt sind. Es ist bereits unklar, ob es überhaupt noch weitere geschützte Funktionen im Rahmen des Art. 5 Abs. 1 S. 2 lit. a) MRL (§ 14 Abs. 2 Nr. 3 MarkenG) gibt. Aus dem *Opel/Autec*-Urteil des EuGH wird nicht deutlich, warum durch die Verwendung der Marke *Opel* auf Spielzeugautos nicht etwa die Werbefunktion oder die Qualitäts- bzw. Garantiefunktion der Marke verletzt werden. Der Werbewert der Marke *Opel* steigert schließlich den Verkaufswert der Spielzeugautos. Zudem hatte Opel geltend gemacht, dass der Ruf der Marke durch veraltete Modelle oder solcher schlechter Qualität beeinträchtigt würde. Wie jedoch der Ruf einer Marke beeinträchtigt werden kann, ohne dass damit auch eine Funktion beeinträchtigt wird, ist nicht ersichtlich.

Ferner bestehen auch die zur vorherigen Auffassung aufgeführten Bedenken.[501] Wenn sich § 14 Abs. 2 Nr. 2 MarkenG nur auf die Produktverantwortung bezieht, andererseits durch § 14 Abs. 2 Nr. 1 MarkenG aber alle Markenfunktionen geschützt wären, kann dies zu den oben aufgezeigten Wertungswidersprüchen kommen. Auch bei dieser Auslegung könnte die Zulässigkeit des gleichen Werbespruchs allein davon abhängen, ob die Produkte identisch oder nur ähnlich sind.

Schließlich spricht auch die Systematik der Alternativen des § 14 Abs. 2 MarkenG gegen eine funktionsorientierte Auslegung der Nr. 1. Wie bereits dargelegt, lässt sich § 14 Abs. 2 Nr. 3 MarkenG nicht mit der herkömmlichen Herkunftsfunktion erklären. Gerade die Ausnutzung der Wertschätzung beruht auf der Qualitäts- oder Werbefunktion der Marke. Hingegen sind bei der Verwechslungsgefahr diese Funktionen nicht umfassend geschützt, da eine reine Assoziation zur Fremdmarke für die Annahme einer Verwechslungsgefahr nicht ausreicht. Eine funktionsorientierte Auslegung im Sinne des EuGH führte damit dazu, dass im Identitätsbereich alle Funktionen geschützt wären, im Ähnlichkeitsbereich hingegen nicht. Schon diese Konstruktion erschiene fraglich. Zudem ergibt sich aus der Normierung des § 14 Abs. 2 Nr. 3 MarkenG und der Rechtsprechung des

501 Siehe C.II.3.g)2)(c), S. 181 ff.

EuGH, der diese Norm auch auf den Identitäts- und Ähnlichkeitsbereich ausgedehnt hat, dass bekannten Marken ein besonderer Schutz gewährleistet werden soll, der allerdings von der Unlauterkeit der Ausnutzung oder Beeinträchtigung abhängt. Nur schwerlich erklärbar wäre es dann, warum einfachen Marken im Identitätsbereich ein darüber hinausgehender Schutz gewährleistet wird, da es insoweit nicht auf die Unlauterkeit der Funktionsbeeinträchtigung ankäme.

(e) Erweiterte Herkunftsfunktion als Anknüpfungspunkt

Um diese systematischen Ungenauigkeiten und die ergebnisbezogenen Widersprüche zu vermeiden, sollte im Rahmen des § 14 Abs. 2 Nr. 1 MarkenG weiterhin auf die Herkunftsfunktion als geschützte Funktion abgestellt werden. Diese ist jedoch nicht im herkömmlichen Sinne zu verstehen, sondern im Sinne einer ***Produktverantwortungsfunktion***.[502] Danach kommt es darauf an, ob der Verkehr aufgrund der Benutzung davon ausgeht, dass das mit der Marke gekennzeichnete Produkt entweder aus dem Unternehmen des Markeninhabers stammt oder dieser eine Verantwortung für das Produkt übernimmt.

Dies korrespondiert mit dem Verständnis des EuGH. Dieser sieht die Hauptfunktion der Marke darin, dem Verbraucher oder Endabnehmer die Ursprungsidentität der durch die Marke gekennzeichneten Ware oder Dienstleistung zu garantieren, indem sie ihm ermöglicht, diese Ware oder Dienstleistung ohne Verwechslungsgefahr von Waren oder Dienstleistungen anderer Herkunft zu unterscheiden.[503] Damit die Marke ihre Aufgabe als wesentlicher Bestandteil des Systems eines unverfälschten Wettbewerbs erfüllen könne, das der Vertrag errichten und erhalten will, müsse sie die Gewähr bieten, dass alle Waren oder Dienstleistungen, die sie kennzeichnet, unter der Kontrolle eines einzigen Unternehmens hergestellt oder erbracht worden seien, das für ihre Qualität verantwortlich gemacht werden könne.[504]

---

502 *Fezer*, WRP 1998, 1, 12; In diesem Sinne auch *Ingerl/Rohnke*, MarkenG, § 14 Rdn. 94, die von einem weiten Herkunftsbegriff des EuGH ausgehen, der auch Unternehmensverbindungen im Sinne einer einheitlichen Kontrollverantwortung miteinbeziehe.

503 EuGH GRUR Int. 1990, 960, 961 (Rdn. 13) „*HAG II*"; GRUR Int. 1998, 145, 146 (Rdn. 22) „*Loendersloot/Ballantine*"; GRUR 2001, 1148, 1149 (Rdn. 21) „*Merz & Krell*"; GRUR 2003, 55, 57 (Rdn. 47) „*Arsenal*"; GRUR 2005, 509, 511 (Rdn. 25) „*Gillette Company/LA-Laboratories*"; zuletzt GRUR 2008, 698, 700 (Rdn. 57) „*O2/Hutchison*".

504 So zuerst in EuGH GRUR Int. 1990, 960, 961 (Rdn. 13) „*HAG II*"; seitdem ständige Formulierung des EuGH zuletzt GRUR 2003, 55, 57 (Rdn. 48) „*Arsenal*"; GRUR 2005, 507, 509 (Rdn. 38) „*Peak Holding/Axolin-Elinor*"; GRUR 2005, 509, 511 (Rdn. 26) „*Gillette Company/LA-Laboratories*"; GRUR 2006, 416, 418

Nur wenn diese weit verstandene Herkunftsfunktion durch die Benutzung der Marke verletzt ist, greift § 14 Abs. 2 Nr. 1 MarkenG ein. Dies ist unproblematisch der Fall, wenn die Marke markenmäßig im herkömmlichen Sinne verwendet wird, denn dann wird dem Markeninhaber die Produktverantwortung als vermeintlichem Hersteller immer zugerechnet. Ob dies zu Recht oder zu Unrecht erfolgt, ist beim Verletzungstatbestand unerheblich.

Soweit keine markenmäßige Benutzung im herkömmlichen Sinne gegeben ist, bedarf es ähnlich wie bei der Verwechslungsgefahr im weiteren Sinne einer Prüfung, ob der Verkehr von wirtschaftlichen Verbindungen zwischen dem Zeichenverwender und dem Markeninhaber ausgeht.[505] Damit wird § 14 Abs. 2 Nr. 1 MarkenG an das geänderte Markenverständnis angepasst. Solange daher der EuGH die Herkunftsfunktion im Sinne einer Produktverantwortungsfunktion versteht und im Rahmen des § 14 Abs. 2 Nr. 1 MarkenG nicht die Möglichkeit von Beeinträchtigungen weiterer Funktionen ohne gleichzeitige Beeinträchtigung der Herkunftsfunktion aufzeigt, ist davon auszugehen, dass auch der EuGH lediglich die Herkunftsfunktion im weiteren Sinne als geschützt ansieht.[506]

Gegen diese Auslegung der markenmäßigen Benutzung spricht auch nicht, dass damit in § 14 Abs. 2 Nr. 1 MarkenG ähnliche Prüfungskriterien wie bei § 14 Abs. 2 Nr. 2 MarkenG heranzuziehen sind,[507] da durch den vorliegenden Ansatz keine vollwertige Prüfung der Verwechslungsgefahr in § 14 Abs. 2 Nr. 1 MarkenG implementiert wird.

Zunächst erfolgt, wie schon zuvor dargelegt, bei einer markenmäßigen Benutzung im klassischen Sinne immer eine Zurechnung der Produktverantwortung zum Markeninhaber, da der Verkehr das Zeichen dann gar nicht anders verstehen kann. Insoweit kann dann von ***einer unwiderlegbaren Vermutung*** der Zurech-

(Rdn. 38) „*ELIZABETH EMANUEL*"; ähnlich schon früher in EuGH NJW 1978, 1739, 1740 „*Hoffmann La Roche/Centrafarm*".

505 Auch *Colomer*, Schlussanträge zur Rechtssache C-206/01 „*Arsenal*", Rdn. 52 geht davon aus, dass die Verwechslungsgefahr bei Doppelidentität vermutet wird und dass es dem Dritten obliegt, den Gegenbeweis zu führen; diese Auffassung hat er in den Schlussanträgen zur Rechtssache C-48/05 „*Opel/Autec*", Rdn. 24 wiederholt.

506 In diesem Sinne auch *Heim*, Einflussnahme auf Trefferleisten von Internet-Suchdiensten, S. 88 ff.

507 Gegen eine Berücksichtigung der Verwechslungsgefahr *Fezer*, MarkenR, § 14 Rdn. 74 f.; *ders.*, in: FS Erdmann, S. 285; *Dorndorf*, Schutz vor Herkunftstäuschung und Rufausbeutung, Rdn. 335; *Krogmann*, Die Rechtsposition des Verletzers im Markenrecht, S. 102; *Will*, Der Markenschutz gemäß § 14 Markengesetz, S. 83; *Sack*, GRUR 1996, 663, 664; *ders.*, WRP 1998, 1127, 1128; *ders.*, WRP 1999, 467, 469.

nung der Produktverantwortung ausgegangen werden.[508] Dies ist auch in den Fällen möglich, die gemeinhin gegen das Abstellen auf eine Verwechslungsgefahr im Rahmen des § 14 Abs. 2 Nr. 1 MarkenG angeführt werden. Insoweit werden sowohl die Fälle der Marken- und Produktpiraterie[509] als auch die des Imports von Originalwaren des Markeninhabers aus Drittstaaten[510] genannt. Auch in diesen Fällen kann von einer ***unwiderlegbaren Vermutung*** der Zurechnung der Produktverantwortung ausgegangen werden. Insoweit ist zu beachten, dass der vorliegende Ansatz nur die Zurechnung der Produktverantwortung, ***nicht*** aber eine ***falsche*** Zurechnung verlangt. Selbst wenn bei der Marken- oder Produktpiraterie ein Teil des Verkehrs die Fälschung erkennen sollte, ist dies unerheblich, da zumindest die Gefahr besteht, dass dem Markeninhaber trotzdem die Produktverantwortung zugeordnet wird.

Folglich bedarf es lediglich in den Fällen, bei denen keine markenmäßige Benutzung im klassischen Sinne vorliegt, einer Prüfung, ob der Eindruck einer Produktverantwortung des Markeninhabers besteht. Insoweit könnte dann aufgrund der Identität von einer ***widerlegbaren Vermutung*** der Verwechslungsgefahr ausgegangen werden, die durch den Zeichenverwender widerlegt werden muss.[511] Dieser muss dann im Prozess darlegen, weshalb der angesprochene Verkehrskreis in der konkreten Situation nicht auf eine Produktverantwortung des Markeninhabers schließen wird.

---

508 So auch in Bezug auf eine vermutete Verwechslungsgefahr *Buhrow*, Markenmäßiger Gebrauch im Spannungsfeld von horizontaler und vertikaler Benutzung, S. 91 f.; *Eichhammer*, Die markenmäßige Benutzung, S. 174; *Nägele*, Die rechtsverletzende Benutzung im Markenrecht, S. 59; *Füller*, MarkenR 2007, 365 f.; *Jacobs*, Schlussanträgen zur Rechtssache C-2/00 „*Hölterhoff*", Rdn. 41 sieht die Verwechslung bei einer herkunftshinweisenden Verwendung als praktisch unvermeidbar an.

509 *Fezer*, MarkenR, § 14 Rdn. 75; *Knaak*, GRUR Int. 2008, 91, 95.

510 *Sack*, GRUR 1996, 663, 664; *ders.*, WRP 1998, 1127, 1128; *Kur*, GRUR Int. 2008, 1, 11.

511 Um diesen vermeintlichen Widerspruch zwischen § 14 Abs. 2 Nr. 1 und Nr. 2 MarkenG zu vermeiden, könnte bei § 14 Abs. 2 Nr. 1 MarkenG allein wie bisher auf die herkunftshinweisende Verwendung abgestellt werden und § 14 Abs. 2 Nr. 2 MarkenG dahingehend verstanden werden, dass diese Norm auch die Verwechslungsgefahr im weiteren Sinne in den Fällen der Doppelidentität erfasst. Damit würde zwar das gleiche Ergebnis wie nach der hier vorgeschlagenen Auslegung erzielt, indes würde bei allen drei Alternativen ein unterschiedlicher Benutzungsbegriff zugrunde gelegt. Dann erscheint es aber doch anwendungsfreundlicher, wie hier auch im Rahmen des § 14 Abs. 2 Nr. 1 MarkenG auf die Produktverantwortungszurechnung abzustellen.

h) Zwischenergebnis

Hinsichtlich § 14 Abs. 2 Nr. 1 MarkenG ist an dem Erfordernis der markenmäßigen Benutzung festzuhalten. Dieses Merkmal ist allerdings nicht mehr im herkömmlichen Sinne dahin auszulegen, dass das Zeichen als Herkunftshinweis verstanden werden muss. Vielmehr ist erforderlich, dass der Verkehr aufgrund der Verwendung des Zeichens auf eine Produktverantwortung des Markeninhabers schließt, mag dieser auch nicht als Hersteller des Produkts hervorgehen.

Bei § 14 Abs. 2 Nr. 2 MarkenG bedarf es des Merkmals der markenmäßigen Benutzung hingegen nicht mehr, da eine Verwechslungsgefahr schon aufgrund der Definition nur gegeben sein kann, wenn der Verkehr auf eine Produktverantwortung des Markeninhabers schließt. Dies ist auch dann möglich, wenn das Zeichen nicht markenmäßig im herkömmlichen Sinne verwendet wird.

Auch im Rahmen des § 14 Abs. 2 Nr. 3 MarkenG ist auf das Merkmal der markenmäßigen Benutzung zu verzichten. Insoweit ist lediglich zu prüfen, ob die Verwendung des Zeichens zu einer Rufausbeutung oder -beeinträchtigung führt.

i) Keine einheitliche Auslegung der Tatbestandsmerkmale erforderlich

Gegen die hier vorgeschlagene Differenzierung könnte schließlich argumentiert werden, dass alle Tatbestandsalternativen gleich auszulegen seien, so dass sich einheitlich für eine enge oder weite Auslegung entschieden werden müsste.

So sehen es in der Tat erhebliche Stimmen in der Literatur als zwingend geboten an, die Varianten des § 14 Abs. 2 MarkenG hinsichtlich des Erfordernisses der markenmäßigen Benutzung und dessen Ausgestaltung gleich auszulegen.[512] Dies sei aufgrund des Wortlautes und der einheitlichen Geltung des § 14 Abs. 3 MarkenG für alle Varianten geboten.[513]

---

512 *Ingerl/Rohnke*, MarkenG, § 14 Rdn. 66; *Fezer*, MarkenR, § 14 Rdn. 29; *ders.*, GRUR 1996, 566, 568; *Großner*, Der Rechtsschutz bekannter Marken, S. 257; *Heim*, Einflussnahme auf Trefferleisten von Internet-Suchdiensten, S. 115 f.; *Hüsch*, Keyword Advertising und Keyword Buying, S, 65 f.; *Koch*, Markenverunglimpfung, S. 81; *Nägele*, Die rechtsverletzende Benutzung im Markenrecht, S. 61; *Riedel*, Spannungsverhältnis, S. 71; *Keller*, GRUR 1996, 607, 610; *Ingerl*, WRP 2002, 861, 863; *Hotz*, GRUR 2003, 993, 1001; *Füller*, MarkenR 2007, 365, 370; *Kur*, GRUR Int. 2008, 1, 5; *Knaak*, GRUR Int. 2008, 91, 95; wohl auch *Büscher*, in: Büscher/Dittmer/Schiwy, § 14 MarkenG Rdn. 107 ff., widersprüchlich ist dabei jedoch, dass *Büscher* explizit von einer weiten Auslegung des Begriffs der markenmäßigen Benutzung bei der bekannten Marke ausgeht. Bei einer einheitlichen Auslegung müsste die „weite Auslegung“ doch für die anderen Tatbestandsmerkmale ebenfalls gelten.

513 *Ingerl/Rohnke*, MarkenG, § 14 Rdn. 66.

Indes überzeugt eine derartige Bindung bei der Auslegung der Alternativen des § 14 Abs. 2 MarkenG nicht.[514] Insoweit würde verkannt, dass § 14 Abs. 2 Nr. 3 MarkenG einerseits und den §§ 14 Abs. 2 Nr. 1 und Nr. 2 MarkenG andererseits jeweils vollkommen unterschiedliche Schutzrichtungen zugrunde liegen. Während § 14 Abs. 2 Nr. 3 MarkenG umfassend die Wertschätzung und die Unterscheidungskraft einer bekannten Marke schützt, dienen die anderen beiden Alternativen lediglich dazu, den Verkehr von Fehlzurechnungen zu schützten. § 14 Abs. 2 Nr. 3 MarkenG verfolgt einen ursprünglich wettbewerbsrechtlich verorteten Schutz,[515] für dessen Verortung bei der Doppelidentität oder der Verwechslungsgefahr kein Raum ist.

Für eine einheitlich weite Auslegung hätte lediglich gesprochen, wenn § 14 Abs. 2 Nr. 3 MarkenG entsprechend seinem Wortlaut nur außerhalb des Ähnlichkeitsbereich Anwendung gefunden hätte. In diesem Fall hätte bei einer restriktiveren Auslegung der §§ 14 Abs. 2 Nr. 1 und Nr. 2 MarkenG die Gefahr bestanden, dass die über die Herkunftsfunktion hinausgehenden Funktionen der bekannten Marke im Identitäts- und Ähnlichkeitsbereich nicht ausreichend geschützt gewesen wären.[516] Indes hat die Rechtsprechung dazu eindeutig festgestellt, dass § 14 Abs. 2 Nr. 3 MarkenG auch innerhalb des Ähnlichkeitsbereichs Anwendung finden muss.[517] Damit ist dem stärksten Argument für eine einheitliche Auslegung der Boden entzogen worden.

---

514 So auch *Hacker*, in: Ströbele/Hacker, MarkenG, § 14 Rdn. 62; *ders*, GRUR Int. 2002, 502, 506; *Buhrow*, Markenmäßiger Gebrauch im Spannungsfeld von horizontaler und vertikaler Benutzung, S. 99 ff.; *Eichhammer*, Die markenmäßige Benutzung, S. 158 f.; *Sosnitza*, WRP 2003, 1186, 1189; *Bornkamm*, GRUR 2005,97, 100, die zwischen der Auslegung bei § 14 Abs. 2 Nr. 3 und §§ 14 Abs. 2 Nr. 1, 2 MarkenG differenzieren; für eine Differenzierung bereits *v. Gamm*, WRP 1993, 793, 797 f.; *ders.*, GRUR 1994, 775, 780, der lediglich bei § 14 Abs. 2 Nr. 1 MarkenG auf das Erfordernis der markenmäßigen Benutzung verzichten wollte.

515 So auch *Hacker*, GRUR Int. 2002, 502, 506; *Soznitza*, WRP 2003, 1186, 1189.

516 Beispielhaft dafür ist die vergleichende Werbung. Während ein Vergleich außerhalb des Ähnlichkeitsbereichs zu einer Markenrechtsverletzung gemäß § 14 Abs. 2 Nr. 3 MarkenG führen könnte, wenn die Wertschätzung beeinträchtigt wird, so wäre im Ähnlichkeitsbereich die Zurechnung einer Produktverantwortung erforderlich. Daran wird es aber gerade bei aggressiven Vergleichen häufig mangeln. Daher könnte dieselbe Markenverwendung jeweils zulässig oder unzulässig sein, je nachdem ob sie im Ähnlichkeitsbereich oder außerhalb dieses Bereichs erfolgt, obwohl die Wirkung für die Marke dieselbe ist.

517 EuGH GRUR 2004, 58, 59 (Rdn. 20) „*Adidas/Fitnessworld*"; BGH GRUR 2004, 235, 238 „*Davidoff II*"; GRUR 2004, 779, 783 „*Zwilling/Zweibrüder*"; GRUR 2004, 598, 599 „*Kleiner Feigling*"; GRUR 2005, 163, 165 „*Aluminiumräder*"; zur Zustimmung zu dieser Rechtsprechung in der Literatur siehe nur *Ingerl/Rohnke*, MarkenG, § 14 Rdn. 830 f.; *Hacker*, in: Ströbele/Hacker, MarkenG, § 14 Rdn. 189; ausführlich zu dieser Rechtsprechung *Fammler*, MarkenR 2004, 89 ff.; in diesem

Bestätigt wird das hier gefundene Ergebnis auch durch die aktuellen Entwicklungen der Rechtsprechung. Im *Opel/Autec*-Urteil hat nunmehr auch der EuGH eine Differenzierung zwischen den unterschiedlichen Alternativen vorgenommen. Im Rahmen des Art. 5 Abs. 1 S. 2 lit. a) MRL stellte das Gericht auf die Funktionsbeeinträchtigung ab, bei Art. 5 Abs. 2 MRL hingegen auf die Ausnutzung oder Beeinträchtigung der Unterscheidungskraft bzw. Wertschätzung.[518]

Auch der BGH scheint an einer einheitlichen Auslegung der Varianten des § 14 Abs. 2 MarkenG nicht mehr festzuhalten. So führte dieser in der *Lila-Postkarte*-Entscheidung aus, dass von einem markenmäßigen Gebrauch auszugehen sei, wenn das Zeichen in der Weise verwendet werde, dass es im Rahmen des Produktabsatzes die gekennzeichneten Waren oder Dienstleistungen von Waren oder Dienstleistungen anderer Unternehmen unterscheidet.[519] Diese Feststellungen ergänzte das Gericht jedoch damit, dass es für den Anwendungsbereich des Art. 5 Abs. 2 MRL (§ 14 Abs. 2 Nr. 3 MarkenG) nach der Rechtsprechung des EuGH auch ausreiche, dass die beteiligten Verkehrskreise das Kollisionszeichen zwar als Verzierung auffassten, es wegen der hochgradigen Ähnlichkeit jedoch gedanklich mit der bekannten Marke verknüpften. Aufgrund dessen sieht der BGH auch bei einem produktgestaltenden Gebrauch eine markenmäßige Benutzung im Rahmen des § 14 Abs. 2 Nr. 3 MarkenG als gegeben an. Durch den expliziten Verweis auf § 14 Abs. 2 Nr. 3 MarkenG muss davon ausgegangen werden, dass die gedankliche Verknüpfung nur bei § 14 Abs. 2 Nr. 3 MarkenG für eine markenmäßige Benutzung ausreicht und dass damit der Begriff der markenmäßigen Benutzung im Rahmen der einzelnen Varianten vom BGH unterschiedlich ausgelegt wird.

Daher kann dem hier gefundenen Ergebnis nicht erfolgreich entgegen gehalten werden, dass es den behaupteten Grundsatz der einheitlichen Auslegung der Tatbestandsalternativen verletzt.

Sinne schon vor der EuGH-Entscheidung *Fezer*, in: FS Ullmann, S. 287 f.; *Kur*, MarkenR 2001, 137, 139 f..

518 EuGH GRUR 2007, 318, 319 f. (Rdn. 21 u. 36) „*Opel/Autec*".

519 BGH GRUR 2005, 583, 584 „*Lila-Postkarte*".

D. Rechtliche Bewertung der Fallgruppen

Im Folgenden wird nun für jede einzelne Fallgruppe untersucht, ob sich die Verwendung der fremden Marke als zulässig erweist. Insoweit werden nun die oben abstrakt dargestellten Grundsätze auf die Fallgruppen angewendet.

I. Bezugnahme auf eine Marke durch einen Weiterverkäufer

Erfasst sind von dieser Fallgruppe die Fallgestaltungen, bei denen der Weiterverkäufer in seinem Tätigkeitsbereich auf den Verkauf eines Produktes des Markeninhabers hinweist.[520]

1. Rechtsverletzung nach § 6 UWG

Wie bereits oben dargelegt,[521] soll entgegen der bisherigen Praxis jeweils zunächst untersucht werden, ob die Fallgruppe als vergleichende Werbung zu qualifizieren ist und die Zulässigkeitsvoraussetzungen des § 6 UWG erfüllt. Gemäß § 6 Abs. 1 UWG liegt vergleichende Werbung vor, wenn durch die Werbung unmittelbar oder mittelbar ein Mitbewerber oder die von einem Mitbewerber angebotenen Waren oder Dienstleistungen erkennbar gemacht werden. Bei der Händlerwerbung könnte es sich um ein unmittelbares Kenntlichmachen der Waren eines Mitbewerbers handeln.

Als Beispiel für den weiteren Gang der Untersuchung soll Folgendes herangezogen werden: Ein Händler stellt in seinem Drogeriemarkt ein Schild auf, das den Satz „*Wir verkaufen jetzt auch Chanel No. 5*“ trägt. Dabei ist davon auszugehen, dass *Chanel No. 5* als Marke für Parfümeriewaren eingetragen ist.

Hinsichtlich der Einordnung als vergleichende Werbung im Sinne des § 6 Abs. 1 UWG ergeben sich Probleme bei der Mitbewerbereigenschaft und dem Vergleichserfordernis.

520 Eine Beschreibung dieser Fallgruppe findet sich unter B.I., S. 57.
521 Siehe C.II.3.a)4), S. 156.

a) Mitbewerbereigenschaft

Damit es sich bei der Händlerwerbung um vergleichende Werbung handelt, müsste der Händler die Waren oder Dienstleistungen eines Mitbewerbers oder diesen selbst unmittelbar kenntlich machen. Wenn ein Händler darauf hinweist, dass er eine bestimmte Ware verkauft, so wie im Beispielsfall der Hinweis auf den Verkauf des Parfüms *Chanel No. 5*, macht er damit die Waren des Markeninhabers unmittelbar kenntlich. Fraglich ist jedoch, ob es sich bei dem Hersteller der Ware – dem Markeninhaber – und dem Händler um Mitbewerber handelt. Dazu müssten gemäß § 2 Abs. 1 Nr. 3 UWG beide Parteien Unternehmer sein, die als Anbieter von Waren in einem konkreten Wettbewerbsverhältnis stehen. Die Merkmale „Unternehmer" und „Anbieter von Waren" sind in der Fallgruppe ohne weiteres zu bejahen. Entscheidend kommt es daher darauf an, ob ein konkretes Wettbewerbsverhältnis besteht.

1) Bisheriges nationales Verständnis des Mitbewerberbegriffs

Ein konkretes Wettbewerbsverhältnis liegt nach dem bisherigen nationalen Verständnis vor, wenn die Wettbewerbshandlung objektiv geeignet ist, den erstrebten wirtschaftlichen Erfolg des handelnden Wettbewerbers auf Kosten eines anderen Wettbewerbers irgendwie zu fördern. Es muss eine Wechselbeziehung zwischen den erstrebten Vorteilen des handelnden Wettbewerbers und den Nachteilen des verletzten Wettbewerbers bestehen.[522] Grundsätzlich wird dafür zunächst verlangt, dass sich die beiden Unternehmen an den *gleichen Kunden- oder Lieferantenkreis* wenden.[523]

(a) Markeninhaber vertreibt Waren an den Endverbraucher

Eine solche Wechselwirkung und damit ein konkretes Wettbewerbsverhältnis ist zu bejahen, wenn sich der Markeninhaber nicht nur darauf beschränkt, seine Waren über Dritte abzusetzen, sondern sich gleichfalls an die Endverbraucher wen-

522 Gesetzesbegründung zu § 2 Abs. 1 Nr. 3, BT-Drucks. 15/1487, S. 16; BGH GRUR 1951, 283, 284 „*Möbelbezugsstoffe*"; *Fezer*, in: Fezer, UWG, § 2 Rdn. 102 mwN.

523 St. Rspr., so zuletzt BGH GRUR 1999, 69, 70 „*Preisvergleichslisten II*"; „; GRUR 2001, 258 „*Immobilienpreisangaben*"; GRUR 2001, 260 „*Vielfachabmahner*"; GRUR 2002, 902, 903 „*Vanity-Nummer*"; GRUR 2002, 985, 986 „*WISO*"; GRUR 2004, 877, 878 „*Werbeblocker*"; GRUR 2005, 520, 521 „*Optimale Interessenvertretung*"; GRUR 2006, 1042, 1043 „*Kontaktanzeigen*"; *Fezer*, in: Fezer, UWG, § 2 Rdn. 103; *Koos*, in: Fezer, UWG, § 6 Rdn. 94; *Keller*, in: Harte-Bavendamm/Henning-Bodewig, UWG, § 2 Nr. 3 Rdn. 22 mwN.

det.[524] Eine Umsatzsteigerung des Händlers führt zu einem Umsatzrückgang beim Hersteller, da für ihn die Gewinnmarge höher ausfallen wird, wenn er sich direkt an den Endverbraucher wendet, als wenn er seine Waren nur mittelbar über einen Händler absetzt.

(b) Markeninhaber vertreibt Waren nur über Zwischenhändler

Problematischer gestaltet sich das Wettbewerbsverhältnis, soweit sich der Markeninhaber mit seinen Waren nicht an den Endverbraucher wendet, sich mithin auf die Produktion und den Vertrieb an Zwischenhändler beschränkt. In diesem Fall führt eine Umsatzsteigerung des Händlers nicht unmittelbar zu einem Umsatzrückgang beim Hersteller, da der Händler die Ware unmittelbar oder zumindest mittelbar über Zwischenhändler beim Hersteller erwirbt. Ein Umsatzrückgang kann nur insoweit eintreten, als Handlungen des Händlers auf die Ware zurückfallen und daher Kunden in Zukunft von dem Erwerb der Ware absehen. Mangels unmittelbarer Wechselwirkung lehnt dementsprechend ein Teil der Literatur ein konkretes Wettbewerbsverhältnis zwischen dem Hersteller und dem Händler ab.[525]

Indes nahm die Rechtsprechung unter Geltung des UWG a.F. ein konkretes Wettbewerbsverhältnis auch dann an, wenn die beiden Gewerbetreibenden auf unterschiedlichen Vertriebsstufen positioniert waren.[526] So wurde insbesondere zwischen lediglich an Zwischenhändler vertreibenden Herstellern und an Endkunden vertreibenden Händlern ein konkretes Wettbewerbsverhältnis als gegeben

---

524 So auch *Fezer*, in: Fezer, UWG, § 2 Rdn. 112; *Keller*, in: Harte-Bavendamm/Henning-Bodewig, UWG, § 2 Nr. 3 Rdn. 25; *Götting*, Wettbewerbsrecht, § 5 Rdn. 22.

525 So in Bezug auf die vergleichende Werbung *Menke*, in: MünchKomm, § 6 UWG, Rdn. 43; *Illing*, Vergleichende Werbung, S. 24; *Sack*, WRP 2001, 327, 335; unklar, denn einerseits dagegen *Köhler*, in: Hefermehl/Köhler/Bornkamm, UWG, § 6 Rdn. 31, andererseits dafür *Köhler*, in: Hefermehl/Köhler/Bornkamm, UWG, § 2 Rdn. 68.

526 So explizit BGH GRUR 1955, 598, 600 „*Werbeidee*“; GRUR 1957, 342, 347 „*Underberg*“; GRUR 1965, 612, 615 „*Warnschild*“; GRUR 1983, 582, 583 „*Tonbandgeräte*“; GRUR 1986, 618, 620 „*Vorsatz-Fensterflügel*“; GRUR 1988, 826, 827 „*Entfernung von Kontrollnummern II*“; GRUR 1989, 110, 111 „*Synthesizer*“; GRUR 1993, 563, 564 „*Neu nach Umbau*“; GRUR 1999, 69, 70 „*Preisvergleichslisten II*“; GRUR 1999, 1122, 1123 „*EG-Neuwagen I*“; GRUR 2001, 448 „*Kontrollnummerbeseitigung II*“; a.A. BGH GRUR 1978, 364, 367 „*Golfrasenmäher*“. Durch die Entscheidung BGH GRUR 1988, 826, 827 „*Entfernung von Kontrollnummern II*“ ist der BGH jedoch explizit von dieser Rechtsprechung wieder abgewichen.

angesehen.[527] Solche mittelbaren Wettbewerbsverhältnisse sollen nach der Gesetzesbegründung auch nach der UWG-Reform für die Bejahung des Mitbewerberbegriffs ausreichen.[528] Dem hat sich die in der Literatur herrschende Meinung angeschlossen.[529] Dies erscheint auch weiterhin überzeugend. Sowohl Hersteller als auch Händler bemühen sich mittelbar um die gleichen Kunden. Mag der Hersteller primär seine Produkte nur an Zwischenhändler absetzen, so ist das eigentliche Ziel der Absatz gegenüber dem Endkonsumenten. Bricht der Absatz gegenüber diesen ein, kann auch der Hersteller seine Produkte nicht mehr an die Zwischenhändler absetzen. Die Interessen des Herstellers werden nicht weniger beeinträchtigt, nur weil dieser nicht selbst den Vertrieb vornimmt. Diese Wechselwirkung sei an folgendem Beispiel verdeutlicht: Händler A vertreibt ein Produkt des Herstellers B. Erfolgt der Vertrieb dieses Produktes nun mit unlauteren Methoden, beeinträchtigt dies in einer Wechselwirkung mittelbar den Absatz des Herstellers C, der ein gleichartiges Konkurrenzprodukt herstellt und nicht mit unlauteren Methoden vertreiben lässt. Händler A und Hersteller C müssen als Mitbewerber angesehen werden.

Sind indes Händler A und Hersteller C Mitbewerber, muss konsequenter Weise ein solches Mitbewerberverhältnis auch zu Hersteller B bestehen. Dass Händler A Waren dieses Herstellers vertreibt, kann keinen Einfluss auf die Mitbewerbereigenschaft haben, da anderenfalls die Mitbewerbereigenschaft von der Sortimentswahl und damit vom Willen des Händlers A abhinge.

Nach dem bisherigen nationalen Mitbewerberverständnis ist der Verkäufer in beiden aufgezeigten Fallgruppen als Mitbewerber zum Hersteller einzuordnen.

2) Mitbewerberverständnis des EuGH

Der EuGH hat nunmehr durch das *De Landtsheer/CIVC*-Urteil entschieden, dass das Mitbewerberverhältnis ausschließlich davon abhängt, ob die von den beteiligten Unternehmen angebotenen Waren oder Dienstleistungen substituierbar sind.[530] Auf eine Wechselwirkung wie die deutsche Rechtsprechung und Literatur

527 BGH GRUR 1957, 342, 347 „*Underberg*“; GRUR 1965, 612, 615 „*Warnschild*“; GRUR 1983, 583, 584 „*Tonbandgeräte*“; GRUR 1986, 618, 620 „*Vorsatz-Fensterflügel*“; GRUR 1989, 673 „*Zahnpasta*“; GRUR 1999, 1122, 1123 „*EG-Neuwagen I*“; GRUR 2001, 448 „*Kontrollnummerbeseitigung II*“.

528 Begr. Reg.-Entw. BT-Drucks. 14/2959 S. 16.

529 *Fezer*, in: Fezer, UWG, § 2 Rdn. 112; *Koos*, in: Fezer, UWG, § 6 Rdn. 94; *Keller*, in: Harte-Bavendamm/Henning-Bodewig, UWG, § 2 Rdn. 25; *Veil/Müller*, in: MünchKomm, UWG, § 2 Rdn. 131; *Ohly*, in: Piper/Ohly, UWG, § 6 Rdn. 29; *Götting*, Wettbewerbsrecht, § 5 Rdn. 22; wohl auch *Scherer*, WRP 2001, 89, 91.

530 EuGH GRUR 2007, 511, 513 (Rdn. 28) „*De Landtsheer/CIVC*“.

stellt der EuGH nicht ab. Entscheidend ist es daher, welche Produkte die Parteien vertreiben.

Sollten als konkurrierende Produkte auf Seiten des Händlers dessen Verkaufsdienstleistung und auf Seiten des Herstellers die Ware an sich angesehen werden,[531] müsste eine Mitbewerbereigenschaft mangels Substituierbarkeit abgelehnt werden. Aufrechterhalten werden könnte das zuvor gefundene Ergebnis indes damit, dass die konkrete Verkaufsleistung des Händlers nicht als eigene Dienstleistung angesehen wird, sondern dass ebenso wie bei der markenrechtlichen Problematik der Doppelidentität, die ausführlich im Rahmen der markenrechtlichen Ansprüche dargestellt wird,[532] auf die Ware selbst als das von beiden Beteiligten angebotene Produkt abgestellt wird. In diesem Fall wären die beiden Leistungen substituierbar. Aufgrund dieser Auslegungsmöglichkeit sollte bis zur endgültigen Klärung durch die Rechtsprechung weiter davon ausgegangen werden, dass Händler und Hersteller als Mitbewerber anzusehen sind.

3) Zwischenergebnis

Da somit das Bewerben der Ware seitens des Weiterverkäufers unmittelbar die von einem Mitbewerber angebotenen Waren erkennbar macht, liegt gemäß dem Wortlaut des § 6 Abs. 1 UWG vergleichende Werbung vor.

b) Vergleichserfordernis

Wie oben dargelegt, erfordert die vergleichende Werbung als ungeschriebenes Tatbestandsmerkmal einen Vergleich.[533] Ein solcher ist gegeben, wenn Angaben über das Verhältnis der Mitbewerber oder ihrer Angebote zueinander gemacht werden. Ausreichend ist insoweit bereits, wenn die beiden Produkte mittels eines impliziten Vergleichs als gleichwertig herausgestellt werden.[534]

---

531 Zur Frage, ob die Verkaufsleistung als eigene Dienstleistung anzusehen ist vgl. die Ausführungen unter D.I.2.a)1)(a), S. 197 ff.

532 Eine ausführliche Darstellung dieser Problematik erfolgt unter D.I.2.a)1)(a), S. 197 ff. Da sich die Problematik insbesondere an der markenrechtlichen Systematik verdeutlichen lässt, wird darauf verzichtet, auf diese bereits im Rahmen des Mitbewerberverhältnisses ausführlich einzugehen. Die hinsichtlich der Doppelidentität getroffenen Überlegungen können jedoch auch auf die wettbewerbsrechtliche Problematik übertragen werden.

533 Siehe C.II.3.a)2)(b)(4)(B), S. 140 ff.

534 Zu den Anforderungen an einen Vergleich s. C.II.3.a)2)(c), S. 143 ff.

Ein solcher Vergleich lässt sich indes bei der Händlerwerbung nicht begründen.[535] Fraglich ist bereits, ob sich die Aussage „*Wir verkaufen jetzt auch Chanel No. 5*“ überhaupt auf zwei unterschiedliche Waren oder Dienstleistungen bezieht.[536] Wird der Verkauf nicht als eigene Dienstleistung angesehen, so bezieht sich die Aussage nicht auf zwei Produkte, sondern lediglich auf die Ware *Chanel No.5*. Aber selbst wenn man den Verkauf als eigene Dienstleistung betrachtete, so mangelte es an einem Vergleich. Der Aussage „*Wir verkaufen jetzt auch Chanel No. 5*“ könnten zwar Angaben über das Angebot des Werbenden, nämlich dass dieser *Chanel No. 5* verkauft, und Angaben über das verkaufte Produkt selbst, nämlich dem Verkaufsort, entnommen werden. Indes wird die Dienstleistung nicht in Bezug zu der Ware gesetzt. Eine Aussage dahin, dass die Verkaufsleistung mit dem Ruf des Produktes gleichwertig ist, wäre eine schlichte Unterstellung und in keiner Weise durch den Wortsinn gedeckt. Selbst mit der Möglichkeit eines impliziten Vergleichs mittels einer Gleichstellungsbehauptung lässt sich in dieser Fallgruppe kein Vergleich begründen. Es wäre allenfalls ein Vergleich mit anderen Händlern anzunehmen, insoweit fehlt es jedoch an deren Erkennbarkeit.

Mangels Vergleichs findet § 6 UWG somit in dieser Fallgruppe keine Anwendung.[537]

---

535 Zu dem Spezialfall, dass der Händler zwei von ihm parallel angebotene Waren auf Verlangen des Kunden vergleicht, siehe D.IV.1.b)2)(b), S. 321 ff.

536 Siehe dazu D.I.2.a)1)(a), S. 197 ff.

537 An dieser Stelle lässt sich zudem erneut verdeutlichen, dass der Verzicht auf das Vergleichsmerkmal im Rahmen der Definition der vergleichenden Werbung nicht zu vertretbaren Ergebnissen kommt. Da nach dem Wortlaut des Art. 4 Richtlinie 2006/114/EG, auf dem § 6 Abs. 2 UWG beruht, vergleichende Werbung nur dann zulässig ist, wenn sie einen Vergleich enthält, wäre die Händlerwerbung mangels eines solchen Vergleichs unzulässig. Da Händlerwerbung wirtschaftlich erforderlich ist und daher ein absolutes Verbot untragbar wäre, müsste bei den Zulässigkeitsvoraussetzungen des § 6 Abs. 2 UWG auf das Merkmal des Vergleichs entgegen dem Wortlaut der Richtlinie verzichtet werden. Aber selbst dann, wenn auf das Vergleichserfordernis für die Anwendung des § 6 Abs. 2 UWG verzichtet würde, scheiterte die Werbung am Wortlaut des § 6 Abs. 2 Nr. 2 UWG. Danach muss durch die Werbung zumindest eine wesentliche, relevante, nachprüfbare und typische Eigenschaft der Ware herausgestellt werden. Es ist aber nicht ersichtlich, welche Eigenschaft der Ware durch den Ausspruch „*Wir verkaufen jetzt auch Chanel No. 5*“ herausgestellt wird. Es kann kaum unterstellt werden, dass es für die Ware eine wesentliche Eigenschaft ist, wo das Produkt verkauft wird. Dies ließe sich allenfalls bei exklusiven Luxusgütern begründen, bei sonstigen Markenartikeln würde es an einem Bezug auf eine wesentliche Eigenschaft fehlen. Daher müsste versucht werden, sich auch an dieser Stelle über den Wortlaut des § 6 Abs. 2 UWG hinwegzusetzen. Es wird damit deutlich, dass die Regelungen zur vergleichenden Werbung nicht dazu geschaffen sind, jegliche Bezugnahme auf einen Mitbewerber oder seine Produk-

c) Ergebnis

Da es an einem Vergleich bei der schlicht produktbezogenen Händlerwerbung fehlt, ist die Fallgruppe nicht anhand der Vorschriften über die vergleichende Werbung zu beurteilen. Primär kommen daher markenrechtliche Ansprüche in Betracht.

2. Markenrechtliche Ansprüche

Auch bei der Prüfung der markenrechtlichen Ansprüche wird an das bereits oben gebildete Beispiel angeknüpft. Danach ist zu unterstellen, dass ein Händler in seinem Drogeriemarkt ein Schild aufstellt, das den Satz „*Wir verkaufen jetzt auch Chanel No. 5*" trägt. Die Marke *Chanel* soll nur für die Ware Parfüm geschützt sein.

a) Markenrechtsverletzung gemäß § 14 Abs. 2 Nr. 1 MarkenG

Die Werbung könnte eine Markenrechtsverletzung gemäß § 14 Abs. 2 Nr. 1 MarkenG darstellen.

1) Tatbestandsvoraussetzungen des § 14 Abs. 2 Nr. 1 MarkenG

In tatbestandlicher Hinsicht ist insoweit problematisch, ob das Merkmal der Doppelidentität erfüllt ist und ob die Zeichenverwendung markenmäßig im oben dargelegten Sinne erfolgen.[538]

(a) Doppelidentität

Ein Zeichen ist dann mit der Marke identisch, wenn es ohne Änderung oder Hinzufügung alle Elemente wiedergibt, die die Marke bilden, oder wenn es als Ganzes betrachtet Unterschiede gegenüber der Marke aufweist, die so geringfügig sind, dass sie einem Durchschnittsverbraucher entgehen können.[539] Eine solche

te zu erfassen. Sinnvoll lässt sich das Problem nur dadurch lösen, dass auf das Erfordernis eines Vergleichs bei der vergleichenden Werbung – wie vorliegend – nicht verzichtet wird.

538 Siehe dazu C.II.3.g)2)(e), S. 185 ff.

539 EuGH GRUR 2003, 422, 425 (Rdn. 54) „*Arthur/Arthur et Félicie*"; ebenso *Hacker*, in: Ströbele/Hacker, MarkenG, § 14 Rdn. 140 f.; *Lange*, Marken- und Kennzeichenrecht, Rdn. 1891; *Füller*, MarkenR 2007, 365, 366 ff.; im gleichen Sinne schon vor

Zeichenidentität ist bei der Händlerwerbung grundsätzlich gegeben, da es dem Händler gerade darauf ankommt, die verkaufte Ware möglichst genau zu bezeichnen. So ist im Beispielsfall das Zeichen *Chanel* geschützt und wird identisch in der Werbung verwendet.

Ist die Zeichenidentität grundsätzlich gegeben, so bestehen jedoch Bedenken hinsichtlich der Identität zwischen dem geschützten und dem gekennzeichneten Produkt. Wie oben dargelegt, bedarf es im Rahmen des § 14 Abs. 2 Nr. 1 MarkenG eines Vergleichs zwischen den vom Zeichenverwender angebotenen Produkten und den Produkten, für die die Marke eingetragen ist. Die Identität kann nicht schlicht dadurch begründet werden, dass bei einer Bezugnahme auf das Markenprodukt dieses als Bezugsobjekt auch auf Seiten des Verwenders herangezogen wird.[540]

Es kommt demnach darauf an, was genau das Produkt des Zeichenverwenders ist. Dies könnte zum einen die verkaufte Ware selbst sein, zum anderen aber auch die auf diese bezogene Dienstleistung, die Verkaufsleistung. Soweit die Warenmarke nicht auch für Verkaufsleistungen geschützt ist, läge nur im ersten Fall eine Doppelidentität vor.

Nachdem nunmehr durch die Rechtsprechung die Dienstleistungsmarke anerkannt ist,[541] mithin das Zusammenstellen von Waren als eigene Dienstleistung das Bezugsobjekt einer Marke sein kann, könnte vorliegend als Produkt des Verwenders die Verkaufsleistung angesehen werden.[542] Damit würde im Beispielsfall § 14 Abs. 2 Nr. 1 MarkenG ausscheiden, da unterstellt werden soll, dass *Chanel* nicht für die Dienstleistung *Verkauf* eingetragen ist.

Gegen eine solche Auslegung des Sachverhalts bestehen jedoch erhebliche Bedenken. Zwar ist es zutreffend, dass nunmehr auch für Handelsdienstleistungen Marken eingetragen werden können. Diese Marken beziehen sich jedoch immer auf eine Bündelung von Aktivitäten, wie etwa die Sortimentszusammenstellung und die Produktpräsentation. Der direkte Verkauf einer Ware kann jedoch von ihr selbst nicht subtrahiert werden.[543] Zum einen geht es dem Käufer

der EuGH-Rechtsprechung *Fezer*, MarkenR, § 14 Rdn. 76; noch enger den Begriff fassend *Ingerl/Rohnke*, MarkenG, § 14 Rdn. 219 ff.; *Schweyer*, in: v. Schultz, MarkenG, § 14 Rdn. 41.

540 C.II.3.g)1)(c), S. 176 ff.

541 EuGH GRUR 2005, 764, 766 ff. (Rdn. 26 ff.) „*Praktiker*".

542 In diese Richtung *Ingerl/Rohnke*, MarkenG, § 14 Rdn. 86; *Ingerl*, GRUR Int. 2001, 581, 585.

543 Ebenso BPatG GRUR 2006, 63, 64 „*Einzelhandeldienstleistung II*"; *Hacker*, in: Ströbele/Hacker, MarkenG, § 3 Rdn. 10; § 32 Rdn. 65; *Grabrucker*, GRUR 2001, 623, 627; *dies.*, MarkenR 2002, 361, 364; *Weiler*, WRP 2006, 195, 196; Ohne dies explizit zu benennen scheint auch der EuGH von diesem Verständnis auszugehen, da er zur Identifizierung der Einzelhandelsdienstleistung verlangt, dass diese sich

beim Erwerb einer Ware nicht darum, eine bestimmte Dienstleistung zu erlangen, sondern er will das Eigentum an der Ware erhalten. Zum anderen könnte § 14 Abs. 2 Nr. 1 MarkenG nur noch durch das Herstellen der Ware verwirklicht werden, da auf den weiteren Vertriebstufen immer eine eigenständige Dienstleistung seitens des Zeichenverwenders anzunehmen wäre. Nur bei einem Vorgehen gegen die erste Produktionsstufe stünde dem Markeninhaber § 14 Abs. 2 Nr. 1 MarkenG offen, im Übrigen müsste er auf die beiden anderen Alternativen mit ihren zusätzlichen Anforderungen zurückgreifen. Der Anwendungsbereich der Nr. 1 würde vollkommen entwertet. Solch eine Auslegung widerspräche der Intention und Systematik des MarkenG.

Wird daher die Marke lediglich dazu verwendet, dass verkaufte Produkt selbst zu benennen, ist das angebotene Produkt des Zeichenverwenders die Ware selbst und nicht die damit einhergehende Verkaufsdienstleistung.

Dieses Auslegungsergebnis wird durch den Erschöpfungstatbestand gemäß § 24 MarkenG untermauert. Danach kann es der Markeninhaber nicht untersagen, dass die Marke für Waren benutzt wird, die unter dieser Marke von ihm oder mit seiner Zustimmung auf einem bestimmten Gebiet des EWR in den Verkehr gebracht worden sind. Diese Vorschrift soll es den nachgeordneten Wirtschaftsstufen ermöglichen, die Ware weiterhin unter der ihr zugeordneten Marke zu vertreiben. Erfasst wird damit typischerweise der Handel mit der Ware. Insoweit ist zu beachten, dass § 24 Abs. 1 MarkenG lediglich normiert, dass die Marke für Waren benutzt werden kann. Auf die mit der Ware im Zusammenhang stehenden Dienstleistungen bezieht sich die Vorschrift hingegen nicht. Würde nunmehr davon ausgegangen, dass sich die Verwendung der Warenmarke in der Werbung auf den Verkauf als eigene Dienstleistung des Verkäufers bezöge, könnte der Erschöpfungstatbestand dafür nicht eingreifen. Von § 24 MarkenG abgedeckt wäre allein die Weitergabe der Ware, jegliche Werbung würde ausscheiden. Die Vorschrift würde weitestgehend sinnentleert.

Soweit daher die Marke lediglich als Werbemittel für den Verkauf der konkreten Ware verwendet wird, muss im Rahmen des § 14 Abs. 2 Nr. 1 MarkenG das verkaufte Produkt der Bezugspunkt sein.[544] Demzufolge kennzeichnet im

---

auf die Zusammenstellung verschiedener Waren beziehen müsse, um dem Verbraucher Ansicht und Erwerb der Waren zu erleichtern (GRUR 2005, 764, 767 (Rdn. 49) „*Praktiker*").

544 So auch OLG Braunschweig OLGR 2000, 157, 158 „*Fahrräder*"; OLG Köln GRUR 2001, 301, 302 „*Anzeigenwerbung für EU-Neufahrzeuge*"; *Hacker*, in: Ströbele/Hacker, MarkenG, § 14 Rdn. 145 u. § 24 Rdn. 1; *Schuster*, Die Ausnahmen vom markenrechtlichen Erschöpfungsgrundsatz, S. 189; *Sack*, WRP 1998, 1127, 1129; *ders.*, WRP 2004, 1405, 1407; *Bayreuther*, WRP 2000, 349, 350.

Beispielsfall der Händler mit der Marke *Chanel* nur das Parfüm, nicht aber seine Verkaufsleistung. Es besteht mithin eine Doppelidentität.

Anders kann es sich dann verhalten, wenn der Verkehr das Zeichen nicht nur als Ankündigungsmittel für den Verkauf, sondern auch als Produktverantwortungskennzeichen für den gesamten Einzelhandelsbetrieb ansieht. Beispielhaft hierfür wäre, wenn ein Händler an der Außenwand neben seiner Geschäftsbezeichnung den Werbespruch „Verkaufsstelle des XY-Produktes“ anbringen würde, wobei die Marke XY besonders hervorgehoben wird. In diesem Fall fehlt es hinsichtlich des Einzelhandelsbetriebs an der Doppelidentität, wenn die Marke nur für die Ware an sich geschützt ist. Wird daher durch die Markennennung zugleich der Eindruck hervorgerufen, dass sich die Produktverantwortung des Markeninhabers auch auf den Einzelhandelsbetrieb bezieht, so ist dieser Aspekt der Markenverwendung lediglich an § 14 Abs. 2 Nr. 2 MarkenG[545] oder § 14 Abs. 2 Nr. 3 MarkenG[546] zu messen.

(b) Markenmäßiger Gebrauch

Die Verwendung der Marke erfolgt auch markenmäßig im oben dargelegten Sinne,[547] da der Verkehr aufgrund der Marke dem Markeninhaber die Verantwortung für das gekennzeichnete Produkt, vorliegend das Parfüm, zuordnet. Unerheblich ist dabei, ob dem Markeninhaber zu Recht die Produktverantwortung zugeschrieben wird, da es bei der Verletzung nicht auf eine falsche Zurechnung ankommt.[548]

Wie § 14 Abs. 3 Nr. 5 MarkenG nunmehr explizit normiert, kann auch die Verwendung einer Marke in der Werbung untersagt werden, so dass mittlerweile unerheblich ist, ob die Marke auf der Ware selbst oder von ihr körperlich losgelöst verwendet wird.[549] Folglich liegt eine Markenrechtsverletzung gemäß § 14 Abs. 2 Nr. 1 MarkenG vor, wenn ein Verkäufer zur Ankündigung des Verkaufs einer konkreten Ware deren Marke in der Werbung verwendet.[550]

545 Siehe dazu die Ausführungen unter D.I.2.b), S. 212 ff.

546 Siehe dazu die Ausführungen unter D.I.2.c), S. 216 ff.

547 Dazu C.II.3.g)2)(e), S. 185 ff.

548 Siehe dazu C.II.3.g)2)(e), S. 187.

549 *Fezer*, MarkenR, § 14 Rdn. 490; Unter Geltung des WZG war umstritten, ob sowohl eine Markenverwendung in der Werbung als auch eine mündliche Markenbenutzung von § 15 Abs. 1 WZG erfasst wird (siehe zu dieser Problematik *Best*, Händlerwerbung, S. 139 ff.)

550 A.A. Fezer, MarkenR, § 14 Rdn. 491, nach dem der Markeninhaber einem Händler nicht verbieten könne, die Marke für das vom Markeninhaber selbst oder mit seiner Zustimmung markierte Produkt in der Werbung zu benutzen. Der Handel sei in der Werbegestaltung für die originale Markenware markenrechtlich frei, es sei denn, er

2) Rechtfertigung der Markenrechtsverletzung

(a) Rechtfertigung gemäß § 23 MarkenG

Als Rechtfertigungsgrund für diese Markenrechtsverletzung kann entgegen den Überlegung des OLG Köln[551] nicht auf § 23 Nr. 3 MarkenG zurückgegriffen werden. Insoweit könnte zwar angedacht werden, dass durch die Markenverwendung eine Eigenschaft der Verkaufsleistung beschrieben werden soll, nämlich dass diese nunmehr auch den Verkauf einer bestimmten Marke umfasst.[552] Dabei würde aber nicht ausreichend beachtet, dass die eigentliche Verkaufsleistung keine eigenständige Dienstleistung ist. Wie bereits oben dargelegt, ist im Rahmen des § 14 Abs. 2 Nr. 1 MarkenG allein darauf abzustellen, dass die Marke für die verkaufte Ware selbst und nicht für die Verkaufsleistung verwendet wird. Bei der Anwendung des § 23 Nr. 3 MarkenG würde damit auf der Rechtfertigungsebene in unzulässiger Weise das Bezugsobjekt ausgetauscht. Dass die Ankündigung des Verkaufs einer Ware nicht unter § 23 Nr. 3 MarkenG fallen kann, wird zudem dadurch bestätigt, dass sowohl vom europäischen als auch vom deutschen Gesetzgeber für diese Konstellationen die Sondervorschrift des § 24 MarkenG eingeführt wurde, die bei einem extensiven Verständnis des § 23 Nr. 3 MarkenG obsolet würde. Folglich kommt eine Rechtfertigung nur über § 24 MarkenG in Betracht.[553]

(b) Rechtfertigung gemäß § 24 MarkenG

Gemäß § 24 Abs. 1 MarkenG kann es Dritten grundsätzlich nicht untersagt werden, eine Marke für die Waren zu benutzen, die unter dieser Marke vom Markeninhaber oder mit seiner Zustimmung im Inland, in einem der übrigen Mitgliedstaaten der Europäischen Union oder in einem anderen Vertragsstaat des

---

sei vertraglich zu einer bestimmten Werbekonzeption verpflichtet. Das Werberecht des Markeninhabers bleibe zwar nach dem Inverkehrbringen der markierten Ware bestehen, habe aber keine Ausschlussfunktion gegenüber der Händlerwerbung für das markierte Originalprodukt. Der Grund liege darin, dass die Händlerwerbung für das Originalprodukt die Identifizierungsfunktion und die daraus ableitbaren ökonomischen Funktionen der Marke nicht beeinträchtige.

551 OLG Köln GRUR-RR 2001, 301, 302 f. *„Anzeigenwerbung für EU-Neufahrzeuge"*.

552 In diesem Sinne OLG Köln GRUR-RR 2001, 301, 302 *„Anzeigenwerbung für EU-Neufahrzeuge.*

553 Ähnlich *Egerer*, Die markenrechtliche Zulässigkeit beschreibender Angaben, S. 45, der von einem Vorrang des § 24 MarkenG in diesen Fällen aufgrund des Grundsatzes der Spezialität ausgeht.

Abkommens über den Europäischen Wirtschaftsraum in den Verkehr gebracht wurden.

(1) Erschöpfung gemäß § 24 Abs. 1 MarkenG

Entscheidend kommt es daher darauf an, dass die Waren, die der Weiterverkäufer vertreibt und bewirbt, vom Markeninhaber oder mit seiner Zustimmung in der Verkehr gebracht wurden. Zu diesen Erschöpfungsvoraussetzungen hat sich eine fein austarierte Rechtsprechung gebildet, deren Darstellung im Einzelnen in dieser Arbeit nicht möglich ist.[554] Im Folgenden wird daher nur auf solche Probleme im Rahmen des § 24 Abs. 1 MarkenG eingegangen, die gerade hinsichtlich der werbungsmäßigen Verwendung der Warenmarke auftreten können.

Zutreffend hat die Rechtsprechung herausgestellt, dass § 24 Abs. 1 MarkenG nicht nur zum Vertrieb der Ware ermächtigt, sondern dass der Weiterverkäufer die Marke auch dazu verwenden darf, den konkreten Verkauf anzukündigen.[555] Denn in der heutigen Informationsgesellschaft wäre ihm der Verkauf der Ware ohne ein Ankündigungsrecht faktisch unmöglich und das Vertriebsrecht würde zu einer inhaltsleeren Hülle degradiert.

Im Rahmen der Ankündigung des Verkaufs ist insbesondere fraglich, ab welchem Zeitpunkt sich der Weiterverkäufer auf die Erschöpfung berufen kann. Unstreitig greift § 24 Abs. 1 MarkenG ein, wenn sich der Weiterverkäufer im Besitz der Ware befindet. Indes kann das Interesse bestehen, die Ware schon zu bewerben, wenn nur die Erwerbsmöglichkeit besteht. Möglicherweise wird der Verkäufer den Umfang seiner Order davon abhängig machen wollen, wie hoch das Interesse an der konkreten Ware ist. Um dies zu eruieren, ist er dann auf eine vorgeschaltete Werbung angewiesen. Das OLG Köln ist insoweit davon ausgegangen, dass sich der Händler nur dann auf § 24 Abs. 1 MarkenG berufen könne, wenn er bereits über die konkrete Sache verfügen könne.[556] Dem ist der BGH entgegengetreten und hat entschieden, dass es für die Wirkung der Erschöpfung ausreiche, wenn der Werbende über die Waren, auf die sich die Werbung bezieht, im vorgesehenen Zeitpunkt ihres Absatzes ohne Verletzung des Rechts des Markeninha-

554 Siehe dazu *Fezer*, MarkenR, § 24 Rdn. 17 ff.; *Ingerl/Rohnke*, MarkenG, § 24 Rdn. 18 ff.; *Hacker*, in: Ströbele/Hacker, MarkenG, § 24 Rdn. 20 ff.; *Mulch*, Der Tatbestand der markenrechtlichen Erschöpfung, S. 9 ff.

555 Siehe dazu nur EuGH GRUR Int. 1998, 140, 143 (Rn. 36) „*Dior/Evora*"; GRUR Int. 1999, 438, 441 (Rdn. 48) „*BMW/Deenik*"; ebenso BGH GRUR 2003, 340, 341 „*Mitsubishi*"; zuletzt BGH WRP 2007, 1095, 1097 „*AIDOL*"; zu den ursprünglichen Zweifeln nach Inkrafttreten des MarkenG *Schulz*, Die relevante Benutzungshandlung, S. 234 f.

556 OLG Köln GRUR-RR 2001, 301, 302 „*Anzeigenwerbung für EU-Neufahrzeuge*".

bers verfügen könne.[557] Insbesondere sei nicht erforderlich, dass der Werbende die Waren im Zeitpunkt der Werbung bereits vorrätig habe oder dass die Waren zu diesem Zeitpunkt vom Markeninhaber oder mit seiner Zustimmung im Europäischen Wirtschaftsraum in den Verkehr gebracht worden seien.[558]

Dieser Auffassung des BGH ist zuzustimmen.[559] Würde darauf abgestellt, ob der Werbende die Ware bereits vorrätig hat, könnte dies zu nicht lösbaren Abgrenzungsschwierigkeiten führen.[560] So müsste bei jeder Werbung, die nicht auf ein konkretes Einzelstück bezogen ist, immer geprüft werden, ob sich diese nur auf die vorrätigen Waren beim Werbenden bezieht oder auf die gesamte Gattung. Dies würde insbesondere die Werbung für Massenwaren erschweren, die der Händler ohne weiteres nachbeziehen kann.

Entgegen Stimmen in der Literatur kann es auch nicht darauf ankommen, dass zumindest ein Stück der Warengattung in den Verkehr gebracht wurde.[561] Der Wortlaut des § 24 Abs. 1 MarkenG ist unergiebig zur Lösung dieses Problems.[562] Zwar heißt es „... in den Verkehr gebracht worden sind“, indes bezieht sich der Wortlaut gerade nur auf die Weiterveräußerung und nicht auf das Werberecht. Die Weiterveräußerung einer Ware kann aber denklogisch erst nach dem körperlichen Inverkehrbringen erfolgen. Diese denklogische Einschränkung ist hingegen bei der Verwendung als Werbehinweis nicht gegeben. Eine abschließende Wirkung kommt daher dem Wortlaut nicht zu.

Weiterhin wird von *Reinartz* zur Begründung der Beschränkung auf den Sinn und Zweck der Norm abgestellt. Durch eine weite Auslegung seien diese beeinträchtigt, da dem Markeninhaber das Erstvertriebsrecht genommen würde und man dem Werbenden eine nicht produktbezogene Werbung ermögliche.[563] Dem kann nicht gefolgt werden. Zunächst ist es unzutreffend, dass dem Markeninhaber

---

557 BGH GRUR 2003, 878, 879 „*Vier Ringe über Audi*“; WRP 2007, 1095, 1097 „*AIDOL*“; angedeutet wurde dies bereit in GRUR 2003, 340, 342 „*Mitsubishi*“.

558 BGH GRUR 2003, 878, 880 „*Vier Ringe über Audi*“.

559 Ebenso *Ingerl/Rohnke*, MarkenG, § 24 MarkenG Rdn. 51; *v. Hellfeld*, in: HK-MarkenR, § 24 Rdn. 21; *Stuckel*, in: v. Schultz, MarkenG, § 24 Rdn. 39; *Berlit*, Markenrecht, Rdn. 324; *Schuster*, Die Ausnahmen vom markenrechtlichen Erschöpfungsgrundsatz, S. 192; *Sack*, WRP 1998, 549, 567; *ders.*, WRP 1999, 1087, 1094; *Bottenschein*, WRP 2004, 435, 438; für eine analoge Anwendung des § 24 Abs. 1 MarkenG in diesen Fällen *Schuster*, Die Ausnahmen vom markenrechtlichen Erschöpfungsgrundsatz, S. 191 f.

560 Ähnlich *Ingerl/Rohnke*, MarkenG, § 24 MarkenG Rdn. 51.

561 So aber *Hacker*, in: Ströbele/Hacker, MarkenG, § 24 Rdn. 43; *Reinartz*, MarkenR 2004, 8 ff.; wohl auch *v. Hellfeld*, in: HK-Markenrecht, § 24 Rdn. 21; *Mulch*, Der Tatbestand der markenrechtlichen Erschöpfung, S. 136.

562 A.A. *Reinartz*, MarkenR 2004, 8, 9.

563 *Reinartz*, MarkenR 2004, 8, 9 f.

das Erstvertriebsrecht genommen wird. Ihm bleibt es weiterhin vorbehalten zu entscheiden, ob er die Ware körperlich auf den Markt bringt. Allein darin erschöpft sich aber das Erstvertriebsrecht. Ferner ist es unzutreffend zu argumentieren, dass die Werbung losgelöst vom Produkt erfolgt. Durch § 24 Abs. 1 MarkenG soll dem Weiterverkäufer nicht irgendeine Verwendung der Marke erlaubt werden, sondern nur die Werbung für den konkreten ins Auge gefassten Verkauf der Markenware. Der Bezug zu einer bestimmten Ware ist damit gegeben, mag auch das einzelne Stück noch nicht individualisiert sein.

Für die Auslegung des BGH sprechen vielmehr gerade Sinn und Zweck der Vorschrift. Diese soll eine effektive Weiterveräußerung der Ware ermöglichen. Eine solche wird aber teilweise verhindert, wenn die Werbung erst erfolgen kann, wenn das erste Warenstück auf den Markt gebracht wird. Diese Einschränkung würde es dem Händler unmöglich machen, bereits angekündigte Waren zu bewerben, und würde möglicherweise zu einem Wettbewerbsnachteil gegenüber Vertragshändlern führen, denen die Markenverwendung schon vorher gestattet wird.[564] Es wäre eine formalistische Anforderung, müsste der Händler bis zum Tag der ersten Warenlieferung an irgendeinen Weiterverkäufer mit der Werbung warten. Daher erscheint es geboten, eine Ankündigung vor der Produktauslieferung nicht pauschal an § 24 Abs. 1 MarkenG scheitern zu lassen. Soweit der Markeninhaber ein körperliches Inverkehrbringen der Ware angekündigt hat, kann der potentielle Weiterverkäufer die Marke zur Ankündigung des Verkaufs verwenden. Missbräuche eines solch weitgehenden Ankündigungsrechts können über § 24 Abs. 2 MarkenG flexibel korrigiert werden.

(2) Ausschluss gemäß § 24 Abs. 2 MarkenG

Ist eine Ware rechtlich in den Verkehr gebracht worden, kann der Weiterverkäufer zur Ankündigung des Verkaufs die Marke der Ware benutzen. Dies gilt allerdings nicht uneingeschränkt, sondern gemäß § 24 Abs. 2 MarkenG nur soweit, wie der Verwendung keine berechtigten Gründe des Markeninhabers entgegenstehen.

(A) Veränderung der Ware

§ 24 Abs. 2 MarkenG normiert beispielhaft als berechtigten Grund die Veränderung oder Verschlechterung der Ware. In diesen Fällen ist es dem Markeninhaber nicht mehr zumutbar, dass ihm die Produktverantwortung für einen bestimmten

564 *Hacker*, in: Ströbele/Hacker, MarkenG, § 24 Rdn. 43 will diesen Nachteil hinnehmen.

Gegenstand zugerechnet wird. Dem Markeninhaber sollen über seine Marken nur die Waren zugerechnet werden, deren Vertrieb er autorisiert hat. Anderenfalls besteht die Gefahr, dass er für Gegenstände verantwortlich gemacht wird, die in der konkreten Art ohne seine Zustimmung vertrieben werden und auf deren Beschaffenheit er keinen Einfluss hat.

Zu der Frage, wann eine Ware verändert oder verschlechtert wurde, gibt es eine reichhaltige Rechtsprechung. Insoweit handelt es sich jedoch nicht um ein spezifisches Problem der Markennennung, sondern um eines der Erschöpfung generell. Daher kann im Rahmen dieser Ausarbeitung nur auf die Spezialliteratur zu diesem Themenkreis verwiesen werden.[565]

(B) Anschein einer Verbindung zwischen den Unternehmen

Als mögliches berechtigtes Interesse des Markeninhabers kommt ferner der Schutz gegen den Anschein einer wirtschaftlichen Verbindung zwischen dem Markeninhaber und dem Weiterverkäufer in Betracht.

So hat bereits der EuGH in der *BMW/Deenik*-Entscheidung betont, dass es einen berechtigten Grund im Sinne des Art. 7 Abs. 2 MRL (§ 24 Abs. 2 MarkenG) darstellen könne, wenn durch die Markenverwendung der Eindruck erweckt werde, dass eine Handelsbeziehung zwischen dem Weiterverkäufer und dem Markeninhaber bestehe, insbesondere dass das Unternehmen des Weiterverkäufers dem Vertriebsnetz des Markeninhabers angehöre oder dass zwischen beiden Unternehmen eine besondere Beziehung bestehe.[566] Eine solche Werbung sei nicht erforderlich, um den Weiterverkauf der Ware und damit das Ziel der Erschöpfungsregelung des Art. 7 MRL sicherzustellen.[567] Dieser Judikatur des EuGH hat sich die deutsche Rechtsprechung[568] und die Literatur[569] angeschlossen.

565 Siehe dazu *Fezer*, MarkenR, § 24 Rdn. 36 ff.; *Ingerl/Rohnke*, MarkenG, § 24 Rdn. 59 ff.; *Hacker*, in: Ströbele/Hacker, MarkenG, § 24 Rdn. 46 ff.; *Stuckel*, in: v. Schultz, MarkenG, § 24 Rdn. 28 ff.; *Buhrow*, Markenmäßiger Gebrauch im Spannungsfeld von horizontaler und vertikaler Benutzung, S. 38 ff.; *Mulch*, Der Tatbestand der markenrechtlichen Erschöpfung, S. 147 ff.; *Schuster*, Die Ausnahmen vom markenrechtlichen Erschöpfungsgrundsatz, S. 58 ff.

566 EuGH GRUR Int. 1999, 438, 442 (Rdn. 51) „*BMW/Deenik*".

567 EuGH GRUR Int. 1999, 438, 442 (Rdn. 52) „*BMW/Deenik*".

568 So BGH GRUR 2003, 340, 342 „*Mitsubishi*"; GRUR 2006, 329, 332 (Rdn. 34) „*Gewinnfahrzeug mit Fremdemblem*"; OLG Naumburg GRUR-RR 2001, 297, 298 „*Mitsubishi*"; OLG Karlsruhe GRUR-RR 2002, 221, 222 „*Ferrari-Emblem*".

569 *Fezer*, MarkenR, § 24 Rdn. 10; *Ingerl/Rohnke*, MarkenG, § 24 Rdn. 51; *Hacker*, in: Ströbele/Hacker, MarkenG, § 24 Rdn. 82; *Schalk*, in: Büscher/Dittmer/Schiwy, § 24 MarkenG Rdn. 27; *Eichhammer*, Die markenmäßige Benutzung, S. 180 f.; *Lange*, Marken- und Kennzeichenrecht, Rdn. 2344.

Trotz dieser einmütigen Zustimmung erscheint es fraglich, ob auf dieses Kriterium im Rahmen des § 24 Abs. 2 MarkenG überhaupt zurückgegriffen werden kann. Der Schutz des § 14 Abs. 2 Nr. 1 MarkenG beruht bei einer werbungsmäßigen Verwendung der Marke durch den Weiterverkäufer darauf, dass dem Markeninhaber grundsätzlich die Verantwortung für das beworbene Produkt zugerechnet wird. Die Zurechnung von „Umständen der Ware", auf die er keinen Einfluss hatte, soll er verhindern können. Fehlt es an einer solchen Zurechnung, kann der Markeninhaber die Verwendung der Marke für den Verkauf nicht verhindern.

Zweifelhaft erscheint es, ob solche warenbezogenen Umstände dem Markeninhaber zugerechnet werden, wenn der Anschein einer wirtschaftlichen Beziehung zwischen dem Weiterverkäufer und dem Markeninhaber erweckt wird. In diesen Fällen geht es dem Markeninhaber eigentlich nicht darum zu verhindern, dass ihm eine Ware zugerechnet wird, die er so nicht zu verantworten hat. Vielmehr will er verhindern, dass der Weiterverkäufer als Teil seiner Vertriebsorganisation in Erscheinung tritt. Deutlich wird dieses Anliegen etwa in einem Urteil des OLG München, bei dem sich die *BMW AG* in Form einer Widerklage gegen die generelle Verwendung ihrer Marken durch einen freien Händler wendete. Dort heißt es: „*...es sei zwischen den Parteien unstreitig, dass die Klägerin im Einzelfall beim Verkauf gebrauchter Fahrzeuge die Bildmarke z.B. auf der Ware selbst einsetzen dürfte ...; der Beklagten* (sic. BMW AG) *geht es nur darum, dass die Klägerin die Bildmarke nicht als Kennzeichen für ihren Geschäftsbetrieb als Teil der BWM Service Organisation einsetze.*"[570]

In dieser Konstellation will der Markeninhaber folglich verhindern, dass ihm die Leistung des Verkäufers zugerechnet wird, insbesondere also die Zusammenstellung des Angebots und dessen Präsentation. Für diese Art der Leistung ist aber gerade die Einzelhandelsdienstleistungsmarke einschlägig. Zwar ist der Verkauf der Ware an sich keine Dienstleistung,[571] hingegen die Einrichtung der Rahmenbedingungen schon. Beanstandet daher der Markeninhaber, dass ihm auch die Rahmenbedingungen des Verkaufs zugerechnet werden, also gerade die Zusammenstellung der Waren und deren Präsentation, bezieht sich diese Beschwerde nicht auf die Ware selbst, sondern auf die Einzelhandelsdienstleistung. Wird daher im Rahmen des § 24 Abs. 2 MarkenG darauf abgestellt, dass die Gefahr des Eindrucks eines Vertragshändlerstatus' bestehe, so erfolgt ein Austausch des Bezugsobjekts der Markenverletzung. Es steht nicht mehr die Verwendung der Marke für die eigentliche Ware, sondern für die Einzelhandelsdienstleistung in Frage. Ein solcher Austausch des Bezugsobjekts ist indes unzulässig. Denn in diesem Fall müsste schon bei der Verletzungsalternative mangels Doppelidentität

570 OLG München GRUR-RR 2006, 363, 366 „*BMW-Bildmarke*".
571 Siehe dazu die Ausführungen unter D.I.2.a)1)(a), S. 198 ff.

nicht mehr auf § 14 Abs. 2 Nr. 1 MarkenG, sondern auf § 14 Abs. 2 Nr. 2 oder Nr. 3 MarkenG abgestellt werden.

Die Wertung der h.M. könnte nur dann Bestand haben, wenn der Vertragshändlerstatus nicht nur die Einzelhandelsdienstleistung charakterisieren würde, sondern auch als Umstand der Ware selbst gälte. Entscheidend ist daher, ob sich eine aus dem autorisierten Händlernetz erworbene Ware anders als eine Ware darstellt, die von einem freien Händler erworben wurde. Würde durch den Erwerb bei einem freien Händler die Qualität der Ware geändert werden, könnte es für den Markeninhaber unzumutbar sein, dass ihm die Produktverantwortung für diese Ware zugerechnet wird. Für diese Ansicht ließe sich anführen, dass dem Erwerber möglicherweise durch den Hersteller nur dann eine Garantie für die Ware gewährt wird, wenn die Ware bei einem Vertragshändler erworben wurde. Indes kann diese Garantiezusage nicht als Umstand der Ware angesehen werden. Denn anderenfalls hätte es der Markeninhaber durch die Ausgestaltung solcher Zusagen in der Hand, den Weitervertrieb nach seinem Gutdünken zu steuern. Entscheidend für das berechtigte Interesse wäre zudem nicht der Umstand, ob der Eindruck eines Vertragshändlerverhältnisses besteht, sondern ob dieses tatsächlich gegeben ist. Denn auch wenn kein unzutreffender Eindruck einer Vertragsbindung bestünde, würde die Garantiezusage nicht eingreifen, wenn die Ware von einem freien Händler erworben wird. Konsequente Folge der Rechtsprechung müsste eigentlich sein, dass der Markeninhaber jede Veräußerung der Ware durch einen nicht autorisierten Händler verhindern kann. Dadurch würde indes das Ziel der Erschöpfung, den freien Warenverkehr zu garantieren, konterkariert.

Daher muss es im Rahmen des § 14 Abs. 2 Nr. 1 MarkenG und damit auch im Rahmen des § 24 Abs. 2 MarkenG außer Betracht bleiben, ob der Eindruck einer wirtschaftlichen Beziehung erweckt wird. Soweit der Markeninhaber seine Marke nicht auch auf Einzelhandelsdienstleistungen erstreckt, kann er eine Werbung, die den Eindruck einer wirtschaftlichen Beziehung erweckt, nur gemäß § 14 Abs. 2 Nr. 2 und Nr. 3 MarkenG verhindern.

(C) Rufbeeinträchtigung/Rufausbeutung

Als weiteres berechtigtes Interesse sieht die Rechtsprechung regelmäßig den Schutz vor einer Rufbeeinträchtigung und Rufausbeutung an.[572] In der Entschei-

572 So EuGH GRUR Int. 1998, 140, 143 (Rdn. 43) „*Dior/Evora*“; GRUR Int. 1999, 438, 441 (Rdn. 49 und 52) „*BMW/Deenik*“; ebenso die nationale Rechtsprechung BGH GRUR 2005, 160, 161 „*SIM-LOCK*“; GRUR 2006, 329, 332 (Rdn. 31) „*Gewinnfahrzeug mit Fremdemblem*“; OLG Braunschweig OLGR 2000, 157, 158 „*Fahrräder*“; OLG Naumburg GRUR-RR 2001, 297, 298 „*Mitsubishi*“; OLG Düsseldorf GRUR-RR 2001, 299, 301 „*Mercedes-Stern*“; OLG Frankfurt, GRUR-RR

dung *Dior/Evora* führte der EuGH beispielsweise aus, dass der Markeninhaber ein berechtigtes Interesse daran habe, gegen Wiederverkäufer geschützt zu sein, die seine Marke zu Werbezwecken in einer Weise benutzten, die den Ruf der Marke schädigen können.[573] Der Weiterverkäufer müsse daher darauf bedacht sein, mit seiner Werbung die Wertschätzung der Marke nicht dadurch zu beeinträchtigen, dass er den Luxus- und Prestigecharakter der betreffenden Waren sowie die von ihnen ausgehende luxuriöse Ausstrahlung beeinträchtige.[574]

Auch dieser Rechtsprechung ist in Bezug auf das Werberecht zu widersprechen.[575] Gegen sie sprechen zunächst zwei systematische Gründe:

Zum einen ist das Verhältnis zwischen § 14 Abs. 2 Nr. 1 MarkenG und § 24 Abs. 2 MarkenG zu beachten. Wie auch vom EuGH anerkannt, bezweckt § 14 Abs. 2 Nr. 1 MarkenG den Schutz der Herkunftsfunktion, verstanden im Sinne einer Produktverantwortungsfunktion. Nur wenn der Eindruck entsteht, dass die Ware vom Markeninhaber stammt oder dass dieser aufgrund einer wirtschaftlichen Verbindung mit dem Werbenden Einfluss auf das beworbene Produkt hat, ist eine Markenrechtsverletzung gemäß § 14 Abs. 2 Nr. 1 MarkenG gegeben. Wie oben dargelegt wurde, reicht eine Beeinträchtigung einer anderen Markenfunktion für einen Schutz nach § 14 Abs. 2 Nr. 1 MarkenG nicht aus,[576] so dass allein eine Beeinträchtigung der Wertschätzung oder der Unterscheidungskraft den Schutz nicht begründen kann. Ist daher der Fokus auf der Verletzungsebene allein darauf gerichtet, den Markeninhaber vor einer Fehlzurechnung der Produktverantwortung zu schützen, kann nun nicht im Rahmen des § 24 Abs. 2 MarkenG auf andere Kriterien abgestellt werden.[577] Auch bei § 24 Abs. 2

2003, 99, 100 „*Ferrari als Hauptpreis*"; sich kritisch zu diesem Merkmal äußernd OLG Hamburg GRUR-RR 2004, 355, 359 „*Parfümtest*"; der Rechtsprechung zustimmend *Fezer*, MarkenR, § 24 Rdn. 10 und 57a; *Hacker*, in: Ströbele/Hacker, MarkenG, § 24 Rdn. 81 und 84; *Eichhammer*, Die markenmäßige Benutzung, S. 179 f.; *Lange*, Marken- und Kennzeichenrecht, Rdn. 2345; *Rosner*, Vertriebsbindungssysteme, S. 117; *Schuster*, Die Ausnahmen vom markenrechtlichen Erschöpfungsgrundsatz, S. 192; *Sack*, WRP 1998, 549, 574 f.; *Ingerl*, GRUR Int. 2001, 581, 589; *Riehle*, MarkenR 2001, 337, 342; *Nauta*, GRUR Int. 2004, 994, 1000; kritisch dazu *Ingerl/Rohnke*, MarkenG, § 24 Rdn. 58; einschränkend hinsichtlich der Art der Werbung *Sack*, WRP 1999, 1087, 1099.

573 EuGH GRUR Int. 1998, 140, 143 (Rdn. 44) „*Dior/Evora*".

574 EuGH GRUR Int. 1998, 140, 143 (Rdn. 45) „*Dior/Evora*".

575 In diesem Sinne auch *Mulch*, Der Tatbestand der markenrechtlichen Erschöpfung, S. 175 f.

576 C.II.3.g)2)(d), S. 183 ff.

577 Dies verkennt *Rosner*, Vertriebsbindungssysteme, S. 117, der davon ausgeht, dass im Markenrecht zwar grundsätzlich nur die Herkunftsfunktion geschützt sei und dass § 24 MarkenG als nicht repräsentative Ausnahme anzusehen sei. Wenn aber eine Markenrechtsverletzung nicht bekannter Marken nicht mit der Beeinträchti-

MarkenG ist allein zu prüfen, ob es der Markeninhaber hinnehmen muss, dass ihm die konkret vertriebene Ware zugerechnet wird. Die Umstände des Vertriebs sind hingegen im Rahmen des § 14 Abs. 2 Nr. 1 MarkenG unerheblich.

Gegen die Auslegung der Rechtsprechung spricht zweitens, dass dadurch das Verhältnis zwischen § 14 Abs. 2 Nr. 1 und Nr. 3 MarkenG verwischt würde. Eine Rufausbeutung oder -beeinträchtigung, die nicht mit einer Zurechnung der Produktverantwortung einhergeht, kann eine Markenrechtsverletzung gemäß § 14 Abs. 2 Nr. 1 MarkenG nicht begründen. Diese kann ein Markeninhaber nur über § 14 Abs. 2 Nr. 3 MarkenG abwehren, wenn seine Marke einen gewissen Bekanntheitsgrad erreicht hat. Es ist dann aber nicht ersichtlich, warum eine nicht bekannte Marke auf einmal auch gegen die Rufausbeutung bzw. -beeinträchtigung über § 24 Abs. 2 MarkenG geschützt werden soll, nur weil diese zufällig auch markenmäßig im Sinne des § 14 Abs. 2 Nr. 1 MarkenG benutzt wird. Aus der Systematik des § 14 Abs. 2 MarkenG ergibt sich vielmehr eindeutig, dass die Rufausbeutung und Rufbeeinträchtigung lediglich bei bekannten Marken für eine Markenrechtsverletzung relevant sein sollen. Diese Beschränkung des § 14 Abs. 2 Nr. 3 MarkenG kann nicht dadurch umgangen werden, dass der dort entscheidungserhebliche Beurteilungsmaßstab in § 14 Abs. 2 Nr. 1 MarkenG über § 24 Abs. 2 MarkenG implementiert wird.

Schließlicht spricht gegen das Abstellen auf das Ausnutzen des Rufs, dass eine Rufausbeutung für die verkaufte Ware nicht möglich ist. Der Ware ist der Ruf der Marke immanent, da sie schon vom Markeninhaber mit der Marke versehen wurde. Daher kann der Ruf allenfalls für die Einzelhandelsdienstleistung des Weiterverkäufers ausgenutzt werden. Das eigentliche Ziel des Markeninhabers ist es daher zu verhindern, dass sich der Händler den guten Ruf der Marke zu nutzte macht. Es besteht mithin die Gefahr, dass das verkaufte Produkt allein dazu verwendet wird, um die Aufmerksamkeit des Verkehrs auf das weitere Angebot des Weiterverkäufers zu lenken, das sonst von dieser Käuferschicht möglicherweise nicht beachtet würde. Die Marke würde dann als Aufmerksamkeitserreger für das Sortiment des Weiterverkäufers dienen. Daraus wird deutlich, dass die Marke bei der Rufausbeutung nicht für das vertriebene Produkt, sondern für das Sortiment verwendet wird. Dann ist der Bezugspunkt für die Markenrechtsverletzung aber nicht mehr die konkret vertriebene Ware, sondern die Einzelhandelsdienstleistung. Auch in diesem Fall würde wieder in unzulässiger Weise das Bezugsobjekt des § 14 Abs. 2 Nr. 1 MarkenG ausgetauscht. Will sich der Markeninhaber gegen die Verwendung seiner Marke als Blickfang für ein fremdes Warensortiment

gung des Rufs begründet werden kann, so ist nicht ersichtlich, warum dann im Ergebnis dennoch eine Untersagung über § 24 Abs. 2 MarkenG möglich sein soll, obwohl die Herkunftsfunktion nicht beeinträchtigt wird.

wehren, muss er die Verwendung für eine Dienstleistung und nicht wie im vorliegenden Fall für eine Ware angreifen.

Aus diesen dargelegten drei Gründen kann folglich im Rahmen des § 24 Abs. 2 MarkenG weder darauf abgestellt werden, ob durch die Werbung der Ruf beeinträchtigt wird noch ob dieser ausgenutzt wird.

(D) Verstoß gegen ein Vertriebsverbot

Schließlich könnte ein berechtigtes Interesse an der Verhinderung der Markenverwendung bestehen, wenn die Ware unter einem Verstoß gegen ein Vertriebsbindungssystem erworben wurde.[578] Es würde für den Markeninhaber den effektivsten Schutz seines Vertriebsbindungssystems darstellen, könnte er Verkäufe außerhalb dieses Systems markenrechtlich untersagen.

Unabhängig davon, inwieweit ein solches Vertriebsbindungssystem noch schutzwürdig ist,[579] kann auf dieses Interesse im Rahmen des § 24 Abs. 2 MarkenG grundsätzlich nicht abgestellt werden.[580] Wie schon bei den beiden Punkten zuvor erwähnt, dient der Schutz des § 14 Abs. 2 Nr. 1 MarkenG davor, dass dem Markeninhaber eine Ware zugerechnet wird, die er in dieser Art nicht zu verantworten hat. Dieses Schutzinteresse wird indes nicht tangiert, wenn die Ware außerhalb eines Vertriebsbindungssystems vertrieben wird. Nicht die Annahme der Produktverantwortung, sondern allein der Vertriebsweg wird gestört. Dieses Interesse fällt jedoch nicht in den Schutzbereich des § 14 Abs. 2 Nr. 1 MarkenG, so dass auch nicht im Rahmen des § 24 Abs. 2 MarkenG darauf abgestellt werden kann.

---

578 *Fezer*, MarkenR, §14 Rdn. 491; *Schuster*, Ausnahmen vom Erschöpfungsgrundsatz, S. 218; *Sack*, WRP 1999, 467, 470; *ders.*, WRP 2000, 447, 457, *ders.*, WRP 2004, 1405, 1425.

579 Dazu *Köhler*, in: Hefermehl/Köhler/Bornkamm, UWG, § 4 Rdn. 10.63 ff. mwN.

580 So auch BGH GRUR 2002, 709, 711 „*Entfernung der Herstellungsnummer III*"; *Omsels*, in: Harte-Bavendamm/Henning-Bodewig, UWG, § 4 Nr. 10 Rdn. 101; *Rosner*, Vertriebsbindungssysteme, S. 118; *Emmerich*, in: FS Erdmann, S. 567; *Laas*, GRUR Int. 2002, 829, 830; *Voges*, MarkenR 2002, 73, 75; So grundsätzlich zwar auch OLG Hamburg GRUR 2004, 355, 359 „*Parfümtester*". Allerdings scheint das Gericht dahin zu tendieren, eine Beeinträchtigung berechtigter Interessen anzunehmen, wenn die Verstöße gegen das Vertriebsbindungssystem nicht effektiv über vertragliche Ansprüche gegenüber den Vertragshändlern verhindert werden können; *Schuster* sieht hingegen die berechtigten Interessen des Markeninhabers als beeinträchtigt an, wenn die Ware außerhalb des Vertriebsbindungssystems vertrieben wird (*Schuster*, Die Ausnahmen vom markenrechtlichen Erschöpfungsgrundsatz, S. 218 f.).

Dies gilt hingegen nur, soweit nicht in die Ware selbst eingegriffen wird. Daher kann ein berechtigtes Interesse vorliegen, wenn eine Kontrollnummer von der Ware entfernt wird.[581] Soweit der Vertrieb einer derartigen Ware unzulässig ist, darf folglich auch für ihren Verkauf nicht geworben werden.

(3) Umfang der Markenverwendung

Stehen der Erschöpfung keine berechtigten Gründe des Markeninhabers entgegen, kann der Weiterverkäufer grundsätzlich alle Marken des Produktes verwenden. Dies ergibt sich nach der vorliegenden vertretenen Auffassung bereits daraus, dass es auf eine mögliche Rufausbeutung durch die Verwendung mehrerer Marken oder von Bild- anstatt Wortmarken im Rahmen des § 24 Abs. 2 MarkenG nicht ankommt.[582] Für jede Marke, die sich auf der in den Verkehr gebrachten Ware befindet, ist insoweit die Erschöpfung eingetreten.

Aber auch die Rechtsprechung kommt zu diesem Ergebnis, da sie in der Verwendung von bestimmten Markenformen gegenüber anderen kein entgegenstehendes berechtigtes Interesse des Markeninhabers erblickt.[583] Bisher wurde in keinem Fall dem Weiterverkäufer die Markenverwendung mit dem Argument rechtskräftig untersagt, dass er sich auf eine andere Markenform hätte beschränken können.

Kann der Weiterverkäufer zwar grundsätzlich zwischen den verschiedenen Marken der vertriebenen Ware auswählen, muss er darauf achten, dass er sie dem Original entsprechend wiedergibt. Diese Beschränkung ergibt sich zwar nicht

---

581 BGH GRUR 2000, 724, 727 „*Außenseiteranspruch II*“; GRUR 2001, 448, 450 „*Kontrollnummerbeseitigung II*“; GRUR 2002, 709, 711 „*Entfernung der Herstellungsnummer III*“; siehe auch *Ekey*, in: HK-MarkenR, § 14 Rdn. 39 f.; *Köhler*, in: Hefermehl/Köhler/Bornkamm, UWG, § 4 Rdn. 10.65; *Rosner*, Vertriebsbindungssysteme, S. 125 ff.; *Schuster*, Die Ausnahmen vom markenrechtlichen Erschöpfungsgrundsatz, S. 212 ff.; jeweils mwN; ebenso *Fezer*, GRUR 1999, 99, 103; kritisch zu dieser Rechtsprechung *Emmerich*, in: FS Erdmann, S. 570; ebenso *Nauta*, GRUR Int. 2004,994, 1001, der eine Entfernung nur dann als zulässig ansieht, wenn die Kontrollnummer für Rückrufaktionen notwendig oder Voraussetzung für eine Garantiezusage ist.

582 Dazu die Ausführungen unter D.I.2.a)2)(b)(2)(C), S. 207 ff.

583 BGH GRUR 2003, 340, 342 „*Mitsubishi*“; GRUR 2003, 878, 880 „*Vier Ringe über Audi*“; OLG Naumburg GRUR-RR 2001, 297, 298 „*Mitsubishi* ; OLG Düsseldorf GRUR-RR 2001, 299, 300 f. „*Mercedes-Stern*“; ebenso *Ingerl/Rohnke*, MarkenG, § 24 Rdn. 52; *Stuckel*, in: v. Schultz, MarkenG, § 24 Rdn. 39; *Schuster*, Die Ausnahmen vom markenrechtlichen Erschöpfungsgrundsatz, S. 197; a.A. unter Geltung des WZG *Best*, Händlerwerbung, S. 164, nach dem sich der Händler auf die Wiedergabe der einfachen Buchstabenfolge beschränken müsse, d.h. nicht einmal einen stilisierten Schriftzug verwenden dürfe; ebenso *Völp*, WRP 1977, 688, 690.

daraus, dass anderenfalls der Ruf beeinträchtigt würde,[584] sondern daraus dass die Erschöpfung eben nur für die auf dem Originalprodukt verwendete Markenform eingetreten ist. Bezüglich der Wiedergabe ist der Werbende zwar nicht darauf beschränkt, die Marken in der gleichen Größe zu verwenden, da anderenfalls eine effektive Ankündigung nicht möglich wäre. Dennoch müssen die Größenverhältnisse der einzelnen Marken eingehalten werden, da es anderenfalls an einer Übereinstimmung mit der Originalmarke mangelte.

b) Markenrechtsverletzung gemäß § 14 Abs. 2 Nr. 2 MarkenG

Soweit der Verkehr die konkrete Verwendungsform nicht nur als Kennzeichen für die Ware selbst, sondern auch für die Einzelhandelsdienstleistung des Händlers auffasst, könnte dem Markeninhaber ein Unterlassungsanspruch wegen einer Verwechslungsgefahr aus § 14 Abs. 2 Nr. 2 MarkenG zustehen.

1) Verwendung der Warenmarke als Dienstleistungsmarke

Fraglich ist daher zunächst, ob der Händler durch die Werbung mit der Marke diese auch für seine Einzelhandelsdienstleistung verwendet. Dies könnte etwa dadurch geschehen, dass der Händler die Marke auf einem Schild zu Werbezwecken an seinem Geschäft anbringt. Beispielhaft dafür ist der Sachverhalt der *Ferrari-Emblem*-Entscheidung des OLG Karlsruhe.[585] Dort hatte ein Autohändler auf seinem Gelände rund ein Dutzend Marken des klagenden Automobilherstellers angebracht. Möglicherweise versteht der Verkehr dann die Marken nicht nur als Hinweis auf den Verkauf der Ware, sondern zugleich als Kennzeichnung der Einzelhandelsdienstleistung an sich.

Indes ist ein solches Verständnis in der Regel ausgeschlossen. Der Verkehr wird bei einem Hinweis auf den Verkauf die Warenmarke grundsätzlich nur als Kennzeichnungsmittel für die verkaufte Ware ansehen. Dass der Verkehr dem Markeninhaber auch die Verantwortung für die Sortimentszusammenstellung und die Präsentation des gesamten Sortiments zurechnet, wird sich nicht annehmen lassen.

Anders könnte es sich möglicherweise dann verhalten, wenn der Markeninhaber seine Waren auch über wirtschaftlich verbundene Weiterverkäufer absetzt, so genannte Vertragshändler. In diesen Fällen erscheint es möglich, dass der Verkehr auch bei einem unabhängigen Händler eine wirtschaftliche Verbindung un-

584 So aber *Schuster*, Die Ausnahmen vom markenrechtlichen Erschöpfungsgrundsatz, S. 197; wohl auch *Schulz*, Die relevante Benutzungshandlung, S. 238.
585 OLG Karlsruhe GRUR 2002, 221 f. „*Ferrari-Emblem*“.

terstellt, wenn dieser die Marke in seiner Werbung verwendet. So kann im Ausgangsfall nicht von vornherein unterstellt werden, dass der Verkehr die *Ferrari*-Marken nicht auch als Kennzeichnung der konkreten Einzelhandelsdienstleistung ansieht.[586]

2) Produktähnlichkeit

Damit es in diesen Konstellationen überhaupt zu einem Anspruch wegen einer Verwechslungsgefahr kommen kann, muss eine Produktähnlichkeit zwischen den geschützten Waren und der Handelsdienstleistung bestehen.

Zur Bestimmung der Ähnlichkeit sind alle erheblichen Faktoren zu berücksichtigen, die das Verhältnis zwischen den Waren kennzeichnen.[587] Dabei ist insbesondere in die Beurteilung einzubeziehen, ob die Waren regelmäßig von denselben Unternehmen oder unter ihrer Kontrolle hergestellt werden oder ob sie beim Vertrieb Berührungspunkte aufweisen, weil sie in denselben Verkaufsstätten angeboten werden.[588] Eine Produktähnlichkeit kann ausgeschlossen werden, wenn trotz unterstellter Identität oder großer Ähnlichkeit der Marken die Annahme einer Verwechslungsgefahr wegen des Abstands der Waren oder Dienstleistungen von vornherein ausgeschlossen ist.[589]

Eine Produktähnlichkeit kann auch zwischen Waren und Dienstleistungen bestehen.[590] Allerdings sind Dienstleistungen grundsätzlich weder mit den zu ihrer Erbringung verwendeten Waren und Hilfsmitteln noch mit den durch sie hervorgebrachten Waren ähnlich.[591] Es müssen vielmehr besondere Umstände hinzutre-

---

586 Weitere Beispiele ließen sich insbesondere in der Modebranche finden. Dort werden die Waren häufig über ein Vertriebsnetz des Warenherstellers vertrieben (z.B. Esprit-Filialen). Kündigt nun ein unabhängiger Händler in ähnlicher Weise wie die Vertriebshändler den Verkauf der Bekleidung an, so erscheint es durchaus möglich, dass der Verkehr den unabhängigen Händler für einen Vertriebshändler hält und eine unternehmerische Verbindung zum Markeninhaber unterstellt.

587 EuGH GRUR 1998, 922, 923 (Rdn. 23) „*Canon*“; BGH GRUR 2004, 594, 596 „*Ferrari-Pferd*“; GRUR 2006, 941, 942 (Rdn. 13) „*TOSCA BLU*“.

588 BGH GRUR 2003, 428, 432 „*BIG BERTHA*“ mwN; GRUR 2004, 594, 596 „*Ferrari-Pferd*“; GRUR 2006, 941, 942 (Rdn. 13) „*TOSCA BLU*“; eine Aufzählung der möglichen Kriterien findet sich bei *Steinbeck*, GRUR 2005, 108, 109 ff.

589 BGH GRUR 2004, 594, 596 „*Ferrari-Pferd*“; GRUR 2006, 941, 942 (Rdn. 13) „*TOSCA BLU*“ dazu *Lange*, Marken- und Kennzeichenrecht, Rdn. 1956 mwN.; kritisch zu dieser Definition *Steinbeck*, GRUR 2005, 108, 109.

590 Siehe dazu nur BGH GRUR 1999, 731, 733 „*Canon II*“; *Fezer*, MarkenR, § 14 Rdn. 396b; *Hacker*, in: Ströbele/Hacker, MarkenG, § 9 Rdn. 83; *Schweyer*, in: v. Schultz, MarkenG, § 14 Rdn. 65.

591 BGH GRUR 1999, 731, 733 „*Canon II*“; liberaler *Schweyer*, in: v. Schultz, MarkenG, § 14 Rdn. 65.

ten, die die Annahme begründen, dass der Hersteller der Waren auch die fragliche Dienstleistung anbietet.[592]

Bei der Beziehung zwischen Einzelhandeldienstleistungen und den vertriebenen Waren ergibt sich ein besonderes Problem daraus, dass hier zwischen zwei Assoziationsrichtungen zu unterscheiden ist.

Die eine Assoziationsrichtung geht vom Einzeldienstleistungsanbieter hin zur Ware selbst. Insoweit weist *Hacker* zutreffend darauf hin, dass der Verkehr allgemein bei Warenmarken, die identisch oder ähnlich mit einer Marke eines Einzelhandelsdienstleistungsunternehmens sind, nicht auf dessen Produktverantwortung schließt.[593] Ein solcher Eindruck kann nur innerhalb der Vertriebssphäre des Einzelhändlers entstehen, nicht jedoch soweit die Ware auch außerhalb seines Betriebs vertrieben wird. Dies soll folgendes Beispiel illustrieren: Wird eine Einzelhandelskette unter der Marke *Comet* geführt, ist davon auszugehen, dass der Verkehr zumindest eine wirtschaftliche Verbundenheit unterstellt, wenn nun in einem dieser Läden Spaghetti mit der Marke *Comet-Spaghetti* vertrieben werden. Dies würde sich jedoch ganz anders darstellen, wenn die Spaghetti in einem *Real*-Supermarkt angeboten würden. Es wäre wohl eine nicht zu belegende Unterstellung, würde man davon ausgehen, dass auch in diesem Fall der Verkehr eine wirtschaftliche Verbindung zwischen der Einzelhandelsdienstleistungsmarke *Comet* und der Warenmarke annehme. Die Übertragung der Produktverantwortung von einer Einzelhandelsdienstleistungsmarke auf eine Ware scheint daher fraglich.

Anders kann es sich aber bei der umgekehrten Assoziationsrichtung verhalten. Es sind durchaus Konstellationen denkbar, bei denen der Verkehr von den verkauften Waren auf eine Produktverantwortung für die Einzelhandelsdienstleistung schließt. Insbesondere wenn die Waren nur durch ein exklusives Händlernetz vertrieben werden, wird der Verkehr zwischen dem Hersteller und dem Händler regelmäßig besondere wirtschaftliche Beziehungen unterstellen. Die Annahme einer Produktähnlichkeit erscheint in diesen Fällen nicht ausgeschlossen.

Da sich die Warenähnlichkeit nicht nach der Assoziationsrichtung beurteilen kann, denn Produkte sind entweder ähnlich oder eben nicht, sollte bei den Einzelhandelsdienstleistungen und den vertriebenen Waren grundsätzlich von einer Produktähnlichkeit ausgegangen werden. Erst dann kann flexibel im Rahmen der Verwechslungsgefahr entschieden werden, ob der Verkehr in der konkreten Wa-

---

592 *Hacker*, in: Ströbele/Hacker, MarkenG, § 9 Rdn. 83.

593 *Hacker*, in: Ströbele/Hacker, MarkenG, § 9 Rdn. 87; ähnlich schon vorher *Storck*, MittdPatAnw 2000, 399, 403; a.A. wohl BPatG GRUR 2003, 152, 156 „*Einzelhandelsdienstleistung I*"; ebenso *Grabrucker*, GRUR 2001, 623, 628; *dies.*, MarkenR 2002, 361, 366.

ren/Dienstleistungssituation dem Markeninhaber wirklich eine Produktverantwortung zurechnet.

3) Verwechslungsgefahr

Da die Warenähnlichkeit somit nicht ausgeschlossen ist, ist der entscheidende Prüfungspunkt, ob aufgrund der konkreten Verwendung eine Verwechslungsgefahr entsteht. Es kommt insoweit darauf an, ob der Verkehr aufgrund der Produktähnlichkeit und der Zeichenidentität dem Markeninhaber eine Produktverantwortung für die konkrete Einzelhandelsdienstleistung zurechnet.

Wie bereits oben dargelegt, rechnet der Verkehr in der Regel dem Hersteller einer bestimmten Ware nicht die Produktverantwortung für die Einzelhandelsdienstleistung des Verkäufers zu.[594] Vielmehr fasst der Verkehr die Warenmarke nur als Ankündigung für den Verkauf der konkreten Ware auf, nicht aber als Kennzeichen für die gesamte Einzelhandelsdienstleistung. Anders kann es sich aber verhalten, wenn der Markeninhaber seine Ware auch über wirtschaftlich abhängige Vertragshändler vertreibt. Insoweit sind zwei Konstellationen zu unterscheiden:

Vertreibt der Händler mehrere Waren der gleichen Sorte oder sogar mehrere Warensorten von unterschiedlichen Markeninhabern, so wird der Verkehr keinem dieser Markeninhaber die Verantwortung für die Einzelhandelsdienstleistung zuschreiben.[595] So mag der Verkehr aus der Ankündigung, dass ein Kaufhaus jetzt auch *Rolex*-Uhren verkaufe, darauf schließen, dass dieses Kaufhaus ein so genannter Vertragshändler sei, jedoch liegt die Annahme fern, dass auch die Einzelhandelsdienstleistung, also die Zusammenstellung des gesamten Sortiments des Kaufhauses, durch den Inhaber der Marke kontrolliert werde. In diesem Fall nimmt der Verkehr die Marke *Rolex* lediglich als Warenmarke und nicht als Dienstleistungsmarke wahr. Anspruchsgrundlage für einen Unterlassungsanspruch können in diesem Fall nur die § 14 Abs. 2 Nr. 1 oder Nr. 3, nicht aber § 14 Abs. 2 Nr. 2 MarkenG sein. Im oben geschilderten Ausgangsfall hat das OLG Karlsruhe daher zutreffend festgestellt, dass die Voraussetzungen für die Zurechnung einer Produktverantwortung nicht erfüllt waren. Der Händler vertrieb erkennbar mehrere Markenwaren. Daher konnte der Verkehr nicht aufgrund der Herausstellung einer bestimmten Marke davon ausgehen, dass gerade dieser

594 Siehe oben unter D.I.2.b)1), S. 212.

595 In diesem Sinne auch OLG Naumburg GRUR-RR 2001, 297, 298 „*Mitsubishi*"; kritisch dazu *Bottenschein*, WRP 2004, 435, 437, in GRUR 2006, 462, 464 wird diese Kritik jedoch revidiert.

Markeninhaber die Produktverantwortung für das gesamte Dienstleistungsangebot des Händlers, inklusive der Sortimentszusammenstellung, übernehme.

Vertreibt der Einzelhändler hingegen nur die Waren des Kennzeicheninhabers, ist grundsätzlich von einer Verwechslungsgefahr auszugehen. Es besteht dann die Gefahr, dass der Verkehr davon ausgeht, dass der Markeninhaber nicht nur die Ware liefert, sondern dass zumindest engere wirtschaftliche Beziehungen in Form eines Vertragshändlerverhältnisses zwischen dem Markeninhaber und dem Weiterverkäufer bestehen. In diesen Fällen kann aufgrund der identischen Markenverwendung die Verwechslungsgefahr im weiteren Sinne nur dadurch ausgeschlossen werden, dass der Händler bei jeder Markenverwendung möglichst deutlich auf eine fehlende Vertragsbindung hinweist, wie z.B. durch den Zusatz „Unabhängiger Händler für …“.[596]

Ist eine Verwechslungsgefahr gegeben, kommt eine Rechtfertigung gemäß § 23 f. MarkenG nicht in Betracht, denn weder § 23 Nr. 3 MarkenG noch § 24 Abs. 1 MarkenG möglichen die Verwendung der Warenmarke für die Einzelhandelsdienstleistung. Insoweit zeigt sich, dass es geboten ist, die Annahme einer Verwendung der Marke für die Einzelhandelsdienstleistung restriktiv zu handhaben, da anderenfalls der Markeninhaber den Verkauf seiner Waren trotz der Wertung des § 24 Abs. 1 MarkenG über § 14 Abs. 2 Nr. 2 MarkenG verbieten könnte.

c) Markenrechtsverletzung gemäß § 14 Abs. 2 Nr. 3 MarkenG

Wie bereits oben dargelegt, schützen § 14 Abs. 2 Nr. 1 und Nr. 2 MarkenG nur die erweiterte Herkunftsfunktion der Marke im Sinne einer Produktverantwortungsfunktion. Ein Wechsel des Zuordnungsobjekts oder der verletzten Funktion innerhalb der Rechtfertigungsebene, insbesondere im Rahmen des § 24 Abs. 2 MarkenG, widerspricht der Systematik des Markengesetzes und ist daher abzulehnen. Wird eine andere Funktion als die erweiterte Herkunftsfunktion verletzt, so kann der Markeninhaber dieser Beeinträchtigung nur über § 14 Abs. 2 Nr. 3 MarkenG begegnen.

596 So forderte auch der BGH, dass es in der Kfz-Branche eines besonderen Hinweises bedarf, dass der Werbende kein Vertragshändler ist (GRUR 1970, 467, 469 „*Vertragswerkstatt*“). Dies wird auch heute trotz des geänderten Verbraucherleitbildes noch Geltung beanspruchen.

1) Bekanntheit

Bei der potentiell beeinträchtigten Marke muss es sich zunächst um eine bekannte Marke handeln. Die Kriterien zur Bestimmung der Bekanntheit sind jedoch umstritten. Indes werden durch den Bekanntheitsbegriff die Weichen für die Auslegung der weiteren Tatbestandsmerkmale des § 14 Abs. 2 Nr. 3 MarkenG gestellt. Daher bedarf es vor der Auslegung der weiteren Tatbestandsmerkmale des § 14 Abs. 2 Nr. 3 einer genauen Bestimmung der Bekanntheit.

(a) Quantitative Anforderungen

Nach der Rechtsprechung des EuGH kommt es für die Bestimmung der Bekanntheit darauf an, ob einem bedeutenden Teil des betroffenen Publikums die Marke bekannt ist.[597]

Das betroffene Publikum bestimmt sich nach der Art der vermarkteten Ware oder Dienstleistung. Je nach Art kann dies die bereite Öffentlichkeit oder ein spezielles Publikum, z.B. ein bestimmtes berufliches Milieu sein.[598]

Problematischer stellt sich der Grad der Bekanntheit dar. Zur Prüfung der Bekanntheit sind insoweit alle Umstände des Einzelfalls zu berücksichtigen. Diesbezüglich ist allgemein anerkannt, dass eine bekannte Marke nicht die Anforderungen erfüllen muss, die für eine Berühmtheit oder notorische Bekanntheit im Sinne des Art. 6bis der Pariser Verbandsübereinkunft (PVÜ) aufgestellt werden.[599]

Nach der Rechtsprechung des EuGH sind zur Bestimmung der Bekanntheit alle Umstände des Einzelfalls zu berücksichtigen. Dies sind insbesondere der Marktanteil der Marke, die Intensität, die geographische Ausdehnung und die Dauer ihrer Benutzung sowie der Umfang der Investitionen, die das Unternehmen zu ihrer Förderung getätigt hat.[600] Ein genauer Prozentsatz der Bekanntheit könne hingegen nicht verlangt werden.[601] Grundsätzlich wird diese Rechtsprechung allgemein akzeptiert, zur Orientierung werden jedoch Prozentsätze zwi-

---

597 EuGH GRUR Int. 2000, 73, 75 (Rdn. 26) „*Chevy*".
598 EuGH GRUR Int. 2000, 73, 75 (Rdn. 24) „*Chevy*".
599 So *Fezer*, MarkenR, § 14 Rdn. 415 f.; *Ingerl/Rohnke*, MarkenG, § 14 Rdn. 788 f.; *Hacker*, in Ströbele/Hacker, MarkenG, § 14 Rdn. 161; *Großner*, Der Rechtsschutz bekannter Marken, S. 162 ff.; *Koch*, Markenverunglimpfung, S. 96; *Wagner*, Sonderschutz für bekannte Kennzeichen, S. 68 f.; *Will*, Der Markenschutz nach § 14 Markengesetz, S. 136 f.; *Boes/Deutsch*, GRUR 1996, 168; *Piper* GRUR 1996, 429, 432; a.A. seinerzeit wohl *Kraft*, GRUR 1991, 339, 341, der zumindest eine notorische Bekanntheit forderte.
600 EuGH GRUR Int. 2000, 73, 75 (Rdn. 27) „*Chevy*".
601 EuGH GRUR Int. 2000, 73, 75 (Rdn. 27) „*Chevy*".

schen 20% und 50% als erforderliche Untergrenze für die Bekanntheit angegeben.[602]

(b) Qualitative Anforderungen

Ob neben den quantitativen Anforderungen auch solche in qualitativer Hinsicht erfüllt sein müssen, ist umstritten.

Die zunächst h.M. ging davon aus, dass einer bekannten Marke ein bestimmtes Vorstellungsbild zukommen müsse, auch guter Ruf oder Image genannt.[603] Inwieweit dieses Vorstellungsbild ausgestaltet sein muss, ist indes nicht geklärt. Zumeist wird gefordert, dass der Verkehr positive Assoziationen mit der Marke verbinden müsse, also Attribute wie Luxus, Seriosität oder Zuverlässigkeit.[604] Dabei soll ein gewisser Grad an Bekanntheit ein Indiz für einen guten Ruf sein.[605]

Die wohl mittlerweile überwiegende Ansicht geht hingegen davon aus, dass zur Bestimmung der Bekanntheit keine qualitativen Anforderungen zu prüfen sind.[606] Damit könnten auch wertneutrale Marken oder solche, die mit einem negativen Image besetzt sind, als bekannte Marke eingeordnet werden.

---

602 *Fezer*, MarkenR, § 14 Rdn. 420 (50%); *Wolf*, Die Schutzschranke des § 23 MarkenG, Rdn. 256 (50%); *Rößler*, GRUR 1994, 559, 592 (33%); *Raab*, in: Hasselblatt, Gewerblicher Rechtsschutz, § 35 Rdn. 127 (30%); *Koch*, Markenverunglimpfung, S. 98 (30%); *Wagner*, Sonderschutz für bekannte Kennzeichen, S. 73 (30%); *Will*, Der Markenschutz nach § 14 Markengesetz, S. 142 (25% – 30%); *Sack*, GRUR 1995, 81, 86 (30%); *Boes/Deutsch*, GRUR 1996, 168, 169 (30%); *Ingerl/Rohnke*, MarkenG, § 14 Rdn. 810 (20%).

603 Begr. Reg.-Entw. BT-Drucks. 12/6581, S. 72; *Fezer*, MarkenR, § 14 Rdn. 422; *Großner*, Der Rechtsschutz bekannter Marken, S. 174 ff.; *Koch*, Markenverunglimpfung, S. 100; *Wagner*, Sonderschutz für bekannte Kennzeichen, S. 62; *Will*, Der Markenschutz nach § 14 Markengesetz, S. 138; *Wolf*, Die Schutzschranke des § 23 MarkenG, Rdn. 256; *Rößler*. GRUR 1994, 559, 562; Meyer, GRUR Int. 1998, 592, 602.

604 *Wagner*, Sonderschutz für bekannte Kennzeichen, S. 77; ebenso *Koch*, Markenverunglimpfung, S. 101; *Will*, Der Markenschutz nach § 14 Markengesetz, S. 146.

605 *Wagner*, Sonderschutz für bekannte Kennzeichen, S. 77; *Will*, Der Markenschutz nach § 14 Markengesetz, S. 138.

606 *Ingerl/Rohnke*, MarkenG, § 14 Rdn. 814 (anders noch *dies.*, NJW 1994, 1247, 1251); *Büscher*, in: Büscher/Dittmer/Schiwy, § 14 MarkenG Rdn. 428; *Schweyer*, in: v. Schultz, MarkenG, § 14 Rdn. 162; *Bonn*, Der Rechtsschutz von Marken mit gesteigerter Verkehrsgeltung, S. 139; *Dorndorf*, Schutz vor Herkunftstäuschung und Rufausbeutung, Rdn. 377; *Geiseler-Bonse*, Internet-Suchmaschinen als rechtliches Problemfeld, S. 71; *Riedel*, Spannungsverhältnis, S. 95; *Boes/Deutsch*, GRUR 1996, 168, 169; *Piper*, GRUR 1996, 429, 433; *Eichmann*, GRUR 1998, 201, 205;

Dem Verzicht auf ein qualitatives Element ist zuzustimmen. Zunächst ist eine solche Einschränkung dem Wortlaut nicht zu entnehmen. Nach dem natürlichen Sprachempfinden kann etwas auch bekannt sein, ohne dass damit positive Wertvorstellungen verbunden werden. Ferner sprechen auch die unterschiedlichen Tatbestandsalternativen gegen ein solches Erfordernis. § 14 Abs. 2 Nr. 3 MarkenG differenziert zwischen der Wertschätzung und der Unterscheidungskraft. Nur für die Wertschätzung kann indes ein bestimmtes Image gefordert werden. Bei der Unterscheidungskraft kommt es auf solche Kriterien nicht an. Diese kann ausgenutzt oder beeinträchtigt werden, ohne dass auf ein bestimmtes Image abzustellen ist. Wenn bei der Unterscheidungskraft Wertvorstellungen jedoch unerheblich sind, ist es nicht ersichtlich, warum die Unterscheidungskraft dann nicht bei jeder quantitativ bekannten Marke geschützt ist. Es erscheint inkonsequent, bei der Eröffnung des Tatbestands auf bestimmte Wertvorstellungen abzustellen, ohne dass es für die Markenrechtsverletzung darauf ankommt, ob diese Wertvorstellungen beeinträchtigt oder ausgenutzt werden.

Dieses Ergebnis wird auch durch einen Blick auf die Rechtsprechung bestätigt. Die vom EuGH aufgeführten Kriterien zur Bestimmung der Bekanntheit enthalten gerade nicht den guten Ruf der Marke. Ferner geht der BGH davon aus, dass eine Verwirklichung des § 14 Abs. 2 Nr. 3 MarkenG auch dann möglich ist, wenn keine Gütevorstellungen ausgenutzt werden.[607]

Folglich beurteilt sich die Bekanntheit allein nach quantitativen Kriterien. Soweit die Marke des verkauften Produktes diese Kriterien erfüllt, kommt ein Schutz nach § 14 Abs. 2 Nr. 3 MarkenG in Betracht.

2) Tatbestandsalternativen des § 14 Abs. 2 Nr. 3 MarkenG

Erfüllt die Herstellermarke die zuvor geschilderten Bekanntheitsvoraussetzungen, so fragt sich, welche Tatbestandsalternativen des § 14 Abs. 2 Nr. 3 MarkenG die Händlerwerbung verwirklichen kann.

(a) Ausnutzen oder Beeinträchtigen der Wertschätzung

Möglicherweise könnte die Verwendung der Marke in der Händlerwerbung deren Wertschätzung ausnutzen oder beeinträchtigen.

---

grds. auch *Hacker*, in Ströbele/Hacker, MarkenG, § 14 Rdn. 165, der jedoch den Schutz bei einem Negativimage ausschließen will.

607 BGH GRUR 2005, 583, 584 „*Lila-Postkarte*“.

(1) Wertschätzung

Gemeinsames Element beider Tatbestandsalternativen ist die Wertschätzung. Darunter wird jede positive Assoziation verstanden, welche die angesprochenen Verkehrskreise mit dem Produkt verbinden.[608] Diese Assoziationen können sich aus bestimmten Gütevorstellungen bzgl. der Produktqualität, aus nachhaltigem Markterfolg des konkreten Produktes oder aus allgemeineren Vorstellungen von Größe, Alter, Tradition, Erfolg und Leistungsfähigkeit des herstellenden bzw. vertreibenden Unternehmens ergeben.[609] Erfasst sind ebenfalls Luxus-, Exklusivitäts- und Prestigevorstellungen, mögen sie auch allein durch Werbeanstrengungen erzeugt sein, oder andersartige positive Markenimages, mit denen sich die Abnehmer identifizieren können.[610] Zusammengefasst wird dies als „guter Ruf".[611]

(2) Unlauteres Ausnutzen der Wertschätzung

(A) Ausnutzen der Wertschätzung

Fraglich ist, ob diese Wertschätzung durch die Händlerwerbung ausgenutzt wird.

(i) Allgemeine Bestimmung der Kriterien

Ein Ausnutzen ist nach dem BGH gegeben, wenn sich ein Wettbewerber mit der Kennzeichnung seiner Waren der geschützten Marke angenähert hat, um Gütevorstellung für sich auszunutzen, die der Verkehr mit den unter der Marke vertriebenen Erzeugnissen verbindet.[612] Verallgemeinern lässt sich dies dahin, dass

---

608 So *Ingerl/Rohnke*, MarkenG, § 14 Rdn. 847; *Dorndorf*, Der Schutz vor Herkunftstäuschung und Rufausbeutung, Rdn. 396; *Riedel*, Spannungsverhältnis, S. 102; *Wagner*, Sonderschutz für bekannte Kennzeichen, S. 92; Rößler, GRUR 1994, 559, 563; *Eichmann*, GRUR 1998, 201, 203.

609 *Ingerl/Rohnke*, MarkenG, § 14 Rdn. 847; *Fezer*, MarkenG, § 14 Rdn. 425; *Hacker*, in: Ströbele/Hacker, MarkenG, § 14 Rdn. 177; *Riedel*, Spannungsverhältnis, S. 102; *Rößler*, GRUR 1994, 559, 563; *Eichmann*, GRUR 1998, 201, 203; *Joller*, MarkenR 2000, 341, 348; *Berlit*, GRUR 2002, 572, 577..

610 Dazu *Ingerl/Rohnke*, MarkenG, § 14 Rdn. 847; *Dorndorf*, Der Schutz vor Herkunftstäuschung und Rufausbeutung, Rdn. 396.

611 So *Ingerl/Rohnke*, MarkenG, § 14 Rdn. 847; *Hacker*, in: Ströbele/Hacker, MarkenG, § 14 Rdn. 177; *Dorndorf*, Der Schutz vor Herkunftstäuschung und Rufausbeutung, Rdn. 396; *Großner*, Der Rechtsschutz bekannter Marken, S. 179.

612 BGH GRUR 2005, 583, 584 „*Lila-Postkarte*"; ebenso OLG Köln MarkenR 2005, 445, 448 „*Kleiner Feigling*".

ein Ausnutzen vorliegt, wenn positive Assoziationen der Marke auf ein anderes Produkt übertragen werden.[613] Es muss mithin ein Imagetransfer erfolgen.[614]

α) Bekanntheit der Marke in den angesprochenen Verkehrskreisen

Unabdingbare Voraussetzung für einen Imagetransfer ist zunächst, dass die Marke von den angesprochenen Verkehrskreisen erkannt wird.[615] Erst dann ist es möglich, dass überhaupt Assoziationen übertragen werden können. Es ist daher zunächst genau zu untersuchen, ob der Verkehr, an den sich das gekennzeichnete Produkt wendet, bei einer Begegnung mit dem Zeichen irgendeine Assoziation zu der bekannten Marke bilden wird. Insoweit gilt der Grundsatz, dass je größer die Kennzeichnungskraft ist, umso geringer die Überschneidung der Verkehrskreise und umgekehrt sein kann. Es besteht mithin eine Wechselwirkung zwischen der Kennzeichnungskraft der Marke und der Überschneidung der Verkehrskreise.[616]

β) Imagetransfer

Allerdings reicht es für das Ausnutzen der Wertschätzung nicht aus, dass Assoziationen zu dem Markenprodukt gebildet werden. Vielmehr muss das Image des Markenproduktes auf das Produkt des Markenverwenders transferiert werden.

Zur Bestimmung dieses Imagetransfers kommt es darauf an, dass ein gemeinsamer Image- oder Vorstellungskern zwischen den beiden Produkten vorhanden ist.[617] Insoweit kann zwischen den Erwartungen des Verkehrs unterschieden werden, die sich auf das Grund- bzw. Gebrauchsnutzen oder auf das Zweit- bzw. Zusatznutzen des Markenproduktes beziehen. Das Gebrauchsnutzen besteht im

---

613 So auch das Verständnis der h.M. vor der BGH-Rechtsprechung, siehe dazu *Ingerl/ Rohnke*, MarkenG, § 14 Rdn. 851; *Dorndorf*, Der Schutz vor Herkunftstäuschung und Rufausbeutung, Rdn. 397; *Miller*, Irreführung von Internet-Suchmaschinen, S. 235; *Riedel*, Spannungsverhältnis, S. 106; *Worm*, Hyperlinks, Inline-Frames und Meta-Tags, S. 86; *Wagner*, Sonderschutz für bekannte Kennzeichen, S. 94; *Piper*, GRUR 1996, 429, 434; *Berlit*, MarkenR, Rdn. 190; *ders.*, GRUR 2002, 572, 577; ebenso *Fezer*, MarkenR, § 14 Rdn. 425, der allerdings nicht zwischen der positiven und negativen Rufübertragung unterscheidet und daher das Ausnutzen und Beeinträchtigen der Wertschätzung unter das Tatbestandsmerkmal der Markenausbeutung zusammenfassen will.

614 *Büscher*, in: Büscher/Dittmer/Schiwy, § 14 MarkenG Rdn. 449.

615 So auch *Schweyer*, in; v. Schultz, MarkenG, § 14 Rdn. 190.

616 *Hacker*, in: Ströbele/Hacker, MarkenG, § 14 Rdn. 174.

617 Ausführlich dazu *Großner*, Der Rechtsschutz bekannter Marken, S. 206; *Wagner*, Sonderschutz für bekannte Kennzeichen, S. 96 ff.; bereits unter Geltung des WZG *Rößler*, Rufausbeutung, S. 94 ff. und S. 127 f.; *ders.*, GRUR 1994, 559, 566 ff.; *Thomasberger*, Rufausbeutung im Wettbewerbsrecht, S. 159 ff.

konkreten Verwendungszweck, den ein Produkt zu erfüllen hat. Das Zusatznutzen umfasst die sonstigen Merkmale, die den emotionalen Wert der Sache ausmachen und die Kaufentscheidung positiv beeinflussen können. Dies können etwa Luxus-, Exklusivitäts- und Prestigevorstellungen sein. Für die Bestimmung des Imagetransfers ist nun entscheidend, dass die Vorstellungen des einen Produkts auf das andere übertragen werden können. Spielen spezielle Erwartungen für ein Produkt keine Rolle, können diese auch nicht von dem Markenprodukt übertragen werden. Demnach scheidet etwa eine Übertragung von Luxusvorstellungen eines bestimmten Produktes auf den profanen Bereich der Putzmittel aus.[618]

Ebenso wie zur Bestimmung der Assoziationsmöglichkeit ist zu beachten, dass der Warenabstand lediglich einen Anhaltspunkt für die Möglichkeit des Imagetransfers bildet. Auch bei einem weiten Abstand kann ein Imagetransfer in Betracht kommen, wenn beispielsweise für beide Warengruppen das Image der Luxuriösität kaufentscheidend ist.[619] So erscheint etwa die Übertragung des Luxusimages von Kraftfahrzeugen auf Duftwässer nicht ausgeschlossen, obwohl zwischen beiden Waren grundsätzlich ein weiter Abstand besteht.

(ii) Ausnutzen der Wertschätzung durch die Händlerwerbung

In der vorliegenden Fallgruppe ist hinsichtlich des Ausnutzens der Wertschätzung zwischen der verkauften Ware selbst und der Einzelhandelsdienstleistung des Händlers zu unterscheiden.

Ein Ausnutzen der Wertschätzung für die verkaufte Ware selbst scheidet von vornherein aus. Diese Ware wurde schon durch den Markeninhaber mit der Marke versehen, so dass bereits dieser der Ware das Markenimage zugeordnet hat. Soweit daher die Ware unverändert durch den Händler weiterveräußert wird, ist eine Imageübertragung schon denknotwendig ausgeschlossen.[620]

Kann die Wertschätzung der Marke nicht für die verkaufte Ware ausgenutzt werden, ist dies hingegen für die Einzelhandelsdienstleistung sehr wohl mög-

---

618 So hat der BGH es unbeanstandet gelassen, dass das Berufsgericht eine Übertragung von Gütevorstellungen eines Whiskeys auf Putzmittel ausgeschlossen hat (BGH GRUR 1985, 550, 553 „*DIMPEL*“).

619 Noch weitergehend *Keller*, Der Schutz eingetragener Marken gegen Rufausbeutung, S. 59 ff. und *Rößler*, Rufausbeutung, S. 91 ff., die jeweils davon ausgehen, dass eine Übertragung von Wertvorstellungen bei einem weiteren Branchenabstand leichter möglich ist als bei einer Warenähnlichkeit.

620 Ebenso *Schuster*, Die Ausnahmen vom markenrechtlichen Erschöpfungsgrundsatz, S. 192, die allerdings diese Problematik im Rahmen des § 24 Abs. 2 MarkenG prüft.

lich.[621] Dies ist in zwei Richtungen denkbar. Zum einen kann der Verkäufer durch den Verkauf einer Ware mit besonderer Wertschätzung möglicherweise die Wertschätzung für seine ganze Sortimentsauswahl steigern. Die Wertschätzung des Verkehrs für eine bestimmte Einzelhandelsdienstleistung wird sich gerade über die verkauften Waren definieren. Verkauft beispielweise ein verpönter Discounthändler nunmehr hochwertiges Markenparfüm, so ist nicht ausgeschlossen, dass zumindest Teile des Verkehrs aufgrund dessen das gesamte Sortiment nicht mehr als Minderware einordnen. Zum anderen kann die Wertschätzung dadurch ausgenutzt werden, dass der Verkehr von einem Vertragshändlerstatus ausgeht. Es erscheint naheliegend, dass sich der Verkehr eher bei einem Vertragshändler mit der Ware eindecken wird als bei einem Händler, der Produkte mehrerer Hersteller führt. So wird ein Autokäufer möglicherweise einem Vertragshändler bei einem Autokauf mehr Vertrauen entgegenbringen als einem freien Händler, obwohl das Produkt das gleiche ist. Daher kann es je nach Image des Produktes durch die Verkaufsankündigung zu einem Ausnutzen der Wertschätzung kommen.

(B) Ohne rechtfertigenden Grund in unlauterer Weise

Jedoch reicht allein das Ausnutzen der Wertschätzung für eine Markenrechtsverletzung gemäß § 14 Abs. 2 Nr. 3 MarkenG nicht aus. Vielmehr muss dieses ohne rechtfertigenden Grund in unlauterer Weise erfolgen.

(i) Allgemeine Begriffsbestimmung

Nach der h.M. sind die Unlauterkeit und die fehlende Rechtfertigung als zwei selbständige Tatbestandsmerkmale zu prüfen.[622] Hinsichtlich der *Unlauterkeit* sollen zunächst alle Umstände des Einzelfalles zu würdigen und die beiderseiti-

621 Diese Differenzierung scheint auch der EuGH vorzunehmen, da er im *BMW/Deenik*-Urteil ausführt, dass es grundsätzlich nicht unlauter sei, wenn eine Werbung, die im Übrigen korrekt und redlich ist, der Tätigkeit des Werbenden den Anschein hoher Qualität verleihe (GRUR Int. 1999, 439, 442 (Rdn. 53) „*BMW/Deenik*"); ebenso LG Hamburg MittdPatAnw 2001, 83, 85 „*Ferrari Official Merchandise*".

622 *Fezer*, MarkenR, § 14 Rdn. 428; *Ingerl/Rohnke*, MarkenG, § 14 Rdn. 841 ff.; *Hacker*, in: Ströbele/Hacker, MarkenG, § 14 Rdn. 183 ff.; *Dorndorf*, Schutz vor Herkunftstäuschung und Rufausbeutung, Rdn. 405; *Wagner*, Sonderschutz für bekannte Kennzeichen, S. 113 ff.; wohl auch *Büscher*, in: Büscher/Dittmer/Schiwy, § 14 MarkenG Rdn. 463, der jedoch davon ausgeht, dass sich das Merkmal „ohne rechtfertigenden Grund" und der Unlauterkeit häufig überschneiden werden.

gen Interessen unfassend abzuwägen sein.[623] Die Verletzungshandlung soll *ohne rechtfertigenden Grund* erfolgen, wenn keine besonderen Rechtfertigungsgründe eingreifen, wozu insbesondere die Grundrechte gezählt werden.[624]

Allerdings erscheint es kaum möglich, zwischen der Unlauterkeit und einer Rechtfertigung zu unterscheiden. Wenn bei der Unlauterkeit die Interessen umfassend abzuwägen sind, ist nicht ersichtlich, welche dann noch nicht berücksichtigten Interessen zu einer Rechtfertigung führen sollen. So soll etwa die Kunstfreiheit gemäß Art. 5 Abs. 3 GG als rechtfertigender Grund in Betracht kommen.[625] Indes muss die Kunstfreiheit doch schon in die umfassende Interessenabwägung miteinbezogen werden, da die in der Verfassung verankerten Freiheiten gerade die am höchsten geschützten Interessen sind. Fällt daher die Interessenabwägung zulasten des Zeichenverwenders aus, ist nicht ersichtlich, warum erneut bei der Rechtfertigung eine Grundrechtsprüfung vorzunehmen sein soll. Zur Vermeidung dieser Quadratur des Kreises bietet es sich an, das unlautere Ausnutzen ohne rechtfertigenden Grund als einen Prüfungspunkt auszulegen, nach dem eine umfassende Interessenabwägung vorzunehmen ist.[626] Dafür spricht auch die neuere BGH-Rechtsprechung, bei der ebenfalls nicht zwischen der Unlauterkeit und der Rechtfertigung differenziert wird.[627]

(ii) Unlauterkeit der Händlerwerbung

Das Ausnutzen der Wertschätzung indiziert regelmäßig die Unlauterkeit.[628] Insoweit ist daher sorgfältig zu prüfen, welche berechtigten Interessen den Zei-

623 *Hacker*, in: Ströbele/Hacker, MarkenG, § 14 Rdn. 183; *Ekey*, in: HK-MarkenR, § 14 Rdn. 139; *Wagner*, Sonderschutz für bekannte Kennzeichen, S. 114.

624 *Ingerl/Rohnke*, MarkenG, § 14 Rdn. 844; *Hacker*, in: Ströbele/Hacker, MarkenG, § 14 Rdn. 186; *Ekey*, in: HK-MarkenR, § 14 Rdn. 135; *Wagner*, Sonderschutz für bekannte Kennzeichen, S. 118.

625 So *Ingerl/Rohnke*, MarkenG, § 14 Rdn. 844; *Hacker*, in: Ströbele/Hacker, MarkenG, § 14 Rdn. 186; *Berlit*, GRUR 2002, 572, 578 jeweils mwN.

626 So auch *Schweyer*, in: v. Schultz, MarkenG, § 14 Rdn. 183; *Egerer*, Die markenrechtliche Zulässigkeit beschreibender Angaben, S. 136; *Riedel*, Spannungsverhältnis, S. 107; im Ergebnis auch *Hacker*, in: Ströbele/Hacker, MarkenG, § 14 Rdn. 186, der zwar von zwei Tatbestandsmerkmalen ausgeht, jedoch gleichzeitig anmerkt, dass etwaige Rechtfertigungsgründe in der Regel schon im Rahmen der umfassenden Unlauterkeitsbeurteilung angemessene Berücksichtigung finden würden und dass sich insoweit die beiden Tatbestandsmerkmale überschneiden würden.

627 BGH GRUR 2005, 583, 584 „*Lila-Postkarte*".

628 BGH GRUR 2005, 583, 584 „*Lila-Postkarte*"; OLG Stuttgart GRUR-RR 2007, 313, 315 „*Carrera*"; *Fezer*, MarkenR, § 14 Rdn. 428; *Ekey*, in: HK-MarkenR, § 14 Rdn. 137; *Raab*, in: Hasselblatt, Gewerblicher Rechtsschutz, § 35 Rdn. 135; *Koch*, Markenverunglimpfung, S. 134; *Will*, Der Markenschutz nach § 14 Markengesetz,

chenverwender zu einem Ausnutzen oder Beeinträchtigen der Wertschätzung berechtigen können.

Bei der vorliegenden Fallgruppe kann jedoch ausnahmsweise von einer indizierten Unlauterkeit nicht ausgegangen werden. Es ist insoweit die Wertung des § 24 MarkenG zu beachten. Prinzipiell ist das Markenrecht durch das Inverkehrbringen der Ware erschöpft. Der Markeninhaber kann weder den Verkauf der Ware selbst noch die Werbung für diese verhindern. Daher muss der Markeninhaber das Ausnutzen der Wertschätzung für das Warensortiment des Weiterverkäufers grundsätzlich hinnehmen. Da dieser Effekt jedem Kauf immanent ist, würde die Ratio des § 24 Abs. 1 MarkenG ein Verbot des Verkaufs nicht rechtfertigen. Das Schutzinteresse des Markeninhabers gegen das Ausnutzen der Wertschätzung muss hinter den freien Warenverkehr zurücktreten. Dies kann allerdings nur insoweit gelten, wie das Ausnutzen der Wertschätzung nicht vermeidbar ist. Daher kann es dem Markeninhaber nicht mehr zugemutet werden, dass der Weiterverkäufer die Marke zur Ankündigung des Verkaufs in der Art nutzt, dass der Verkehr auf eine wirtschaftliche Verbindung zwischen den beiden Unternehmen schließt.[629] Insbesondere darf nicht der Eindruck eines Vertragshändlerverhältnisses entstehen. Ob ein solcher Eindruck entsteht, wird aber genau zu prüfen sein. Wie bereits dargelegt, kann allein aus der Verwendung der Marke in der Werbung auf solch ein Verhältnis nicht geschlossen werden.[630] Insbesondere wenn der Händler mehrere Marken in seiner Außendarstellung verwendet, liegt die Annahme eines Vertragshändlerverhältnisses zu einem bestimmten Markeninhaber fern.[631] Denkbar erscheint dieser Eindruck daher nur dann, wenn der Händler lediglich Produkte eines bestimmten Unternehmens vertreibt. In diesen Fällen kann von einem unlauteren Ausnutzen ausgegangen werden, wenn die ver-

S. 175, *Sack*, GRUR 1995, 81, 82; *Berlit*, GRUR 2002, 572, 577; a.A. *Hacker*, in: Ströbele/Hacker, MarkenG, § 14 Rdn. 183, der nur bei der Rufschädigung und dem Ausnutzen der Unterscheidungskraft, nicht aber beim Ausnutzen der Wertschätzung die Unlauterkeit in der Regel als gegeben ansieht.

629 So auch die Rechtsprechung, die dieses Kriterium jedoch bereits bei der Markenrechtsverletzung gemäß § 14 Abs. 2 Nr. 1 MarkenG prüft; siehe dazu EuGH GRUR Int. 1999, 438, 441 (Rdn. 51) „*BMW/Deenik*“; BGH GRUR 2003, 340, 342 „*Mitsubishi*“; GRUR 2006, 329, 332 (Rdn. 34) „*Gewinnfahrzeug mit Fremdemblem*“; OLG Naumburg GRUR-RR 2001, 297, 298 „*Mitsubishi*“; OLG Karlsruhe GRUR-RR 2002, 221, 222 „*Ferrari-Emblem*“; LG Hamburg MittdPatAnw 2001, 83, 85 „*Ferrari Official Merchandise*“; wohl auch OLG Düsseldorf GRUR-RR 2001, 299, 301 „*Mercedes-Stern*“.

630 D.I.2.b)3), S. 215 ff.

631 BGH GRUR 2003, 340, 341 „*Mitsubishi*“; OLG Naumburg GRUR-RR 2001, 297, 298 „*Mitsubishi*“; OLG Karlsruhe GRUR-RR 2002, 221, 222 „*Ferrari-Emblem*“; kritisch dazu *Bottenschein*, WRP 2004, 435, 437; in GRUR 2006, 462, 464 wird diese Kritik jedoch von ihm selbst revidiert.

tragliche Ungebundenheit nicht ausreichend zum Ausdruck kommt, da der Händler dann über Gebühr an der Wertschätzung der Warenmarke partizipiert. Indes ist dabei zu beachten, dass dann schon § 14 Abs. 2 Nr. 2 MarkenG eingreift,[632] so dass es eines Rückgriffs auf § 14 Abs. 2 Nr. 3 MarkenG eigentlich nicht mehr bedarf.

(3) Unlautere Beeinträchtigen der Wertschätzung

Ferner kann eine Markenrechtsverletzung gemäß § 14 Abs. 2 Nr. 3 MarkenG gegeben sein, wenn die Wertschätzung der bekannten Marke beeinträchtigt wird. In diesem Fall werden durch die konkrete Zeichenverwendung Vorstellungen auf die bekannte Marke übertragen, die die mit ihr verbundenen Vorstellungen schmälern.[633] Eine solche Schmälerung kann insbesondere dann eintreten, wenn die Marke für qualitativ minderwertige Produkte oder für solche Produkte verwendet wird, deren Art oder Image nicht zu den unter der Marke vertriebenen Produkten passt (Inkompatibler Zweigebrauch).[634]

(A) Beeinträchtigung der Wertschätzung durch die Händlerwerbung

(i) Verkauf der Ware an sich

Die Wertschätzung der Warenmarke kann zunächst dadurch beeinträchtigt werden, dass die Ware in einem Umfeld verkauft wird, das nicht dem Image der Marke entspricht.[635] Wird etwa ein Produkt regelmäßig nur in Geschäften mit gehobenem Ambiente vertrieben und ihm damit eine gewisse Exklusivität zugeschrieben, so kann dieses Image dadurch beeinträchtigt werden, dass das Produkt nunmehr auch in einem Discountmarkt angeboten wird. Aufgrund der möglichen

---

632 D.I.2.b)1), S. 212.

633 In diesem Sinne *Büscher*, in: Büscher/Dittmer/Schiwy, § 14 MarkenG Rdn. 452 f.; *Lange*, Marken- und Kennzeichenrecht, Rdn. 2260; *Dorndorf*, Schutz vor Herkunftstäuschung und Rufausbeutung, Rdn 397; *Miller*, Irreführung von Internet-Suchmaschinen, S. 239; *Riedel*, Spannungsverhältnis, S. 105; *Piper*, GRUR 1996, 429, 435; *Eichmann*, GRUR 1998, 201, 204; *Berlit*, GRUR 2002, 572, 578.

634 OLG Köln MarkenR 2005, 445, 448 „*Kleiner Feigling*"; *Ingerl/Rohnke*, MarkenG, § 14 Rdn. 856; *Hacker*, in: Ströbele/Hacker, MarkenG, § 14 Rdn. 182; *Riedel*, Spannungsverhältnis, S. 105; *Sack*, GRUR 1995, 81, 83 f.; *Piper*, GRUR 1996, 429, 435.

635 So wohl auch EuGH GRUR Int. 1998, 140, 143 (Rdn. 46) „*Dior/Evora*", der eine Markenrechtsverletzung allein daran scheitern lässt, dass die Rufbeeinträchtigung nicht erheblich sei.

Geringschätzung der Verkaufslokalität könnten bestimmte Käuferschichten davon absehen, das Markenprodukt fortan zu erwerben.

(ii) Verkaufsmethoden

Führt nicht schon der Verkauf selbst zu einer Beeinträchtigung der Wertschätzung, könnte diese durch die jeweiligen Verkaufsmodalitäten beeinträchtigt werden.

So kann eine Beeinträchtigung dadurch eintreten, dass das Markenprodukt durch den Weiterverkäufer im Zusammenhang mit inkompatiblen Produkten vertrieben wird. Führt der Weiterverkäufer etwa eine Verkaufsaktion in der Art durch, dass beim Kauf von zwei Flaschen des Markenparfüms eine Packung Kondome als Bonus dazugegeben wird, könnte damit das positive Image der Marke beeinträchtigt werden, wenn aufgrund dieser Werbeaktion das Markenprodukt auch außerhalb der konkreten Verkaufssituation mit der Drittware, hier den Kondomen, in Verbindung gebracht wird. Dementsprechend ist immer zu prüfen, welche Assoziationen mit der konkreten Verkaufsleistung verbunden sind und ob diese auf das Markenprodukt übertragen werden. Soweit dies der Fall ist und zu einer Schmälerung des erworbenen Images führt oder dazu in Widerspruch steht, liegt eine Beeinträchtigung der Wertschätzung vor.

Die Wertschätzung der Warenmarke könnte ferner dadurch beeinträchtigt werden, dass eine teure oder luxuriöse Ware zu einem besonders günstigen Preis verkauft wird. Für ein solches Verständnis könnte ein Urteil des BGH aus dem Jahre 1983 sprechen.[636] In dem Urteil *Verkauf unter Einstandspreis II* deutete der BGH an, dass bei einem Verkauf unter dem Einstandspreis eine Verminderung des Qualitätsimages drohen könne, weil das Publikum verbreitet vom Preis auf die Qualität der Ware schließe, also einen zum Niedrigpreis angebotenen Artikel auch für geringwertig halte.[637] Zudem bestehe die Gefahr, dass die Bereitschaft der Verbraucher gemindert werde, nach dem Auslaufen der Aktion den Artikel zu einem höheren Preis zu erwerben. Schließlich sei auch zu befürchten, dass die Bereitschaft des Handels sinke, den Artikel zu fördern.[638]

Dieser Auffassung kann im Rahmen des § 14 Abs. 2 Nr. 3 MarkenG nur beschränkt zugestimmt werden. Bereits *Best* hat zutreffend herausgearbeitet, dass die Wertschätzung einer Marke durch eine Niedrigpreiswerbung grundsätzlich

636 BGH GRUR 1984, 204 ff. „*Verkauf unter Einstandpreis II*".

637 BGH GRUR 1984, 204, 205 „*Verkauf unter Einstandpreis II*"; ebenso OLG Hamburg GRUR-RR 2002, 39, 40 „*Philips Design Line*"; *Köhler*, in: Hefermehl/Köhler/Bornkamm, UWG, § 4 Rdn. 10.204; *Plaß*, in: HK-Wettbewerbsrecht, § 4 UWG Rdn. 473; *Ohly*, in: Piper/Ohly. UWG, § 4 Rdn. 10/93.

638 BGH GRUR 1984, 204, 206 „*Verkauf unter Einstandpreis II*".

nicht beeinträchtigt wird.[639] Ist dem Verbraucher die Marke bekannt und ordnet er ihr daher bestimmte Gütevorstellung zu, so wird er diese nicht relativieren, nur weil er die Markenware zu einem besonders günstigen Preis erlangt.

Etwas anderes kann hingegen gelten, wenn sich die Gütevorstellungen der Marke allein auf den Preis stützen.[640] So ist es denkbar, dass eine bestimmte Ware nicht wegen ihrer besonderen Qualität, sondern allein deshalb gekauft wird, weil ihr eine bestimmte Luxusvorstellung zu Teil wird. Aufgrund der Suggestivwirkung der Werbung ist es nicht ausgeschlossen, dass der Markeninhaber allein die Hochpreisigkeit und die dadurch entstehende Exklusivität als Imagekern seiner Ware fördert. Wird nun die Ware zu einem besonders günstigen Preis angeboten und damit auch einer Käuferschicht zugänglich, die sonst nicht in den Genuss der Ware käme, könnte die Ware ihr Image als besonderes Luxusprodukt verlieren.

(B) Unlauterkeit der Beeinträchtigung

Ebenso wie beim Ausnutzen der Wertschätzung ist im Rahmen der Händlerwerbung die Rechtswidrigkeit der Beeinträchtigung nicht indiziert.[641] Es muss die Wertung des § 24 MarkenG beachtet werden, wonach das Markenrecht grundsätzlich durch das Inverkehrbringen der Ware erschöpft ist. Der Markeninhaber kann weder den Verkauf der Ware selbst noch die Werbung für diese verhindern. Das Markenrecht darf in diesem Bereich nicht dazu dienen, dass der Markeninhaber es allein durch Bildung eines bestimmten Markenimages verhindern kann, dass seine Ware von bestimmten Händlern weiterverkauft wird. Hat der Weiterverkäufer die Ware rechtmäßig erlangt, steht ihm grundsätzlich die Befugnis zu, die Ware zu verkaufen, mag das konkrete Verkaufsambiente auch nicht zu dem Markenimage passen.

Mit der Rechtsprechung des EuGH ist daher davon auszugehen, dass eine Unlauterkeit hinsichtlich der Beeinträchtigung der Wertschätzung erst dann gegeben ist, wenn der Verkauf zu einer *erheblichen* Schädigung der Wertschätzung führt.[642]

Eine solche erhebliche Schädigung tritt in der Regel nicht schon durch den einfachen Verkauf der Ware durch den Weiterverkäufer ein. Eine solche Handlung ist gerade durch § 24 Abs. 1 MarkenG gedeckt. Daher muss es der Markeninhaber auch prinzipiell hinnehmen, wenn seine Markenware in Supermärkten

639 *Best*, Händlerwerbung, S. 194 ff.

640 A.A. *Best*, Händlerwerbung, S. 197 f.

641 Zum Ausnutzen der Wertschätzung siehe D.I.2.c)2)(a)(2)(B)(ii), S. 224 f.

642 So in Bezug auf Art. 7 MRL EuGH GRUR Int. 1998, 140, 143 (Rdn. 46) „*Dior/Evora*“.

oder Discountläden verkauft wird. Von einer erheblichen Schädigung ist erst dann auszugehen, wenn das Image des Verkäufers vollkommen unvereinbar mit dem Image der Ware ist. Denkbar scheint dies beispielsweise dann, wenn eine seriöse Ware in einem Erotikgeschäft verkauft wird.[643]

Hinsichtlich der Beeinträchtigung durch bestimmte Verkaufsmethoden ist zwischen der Niedrigpreiswerbung und den sonstigen beeinträchtigenden Verkaufsmethoden zu unterscheiden.

Auch wenn eine Niedrigpreiswerbung zu einer Beeinträchtigung der Wertschätzung führt, muss diese grundsätzlich vom Markeninhaber hingenommen werden. Da bei fast allen Produkten keine Preisbindung an die Empfehlungen des Markeninhabers besteht, darf eine solche nicht durch die Hintertür über das Markenrecht eingeführt werden. Dieser Grundsatz muss auch dann seine Geltung behalten, wenn der Ware ein Image der besonderen Luxuriösität zukommt, da ein Markeninhaber seine Produkte nicht dem Wettbewerb dadurch entziehen kann, dass er ein bestimmtes Image aufbaut. Daher kann von einer Unlauterkeit allenfalls in Extremfällen ausgegangen werden, so z.B. wenn eine *Rolex*-Uhr zu einem Preis von einem Euro angeboten werden würde.[644] Entgegen dem OLG Hamburg kann dies allerdings nicht bereits dann gelten, wenn ein Markenartikel bei einer Internet-Auktion zu einem Startpreis von einem Euro angeboten und beworben wird.[645] Das Gericht hat insoweit den besonderen Charakter des Vertriebsweges der Internetauktion verkannt. Denn soweit der Auktionscharakter in der Werbung deutlich wird, können die angesprochenen Verbraucher nicht davon ausgehen, dass das Produkt tatsächlich für den Preis von einem Euro verkauft wird. Vielmehr ist dem durchschnittlich informierten und verständigen Verbraucher klar, dass die Auktion bei einem erheblich höheren Angebot enden wird.[646] Da ein Image der Marke nicht einen bestimmten Vertriebsweg völlig ausschließen kann, muss es möglich sein, auch Markenwaren über Internetauktion zu versteigern und zu dem üblichen Startpreis von einem Euro anzubieten.

Hinsichtlich der sonstigen beeinträchtigenden Verkaufsmethoden liegt hingegen die Schwelle der erheblichen Schädigung niedriger. Das Verkaufsrecht an der Ware rechtfertigt es nicht, bestimmte Verkaufsaktionen vorzunehmen, die die Wertschätzung der Marke beeinträchtigen. Insoweit ist zu verlangen, dass sich

---

643 Ebenso *Schuster*, Die Ausnahmen vom markenrechtlichen Erschöpfungsgrundsatz, S. 195.

644 Ebenso OLG Karlsruhe, GRUR 1983, 187, 189 „*Asbach Uralt*“; *Omsels*, in: Harte-Bavendamm/Henning-Bodewig, UWG, § 4 Nr. 10 Rdn. 148.

645 So aber OLG Hamburg GRUR-RR 2002, 39, 40 „*Philips Design Line*“.

646 In diesem Sinne BGH GRUR 2007, 708, 712 (Rdn. 51) „*Internet-Versteigerung II*“.

der Händler zumindest auf marktübliche Methoden beschränkt.[647] Diese können dann eine Erweiterung erfahren, wenn der Markeninhaber bestimmte schädigende Methoden in größerem Umfang zulässt.[648]

(4) Zwischenergebnis

Dem Ausnutzen der Wertschätzung kommt in dieser Fallgruppe keine eigenständige Bedeutung zu, da dies nur dann der Fall sein kann, wenn der Eindruck eines Vertragshändlerverhältnisses entsteht. Dieses Verhalten kann aber bereits über § 14 Abs. 2 Nr. 2 MarkenG untersagt werden.

Ferner führt allein die Verwendung der Marke zur Ankündigung des Weiterverkaufs der Ware aufgrund der Wertung des § 24 MarkenG noch nicht zum einem unlauteren Beeinträchtigen der Wertschätzung. Es müssen vielmehr besondere Umstände hinzutreten, so etwa eine erhebliche Schädigung der Wertschätzung oder eine über den schlichten Verkauf hinausgehende Handlung.

(b) Ausnutzen oder Beeinträchtigen der Unterscheidungskraft

Neben der Wertschätzung ist durch § 14 Abs. 2 Nr. 3 MarkenG auch die Unterscheidungskraft vor einem Ausnutzen oder einer Beeinträchtigung geschützt.

(1) Unterscheidungskraft

Der Begriff der Unterscheidungskraft findet sich im Markengesetz an verschiedenen Stellen wieder, so etwa auch in § 3 Abs. 1 MarkenG oder § 8 Abs. 2 Nr. 1 MarkenG. Indes ist dieser Begriff nicht einheitlich zu verstehen.[649] Während in den zuvor genannten Vorschriften die Unterscheidungskraft danach zu bestimmen ist, ob das Zeichen ein Produkt von Produkten anderer Zeicheninhaber abgrenzen kann, ist die Unterscheidungskraft im Rahmen des § 14 Abs. 2 Nr. 3 MarkenG im Sinne einer Kennzeichnungs- oder Werbekraft für die bekannte

647 In diesem Sinne EuGH GRUR Int. 1998, 140, 143 (Rdn. 44) „*Dior/Evora*“; OLG Düsseldorf GRUR-RR 2001, 299, 301 „*Mercedes-Stern*“.

648 Ähnlich OLG Hamburg GRUR-RR 2004, 355, 359 „*Parfümtester*“, das berechtigte Gründe des Markeninhabers jedenfalls dann verneint, wenn der Markeninhaber eine Beeinträchtigung sehenden Auges hinnimmt, obwohl ihm eine Unterbindung grundsätzlich möglich gewesen wäre.

649 So die allgemeine Ansicht *Ingerl/Rohnke*, MarkenG, § 14 Rdn. 858; *Hacker*, in: Ströbele/Hacker, MarkenG, § 14 Rdn. 172; *Wagner*, Sonderschutz für bekannte Kennzeichen, S. 90.

Marke auszulegen.[650] Unter Kennzeichnungskraft versteht man die Eignung eines Zeichens, sich dem Publikum aufgrund seiner Eigenart und seines durch Benutzung erlangten Bekanntheitsgrades als Marke einzuprägen, d.h. in Erinnerung behalten und wiedererkannt zu werden.[651] Je nach Bekanntheit kann daher der Marke ein besonderer Aufmerksamkeitswert zukommen, der sich wirtschaftlich nutzbar machen lässt. Dieser Wert ist prinzipiell dem Markeninhaber zugewiesen und soll nicht frei von Dritten verwendet werden können.

(2) Beeinträchtigen der Unterscheidungskraft

Gemäß dem Wortlaut des § 14 Abs. 2 Nr. 3 MarkenG ist die Unterscheidungskraft sowohl gegen das Ausnutzen als auch gegen eine Beeinträchtigung geschützt. Da es streitig ist, ob dem Ausnutzen der Unterscheidungskraft überhaupt eine eigenständige Bedeutung zukommt, wird entgegen der Gesetzessystematik zunächst das Merkmal der Beeinträchtigung dargestellt.

(A) Allgemeine Bestimmung der Kriterien

Eine Beeinträchtigung der Unterscheidungskraft liegt vor, wenn die Kennzeichnungskraft der bekannten Marke gemindert wird.[652] Es besteht dann die Gefahr, dass die auch anderweitig verwendete bekannte Marke in zunehmendem Maße keine unmittelbare gedankliche Verbindung mehr mit den Waren hervorrufen kann, für die sie eingetragen ist und benutzt wird.[653] Die Marke wird durch den anderweitigen Gebrauch verwässert. Dementsprechend wird die Beeinträchtigung der Unterscheidungskraft auch als Markenverwässerung bezeichnet.[654]

650 BGH GRUR 2002, 622, 625 „*Shell.de*“; *Ingerl/Rohnke*, MarkenG, § 14 Rdn. 858; *Hacker*, in: Ströbele/Hacker, MarkenG, § 14 Rdn. 172; *Riedel*, Spannungsverhältnis, S. 96.

651 Ebenso in diesem Sinne *Ingerl/Rohnke*, MarkenG, § 14 Rdn. 320; *Hacker*, in: Ströbele/Hacker, MarkenG, § 14 Rdn. 172; *Dorndorf*, Schutz vor Herkunftstäuschung und Rufausbeutung, Rdn 394; *Wagner*, Sonderschutz für bekannte Kennzeichen, S. 91; *Will*, Der Markenschutz nach § 14 Markengesetz, S. 155.

652 *Ingerl/Rohnke*, MarkenG, § 14 Rdn. 863; *Büscher*, in: Büscher/Dittmer/Schiwy, § 14 MarkenG Rdn. 458; *Miller*, Irreführung von Internet-Suchmaschinen, S. 241; *Worm*, Hyperlinks, Inline-Frames und Meta-Tags, S. 88; ähnlich *Lange*, Marken- und Kennzeichenrecht, Rdn. 2259; häufig wird diese Alternative auch als Minderung des Werbewerts der Marke definiert so *Fezer*, MarkenR, § 14 Rdn.427; *Dorndorf*, Schutz vor Herkunftstäuschung und Rufausbeutung, Rdn 394; *Berlit*, MarkenR, Rdn. 189.

653 *Lange*, Marken- und Kennzeichenrecht, Rdn. 2259.

654 In diesem Sinne *Fezer*, MarkenR, § 14 Rdn. 424; *Hacker*, in: Ströbele/Hacker, MarkenG, § 14 Rdn. 174; *Lange*, Marken- und Kennzeichenrecht, Rdn. 2259;

(i) Zurechnung der Produktverantwortung

Die Gefahr, dass der Verkehr die Marke nicht mehr dem richtigen Produkt zuordnet, kann nur dann eintreten, wenn dieser aufgrund der angegriffenen Markenverwendung die geschützte Marke einem anderen Produkt zuordnet als dem, für das die Marke eingetragen ist. So verbindet beispielsweise der Verkehr die Marke *Mercedes* regelmäßig mit Kraftfahrzeugen. Wird diese nun durch einen Dritten für andere Produkte als Produktverantwortungshinweis verwendet, besteht die Gefahr, dass der Verkehr im Laufe der Zeit die Marke nicht mehr eindeutig mit Kraftfahrzeugen verbindet. Daraus folgt aber zugleich, dass eine Minderung der Unterscheidungskraft dann ausscheidet, wenn der Verkehr erkennt, dass die Marke lediglich dazu verwendet wird, um auf das Originalprodukt Bezug zu nehmen. Dementsprechend kommt eine Beeinträchtigung der Unterscheidungskraft nur dann in Betracht, wenn die Marke als Herkunftshinweis, mithin als Eigenmarke des Zeichenverwenders, benutzt wird.[655]

(ii) Sonstige Kriterien

Neben der Zurechnung der Produktverantwortung setzt die Beeinträchtigung der Unterscheidungskraft ferner voraus, dass der angesprochene Verkehrskreis das Zeichen überhaupt als Marke eines Dritten erkennt. Folglich kommt es für die Feststellung, ob die Unterscheidungskraft beeinträchtigt wird, immer darauf an, in welchen Verkehrskreisen die Marke bekannt ist und an welche Verkehrskreise sich das gekennzeichnete Produkt wendet. Je größer die Kennzeichnungskraft ist, umso geringer kann die Überschneidung der Verkehrskreise sein und umgekehrt. Es besteht mithin eine Wechselwirkung zwischen der Kennzeichnungskraft der Marke und der Überschneidung der Verkehrskreise.[656] Sind beide Faktoren stark ausgeprägt, wird eine Beeinträchtigung der Unterscheidungskraft nicht zu verneinen sein.[657]

Großner, Der Rechtsschutz bekannter Marken, S. 191; *Koch*, Markenverunglimpfung, S. 106; *Sack*, GRUR 1995, 81, 84; *Berlit*, GRUR 2002, 572, 576; hingegen sehen *Ingerl/Rohnke*, MarkenG, § 14 Rdn. 863 zwar den Verwässerungsschutz als umfasst an, wollen jedoch die Beeinträchtigung der Unterscheidungskraft nicht darauf beschränken.

655 A.A. *Koch*, Markenverunglimpfung, S. 110; wohl auch *Riedel*, Spannungsverhältnis, S. 99.

656 *Hacker*, in: Ströbele/Hacker, MarkenG, § 14 Rdn. 174; ebenso in diesem Sinne *Riedel*, Spannungsverhältnis, S. 98 f.

657 Aufgrund dieser Wechselwirkung kann für die Feststellung, ob das verwendete Zeichen auch in den angesprochenen Verkehrskreis eine Assoziation zu der geschützten Marke hervorrufen kann, nicht allein auf den Waren- oder Branchenabstand re-

Schließlich kann eine Beeinträchtigung der Unterscheidungskraft nur dann gegeben sein, wenn die Marke nicht bereits verwässert ist, d.h. wenn sie nicht schon von Dritten für andere Branchenbereiche verwendet wird [658] In diesen Fällen wird der Verbraucher die Marke nicht mit einem bestimmten Produkt assoziieren, da ihm die gleiche Marke für mehrere Produkte bekannt ist. Bildlich gesprochen macht es für den Verkehr keinen Unterschied, ob er mit der Marke dann noch ein Produkt mehr oder weniger assoziiert.[659]

(B) Beeinträchtigen der Unterscheidungskraft bei der Händlerwerbung

In der vorliegenden Fallgruppe scheidet eine Beeinträchtigung der Unterscheidungskraft grundsätzlich aus. Versteht der Verkehr die Markenverwendung lediglich als Ankündigung für den Verkauf der Waren, assoziierte er die Marke mit den geschützten Waren. Eine Fehlzurechnung liegt nicht vor. Anders kann es sich ausnahmsweise nur dann verhalten, wenn der Eindruck eines Vertragshändlerstatus entsteht. Diese Fälle werden aber schon durch das Ausnutzen der Wertschät-

---

kurriert werden. Die Branchennähe ist zwar insoweit ein Indikator. Allerdings ist es nicht ausgeschlossen, dass auch bei einer Branchenferne noch die gleichen Verbraucher angesprochen werden (So auch *Großner*, Der Rechtsschutz bekannter Marken, S. 195 f.; *Keller*, Der Schutz eingetragener Marken gegen Rufausbeutung, S. 59; *Wagner*, Sonderschutz für bekannte Kennzeichen, S. 108; Ähnlich *Ingerl/Rohnke*, MarkenG, § 14 Rdn. 866 ff., die zwar grundsätzlich auf den Branchenabstand abstellen, jedoch davon abweichen, soweit die beiderseitigen Verkehrskreise aus produktübergreifenden Gründen Überschneidungen aufweisen). Die Wechselwirkung kann vielmehr dazu führen, dass die überragende Bekanntheit einer Marke faktisch in alle Verkehrskreise ausstrahlt. Grundsätzlich wird die Unterscheidungskraft dann durch jede Drittverwendung als Eigenmarke verwässert. So wird etwa die Marke *Coca Cola* bei jeder Drittverwendung eine Assoziation zu der Brauselimonade wecken, unabhängig davon wie weit der Branchenunterschied ist.

658 Ebenso *Ingerl/Rohnke*, MarkenG, § 14 Rdn. 872; *Berlit*, GRUR 2002, 572, 576; hingegen will *Sack*, GRUR 1995, 81, 85 eine Verwässerung erst im Rahmen der Unlauterkeit berücksichtigen.

659 Allerdings ist genau zu betrachten, für welche Branchen die Verwässerung eingetreten ist. Nur wenn den jeweils angesprochenen Verkehrskreisen beide Marken bekannt sind, kann von einer Verwässerung ausgegangen werden. Dies kann dazu führen, dass eine Marke nur in bestimmten Verkehrskreisen verwässert ist, bei denen gerade ein Drittgebrauch schon gegeben ist oder bei denen der Marke beschreibende Wirkung zukommt (*Ingerl/Rohnke*, MarkenG, § 14 Rdn. 872 sprechen insoweit von einer sektoralen Verwässerung; ähnlich *Berlit*, GRUR 2002, 572, 576). Soweit die Marke außerhalb dieser Verkehrskreise verwendet wird, d.h. in denen nur die bekannte Marke als solche erkannt wird, ist eine Beeinträchtigung der Unterscheidungskraft möglich. Eine jeden Verkehrskreis erfassende Alleinstellung der bekannten Marke ist daher nicht nötig.

zung erfasst, so dass es ein Abstellen auf die Unterscheidungskraft nicht mehr bedarf.

(3) Unlauteres Ausnutzen der Unterscheidungskraft

(A) Ausnutzen der Unterscheidungskraft

Ob das „Ausnutzen der Unterscheidungskraft" eine eigenständige Tatbestandsalternative des § 14 Abs. 2 Nr. 3 MarkenG darstellt, ist umstritten. Während diejenigen Autoren, die für die Bekanntheit der Marke einen guten Ruf fordern, dieses Merkmal als überflüssig ansehen,[660] bejaht hingegen die wohl mittlerweile h.M. einen selbständigen Anwendungsbereich für diese Vorschrift.[661]

Ähnlich wie bei der Beeinträchtigung der Unterscheidungskraft bedarf es auch hier wieder einer differenzierten Betrachtung. Soweit das verwendete Zeichen als Herkunftshinweis für die Produkte des Zeichenverwenders wahrgenommen wird, ist diese Konstellation schon über das Merkmal der Beeinträchtigung der Unterscheidungskraft erfasst.[662] Die Zeichenverwendung führt dann dazu, dass der Verkehr die Produkte des Dritten mit denen des Markeninhabers assoziiert und damit falsch zurechnet. In diesem Fall besteht die Gefahr, dass beim Anblick der Marke eine Assoziation nicht mehr allein zu den Produkten des Markeninhabers erfolgt, so dass die Marke verwässert wird.

660 *Fezer*, MarkenR, § 14 Rdn. 424; *Großner*, Der Rechtsschutz bekannter Marken, S. 189; *Marx*, Markenrecht, Rdn. 775; *Wagner*, Sonderschutz für bekannte Kennzeichen, S. 89; *Will*, Der Markenschutz nach § 14 Markengesetz, S. 155 f.; zwar sieht auch *Koch*, Markenverunglimpfung, S. 105 f. keinen Anwendungsbereich des Ausnutzens der Unterscheidungskraft, allerdings resultiert dies daraus, dass sie für ein Ausnutzen der Wertschätzung eine Übertragung der Gütevorstellung nicht voraussetzt (S. 120); ebenfalls gegen eine Anwendung des Ausnutzens der Wertschätzung, aber ohne einen guten Ruf für die Bekanntheit zu fordern, *Holtkotte*, Marken- und wettbewerbsrechtliche Probleme bei Suchmaschinen, S. 124; *Worm*, Hyperlinks, Inline-Frames und Meta-Tags, S. 85.

661 BGH GRUR 2005, 583, 585 „*Lila-Postkarte*"; OLG München, NJWE-WettbR 2000, 163, 164 „*Allianz*"; OLG Köln MarkenR 2005, 445, 448 „*Kleiner Feigling*"; OLG Stuttgart GRUR-RR 2007, 313, 315 „*Carrera*"; *Ingerl/Rohnke*, MarkenG, § 14 Rdn. 861; *Hacker*, in: Ströbele/Hacker, MarkenG, § 14 Rdn. 173; *Büscher*, in: Büscher/Dittmer/Schiwy, § 14 MarkenG Rdn. 445 u. 455 ff.; *Schweyer*, in: v. Schultz, MarkenG, § 14 Rdn. 193; *Dorndorf*, Schutz vor Herkunftstäuschung und Rufausbeutung, Rdn 394; *Heim*, Einflussnahme auf Trefferleisten von Internet-Suchdiensten, S. 174 f.; *Riedel*, Spannungsverhältnis, S. 99; *Eichmann*, GRUR 1998, 201, 204.

662 So wohl auch *Koch*, Markenverunglimpfung, S. 105 f.

Anders verhält es sich hingegen, wenn das Zeichen nicht als Herkunftshinweis für das Produkt des Zeichenverwenders aufgefasst wird, sondern als Marke für die eigentliche Markenware erkennbar bleibt. So ordnet beispielsweise der Verkehr in der *Rolls-Royce*-Situation die Marke *Rolls-Royce* nicht dem Whiskey, sondern weiterhin dem Automobil zu. Die Marke wird daher nicht verwässert. Vielmehr macht sich der Dritte die besondere Aufmerksamkeitswirkung der bekannten Marke zu Eigen. Diese bewirkt, dass die Werbung für ein unbekanntes Produkt vom Verkehr wahrgenommen wird. Allein die Verwendung der fremden Marke führt dazu, dass sich der Zeichenverwender einen Kommunikationsvorsprung gegenüber anderen Mitbewerbern verschafft.[663] Hat das beworbene Produkt ein inkompatibles Image zu der bekannten Marke, scheiden eine Werteübertragung und damit eine Beeinträchtigung der Wertschätzung aus. Als einzige Alternative zur Verhinderung dieses Schmarotzens an der Bekanntheit der Marke kommt das Ausnutzen der Unterscheidungskraft in Betracht. Insoweit handelt es sich um einen Auffangtatbestand gegenüber den sonstigen Tatbestandsalternativen. Ein Ausnutzen der Unterscheidungskraft liegt somit vor, wenn der Verletzer die fremde Marke faktisch als Vorspann für seine Werbung benutzt und so sich ihren Aufmerksamkeitswert zunutze macht.[664]

Für die verkaufte Ware selbst kann die Unterscheidungskraft vorliegend nicht ausgenutzt werden. Der Ware ist die Unterscheidungskraft der Marke immanent, so dass sie an dieser nicht partizipieren kann. Ein Ausnutzen könnte allerdings darin gesehen werden, dass die Unterscheidungskraft sich mittelbar auch auf die Einzelhandelsdienstleistung des Händlers auswirkt. Stellt der Weiterverkäufer eine seiner Waren besonders in den Mittelpunkt der Werbung, kann dies dazu führen, dass damit auch die Bekanntheit seiner Dienstleistung steigt und zu einer Umsatzsteigerung führt.[665] Daher liegt insoweit ein Ausnutzen der Unterscheidungskraft vor.

(B) Ohne rechtfertigenden Grund in unlauterer Weise

Dieses Ausnutzen muss ohne rechtfertigenden Grund in unlauterer Weise erfolgen. Wie bereits dargelegt, erfordert dieser Prüfungspunkt eine umfassende Interessenabwägung.[666]

663 *Ingerl/Rohnke*, MarkenG, § 14 Rdn. 861; *Dorndorf*, Schutz vor Herkunftstäuschung und Rufausbeutung, Rdn 394; *Riedel*, Spannungsverhältnis, S. 99.

664 Ebenso *Hacker*, in: Ströbele/Hacker, MarkenG, § 14 Rdn. 173; *Schweyer*, in: v. Schultz, MarkenG, § 14 Rdn. 193; *Dorndorf*, Schutz vor Herkunftstäuschung und Rufausbeutung, Rdn 394; *Riedel*, Spannungsverhältnis, S. 99.

665 In diesem Sinne wohl BGH GRUR 1987, 823, 824 „*Ankündigungsrecht II*".

666 Dazu D.I.2.c)2)(a)(2)(B)(ii), S. 224.

Zugunsten des Weiterverkäufers spricht zunächst die Wertung des § 24 MarkenG. Da dieser grundsätzlich die Ware weiterverkaufen kann und dazu auch Werbung betreiben darf, muss es der Markeninhaber akzeptieren, dass die Aufmerksamkeit seiner Marke auch auf die Einzelhandelsdienstleistung ausstrahlt. Dies ist die zwangsläufige Folge des Verkaufs. Daher muss der Markeninhaber es hinnehmen, dass seine Ware branchenüblich beworben wird. Folglich wird selbst ein blickfangmäßiges Herausstellen der Marke nicht zu einer Beeinträchtigung des Markenrechts führen, da eine pointierte Werbung im hart umkämpften Einzelhandelssegment üblich geworben ist.

Die Unlauterkeit des Ausnutzens der Wertschätzung kann hingegen dann gegeben sein, wenn das eigentliche Ziel der Werbung nicht die Förderung des Absatzes, sondern lediglich die Übertragung der Aufmerksamkeit auf das sonstige Sortiment des Weiterverkäufers ist.[667] Diese Zielsetzung wird in der Regel dann indiziert sein, wenn der Weiterverkäufer nur einen kleinen Posten der beworbenen Ware hat, diese aber in den Mittelpunkt der Werbung für sein gesamtes Angebot stellt. Die Verwendung als Lockangebot muss der Markeninhaber nicht hinnehmen.

3) Zwischenergebnis

Grundsätzlich stellt das Markenrecht dem Markeninhaber ein wirksames Instrumentarium zum Schutze seiner Interessen zur Verfügung. Zu beachten ist allerdings, dass es einer eingehenden Prüfung bedarf, welche Tatbestandsmerkmale der einzelnen markenrechtlichen Norm verwirklicht sind. Insbesondere muss der Versuchung widerstanden werden, schlicht auf § 14 Abs. 2 Nr. 1 MarkenG abzustellen und bei § 24 Abs. 2 MarkenG eine systematisch vom sonstigen Markenrecht vollkommen losgelöste freie Interessenabwägung vorzunehmen.

3. Sonstige wettbewerbsrechtliche Ansprüche

Die Anwendbarkeit des § 6 UWG wurde bereits zuvor verneint. Indes kommen noch weitere wettbewerbsrechtliche Vorschriften in Betracht, die dem Schutz des Markeninhabers vorliegend dienen könnten.

---

667 Dies klingt bereits in BGH GRUR 1987, 823, 824 „*Ankündigungsrecht II*“ an, da der BGH einen Missbrauch des Ankündigungsrechts annimmt, soweit die Ankündigung vorwiegend dazu dient, dass Ansehen des Händlers aufzubessern.

a) § 4 Nr. 7 UWG

Ein wettbewerbsrechtlicher Unterlassungsanspruch könnte sich zunächst aus einem Verstoß gegen § 4 Nr. 7 UWG ergeben. Danach ist es unlauter, die Kennzeichen eines Mitwerbers herabzusetzen oder zu verunglimpfen.

Fraglich ist vorab, ob § 4 Nr. 7 UWG neben dem Markenrecht überhaupt anwendbar ist. Diesbezüglich geht die h.M. davon aus, dass § 4 Nr. 7 UWG hinsichtlich bekannter Marken nicht anwendbar sei.[668] In diesen Fällen sei § 14 Abs. 2 Nr. 3 MarkenG vorrangig und abschließend. Soweit hingegen eine nicht bekannte Marke betroffen ist, soll nach der h.M. § 4 Nr. 7 UWG Anwendung finden, da bei dieser Norm andere Wertungskriterien heranzuziehen seien als beim Bekanntheitsschutz.[669] Folge wäre, dass sich jeder Markeninhaber gegen die Herabsetzung oder Verunglimpfung seiner Marke zur Wehr setzen könnte, nämlich die Inhaber einer bekannten Marke über § 14 Abs. 2 Nr. 3 MarkenG, die sonstigen Markeninhaber über § 4 Nr. 7 UWG.

Im Grundsatz ist die Anwendung des § 4 Nr. 7 UWG auf nicht bekannte Marken überzeugend. Nur so verbleibt der Norm überhaupt noch ein eigener Anwendungsbereich. Daher ist mit der h.M. davon auszugehen, dass auch nicht bekannte Marken über § 4 Nr. 7 UWG gegen eine Herabsetzung oder Verunglimpfung geschützt sind.

Indes begegnet der Ausschluss des § 4 Nr. 7 UWG bei der Verwendung bekannter Marken Bedenken. Da diese Vorschrift nach der h.M. strengere Voraussetzungen gegenüber § 14 Abs. 2 Nr. 3 MarkenG aufstellen soll, ist doch die Konsequenz, dass bei einer Verletzung des § 4 Nr. 7 UWG immer auch § 14 Abs. 2 Nr. 3 MarkenG eingreift, wenn eine bekannte Marke betroffen ist. Folglich ist eine Umgehung des § 14 Abs. 2 Nr. 3 MarkenG nicht möglich. Warum sich dann aber der Inhaber einer bekannten Marke bei einer Herabsetzung nicht ebenso wie der Inhaber einer unbekannten Marke auf § 4 Nr. 7 UWG berufen

---

668 So explizit BGH GRUR 2005, 583, 585 „*Lila-Postkarte*"; ebenso *Köhler*, in: Hefermehl/Köhler/Bornkamm, UWG, § 4 Rdn. 7.9a; *Jänich*, in: MüKo, UWG, § 4 Nr. 7 Rdn. 11; *Lehmler*, UWG, § 4 Nr. 7 Rdn. 9; *Ohly*, in: Piper/Ohly, UWG, § 4 Rdn. 7/8; *Hacker*, in: Ströbele/Hacker, MarkenG, § 2 Rdn. 32; a.A. wohl *Steinbeck*, in: FS Ullmann, S. 415; *Bornkamm*, GRUR 2005, 97, 101; *Stieper*, WRP 2006, 291, 301, die § 4 Nr. 7 UWG aufgrund der qualifizierten Form der Rufbeeinträchtigung grundsätzlich neben § 14 Abs. 2 Nr. 3 MarkenG anwenden wollen.

669 *Köhler*, in: Hefermehl/Köhler/Bornkamm, UWG, § 4 Rdn. 7.9a; *Ingerl/Rohnke*, MarkenG, § 14 Rdn. 885; *Jänich*, in: MüKo, UWG, § 4 Nr. 7 Rdn. 11; *Lehmler*, UWG, § 4 Nr. 7 Rdn. 10; *Hacker*, in: Ströbele/Hacker, MarkenG, § 2 Rdn. 32; *Schaefer*, Normenkonkurrenz, S. 236; *Ingerl*, WRP 2004, 809, 816; einschränkend hingegen *Ohly*, in: Piper/Ohly, UWG, § 4 Rdn. 7/8; für einen Ausschluss auch gegenüber unbekannten Marken *Helm*, GRUR 2001, 291, 293.

können soll, ist nicht ersichtlich. Daher ist es nur konsequent, § 4 Nr. 7 UWG auch im Rahmen des § 14 Abs. 2 Nr. 3 MarkenG anzuwenden. Soweit dann eine Herabsetzung vorliegt, hat der Inhaber einer bekannten Marke die Wahl, ob er nach § 14 Abs. 2 Nr. 3 MarkenG oder nach § 4 Nr. 7 UWG vorgehen will.[670]

In der vorliegenden Fallgruppe ist daher ein Vorgehen nach § 4 Nr. 7 UWG möglich, soweit es zu einer Herabsetzung der Marke kommt. Eine Herabsetzung der Wertschätzung des Kennzeichens liegt dann vor, wenn durch die Werbung der Ruf dieses Kennzeichens herabgezogen wird, d.h. ihm durch den Verkehr eine geringere Wertschätzung zuteil wird.[671] Obwohl dies im Wortlaut nicht verankert ist, muss im Rahmen einer mit § 14 Abs. 2 Nr. 3 MarkenG korrespondierenden Auslegung zudem verlangt werden, dass die Verringerung des Rufs unlauter ist, d.h. dass zugunsten des Werbenden keine berechtigten Interessen eingreifen. Folglich kann auf die Ausführungen zur Prüfung der Beeinträchtigung der Wertschätzung gemäß § 14 Abs. 2 Nr. 3 MarkenG verwiesen werden.[672] Soweit daher durch die Verkaufsmethoden oder den Verkauf in bestimmten Verkaufsstätten die Wertschätzung einer bestimmten Marke herabgesetzt wird, kann dieser Handlung auch über § 4 Nr. 7 UWG begegnet werden.

Die Verunglimpfung wird als gesteigerte Form der Herabsetzung verstanden, so dass ihr nach der h.M. keine eigenständige Bedeutung zukommt, da eine Verunglimpfung ohne gleichzeitige Herabsetzung nicht denkbar ist.[673]

b) § 5 UWG

Das werbungsmäßige Verwenden der Fremdmarke könnte zu einem wettbewerbsrechtlichen Unterlassungsanspruch aufgrund eines Verstoßes gegen § 5 Abs. 1 UWG führen, wenn dadurch der Verkehr irregeführt wird. Eine solche Irreführung könnte insbesondere darin liegen, dass der Verkehr über die betriebli-

670 In diesem Sinne auch *Dittmer*, in: Büscher/Dittmer/Schiwy, § 4 Nr. 7 UWG Rdn. 7; *Dorndorf*, Schutz vor Herkunftstäuschung und Rufausbeutung, Rdn 584; *Steinbeck*, in: FS Ullmann, S. 415; *Bornkamm*, GRUR 2005, 97, 101; *Stieper*, WRP 2006, 291, 301.

671 Die Herabsetzung gemäß § 4 Nr. 7 UWG wird im gleichen Sinne wie der Begriff bei § 6 Abs. 2 Nr. 4 UWG ausgelegt (so die allgemeine Ansicht, siehe nur *Köhler*, in: Hefermehl/Köhler/Bornkamm, UWG, § 4 Rdn. 7.12; *Jänich*, in: MüKo, UWG, § 4 Nr. 7 Rdn. 32), so dass auf die Nachweise dort verwiesen werden kann, vgl. FN 785.

672 Siehe D.I.2.c)2)(a)(3), S. 226.

673 *Köhler*, in: Hefermehl/Köhler/Bornkamm, UWG, § 4 Rdn. 7.12; *Jänich*, in: MüKo, UWG, § 4 Nr. 7 Rdn. 33; *Ohly*, in: Piper/Ohly, UWG, § 4 Rdn. 7/13.

chen Beziehungen zwischen dem Händler und dem Markeninhaber getäuscht wird.[674]

Einer Anwendung des § 5 Abs. 1 UWG auf diese Fallgestaltung stand bisher grundsätzlich der Vorrang des Markenrechts entgegen. Die durch die Verwendung einer fremden Kennzeichnung hervorgerufene Irreführung über die betriebliche Herkunft fällt in den originären Anwendungsbereich des MarkenG. Damit die dort aufgestellten Anforderungen nicht unterlaufen werden, musste das allgemeine Irreführungsverbot hinter diese markenrechtlichen Vorschriften zurücktreten.[675] Dafür sprach auch, dass anderenfalls dem Markeninhaber die Dispositionsbefugnis darüber zu entscheiden, ob ein Markenverstoß verfolgt wird, entzogen würde, wenn das UWG mit seiner weiteren Aktivlegitimation Anwendung fände.[676] Dementsprechend konnte § 5 UWG bei der Händlerwerbung nur dann herangezogen werden, wenn die Irreführung nicht allein auf der Verwendung der Marke, sondern aus den sonstigen Werbeaussagen resultierte.

Diese Betrachtung wird sich allerdings für die Irreführung von Verbrauchern aufgrund des Art. 6 Abs. 2 lit. a) Richtlinie 2005/29/EG in Zukunft nicht mehr aufrechterhalten lassen.[677] Danach gilt jede Art der Vermarktung eines Produktes als irreführend, die eine Verwechslungsgefahr mit anderen Produkten, Warenzeichen, Warennamen oder anderen Kennzeichen eines Mitbewerbers begründet, soweit sie geeignet ist, die Verbraucher zu einer Entscheidung zu veranlassen, die diese sonst nicht getroffen hätten. Aufgrund Art. 11 Richtlinie 2005/29/EG ist es nunmehr erforderlich, dass auch Verbraucherverbände eine Irreführung durch ei-

---

674 So OLG Celle WRP 2001, 1248 „*Opel in W.*“, das eine Irreführung gemäß § 3 UWG a.F. darin sah, dass ein freier Händler vor dem Firmennamen mit dem Ausspruch „Opel in W.“ warb. Auf markenrechtliche Ansprüche hat das OLG an keiner Stelle des Urteils abgestellt.

675 So *Hacker*, in: Ströbele/Hacker, MarkenG, § 2 Rdn. 14; *Köhler*, in: Hefermehl/Köhler/Bornkamm, UWG, § 5 Rdn. 1.77; *Bornkamm*, in: FS v. Mühlendahl, S. 17 ff.; dagegen für eine vollständige Anspruchskonkurrenz *Strepp*, Irreführung und Verwechslungsgefahr, S. 231.

676 Dies Bedenken zeigt *Bornkamm*, in: FS v. Mühlendahl, S. 20 ausführlich auf.

677 So auch *Köhler*, in: Hefermehl/Köhler/Bornkamm, UWG, § 4 Rdn. 9.9; 9.11; *Fezer*, MarkenR 2006, 511, 513; *ders.*, WRP 2008, 1, 7 ff.; *Seichert*, WRP 2005, 1087, 1093; *Henning-Bodewig*, GRUR Int. 2007, 986, 990; ebenso *Hacker*, in: Ströbele/Hacker, MarkenG, § 2 Rdn. 22, der zur Klärung dieser Frage auf eine Vorlageentscheidung zum EuGH drängt; *Fezer* stellt zu Art. 6 Abs. 2 lit. a) Richtlinie 2005/29/EG fest, dass das deutsche Lauterkeits- und Kennzeichenrecht einen vergleichbaren Verbotstatbestand nicht kenne, so dass die Regelung unbedingt umzusetzen sei (WRP 2006, 781, 789; *ders.*, MarkenR 2006, 511, 512); a.A. *Steinbeck*, WRP 2006, 632, 638 f.; vgl. auch zu den unterschiedlichen Auffassungen das Protokoll zur Fachausschusssitzung für Wettbewerbs- und Markenrecht vom 29.09.2005, GRUR 2005, 1017, 1019.

ne Verwechslung ahnden können. Allein dem Markeninhaber diese Befugnis zukommen zu lassen, wäre nicht mehr richtlinienkonform. Soweit die Verwechslungsgefahr im Sinne des Art. 6 Abs. 2 lit. a) Richtlinie 2005/29/EG vorliegt, greift neben den markenrechtlichen Ansprüchen auch § 5 Abs. 1 UWG ein.

c) § 4 Nr. 10 UWG

Problematisch kann sich auch das Verhältnis zwischen § 14 Abs. 2 Nr. 3 MarkenG und § 4 Nr. 10 UWG gestalten. An einen Anspruch aus § 4 Nr. 10 UWG wäre zu denken, wenn ein Markenprodukt zu einem besonders niedrigen Preis vertrieben und beworben wird.

Grundsätzlich ist davon auszugehen, dass § 4 Nr. 10 UWG neben § 14 Abs. 2 Nr. 3 MarkenG Anwendung findet. Insoweit verfolgen beide Vorschriften vorrangig unterschiedliche Ziele. § 4 Nr. 10 UWG soll davor schützen, dass Mitbewerber gezielt behindert werden.[678] Diese Wertung ist prinzipiell vollkommen unabhängig davon, ob für das Produkt Markenschutz besteht oder nicht. Ob die Preisunterbietung zur Verdrängung anderer Wettbewerber eingesetzt wird, ist kein Wertungskriterium des Markenrechts. Auch wenn von einem Vorrang des Markenrechts vor dem UWG ausgegangen wird, kann nicht der Wille des Gesetzgebers unterstellt werden, dass diese bisher bekannten Sachverhalte nun keiner begrenzenden Regelung mehr zugänglich sein sollen.[679]

Zu einem Konflikt mit dem Markenrecht kann es insoweit erst kommen, wenn auch die Beeinträchtigung des Markenimages als Vertretungsgesichtspunkt im Rahmen einer Mitbewerberbehinderung herangezogen wird. In diesen Fällen besteht die Gefahr, dass die markenrechtliche Wertung umgangen wird.[680] Dieser Konflikt muss daher entweder dadurch gelöst werden, dass die markenrechtliche Beurteilung auch für das Wettbewerbsrecht bindend ist oder dass hinsichtlich dieser Umstände ein wettbewerbsrechtlicher Verbotsanspruch von vornherein nicht in Betracht kommt.[681]

---

678 Zu den Anwendungsvoraussetzungen des § 4 Nr. 10 UWG bei der Preisunterbietung siehe *Köhler*, in: Hefermehl/Köhler/Bornkamm, UWG, § 4 Rdn. 10.188 ff.

679 So auch die h.M., ohne jedoch den Konflikt ausführlich zu problematisieren, siehe *Köhler*, in: Hefermehl/Köhler/Bornkamm, UWG, § 4 Rdn. 10.188 ff.; *Jänich*, in: MüKo, UWG, § 4 Nr. 10 Rdn. 161 ff.; *Ohly*, in: Piper/Ohly, UWG, § 4 Rdn. 10/91 ff.; *Plaß*, in: HK-Wettbewerbsrecht, UWG, § 4 Rdn. 463 ff.

680 A.A. *Plaß*, in: HK-Wettbewerbsrecht, UWG, § 4 Rdn. 473, die ohne Begründung die kennzeichenmäßige Benutzung und damit die Anwendbarkeit des Markenrechts verneint.

681 In diesem Sinne *Ohly*, in: Piper/Ohly, UWG, § 4 Rdn. 10/94.

4. Gesamtergebnis der Fallgruppe

Mangels eines Vergleichs ist § 6 UWG bei der Händlerwerbung nicht anwendbar.

Hinsichtlich der markenrechtlichen Ansprüche ist danach zu unterscheiden, für welches Produkt die Markenverwendung Wirkung entfaltet. Zum einen kann die Marke für die verkaufte Ware selbst, zum anderen aber auch für die Einzelhandelsdienstleistung verwendet werden.

Ein markenrechtlicher Unterlassungsanspruch aus § 14 Abs. 2 Nr. 1 MarkenG scheitert zumeist an § 24 MarkenG. Die Erschöpfung ist nur dann ausgeschlossen, wenn die verkauften Waren verändert oder verschlechtert wurden. Entgegen der h.M. kann auf eine Rufausbeutung und den Anschein eines Vertragshändlerstatus nicht abgestellt werden.

Ein Unterlassungsanspruch wegen einer Verwechslungsgefahr gemäß § 14 Abs. 2 Nr. 2 MarkenG kann dann gegeben sein, wenn die Marke nicht nur als Kennzeichen für den Verkauf an sich, sondern als Kennzeichen für die gesamte Einzelhandelsdienstleistung angesehen wird. Dies wird in der Regel nur dann der Fall sein, wenn der Händler lediglich ein bestimmtes Markenprodukt verkauft.

Soweit es sich bei der Warenmarke um eine bekannte Marke handelt, kommt auch ein Verstoß gegen § 14 Abs. 2 Nr. 3 MarkenG in Betracht. Diese Norm findet neben § 14 Abs. 2 Nr. 1 MarkenG in dieser Fallgruppe zum einen Anwendung, wenn eine andere Funktion als die Herkunftsfunktion verletzt wird, und zum anderen, wenn durch die Markennennung zugleich die Einzelhandeldienstleistung gekennzeichnet wird. Anknüpfungspunkte im Rahmen des § 14 Abs. 2 Nr. 3 MarkenG sind dabei das Ausnutzen und das Beeinträchtigen der Wertschätzung sowie das Ausnutzen der Unterscheidungskraft. Bei allen drei Punkten liegt der Schwerpunkt dann auf der Prüfung der Unlauterkeit. Aufgrund der Wertung des § 24 MarkenG ist die Unlauterkeit bei der Händlerwerbung nicht indiziert, sondern bedarf einer eingehenden Begründung.

Von den sonstigen wettbewerbsrechtlichen Vorschriften kann § 4 Nr. 7 UWG verletzt sein. Trotz des grundsätzlichen Vorrangs des Markenrechts bleibt diese Norm anwendbar. § 5 UWG findet hingegen nach der bisherigen Rechtslage keine Anwendung. Dies wird sich aufgrund Art. 6 Abs. 2 lit. a) Richtlinie 2005/29/EG in Zukunft ändern.

II. Bezugnahme auf eine Marke im Rahmen des Ersatz- und Zubehörproduktabsatzes

Die Verwendung einer Marke im Rahmen des Ersatzteil- und Zubehörteilehandels hat den EuGH bereits sowohl wettbewerbsrechtlich[682] als auch markenrechtlich[683] beschäftigt. Unter welche Normenkomplexe diese Verwendung einer Marke fällt und wie die grundsätzlich erwünschte Bezugnahme zu rechtfertigen ist, ist besonders umstritten.

1. Rechtsverletzung nach § 6 UWG

Zunächst stellen sich die Fragen, ob die Werbung im Zubehör- und Ersatzteilehandel die Voraussetzungen für eine vergleichende Werbung erfüllt und, soweit dies bejaht wird, unter welchen Voraussetzungen sie erlaubt ist.

a) Vergleichende Werbung gemäß § 6 Abs. 1 UWG

Problematisch bei dieser Fallgruppe sind die Merkmale „Werbung", „Mitbewerber" und „Vergleich". Unstreitig ist hingegen das unmittelbare Erkennbarmachen, soweit eine fremde Marke genannt wird.

1) Werbung

Wie bereits oben dargestellt, ist der Begriff der Werbung weit zu fassen. Daher fallen darunter nicht nur vom Produkt losgelöste Ankündigungen, sondern auch Hinweise auf dem Produkt selbst.[684] Folglich ist im Rahmen des Ersatz- und Zubehörteilehandels jede Kompatibilitätsbehauptung als Werbung einzuordnen.

2) Mitbewerbereigenschaft

Vergleichende Werbung setzt den Bezug auf einen Mitbewerber voraus. Daher müssen der Markeninhaber und der Hersteller des Ersatz- oder Zubehörteils gemäß § 2 Abs.1 Nr. 3 UWG in einem konkreten Wettbewerbsverhältnis stehen. Zur Feststellung eines solchen Wettbewerbsverhältnisses bietet es sich an, die

---

682 EuGH GRUR 2002, 354 „*Toshiba/Katun*"; GRUR 2006, 345 „*Siemens/VIPA*".
683 EuGH GRUR 2005, 509 „*Gillette Company/LA-Laboratories*".
684 Siehe C.II.3.a)2)(a)(1), S. 126 ff.

Fallgruppe des Ersatz- und Zubehörteilehandels in drei Untergruppen zu gliedern.[685] Dabei soll von folgenden Fallkonstellationen ausgegangen werden:

a) Der Markeninhaber stellt selbst ein entsprechendes Ersatz- oder Zubehörteil her und der Werbende stellt seine Ware als Substitut für jenes Produkt heraus.
b) Der Markeninhaber stellt selbst ein entsprechendes Ersatz- oder Zubehörteil her, der Werbende nimmt jedoch nur auf die Originalware Bezug.
c) Der Markeninhaber stellt ein entsprechendes Ersatz- oder Zubehörteil ***nicht*** selbst her und der Werbende nimmt nur auf die Originalware Bezug.

(a) Herausstellen als Substitut des Ersatz- oder Zubehörteils des Markeninhabers

Diese Untergruppe bildete den Streitgegenstand des *Toshiba/Katun*-Urteils des EuGH.[686] Der Hersteller von Tonern hatte in einem Katalog herausgestellt, für welche Toner von *Toshiba*-Fotokopiergeräten seine Produkte als Ersatz dienen. Der Bezug erfolgte durch Angabe der Bestellnummern der Originalteile. Relevant kann diese Fallgruppe für die vorliegende Untersuchung nur dann werden, wenn das Ersatz- oder Zubehörteil durch eine eigene Marke gekennzeichnet ist, da anderenfalls die Markennennung nur durch eine Bezugnahme auf das Hauptprodukt möglich ist. Da es bei Ersatzteilen meist an einem eigenen, über das Hauptprodukt hinausgehenden Markenschutz fehlen wird, ist die Konstellation eher bei Zubehörprodukten denkbar.[687]

Für die Feststellung eines konkreten Wettbewerbsverhältnisses kommt es darauf an, dass die angebotenen Waren substituierbar sind,[688] sich mithin die beiden Unternehmen an den gleichen Kunden- oder Lieferantenkreis wenden.[689] In die-

685 Diese Einteilung wurde erstmals vorgenommen von *Sack*, in: Harte-Bavendamm/Henning-Bodewig, UWG, § 6 Rdn. 47 und *ders.*, GRUR 2004, 720.

686 EuGH GRUR 2002, 354 f. „*Toshiba/Katun*“.

687 Bei Ersatzteilen wird der Bezug meist durch die Angabe von Bestellnummern erfolgen, die ebenfalls die Produkte des Konkurrenten erkennbar machen (so in BGH GRUR 2001, 350 „*OP-Lampen*“; GRUR 2003, 444 „*Ersetzt*“). Allerdings stellen die Bestellnummern in der Regel keine Marken dar, so dass eine Markennennung in diesen Fällen nicht gegeben ist. Zusätzlich zu den Bestellnummern kann dann aber noch ein Bezug auf das Hauptprodukt gegeben sein, welcher jedoch unter die zweite oder dritte Fallgruppe fällt.

688 So EuGH GRUR 2007, 511, 513 (Rdn. 32) „*De Landtsheer/CIVC*“.

689 So die bisherige st. Rspr. des BGH, zuletzt BGH GRUR 1999, 69, 70 „*Preisvergleichslisten II*“; „; GRUR 2001, 258 „*Immobilienpreisangaben*“; GRUR 2001, 260 „*Vielfachabmahner*“; GRUR 2002, 902, 903 „*Vanity-Nummer*“; GRUR 2002, 985, 986 „*WISO*“; GRUR 2004, 877, 878 „*Werbeblocker*“; 2005, 520, 521 „*Optimale Interessenvertretung;* GRUR 2006, 1042, 1043 „*Kontaktanzeigen*“; ebenso *Fezer*, in:

ser Unterfallgruppe vertreiben sowohl der Markeninhaber als auch der Werbende Ersatzteile für das Hauptprodukt und wenden sich daher an denselben Kundenkreis. Dem stehen auch mögliche Qualitätsunterschiede der Produkte nicht entgegen, da die Produkte unabhängig von ihrer Güte im selben Hauptprodukt dieselbe Funktion erfüllen sollen. Dementsprechend handelt es sich bei den Unternehmen um Mitbewerber.[690]

(b) Bezugnahmen auf Hauptprodukte, deren Hersteller ebenfalls entsprechende Ersatz- oder Zubehörteile vertreiben

Die nächste Unterfallgruppe betrifft die Konstellation, dass ein Dritter nur auf das Hauptprodukt Bezug nimmt, dessen Hersteller die gleichen Ersatz- oder Zubehörteile ebenfalls vertreibt. Als Beispiele sollen zwei Werbesprüche herangezogen werden: für den Ersatzteilbereich „*Unsere Kartusche ersetzt die des HP Laserjet 1020*“, wobei davon auszugehen ist, dass die Marke *Laserjet* für Drucker und deren Ersatzteile eingetragen ist,[691] und für den Zubehörbereich „*Unser Navigationssystem passt in den Radioschacht des Ford Focus*“, wobei davon auszugehen ist, dass auch Ford entsprechende Navigationssysteme vertreibt.

Grundsätzlich scheint kein wesentlicher Unterschied zur ersten Fallgruppe gegeben zu sein. Durch die Werbung wird die Ware *HP Laserjet 1020* erkennbar gemacht und sie wird dazu verwendet, ein Ersatzteil für diese Ware zu bewerben. Da der Markeninhaber auch entsprechende Ersatzteile herstellt, wenden sich beide Unternehmen grundsätzlich auch an den gleichen Kundenkreis und sind damit Mitbewerber.

Dennoch wird die Mitbewerbereigenschaft in der konkreten Situation mit der Überlegung verneint, dass der Markeninhaber nicht in seiner Position als Mitbewerber, sondern nur als Hersteller des Hauptprodukts erkennbar gemacht werde.[692] Hinsichtlich des Hauptprodukts seien aber die Unternehmen keine Mitbewerber, soweit der Ersatz- oder Zubehörteilhersteller nicht zugleich ein ähnliches Hauptprodukt herstelle.

Fezer, UWG, § 2 Rdn. 103; *Koos*, in: Fezer, UWG, § 6 Rdn. 94; *Keller*, in: Harte-Bavendamm/Henning-Bodewig, UWG, § 2 Nr. 3 Rdn. 22 mwN.

690 Nach *Sack*, GRUR 2004, 720, 721 handelt es sich zweifellos um vergleichende Werbung.

691 So erfasst die Marke *Laserjet* der *Hewlett-Packard Company* Farbstoffkassetten für Drucker (Registernummer 2038003).

692 *Sack*, GRUR 2004, 720, 723; *ders.*, WRP 2008, 170, 176; so wohl auch *Boesche*, Wettbewerbsrecht, Rdn. 203; auch *Köhler*, in: Hefermehl/Köhler/Bornkamm, UWG, § 6 Rdn. 25 verneint außer in der ersten Fallgruppe das Vorliegen eines Wettbewerbsverhältnisses im Rahmen des Ersatzeil- und Zubehörhandels, ohne jedoch eine Begründung anzugeben.

Entscheidend ist daher für diese Unterfallgruppe der Zubehör- und Ersatzteilwerbung die Frage, ob sich die Mitbewerbereigenschaft auf das konkrete genannte Produkt beziehen muss oder ob es nicht ausreicht, wenn die Unternehmen hinsichtlich des beworbenen Ersatz- oder Zubehörproduktes Mitbewerber sind.[693] Nur soweit Letzteres zuträfe, könnte bei dieser Unterfallgruppe von einem Mitbebwerberverhältnis ausgegangen werden.

Der Wortlaut des § 6 Abs. 1 UWG ist insofern nicht eindeutig. Es heißt „... *die von einem Mitbewerber angebotenen Waren oder Dienstleistungen*...". Dies könnte dahin ausgelegt werden, dass der Werbende und der andere Wettbewerber nur generell Mitbewerber sein müssen, ohne dass es auf das konkret genannte Produkt ankommt. Auf dieses Begriffsverständnis deutet nunmehr auch die neuste Rechtsprechung des EuGH hin, nach der es für die Feststellung eines Wettbewerbsverhältnisses zwischen zwei Unternehmen ausreicht, dass die von ihnen angebotenen Waren untereinander in allgemeiner Weise einen gewissen Grad an Substitution aufweisen. Ob die Waren, die in der Werbeaussage miteinander verglichen werden, wirklich untereinander substituierbar sind, soll erst im Rahmen des Art. 4 lit. b) Richtlinie 2006/114/EG (§ 6 Abs. 2 Nr. 1 UWG) geprüft werden.[694]

Diese Auslegung überzeugt in ihrer Allgemeinheit jedoch nicht, da sie zu zufälligen Ergebnissen führen könnte.[695] Bei branchenübergreifenden Konzernen könnte eine Mitbewerbereigenschaft außerhalb der konkreten Werbung ohne weiteres bestehen, obwohl in der konkreten Situation die Mitbewerbereigenschaft kaum begründbar ist. Zur Illustration dieser Problematik soll der oben genannte Beispielsfall zum Navigationsgerät in abgewandelter Form herangezogen werden. Unterstellt, dass der Automobilhersteller keine Navigationsgeräte herstelle, jedoch beide Unternehmen zusätzlich konkurrierende Produkte in der Chemiebranche vertrieben, so müssten sie in der Chemiebranche als Mitbewerber angesehen werden, in Bereich der Navigationsgeräte hingegen nicht. Allein aufgrund der Mitbewerbereigenschaft in der Chemiebranche auch bei einer Werbung für Navigationsgeräte die Mitbewerbereigenschaft zu bejahen, ist nicht überzeugend. Denn die Werbung hat zu dem Absatz der Chemieprodukte keinen Bezug und damit auch keinen Einfluss, so dass von einer Wechselwirkung der Maßnahme nicht mehr gesprochen werden kann. Daher muss das konkrete Wettbewerbsverhältnis des Beispielfalles auf dem Chemiemarkt außer Betracht bleiben. Insofern könnte argumentiert werden, dass dies auch für den Fall gelten muss, wenn zwar

693 So wohl EuGH GRUR 2007, 511, 514 (Rdn. 47) „*De Landtsheer/CIVC*"; BGH GRUR 2005, 163, 165 „*Aluminiumräder*".

694 EuGH GRUR 2007, 511, 514 (Rdn. 47) „*De Landtsheer/CIVC*".

695 Kritisch dazu auch *Köhler*, WRP 2008, 414, 415; *Sack*, WRP 2008, 1141, 1142 f.

ein konkretes Wettbewerbsverhältnis aufgrund der gleichartigen Ersatzteile oder Zubehörprodukte besteht, es aber zwischen dem beworbenen und dem genannten Produkt an einem solchen mangelt. Damit schiede in dieser Unterfallgruppe die Annahme einer vergleichenden Werbung aus.

Zu der im vorherigen Abschnitt genannten Fallkonstellation besteht jedoch im Ersatz- und Zubehörteilevertrieb der Unterschied, dass die auf das Hauptprodukt bezogene Werbung dennoch Auswirkung auf den Absatz der Ersatz- oder Zubehörteile des Mitbewerbers haben kann. Denn bei einem gesättigten Markt wird eine Absatzsteigerung des Werbenden auf Kosten des Absatzes der Ersatz- bzw. Zubehörteile des Markeninhabers erfolgen. Diese Überlegung spricht für das Vorliegen eines konkreten Wettbewerbsverhältnisses. Von diesem Standpunkt scheint auch der BGH auszugehen. In der *Aluminiumräder*-Entscheidung hat das Gericht die Mitbewerbereigenschaft zwischen der *Porsche AG* und einem Zubehörhersteller angenommen, da beide Wettbewerber Aluminiumräder anboten.[696] In der beanstandeten Werbung hatte jedoch der Zubehörhersteller nicht auf die Aluminiumräder der *Porsche AG* Bezug genommen, sondern einen *Porsche* mit den montierten Fremdrädern abgebildet. Unstreitig stellte der Zubehörhersteller aber keine Rennwagen her, so dass die Mitbewerbereigenschaft nicht aufgrund des gezeigten Produktes hergeleitet werden konnte.

Daher liegt ein konkretes Wettbewerbsverhältnis auch dann vor, wenn nur auf das Hauptprodukt Bezug genommen wird, jedoch der Markeninhaber ebenfalls Ersatz- oder Zubehörteile vertreibt.[697] Diese Auslegung steht sowohl mit dem Wortlaut der Richtlinie 2006/114/EG als auch des § 6 Abs. 1 UWG in Einklang.[698]

---

696 BGH GRUR 20045, 163, 165 „*Aluminiumräder*".

697 So auch *Plaß*, in: HK-WettbewerbsR, § 6 UWG Rdn. 33; *Ohly*, in: Piper/Ohly, UWG, § 6 Rdn. 26; *ders.*, GRUR 2007, 3, 5; *Ziervogel*, Rufausbeutung im Rahmen vergleichender Werbung, S. 168 f.

698 Nicht abzustellen ist daher darauf, dass durch die Nennung des Hauptproduktes mittelbar auch der Mitbewerber selbst kenntlich gemacht wird (so *Ziervogel*, Vergleichende Werbung, S. 168 f.). Dies würde auch nicht weiter führen, da in diesem Fall die Werbung an § 6 Abs. 2 Nr. 2 UWG scheitern müsste. Danach muss die Werbung sich auf eine wesentliche, relevante, nachprüfbare und typische Eigenschaft der genannten Ware beziehen. Ist Bezugspunkt aber nur der Mitbewerber als Person, kann im Rahmen des § 2 Abs. 2 Nr. 2 UWG nicht auf das von ihm vertriebenen Hauptprodukte oder Ersatz- bzw. Zubehörteile abgestellt werden. Dies wäre ein unzulässiger Wechsel des Bezugobjektes.

(c) *Bezugnahmen auf Hauptprodukte, deren Hersteller keine entsprechenden Ersatz- oder Zubehörteile vertreiben*

Problematisch gestaltet sich die Mitbewerbereigenschaft auch dann, wenn der Markeninhaber keine entsprechenden Ersatz- oder Zubehörteile vertreibt. Da es eher unwahrscheinlich ist, dass der Hersteller des Hauptproduktes keine entsprechenden Ersatzteile vertreibt, wird sich das Problem meist nur bei Zubehörteilen ergeben.

Gemäß der Rechtsprechung des EuGH kommt es für das Mitbewerberverhältnis darauf an, ob die Waren substituierbar sind.[699] Insoweit wird davon auszugehen sein, dass diese Substituierbarkeit originär bestehen oder erst durch den Vergleich hergestellt werden kann.[700] An einer solchen Substituierbarkeit mangelt es jedoch grundsätzlich in dieser Unterfallgruppe.[701] Der Werbende will durch sein Produkt nicht die Hauptware ersetzen, sondern es sollen Teile ersetzt oder Funktionen hergestellt werden, die vom Hersteller der Hauptware nicht angeboten werden. Möglicherweise ließe sich aber die Austauschbarkeit durch eine Gleichstellungsbehauptung zwischen dem Image des Ersatzteils und dem des Hauptproduktes begründen. In diesem Sinne könnte die neuste Rechtsprechung des EuGH verstanden verwenden, nach der für die Substituierbarkeit auch auf das Image der Ware abzustellen ist, das der Werbende ihr geben will.[702] Unabhängig davon, ob diesem Ansatz des EuGH zu folgen ist, kann bei der vorliegenden Fallgruppe in der schlichten Kompatibilitätsbehauptung keine Gleichstellung mit dem Image der Hauptware gesehen werden, insbesondere da es den Kunden auf das Image eines Ersatzteils zumeist nicht ankommen wird. Entscheidend ist für ihn allenfalls die Kompatibilität und Qualität des Teils.

Ein konkretes Wettbewerbsverhältnis ließe sich jedoch möglicherweise über die Prinzipien der *DIMPEL*-Entscheidung herleiten. Entsprechend dieser Entscheidung könnte davon ausgegangen werden, dass ein konkretes Wettbewerbsverhältnis dadurch entsteht, dass der Werbende zum Markeninhaber insoweit in den Wettbewerb um die wirtschaftliche Verwertung einer Marke trete, als er durch den Gebrauch der fremden Kennzeichnung deren wirtschaftlich verwertbaren Ruf für sich ausnutze.[703] Dementsprechend könnte sich das Wettbewerbsverhältnis bei der vorliegenden Unterfallgruppe daraus ergeben, dass der Markenin-

---

699 EuGH GRUR 2007, 511, 513 (Rdn. 32) „*De Landtsheer/CIVC*".

700 So die bisher h.M., siehe dazu nur BGH GRUR 1972, 553 „*Statt Blumen ONKO-Kaffee*"; *Fezer*, in: Fezer, UWG, § 2 Rdn. 117; *Köhler*, in: Hefermehl/Köhler/Bornkamm, UWG, § 6 Rdn. 34.

701 *Menke*, in: MünchKomm, UWG, § 6 Rdn. 53.

702 EuGH GRUR 2007, 511, 514 (Rdn. 42) „*De Landtsheer/CIVC*".

703 BGH GRUR 1985, 550, 552 „*DIMPEL*".

haber durch den Ersatzteil- oder Zubehörteilhersteller gehindert wird, seine Marke mittels Lizenzen auf andere Anbieter wirtschaftlich sinnvoll zu übertragen.

Indes ist die Anwendung dieser bisherigen Rechtsprechung des BGH durch die neuste EuGH-Rechtsprechung im Rahmen der vergleichenden Werbung der Weg versperrt. Danach kommt es für den Mitbewerberbegriff allein auf die Substituierbarkeit an. Die Beeinträchtigung einer möglichen Lizenztätigkeit muss außer Betracht bleiben. Daher scheidet die Annahme eines Mitbewerberverhältnisses in den Fällen aus, bei denen der Hersteller des Hauptproduktes selber keine Ersatzteile oder Zubehörprodukte vertreibt.[704]

(d) Zwischenergebnis

Ein konkretes Wettbewerbsverhältnis und damit die Mitbewerbereigenschaft besteht nur dann zwischen dem Werbenden und dem Markeninhaber, wenn dieser auch entsprechende Ersatz- und Zubehörteile anbietet. Soweit dies nicht der Fall ist, scheitert die Anwendungen des § 6 UWG bereits an der Mitbewerbereigenschaft.

3) Vergleichserfordernis

Nachdem nun für die Unterfallgruppen Nr. 1 und Nr. 2 die Mitbewerbereigenschaft bejaht wurde, ist es für die Annahme einer vergleichenden Werbung nach der hier vertretenen Ansicht ferner erforderlich, dass die Aussage einen Vergleich beinhaltet.[705] Dazu muss sie Angaben über das Angebot des Werbenden, Angaben über das Angebot des Mitbewerbers und über das Verhältnis zwischen diesen beiden Angeboten enthalten.[706]

Sowohl die Werbung, dass das eigene Produkt ein fremdes Ersatz- oder Zubehörteil ersetzt, als auch Werbung, dass das eigene Produkt zu einem fremden Produkt passt, enthält eine Aussage über das beworbene Produkt. Problematisch ist jedoch, ob in dieser Werbung auch eine Aussage über das fremde Produkt gesehen werden kann.

Soweit die Ersatz- oder Zubehörteile des Konkurrenten als durch das eigene substituierbar dargestellt werden, kann eine implizite Angabe über das fremde

704 So auch schon vor der neusten EuGH-Rechtsprechung *Köhler*, in: Hefermehl/Köhler/Bornkamm, UWG, § 6 Rdn. 25; *Plaß*, in: HK-WettbewerbsR, § 6 UWG Rdn. 33; *Menke*, in: MünchKomm, UWG, § 6 Rdn. 53; *Sack*, in: Harte-Bavendamm/Henning-Bodewig, UWG, § 6 Rdn. 47; *ders.*, GRUR 2004, 720 f., *ders.*, WRP 2004, 1405, 1419.

705 Zum Erfordernis eines Vergleichs s. C.II.3.a)2)(b)(4)(B), S. 140 ff.

706 Zur Auslegung des Vergleichsbegriffs C.II.3.a)2)(c), S. 143 ff.

Produkt darin gesehen werden, dass dieses eine bestimmte technische Spezifikation aufweist. Zu dieser Angabe setzt sich der Werbende in Bezug und behauptet, dass sein Produkt ebenfalls diese Spezifikation ausweise und dementsprechend das Fremdprodukt ersetzen oder auf dieses passen könne. Eine solche implizite Gleichstellungsbehauptung genügt nach der insoweit eindeutigen Rechtsprechung des EuGH den Vergleichsanforderungen.[707] Bestätigt wird dies auch durch die 8. Begründungserwägung der Richtlinie 2006/114/EWG, nach der der Begriff der vergleichenden Werbung breit gefasst ist und alle Arten der vergleichenden Werbung abdeckt.

Problematischer gestaltet sich die Annahme einer impliziten Gleichstellungsbehauptung, wenn nur auf das Hauptprodukt Bezug genommen wird. Durch diese Werbung wird nicht behauptet, dass das beworbene Produkt dieselben technischen Spezifikationen aufweise wie das Hauptprodukt, sondern vielmehr nur, dass das beworbene Produkt mit dem Hauptprodukt verwendet werden könne. Eine implizite Aussage in Bezug auf das Hauptprodukt kann allenfalls darin gesehen werden, dass die Funktionsfähigkeit auch mit dem beworbenen Produkt gewährleistet ist. Diese Angabe wird aber nicht zu der Angabe über das beworbene Produkt in Bezug gesetzt, es werden keine Alternativen aufgezeigt. Die Werbung besteht daher allenfalls aus zwei Angaben über die verschiedenen Produkte, jedoch fehlt das dritte Element des Vergleichs. Daher mangelt es an einem Vergleich, wenn nur das Hauptprodukt genannt wird.[708]

Dennoch könnte diese Bezugnahme auf das Hauptprodukte als vergleichende Werbung einzuordnen sein, wenn sich der Vergleich mittelbar auf das Originalersatzteil bezieht. Der Aussage, dass ein Ersatz- oder Zubehörteil zu einem bestimmten Hauptprodukt passt, könnte mittelbar die Aussage entnommen werden, dass diese Teile mit den Originalersatz- oder Originalzubehörteilen technisch gleichwertig sind. Indes ist zu beachten, dass nach der Rechtsprechung des BGH nicht jede „um zehn Ecken" gedachte Bezugnahme ausreichen soll.[709] Gerade dies scheint aber bei einer Bezugnahme der Fall zu sein, die nur mittelbar erfolgt

---

707 EuGH GRUR 2002, 354, 356 (Rdn. 39) „*Toshiba/Katun*"; GRUR 2006, 345, 346 (Rdn. 17) „*Siemens/VIPA*".

708 So auch *Sack*, in: Harte-Bavendamm/Henning-Bodewig, UWG, § 6 Rdn. 104, der jedoch die Anwendung des § 6 UWG primär daran scheitern lässt, dass nicht auf einen Mitbewerber Bezug genommen wird; nachdem nunmehr *Sack* auch einen Vergleich für die Anwendbarkeit des § 6 UWG fordert, sieht er es nur noch als methodische Frage an, ob die Anwendbarkeit in dieser Fallkonstellation an dem Erkennbarmachen des Mitbewerbers oder an dem Vergleich scheitert (so *Sack*, WRP 2008, 170, 176); auch *Dittmer*, WRP 2005, 955, 958 sieht das Vergleichserfordernis nicht als erfüllt an; allerdings lässt er § 6 UWG zur Anwendung kommen, da er auf das Vergleichserfordernis für die Anwendung der Norm verzichten will.

709 BGH GRUR 1999, 1100, 1101 „*Generika-Werbung*".

und einen impliziten Vergleich enthält. Ohne eine erhebliche kognitive Leistung wird der Vergleich kaum wahrgenommen werden. Daher kann auch unter dem Gesichtspunkt der mittelbaren Bezugnahme keine vergleichende Werbung begründet werden.[710]

4) Ergebnis

Hinsichtlich der Werbung für Ersatz- und Zubehörteile liegt vergleichende Werbung nur dann vor, wenn das eigene Produkt als Substitut des fremden Ersatz- oder Zubehörteils dargestellt wird. Bei einer schlichten Bezugnahme auf das Hauptprodukt mangelt es entweder bereits an der Mitbewerbereigenschaft, wenn der Markeninhaber keine entsprechenden Ersatz- oder Zubehörteile vertreibt, oder es liegt kein Vergleich vor.

b) Mögliche Unlauterkeit gemäß § 6 Abs. 2 UWG

Soweit damit Werbung für Ersatz- und Zubehörteile von der Regelung des § 6 Abs. 1 UWG erfasst ist, bestimmt sich die Zulässigkeit solcher Werbemaßnahmen nach den Voraussetzungen des § 6 Abs. 2 UWG. Da die Gestaltung der Werbemaßnahmen in unendlichen Variationen vorstellbar ist, können vorliegend nur mögliche typische Konflikte aufgezeigt werden, ohne damit abschließend alle denkbaren Probleme bei dieser Art der Werbung zu behandeln.

1) § 6 Abs. 2 Nr. 1 UWG

Gemäß § 6 Abs. 2 Nr. 1 UWG muss sich die Werbung auf Waren oder Dienstleistungen für den gleichen Bedarf oder dieselbe Zweckbestimmung beziehen. Von der h.M. wird nicht zwischen dem Bedarf und der Zweckbestimmung unterschieden, sondern es wird einheitlich gefordert, dass die Waren entweder funktionsidentisch sein müssen oder aus Sicht der angesprochenen Verbraucher als Substitutionsprodukte in Betracht kommen müssen.[711]

710 Soweit diesem hier vertretenen Standpunkt nicht gefolgt werden sollte, wäre auch in der Bezugnahme auf das Hauptprodukt vergleichende Werbung im Sinne des § 6 Abs. 1 UWG zu sehen. Diese Werbung entspräche jedoch der Konstellation der ersten Unterfallgruppe und wäre daher nach denselben Prinzipien zu lösen.

711 BGH GRUR 1999, 501, 502 „*Vergleichen Sie*"; GRUR 2005, 172, 175 „*Stresstest*"; *Sack*, in: Harte-Bavendamm/Henning-Bodewig, UWG, § 6 Rdn. 88; *Köhler*, in: Hefermehl/Köhler/Bornkamm, UWG, § 6 Rdn. 48; *Menke*, in: MünchKomm, UWG, § 6 Rdn. 114; *Ohly*, in: Piper/Ohly, UWG, § 6 Rdn. 43; *Beater*, Unlauterer Wettbewerb, § 15 Rdn. 62: *Lettl*, Das neue UWG, Rdn. 487; *Fröndhoff*, Irreführende und

Vollkommen unproblematisch ist daher § 6 Abs. 2 Nr. 1 UWG erfüllt, wenn die verglichenen Produkte dieselbe Funktion in gleicher Qualität erfüllen. Bedenken könnten sich jedoch ergeben, wenn sie zwar im Grunde die gleiche Funktion erfüllen, dies jedoch in unterschiedlicher Qualität. So könnte etwa bei einer Druckerpatrone das Originalersatzteil zum Druck von 10.000 Blättern dienen, das fremde Substitutionsprodukt hingegen nur für 8.000 Blätter. Würde der gleiche Bedarf oder dieselbe Zweckbestimmung vollkommene Identität der Produkte fordern, wäre ein Vergleich unzulässig. Dagegen spricht jedoch, dass § 6 Abs. 2 Nr. 1 UWG nach dem Wortlaut gerade nicht die Identität der Produkte voraussetzt. Funktionsidentität oder Substituierbarkeit können daher nicht dahingehend verstanden werden, dass eine absolute Gleichartigkeit der Produkte gefordert wird, sondern nur, dass die Grundfunktionen der Produkte gleich sein müssen. Insoweit ist es bei § 6 Abs. 2 Nr. 1 UWG unerheblich, ob die Produkte die gleiche Qualität haben.[712] Wird der Unterschied in der Qualität durch die Werbung nicht deutlich, kann die Werbung jedoch irreführend im Sinne des § 5 Abs. 1 UWG i.V.m. § 5 Abs. 3 UWG sein.[713]

Ferner ermöglicht § 6 Abs. 2 Nr. 1 UWG auch den Vergleich von No-Name-Produkten mit Markenwaren, da weder der Bedarf noch die Zweckbestimmung

---

vergleichende Werbung, S. 110; *Hasselblatt*, Vergleichende Werbung, S. 326; *Stadelmann*, Die Entwicklung der kritisierenden Werbung, S. 161; *Menke*, WRP 1998, 811, 822; *Gloy/Bruhn*, GRUR 1998, 226, 235; *Ohly/Spence*, GRUR Int. 1999, 681, 691; *Völker*, MDR 2000, 1360, 3161; *Scherer*, WRP 201, 89, 91; *Sack*, WRP 2001, 327, 341; *Nordmann*, GRUR Int. 2002, 297, 300; der EuGH (GRUR 2007, 69, 72 (Rdn. 26) „*LIDL*") stellt allein auf die Austauschbarkeit ab; differenzierend zwischen „gleichen Bedarfs" und „derselben Zweckrichtung" erstmals *Eck/Ikas*, WRP 1999, 251, 261 ff. (ebenso *Koos*, in: Fezer, UWG, § 6 Rdn. 117; *Berlit*, Vergleichende Werbung, Rdn. 76 ff.; *Buck-Freytag*, Auswirkungen der Richtlinie 97/55/EG, S. 49; *Freund*, Vergleichende Werbung, S. 100; *Illing*, Vergleichende Werbung, S. 103 ff.; *Kebbedies*, Vergleichende Werbung, S. 182; *Wehlau*, ZRL 1999, 393, 398 ff.) Diese verstehen unter den „gleichen Bedarf" die Primärfunktion des Produktes, d.h. der eigentliche Verwendungsbereich. Unter „dieselbe Zweckrichtung" sei die Sekundärfunktion zu berücksichtigen, d.h. der von dem Werbenden dem Produkt beigelegt Zweck. Diese Differenzierung nimmt jedoch auch implizit die h.M. vor, da es für die Subsituierbarkeit ausreicht, wenn diese erst durch die Werbung selbst begründet wird. Daher wird im Folgenden entsprechend der h.M. nicht zwischen dem Bedarf und der Zweckrichtung unterschieden.

712 So die auch die Gesetzesbegründung BT-Drucks, 14/2959, S. 11; *Eck/Ikas*, WRP 1999, 251, 261; *Scherer*, WRP 2001, 89, 91.

713 *Dittmer*, WRP 2005, 955, 959 sieht hingegen in einer unzutreffenden Gleichwertigkeitsbehauptung nur eine Rufausbeutung, ohne sich jedoch mit der Irreführungsgefahr auseinanderzusetzen.

durch die Marke bestimmt werden.[714] Daher können auch No-Name-Ersatzteile in Bezug zu den Markenersatzteilen des Hauptproduktherstellers gesetzt werden. Problematisch kann sich ein solcher Vergleich aber dann gestalten, wenn dem Markenprodukt ein besonderes Luxusimage zukommt. Da allerdings Ersatz- und Zubehörteile in der Regel keine Luxusprodukte sind und sich daher das Problem in dieser Fallgruppe nicht stellt, wird es erst bei der Fallgruppe der kritisierenden und anlehnenden vergleichenden Werbung dargestellt.[715]

2) § 6 Abs. 2 Nr. 2 UWG

Stellt der Werbende seine Ware als Substitut des fremden Ersatz- oder Originalteils heraus, ist darin eine implizite Gleichwertigkeitsbehauptung zu erblicken. Der Werbung kann die Aussage entnommen werden, dass das beworbene Produkt das Konkurrenzprodukt in seiner Funktionalität gleichwertig ersetzen kann. Dabei müsste es sich gemäß § 6 Abs. 2 Nr. 2 UWG objektiv um eine wesentliche, relevante, nachprüfbare und typische Eigenschaft der Ware handeln. Den Begriffen objektiv, wesentlich, relevant, nachprüfbar und typisch kommt nach der h.M. jeweils eigenständige Bedeutung zu.[716]

Der Begriff der ***Eigenschaft*** ist weit zu verstehen. Entscheidend ist, ob der angesprochene Verkehr aus der Angabe eine nützlich Information für die Kaufentscheidung erhalten kann und ob dem Erwerb der angebotenen Ware oder Dienstleistung näher getreten werden soll.[717] ***Wesentlich*** ist eine Eigenschaft, wenn ihre Bedeutung für den jeweils angesprochenen Verkehr aus dessen Sicht im Hinblick auf die vorgesehene Verwendung des Produkts nicht völlig unerheblich ist.[718] ***Relevant*** ist sie, wenn sie den Kaufentschluss einer nicht völlig unerheblichen Zahl von Verbrauchern zu beeinflussen vermag.[719] Schließlich ist sie ***typisch***, wenn sie die Eigenart der verglichenen Produkte aus der Sicht der ange-

714 So die absolut h.M.; siehe dazu nur *Menke*, in: MünchKomm, UWG, § 6 Rdn. 117 mwN.

715 Siehe dazu D.IV.1.b)1)(b), S. 318 f.

716 BGH GRUR 2004, 607, 612 „*Genealogie der Düfte*“; frühzeitig bereits so *Eck/Ikas*, WRP 1999, 251, 263; zweifelnd *Ohly*, in: Piper/Ohly, UWG, § 6 Rdn. 52; *Plassmann*, GRUR 1996, 370, 379; *Gloy/Bruhn*, GRUR 1998, 226, 236; *Menke*, WRP 1998, 811, 824; weitergehend *Siems*, ZEuP 2001, 686, 690, der forderte, dass die Begriffe durch „erheblich“ hätten ersetzt werden sollen.

717 BGH GRUR 2004, 607, 611 „*Genealogie der Düfte*“; GRUR 2005, 172, 174 „*Stresstest*“; GRUR 2007, 605, 607 (Rdn. 30) „*Umsatzzuwachs*“; *Menke*, in: MünchKomm, UWG, § 6 Rdn. 123 ff. mwN; für eine sehr weite Interpretation *Koos*, in: Fezer, UWG, § 6 Rdn. 130 ff.

718 BGH GRUR 2004, 607, 612 „*Genealogie der Düfte*“.

719 BGH GRUR 2004, 607, 612 „*Genealogie der Düfte*“.

sprochenen Verkehrskreise im Hinblick auf den Bedarf oder die Zweckbestimmung prägt und damit repräsentativ oder aussagekräftig für deren Wert als Ganzes ist.[720] Diese Voraussetzungen werden bei der Bezugnahme auf ein Originalersatzteil- bzw. Originalzubehörteil in der Regel erfüllt sein. Kern der Bezugnahme ist die Gleichstellungsbehauptung hinsichtlich der Funktionalität. Gerade dies ist das entscheidende Kriterium für die Kaufentscheidung der angesprochenen Verkehrskreise.

Schließlich muss die behauptete Eigenschaft auch ***nachprüfbar*** sein. Nachprüfbar bedeutet, dass die Eigenschaften nachgewiesen werden können.[721] Insoweit ergeben sich bei der pauschalen Gleichstellungsbehauptung Bedenken, da der angesprochene Verkehr diese Behauptung nicht ad hoc nachprüfen kann. Eine Nachprüfung kann erst dadurch erfolgen, dass das entsprechende Teil mit dem Hauptprodukt verwendet wird. Nach der Auffassung der Rechtsprechung und der herrschenden Literaturansicht ist es jedoch nicht erforderlich, dass der Werbeadressat die verglichenen Eigenschaften ohne weiteres und ohne jeden Aufwand nachprüfen kann.[722] Ausreichend ist es vielmehr, dass die Aussage zumindest einen Tatsachenkern enthält, dessen Richtigkeit durch einen Sachverständigen überprüft werden kann.[723] Eine solche Nachprüfung ist bei Ersatz- und Zubehörteilen möglich.

---

720 BGH GRUR 2004, 607, 612 „*Genealogie der Düfte*".

721 EuGH GRUR 2007, 69, 74 (Rdn. 64) „*LIDL*".

722 EuGH GRUR 2007, 69, 75 (Rdn. 70) „*LIDL*"; BGH GRUR 1999, 69, 71 „*Preisvergleichsliste II*"; GRUR 1999, 501, 503 „*Vergleichen Sie*"; GRUR 2004, 607, 612 „*Genealogie der Düfte*"; GRUR 2007, 605, 607 (Rdn. 31) „*Umsatzzuwachs*"; *Köhler*, in: Hefermehl/Köhler/Bornkamm, UWG, § 6 Rdn. 51; *Menke*, in: MünchKomm, UWG, § 6 Rdn. 156; *Plaß*, in: HK-WettbewerbsR, § 6 UWG Rdn. 86; a.A. *Ziervogel*, Rufausbeutung im Rahmen der vergleichenden Werbung, S. 170, der bei pauschalen Gleichstellungsbehauptungen die Nachprüfbarkeit verneint.

723 So nunmehr EuGH GRUR 2007, 69, 75 (Rdn. 73) „*LIDL*", der die Möglichkeit bei mangelnder eigner Sachkenntnis durch eine Überprüfung durch Dritte ausreichend lässt; bereits vorher BGH GRUR 2005, 172, 175 „*Stresstest*"; allerdings muss die Nachprüfbarkeit außerhalb eines denkbaren Gerichtsprozesses möglich sein, d.h. die erforderlichen Grundlagen für die Nachprüfbarkeit müssen schon vorher zur Verfügung gestellt werden (EuGH GRUR 2007, 69, 75 (Rdn. 71); so bereits vorher *Plaß*, in: HK-WettbewerbsR, § 6 UWG Rdn. 86; a.A. noch OLG Hamburg GRUR-RR 2001, 84, 86 „*Handzahnbürste*"; wohl auch noch weiterhin in diese Richtung *Köhler*, in: Hefermehl/Köhler/Bornkamm, UWG, § 6 Rdn. 62).

Der EuGH hat bei der Ersatzteilwerbung die Voraussetzungen des Art. 4 lit. c) Richtlinie 2006/114/EG ohne weitere Ausführungen schlicht in einem Satz bejaht.[724]

3) § 6 Abs. 2 Nr. 3 UWG

Weiterhin darf es gemäß § 6 Abs. 2 Nr. 3 UWG nicht zu einer Verwechslung zwischen dem Werbenden und einem Mitbewerber, zwischen den von diesen angebotenen Waren oder denen von ihnen verwendeten Kennzeichen kommen. Als Kennzeichen sind alle Zeichen im Sinne des § 1 MarkenG zu verstehen, damit auch Marken.[725]

(a) Mögliche Konstellationen

Zunächst ist entsprechend der oben gemachten Ausführungen zu beachten, dass § 6 Abs. 2 Nr. 3 UWG nicht die Problematik erfasst, ob der Werbende die für seine Produkte verwendete Marken benutzen darf. [726] Dies ist allein nach § 14 MarkenG zu beurteilen, auch wenn sich die Verwechslungsgefahr im konkreten Fall zu der Marke des Mitbewerbers ergibt. Darf der Werbende seine Eigenmarke nach dem MarkenG verwenden, begründet die Verwendung in der vergleichenden Werbung keine Verwechslungsgefahr.

Ferner erfasst § 6 Abs. 2 Nr. 3 UWG nicht die Fälle, in denen der Werbende zwar eine Bezugnahme beabsichtigt, diese jedoch objektiv nicht erkennbar ist. Denn in diesem Fall fehlt es bereits an einem Vergleich, da dann keine Angaben über verschiedene Produkte in Bezug gesetzt werden.[727] Verwendet daher ein Ersatzteil- oder Zubehörteilhersteller in der Werbung nur die Fremdmarke, ohne dass es selbst bei analytischer Betrachtung der Werbung ersichtlich ist, dass Werbender und Markeninhaber nicht identisch sind, so fehlt es an einem Vergleich.[728] Diese Werbung wäre allein an § 14 MarkenG zu messen.

724 EuGH GRUR 2002, 354, 356 (Rdn. 39) „*Toshiba/Katun*"; ebenso *Köhler*, in: Hefermehl/Köhler/Bornkamm, UWG, § 6 Rdn. 56, nach dem die Voraussetzungen des § 6 Abs. 2 Nr. 1 UWG bei der Gleichwertigkeitsbehauptung stets erfüllt sind.

725 *Köhler*, in: Hefermehl/Köhler/Bornkamm, UWG, § 6 Rdn. 67; *Eck/Ikas*, WRP 1999, 251, 268.

726 C.II.3.a)3)(b), S. 154 ff.

727 Ebenso *Plaß*, in: HK-WettbewerbsR, § 6 UWG Rdn. 53; Noch weitergehend *Riedel*, Spannungsverhältnis, S. 189, der keinen Anwendungsbereich für § 6 Abs. 2 Nr. 3 UWG sieht, da es bei jedem Fall, bei dem es zu einer Verwechslung kommt, an einer vergleichenden Werbung fehle.

728 Ein Beispiel dafür ist der Sachverhalt des *Garlock*-Urteils des RG (RGZ 86, 123). Die Klägerin vertrieb ihre Packungen und Dichtungen für Maschinen unter dem

Dementsprechend fallen unter § 6 Abs. 2 Nr. 3 UWG nur solche Fallgestaltungen, bei denen die Bezugnahme theoretisch erkennbar ist, es jedoch dennoch zu Verwechslungen kommen kann. Es muss mithin eine gespaltene Verkehrsauffassung gegeben sein.[729]

(b) Begriff der Verwechslung

Hinsichtlich der Verwechslung ist umstritten, ob es zu einer tatsächlichen Täuschung einzelner Werbeadressaten kommen muss[730] oder ob die Verwechslungsgefahr im Sinne des § 14 Abs. 2 Nr. 2 MarkenG ausreicht.[731] Dieser Streit fußt darauf, dass sowohl § 6 Abs. 2 Nr. 3 UWG als auch Art. 3a Abs. 1 lit. d) Richtlinie 84/450/EWG in der Fassung durch die Richtlinie 97/55/EG verlangen, dass die Werbung keine Verwechslungen verursacht. Anders als bei § 14 Abs. 2 Nr. 2 MarkenG reicht nach dem Wortlaut eine Verwechslungsgefahr nicht aus.

Dieser Streit scheint sich nun dadurch erledigt zu haben, dass Art. 3a Abs. 1 lit. d) Richtlinie 84/450/EWG a.F. gestrichen und durch die Richtlinie

---

Warenzeichen *Garlock*. Die Beklagte bezeichnete ihre Fabrikate u.a. als *Garlock-Ersatzpackungen*. Insoweit wird der Verkehr mangels anderweitiger Hinweise davon ausgehen, dass auch diese Produkte von dem Markeninhaber *Garlock* stammen, die Bezugnahme wird nicht deutlich.

729 *Lehmler*, UWG, § 6 Rdn. 62; so auch für die Produktverwechslung *Köhler*, in: Hefermehl/Köhler/Bornkamm, UWG, § 6 Rdn. 68.

730 Begr. Reg.-Entw. BT-Drucks. 14/2959 S. 11; Ebenso *Köhler*, in: Hefermehl/Köhler/Bornkamm, UWG, § 6 Rdn. 65; *Menke*, in: MünchKomm, UWG, § 6 Rdn. 160; *Beater*, Unlauterer Wettbewerb, § 15 Rdn. 75; *Götting*, Wettbewerbsrecht, § 8 Rdn. 72; *Lettl*, Das neue UWG, Rdn. 505; *Illing*, Vergleichende Werbung, S. 127; *Ziervogel*, Rufausbeutung im Rahmen der vergleichenden Werbung, S. 138; *Somarriello*, Vergleichende Werbung in Italien und Deutschland, S. 85; *Stadelmann*, Die Entwicklung der kritisierenden Werbung, S. 170; *Berlit*, BB 2000, 1305, 1307; *Siems*, ZEuP 2001, 686, 688; *Nordmann*, GRUR Int. 2002, 297, 301; i.E. auch *Plaß*, in: HK-WettbewerbsR, § 6 UWG Rdn. 95, die jedoch unter Zugrundelegung des europäischen Verbraucherbegriffs die Begriffe „Verwechslung“ und „Verwechslungsgefahr“ als praktisch gleichwertig ansieht.

731 *Dittmer*, in: Büscher/Dittmer/Schiwy, § 6 UWG Rdn. 45; *Koos*, in: Fezer, UWG, § 6 Rdn. 185; *Sack*, in: Harte-Bavendamm/Henning-Bodewig, UWG, § 6 Rdn. 126; *Ohly*, in: Piper/Ohly, UWG, § 6 Rdn. 59; *Emmerich*, Unlauterer Wettbewerb, S. 136; *Buck-Freytag*, Auswirkungen der Richtlinie 97/55/EG, S. 90 und S. 169; *Dilly*, Das Irreführungsverbot des Art. 3a der Richtlinie über irreführende und vergleichende Werbung, S. 173; *Freund*, Vergleichende Werbung, S. 130; *Hasselblatt*, Vergleichende Werbung, S. 347; *Kebbedies*, Vergleichende Werbung, S. 205 f.; *Paech*, Irreführende und vergleichende Werbung, S. 206; *Saßmann*, Das Binnenmarktrecht der vergleichenden Werbung, S. 134; *Plassmann*, GRUR 1996, 377, 380; *Eck/Ikas*, WRP 1999, 251, 269.

2005/29/EG in Art. 4 lit. h) Richtlinie 2006/114/EG neu gefasst wurde.[732] Danach ist vergleichende Werbung nur noch zulässig, soweit sie *keine Verwechslungsgefahr* bei den Gewerbetreibenden zwischen dem Werbenden und einem Mitbewerber oder zwischen den Warenzeichen, Warennamen, sonstigen Kennzeichen, Waren oder Dienstleistungen des Werbenden und denen eines Mitbewerbers begründet. Gleiches gilt hinsichtlich der vergleichenden Werbung gegenüber Verbrauchern, die gemäß Art. 6 Abs. 2 lit. a) Richtlinie 2005/29/EG keine Verwechslungsgefahr zwischen dem beworbenen Produkt und anderen Produkten, Warenzeichen, Warennamen oder anderen Kennzeichen eines Mitbewerbers begründen darf.[733] Allerdings ist zu beachten, dass die deutsche Übersetzung der Richtlinie von der englischen und französischen Fassung abweicht. In diesen Fassungen wird der Begriff „confusion" verwendet. Dies muss sowohl aus dem Englischen als auch aus dem Französischen als „Verwechslung" übersetzt werden, wo hingegen eine Verwechslungsgefahr mit „likelihood of confusion" bzw. „risque de confusion" übersetzt wird, so auch in Art. 5 Abs. 1 S. 2 lit. b) MRL. Daher sprechen die französische und englische Fassung entgegen dem deutschen Wortlaut für das Erfordernis einer konkreten Verwechslung.[734] Eine eindeutige Klärung ist daher auch durch die Richtlinie 2005/29/EG nicht eingetreten.

Gegen das Abstellen auf eine tatsächliche Verwechslung sprechen allerdings die praktischen Erwägungen. Wie von den meisten Autoren eingeräumt wird, führen die beiden Auslegungen in der Regel zu gleichen Ergebnissen.[735] Es sind keine Fallgestaltungen denkbar, bei denen zwar eine Verwechslungsgefahr bejaht wird, es dann aber bei der Verbreitung der Werbung nicht zu Verwechslungen kommen könnte. Dies beruht darauf, dass im Rahmen des § 6 Abs. 2 Nr. 3 UWG die konkrete Werbung zu betrachten ist und nicht wie im MarkenG alle abstrakt denkbaren Verwendungsmöglichkeiten beachtet werden müssen. Unterscheiden sich daher nicht die Ergebnisse, spricht für die Annahme einer Verwechslungsgefahr, dass insoweit die Einholung eines demographischen Gutachtens nicht zwingend erforderlich ist und daher der Prozess von der Feststellung tatsächlicher

---

732 So *Dittmer*, in: Büscher/Dittmer/Schiwy, § 6 UWG Rdn. 45.

733 Unzutreffend stellt *Ohly*, in: Piper/Ohly, UWG, § 6 Rdn. 59 darauf ab, dass die Verwechslungsgefahr hinsichtlich der Verbraucherwerbung in Art. 6 Abs. 1 lit. b) Richtlinie 2005/29/EG geregelt sei. Insoweit ist aber Abs. 2 lit. a) spezieller.

734 So *Steinbeck*, WRP 2006, 632, 637; offengelassen bei *Ohly*, GRUR 2007, 3, 5 der einerseits davon ausgeht, dass es nunmehr auf die Verwechslungsgefahr ankomme, andererseits aber eingesteht, dass es sich bei der deutschen Fassung auch um ein Redaktionsversehen handeln könnte.

735 *Plaß*, in: HK-WettbewerbsR, § 6 UWG Rdn. 95; *Buck-Freytag*, Auswirkungen der Richtlinie 97/55/EG, S. 91; *Illing*, Vergleichende Werbung, S. 127.

Elemente freigehalten wird. Da die Verwechslungsgefahr durch den konkreten Vergleich herbeigeführt werden muss, kann diesbezüglich von einer konkreten Verwechslungsgefahr gesprochen werden.[736]

(c) Bestehen einer Verwechslungsgefahr

Eine konkrete Verwechslungsgefahr wird dann vorliegen, wenn der durchschnittlich informierte und verständige, situationsangemessene aufmerksame Umworbene aufgrund der Art der Verwendung der Marke des Mitbewerbers annehmen wird, die Mitbewerber seien identisch oder zumindest wirtschaftlich verbundene Unternehmen, oder glaubt, die Waren, Dienstleistungen oder Unterscheidungszeichen stammten aus demselben oder jedenfalls aus wirtschaftlich miteinander verbundenen Unternehmen.[737]

(1) Allgemeine Gestaltung

Dementsprechend muss der Werbende darauf achten, dass durch die Gestaltung ausreichend deutlich wird, dass der Fremdmarkeninhaber weder der Hersteller des beworbenen Produktes ist noch die Produktverantwortlichkeit dafür trägt. Hinsichtlich der Werbung für Ersatzteile muss der Werbende sicherstellen, dass seine eigene Marke ausreichend zum Ausdruck kommt[738] und der Fokus der Betrachtung nicht nur auf die Fremdmarke gelenkt wird. Dies wird in der Regel dadurch geschehen, dass in der Werbung die Formulierung „ersetzt“ oder eine synonyme Ausdrucksweise verwendet wird.[739]

Bezüglich der Zurechnung der Produktverantwortung ist ferner auch der Adressatenkreis mit zu berücksichtigen. Wendet sich die Werbung an Fachkreise, werden diese unter geringeren Voraussetzungen die divergierende Herstellereigenschaft erkennen als bei einer an den Verbraucher gerichteten Werbung.[740] So kann nach Auffassung des BGH hinsichtlich fachkundiger Abnehmer die Ver-

736 So auch *Sack*, in: Harte-Bavendamm/Henning-Bodewig, UWG, § 6 Rdn. 127; *ders.*, WRP 2001, 327, 345; *Freund*, Vergleichende Werbung, S. 130; *Henning-Bodewig*, GRUR Int. 1999, 385, 388; *Berlit*, BB 2000, 1305, 1307.

737 So *Plaß*, in: HK-WettbewerbsR, § 6 UWG Rdn. 95; die allerdings auf eine tatsächlich eingetretene Verwechslung abstellt; den Begriff ebenso auslegend *Kebbedies*, Vergleichende Werbung, S. 207.

738 So auch OLG Frankfurt a.M. GRUR 2000, 621, 622 „*Magentafarbener Pfeil*“.

739 Nach *Berlit*, Vergleichende Werbung, Rdn. 155 wird es kaum zu Verwechslungen kommen, wenn der Werbende darauf hinweist, dass es sich bei dem verglichenen Produkt um ein Originalprodukt handelt.

740 BGH GRUR 2003, 444, 445 „*Ersetzt*“; zustimmend *Koos*, in: Fezer, UWG, § 6 Rdn. 195.

wechslungsgefahr bereits dadurch ausgeschlossen werden, dass ohne drucktechnische Hervorhebung darauf hingewiesen wird, dass die genannten Produkte Originalteile seien und nur zu Vergleichszwecken dienten.[741] Zu weitgehend wäre aber der Schluss aus dieser Aussage, dass bei einer Werbung gegenüber Verbrauchern zwingend auf die Originalteileigenschaft durch drucktechnische Hervorhebung hingewiesen werden müsse. Dies wird vielmehr von der Gesamtgestaltung der Bezugnahme abhängen. So scheint die Annahme einer Verwechslungsgefahr auch ohne drucktechnische Hervorhebung eher zweifelhaft, wenn beide Marken in gleicher Größe dargestellt und mit „ersetzt" verbunden werden.

(2) Originalgetreue Wiedergabe der Marke

Probleme kann es bereiten, wenn sich der Werbende hinsichtlich einer Wortmarke nicht nur darauf beschränkt, ihren Wortlaut wiederzugeben, sondern die Marke in ihrer Originalform aufführt. In solchen Fällen könnte die Verwechslungsgefahr allein durch die originalgetreue Verwendung indiziert sein. Dagegen spricht jedoch, dass durchaus Konstellationen denkbar sind, bei denen auch bei einer originalgetreuen Wiedergabe eine Verwechslungsgefahr sicher ausgeschlossen werden kann, so etwa wenn Marken mehrerer Markeninhaber dem Original entsprechend benutzt werden. In diesen Fällen kann nicht unterstellt werden, dass der Verkehr allen Markeninhabern die Produktverantwortung zurechnet. Aber auch wenn die originalgetreue Wiedergabe nicht die Verwechslungsgefahr indiziert, darf nicht verkannt werden, dass bei einer solchen Wiedergabe der Marke zumindest die Gefahr steigt, dass der Verkehr nur noch diese Marke und nicht mehr die eigentliche Marke des Werbenden wahrnimmt. Daher ist in diesen Fällen jeweils einzelfallbezogen genau zu prüfen, ob eine Verwechslungsgefahr besteht.

(3) Vermeidung des Eindrucks einer zweiten Produktlinie

Schließlich muss der Gefahr vorgebeugt werden, dass der Eindruck erweckt wird, dass es sich bei den beworbenen Produkten um Zweitprodukte des Markeninhabers handele. Diese Problematik ist entgegen der Auffassung des BGH nicht bei der Irreführungsgefahr,[742] sondern im Rahmen der Verwechslungsgefahr anzusiedeln.[743] Die Konstellation entspricht der Verwechslungsgefahr im weiteren

---

741 BGH GRUR 2003, 444, 445 *„Ersetzt"*.

742 So BGH GRUR 2001, 350, 351 *„OP-Lampen"*.

743 Dies könnte sich ändern, wenn der deutsche Gesetzgeber die Richtlinie 2005/29/EG derart umsetzen würde, dass die Verwechslungsgefahr bei Verbraucherwerbung generell in den Irreführungstatbestand integriert würde.

Sinne (mittelbare Verwechslungsgefahr). Insoweit ist zu differenzieren, ob die Bezugnahme auf ein fremdes Ersatz- oder Zubehörteil oder auf das Hauptprodukt erfolgt. Bei einer Bezugnahme auf original Ersatz- oder Zubehörteile ist die Annahme einer wirtschaftlichen Verbindung grundsätzlich ausgeschlossen. Ohne besondere Anhaltspunkte kann der Verkehr nicht davon ausgehen, dass der Markeninhaber neben den Originalteilen weitere Ersatz- oder Zubehörteile unter einer weiteren Marke vertreibt. Anders kann es sich jedoch bei einer Bezugnahme auf das Hauptprodukt verhalten. In dieser Konstellation, die jedoch keine vergleichende Werbung mehr darstellt,[744] ist die Annahme einer wirtschaftlichen Verbindung eher möglich, da es hierbei wahrscheinlicher ist, dass gerade Zubehörteile nicht zwingend unter der Hauptmarke vertrieben werden.

4) § 6 Abs. 2 Nr. 4 UWG

Gemäß § 6 Abs. 2 Nr. 4 UWG darf der Werbevergleich die Wertschätzung des verwendeten Fremdkennzeichens nicht in unlauterer Weise ausnutzen oder beeinträchtigen.

(a) Begriffsbestimmung der Wertschätzung

Die nationale Umsetzung hat sich damit an § 14 Abs. 2 Nr. 3 MarkenG orientiert, nach dem ebenfalls die Wertschätzung geschützt ist. Hingegen heißt es in Art. 4 lit. f) Richtlinie 2006/114/EG, dass der Ruf einer Marke, eines Handelsnamens oder eines anderen Unterscheidungszeichens nicht in unlauterer Weise ausgenutzt werden darf. Insoweit bedarf es einer Klärung, ob die „Wertschätzung" im gleichen Sinne wie im Markenrecht auszulegen ist oder ob eine richtlinienkonforme Auslegung aufgrund des Begriffes „Ruf" zu einer divergierenden Auslegung veranlasst. Die entscheidende Frage ist dabei, ob durch den Begriff „Wertschätzung" andere Anforderungen hinsichtlich der Qualität und der Quantität der Verkehrsauffassung aufgestellt werden als durch den Begriff „Ruf".

In quantitativer Hinsicht muss sowohl bei der Wertschätzung als auch beim Ruf eine gewisse Bekanntheit vorausgesetzt werden. Denn sowohl eine Wertschätzung als auch einen Ruf kann eine Marke nur besitzen, wenn sie im Verkehr nicht vollkommen unbekannt ist.[745] Zutreffend weist *Ziervogel* darauf hin, dass ohne einen Kontakt mit dem Meinungsgegenstand beim Verbraucher kein Vor-

---

744 Siehe dazu D.II.1.a)3), S. 248 ff.

745 *Koos*, in: Fezer, UWG, § 6 Rdn. 204; *Sack*, in: Harte-Bavendamm/Henning-Bodewig, UWG, § 6 Rdn. 133; *Menke*, in: MünchKomm, UWG, § 6 Rdn. 174; *Ohly*, in: Piper/Ohly, UWG, § 6 Rdn. 61; *Freund*, Vergleichende Werbung, S. 150; *Illing*, Vergleichende Werbung, S. 131; *Eck/Ikas*, WRP 1999, 251, 271.

stellungsbild von dem betreffenden Meinungsgegenstand und somit kein Ruf entstehen kann.[746] Ferner setzt ein „Ruf" schon begrifflich voraus, dass sich das gleiche Vorstellungsbild bei einer gewissen Anzahl von Verbrauchern gebildet hat, da es sich anderenfalls bei den Einzelvorstellungen nur um Meinungen handelt.[747] Allerdings kann weder im Rahmen des § 14 Abs. 2 Nr. 3 MarkenG noch des § 6 Abs. 2 Nr. 4 UWG gefordert werden, dass die Wertschätzung einen besonderen Bekanntheitsgrad der Marke voraussetzt. Dieses Erfordernis wurde in § 14 Abs. 2 Nr. 3 MarkenG zusätzlich zur Wertschätzung geregelt und kann daher nicht implizit in dieser enthalten sein. Hinsichtlich der Quantität ergeben sich zwischen dem Begriff „Wertschätzung" und dem Begriff „Ruf" keine Unterschiede.

Folglich kann sich eine Divergenz nur hinsichtlich der Qualität der Vorstellungen einstellen. Unter der „Wertschätzung einer Marke" im Sinne des § 14 Abs. 2 Nr. 3 MarkenG wird der „gute Ruf" einer Marke verstanden, der sich aus den positive Assoziation mit der Marke zusammensetzt.[748] Nicht erfasst von dem Begriff der Wertvorstellung im markenrechtlichen Sinne sollen alleinige „Aufmerksamkeitsvorstellungen" sein.[749]

Die Unterschiede könnten sich demnach dadurch ergeben, dass der Begriff des Rufs im Sinne des Art. 4 lit. f) Richtlinie 2006/114/EG zum einen auch den schlechten Ruf erfasst und sich zum anderen auch auf Aufmerksamkeitsvorstellungen bezieht.

Eine Differenzierung zwischen dem guten und dem schlechten Ruf erscheint im Rahmen des § 6 Abs. 2 Nr. 4 UWG entbehrlich. Selbst wenn der schlechte Ruf erfasst wäre, ist nicht ersichtlich, wie ein solcher ausgebeutet werden sollte. Ausbeutung wird allgemein dahin definiert, dass der Ruf des Kennzeichens auf das Produkt des Werbenden übertragen werden muss.[750] Insoweit sind aber kaum Fallkonstellationen denkbar, bei denen es dem Werbenden um die Übertragung eines schlechten Rufs geht. Selbst wenn aber solche Fälle auftreten sollten, wäre nicht ersichtlich, welches schützenswerte Interesse des Markeninhabers besteht, auch einen schlechten bzw. negativen Ruf zu schützen.

---

746 *Ziervogel*, Rufausbeutung im Rahmen vergleichender Werbung, S. 30; ebenso *Menke*, in: MünchKomm, UWG, § 6 Rdn. 174.

747 *Ziervogel*, Rufausbeutung im Rahmen vergleichender Werbung, S. 30; *Rößler*, Rufausbeutung, S. 77; *Sambuc*, UWG-Nachahmungsschutz, Rdn. 292.

748 Zur Auslegung dieses Begriffs siehe D.I.2.c)2)(a)(1), S. 220.

749 *Menke*, in: MünchKomm, UWG, § 6 Rdn. 175; a.A. *Sack*, in Harte-Bavendamm/Henning-Bodewig, UWG, § 6 Rdn. 132; *ders.*, WRP 2004, 1405, 1417; Allerdings wird der Begriff von beiden Autoren nicht definiert.

750 Siehe dazu die Nachweise in den FN. 754 f.

Folglich geht es bei dieser Auslegungsdifferenz tatsächlich nicht darum, ob der „gute Ruf" geschützt wird, sondern ob bereits die Ausbeutung einer Aufmerksamkeitsvorstellung ausreicht. Durch den Begriff der Aufmerksamkeitsvorstellung, der gemeinhin nicht definiert wird, wird indes der Kern des Streites verschleiert. Entscheidend ist die Frage, ob allein die Erregung der Aufmerksamkeit durch die Verwendung einer Marke eine Rufausnutzung darstellen kann, d.h. ob allein die Bekanntheit der Marke geschützt ist. Diese Frage wird jedoch nur selten an Bedeutung gewinnen.[751] In der Regel wird die Bekanntheit einer Marke aus dem Verkaufserfolg des Produktes oder einer Werbekampagne resultieren. Dann wird der Verkehr aber mit der Marke gewisse Gütevorstellungen verbinden,[752] sei es auch nur ein gutes Preis-Leistungs-Verhältnis. Das Problem kann sich daher überhaupt erst stellen, wenn festgestellt wird, dass der Marke nicht aufgrund der Produkteigenschaft oder der Werbung des Markeninhabers ein „guter Ruf" zukommt, sondern sie nur aufgrund sonstiger Umstände eine Bekanntheit besitzt, die der Werbende zur Aufmerksamkeitserregung ausnutzt.

Für die Einbeziehung des bloßen Aufmerksamkeitswertes spricht zunächst der unterschiedliche Wortlaut der Richtlinie 89/104/EWG und der Richtlinie 2006/114/EG. Auch in den englisch- und französischsprachigen Fassungen werden unterschiedliche Begriffe verwendet, nämlich „repute"/ „renommée" einerseits und „reputation"/ „notoriéte" anderseits. Mag der Unterschied im Englischen nicht so deutlich sein, da beide Begriffe mit „Ansehen" übersetzt werden können, wird der Unterschied gerade im Französischen klar. „Renommée" bedeutet der gute Ruf, während „notoriéte" sich nur mit Bekanntheit übersetzen lässt. Demnach kommt es in der französischen Fassung der Richtlinie 2006/114/EG eindeutig nur darauf an, dass die Bekanntheit ausgenutzt wird.

Ferner wäre nicht ersichtlich, warum eine Verwendung einer Marke, die als unlautere Anlehnung angesehen werden müsste, nur deshalb nicht unter § 6 Abs. 2 Nr. 4 UWG fiele, weil der Marke kein „guter Ruf" zukommt. Soweit daher die Marke aufgrund der Bekanntheit einen Ruf besitzt, ist dieser ohne inhaltliche Anforderungen gegen eine unlautere Ausnutzung geschützt. Entscheidend im Rahmen des § 6 Abs. 2 Nr. 4 UWG ist daher nicht die Feststellung eines bestimmten Rufs, sondern die Unlauterkeit der Ausnutzung eines solchen.

---

751 Die Relevanz der Problematik wird leider im Rahmen der Auseinandersetzung zu diesem Problem nicht ausreichend berücksichtigt. Es werden keine Beispiele aufgezeigt, bei denen die unterschiedlichen Auffassungen zu unterschiedlichen Ergebnissen kommen.

752 So auch BGH GRUR 1959, 182, 184 „*Quick*".

(b) Unlautere Ausnutzung der Wertschätzung (§ 6 Abs. 2 Nr. 4 Alt. 1 UWG)

§ 6 Abs. 2 Nr. 4 Alt. 1 UWG setzt voraus, dass die Wertschätzung unlauter ausgenutzt wird. Es ist daher zwischen der Ausnutzung des Rufs und der Unlauterkeit zu differenzieren. Zutreffend weist *Menke* darauf hin, dass häufig nicht ausreichend zwischen diesen beiden Merkmalen unterschieden wird.[753]

(1) Ausnutzung der Wertschätzung bzw. des Rufs

Nach der Auffassung des EuGH[754], der sich der BGH[755] angeschlossen hat, wird der Ruf einer Marke angenutzt, wenn deren Verwendung bei den angesprochenen Verkehrskreisen eine Assoziation zwischen dem Werbenden und dem Mitbewerber in der Weise hervorruft, dass diese Kreise den Ruf der Erzeugnisse des Mitbewerbers auf die Erzeugnisse des Werbenden übertragen. Sowohl der EuGH als auch der BGH haben eine solche Rufüberleitung davon abhängig gemacht, wie die Werbung präsentiert wird und an welche Verkehrskreise sie sich richtet.[756] Bei Fachkreisen sei die Wahrscheinlichkeit einer Assoziation weniger ausgeprägt als bei einer Werbung gegenüber Endverbrauchern.[757]

Aus dieser Rechtsprechung wird indes nicht ersichtlich, welche Kriterien dafür heranzuziehen sind, um festzustellen, wann es zu einer Rufübertragung kommt. Die Differenzierung nach dem angesprochenen Verkehrskreis allein überzeugt nicht. An einer Rufübertragung fehlt es nicht schon allein deswegen, weil die Werbung sich an Fachkreise richtet. Denn anderenfalls könnte in diesen Fachkreisen die Marke auch über Gebühr herausgestellt werden, ohne dass § 6 Abs. 2 Nr. 4 UWG eingreifen könnte. Auch in Fachkreisen ist es aber nicht ausgeschlossen, dass aufgrund der Art der Präsentation der Ruf ausgebeutet wird. Es

753 *Menke*, in: MünchKomm, UWG, § 6 Rdn. 177; so nunmehr auch *Ohly*, GRUR 2007, 3, 9.

754 EuGH GRUR 2002, 354, 357 (Rdn. 57) „*Toshiba/Katun*"; GRUR 2006, 345, 346 (Rdn. 18) „*Siemens/VIPA*".

755 BGH GRUR 2005, 348, 349 „*Bestellnummerübernahme*".

756 EuGH GRUR 2002, 354, 356 (Rdn. 52) „*Toshiba/Katun*"; GRUR 2006, 345, 346 (Rdn. 18) „*Siemens/VIPA*"; BGH GRUR 2004, 607, 611 „*Genealogie der Düfte*"; a.A. möglicherweise BGH GRUR 2005, 348, 349 „*Bestellnummerübernahme*"; insoweit ist jedoch nicht klar, ob sich die Ausführungen nur auf die konkrete Verwendung beziehen oder ob der BGH generell davon Abstand genommen hat, auf die Verkehrskreise abzustellen.

757 EuGH GRUR 2002, 354, 356 (Rdn. 52) „*Toshiba/Katun*"; GRUR 2006, 345, 346 (Rdn. 18) „*Siemens/VIPA*"; zustimmend *Koos*, in: Fezer, UWG, § 6 Rdn. 205; *Menke*, in: MünchKomm, UWG, § 6 Rdn. 180; *Sack*, in Harte-Bavendamm/Henning-Bodewig, UWG, § 6 Rdn. 135; *Ohly*, in: Piper/Ohly, UWG, § 6 Rdn. 62.

kommt also mindestens auf ein Zusammenspiel zwischen der Art der Präsentation und den angesprochenen Verkehrskreisen an. Diese Abwägung ist jedoch besser bei der Unlauterkeit aufgehoben.

Daher bietet es sich an, das Merkmal des Ausnutzens nur als primäres Grobraster zu benutzen. Von einer Rufübertragung wird dann nicht mehr auszugehen sein, wenn sich der Werbende gerade durch die Werbung von dem genannten Mitbewerber oder seinen Produkten absetzen will, also bei den Fällen der kritisierenden vergleichenden Werbung. Lehnt sich der Werbende hingegen an den Ruf der Marke in der Werbung an, und sei dies nur durch eine Gleichstellungsbehauptung, erfolgt zwangsläufig eine gewisse Übertragung des Rufs. Die Assoziation mit der fremden Marke wird durch die Anlehnung gerade bezweckt. Ob die Anlehnung zulässig ist oder nicht, hängt dann entscheidend davon ab, ob sie unlauter ist.

(2) Unlauterkeit der Ausnutzung

(A) Kriterien der Unlauterkeit

Grundsätzlich geht die h.M. zutreffend davon aus, dass die anlehnende vergleichende Werbung für sich allein noch keine unlautere Rufausbeutung darstellt.[758] Denn wäre in jeder Bezugnahme auf einen Mitbewerber eine Rufausbeutung im Sinne des § 6 Abs. 2 Nr. 4 UWG zu sehen, die nur unter besonderen Voraussetzungen zulässig wäre, müsste anlehnende vergleichende Werbung grundsätzlich als unzulässig angesehen werden.[759] Indes sollte gerade die Benutzung fremder Marken in der vergleichenden Werbung möglich sein, da es für solche Werbung unerlässlich sein kann, auf Marken von Mitbewerbern Bezug zu nehmen.[760] Da-

758 BGH GRUR 1999, 501, 503 „*Vergleichen Sie*“; GRUR 2003, 444, 445 „*Ersetzt*“; *Koos*, in: Fezer, UWG, § 6 Rdn. 206; *Plaß*, in: HK-WettbewerbsR, § 6 UWG Rdn. 106; *Ohly*, in: Piper/Ohly, UWG, § 6 Rdn. 63; *Berlit*, Vergleichende Werbung, Rdn. 190; *Boesche*, Wettbewerbsrecht, Rdn. 215; *Lettl*, Das neue UWG, Rdn. 507; *Emmerich*, Unlauterer Wettbewerb, S. 141; *Buck-Freytag*, Auswirkungen der Richtlinie 97/55/EG, S. 110; *Dilly*, Das Irreführungsverbot des Art. 3a der Richtlinie über irreführende und vergleichende Werbung, S. 177; *Freund*, Vergleichende Werbung, S. 150; *Heister*, Vergleichende Werbung, S. 81; *Illing*, Vergleichende Werbung, S. 132; *Kebbedies*, Vergleichende Werbung, S. 226; *Paech*, Irreführende und vergleichende Werbung, S. 217; *Saßmann*, Das Binnenmarktrecht der vergleichenden Werbung, S. 139; *Menke*, WRP 1998, 811, 825; *Sack*, GRUR Int. 1998, 263, 272; *ders.*, WRP 2001, 327, 345; *ders.*, GRUR 2004, 720, 721; *Henning-Bodewig*, GRUR Int. 1999, 385, 388; *Nordmann*, GRUR Int. 2002, 297, 302.

759 BGH GRUR 1999, 501, 503 „*Vergleichen Sie*“.

760 Siehe 14. Begründungserwägung zu Richtlinie 2006/114/EG.

her bedarf es einer weiteren Bestimmung, wann die Rufausbeutung als unlauter anzusehen ist.

Zur Unlauterkeit führt der EuGH aus, dass nach der 15. Begründungserwägung der Richtlinie 2006/114/EG die Benutzung einer Marke oder eines Unterscheidungszeichens keine Verletzung des Rechts an der Marke darstellt, wenn sie unter Beachtung der in der Richtlinie 2006/114/EG aufgestellten Bedingungen erfolge und nur eine Unterscheidung der Erzeugnisse und Dienstleistungen des Werbenden von denjenigen seines Mitbewerbers bezwecke und dadurch die Unterschiede objektiv herausgestellt werden sollen.[761] Nicht zulässig sei daher die Bezugnahme auf das Unterscheidungszeichnen des Mitbewerbers, wenn bei den angesprochenen Verkehrskreisen ein falscher Eindruck über die Beziehungen zwischen dem Werbenden und dem Markeninhaber erweckt werde.[762]

Die Unlauterkeit daraus herzuleiten, dass ein falscher Eindruck über die Beziehungen zwischen dem Werbenden und dem Markeninhaber erweckt werde, ist nicht überzeugend. Das Ziel der Verhinderung einer vergleichenden Werbung zur schlichten Rufübertragung hat bereits systematisch seinen Niederschlag in § 6 Abs. 2 Nr. 1 – 3 und Nr. 6 UWG sowie in § 5 Abs. 3 UWG gefunden. Schon durch diese Regelungen soll verhindert werden, dass ein Vergleich schlicht deshalb vorgenommen wird, um den Ruf zu übertragen. Insoweit ist daher zu beachten, dass die Aspekte, die in diesen Regelungen Berücksichtigung gefunden haben, nicht erneut bei der Prüfung des § 6 Abs. 2 Nr. 4 Alt. 1 UWG heranzuziehen sind. Dies gilt insbesondere für die Verwechslungsgefahr. Wird diese im Rahmen des § 6 Abs. 2 Nr. 3 UWG abgelehnt, kann die Rufausbeutung nicht damit begründet werden, dass ein falscher Eindruck über die Beziehungen zwischen dem Werbenden und dem Markeninhaber erweckt wird.[763] Der eigenständige Charakter des § 6 Abs. 2 Nr. 3 UWG würde negiert, wenn bei der Ablehnung einer Verwechslungsgefahr immer noch auf § 6 Abs. 2 Nr. 4 UWG mit der Begründung abgestellt werden könnte, dass ein falscher Eindruck über die Beziehungen verursacht wird.[764]

Hinsichtlich einer Markenverwendung in der vergleichenden Werbung geht der EuGH ferner davon aus, dass eine dadurch erzeugte Rufausnutzung nicht un-

---

761 EuGH GRUR 2002, 354, 356 (Rdn. 53) „*Toshiba/Katun*"; GRUR 2006, 345, 346 (Rdn. 14) „*Siemens/VIPA*".

762 EuGH GRUR 2002, 354, 356 (Rdn. 55) „*Toshiba/Katun*"; GRUR 2006, 345, 346 (Rdn. 16) „*Siemens/VIPA*".

763 In der Literatur wird teilweise unreflektiert auf das *Toshiba/Katun*-Urteil Bezug genommen, so etwa *Sack*, in Harte-Bavendamm/Henning-Bodewig, UWG, § 6 Rdn. 140; *Lettl*, Das neue UWG, Rdn. 507; wie im Vorliegenden vertreten wohl auch BGH GRUR 2005, 348, 349 „*Bestellnummerübernahme*".

764 In diese Richtung auch *Köhler*, WRP 2008, 414, 420.

lauter sei, wenn ein Hinweis auf das Unterscheidungszeichen des Mitbewerbers Voraussetzung für einen wirksamen Wettbewerb auf dem in Rede stehenden Markt sei.[765] Hinsichtlich der Erforderlichkeit der Bezugnahme ist nach Ansicht des EuGH in erster Linie zu berücksichtigen, welche Vorteile die Verwendung des Unterscheidungszeichens für den Verbraucher habe.[766] Die Vorteile für den Werbenden können zwar unterstützend herangezogen werden, jedoch können sie die Erforderlichkeit nicht allein begründen.[767] Der EuGH nimmt daher eine Abwägung zwischen den Interessen der Verbraucher und denen des Werbenden auf der einen sowie den Interessen des Markeninhabers auf der anderen Seite vor. Bestehen Vorteile für den Verbraucher in der Markenverwendung, überwiegen diese regelmäßig die Interessen des Markeninhabers.

Entgegen der in Deutschland bisher h.M. ist nach der Rechtsprechung des EuGH bei der Beurteilung, ob die Vorteile einer Markennennung für die Verbraucher überwiegen, ein großzügiger Maßstab anzulegen. Der BGH forderte für die Lauterkeit der Bezugnahme auf ein fremdes Unterscheidungszeichen, dass diese erforderlich und nicht nur nützlich sein müsse.[768] Es wäre also zu prüfen, ob die Verbraucherinteressen auch anders als durch eine Bezugnahme auf bestimmte Unterscheidungszeichen befriedigt werden können. Der EuGH scheint hingegen die Nützlichkeit der Bezugnahme ausreichen zu lassen. Erst wenn eine weniger beeinträchtigende Bezugnahme möglich wäre, die keine Nachteile für den Verbraucher begründen, kann von einer Unlauterkeit der angegriffenen Bezugnahme ausgegangen werden.[769] Insoweit ist daher in jedem Einzelfall zunächst zu prüfen, ob die Bezugnahme zu konkreten Vorteilen für die Verbraucher führt. Ist dies der Fall, ist dieses Verhalten trotz Rufausbeutung erst dann unlauter, wenn eine mildere Bezugnahme ohne Nachteile für die Verbraucher möglich ist.

Folglich ist hinsichtlich der Unlauterkeit mit der EuGH-Rechtsprechung auf die Erforderlichkeit der Markenverwendung abzustellen.

---

765 EuGH GRUR 2002, 354, 356 (Rdn. 54) „*Toshiba/Katun*"; GRUR 2006, 345, 346 (Rdn. 15) „*Siemens/VIPA*".

766 EuGH GRUR 2006, 345, 346 (Rdn. 24) „*Siemens/VIPA*"; wiederholt im Rahmen des Art. 3a Abs. 1 lit. b) EuGH GRUR 2007, 69, 72 „*LIDL*".

767 EuGH GRUR 2006, 345, 346 (Rdn. 25) „*Siemens/VIPA*".

768 BGH GRUR 2005, 348, 349 „*Bestellnummerübernahme*"; ebenso BGH GRUR 1996, 781, 784 „*Verbrauchsmaterialien*"; zustimmend *Sack*, in Harte-Bavendamm/Henning-Bodewig, UWG, § 6 Rdn. 140; bereits vor Erlass der Richtlinie 97/55/EG durch *v. Gamm*, WRP 1992, 143, 146 gefordert.

769 So EuGH GRUR 2006, 345, 346 (Rdn. 26) „*Siemens/VIPA*".

(B) Erforderlichkeit der Markenverwendung

Zur Bestimmung der Erforderlichkeit bietet es sich bei der Markennennung an, zwischen der Verwendung der Marke an sich (dem „Ob“) und der konkreten Art der Verwendung (dem „Wie“) zu differenzieren.

(i) Verwendung der Marke an sich

Hinsichtlich des „Ob“ der Verwendung werden die Vorteile für die Verbraucher grundsätzlich die Interessen des Markeninhabers überwiegen. Insoweit ist zu beachten, dass vergleichende Werbung gemäß § 6 Abs. 2 Nr. 2 UWG immer nur dann zulässig ist, wenn durch sie objektiv mindestens eine wesentliche, relevante, nachprüfbare und typische Eigenschaft herausgestellt wird. Durch diese Regelung werden pauschale Bezugnahmen ohne Sachaussage bereits als unzulässig eingestuft. § 6 Abs. 2 Nr. 4 UWG kann daher nur dann eingreifen, wenn die Werbung eine Sachaussage über das Produkt des Markeninhabers enthält, die für den Verbraucher wesentlich, relevant und nachprüfbar ist. Der effektivste Weg, um eine solche Eigenschaft des Konkurrenzproduktes deutlich zu machen, besteht darin, die Marke dieses Produktes im Vergleich zu nennen. Jede Umschreibung der Marke würde den Nachteil für die Verbraucher mit sich bringen, dass diese nach mehr oder minder komplexen Gedankenvorgängen erst von der Umschreibung auf die ihnen bekannte Marke selbst schließen müssten. Insoweit scheint auch der EuGH dahin zu tendieren, dass solchen Nachteilen das Interesse des Markeninhabers nicht überwiegt.[770] Nicht im Einklang mit der Rechtsprechung des EuGH stünde daher die Forderung, die Zulässigkeit der Markenverwendung erst dann zu bejahen, wenn es keine andere praktikable Möglichkeit gäbe, die Eigenschaften des beworbenen Produktes im Wirtschaftsverkehr ausreichend deutlich zu machen.[771]

Unbeachtlich hinsichtlich der Feststellung der Unlauterkeit sind auch der Umfang des Rufes der Marke und der Grad der Anlehnung.[772] Insoweit ist erneut die Wertung des § 6 Abs. 2 Nr. 2 UWG zu beachten. Wurde festgestellt, dass eine wesentliche, relevante, nachprüfbare und typische Eigenschaft verglichen wird, muss dies unabhängig davon zulässig sein, ob der genannten Marke ein herausragender Ruf zukommt.[773] Aus den gleichen Gründen müssen der Anlass des Ver-

---

770 EuGH GRUR 2006, 345, 346 (Rdn. 26) „*Siemens/VIPA*“.

771 So aber *Sack*, in Harte-Bavendamm/Henning-Bodewig, UWG, § 6 Rdn. 140.

772 A.A. *Plaß*, in: HK-WettbewerbsR, § 6 UWG Rdn. 117; *Illing*, Vergleichende Werbung, S. 134 f.; wohl auch *Ohly*, in: Piper/Ohly, UWG, § 6 Rdn. 63.

773 So auch *Ziervogel*, Vergleichende Werbung, S. 144 f.; wohl auch *Koos*, in: Fezer, UWG, § 6 Rdn. 211; daher kann es nicht zu der von *Plaß*, NJW 2000, 3161, 3166

gleichs, die Höhe der erforderlichen Investitionen, die zur Herbeiführung der gleichen Werbewirksamkeit erforderlich wären, sowie die Nähe des Konkurrenzverhältnisses außer Betracht bleiben.[774] Grundsätzlich wird daher die Verwendung der Marke an sich keine unlautere Rufausbeutung darstellen.

Möglicherweise muss sich jedoch der Werbende darauf beschränken, nur bestimmte Marken eines Produktes zu verwenden, wenn bei diesem mehrere Marken geschützt sind.[775] So könnten hinsichtlich desselben Produktes etwa sowohl eine Wort-, eine Wort-/Bildmarke und eine dreidimensionale Formmarke geschützt sein. Insoweit kommt es darauf an, ob die Bezugnahme der Erhöhung der Markttransparenz dient. Der EuGH scheint dabei zu einem weiten Verständnis zu tendieren und dem Werbenden einen bereiten Gestaltungsspielraum einzuräumen. So hat es das Gericht nicht beanstandet, dass bei einem Brillenvergleich sowohl das Ladenlokal als auch das Logo dieses Ladenlokals gezeigt wurden.[776] Der Werbende ist folglich nicht darauf beschränkt, die schonendste Alternative zu wählen, sondern kann die eindeutigste Kennzeichnung heranziehen.[777]

(ii) Art der Verwendung

Folglich wird es in Bezug auf Marken im Rahmen des § 6 Abs. 2 Nr. 4 Alt. 1 UWG regelmäßig darauf ankommen, ob die konkrete Art der Verwendung erfor-

---

beschriebenen Situation kommen, dass ein No-Name-Produkt mit einem bekanten Markenprodukt ohne Vergleichsbasis verglichen wird.

774 Für deren Einbeziehung *Plaß*, in: HK-WettbewerbsR, § 6 UWG Rdn. 117, die sich damit jedoch zu sehr an die frühere Rechtslage anlehnt.

775 *Henning-Bodewig*, GRUR Int. 1999, 385, 393 sieht in der Verwendung von anderen Unterscheidungszeichen als der Wortmarke ein Indiz für die Rufausbeutung (ebenso *Koos*, in: Fezer, UWG, § 6 Rdn. 210; *Berlit*, Vergleichende Werbung, Rdn. 191; *Buck-Freytag*, Auswirkungen der Richtlinie 97/55/EG, S. 34; ähnlich *Hasselblatt*, Vergleichende Werbung, S. 340; *Ziervogel*, Rufausbeutung im Rahmen der vergleichenden Werbung, S. 147); in diese Richtung auch *Ohly*, GRUR 2003, 641, 644, der eine stärkere Beeinträchtigung bei der Abbildung des Geschäftsbetriebs als in der bloßen Nennung des Namens sieht; *Freund*, Vergleichende Werbung, S. 152 betrachtet zwar die Verwendung einer Wort-/Bildmarke statt der Wortmarke nicht als unlautere Ausnutzung. Sie bejaht jedoch die Unlauterkeit, soweit mehrere Marken desselben Inhabers oder eine Marke mehrfach verwendet werden.

776 EuGH GRUR 2003, 533, 538 (Rdn. 83) „*Pippig Augenoptik/Hartlauer*".

777 So ebenfalls *Menke*, in: MünchKomm, UWG, § 6 Rdn. 189; *Eck/Ikas*, WRP 1999 251, 271 f.

derlich ist.[778] Dabei geht es um die Größe der Darstellung der fremden Marke, deren Positionierung innerhalb der Werbung und um deren Häufigkeit.

Hinsichtlich der konkreten Art der Verwendung ist festzustellen, ob sie noch der effektiven Information der Verbraucher oder nur noch als reine Aufmerksamkeitswerbung dient. Letzteres ist der Fall, wenn dieselbe Information den Verbrauchern ohne Nachteile in einer weniger beeinträchtigenden Markenverwendung vermittelt werden kann. Von einer solchen reinen Aufmerksamkeitswerbung wird auszugehen sein, wenn die Bezugnahme blickfangmäßig verwendet wird.[779] Indizien für solch eine blickfangmäßige Verwendung können sein, dass die Fremdmarke größer als die Eigenmarke dargestellt wird, dass die Fremdmarke besonders auffällig in der Werbung oder bei der Gestaltung des Produktes platziert oder besonders häufig genannt wird.[780]

(3) Rufausbeutung bzgl. Ersatz- und Zubehörteilen

Bei der Bezugnahme auf konkurrierende Originalersatz- und Originalzubehörteile könnte eine atypische Fallkonstellation vorliegen, bei der ausnahmsweise doch einmal bereits das „Ob" der Verwendung der Fremdmarke an sich schon problematisch ist. Denn der Werbende könnte darauf beschränkt sein, nicht auf das eigentliche Originalteil, sondern nur auf die Marke des Hauptproduktes Bezug zu nehmen. Allerdings soll durch die Bezugnahme auf das Originalersatzteil bzw. Originalzubehörteil die technische und damit funktionale Gleichstellung behauptet werden. Dies kann am effektivsten dadurch geschehen, dass die Marke des zu substituierenden Originalteils genannt wird. Insoweit ist auch nicht ersichtlich, dass die Nennung der Marke des Hauptproduktes die Interessen dieses Markeninhabers geringer beeinträchtigt. Daher kann der Werbende nicht auf eine Bezugnahme auf das Hauptprodukt verwiesen werden. Dies gilt erst recht für eine Verweisung auf die Nennung von Bestell- oder Seriennummern.[781]

Ferner ist er, wie bereits oben dargestellt, nicht darauf begrenzt, nur bestimmte Marken eines Produktes zu verwenden.[782] Stehen daher dem Mitbewerber an

778 *Ziervogel*, Rufausbeutung im Rahmen der vergleichenden Werbung, S. 149 nennt die Art der Verwendung eines Kennzeichens Intensität der Anlehnung.

779 Dahingehend EuGH GRUR 2002, 354, 357 (Rdn. 58) „*Toshiba/Katun*"; ebenso *Eck/Ikas*, WRP 1999, 251, 272 nach denen das Unterscheidungszeichens des Mitbewerbers nicht zuerst ins Auge springen darf; zustimmend *Ziervogel*, Rufausbeutung im Rahmen der vergleichenden Werbung, S. 147; ebenso *Koos*, in: Fezer, UWG, § 6 Rdn. 218.

780 Ähnlich *Eck/Ikas*, WRP 1999, 251, 272.

781 EuGH GRUR 2006, 345, 346 (Rdn. 26) „*Siemens/VIPA*".

782 D.II.1.b)4)(b)(2)(B)(i), S. 267.

dem Konkurrenzprodukt sowohl eine Wort- als auch eine Wort-/Bildmarke zu, kann der Werbende auch die Wort-/Bildmarke in seiner Werbung verwenden.

Hinsichtlich der Art der Verwendung darf der Werbende auch im Ersatz- und Zubehörteilehandel die fremde Marke nicht blickfangmäßig herausstellen.

(c) Beeinträchtigung der Wertschätzung (§ 6 Abs. 2 Nr. 4 Alt. 2 UWG)

Die zweite Alternative des § 6 Abs. 2 Nr. 4 UWG betrifft die Beeinträchtigung der Wertschätzung der verwendeten Kennzeichen. Durch diese Vorschrift sollte Art. 4 lit. f) Richtlinie 2006/114/EG umgesetzt werden.[783] Gemäß diesem Artikel ist jedoch nur die Herabsetzung und Verunglimpfung unzulässig, nicht hingegen schon allein die Beeinträchtigung der Wertschätzung. Folglich muss die „Beeinträchtigung der Wertschätzung" richtlinienkonform dahin ausgelegt werden, dass es zu einer Herabsetzung oder Verunglimpfung des Kennzeichens kommen muss.[784]

Eine Herabsetzung der Wertschätzung des Kennzeichens liegt dann vor, wenn durch die Werbung der Ruf dieses Kennzeichens herabgezogen wird, d.h. ihm durch den Verkehr eine geringere Wertschätzung zuteil wird.[785] Entgegen der Rufausbeutung wirkt sich daher nicht der Ruf des Kennzeicheninhabers auf den des Werbenden aus, sondern die Wirkungsweise vollzieht sich genau andersherum. Die Verunglimpfung wird als gesteigerte Form der Herabsetzung verstanden, so dass ihr nach der h.M. keine eigenständige Bedeutung zukommt, da eine Verunglimpfung ohne gleichzeitige Herabsetzung nicht denkbar ist.[786] Dementsprechend wird vorliegend nur auf die Herabsetzung abgestellt.

Die schlichte Gleichstellungsbehauptung durch die Ersatzteil- und Zubehörteilwerbung wird noch nicht zu einer Herabsetzung der Wertschätzung führen.

783 Begr. Reg.-Entw. BT-Drucks. 14/2959, S. 12.

784 *Koos*, in: Fezer, UWG, § 6 Rdn. 223; *Köhler*, in: Hefermehl/Köhler/Bornkamm, UWG, § 6 Rdn. 72; *Ohly*, in: Piper/Ohly, UWG, § 6 Rdn. 65; *Sack*, in Harte-Bavendamm/Henning-Bodewig, UWG, § 6 Rdn. 141; *ders.*, WRP 2001, 327, 345; *ders.*, WRP 2004, 1405, 1417; *Plaß*, NJW 2000, 3161, 3166.

785 *Ohly*, in: Piper/Ohly, UWG, § 6 Rdn. 64.

786 *Koos*, in: Fezer, UWG, § 6 Rdn. 233; *Sack*, in: Harte-Bavendamm/Henning-Bodewig, UWG, § 6 Rdn. 144; *Menke*, in: MünchKomm, UWG, § 6 Rdn. 197; *Freund*, Vergleichende Werbung, S. 135; *Kebbedies*, Vergleichende Werbung, S. 217 f.; *Nordmann*, GRUR Int. 2002, 297, 302; a.A. *Eck/Ikas*, WRP 1999, 251, 269 nach denen Herabsetzung eine negative Aussage im Hinblick auf die verglichenen Eigenschaften sein soll, die Verunglimpfung hingegen eine negative Aussage in nicht sachbezogener Hinsicht; *Beater*, Unlauterer Wettbewerb, § 15 Rdn. 77 will allein auf die Verunglimpfung abstellen.

Wie bereits oben dargelegt,[787] kann aus der Behauptung zunächst nur entnommen werden, dass die beiden Produkte funktionsgleich sind, d.h. dass das Originalteil durch das beworbene Substitut ersetzt werden kann, ohne dass es zu einer Funktionsbeeinträchtigung bei dem Hauptprodukt kommt. Aus der allgemeinen Gleichstellung geht aber nicht hervor, dass das beworbene Produkt besser die Funktion erfülle oder dass das Originalteil nicht den ihm zukommenden Ruf erfüllen könne.

Ferner wird der Ruf des Kennzeichens auch nicht allein durch die Nennung in der fremden Werbung beeinträchtigt, selbst wenn es sich bei dem Werbenden um einen No-Name-Hersteller handelt. Der Adressat wird der Marke des Originalteils nicht deshalb weniger Wertschätzung entgegenbringen, nur weil sie in der Werbung Dritter, die möglicherweise keinen guten Rufen besitzen, verwendet wird.[788] Daher reicht allein die Bezugnahme auf das Originalteil für eine Herabsetzung nicht aus. Diese kann sich vielmehr erst aus den weiteren Werbeaussagen oder der Gestaltung der Bezugnahme ergeben.

Wird das beworbene Ersatz- oder Zubehörteil als überlegen dargestellt, handelt es sich insoweit um kritisierende vergleichende Werbung. Es gelten dann in der vorliegenden Fallgruppe die gleichen Anforderungen wie bei der kritisierenden vergleichenden Werbung. Daher wird auf die dortigen Ausführungen verwiesen.[789] Die Werbung mit Ersatz- und Zubehörteilen begründet insoweit keine Besonderheiten.

5) § 6 Abs. 2 Nr. 5 UWG

Gemäß § 6 Abs. 2 Nr. 5 UWG darf der Vergleich die Waren, Dienstleistungen, Tätigkeiten oder persönlichen bzw. geschäftlichen Verhältnisse eines Mitbewerbers nicht herabsetzen oder verunglimpfen. Da auch § 6 Abs. 2 Nr. 4 UWG die Herabsetzung oder Verunglimpfung regelt, stellt sich die Frage nach dem Verhältnis der beiden Vorschriften. Einerseits wird dazu vertreten, dass Nr. 4 die speziellere Regelung sei, soweit in der Werbung ein Kennzeichen verwendet werde.[790] Die Gegenauffassung geht davon aus, dass Nr. 4 und Nr. 5 nebenein-

---

787 D.II.1.a)3), S. 248.

788 Davon scheint jedoch *Ziervogel*, Vergleichende Werbung, S. 114 f. auszugehen, der auch der anlehnenden Werbung einen negativen Effekt für die Wertschätzung des in Bezug genommenen Kennzeichens zusprechen will.

789 D.IV.1.b)4)(b), S. 326 ff.

790 *Menke*, in: MünchKomm, UWG, § 6 Rdn. 191; *Ohly*, in: Piper/Ohly, UWG, § 6 Rdn. 67; wohl auch *Köhler*, in: Hefermehl/Köhler/Bornkamm, UWG, § 6 Rdn. 73.

ander anwendbar seien.[791] Insoweit ist jedoch zu beachten, dass auch im Rahmen des § 6 Abs. 2 Nr. 5 UWG entgegen dem Wortlaut verlangt wird, dass die Herabsetzung oder Verunglimpfung unlauter ist.[792] Daher sind in beiden Vorschriften die gleichen Kriterien anzulegen. Eine weitergehende Unzulässigkeit als nach Nr. 4 lässt sich aus Nr. 5 nicht herleiten. Damit kann es dahingestellt bleiben, ob die Werbung unter Verwendung der Marke entweder nur nach Nr. 4 oder nach Nr. 4 und Nr. 5 kumulativ unlauter ist.

6) § 6 Abs. 2 Nr. 6 UWG

§ 6 Abs. 2 Nr. 6 UWG verbietet, eine Ware oder Dienstleistung als Imitation oder Nachahmung einer unter dem geschützten Kennzeichen vertriebenen Ware oder Dienstleistung darzustellen. Nach h.M. dient diese Vorschrift dem Schutz des Markeninhabers und nicht dem des Imitationsherstellers.[793] Daher ist nicht der potentielle Imitationshersteller davor geschützt, dass der Markeninhaber dessen Waren als Plagiat bezeichnet. Vielmehr bezweckt die Vorschrift den Schutz des Markeninhabers vor übermäßiger Anlehnung durch den Werbenden. Dies überzeugt sowohl aus systematischer als auch aus teleologischer Sicht. Zum einen ist derjenige, dessen Waren als Imitat oder Nachahmung bezeichnet werden, schon über § 5 Abs. 3 UWG geschützt, soweit die Aussage nicht zutreffend ist. Eine übermäßige Anprangerung wird durch § 6 Abs. 2 Nr. 4 und Nr. 5 UWG vermieden. Zum anderen soll nach der Richtlinie die Werbung zulässig sein, die dem Informationsinteresse der Verbraucher und einem wirksamen Wettbewerb

791 So *Ziervogel*, Vergleichende Werbung, S. 114 Fn. 362; begründet wird dies damit, dass die Herabsetzung der Wertschätzung der Waren oder Dienstleistung mittelbar auch auf das Kennzeichen zurückfalle und umgekehrt.

792 *Koos*, in: Fezer, UWG, § 6 Rdn. 232; *Sack*, in: Harte-Bavendamm/Henning-Bodewig, UWG, § 6 Rdn. 145; *Paech*, Irreführende und vergleichende Werbung, S. 208; *Ziervogel*, Rufausbeutung im Rahmen der vergleichenden Werbung, S. 116; *Sack*, WRP 2001, 327, 346.

793 *Koos*, in: Fezer, UWG, § 6 Rdn. 265; *Köhler*, in: Hefermehl/Köhler/Bornkamm, UWG, § 6 Rdn. 81; *Plaß*, in: HK-WettbewerbsR, § 6 UWG Rdn. 132; *Sack*, in Harte-Bavendamm/Henning-Bodewig, UWG, § 6 Rdn. 157; *ders.*, WRP 2001, 327, 347; *Menke*, in: MünchKomm, UWG, § 6 Rdn. 216; *Ohly*, in: Piper/Ohly, UWG, § 6 Rdn. 69; *Lettl*, Das neue UWG, Rdn. 514; *Freund*, Vergleichende Werbung, S. 158; *Illing*, Vergleichende Werbung, S. 145; *Kebbedies*, Vergleichende Werbung, S. 230; *Saßmann*, Das Binnenmarktrecht der vergleichenden Werbung, S. 140; *Ziervogel*, Rufausbeutung im Rahmen der vergleichenden Werbung, S. 138 f.; *Eck/Ikas*, WRP 1999, 251, 273; *Plaß*, WRP 1999, 766, 771; *dies.*, NJW 2000, 3161, 3167; *Berlit*, BB 2000, 1305, 1307; *Scherer*, WRP 2001, 89, 95; *Nordmann*, GRUR Int. 2002, 297, 303; a.A. *Buck-Freytag*, Auswirkungen der Richtlinie 97/55/EG, S. 116 ff.; *Gloy/Bruhn*, GRUR 1998, 226, 238.

dient. Gerade dies ist der Fall, wenn die Verbraucher zutreffend darauf hingewiesen werden, dass es sich bei einer Ware nur um ein Plagiat handelt.

Schützt § 6 Abs. 2 Nr. 6 UWG daher den Markeninhaber vor einer Imitations- oder Nachahmungswerbung, so fragt sich, wann eine solche genau vorliegt. Nach *Sack* ist eine solche dann gegeben, wenn in irgendeiner Weise erkennbar gemacht wird, dass das in den Vergleich einbezogene Produkt als Vorlage gedient habe.[794] Nach der Gesetzesbegründung soll es hingegen nicht verboten sein, das eigene Produkt als einem Markenprodukt gleichwertig darzustellen, da anderenfalls anlehnende vergleichende Werbung nahezu vollständig verboten wäre.[795] Daraus folgt, dass die Vorschrift eng auszulegen ist,[796] denn auch in der Gleichstellungsbehauptung kann der Hinweis gesehen werden, dass das Bezugsprodukt als Vorlage gedient habe. Gerade Ersatzteile müssen in ihrer Funktionsweise und, um diese zu gewährleisten, auch in ihrer Form dem Originalmarkenteil entsprechen.[797] Ohne Anlehnung an die Vorlage kann überhaupt kein Ersatzteil entstehen.

Dementsprechend ist es gerade im Bereich der Werbung für Ersatz- und Zubehörteile bedeutsam, dass die Vorschrift eng auslegt wird. Soweit die Werbung lediglich zum Ausdruck bringt, dass das beworbene Ersatz- und Zubehörteil das Konkurrenzprodukt gleichwertig oder besser ersetzen kann, liegt keine Bewerbung als Imitat oder Nachahmung vor.[798] Die Gesetzesbegründung geht davon aus, dass das beworbene Produkt offen als „Imitat" oder „Nachahmung" bezeichnet wird.[799] Dies wird so auszulegen sein, dass das Produkt explizit und nicht nur

794 *Sack*, in Harte-Bavendamm/Henning-Bodewig, UWG, § 6 Rdn. 159; *ders.*, WRP 2001, 327, 347.

795 Begr. Reg.-Entw. BT-Drucks. 14/2959, S. 12.

796 So auch *Koos*, in: Fezer, UWG, § 6 Rdn. 269; *Sack*, in Harte-Bavendamm/Henning-Bodewig, UWG, § 6 Rdn. 159; *ders.*, WRP 2001, 327, 346; *Menke*, in: MünchKomm, UWG, § 6 Rdn. 220; *Ohly*, in: Piper/Ohly, UWG, § 6 Rdn. 69; *Eck/Ikas*, in: Hasselblatt, Gewerblicher Rechtsschutz, § 23 Rdn. 129; *Emmerich*, Unlauterer Wettbewerb, S. 138; *Kebbedies*, Vergleichende Werbung, S. 232; *Berlit*, Vergleichende Werbung, Rdn. 229; *Scherer*, WRP 2001, 89, 95; so schon vor der Gesetzesbegründung *Ohly/Spence*, GRUR Int. 1999, 681, 695.

797 Wird beispielsweise eine Tonerkartusche als Ersatzteil angeboten, muss sie in ihrer Form dem Originalteil entsprechen, da sie anderenfalls nicht in den Druckerschacht passt. Der Ersatzteilhersteller muss daher zwingend zumindest die Grundform kopieren.

798 Ebenso BGH GRUR 2008, 628, 631 (Rdn. 25) „*Imitationswerbung*"; *Dittmer*, in: Büscher/Dittmer/Schiwy, § 6 UWG Rdn. 82; *Koos*, in: Fezer, UWG, § 6 Rdn. 275; *Menke*, in: MünchKomm, UWG, § 6 Rdn. 228.

799 Begr. Reg.-Entw. BT-Drucks. 14/2959, S. 12.

konkludent im vorgenannten Sinne bezeichnet werden muss.[800] Dazu bedarf es dann der Bezeichnung als „Imitat" bzw. „Nachahmung" oder der Verwendung eines Synonyms dieser Begriffe.[801] Nicht als Synonyme aufgefasst werden können die Begriffe wie „ersetzt" oder „kompatibel",[802] da anderenfalls keine Gleichstellungsbehauptungen möglich wären. Auch die Rechtsprechung scheint in diese Richtung zu tendieren, da in den bisherigen zahlreichen Entscheidungen zum Ersatz- und Zubehörteilhandel § 6 Abs. 2 Nr. 6 UWG keine Erwähnung gefunden hat.[803]

7) § 5 Abs. 3 Alt. 1 UWG

Schließlich darf gemäß § 5 Abs. 3 Alt.1 UWG i.V.m. § 5 Abs. 1 UWG die Werbung für die Ersatz- oder Zubehörteile nicht irreführend sein. Allein aus der Verwendung der Fremdmarke wird eine solche Irreführung nicht herzuleiten sein. Insoweit ist zu beachten, dass eine Irreführungsgefahr zu einem Teil schon durch § 6 Abs. 2 Nr. 1 – 3 UWG abgedeckt wird. Eine darüber hinaus gehende Irreführungsgefahr kann sich dann allenfalls durch die sonstige Gestaltung der Werbung ergeben, nicht aber durch die Verwendung der Marke selbst. Insbesondere kann

---

800 So auch *Koos*, in: Fezer, UWG, § 6 Rdn. 270; *Menke*, in: MünchKomm, UWG, § 6 Rdn. 221; *Ohly*, in: Piper/Ohly, UWG, § 6 Rdn. 70; *Freund*, Vergleichende Werbung, S. 160; *Illing*, Vergleichende Werbung, S. 147; *Kebbedies*, Vergleichende Werbung, S. 231; *Ziervogel*, Rufausbeutung im Rahmen der vergleichenden Werbung, S. 139.

801 *Menke*, in: MünchKomm, UWG, § 6 Rdn. 222 weist zutreffend darauf hin, dass bei einer Beschränkung auf die Begriffe „Imitation" und „Nachahmung" Umgehungsmöglichkeiten auf der Hand lägen; a.A. *Ohly*, in: Piper/Ohly, UWG, § 6 Rdn. 69; *Berlit*, Wettbewerbsrecht, Rdn. 146o; *Emmerich*, Unlauterer Wettbewerb, S. 138: *Freund*, Vergleichende Werbung, S. 160; auch *Koos*, in: Fezer, UWG, § 6 Rdn. 269 scheint die explizite Verwendung der Begriffe „Imitat" oder „Nachahmung" zu fordern, lässt aber bei Parfümvergleichslisten eine implizite Behauptung ausreichen (Rdn. 278); der BGH hat nunmehr entschieden, dass grundsätzlich auch eine implizite Behauptung einer Imitation oder Nachahmung ausreichen kann. Indes muss die Darstellung über die bloße Gleichwertigkeitsbehauptung hinausgehen (BGH GRUR 2008, 628, 631 (Rdn. 26) „*Imitationswerbung*").

802 In diesem Sinne BGH GRUR 2008, 628, 631 (Rdn. 26) „*Imitationswerbung*"; Zweifelnd *Koos*, in: Fezer, UWG, § 6 Rdn. 276; *Sack*, in: Harte-Bavendamm/Henning-Bodewig, UWG, § 6 Rdn. 160 weist darauf hin, dass eine Unterscheidung dahin, ob ein Produkt als Vorlage gedient habe oder ob das beworbene Produkt nur gleichwertig ist, kaum möglich sei.

803 Die bisherigen zu § 6 Abs. 2 Nr. 6 MarkenG ergangenen Urteile betrafen den Vertrieb von Parfümnachahmungen (siehe OLG Frankfurt a.M. GRUR-RR 2004, 359, 360 „*Markenparfüm*"; LG Hamburg MMR 2005, 326 „*Jacquy*"; offen gelassen durch OLG Köln JMBl. 2006, 77, 78).

eine Irreführung gegeben sein, wenn unwahre Angaben gemacht werden.[804] Behauptet der Werbende etwa, dass sein Toner genauso viele Ausdrucke ermögliche wie das Originalteil, obwohl in Wirklichkeit der Toner nur eine erhebliche geringere Anzahl von Blättern bedrucken kann, so liegt darin eine Irreführung. In der Regel wird aber der Gleichstellungsbehauptung nur zu entnehmen sein, dass die Funktion gleichartig erfüllt werden kann. Ohne ausdrücklichen Hinweis kann nicht daraus geschlossen werden, dass die Funktion auch in der gleichen Qualität erfüllt wird.

c) Zusammenfassung

Vergleichende Werbung liegt in dieser Fallgruppe nur dann vor, wenn das eigene Produkt als Substitut des fremden Ersatz- oder Zubehörteils dargestellt wird. Im Rahmen der Zulässigkeitsprüfung werden sich Probleme in der Regel nur im Rahmen des § 6 Abs. 2 Nr. 4 und Nr. 6 UWG ergeben.

2. Markenrechtliche Ansprüche

Die Ausführungen zur markenrechtlichen Zulässigkeit beziehen sich allein auf die Nennung der Fremdmarke, nicht hingegen auf die Verwendung der Eigenmarke des Ersatzteil- und Zubehörherstellers.

Hinsichtlich der Fremdmarke kommen neben § 6 UWG für den Markeninhaber auch noch Ansprüche aus § 14 Abs. 2 MarkenG in Betracht. Dies gilt jedenfalls, soweit die Werbung nicht nach § 6 UWG zulässig ist.[805] Erfüllt die Werbung hingegen die Voraussetzungen des § 6 UWG, scheidet auch ein markenrechtliches Verbot aus. Ob diese Einschränkung schon über die markenrechtlichen Vorschriften erreicht werden kann oder ob § 6 UWG als ungeschriebene Schranke heranzuziehen ist,[806] wird im folgenden Abschnitt geklärt.

a) Markenrechtsverletzung gemäß § 14 Abs. 2 Nr. 1 MarkenG

Die Bezugnahme auf die Marke des Hauptproduktes könnte zunächst eine Markenrechtsverletzung gemäß § 14 Abs. 2 Nr. 1 MarkenG darstellen.

---

804 So auch *Freund*, Vergleichende Werbung, S. 90; *Illing*, Vergleichende Werbung, S. 99; *Ziervogel*, Rufausbeutung im Rahmen der vergleichenden Werbung, S. 132.

805 C.II.3.a)3)(a), S. 148 ff.

806 Zu den dazu vertretenen Möglichkeiten bereits C.II.3.a)3)(b), S. 151.

1) Tatbestandsvoraussetzungen

Die Merkmale des Handelns im geschäftlichen Verkehr und der Verwendung für Waren sind bei dieser Fallgruppe unproblematisch zu bejahen. Bei einer Bezugnahme auf die Marke des Hauptproduktes besteht zudem auch eine Markenidentität. Folglich ist es allein fraglich, ob eine Produktidentität gegeben ist und ob das Zeichen durch die Bezugnahme markenmäßig verwendet wird.

(a) Produktidentität

Von einer Produktidentität kann in jedem Fall ausgegangen werden, wenn das Ersatz- oder Zubehörteil des Zeichenverwenders ein Originalteil vollständig ersetzt. In diesen Fällen weichen die Produkte nicht voneinander ab.

Schwieriger zu beantworten ist jedoch die Frage nach der Produktidentität, wenn nicht auf ein baugleiches Konkurrenzprodukt Bezug genommen wird, sondern auf das Hauptprodukt. So könnte es zweifelhaft sein, ob eine Tonerkartusche und der dazugehörige Drucker identische Waren sind. Das eigentliche Sprachgefühl spricht gegen diese Wertung.

Indes bedeutet Identität im Sinne des § 14 Abs. 2 Nr. 1 Übereinstimmung hinsichtlich der Art der beiderseitigen Waren/Dienstleistungen.[807] Die Art der Waren bestimmt sich nach den regelmäßig breit formulierten Waren- und Dienstleistungsbegriffen des Waren- und Dienstleistungsverzeichnisses.[808] Daher kommt es nicht zwingend darauf an, dass die beiden Waren baugleich sind, so dass auch Ersatzteile und das Hauptprodukt als identische Waren gelten können, wenn sie unter den gleichen Warenbegriff fallen.

Problematischer gestaltet sich die Warenidentität hingegen bei Zubehörprodukten. Insoweit ist zu prüfen, ob diese mit dem Hauptprodukt identisch sind, auf das in dem Bestimmungshinweis Bezug genommen wird. Zwar kann auch in diesen Fällen eine Warenidentität gegeben sein, jedoch sind gerade hier Fälle denkbar, bei denen sich das Zubehörprodukt so weit hinsichtlich seiner Eigenart von dem Hauptprodukt entfernt, dass die Produkte nicht mehr als identisch angesehen werden können. Wird beispielsweise ein Einbaunavigationssystem vertrieben und damit beworben, dass es auch in einen *Ford Focus* eingebaut werden könne, so sind Zubehörteil und Hauptprodukt nicht mehr identisch. Wie bereits dargelegt, kann in den Fällen der Adressierung eines Markenproduktes hinsichtlich der Identität auch nicht darauf abgestellt werden, dass das genannte Produkt mit dem

807 *Ingerl/Rohnke*, MarkenG, § 14 Rdn. 222.
808 *Hacker*, in: Ströbele/Hacker, MarkenG, § 14 Rdn. 139.

eingetragenen Produkt identisch ist.[809] Bezugsobjekt ist allein das beworbene Produkt, hier mithin das Zubehörteil. Folglich scheidet eine Markenrechtsverletzung gemäß § 14 Abs. 2 Nr. 1 MarkenG aus, wenn das Zubehörprodukt und das Hauptprodukt nicht als identisch gewertet werden.

(b) Markenmäßige Benutzung

Soweit eine Doppelidentität gegeben ist, bedarf es für eine Markenrechtsverletzung noch einer markenmäßigen Benutzung. Im Rahmen dieser Fallgruppe ist es allerdings umstritten, ob auf das Merkmal der markenmäßigen Benutzung abgestellt werden kann. Selbst Autoren, die prinzipiell dieses Merkmal für eine Markenrechtsverletzung im Sinne des § 14 Abs. 2 Nr. 1 MarkenG voraussetzen, wollen bei Ersatz- und Zubehörteilen darauf verzichten und eine Markenrechtsverletzung ohne weiteres annehmen.[810] Diese Überlegungen resultieren aus der Bedeutung des § 23 Nr. 3 MarkenG, der die Markenverwendung für Ersatz- und Zubehörteile grundsätzlich freistellt. Es wird die Gefahr gesehen, dass § 23 Nr. 3 MarkenG leerliefe, wenn in dieser Fallgruppe eine markenmäßige Benutzung gefordert werden würde, da zumeist die markenmäßige Benutzung abgelehnt werden müsste oder da bei einer markenmäßigen Benutzung häufig ein Verstoß gegen die guten Sitten indiziert sei. Zwar sei in vielen Fällen die Verneinung der markenmäßigen Benutzung der dogmatisch richtige Weg,[811] § 23 Nr. 3 MarkenG würde aber die Vorteile einer differenzierten Regelung bilden.[812] Auch die Rechtsprechung scheint von diesem Erfordernis stillschweigend auszugehen, da die markenmäßige Benutzung bisher in keinem der zu dieser Fallgruppe ergangenen Urteile begründet wurde.

Dieser Einschränkung kann indes nicht gefolgt werden. Dagegen sprechen mehrere Gründe:

Zunächst kommt es nach dieser Auffassung zu dem grotesken Ergebnis, dass im Rahmen der Interessenabwägung bei § 23 Nr. 3 MarkenG geprüft wird, ob die Gefahr der Zurechnung einer Produktverantwortung besteht. Die gleichen Ausführungen, die früher im Rahmen des warenzeichenmäßigen Gebrauchs vorgenommen wurden, erfolgten nun im Rahmen des § 23 Nr. 3 MarkenG.[813] Inwie-

---

809 Siehe dazu C.II.3.g)1)(c), S. 176 ff.

810 So explizit *Hacker*, in: Ströbele/Hacker, MarkenG, § 14 Rdn. 75; ebenso *Ingerl/Rohnke*, MarkenG, § 14 Rdn. 152; § 23 Rdn. 69: *Ingerl*, WRP 2002, 861, 865.

811 *Ingerl/Rohnke*, MarkenG, § 23 Rdn. 69.

812 *Hacker*, in: Ströbele/Hacker, MarkenG, § 14 Rdn. 75.

813 Beispielsweise führt das OLG Braunschweig im Rahmen des § 23 Nr. 3 MarkenG an, dass die Hauptware nicht kennzeichenmäßig herausgestellt werden dürfe, sondern nur so benutzt werden dürfe, dass der Verkehr darin keinen Hinweis mehr auf

weit dies vorteilhafter gegenüber der bisherigen Rechtslage sein soll, ist nicht ersichtlich. Auch § 23 Nr. 3 MarkenG gibt zu dieser Abwägungsproblematik keine weiteren Hinweise als § 14 Abs. 2 Nr. 1 MarkenG. Der einzige Vorteil des § 23 Nr. 3 MarkenG könnte insoweit sein, dass in der dort erfolgenden Interessenabwägung nunmehr auch berücksichtigt werden könnte, ob der Ruf oder die Wertschätzung der Marke beeinträchtigt oder ausgenutzt wird. Indes bestehen gegen die Prüfung dieser Merkmale im Rahmen des § 23 Nr. 3 MarkenG die gleichen Bedenken, die schon bei § 24 MarkenG in der vorherigen Fallgruppe dargestellt wurden.[814] Wenn das Ausnutzen oder Beeinträchtigen der Wertschätzung oder des Rufs gemäß § 14 Abs. 2 Nr. 3 MarkenG nur bei einer bekannten Marke zu einer Markenrechtsverletzung führen kann, so ist doch fraglich, wieso dann diese Kriterien im Rahmen der Rechtfertigung des Eingriffs in eine normale Marke geprüft werden können. Da es auf diese Kriterien erst ankommt, wenn eine Zurechnung der Produktverantwortung nicht erfolgt, wäre somit auch eine normale Marke entgegen der Systematik des MarkenG auch gegen das Ausnutzen und Beeinträchtigen der Wertschätzung und des Rufs geschützt. Folglich kann es im Rahmen des § 23 Nr. 3 MarkenG nur darauf ankommen, ob dem Markeninhaber die Produktverantwortung zugerechnet wird. Dann geht die Prüfung über die markenrechtliche Benutzung aber nicht hinaus.

Insbesondere spricht aber gegen den Verzicht des Merkmals der markenmäßigen Benutzung im Rahmen des § 14 Abs. 2 Nr. 1 MarkenG bei Ersatz- und Zubehörteilen, dass ein solcher zu eklatanten Wertungswidersprüchen zwischen der Markenrechtsverletzung nach § 14 Abs. 2 Nr. 1 und Nr. 2 MarkenG führen würde. § 14 Abs. 2 Nr. 2 MarkenG kann nur dann eingreifen, wenn dem Markeninhaber die Produktverantwortung zugerechnet wird, da nur dann eine Verwechslungsgefahr gegeben ist. Da gerade bei Zubehörteilen die Warenidentität fehlen kann und somit eine Bezugnahme auf das Hauptprodukt nur nach § 14 Abs. 2 Nr. 2 MarkenG zu beurteilen ist, könnte dies dazu führen, dass bei Ersatzteilen regelmäßig eine Markenrechtsverletzung vorliegen würde, die über § 23 Nr. 3 MarkenG gerechtfertigt werden müsste, dass hingegen bei Zubehörteilen die Markenrechtsverletzung regelmäßig an dem Merkmal der Verwechslungsgefahr scheitern würde. Sollten daher bei § 23 Nr. 3 MarkenG andere Bewertungsmaßstäbe gelten als bei der Zurechnung der Produktverantwortung – allein dann wäre der Streit überhaupt entscheidend –, wäre die Bezugnahme auf das Hauptprodukt bei Ersatzteilen und Zubehörprodukten unterschiedlich zu beurteilen. Warum

die Herkunft des Ersatz- oder Zubehörersatzteils selbst sehen könne (MittdPatAnw 2001, 266, 271 „*ALF*“).

814 D.I.2.a)2)(b)(2)(C), S. 207 ff.

aber der Zubehörteilhersteller stärker auf die Marke des Hauptproduktes Bezug nehmen dürfte als der Ersatzteilhersteller, ist nicht ersichtlich.

Diese beiden aufgezeigten Nachteile der Ansicht der h.M. wiegen so schwer, dass auf das Merkmal der markenmäßigen Benutzung im Rahmen des § 14 Abs. 2 Nr. 1 MarkenG nicht verzichtet werden kann, selbst wenn dies zu einem Leerlauf des § 23 Nr. 3 MarkenG führen würde. Ob es allerdings wirklich zu einem Leerlauf kommt, wenn man den Anschein einer Produktverantwortung für die Markenrechtsverletzung verlangt, wird sich in der folgenden Prüfung zeigen.

Eine markenmäßige Benutzung im Sinne des § 14 Abs. 2 Nr. 1 MarkenG liegt dann vor, wenn aufgrund der Markenverwendung die Produktverantwortung für das Produkt des Zeichenverwenders dem Markeninhaber zugerechnet wird. Es kommt folglich darauf an, ob der Verkehr davon ausgehen kann, dass das mit der Marke gekennzeichnete Produkt entweder aus dem Unternehmen des Markeninhabers stammt oder dass er eine Verantwortung für das Produkt übernimmt.[815]

(1) Markeninhaber als Hersteller

Eine Zurechnung des Produkts zum Unternehmen des Markeninhabers wird durch den Verkehr dann erfolgen, wenn durch die Gestaltung der Markenverwendung nicht hinreichend zum Ausdruck kommt, dass die Fremdmarke nur einen Bestimmungshinweis für die Verwendungsmöglichkeit des Ersatz- oder Zubehörteils darstellt.

Dies ist zunächst dann der Fall, wenn der Ersatzteilhersteller sein Produkt lediglich mit der Marke des Hauptproduktinhabers versieht. Eine solche Konstellation lag dem *Radkappe*-Urteil des BGH zugrunde.[816] Dort hatte der Hersteller die Radkappe mit der Marke des Kfz gekennzeichnet, für das die Radkappe bestimmt war. Nur auf der Rückseite dieser Radkappe war die Marke des Herstellers zu erkennen gewesen.

Soweit hingegen deutlich wird, dass die Marke dazu dienen soll, den Verwendungsbereich des Ersatz- oder Zubehörteils zu kennzeichnen, kommt es auf die Umstände des Einzelfalls an, ob der Verkehr von einer Produktverantwortung ausgehen wird.

Wird allein die Fremdmarke in der Werbung verwendet, wird sich der Eindruck der Produktverantwortung grundsätzlich nicht allein dadurch ausschließen lassen, dass der Fremdmarke Zusätze wie „für", „passend für" oder „geeignet

815 Siehe zu dieser Auslegung C.II.3.g)2)(e), S. 185 ff.

816 BGH GRUR 1962, 537 ff. „*Radkappe*"; eine ähnliche Konstellation betrafen auch die Urteile *Marke ARAL auf Kassenbons* des OLG Köln (MarkenR 1999, 355 ff.) und *Pentium* des OLG Düsseldorf (CR 2000, 583, 584).

für" vorangestellt werden.[817] In diesen Fällen muss dann der Verkehr mangels eines anderweitigen Hinweises davon ausgehen, dass der Hersteller des Hauptproduktes auch der Hersteller des Ersatz- oder Zubehörproduktes ist. Dies wird nur dann nicht gelten, wenn mehrere bekannte Marken als Bezugsobjekt angegeben werden.[818] Dann kann der Verkehr keinem Hersteller mehr diese Ware konkret zuordnen, so dass dann das Merkmal der markenmäßigen Benutzung nicht erfüllt ist.

Um daher bei einer Bezugnahme auf nur eine Marke den Eindruck der Produktverantwortung zu vermeiden, muss der Ersatz- oder Zubehörteilhersteller grundsätzlich seine eigene Marke auf dem Produkt verwenden. Indes wird allein die Verwendung der beiden Marken nicht zwingend die Annahme einer Herstellereigenschaft des Markeninhabers ausschließen.[819] Vielmehr kommt es noch darauf an, wie die Marken zueinander konkret ausgestaltet sind. Ein anschauliches Beispiel dazu, wie unterschiedlich die Darstellung der beiden Marken erfolgen kann, bildet der Tatbestand des Urteils *ALF* des OLG Braunschweig.[820] Dort hat das OLG anhand von vier Varianten geprüft, ob dem Verkehr ausreichend klar wird, dass die geschützte Marke nur als Bezugsobjekt verwendet wird. Zutreffend stellt das Gericht dort darauf ab, dass es für den Verkehr einen Unterschied machen kann, ob die Eigenmarke oder die Fremdmarke blickfangmäßig herausgestellt wird. Folglich muss in jedem Einzelfall geprüft werden, ob aufgrund der Platzierung und der Größe der Fremdmarke die Bezugnahme noch ausreichend zu Tage tritt.[821] Die Rechtsprechung scheint dahin zu tendieren, dass die Bezugnahme insbesondere durch den Zusatz „®" an der eigenen Marke verdeutlicht werden kann.[822]

Ferner wird es entscheidend darauf ankommen, an welche Kreise sich die Ersatz- oder Zubehörteile richten. So hat bereits das RG danach differenziert, ob potentielle Abnehmer Gewerbetreibende oder Verbraucher sind.[823] Bei Gewerbetreibenden kann eher unterstellt werden, dass diesen die Trennung zwischen dem

---

817 So auch OLG Karlsruhe GRUR 1978, 111 „*Hammerbohrer*"; *Hacker*, in: Ströbele/Hacker, MarkenG, § 23 Rdn. 49; *Krieger*, WRP 2000, 927, 929.

818 Zutreffend in diesem Sinne RG GRUR 1934, 598, 601 „*Yale*".

819 So auch OLG Braunschweig MittdPatAnw 2001, 266, 267 ff. „*ALF*"; OLG Hamburg GRUR-RR 2002, 129 ff. „*Kfz-Ersatzteile*".

820 OLG Braunschweig MittdPatAnw 2001, 266, 267 ff. „*ALF*".

821 So auch OLG Hamburg GRUR 1955, 46, 47 „*Weck-Ringe*"; OLG München NJOZ 2003, 984, 992 „*JE DESIGN*".

822 Auf diesen Zusatz stellten ab BGH GRUR 2005, 423, 425 „*Staubsaugerfiltertüte*"; OLG Braunschweig MittdPatAnw 2001, 266, 267 ff. „*ALF*"; a.A. *Grützmacher/Schmidt-Bogatzky*, CR 2005, 545, 550.

823 RG MUW 1923, 123 „*Rexflaschen*"; GRUR 1934, 598, 602 „*Yale*"; GRUR 1941, 116, 123 „*Torpedo*".

Produzenten der Ersatzteile und dem des Hauptproduktes bekannt ist, so dass die Hinweise auf die Bezugnahme geringer ausfallen können.

(2) Wirtschaftliche Verbindungen

Soweit der Verkehr nicht davon ausgeht, dass das Produkt aus dem Unternehmen des Markeninhabers stammt, kann eine markenmäßige Benutzung immer noch dann gegeben sein, wenn der Eindruck einer Produktverantwortung des Markeninhaber besteht, d.h. dass diesem eine Einwirkungsmöglichkeit auf den Markenverwender zugerechnet wird. Allein aus der schlichten Bezugnahme auf die Fremdmarke kann indes noch nicht auf solch eine Beziehung geschlossen werden. Dem Verkehr ist es grundsätzlich bewusst, dass Ersatz- oder Zubehörteile nicht immer unter der Kontrolle des Herstellers des Hauptproduktes hergestellt werden.[824]

Von einer wirtschaftlichen Verbindung wird der Verkehr hingegen ausgehen, wenn Zusätze verwendet werden, die auf eine Lizenzierung durch den Inhaber des Hauptproduktes schließen lassen. Dies könnte etwa bei den Zusätzen wie „powered by“ oder „lizenziert durch“ der Fall sein.

Fraglich ist, ob der Verkehr auch dann von einer wirtschaftlichen Beziehung ausgehen wird, wenn die Bezugnahme durch eine originalgetreue Wiedergabe der Marke erfolgt, sich der Ersatz- oder Zubehörteilhersteller also nicht nur auf die wörtliche Nennung der Marke beschränkt. So könnte etwa die Kompatibilität mit Windows zum einen mit der Wiedergabe des Wortes „WINDOWS“, zum anderen aber auch mit der Wiedergabe des markanten Logos zum Ausdruck gebracht werden. Insoweit wird sich die Gefahr nicht leugnen lassen, dass zumindest Teile der Verbraucher von einer wirtschaftlichen Verbindung ausgehen. Da nach dem dieser Arbeit zugrundeliegenden Ansatz im Rahmen des § 14 Abs. 2 Nr. 1 MarkenG die Zurechnung der Produktverantwortung vermutet wird, ist in diesen Fällen von einer Markenrechtsverletzung auszugehen.

2) Rechtfertigung gemäß § 23 Nr. 3 MarkenG

Liegt eine Markenrechtsverletzung gemäß § 14 Abs. 2 Nr. 1 MarkenG vor, kommt dennoch eine Rechtfertigung über § 23 Nr. 3 MarkenG in Betracht. Diese Norm stellt den Hauptprüfungspunkt der h.M. dar.[825]

---

824 So schon RG GRUR 1934, 598, 604 „*Yale*“; a.A. wohl OLG Hamburg GRUR-RR 2002, 129, 130 „ *Kfz-Ersatzteile*“, das jedoch verlangt, dass dem Verkehr bekannt sein müsse, welches Unternehmen welchem Markeninhaber Ersatzteile liefere.

825 Nach der mittlerweile absolut h.M. ist § 23 MarkenG auch bei einem markenmäßigen Gebrauch eines Zeichens anwendbar (so die Grundsatzentscheidung EuGH

Die Rechtfertigung setzt zweierlei voraus: Zum einen dass die Benutzung der Marke als Hinweis auf die Bestimmung der Ware notwendig ist und zum anderen dass die Benutzung nicht gegen die guten Sitten verstößt. Nach der Rechtsprechung des EuGH ist die Bezugnahme notwendig, wenn eine solche Benutzung praktisch das einzige Mittel dafür darstellt, der Öffentlichkeit eine verständliche und vollständige Information über diese Bestimmung zu liefern, um das System eines unverfälschten Wettbewerbs auf dem Markt für diese Ware zu erhalten.[826] Zur Feststellung der Sittenwidrigkeit, der auf europäischer Ebene die anständigen Gepflogenheiten entsprechen, stellt der EuGH auf vier Kriterien ab: Erstens darf durch die Nennung nicht der Eindruck hervorgerufen werden, dass eine Handelsbeziehung zwischen dem Dritten und dem Markeninhaber bestehe. Zweitens darf die Handlung nicht den Wert der Marke beeinträchtigen, indem sie deren Unterscheidungskraft oder deren Wertschätzung in unlauterer Weise ausnutzt. Drittens darf die Handlung die Marke nicht herabsetzen oder schlechtmachen. Und schließlich darf der Dritte seine Ware nicht als Imitation oder Nachahmung der Ware mit der Marke darstellen, deren Inhaber er nicht ist.[827]

(a) Ablehnung der Auslegung durch die h.M.

Die Auslegung des § 23 Nr. 3 MarkenG, dem sich die h.M. kritiklos angeschlossen hat,[828] überzeugt nicht. Bereits im Rahmen des § 24 MarkenG wurde dargelegt, dass für die Bestimmung der Sittenwidrigkeit bei Markenrechtsverletzungen gemäß § 14 Abs. 2 Nr. 1 und Nr. 2 auf das Beeinträchtigen oder das Ausnutzen der Wertschätzung bzw. des Rufs der Marke nicht abgestellt werden kann.[829]

GRUR 2004, 234, 235 (Rdn. 15) „*Gerolsteiner Brunnen/Putsch*"; dem hat sich der BGH angeschlossen, so insbesondere für § 23 Nr. 3 MarkenG BGH GRUR 2005, 423, 425 „*Staubsaugerfiltertüten*"); zur Streitfrage vor diesen klarstellenden Gerichtsentscheidungen s. *Wolf*, Die Schutzschranke des § 23 MarkenG, Rdn. 629 ff. mwN; auch die früherer Streitfrage, in welchem Verhältnis § 23 Nr. 3 MarkenG zu § 24 MarkenG spielt in der neueren Rechtsprechung und Schrifttum keine Rolle mehr (zu dieser Streitfrage *Egerer*, Die markenrechtliche Zulässigkeit beschreibender Angaben, S. 43 ff.).

826 EuGH GRUR 2005, 509, 512 (Rdn. 39) „*Gillette Company/LA-Laboratories*".

827 EuGH GRUR 2005, 509, 512 f. (Rdn. 49) „*Gillette Company/LA-Laboratories*".

828 So *Schalk*, in: Büscher/Dittmer/Schiwy, § 23 MarkenG Rdn. 19 f.; *Hildebrandt*, Marken und andere Kennzeichen, § 15 Rdn. 16 ff.; *Steinbeck*, JZ 2005, 1106 ff.; *Weidert*, EWiR 2005, 549, 550; *Bottenschein*, GRUR 2006, 462, 463; grundsätzlich auch *Hacker*, in: Ströbele/Hacker, MarkenG, § 23 Rdn. 47 ff.

829 Siehe D.I.2.a)2)(b)(2)(C), S. 207; auch *Hacker*, in: Ströbele/Hacker, MarkenG, § 23 Rdn. 51 will auf das Kriterium des Ausnutzens der Unterscheidungskraft oder Wertschätzung bei § 23 Nr. 3 MarkenG verzichten, da insoweit immer § 14 Abs. 2 Nr. 3 MarkenG eingreife. Es fehlt allerdings eine Begründung, warum § 14 Abs. 2 Nr. 3

Diese Kriterien sind den § 14 Abs. 2 Nr. 1 und § 14 Abs. 2 Nr. 2 MarkenG fremd. Daher können sie auch nicht zur Bestimmung der Sittenwidrigkeit bei § 23 Nr. 3 MarkenG herangezogen werden.[830]

Auch die Auslegung der Notwendigkeit erzeugt Widerspruch, denn sie harmonisiert nicht mit der Rechtsprechung zu den Vorschriften der vergleichenden Werbung. Sowohl der EuGH als auch die nationale Rechtsprechung gehen davon aus, dass eine Bezugnahme auf die Produkte eines Mitbewerbers zulässig ist, soweit sie für die Verbraucher vorteilhaft sei. Dabei braucht sich der Werbende nicht auf die für den Mitbewerber schonendste Bezugweise zu beschränken. Diese divergierende Auslegung könnte zu erheblichen Wertwidersprüchen zwischen dem Ersatzteilhandel einerseits und dem Zubehörteilhandel anderseits führen. Wie oben dargelegt, kann die Bezugnahme auf fremde Ersatzteile vergleichende Werbung im Sinne des § 6 Abs. 1 UWG darstellen.[831] Insoweit bräuchte sich der Werbende nicht auf die schonendste Bezugnahme zu beschränken, wenn die konkrete Bezugnahme Vorteile für die Verbraucher bietet. Da die Regelungen zur vergleichenden Werbung hinsichtlich der Zulässigkeitsbeurteilung abschließend sind, müsste diese Wertung auch im Rahmen des § 23 Nr. 3 MarkenG für Ersatzteile gelten. Bei Zubehörteilen käme hingegen mangels Anwendbarkeit des § 6 UWG eine strenge Auslegung im Sinne des *Gillette Company/LA-Laboratories*-Urteils in Betracht, d.h. der Werbende müsste sich auf die schonendste Bezugnahme beschränken. Dies könnte bedeuten, dass der Hersteller von Ersatzteilen eine Marke als Bezugshinweis benutzen darf, dass sich aber der Hersteller von Zubehörteilen auf die Nennung von abstrakten Beschreibungskriterien beschränken muss. Ebenso könnte dem Hersteller des einen Produktes die Verwendung von Bildmarken möglich sein, dem anderen hingegen nur von Wortmarken. Indes ist nicht ersichtlich, warum die Bezugnahmen unterschiedlich bewertet werden sollten. In beiden Fällen wird darauf hingewiesen, wo das Produkt sein Einsatzgebiet hat. Die Interessen des Markeninhabers werden in beiden Fällen gleich beeinträchtigt, so dass eine unterschiedliche Bewertung nicht angebracht erscheint.

MarkenG immer den anderen Alternativen vorgeht. Zudem wird nicht ersichtlich, warum Gleiches nicht auch für das Herabsetzen einer Marke gilt.

830 Der Widerspruch des h.M. zeigt sich insbesondere bei der Abhandlung von *Egerer*, Die markenrechtliche Zulässigkeit beschreibender Angaben. Dieser geht zunächst auf S. 158 davon aus, dass die Werbefunktion nur bei bekannten Marken geschützt sei. Im Rahmen des § 23 MarkenG wird dann der Schutz der Werbefunktion im Allgemeinen postuliert, ohne danach zu differenzieren, für welche Markenarten sie überhaupt geschützt ist (S. 192).

831 D.II.1.a)2)(a), S. 243 f.

(b) Eigener Lösungsansatz zur Auslegung des § 23 Nr. 3 MarkenG

(1) Notwendigkeit

Im Rahmen der Notwendigkeit ist zunächst zu untersuchen, ob die Verwendung der fremden Marke überhaupt erforderlich ist. Aus den zuvor dargelegten Gründen bedarf es einer Synchronisierung des § 23 Nr. 3 MarkenG mit § 6 UWG.[832] Entgegen der h.M. kommt es daher nicht darauf an, ob der Bezug auch ohne die Verwendung der Marke aufgezeigt werden kann. Entscheidend ist vielmehr, ob es eine schonendere Alternative gibt, die die Verbraucherinteressen im gleichen Maße erfüllt wie die weitergehende Variante.[833] Abzustellen ist in Bezug auf die Verbraucherinteressen nicht auf die absolut schonendste, sondern auf die relativ schonendste Maßnahme. Da nach den Vorschriften zur vergleichenden Werbung in der Regel die Benennung des Hauptproduktes mit der Marke zulässig ist,[834] kommt der Notwendigkeit als Korrektiv nur eine geringe Bedeutung zu.[835]

(2) Sittenwidrigkeit

Wurde die Notwendigkeit der Verwendung der Marken an sich bejaht, kommt es im Rahmen der Sittenwidrigkeit darauf an, ob die konkrete Art der Verwendung zulässig ist. Von einer Sittenwidrigkeit ist dann auszugehen, wenn es zu einer vermeidbaren Zurechnung der Produktverantwortung kommt. Somit scheidet eine Rechtfertigung in der Regel aus, wenn eine Markenrechtsverletzung gemäß § 14 Abs. 2 Nr. 1 MarkenG bejaht wurde. Insoweit hat der BGH jedoch zutreffend festgestellt, dass nicht allein das Vorhandensein einer Verwechslungsgefahr für sich den Vorwurf der Unlauterkeit nach sich zieht, da ansonsten § 23 Nr. 3 MarkenG leerliefe.[836] Demnach muss im Rahmen des § 23 Nr. 3 MarkenG ein milderer Maßstab angewendet werden als bei der Feststellung der Markenrechts-

---

832 A.A. *Wolf*, Die Schutzschranke des § 23 MarkenG, Rdn. 750; ebenso *Egerer*, Die markenrechtliche Zulässigkeit beschreibender Angaben, S. 201, der jedoch noch darauf abstellt, dass Art. 4 Richtlinie 2006/114/EG lediglich einen Zulässigkeitskatalog aufstellt.

833 Ebenfalls für eine weite Auslegung der Notwendigkeit OLG München NJOZ 2003, 984, 987 „*JE DESIGN*"; *v. Schultz*, GRUR 1997, 408, 414; a.A. EuGH GRUR 2005, 509, 512 (Rdn. 39) „*Gillette Company/LA-Laboratories*"; *Schalk*, in: Büscher/Dittmer/Schiwy, § 23 MarkenG Rdn. 19; *Hacker*, in: Ströbele/Hacker, MarkenG, § 23 Rdn. 45; *Bottenschein*, GRUR 2006, 462, 463.

834 D.II.1.b)4)(b)(2)(B)(i), S. 266 f.

835 In diesem Sinne schon vor Erlass der Regelungen zur vergleichenden Werbung *v. Schultz*, GRUR 1997, 408, 414.

836 BGH GRUR 2005, 423, 425 „*Staubsaugerfiltertüte*".

verletzung, so dass eine Rechtfertigung trotz der Zurechnung der Produktverantwortung im Sinne des § 14 Abs. 2 Nr. 1 MarkenG gegeben sein kann.[837] Eine solche kommt in den Fällen in Betracht, bei denen sich eine Verwirrung eines Teils der Verbraucher nicht vermeiden lässt. Dazu lassen sich zwei Fallgruppen finden.

Zum einen fehlt es an der Sittenwidrigkeit, wenn die Zurechnung der Produktverantwortung auf einer faktischen Monopolstellung beruht.[838] In diesen Fällen besteht die Gefahr, dass allein der Anblick der Marke auf einer bestimmten Ware bei Teilen des Verkehrs dazu führt, dass dem Markeninhaber eine Produktverantwortung zugerechnet wird. Ist der Verbraucher an eine bestimmte Marke bei einem Ersatzteil gewöhnt, wird er eine weitere Marke möglicherweise nicht wahrnehmen. In diesen Fällen ist es dem Ersatzteilhersteller zumeist nicht möglich, die Bezugnahme wirtschaftlich vertretbar noch so auszugestalten, dass es zu keiner Täuschung kommen kann. Trotzdem besteht in diesen Fällen das Bedürfnis, dass auf das Hauptprodukt Bezug genommen werden kann.[839] Will man diesen Umstand nicht schon bei der markenmäßigen Benutzung beachten, bietet es sich an, in diesen Fällen die Sittenwidrigkeit zu verneinen und somit eine Rechtfertigung gemäß § 23 Nr. 3 MarkenG anzunehmen.

Ein weiterer Anwendungsbereich des § 23 Nr. 3 MarkenG ist die originalgetreue Wiedergabe einer Marke. In diesen Fällen ist grundsätzlich von einer Markenrechtsverletzung gemäß § 14 Abs. 2 Nr. 1 MarkenG aufgrund der vermuteten Zurechnung der Produktverantwortung auszugehen.[840] Allerdings ist dieses Ergebnis mit den Regelungen zur vergleichenden Werbung zu harmonisieren. Dort wurde bereits dargelegt, dass es der EuGH als möglich betrachtet, auf Originalmarken Bezug zunehmen, wenn dies den Interessen der Verbraucher entspricht. Es kann daher nicht pauschal von einer Verwechslungsgefahr oder einem unlauteren Ausnutzen der Wertschätzung oder des Rufs im Sinne des § 6 Abs. 2 Nr. 4 UWG ausgegangen werden. Fehlt es daher an einem wettbewerbsrechtlich unlauteren Ausnutzen der Wertschätzung oder des Rufs, muss dieses Verhalten gemäß § 23 Nr. 3 MarkenG gerechtfertigt sein.[841] Insbesondere wenn eine Beschreibung

---

837 Ebenso explizit *Hacker*, in: Ströbele/Hacker, MarkenG, § 23 Rdn. 48; *Danger*, Die rechtsverletzende Benutzungshandlung im Markenrecht, Rdn. 364; *Raßmann*, GRUR 1999, 384, 389.

838 Dazu BGH GRUR 2005, 423, 426 „*Staubsaugerfiltertüte*".

839 So auch OLG Braunschweig MittdPatAnw 2001, 266, 271 „*ALF*", nach dem eine unvermeidbare Täuschungsgefahr hinzunehmen sei.

840 D.II.2.a)1)(b)(2), S. 280 f.

841 Restriktiver *Egerer*, Die markenrechtliche Zulässigkeit beschreibender Angaben, S. 190; *Grützmacher/Schmidt-Bogatzky*, CR 2005, 545, 552; im gleichen Sinne zu § 15 WZG *Völp*, WRP 1977, 688, 690.

einer Marke den Bezug nicht mehr ausreichend verdeutlicht, muss auch die Möglichkeit bestehen, die Originalmarke wiederzugeben.[842]

b) Markenrechtsverletzung gemäß § 14 Abs. 2 Nr. 2 MarkenG

Ist keine Doppelidentität gegeben, was insbesondere bei Zubehörprodukten häufig der Fall sein wird, kann eine Markenrechtsverletzung für nicht bekannte Marken nur noch über die Verwechslungsgefahr begründet werden.

Wird die Produktähnlichkeit bejaht,[843] kann auf ähnliche Kriterien wie bei § 14 Abs. 2 Nr. 1 MarkenG zur Bestimmung der Verwechslungsgefahr zurückgegriffen werden. Eine unmittelbare Verwechslungsgefahr im engeren Sinne wird dann gegeben sein, wenn die Eigenmarke des Dritten nicht ausreichend zur Geltung kommt und damit der Fokus der Aufmerksamkeit nur auf die Fremdmarke gerichtet ist. Es besteht dann in der Regel die Gefahr, dass aufgrund der Zeichenidentität zur geschützten Marke der Markeninhaber als Herstellungsunternehmer angesehen wird.

Führt die Markenverwendung zu einer Verwechslungsgefahr gemäß § 14 Abs. 2 Nr. 2 MarkenG, wird eine Rechtfertigung gemäß § 23 Nr. 3 MarkenG zumeist scheitern. Eine solche kommt nur dann in Betracht, wenn jegliche Bezugnahme auf das Hauptprodukt eine Verwechslungsgefahr begründet und es dem Dritten somit nicht möglich wäre, auf das Produkt Bezug zu nehmen. Dies erscheint etwa bei Marken mit außerordentlicher Bekanntheit möglich, da diese dann jede andere Marke überstrahlen.

c) Markenrechtsverletzung gemäß § 14 Abs. 2 Nr. 3 MarkenG

Soweit es sich bei der Fremdmarke um eine bekannte Marke handelt, kann die Bezugnahme noch zu einer Markenrechtsverletzung gemäß § 14 Abs. 2 Nr. 3 MarkenG führen.

842 In diesem Sinne auch *Keller*, GRUR 1996, 607, 612; wohl auch OLG Köln MarkenG 2008, 65, 68 f. *„Getunter Bentley“*; noch weitergehend *Wolf*, Die Schutzschranke des § 23 MarkenG, Rdn. 747, der davon ausgeht, dass das Logo des Herstellers grundsätzlich nicht auf eine Einbindung des Zubehörherstellers in die Vertriebsorganisation hindeute.

843 Siehe die Darstellung der allgemeinen Kriterien unter D.I.2.b)2), S. 213 f.; zur Warenähnlichkeit bei Zubehörprodukten *Fezer*, MarkenR, § 14 Rdn. 364; *Egerer*, Die markenrechtliche Zulässigkeit beschreibender Angaben, S. 130 ff.

1) Konkurrenzverhältnis zu § 6 Abs. 2 Nr. 4 UWG

Insoweit ist jedoch die Konkurrenz zu § 6 UWG zu berücksichtigen. Wie bereits dargelegt, darf zulässige vergleichende Werbung nicht durch das Markenrecht untersagt werden. Die Wertungen des § 6 UWG sind daher zu beachten. In dieser Vorschrift sind das Ausnutzen und Beeinträchtigen der Wertschätzung geregelt. Ist daher deren Tatbestand nicht erfüllt, darf auch keine Markenrechtsverletzung gemäß § 14 Abs. 2 Nr. 3 MarkenG angenommen werden. Soweit daher bei § 14 Abs. 2 Nr. 3 MarkenG Konstellation auftreten, bei denen der markenrechtliche Schutz über den wettbewerbsrechtlichen Schutz hinausgeht, bedarf es einer einschränkenden Auslegung.

Zu beachten ist allerdings, dass die Markennennung im Rahmen von Ersatzteilen und Zubehörprodukten nur partiell von § 6 UWG erfasst wird, nämlich nur dann wenn auf ein konkurrierendes Ersatzteil Bezug genommen wird. Bei der Bezugnahme auf das Hauptprodukt fehlt es dann entweder an der Mitbewerbereigenschaft oder an einem Vergleich. Folglich wirkt § 6 UWG in diesen Fällen nicht unmittelbar auf die markenrechtlichen Ansprüche ein, so dass eine autonome Auslegung des Markenrechts möglich wäre. Indes ist zu berücksichtigen, dass alle Fallkonstellationen bei der Ersatzeil- und Zubehörwerbung grundsätzlich ähnlich gelagert sind und dieselben Interessen tangieren. Insoweit erscheint es nicht gerechtfertigt, markenrechtliche Ansprüche weiter auszulegen, nur weil die Mitbewerbereigenschaft oder ein Vergleich im rechtlichen Sinne nicht gegeben sind. Daher sollten die Wertungen des § 6 UWG auch im Rahmen dieser Fallgruppen beachtet werden.

2) Ausnutzen oder Beeinträchtigen der Wertschätzung

(a) Ausnutzen der Wertschätzung

Ein Ausnutzen der Wertschätzung setzt voraus, dass positive Assoziationen der bekannten Marke auf ein anderes Produkt übertragen werden.[844] Es muss mithin ein Imagetransfer erfolgen, d.h. der Imagekern des Markenproduktes muss auf

844 BGH GRUR 2005, 583, 584 *„Lila-Postkarte“*; OLG Köln MarkenR 2005, 445, 448 *„Kleiner Feigling“*; *Ingerl/Rohnke*, MarkenG, § 14 Rdn. 851; *Dorndorf*, Der Schutz vor Herkunftstäuschung und Rufausbeutung, Rdn. 397; *Miller*, Irreführung von Internet-Suchmaschinen, S. 235; *Riedel*, Spannungsverhältnis, S. 106; *Worm*, Hyperlinks, Inline-Frames und Meta-Tags, S. 86; *Wagner*, Sonderschutz für bekannte Kennzeichen, S. 94; *Piper*, GRUR 1996, 429, 434; *Berlit*, MarkenR, Rdn. 190; *ders.*, GRUR 2002, 572, 577; ausführlich zu Auslegung dieser Tatbestandsalternative D.I.2.c)2)(a)(2), S. 220 ff.

das Produkt des Zeichenverwenders übertragen werden. Bei Ersatzteilen oder Zubehörprodukten wird es in der Regel an einer solchen Übertragung fehlen. Das Image eines Ersatz- oder Zubehörprodukts beurteilt sich allgemein nicht danach, auf welches Produkt es sich bezieht. Der Verkehr wird bei verschiedenen Ersatz- oder Zubehörteilen nur darauf schauen, ob sie auf das jeweilige Hauptprodukt passen. Ein Ersatzteil, das nicht auf ein Produkt mit einem luxuriösen Image passt, wird nicht als minderwertig, sondern als schlicht „nicht passend" bewertet.

(b) Beeinträchtigung der Wertschätzung

Auch eine Beeinträchtigung der Wertschätzung wird in der Regel nicht gegeben sein. Zunächst ist zu beachten, dass die „Beeinträchtigung der Wertschätzung" im Rahmen des § 6 Abs. 2 Nr. 4 UWG richtlinienkonform dahin ausgelegt werden muss, dass es zu einer Herabsetzung oder Verunglimpfung des Kennzeichens kommen muss.[845] Diese Wertung muss auch bei § 14 Abs. 2 Nr. 3 MarkenG beachtet werden, da anderenfalls eine Bezugnahme auf das Hauptprodukt, die nicht als vergleichende Werbung eingestuft werden kann, strenger zu beurteilen wäre, als eine Bezugnahme auf ein konkurrierendes Ersatzteil. Um Wertungswidersprüche zu vermeiden, sollte daher § 14 Abs. 2 Nr. 3 MarkenG im Rahmen des Ersatz- und Zubehörteilhandels ebenfalls dahin ausgelegt werden, dass eine Herabsetzung oder Verunglimpfung des Kennzeichens gegeben sein muss. Daran fehlt es aber in der Regel.[846]

---

845 Zur Begründung dieser richtlinienkonformen Auslegung siehe D.II.1.b)4)(c), S. 269.

846 Selbst wenn dieser Einschränkung nicht gefolgt werden sollte, käme eine Beeinträchtigung der Wertschätzung nicht in Betracht. Wie bereits im Rahmen des Wettbewerbsverhältnisses dargestellt, unterscheidet der Verkehr grundsätzlich zwischen der Hauptware und dem Ersatz- oder Zubehörteil. Eine schlechte Erfahrung hinsichtlich des einen Produktes schlägt nicht automatisch auf das andere Produkt durch (A.A. wohl *Egerer*, Die markenrechtliche Zulässigkeit beschreibender Angaben, S. 193; ebenso in Bezug auf § 1 UWG a.F. *Schartel*, WRP 1995, 901, 903). Anders kann es sich nur dann verhalten, wenn eine wirtschaftliche Verbindung zwischen den beiden Herstellern vom Verkehr unterstellt wird. Insoweit ist jedoch zu beachten, dass dann grundsätzlich § 14 Abs. 2 Nr. 2 MarkenG eingreift. Allenfalls bei Zubehörprodukten, die nicht als produktähnlich zu dem Hauptprodukt zu klassifizieren sind, kommt dann § 14 Abs. 2 Nr. 3 MarkenG eine eigenständige Bedeutung zu. Indes kann in diesen Fällen auf die Beeinträchtigung der Unterscheidungskraft abgestellt werden, bei der keine Übertragung eines negativen Images erforderlich ist.

3) Ausnutzung oder Beeinträchtigung der Unterscheidungskraft

(a) Beeinträchtigung der Unterscheidungskraft

Eine Beeinträchtigung der Unterscheidungskraft liegt vor, wenn die Kennzeichnungskraft der bekannten Marke gemindert wird.[847] Wie bereits oben dargelegt, muss dazu der Verkehr die Marke einem anderen als dem geschützten Produkt zuordnen. Lediglich eine Bezugnahme auf ein fremdes Produkt reicht nicht aus.[848]

Kommt es bei Ersatzteilen zu einer Zurechnung der Produktverantwortung an den Markeninhaber und damit zu einer Zuordnungsverwirrung, greift § 14 Abs. 2 Nr. 2 MarkenG ein, da in diesen Fällen regelmäßig die Warenähnlichkeit gegeben ist. Ein Rückgriff auf § 14 Abs. 2 Nr. 3 MarkenG ist in diesen Fällen zwar möglich, indes aber nicht erforderlich.

Auf eine Beeinträchtigung der Unterscheidungskraft wird es daher nur bei solchen Zubehörprodukten ankommen, bei denen die Warenähnlichkeit verneint werden muss. Mangels Warenähnlichkeit kann in diesen Fällen eine Zurechnung der Produktverantwortung nicht gemäß § 14 Abs. 2 Nr. 2 MarkenG untersagt werden. Entscheidend ist daher, ob dann die Unterscheidungskraft beeinträchtigt wird. Dies muss grundsätzlich bejaht werden, da durch die Markennennung eine fehlerhafte Assoziation zwischen dem Zubehörprodukt und der bekannten Marke hergestellt wird. Es besteht mithin die Gefahr, dass der Verkehr bei einer Begegnung mit der bekannten Marke dieser dann nicht mehr nur noch das geschützte Produkt zuordnet, sondern auch mögliche Zubehörprodukte. Damit liegt eine Schmälerung der Kennzeichnungskraft vor.

Diese wird in der Regel auch unlauter sein. Zwar ist gemäß § 23 Nr. 3 MarkenG eine Bezugnahme auf das Hauptprodukt möglich, allerdings muss sich diese auf das Notwendige beschränken. Soweit daher eine Bezugnahme in der Art möglich ist, dass die Produktverantwortung nicht zugerechnet wird, ist die Beeinträchtigung der Unterscheidungskraft unlauter.[849] Da sich diese Assoziation in der Regel durch die schlichten Hinweise wie „passend in“ oder „geeignet für“

---

847 *Ingerl/Rohnke*, MarkenG, § 14 Rdn. 863; *Miller*, Irreführung von Internet-Suchmaschinen, S. 241; *Worm*, Hyperlinks, Inline-Frames und Meta-Tags, S. 88; ähnlich *Lange*, Marken- und Kennzeichenrecht, Rdn. 2259; häufig wird diese Alternative auch als Minderung des Werbewerts der Marke definiert so *Fezer*, MarkenR, § 14 Rdn.427; *Dorndorf*, Schutz vor Herkunftstäuschung und Rufausbeutung, Rdn 394; *Berlit*, MarkenR, Rdn. 189.

848 Siehe dazu D.I.2.c)2)(b)(2)(A)(i), S. 232.

849 Zur Auslegung des § 23 Nr. 3 MarkenG siehe D.II.2.a)2), S. 280 ff.

vermeiden lassen, sind keine Konstellationen denkbar, bei denen sich die Zurechnung der Produktverantwortung nicht vermeiden lässt.

(b) Ausnutzen der Unterscheidungskraft

Die Bezugnahme könnte auch zu einem Ausnutzen der Unterscheidungskraft führen.[850] Dazu müsste durch die Verwendung der bekannten Marke eine höhere Aufmerksamkeit beim Publikum erzielt werden, als dem Produkt aufgrund seiner Eigenart zukäme.[851] Durch die Bezugnahme auf die fremde Marke wird prinzipiell eine größere Aufmerksamkeit erzielt, als wenn das Produkt nur unter der Eigenmarke beworben würde. Es ist davon auszugehen, dass der Verkehr eher ein Produkt erwirbt, bei dem er die Verwendungsmöglichkeit sofort erkennt.

Allerdings fehlt es in der Regel an der Unlauterkeit des Ausnutzens.[852] Gemäß § 23 Nr. 3 MarkenG ist der Bezug möglich, es sei denn, die Markennennung ist nicht notwendig. Ob eine Bezugnahme notwendig ist, muss im Lichte des § 6 Abs. 2 UWG ausgelegt werden. Ist danach ein Bezug möglich, kann die markenrechtliche Regelung diesen nicht untersagen. Insoweit gebietet daher die richtlinienkonforme Auslegung eine harmonisierte Betrachtungsweise. Folglich kann auf die oben gemachten Ausführungen verwiesen werden.[853]

3. Sonstige wettbewerbsrechtliche Ansprüche

Neben § 6 UWG und markenrechtlichen Ansprüchen kommen als weitere wettbewerbsrechtliche Normen die § 4 Nr. 7, 9 und § 5 UWG in Betracht.

a) § 4 Nr. 7 UWG

Soweit die Bezugnahme in der Ersatzteilwerbung als vergleichende Werbung einzustufen ist, kommt § 4 Nr. 7 UWG aufgrund des § 6 Abs. 2 Nr. 4 UWG keine eigenständige Bedeutung zu. Die Herabsetzung und Verunglimpfung der Marke ist bereits über diese Norm untersagt. Außerhalb der vergleichenden Werbung kann § 4 Nr. 7 UWG hingegen grundsätzlich Anwendung finden. Wie bereits

---

850 Zur eigenständigen Anwendung dieser Tatbestandsalternative und deren Voraussetzungen siehe D.I.2.c)2)(b)(3), S. 234 f.

851 *Ingerl/Rohnke*, MarkenG, § 14 Rdn. 861; *Dorndorf*, Schutz vor Herkunftstäuschung und Rufausbeutung, Rdn 394; *Riedel*, Spannungsverhältnis, S. 99.

852 So schon RG GRUR 1928, 394, 395 „*Alfa-Separatoren*“.

853 D.II.1.b)4)(b)(3), S. 268.

oben dargestellt, ist diese Norm auch neben markenrechtlichen Ansprüchen anwendbar.[854]

1) Mitbewerberverhältnis

§ 4 Nr. 7 UWG erfasst allerdings nur die Herabsetzung oder Verunglimpfung der Kennzeichen eines Mitbewerbers. Im Rahmen der vergleichenden Werbung wurde dargelegt, dass aufgrund der neusten Rechtsprechung des EuGH ein Mitbewerberverhältnis bei dem Vertrieb von Ersatz- und Zubehörteilen nur dann besteht, wenn der Hersteller der Hauptware auch zugleich Ersatz- und Zubehörteile anbietet. Indes ist zu beachten, dass allein § 6 UWG auf der Umsetzung einer europarechtlichen Richtlinie beruht, so dass der EuGH auch nur für diesen Bereich den Mitbewerberbegriff bestimmen kann.

Daher ließe sich im Rahmen des § 4 Nr. 7 UWG möglicherweise über die bisherige Rechtsprechung auch dann ein Mitbewerberverhältnis begründen, wenn der Hersteller der Hauptware keine Ersatz- oder Zubehörteile anbietet. Entsprechend der bisherigen Rechtsprechung könnte davon ausgegangen werden, dass das für das Mitbewerberverhältnis im Sinne des § 2 Nr. 3 UWG erforderliche konkrete Wettbewerbsverhältnis auch dadurch entsteht, dass der Werbende zum Markeninhaber insoweit in den Wettbewerb um die wirtschaftliche Verwertung einer Marke tritt, als er durch den Gebrauch der fremden Kennzeichnung deren wirtschaftlich verwertbaren Ruf für sich ausnutzt.[855] Für die hier problematische Fallkonstellation könnte argumentiert werden, dass der Markeninhaber durch den Ersatzteil- oder Zubehörteilhersteller gehindert wird, seine Marke mittels Lizenzen auf andere Anbieter wirtschaftlich sinnvoll zu übertragen.

Der BGH hat diese Frage, ob der Mitbewerberbegriff im Rahmen der vergleichenden Werbung anders als in den sonstigen Normen des UWG auszulegen ist, in der *Lottoschein*-Entscheidung offen gelassen.[856] Gegen die Fortführung der bisherigen Rechtsprechung zum konkreten Wettbewerbsverhältnis bestehen aber erhebliche Bedenken.

---

854 D.I.3.a), S. 237 f.

855 BGH GRUR 1985, 550, 552 „*DIMPEL*“.

856 BGH GRUR 2002, 828 ff. „*Lottoschein*“. Nachdem das Gericht festgestellt hatte, dass zwischen einer Wirtschaftszeitung und einem Lotteriebetreiber mangels Substituierbarkeit der Produkte kein Mitbewerberverhältnis bestand, prüfte es einen Unterlassungsanspruch gemäß § 1 UWG a.F. Diese Norm setzte zwar noch kein Mitbewerberverhältnis voraus, jedoch bedurfte es eines konkreten Wettbewerbsverhältnisses, das nunmehr nach § 2 Abs. 1 Nr. 3 UWG konstituierend für das Mitbewerberverhältnis ist. Der BGH ließ es offen, ob im Streitverhältnis ein konkretes Wettbewerbsverhältnis gegeben war, da es an einer pauschalen Herabwürdigung oder unlauteren Rufausbeutung fehlte (GRUR 2002, 828, 830).

Zunächst weist ein Teil des Schrifttums zutreffend darauf hin, dass an dieser Rechtsprechung nicht mehr festgehalten werden muss, da die Fälle, die zu einer Erweiterung des Wettbewerbsverhältnisses geführt haben, nunmehr von § 14 Abs. 2 Nr. 3 MarkenG erfasst seien.[857] Insbesondere da die neuste Rechtsprechung an das Erfordernis der markenmäßigen Benutzung im Rahmen des § 14 Abs. 2 Nr. 3 MarkenG nur noch marginale Anforderungen stellt, erscheint eine Bewältigung über das Markenrecht vorzugswürdig.

Gegen die Rechtsprechung ist ferner anzuführen, dass sie auch schon vor der Reform des Markenrechts und des UWG nicht überzeugte. Ihr ist entgegenzuhalten, dass es eigentlich nicht mehr um einen Wettbewerb geht.[858] Grundsätzlich fehlt bei der Rufausbeutung der gemeinsame Empfänger, an den die Leistungen der beiden Wettbewerber gerichtet sind.[859] Hinsichtlich der Lizenzierbarkeit ist vielmehr der Markeninhaber der Anbieter und der Markenverwender der potentielle Kunde. Nur in der untypischen Konstellation, die der *Rolls-Royce*-Entscheidung zugrunde lag, nämlich dass sich die Klage gegen eine Werbeagentur richtete, kann von einem Wettbewerbsverhältnis ausgegangen werden. Denn in diesem Fall bieten in der Tat der Markeninhaber und die Agentur dieselbe Leistung den gleichen Kunden an, nämlich die Verwendungsmöglichkeit der Marke als Vorspann für die Ware des Dritten. In den übrigen Fällen entspricht die Konstellation eher der eines Diebstahls. Graduell besteht kein Unterschied, ob ein Unternehmen bei einem anderen Unternehmer eine Sache stiehlt und diese dann für sich verwendet oder ob einem Unternehmen die Lizenzierungsmöglichkeit genommen wird. In beiden Fällen erlangt der handelnde Wettbewerber unentgeltlich eine Leistung und es ist es dem Rechteinhaber nicht mehr möglich, wie gewollt mit seinem Recht zu verfahren. Den Schluss, zwei Unternehmen stünden aufgrund eines Diebstahls im Wettbewerb, würde wohl auch der BGH nicht ziehen.

---

857 *Köhler*, in: Hefermehl/Köhler/Bornkamm, UWG, § 2 Rdn. 62 *Veil/Müller*, in: MünchKomm, UWG, § 2 Rdn. 148; *Boesche*, Wettbewerbsrecht, Rdn. 44; *Nägele*, Die rechtsverletzende Benutzung im Markenrecht, S. 127; wohl auch *Götting*, Wettbewerbsrecht, § 5 Rdn. 27; *Lettl*, Das neue UWG, Rdn. 26; *Kiethe/Krauß*, WRP 1996, 495, 499; *Nägele*, WRP 1996, 997, 1001.

858 Ebenso *Rößler*, Rufausbeutung, S. 143 und *Sambuc*, GRUR 1983, 533, 537, der von einer Wettbewerbswidrigkeit ohne Wettbewerbsverhältnis spricht.

859 Ebenso *Rößler*, Die Rufausbeutung als Unlauterkeitskriterium in der Rechtsprechung zu § 1 UWG, 1994, S. 143; *Mergel*, GRUR 1986, 646, 650; *Grunewald*, NJW 1987, 105, 106; dies verkennt *Mayrhofer*, Rufausbeutung im Recht des unlauteren Wettbewerbs, S. 112, der davon auszugehen scheint, dass bei der Rufausbeutung immer ein Drei-Personen-Verhältnis vorliege. Seine Ausführungen beziehen sich jedoch nur auf die *Rolls-Royce*-Entscheidung, bei der die Annahme eines Drei-Personen-Verhältnisses gerade noch als vertretbar anzusehen ist.

Konsequenter und auch besser mit der Definition des konkreten Wettbewerbsverhältnisses in Einklang zu bringen wäre es, nicht auf die gekünstelte Annahme der Beeinträchtigung eines Lizenzgeschäfts abzustellen, sondern jedwede wirtschaftliche Beeinträchtigung ausreichen zu lassen.[860] Es wäre dann schlicht zu prüfen, ob durch die Handlung oder das Unterlassen für den anderen Wettbewerber Nachteile eintreten. Soweit die Maßnahmen nicht allein auf eine Schädigung gerichtet sind, wird in der Regel davon auszugehen sein, dass der Handelnde dadurch auch seinen eigenen Wettbewerb fördern will, da die Handlung sonst anders nicht erklärbar wäre. Folglich wären auch mögliche Rufbeeinträchtigungen erfasst, da bei dem Rufinhaber durch die Anlehnung an dessen guten Ruf ein Schaden entstehen kann und der Handelnde dadurch seinen eigenen Absatz fördern will. Damit wäre Mitbewerber faktisch jeder, der einen Schaden durch die Maßnahme erleidet.

Dagegen ist jedoch die Stellungnahme der Bundesregierung zu § 2 Abs. 1 Nr. 3 UWG anzuführen. Die Bundesregierung hatte es abgelehnt, neben dem konkreten Wettbewerbsverhältnis noch den Passus „und durch die Wettbewerbshandlung unmittelbar verletzt ist“ aufzunehmen, da ein konkretes Wettbewerbsverhältnis dieses Erfordernis schon beinhalte.[861] Würde sich der Begriff des konkreten Wettbewerbsverhältnisses aber auf diesen Inhalt beschränken, hätte es sich doch aus Klarstellungsgesichtspunkten angeboten, auf den Begriff des konkreten Wettbewerbsverhältnisses zu verzichten und nur auf die unmittelbare Verletzung abzustellen. Da dies nicht geschehen ist, muss daraus geschlossen werden, dass das konkrete Wettbewerbsverhältnis allein durch das Eintreten von Nachteilen noch nicht begründet wird.[862]

---

860 So *Keller*, in: Harte-Bavendamm/Henning-Bodewig, UWG, § 2 Rdn. 29; *Heister*, Vergleichende Werbung, S. 58; *Kebbedies*, Vergleichende Werbung, S. 163; *Paech*, Irreführende und vergleichende Werbung, S. 173; *Thomasberger*, Rufausbeutung im Wettbewerbsrecht, S. 236; *Lehmann*, GRUR Int. 1986, 6, 11; *Götting*, JZ 1995, 206, 208; *Heydn*, GRUR 2000, 657, 659; wohl auch *Sack*, WRP 2004, 1405, 1420 für § 2 Abs. 1 Nr. 3 UWG; in diesem Sinne könnte auch das Urteil „*Preisvergleichsliste II*“ des BGH zu deuten sein (BGH GRUR 1999, 69). Dort stellt der BGH allein darauf ab, ob der betroffene Wettbewerber durch das beanstandete Wettbewerbsverhältnis überhaupt beeinträchtigt, d.h. im Absatz behindert oder gestört werden kann; ebenso OLG Hamburg GRUR 2000, 243, 244 „*Lottoschein*“.

861 BT-Drucks. 15/1487, S. 40.

862 Damit ist jedoch noch nicht abschließend festgestellt, dass der Mitbewerberbegriff im Rahmen des § 2 Abs. 1 Nr. 3 UWG und § 6 Abs. 1 UWG einheitlich auszulegen ist. Vielmehr ist davon auszugehen, dass es für den Mitbewerberbegriff des § 2 Abs. 1 Nr. 3 UWG ausreicht, wenn eine unmittelbare Wechselwirkung zwischen den Vor- und Nachteilen besteht. Dem UWG liegt daher ein gespaltener Wettbewerberbegriff zugrunde (vgl. dazu ausführlich *Blankenburg*, WRP 2008, 186, 191 f. sowie *Sack*, WRP 2008, 1141, 1147).

Folglich besteht auch außerhalb der vergleichenden Werbung kein konkretes Wettbewerbsverhältnis und damit kein Mitbewerberverhältnis zwischen dem Hersteller von Ersatz- und Zubehörteilen und dem Hersteller der Hauptware, wenn Letzterer keine eigenen Ersatz- oder Zubehörteile vertreibt.

2) Sonstige Voraussetzungen

Soweit der Hersteller der Hauptware auch Ersatz- oder Zubehörteile vertreibt und damit ein Mitbewerberverhältnis besteht, kommt es auf eine Herabsetzung der Marken durch die Bezugnahme an. Insoweit können die gleichen Wertungen, die bereits bei § 6 Abs. 2 Nr. 4 UWG und bei § 14 Abs. 2 Nr. 3 MarkenG dargestellt wurden, herangezogen werden.[863] Da der Verkehr in der Regel nicht von der Qualität des Zubehörproduktes auf die Qualität des Hauptproduktes schließt, wird es zumeist an einer Herabsetzung allein durch die Bezugnahme auf die Marke des Hauptproduktes fehlen.

b) § 4 Nr. 9 UWG

Grundsätzlich kommt beim Vertrieb von Ersatz- und Zubehörteilen ein Anspruch aus § 4 Nr. 9 UWG in Form des ergänzenden wettbewerbsrechtlichen Leistungsschutzes in Betracht, wenn sich das vertriebene Ersatz- oder Zubehörteil an die Form und Art des Originalproduktes anlehnt. In der vorliegenden Arbeit wird jedoch nur die Zulässigkeit der Bezugnahme auf eine fremde Marke, nicht aber die Zulässigkeit des Vertriebs des Ersatz- oder Zubehörteils an sich untersucht. Allein die Bezugnahme auf eine fremde Marke wirklicht noch nicht die Voraussetzungen des § 4 Nr. 9 UWG, so dass diese Norm bei den vorliegenden Fallkonstellation regelmäßig nicht zur Anwendung kommt.

c) § 5 UWG

Bisher hat § 5 UWG in dieser Fallgruppe in der Regel keine Bedeutung erlangt. Eine Irreführung über die Produktverantwortung war primär über § 6 Abs. 2 Nr. 3 UWG und die markenrechtlichen Ansprüche erfasst, so dass es eines Rückgriffs auf § 5 UWG nicht bedurfte. Einen eigenen Anwendungsbereich hatte die Norm daher nur hinsichtlich der sonstigen Aussagen in der Werbung. Soweit diese irreführend waren, konnten sie über § 5 UWG unterbunden werden.

863 Zu § 6 Abs. 2 Nr. 4 siehe D.II.1.b)4)(c), S. 269 f. und zu § 14 Abs. 2 Nr. 3 MarkenG siehe D.II.2.c)2)(b), S. 287 f.

Wie bereits oben dargestellt, kann aufgrund des Art. 6 Abs. 2 lit. a) Richtlinie 2005/29/EG indes an dieser Auffassung nicht mehr festgehalten werden. Nunmehr kann einer Verwechslungsgefahr auch über § 5 UWG begegnet werden, soweit diese dazu geeignet ist, den Verbraucher zu einer Entscheidung zu veranlassen, die er ansonsten nicht getroffen hätte.[864]

4. Gesamtergebnis zu dieser Fallgruppe

Das Hauptaugenmerk hinsichtlich der Verwendung fremder Marken im Rahmen des Ersatz- und Zubehörteilehandels liegt auf § 6 UWG und § 14 MarkenG. Den sonstigen wettbewerbsrechtlichen Vorschriften kommt nur eine untergeordnete Stellung zu.

Soweit der Hersteller des Ersatz- oder Zubehörproduktes auf ein gleichartiges Konkurrenzprodukt Bezug nimmt, ist diese Konstellation primär nach § 6 UWG zu bewerten. Der Schwerpunkt der Prüfung liegt dann bei § 6 Abs. 2 Nr. 4 und Nr. 6 UWG. Diese Wertungen innerhalb dieser Normen strahlen dann auch auf die markenrechtlichen Ansprüche aus.

Wird die Kompatibilität durch eine Bezugnahme auf das Hauptprodukt behauptet, mangelt es für eine vergleichende Werbung entweder schon an einem Mitbewerberverhältnis oder doch an einem Vergleich. Die Zulässigkeit dieses Verhaltens ist dann primär an den markenrechtlichen Normen zu messen. Entgegen der h.M. kann insoweit nicht schlicht eine Markenrechtsverletzung gemäß § 14 Abs. 2 Nr. 1 MarkenG behauptet werden, um in den Anwendungsbereich des § 23 Nr. 2 MarkenG zu gelangen. Vielmehr ist sowohl im Rahmen des § 14 Abs. 2 Nr. 1 MarkenG als auch des § 14 Abs. 2 Nr. 2 MarkenG jeweils zu untersuchen, ob dem Markeninhaber eine Produktverantwortung für das beworbene Ersatz- oder Zubehörprodukt zugeschrieben wird. Soweit eine solche nicht bejaht werden kann, bleibt als verletzte Norm nur noch § 14 Abs. 2 Nr. 3 MarkenG. Deren Regelungsbereich ist dann mit § 6 Abs. 2 Nr. 4 UWG zu harmonisieren, damit es nicht zu Regelungsunterscheiden zwischen der Bezugnahme auf ein konkurrierendes Ersatz- oder Zubehörteil und der Bezugnahme auf das Hauptprodukt kommt.

864 Ausführlich zu dieser Problematik unter D.I.3.b), S. 238 ff.

III. Bezugnahme auf eine Marke durch einen Dienstleister

Diese Fallgruppe beinhaltet die Konstellation, dass ein Dritter an der Ware des Markeninhabers eine Dienstleistung erbringt und für diese wirbt.[865]

1. Rechtsverletzung nach § 6 UWG

Ebenso wie das werbungsmäßige Herausstellen der Marke durch den Weiterverkäufer[866] erfüllt das Herausstellen der Marke durch den Dienstleister nicht die Voraussetzungen der Definition der vergleichenden Werbung.[867] Mögen Markeninhaber und Dienstleister Mitbewerber gemäß § 2 Abs. 1 Nr. 3 UWG sein, was insbesondere dann der Fall ist, wenn der Markeninhaber selbst diese Dienstleistung erbringt, so fehlt es ebenso wie in der ersten Fallgruppe dieser Arbeit an einem Vergleich.

So liegt beispielsweise in der Aussage „*Wir sind spezialisiert auf die Reparatur von BMW-Fahrzeugen*" kein Vergleich. Für den Empfänger ergibt sich aus dieser Aussage nur, dass die Werkstatt wohl vorrangig *BMW*-Fahrzeuge repariert. Er kann aber keinesfalls daraus ableiten, dass die Werkstatt genauso gut oder besser als *BMW*-Vertragswerkstätten das Fahrzeug reparieren wird. Der Werbespruch beinhaltet nur eine Aussage über die eigene Dienstleistung, nicht aber eine Angabe über die Produkte des Markeninhabers. Erst recht werden daher keine Angaben zueinander in Bezug gesetzt. Es fehlt mithin an zwei von drei Bestandteilen, die der EuGH für einen Vergleich voraussetzt.[868]

Lediglich soweit auf einen Vergleich für die Anwendung des § 6 UWG verzichtet wird, könnte auch in dieser Fallgruppe von vergleichender Werbung ausgegangen werden. Indes würde die Werbung ebenso wie die Händlerwerbung nicht die Voraussetzungen des § 6 Abs. 2 Nr. 1 und Nr. 2 UWG erfüllen und wäre daher per se unlauter. Eine solche Intention kann aber der Richtlinie 2006/114/EG nicht entnommen werden, gerade da eine solche Werbung vom EuGH als markenrechtlich zulässig angesehen wird. Erneut zeigt sich, dass auf einen Vergleich bei der Definition der vergleichenden Werbung nicht verzichtet werden kann.

---

865 Zur umfangreicheren Beschreibung dieser Fallgruppe siehe B.III., S. 71.

866 Dazu D.I.1.b), S. 195 f.

867 A.A. ohne Begründung *Ziervogel*, Rufausbeutung im Rahmen der vergleichenden Werbung, S. 171 f.

868 Siehe zu diesen Anforderungen C.II.3.a)2)(c), S. 143 ff.

2. Markenrechtliche Ansprüche

Ein Unterlassungsanspruch kann sich daher primär nur aus den markenrechtlichen Regelungen ergeben. Zur Veranschaulichung der sich dabei ergebenden Probleme wird der Tatbestand der *BMW/Deenik*-Entscheidung herangezogen. Danach warb eine Kfz-Werkstatt im geschäftlichen Verkehr damit, dass sie spezialisiert auf die Reparatur von *BMW*-Fahrzeugen sei. Diese Fallgestaltung kann in zwei Alternativen auftreten:

1. Die Marke *BMW* ist nur für Fahrzeuge eingetragen, nicht jedoch für die Reparaturdienstleistung an diesen Fahrzeugen (Konstellation der *BMW/Deenik*-Entscheidung)
2. Die Marke *BMW* ist sowohl für Fahrzeuge als auch Reparaturdienstleistungen eingetragen.

a) Markenrechtsverletzung gemäß § 14 Abs. 2 Nr. 1 MarkenG

Die Bezugnahme auf das Primärprodukt durch den Dienstleister könnte zunächst eine Markenrechtsverletzung im Sinne des § 14 Abs. 2 Nr. 1 MarkenG darstellen.

1) Tatbestandsvoraussetzungen

Erfolgt die Verwendung der Fremdmarke im geschäftlichen Verkehr, stellen sich die Fragen, ob eine Doppelidentität gegeben ist und ob das Zeichen markenmäßig verwendet wird.

(a) Doppelidentität

Zunächst bedarf es der Verwendung eines mit der Marke identischen Zeichens für identische Produkte. Die Identität des verwendeten Zeichens mit der geschützten Marke wird regelmäßig gegeben sein, da nur so gewährleistet ist, dass der Verkehr die Dienstleistung auf die richtige Ware bezieht. Problematisch ist daher in der Regel nur die Produktidentität.

In der *BMW/Deenik*-Entscheidung ging der EuGH davon aus, dass die Nennung der Marke, auf die sich eine Dienstleistung bezieht, von Art. 5 Abs. 1 S. 2 lit. a) MRL (§ 14 Abs. 2 Nr. 1 MarkenG) erfasst werde.[869] Trotz des Einwandes, dass die *BMW*-Marken für eine Dienstleistung benutzt würden, für die die Marken nicht eingetragen seien,[870] nahm das Gericht eine Doppelidentität an. Be-

869 EuGH GRUR Int. 1999, 438, 441 (Rdn. 42) „*BMW/Deenik*".
870 EuGH GRUR Int. 1999, 438, 441 (Rdn. 37) „*BMW/Deenik*".

gründet wurde dies damit, dass die Marken dazu benutzt wurden, die Herkunft der Waren zu bezeichnen, die Gegenstand der Dienstleistung sind.[871] Insoweit seien die Marken auch für Waren benutzt worden, für die sie Schutz genießen.[872]

Acht Jahre später hat sich der EuGH in der Rechtssache *Opel/Autec* nunmehr mit dieser Rechtsprechung auseinandergesetzt. Im Grundsatz hat er entschieden, dass es hinsichtlich der Identität der Produkte nur darauf ankomme, ob die vom Werbenden vertriebene Ware oder erbrachte Dienstleistung mit derjenigen identisch sind, für die die Marke eingetragen ist.[873] Bei Anwendung dieses Grundsatzes hätte in der vorliegenden Fallgruppe eine Produktidentität verneint werden müssen.

Allerdings wollte der EuGH nicht eingestehen, dass damit die Fallgestaltung des *BMW/Deenik*-Urteils falsch entschieden wurde, vielmehr versuchte er diese Entscheidung zu rechtfertigen. Dazu führte das Gericht aus, dass die unter der geschützten Marke vertriebenen Waren gerade der Gegenstand der von dem Dritten erbrachten Dienstleistung waren, so dass es unerlässlich war, die Herkunft der Ware mit der geschützten Marke zu bestimmen. Aufgrund dieser spezifischen und untrennbaren Beziehung zwischen den mit dieser Marke versehenen Waren und den von dem Dritten erbrachten Dienstleistungen sei Art. 5 Abs. 1 S. 2 lit. a) MRL einschlägig.[874]

Bereits oben wurde dargestellt, dass dieser Rechtsprechung nicht zu folgen ist und dass folglich das Bezugsobjekt zur Feststellung der Markenrechtsverletzung immer die Leistung des Zeichenverwenders sein muss.[875] Dies muss auch für die vorliegende Fallgruppe gelten. Die Abweichung des EuGH von diesem Grundsatz mit dem Hinweis, dass es auf eine „*spezifische und untrennbare Beziehung*" zwischen den mit dieser Marke versehenen Waren und den von dem Dritten erbrachten Dienstleistungen ankomme, überzeugt nicht.[876]

Zunächst ergibt sich eine solche Einschränkung nicht aus dem Wortlaut des Art. 5 Abs. 1 S. 2 lit. a) MRL. Insoweit handelt es sich um eine freie Rechtsschöpfung des EuGH.

Ferner ist auch fraglich, wann eine solche „*spezifische und untrennbare Beziehung*" vorliegen soll. Diese müsste wohl immer dann angenommen werden, wenn die Marke als Bestimmungshinweis für die Leistung gilt, die der Werbende

---

871 EuGH GRUR Int. 1999, 438, 441 (Rdn. 39) „*BMW/Deenik*".

872 Unkritisch diese Argumentation übernehmend *Lange*, Marken- und Kennzeichenrecht, Rdn. 1891.

873 EuGH GRUR 2007, 318, 319 (Rdn. 28) „*Opel/Autec*".

874 EuGH GRUR 2007, 318, 319 (Rdn. 27) „*Opel/Autec*".

875 Siehe dazu C.II.3.g)1)(c), S. 176 ff.

876 *Eichhammer*, Die markenmäßige Benutzung, S. 121 f., der die Formulierung des EuGH zwar als kryptisch bezeichnet, sie jedoch zu rechtfertigen versucht.

erbringt. Dies würde jedoch zu der kaum hinnehmbaren Situation führen, dass der schlichte Bezugshinweis unter den strengeren § 14 Abs. 2 Nr. 1 MarkenG fiele, während die Verwendung des Zeichens als eigenes Herkunftskennzeichen nur nach § 14 Abs. 2 Nr. 2 oder Nr. 3 MarkenG beurteilt werden könnte. Hätte daher der Beklagte in der BMW-Entscheidung nicht angegeben, dass er *BMW*-Fahrzeug repariere, sondern hätte er sich als *BMW*-Reparaturdienst bezeichnet, wäre nur eine Beurteilung nach § 14 Abs. 2 Nr. 2 MarkenG in Betracht gekommen. Die Bezeichnung der Leistung mit der Fremdmarke selbst stellt jedoch den schwerwiegenderen Eingriff gegenüber der Benutzung der Marke als schlichten Hinweis auf den Verwendungszweck dar, so dass es mehr als fraglich wäre, warum dann der schwerere Eingriff nicht der strengeren Norm unterstellt wäre.

Daher muss es bei dem Grundsatz bleiben, dass als Bezugsobjekt nur die vom Dritten vertriebene Ware oder erbrachte Dienstleistung herangezogen werden kann. Dem widersprechen auch nicht die Ausführungen zur werbungsmäßigen Verwendung einer Marke durch den Weiterverkäufer. Dort wurde festgestellt, dass beim Verkauf der Ware das Bezugsobjekt nicht die Verkaufsleistung, sondern die Ware an sich ist. Insoweit ist jedoch zu beachten, dass dabei der Verkaufsleistung keine eigenständige Bedeutung zukam.[877] Dem Erwerber geht es nicht darum, eine Dienstleistung, sondern eine Ware zu erlangen. Dies ist der Unterschied zu der vorliegenden Fallgruppe. Hier steht die Dienstleistung im Vordergrund. Im Beispielsfall besitzt der Kunde schon die Ware – das *BMW*-Fahrzeug –, ihm geht es nur um die Dienstleistung – die Reparatur seines Fahrzeugs – selbst.

Soweit daher die Marke nicht für die vom Werbenden erbrachte Dienstleistung eingetragen ist, scheitert § 14 Abs. 2 Nr. 1 MarkenG bereits an der Identität der Waren oder Dienstleistungen.

Eine Doppelidentität ist hingegen gegeben, wenn die Marke für die erbrachte Dienstleistung eingetragen ist und die geschützte Marke originalgetreu wiedergegeben wird.

(b) Markenmäßiger Gebrauch

Sind die Voraussetzungen der Doppelidentität erfüllt, erfordert eine Markenrechtsverletzung weiter, dass das Zeichen markenmäßig im Sinne einer Zuordnung der Produktverantwortung verwendet wird.[878]

Eine Verwendung als klassischer Herkunftshinweis, d.h. dass die konkrete Leistung dem Markeninhaber zugerechnet wird, liegt dann vor, wenn lediglich

877 D.I.2.a)1)(a), S. 198 f.
878 Zur Auslegung dieses Merkmals siehe C.II.3.g)2)(e), S. 185 ff.

die Fremdmarke in der Werbung hervortritt. In diesem Fall kann der Verkehr der Werbung nicht entnehmen, dass nicht der Markeninhaber, sondern ein Dritter selbständiger Anbieter der Leistung ist. Würde an einer Reparaturwerkstatt lediglich die geschützte Marke angebracht oder würde die Werkstatt als „XY"-Werkstatt bezeichnet, müsste der Verkehr davon ausgehen, dass der Markeninhaber diese Reparaturleistungen erbringt. Dem Markeninhaber stünde dann ein Unterlassungsanspruch gemäß § 14 Abs. 2 Nr. 1 MarkenG zu.

Im Ausgangsfall erscheint eine solche Auffassung allerdings fraglich. Dass nicht der Markeninhaber die Dienstleistung erbringt, wird dadurch deutlich, dass der Zusatz „spezialisiert auf" verwendet wird.[879] Spezialisiert deutet darauf hin, dass zwar auch andere Waren repariert werden können, dass aber bei dieser Werkstatt gerade eine Spezialisierung auf eine bestimmte Ware eingetreten ist. Daher wird der Verkehr die Dienstleistung dem Markeninhaber nicht als eigene zuordnen.

Sieht der Verkehr den Markeninhaber nicht schon aufgrund der konkreten Zeichenverwendung als Dienstleister selbst an, so reicht es nach der hier vertretenen Ansicht für eine markenmäßige Benutzung dennoch aus, wenn die Markenverwendung dazu führt, dass dem Markeninhaber zumindest eine mittelbare Produktkontrolle in Form einer wirtschaftlichen Einflussnahme zugeschrieben wird. Diese Feststellung ist stark vom Einzelfall geprägt, so dass vorliegend nur mögliche Bewertungskriterien an die Hand gegeben werden können. In der Regel wird allein der Bestimmungshinweis nicht auf eine organisatorische oder wirtschaftliche Verbindung zum Markeninhaber hindeuten. Anders wird es sich verhalten, wenn der Markeninhaber ein Netz selbständiger Werkstätten betreibt und der Werbende die Marke genauso benutzt, wie dies durch die vom Markeninhaber kontrollierten selbständigen Werkstätten erfolgt. Kommt dann nicht ausreichend zum Ausdruck, dass keine wirtschaftlichen Beziehungen bestehen, muss von einer markenmäßigen Benutzung ausgegangen werden.[880] Die Annahme einer wirtschaftlichen Beziehung könnte etwa durch den Hinweis „*Unabhängiger Fachmann für BMW-Reparaturen*" vermieden werden.

(c) Zwischenergebnis

Eine Markenrechtsverletzung gemäß § 14 Abs. 2 Nr. 1 MarkenG kann nur dann vorliegen, wenn die Marke des Hauptproduktes auch für die angebotene Dienst-

879 So schon KG GRUR 1977, 537, 538 „*Mercedes-Benz*".

880 So stellte auch der BGH unter Geltung des WZG fest, dass es in der Kfz-Branche eines besonderen Hinweises bedürfe, dass der Werbende kein Vertragshändler sei (GRUR 1970, 467, 469 „*Vertragswerkstatt*"). Diese Feststellung wird auch heute trotz des geänderten Verbraucherleitbildes noch Geltung beanspruchen.

leistung eingetragen ist. In diesem Fall ist eine Markenrechtsverletzung gegeben, wenn der Verkehr aufgrund der Markenverwendung von einer Produktverantwortung des Markeninhabers für die beworbene Dienstleistung ausgeht.

2) Rechtfertigung

Eine Rechtfertigung der Markenrechtsverletzung gemäß § 14 Abs. 2 Nr. 1 MarkenG kann sich aus § 23 Nr. 3 MarkenG ergeben. Diesbezüglich kann auf die Ausführungen zum Ersatz- und Zubehörteilehandel verwiesen werden.[881] Hier wie dort müssen die gleichen Wertungskriterien herangezogen werden, da nicht ersichtlich ist, warum der Verkäufer einer Ware strengere oder geringere Anforderungen bei der Bezugnahme auf ein Hauptprodukt beachten muss als ein Dienstleister. Dies kommt bereits im Gesetz selbst dadurch zum Ausdruck, dass beide Fallkonstellationen einheitlich in § 23 Nr. 3 MarkenG geregelt sind. Ebenso wie bei den Ersatz- und Zubehörteilen hat die Schranke nur eine geringe Bedeutung, da die für die Markenrechtsverletzung erforderliche Zurechnung der Produktverantwortung den Verstoß gegen die guten Sitten zunächst indiziert. Lediglich in den Fällen, bei denen sich eine solche Zurechnung aufgrund der Bekanntheit der Marke nicht vermeiden lässt, muss der Markeninhaber eine solche Bezugnahme hinnehmen. Anderenfalls kann er vom Dienstleister verlangen, dass sich dieser auf solche Bezugnahmen beschränkt, die keine Zurechnung der Produktverantwortung befürchten lassen.

b) § 14 Abs. 2 Nr. 2 MarkenG

Ist die Marke des Hauptproduktes nicht auch für die Dienstleistung eingetragen, kommt nur eine Markenrechtsverletzung gemäß § 14 Abs. 2 Nr. 2 MarkenG in Betracht.

Dazu müssten zunächst das Hauptprodukt und die darauf bezogene Dienstleistung ähnliche Produkte sein.[882] Zur Bestimmung der Ähnlichkeit sind alle erheblichen Faktoren zu berücksichtigen, die das Verhältnis zwischen den Waren kennzeichnen.[883] Dabei ist insbesondere in die Beurteilung einzubeziehen, ob die Waren regelmäßig von denselben Unternehmen oder unter ihrer Kontrolle hergestellt werden oder ob sie beim Vertrieb Berührungspunkte aufweisen, weil sie in

881 Siehe dazu die Ausführungen unter D.II.2.a)2), S. 280 ff.

882 Zur Streitfrage der Prüfungssystematik hinsichtlich der Ähnlichkeit s. *Ingerl/Rohnke*, MarkenG, § 14 Rdn. 414 ff.

883 EuGH GRUR 1998, 922, 923 (Rdn. 23) „*Canon*"; BGH GRUR 2004, 594, 596 „*Ferrari-Pferd*"; GRUR 2006, 941, 942 (Rdn. 13) „*TOSCA BLU*".

denselben Verkaufsstätten angeboten werden.[884] Eine Warenähnlichkeit kann ausgeschlossen werden, wenn trotz unterstellter Identität oder großer Ähnlichkeit der Marken die Annahme einer Verwechslungsgefahr wegen des Abstands der Waren von vornherein ausgeschlossen ist.[885]

Eine Produktähnlichkeit kann auch zwischen Waren und Dienstleistungen bestehen.[886] Allerdings sind Dienstleistungen grundsätzlich weder mit den zu ihrer Erbringung verwendeten Waren und Hilfsmitteln noch mit den durch sie hervorgebrachten Waren ähnlich.[887] Es müssen vielmehr besondere Umstände hinzutreten, die die Annahme begründen, dass der Hersteller der Waren auch die fragliche Dienstleistung anbietet.[888]

Bei der Bezugnahme eines Dienstleisters auf das Hauptprodukt wird daher im Einzelfall zu prüfen sein, ob besondere Umstände die Produktähnlichkeit ausnahmsweise begründen. Insbesondere bei Reparaturleistungen wird sich die Produktähnlichkeit nicht ausschließen lassen, wenn sich der Warenhersteller selbständig mit den Reparaturdienstleistungen befasst.[889] Dann liegt die Verkehrsauffassung nahe, dass der Dienstleister zumindest als Lizenznehmer und damit als rechtlich verbundenes Unternehmen wahrgenommen wird.

Ist die Produktähnlichkeit nicht von vornherein ausgeschlossen, muss zur weiteren Bestimmung der Verwechslungsgefahr festgestellt werden, ob im konkreten Fall tatsächlich die Gefahr besteht, dass das Publikum glauben könnte, dass die betreffenden Waren oder Dienstleistungen aus demselben Unternehmen oder gegebenenfalls aus wirtschaftlich miteinander verbundenen Unternehmen stammen. Diesbezüglich kann an die im Rahmen des § 14 Abs. 2 Nr. 1 MarkenG dargestellten Kriterien angeknüpft werden. Insbesondere Zusätze wie „spezialisiert auf" oder „unabhängiger Fachmann für" schließen eine Zurechnung der Produktverantwortung und damit eine Verwechslungsgefahr aus.

Liegt eine Verwechslungsgefahr vor, scheidet eine Rechtfertigung gemäß § 23 Nr. 3 MarkenG aus, soweit auch eine Bezugnahme möglich ist, die eine Verwechslungsgefahr nicht begründet. Nur wenn diese aufgrund der Bekanntheit

---

884 BGH GRUR 2003, 428, 432 „*BIG BERTHA*" mwN; GRUR 2004, 594, 596 „*Ferrari-Pferd*"; GRUR 2006, 941, 942 (Rdn. 13) „*TOSCA BLU*".

885 BGH GRUR 2004, 594, 596 „*Ferrari-Pferd*"; dazu *Lange*, Marken- und Kennzeichenrecht, Rdn. 1956 mwN.

886 Siehe dazu nur BGH GRUR 1999, 731, 733 „*Canon II*"; *Fezer*, MarkenR, § 14 Rdn. 396b; *Hacker*, in: Ströbele/Hacker, MarkenG, § 9 Rdn. 83; *Schweyer*, in: v. Schultz, MarkenG, § 14 Rdn. 65.

887 BGH GRUR 1999, 731, 733 „*Canon II*"; liberaler *Schweyer*, in: v. Schultz, MarkenG, § 14 Rdn. 65.

888 *Hacker*, in: Ströbele/Hacker, MarkenG, § 9 Rdn. 83.

889 *Schweyer*, in: v. Schultz, MarkenG, § 14 Rdn. 70.

der Marke nicht ausgeschlossen werden kann, ist eine Rechtfertigung des Handelns gemäß § 23 Nr. 3 MarkenG möglich.

c) § 14 Abs. 2 Nr. 3 MarkenG

Handelt es sich bei der Marke des Warenherstellers um eine bekannte Marke, kommen schließlich noch Ansprüche aus § 14 Abs. 2 Nr. 3 MarkenG in Betracht.

1) Ausnutzen oder Beeinträchtigen der Wertschätzung

(a) Ausnutzen der Wertschätzung

Ein Ausnutzen der Wertschätzung setzt voraus, dass positive Assoziationen der bekannten Marke auf ein anderes Produkt übertragen werden.[890] Es muss mithin ein Imagetransfer erfolgen, d.h. der Imagekern des Markenproduktes muss auf das Produkt des Zeichenverwenders übertragen werden.

In der Regel wird sich das Image des Hauptproduktes nicht auf die Dienstleistung übertragen lassen. Hält der Verkehr die Ware etwa für besonders luxuriös und exklusiv, ist ein Transfer solcher Vorstellungen auf die Dienstleistung nur schwer denkbar. Dazu müsste der Verkehr davon ausgehen, dass die vom Dienstleister angebotene Dienstleistung gegenüber anderen Dienstleistungen ebenso besonders luxuriös und exklusiv ist. Allein dies suggeriert die Bezugnahme auf die Marke jedoch nicht. Der Verkehr wird diese nur als Bestimmungshinweis aufnehmen, insbesondere da es ihm hinsichtlich der Dienstleistung nicht auf die Attribute ankommt, die die Markenware verkörpert. Von der Dienstleistung wird in der Regel nur erwartet, dass sie ordnungsgemäß durchgeführt wird. Diese Erwartung besteht jedoch unabhängig von der Ware, auf die sich die Dienstleistung bezieht. Mangels eines übertragbaren Imagekerns wird daher die Wertschätzung bei den Fällen dieser Fallgruppe nicht ausgenutzt.

---

890 BGH GRUR 2005, 583, 584 „*Lila-Postkarte*"; OLG Köln MarkenR 2005, 445, 448 „*Kleiner Feigling*"; *Ingerl/Rohnke*, MarkenG, § 14 Rdn. 851; *Dorndorf*, Der Schutz vor Herkunftstäuschung und Rufausbeutung, Rdn. 397; *Miller*, Irreführung von Internet-Suchmaschinen, S. 235; *Riedel*, Spannungsverhältnis, S. 106; *Worm*, Hyperlinks, Inline-Frames und Meta-Tags, S. 86; *Wagner*, Sonderschutz für bekannte Kennzeichen, S. 94; *Piper*, GRUR 1996, 429, 434; *Berlit*, MarkenR, Rdn. 190; *ders.*, GRUR 2002, 572, 577; ausführlich zur Auslegung dieser Tatbestandsalternative D.I.2.c)2)(a)(2), S. 220 ff.

(b) Beeinträchtigung der Wertschätzung

Fraglich ist aber, ob es zu einer Beeinträchtigung der Wertschätzung kommt. Dies wäre dann der Fall, wenn durch die konkrete Zeichenverwendung Vorstellungen auf die bekannte Marke übertragen werden, die die mit ihr verbundenen Vorstellungen schmälern.[891] Insoweit kann zunächst festgestellt werden, dass nicht schon die Bezugnahme auf die Markenware an sich zu einer Beeinträchtigung der Wertschätzung der Marke führen wird. Möglich erscheint eine Beeinträchtigung erst dann, wenn durch die konkrete Dienstleistung ein negatives Image auf die Markenware transferiert wird. Denkbar wäre etwa, dass die Dienstleistung schlecht ausgeführt wird und dass dann der Inhaber diese Erfahrung auf die Markenware überträgt. Dagegen spricht jedoch, dass der Verkehr grundsätzlich zwischen der Dienstleistung und der Ware trennen kann. Lediglich wenn er davon ausgeht, dass zwischen dem Markeninhaber und dem Dienstleister eine wirtschaftliche Verbindung besteht, ist eine Übertragung eines negativen Images möglich. Indes ist zu beachten, dass bei der Annahme einer wirtschaftlichen Verbindung bereits der Verwechslungsschutz gemäß § 14 Abs. 2 Nr. 2 MarkenG eingreift. Einen darüber hinausgehenden Schutz aus § 14 Abs. 2 Nr. 3 MarkenG bedarf es dann nicht mehr. Auf eine Beeinträchtigung der Wertschätzung kommt es daher lediglich in den Fällen an, bei denen die Produktähnlichkeit abzulehnen ist und somit eine Verwechslungsgefahr von vornherein ausscheidet. In diesen Fallkonstellationen ist dann in zwei Schritten festzustellen, ob erstens eine wirtschaftliche Beziehung unterstellt wird und ob zweitens der Dienstleistung ein schlechtes Image zukommt. Kann nach dieser Prüfung eine Beeinträchtigung bejaht werden, so ist diese auch unlauter, da sich der Dienstleister darauf beschränken muss, die Bezugnahme so auszugestalten, dass die Annahme einer wirtschaftlichen Verbindung verhindert wird. Eine andere Bewertung gebietet sich auch nicht durch § 23 Nr. 3 MarkenG, da diese Norm zwar grundsätzlich die Bezugnahme zulässt, diese jedoch auf das Notwendige beschränkt. Die Bezugnahme wird sich aber in den meisten Fällen so ausgestalten lassen, dass die Annahme einer wirtschaftlichen Beziehung nicht begründet wird.

---

891 In diesem Sinne *Lange*, Marken- und Kennzeichenrecht, Rdn. 2260; *Dorndorf*, Schutz vor Herkunftstäuschung und Rufausbeutung, Rdn 397; *Miller*, Irreführung von Internet-Suchmaschinen, S. 239; *Riedel*, Spannungsverhältnis, S. 105; *Piper*, GRUR 1996, 429, 435; *Eichmann*, GRUR 1998, 201, 204; *Berlit*, GRUR 2002, 572, 578; siehe zur Auslegung dieser Tatbestandsalternative ferner unter D.I.2.c)2)(a)(3), S. 226 ff.

2) Ausnutzen oder Beeinträchtigen der Unterscheidungskraft

Indes bietet es sich bei der im vorherigen Abschnitt geschilderten Fallkonstellation an, nicht auf die Beeinträchtigung der Wertschätzung, sondern auf die Beeinträchtigung der Unterscheidungskraft abzustellen. Diese ist bereits dann gegeben, wenn die Marke aufgrund der Zurechnung der Produktverantwortung verwässert wird.[892] Da es folglich für die Beeinträchtigung der Unterscheidungskraft nicht noch zusätzlich auf die Übertragung eines negativen Images ankommt, ist diese Tatbestandsalternative für den Markeninhaber vorteilhafter als die vorherige Tatbestandsalternative.

Damit die Unterscheidungskraft durch die Bezugnahme ausgenutzt wird, müsste durch die Verwendung der bekannten Marke eine höhere Aufmerksamkeit beim Publikum erzielt werden, als dem Produkt aufgrund seiner Eigenart zukäme.[893] Durch die Bezugnahme auf die fremde Marke wird prinzipiell eine größere Aufmerksamkeit erzielt, als wenn das Produkt nur unter der Eigenmarke beworben werden würde. Es ist davon auszugehen, dass der Verkehr eher die Dienstleistung in Anspruch nimmt, bei der er schon aus der Bezugnahme auf die Marke des Hauptproduktes erkennt, ob sie für sein Produkt passt. Mit der Bezugnahme verschafft sich der Dienstleister einen Kommunikationsvorsprung gegenüber anderen Dienstleistern, die ihre Leistung nur nach allgemeinen Spezifikationen umschreiben.

Allerdings stellt sich das Ausnutzen der Unterscheidungskraft in der Regel nicht als unlauter dar. Insofern ist die Wertung des § 23 Nr. 3 MarkenG zu beachten. Danach darf das Produkt genannt werden, für das die Dienstleistung bestimmt ist. Der Gesetzgeber hat damit die Wertung getroffen, dass der Markeninhaber das Ausnutzen der Unterscheidungskraft seiner Marke grundsätzlich hinzunehmen hat. Dies gilt jedoch nur soweit, wie die Bezugnahme notwendig ist und nicht gegen die guten Sitten verstößt.

Zur Bestimmung der Unlauterkeit kann wiederum auf die Ausführungen zum Ersatz- und Zubehörteilhandel verwiesen werden, da die Bezugnahme auf fremde Produkte als Bestimmungshinweis bei Waren und Dienstleistungen gleich auszulegen ist.[894]

---

892 Siehe dazu D.I2.c)2)(b)(2)(A), S. 231 f.

893 *Ingerl/Rohnke*, MarkenG, § 14 Rdn. 861; *Dorndorf*, Schutz vor Herkunftstäuschung und Rufausbeutung, Rdn 394; *Riedel*, Spannungsverhältnis, S. 99; Zur eigenständigen Anwendung dieser Tatbestandsalternative und deren Voraussetzungen siehe D.I.2.c)2)(b)(3), S. 234 f.

894 Siehe dazu D.II.2.a)2)(b), S. 283 ff. sowie D.II.2.c)3)(b), S. 289.

3. Sonstige wettbewerbsrechtliche Ansprüche

Die Verwendung einer fremden Marke im Rahmen der Werbung für eine Dienstleistung kann gegen § 4 Nr. 7 UWG verstoßen, wenn dadurch die Wertschätzung der Marke herabgesetzt wird. Wie bereits dargelegt, ist diese Norm neben § 14 Abs. 2 Nr. 3 MarkenG anwendbar.[895]

Eine Herabsetzung gemäß § 4 Nr. 7 UWG ist gegeben, wenn die Wertschätzung der Marke verringert wird. Insoweit kann auf die Ausführungen zur Herabsetzung der Wertschätzung im Sinne des § 14 Abs. 2 Nr. 3 MarkenG verwiesen werden. Danach stellt allein die Bezugnahme noch keine Herabsetzung dar. Diese kann sich vielmehr nur dann ergeben, wenn der Verkehr aufgrund der Bezugnahme von einer wirtschaftlichen Verbindung zwischen dem Markeninhaber und dem Dienstleister ausgeht und eine möglicherweise minderwertige Leistung dem Markeninhaber zurechnet. Es müssen also zwei Komponenten erfüllt sein, nämlich das Anbieten einer geringwertigen Leistung und die Zurechnung dieser Leistung an den Markeninhaber.

Ein Verstoß gegen § 5 Abs. 1 UWG aufgrund der Täuschung über die wirtschaftlichen Verbindungen durch die Verwendung der Fremdmarke scheitert dagegen am Vorrang des Markenrechts. Einer solchen Verwechslungsgefahr kann nur über § 14 Abs. 2 Nr. 2 MarkenG begegnet werden.[896]

4. Gesamtergebnis zu dieser Fallgruppe

Mangels eines Vergleichs sind die Regelungen zur vergleichenden Werbung bei dieser Fallgruppe nicht anwendbar. Die primären Anspruchsgrundlagen für einen Unterlassungsanspruch ergeben sich daher aus dem Markenrecht.

Ein Anspruch aus § 14 Abs. 2 Nr. 1 MarkenG scheidet von vornherein aus, wenn die Warenmarke nicht auch zugleich für die Dienstleistung eingetragen ist. Soweit eine Eintragung gegeben ist, muss für einen Verstoß gegen § 14 Abs. 2 Nr. 1 dem Warenmarkeninhaber die Produktverantwortung für die Dienstleistung zugerechnet werden. Daran wird es allerdings häufig fehlen.

Ist die Warenmarke nicht für die Dienstleistung eingetragen, muss auf § 14 Abs. 2 Nr. 2 oder Nr. 3 MarkenG zurückgegriffen werden. Insoweit ist eine Beeinträchtigung des Markenrechts in der Regel nur dann möglich, wenn der Ver-

895 Zur Auslegung des Konkurrenzverhältnisses siehe D.I.3.a), S. 237 f.

896 Zu den Bedenken hinsichtlich des Vorrangs des MarkenG gegenüber § 5 UWG aufgrund des Art. 6 Abs. 2 lit. a) Richtlinie 2005/29/EG siehe D.I.3.b), S. 238 f.

kehr dem Markeninhaber die Produktverantwortung zurechnet. Anderenfalls greift eine Rechtfertigung über § 23 Nr. 3 MarkenG ein.

Die sonstigen wettbewerbsrechtlichen Ansprüche gehen nicht über das Markenrecht hinaus, so dass ihnen keine eigenständige Bedeutung in dieser Fallgruppe zukommt.

IV. Kritisierende und anlehnende vergleichende Werbung

Eine Markennennung kann auch im Rahmen der kritisierenden und anlehnenden vergleichenden Werbung erfolgen. Darunter wird hier solche Werbung verstanden, durch die der Werbende herausstellt, dass sein Produkt entweder die gleichen bzw. ähnlichen Eigenschaften wie das Konkurrenzprodukt aufweist (***anlehnende vergleichende Werbung***) oder bessere Eigenschaften bzw. Qualität als die Konkurrenzprodukte aufweist (***kritisierende vergleichende Werbung***). Nicht behandelt wird die persönlich vergleichende Werbung, da durch diese auf die persönlichen Eigenschaften und Verhältnisse des Mitbewerbers negativ Bezug genommen wird, es mithin an einer Markennennung fehlt. Ferner bleibt zunächst das blickfangmäßige Herausstellen einer fremden Marken ausgeklammert. Diese Fallkonstellation erfasst die Werbung, in der keine Aussage über das fremde Produkt getroffen wird, sondern dieses schlicht als Blickfang zum Vorspann für die eigene Werbung verwendet wird. Da als anlehnende vergleichende Werbung nur solche Werbemaßnahmen angesehen werden, die das beworbene Produkt zu dem Fremdprodukt durch eine konkrete Aussage in Verhältnis setzen, wird in der vorliegenden Arbeit die blickfangmäßige Verwendung als eigene Fallgruppe behandelt und umfassend nach der anlehnenden vergleichenden Werbung dargestellt.[897]

Es ist eine unendliche Vielzahl von möglichen Werbeformen der kritisierenden und anlehnenden vergleichenden Werbung denkbar.[898] Ziel dieser Arbeit kann es daher nur sein, mögliche Problemfelder, die spezifisch bei der Nennung fremder Marken in der Werbung auftreten, herauszuarbeiten und einer Lösung zuzuführen. Allgemeine Probleme der vergleichenden Werbung, die keinen spezifischen Hintergrund in der Verwendung der fremden Marke haben, werden allenfalls kursorisch angesprochen. Zur Lösung dieser Probleme ist auf die Spezialliteratur zu verweisen, die in den jeweiligen Fußnoten angegeben ist.

897 D.V., S. 342 ff.

898 *Menke*, WRP 1998, 811, 819 stellt zutreffend fest, dass die Fantasie der Kreativen in den Agenturen keine Grenzen kennt.

1. Rechtsverletzung nach § 6 UWG

Der Anwendungsvorrang des § 6 UWG vor dem MarkenG führt dazu, dass die anlehnende und kritisierende Herausstellung einer fremden Marke primär nach dieser Norm zu beurteilen ist, soweit es sich um vergleichende Werbung handelt. Aufgrund dieser entscheidenden Weichenstellung bedarf es daher einer sorgfältigen Prüfung, ob die Fallkonstellation die Tatbestandsmerkmale der vergleichenden Werbung gemäß § 6 Abs. 1 UWG erfüllt.

a) Vergleichende Werbung gemäß § 6 Abs. 1 UWG

1) Werbung

Die Verwendung einer Marke zu einer anlehnenden oder kritisierenden Bezugnahme wird in der Regel Werbung gemäß Art. 2 lit. a) Richtlinie 2006/114/EG darstellen. Als problematisch kann sich dieses Merkmal erweisen, sofern die Aussage nicht gegenüber der Allgemeinheit, sondern gegenüber Einzelpersonen erfolgt, etwa bei Verkaufsgesprächen. Insoweit wird mit der nahezu unangefochtenen h.M.[899] davon ausgegangen, dass auch solche Verkaufsaussagen als Werbung im Sinne des § 6 Abs. 1 UWG erfasst werden.

2) Mitbewerbereigenschaft

Ferner muss der Markeninhaber, auf dessen Marken in der Werbung Bezug genommen wird, ein Mitbewerber des Werbenden sein. Gemäß der neusten Rechtsprechung des EuGH kommt es für das Mitbewerberverhältnis darauf an, ob die Waren substituierbar sind.[900] Dem Werbeadressaten müssen Kaufalternativen aufgezeigt werden, die geeignet sind, die Kaufentscheidung des Umworbenen zu beeinflussen.[901] Insoweit wird davon auszugehen sein, dass diese Substituierbarkeit originär bestehen oder erst durch den Vergleich hergestellt werden kann.[902]

899 Siehe dazu die Fußnoten 293 bis 295.
900 EuGH GRUR 2007, 511, 513 (Rdn. 32) „*De Landtsheer/CIVC*“.
901 BGH GRUR 2002, 828, 829 „*Lottoschein*“.
902 So die bisher h.M., siehe dazu nur BGH GRUR 1972, 553 „*Statt Blumen ONKO-Kaffee*“; *Fezer*, in: Fezer, UWG, § 2 Rdn. 117; *Köhler*, in: Hefermehl/Köhler/Bornkamm, UWG, § 6 Rdn. 34.

(a) Kritisierende vergleichende Werbung

Bei der kritisierenden vergleichenden Werbung wird grundsätzlich von einer Mitbewerbereigenschaft des Markeninhabers auszugehen sein. Durch das Herausstellen der schlechteren Eigenschaften der Produkte des anderen Wettbewerbers soll erreicht werden, dass sich der Kunde für die Produkte des Werbenden entscheidet, die entweder die schlechte Eigenschaft nicht oder bessere Eigenschaften aufweisen.

Dass dies jedoch nicht zwingend der Fall sein muss, zeigt die *Lottoschein*-Entscheidung des BGH.[903] Dort hatte eine Wirtschaftszeitung einen Lottoschein abgebildet und mit dem Spruch geworben „*Um Geld zu vermehren, empfehlen wir ein anderes Papier*“. Insoweit hat sich die Wirtschaftszeitung nicht an den Ruf des Lottospiels angelehnt, sondern ihre Kompetenz im Bereich der Geldmehrung herausgestellt. Wird unterstellt, dass dem Lottoschein Markenqualität zukommt[904] oder wird die Abbildung durch das Wort *Lotto*[905] ersetzt, so läge ein Fall der Markennennung vor. Der BGH ging davon aus, dass die Wirtschaftszeitung und die Lotterie-Anbieter in völlig verschiedenen Branchen tätig seien, so dass eine Substitution der Waren nicht ernsthaft in Betracht zu ziehen sei. Auch fehle es an jeglicher Funktionsidentität der gegenüberstehenden Leistungen. Daher wurde die Mitbewerbereigenschaft verneint.[906] Diese Rechtsprechung befindet sich im Einklang mit der neusten Leitlinie des EuGH. Auf die darüber hinausgehende Auslegung des konkreten Wettbewerbsverhältnisses durch die frühere Rechtsprechung des BGH, insbesondere auf die so genannte *DIMPEL*-Doktrin, kann nicht mehr zurückgegriffen werden.[907]

Weiterhin kann es in den Fällen an der Mitbewerbereigenschaft fehlen, wenn Produkte eines branchenfremden Wettbewerbers angegriffen werden, um diesen schlicht zu schädigen, ohne dass die Kunden dazu verleitet werden, die Produkte

903 BGH GRUR 2002, 828 „*Lottoschein*“.

904 Die Vorinstanz hat dies dahin gestellt gelassen (OLG Hamburg GRUR 2000, 243, 247 „*Lottoschein*“) und vom BGH wurde diese Problematik überhaupt nicht mehr angesprochen.

905 Insoweit soll trotz der erfolgreichen Löschung der Wortmarke *Lotto* zu Anschauungszwecken davon ausgegangen werden, dass es sich um eine schutzfähige Marke handelt (siehe zur Löschung BGH GRUR 2006, 760 „*LOTTO*“).

906 BGH GRUR 2002, 828, 829 „*Lottoschein*“; a.A. die Vorinstanz OLG Hamburg GRUR 2000, 243 „*Lottoschein* sowie *Boesche*, Wettbewerbsrecht, Rdn. 229. Es wird dabei darauf abgestellt, dass eine mittelbare Subsituierbarkeit hergestellt wird. Was genau dies sein soll und warum eine solche Art der Substituierbarkeit ausreicht, wird jeweils nicht angegeben.

907 Zur generellen Ablehnung dieser bisherigen Rechtsprechung siehe die Ausführungen unter D.II.3.a)1), S. 290 ff.

des Werbenden zu erwerben. Unabhängig davon ist es aber in diesem Fall schon fraglich, ob überhaupt das Merkmal der „Werbung" gegeben ist, da es nicht um die Förderung des eigenen Absatzes geht. Spätestens beim Tatbestandsmerkmal des Vergleichs wird diese Fallkonstellation aber aus dem Anwendungsbereich der vergleichenden Werbung ausscheiden.

(b) Anlehnende vergleichende Werbung

Kann bei der kritisierenden vergleichenden Werbung bis auf seltene Ausnahmefälle prinzipiell von einer Mitbewerbereigenschaft ausgegangen werden, werden bei der anlehnenden vergleichenden Werbung häufiger Konstellationen auftreten, bei denen dieses Merkmal problematisch ist.

(1) Substituierbarkeit der Produkte

Ohne weiteres besteht die Mitbewerbereigenschaft, wenn die Produkte originär substituierbar sind, d.h. soweit sie die gleiche Funktion erfüllen. Werden daher identische Produkte verglichen, sind deren Hersteller grundsätzlich als Mitbewerber anzusehen. Insoweit können sich jedoch Probleme ergeben, wenn funktionsidentische Billig- und No-Name-Produkte mit Luxus- bzw. Markenwaren verglichen werden.[908] Allein aufgrund des unterschiedlichen Preises könnte von unterschiedlichen Käuferkreisen und damit von einer fehlenden Substituierbarkeit ausgegangen werden. Grundsätzlich sollten jedoch dabei die Anforderungen an die Substituierbarkeit der Produkte nicht zu hoch angesetzt werden. Insbesondere darf nicht voreilig unterstellt werden, dass sich aufgrund der Qualität oder des Images die Produkte an unterschiedliche Käuferkreise richteten und daher

908 In der Literatur wird diese Problematik zum größten Teil erst im Rahmen des § 6 Abs. 2 Nr. 1 UWG angesprochen. Dabei wird dann untersucht, ob Luxus- bzw. Markenprodukte und Billig- bzw. No-Name-Produkte funktionsidentisch sind (so *Koos*, in: Fezer, UWG, § 6 Rdn. 121; *Menke*, in: MünchKomm, UWG, § 6 Rdn. 117; *Buck-Freytag*, Auswirkungen der Richtlinie 97/55/EG, S. 54 ff.; *Hasselblatt*, Vergleichende Werbung, S. 325 ff.; *Heister*, Vergleichende Werbung, S. 68; *Illing*, Vergleichende Werbung, S. 105; *Kebbedies*, Vergleichende Werbung, S. 185; *Saßmann*, Das Binnenmarktrecht der vergleichenden Werbung, S. 129; *Ziervogel*, Rufausbeutung im Rahmen der vergleichenden Werbung, S. 126). Insoweit wird aber nicht beachtet, dass die Funktionsidentität bereits im Rahmen des Mitbewerberbegriffs eine Rolle spielt. Auch *Sack*, in: Harte-Bavendamm/Henning-Bodewig, UWG, § 6 Rdn. 89 behandelt dieses Problem primär bei § 6 Abs. 2 Nr. 1 UWG, bemerkt aber zugleich, dass ein Verstoß gegen § 6 Abs. 2 Nr. 1 UWG nicht immer zur Unlauterkeit führe, da sich zuvor immer die Frage stellte, ob ein Mitbewerber erkennbar gemacht werde.

nicht miteinander im Wettbewerb stünden. Es ist allein darauf abzustellen, ob die eigentliche primäre Funktion der beiden Produkte übereinstimmt. Ist dies der Fall, so wird in der Regel zwischen dem Absatz der Produkte eine Wechselwirkung bestehen, auch wenn sich die Unternehmen aufgrund der Preisgestaltung und der Werbung primär an andere Käufergruppen wenden. Daher sollte auch zwischen Luxus- und No-Name-Produkten die Mitbewerbereigenschaft der Hersteller nicht verneint werden. Anderenfalls wäre der Vergleich mit einem Luxusprodukt mangels Anwendbarkeit des § 6 UWG möglicherweise anderen gesetzlichen Vorschriften unterworfen als ein Vergleich mit einem „normalen" Markenprodukt.

(2) Begründung der Substituierbarkeit durch die Werbung

Besondere Schwierigkeiten wird die Begründung der Mitbewerbereigenschaft aufwerfen, wenn die Produkte eigentlich nicht substituierbar sind, dies jedoch durch die Werbung möglicherweise behauptet wird. Es muss dann genau geprüft werden, ob eine solche Behauptung der Werbung entnommen werden kann. Beispielhaft sei hierfür die BGH-Entscheidung *Ein Champagner unter den Mineralwässern* genannt.[909] Der Hersteller des Mineralwassers *Perrier* hatte sowohl mit dem Slogan „*Ein Champagner unter den Mineralwässern*" als auch „*Perrier aus Frankreich. So elegant wie Champagner*" geworben. Mag in dem konkreten Urteil als Sonderfall auf eine Ursprungsbezeichnung Bezug genommen worden sein, so wird dieser Fall ohne weiteres zur Markennennung, wenn die Ursprungsbezeichnung durch eine Marke ersetzt wird. So könnte der Werbespruch auch lauten „*Ein Mercedes unter den Mineralwässern*".

Nach der *De Landtsheer/CIVC*-Entscheidung des EuGH müssen hinsichtlich der Substituierbarkeit der sich gegenüberstehenden Waren zusätzlich zu einer abstrakten Beurteilung der Warengattungen auch die konkreten Merkmale der beworbenen Produkte als relevante Gesichtspunkte berücksichtigt werden.[910] Dies gelte erst recht für das Image, das der Werbende seinen Waren geben wolle, da dieses Image einer der Faktoren sei, die für die Entwicklung der Verbraucherentscheidungen maßgebend seien.[911] Von dieser Rechtsprechung ausgehend könnte in beiden Ausgangsbeispielen eine Mitbewerbereigenschaft bejaht werden. In der Behauptung „*Ein Mercedes unter den Mineralwässern*" liegt die Aussage, dass dem Mineralwasser die gleiche gehobene Stellung innerhalb des Mineralwassersegments zukommt wie der Marke *Mercedes* im Automobilsektor.

---

909 BGH GRUR 1988, 453 „*Ein Champagner unter den Mineralwässern*".
910 EuGH GRUR 2007, 511, 514 (Rdn. 40) „*De Landtsheer/CIVC*".
911 EuGH GRUR 2007, 511, 513 (Rdn. 41) „*De Landtsheer/CIVC*".

Dieser Rechtsprechung begegnen allerdings erhebliche Bedenken. Gegen eine solche Ausweitung des Mitbewerberbegriffs ist anzuführen, dass Produkte nicht allein aufgrund einer Imagegleichstellung austauschbar werden.[912] Im oben aufgeführten Beispiel wird man kaum davon ausgehen können, dass sich irgendein Käufer aufgrund der Imagegleichstellung dazu veranlasst sieht, nunmehr anstatt eines *Mercedes* das Mineralwasser zu erwerben. Es mag zwar sein, dass die Werbung den Mercedesfahrer dazu veranlasst, das *Perrier* eher als andere Mineralwässer zu kaufen, wenn er ein solches benötigt. Damit beutet der Werbende jedoch allenfalls das Image der Marke *Mercedes* aus, eine Substituierbarkeit begründet er hingegen nicht. Gleiches gilt für den Anspruchspruch „*Ein Champagner unter den Mineralwässern*". Es erscheint daher geboten, dieses Kriterium der EuGH-Entscheidung restriktiv auszulegen. Lediglich in den Fällen, bei denen das Image eines Produktes die Kaufentscheidung zwischen zwei Produkten bestimmt, kann auf das Image abgestellt werden.

Aufgrund dieser Überlegung ließe sich daher in dem Ausspruch „*Perrier aus Frankreich. So elegant wie Champagner*" eine Substituierbarkeit und damit eine Mitbewerbereigenschaft annehmen. Es erscheint nicht ausgeschlossen, dass bei der Bezugnahme auf den *Champagner* eine Substituierbarkeit hergestellt wird. Bei beiden Produkten handelt es sich um Getränke. Die Besonderheit des *Champagners* ist, dass dieser nicht als reiner Durstlöscher angesehen wird und damit nicht dem täglichen Bedarf dient, sondern dass sich sein Verzehr meist auf besondere Anlässe beschränkt, was möglicherweise auf seiner Exklusivität beruht. Wird das Mineralwasser als ebenso elegant dargestellt, könnte die Aussage vom Verkehr dahin aufgefasst werden, dass auch Mineralwasser bei besonderen Anlässen angeboten werden kann und folglich den *Champagner* ersetzen könnte. Damit würden die Produkte als substituierbar dargestellt werden, so dass eine Mitbewerbereigenschaft gegeben wäre.

Wie das vorangegangene Beispiel zeigt, bedarf es bei der anlehnenden vergleichenden Werbung einer genauen Prüfung, ob durch die Werbung eine Substituierbarkeit von grundsätzlich sonst nicht substituierbaren Produkten hergestellt wird. Je näher sich die Branchen stehen, umso eher wird von einer funktionellen Substituierbarkeit ausgegangen werden können.

3) Erkennbarkeit und Vergleichserfordernis

Der Mitbewerber muss in der Werbung für den Verkehr erkennbar werden. Dieses Merkmal ist bei der Markennennung in der Regel unproblematisch gegeben,

912 In diesem Sinne schon vor der EuGH-Entscheidung *Koos*, in: Fezer, UWG, § 6 Rdn. 86.

da durch die Verwendung der fremden Marke die Produkte des Mitbewerbers ohne weiteres identifizierbar sind. Soweit die Marke nicht in der Originalform, sondern in abgeänderter Form verwendet wird, kommt es darauf an, ob die verwendete Form noch als Originalmarke vom Verkehr verstanden wird.

Ferner setzt die Anwendung des § 6 UWG voraus, dass ein Vergleich zwischen der beworbenen Ware und dem Mitbewerber bzw. seinen Produkte vorgenommen wird.[913] Ein solcher liegt nach der hier vertretenen Auffassung vor, wenn entweder die Vorteile des eigenen Produkts herausgestellt werden oder eine Gleichstellung mit einem fremden Markenprodukt erfolgt.[914] Probleme können sich nur dann ergeben, wenn auch die blickfangmäßige Verwendung einer Marke als anlehnende vergleichende Werbung verstanden wird. Diese Verwendungsart wurde jedoch ausgeklammert und wird als eigene Fallgruppe behandelt.[915]

4) Vergleich durch Dritte

Häufig wird sowohl die kritisierende als auch die anlehnende vergleichende Werbung von dem Hersteller des beworbenen Produktes ausgehen. Dies muss jedoch nicht zwingend der Fall sein, vielmehr können auch Dritte, d.h. weder der Hersteller des beworbenen Produktes noch der Markeninhaber der genannten Marke, einen solchen Vergleich vornehmen. Denkbar sind insoweit mehrere Konstellationen:

1. Zunächst könnte die Werbung von einem mit dem Hersteller des beworbenen Produktes verbundenen Unternehmen oder von einem Beauftragten ausgehen.
2. Ferner fallen unter diese Problematik vergleichende Warentests, bei denen ein unabhängiges Institut die Produkte vergleicht und dann anhand von Vergleichskriterien herausstellt, welches das beste Produkt ist.
3. Ähnlich stellt sich die Konstellation dar, wenn in einem individuellen Verkaufsgespräch der Verkäufer die Unterschiede zwischen verschiedenen von ihm vertriebenen Produkten herausstellt.

In allen drei Konstellationen ist jeweils genau zu prüfen, ob eine Wettbewerbshandlung und eine Werbemaßnahme vorliegen sowie ob auf einen Mitbewerber Bezug genommen wird.

913 Zum Vergleichserfordernis C.II.3.a)2)(b)(4)(B), S. 140 ff.
914 Siehe zur Auslegung des Vergleichsbegriffs C.II.3.a)2)(c), S. 143 ff.
915 Dazu D.V., S. 342.

(a) Verbundene oder beauftragte Unternehmen

Die Anwendung des § 6 UWG könnte möglicherweise dadurch umgangen werden, indem der Produkthersteller einen Dritten vorschickt, der die Werbung für jenen vornimmt. Denkbar wäre beispielsweise, dass ein Unternehmen Werbeanzeigen nicht selbst schaltet, sondern diese Aufgabe einer Werbeagentur überträgt. Die Handlung wirkt dann zwar faktisch für das beworbene Unternehmen, geht jedoch nicht primär von diesem aus. Fraglich ist daher, ob auch in diesen Fällen die Merkmale der vergleichenden Werbung erfüllt werden.

Unproblematisch stellt die Handlung des Dritten eine Wettbewerbshandlung im Sinne des § 2 Abs. 1 Nr. 1 UWG dar, da nach dieser Norm auch die Förderung des Absatzes eines fremden Unternehmens genügt. Es ist daher unerheblich, wenn der Äußernde nicht seinen eigenen Absatz fördern will, sondern nur zugunsten eines anderen Mitbewerbers handelt.

Auch im Rahmen der Werbung ist eine Absicht zur Förderungen des eigenen Absatzes nicht erforderlich. Art. 2 lit. a) Richtlinie 2006/114/EG setzt nur ein Handeln mit dem Ziel voraus, den Absatz bestimmter Güter zu fördern. Insoweit ist zwar nach dem Wortlaut nicht eindeutig bestimmt, ob der Absatz eigener oder fremder Güter gefördert werden muss.[916] Da aber auch Äußerungen zugunsten eines Dritten als Werbung für dessen Waren aufgefasst werden können und die Richtlinie effektiv irreführende und vergleichende Werbung erfassen soll, muss es auch im Rahmen des Merkmals „Werbung" ausreichen, wenn die Äußerung zugunsten eines Dritten erfolgt.[917] Daher liegt sowohl eine Wettbewerbshandlung als auch Werbung vor. Problematisch an dieser Fallkonstellation ist jedoch die Mitbewerbereigenschaft.

Vertreibt der Dritte keine substituierbaren Produkte zu den beworbenen Produkten, so fehlt es grundsätzlich an der Mitbewerbereigenschaft. Folglich wäre auch die Voraussetzungen für eine vergleichende Werbung im Sinne des § 6 Abs. 1 UWG nicht erfüllt. Insoweit ist aber zu beachten, dass gemäß § 8 Abs. 2 UWG Verstöße von Mitarbeitern oder Beauftragten dem Unternehmensinhaber zugerechnet werden. Diese Zurechnung kann jedoch erst erfolgen, wenn auch die Handlung des Mitarbeiters oder des Beauftragten als Wettbewerbsverstoß einzuordnen ist.[918] Dies ergibt sich aus der Formulierung „sind auch gegen den Inhaber des Unternehmens begründet". Durch die Norm wird eine akzessorische Haf-

---

916 *Koos*, in: Fezer, UWG, § 6 Rdn. 51 geht hingegen davon aus, dass die Fremdförderungsabsicht nicht vom Wortlaut erfasst wird.

917 Ebenso *Koos*, in: Fezer, UWG, § 6 Rdn. 51; *Menke*, in: MünchKomm, UWG, § 6 Rdn. 39; *Saßmann*, Das Binnenmarktrecht der vergleichenden Werbung, S. 106.

918 *Büscher*, in; Fezer, UWG, § 8 Rdn. 174; *Köhler*, in: Hefermehl/Köhler/Bornkamm, UWG, § 8 Rdn. 2.38; *Piper*, in: Ohly/Piper, UWG, § 8 Rdn. 166.

tung des Unternehmensinhabers begründet.[919] Damit diese jedoch nicht dadurch leer läuft, dass es mangels Mitbewerbereigenschaft schon an der Haftung des Mitarbeiters oder des Beauftragten fehlt, muss es im Rahmen des § 6 UWG für die Mitbewerbereigenschaft ausreichen, dass diese nur dem auftraggebenden Unternehmen zukommt. Soweit der Werbende daher ein Beauftragter im Sinne des § 8 Abs. 2 UWG ist, ist ihm die Mitbewerbereigenschaft des Herstellers des beworbenen Produktes zuzurechnen. Unabhängig davon, ob der Beauftragte im Sinne des § 8 Abs. 2 UWG weit gefasst wird oder nicht,[920] sollte im Rahmen des § 6 UWG eine Zurechnung der Mitbewerbereigenschaft immer dann erfolgen, wenn der Dritte von dem Hersteller des beworbenen Produktes zu dieser Werbemaßnahme veranlasst wurde.[921] Denn anderenfalls besteht die Gefahr, dass die Vorschriften der vergleichenden Werbung durch das Vorschieben eines Dritten umgangen werden.[922] Erhält der Werbende daher von dem Hersteller des beworbenen Produktes eine Zuwendung für diese Werbung, ist es unerheblich, dass jener nicht in einem konkreten Wettbewerbsverhältnis zum Markeninhaber steht. Zur Vermeidung von Beweisschwierigkeiten sollte eine solche Beeinflussung vermutet werden, soweit der Werbende kein Eigeninteresse außerhalb der Förderung des fremden Wettbewerbs darlegen kann.

Demnach kann auch dann vergleichende Werbung vorliegen, wenn sie zwar von einem Dritten ausgeht, dessen Handlung aber durch den Hersteller des beworbenen Produktes veranlasst wurde.

(b) Warentests

Auch bei Warentests oder sonstigen Vergleichslisten kommt es dazu, dass Produkte bestimmter Unternehmen verglichen werden. Der Zweck solcher Handlungen ist es, unter Verwendung von objektiven Kriterien die Fremdprodukte zu vergleichen, mag es entweder um die Qualität oder auch um den Preis gehen. Um einen effektiven Vergleich anbieten zu können, wird es sich in der Regel anbieten, die Marken der verglichenen Produkte in dem Test zu nennen.

---

919 So *Piper*, in: Ohly/Piper, UWG, § 8 Rdn. 166.

920 Zur Auslegung des Begriffs des Beauftragten siehe *Köhler*, in: Hefermehl/Köhler/Bornkamm, UWG, § 6 Rdn. 2.41 ff.; *Piper*, in: Ohly/Piper, UWG, § 8 Rdn. 169 ff.

921 In diesem Sinne auch *Köhler*, in: Hefermehl/Köhler/Bornkamm, UWG, § 6 Rdn. 31; *Koos*, in: Fezer, UWG, § 6 Rdn. 52; *Dreyer*, GRUR 2008, 123, 129.

922 *Köhler*, in: Hefermehl/Köhler/Bornkamm, UWG, § 6 Rdn. 31.

Die Annahme von vergleichender Werbung im Sinne des § 6 Abs. 1 UWG kann bei Warentests bzw. Warenvergleichen an drei Kriterien scheitern.[923] Dient der Vergleich nicht der Förderung des Absatzes des Publikationsmediums, so wird es bereits an einer Wettbewerbshandlung fehlen.[924] Mangels Absatzförderungsabsicht wird auch das Kriterium der Werbung nicht erfüllt sein.[925] Spätestens am Merkmal der Mitbewerbereigenschaft wird jedoch die Annahme der vergleichenden Werbung scheitern.[926] Da das Publikationsmedium und die verglichenen Produkte in der Regel nicht als gegenseitig substituierbar angesehen werden können, mangelt es an der Mitbewerbereigenschaft. Diese wird nur dann anzunehmen sein, wenn der Vergleich von einem bestimmten Wettbewerber veranlasst wurde und sich damit nur in den Mantel der unabhängigen Objektivität kleidet.

Die Markennennung in Warentests ist daher in der Regel nicht an § 6 Abs. 1 UWG zu messen. Vielmehr handelt es sich um eine redaktionelle Markennennung im eigentlichen Sinne, deren Voraussetzungen weiter unten dargestellt werden.[927]

(c) Empfehlungen in Verkaufsgesprächen

Wenn der Verkäufer in seinem Geschäft oder in einem individuellen Verkaufsgespräch mehrere von ihm vertriebene Waren miteinander vergleicht, stellen sich

923 Das OLG Stuttgart, NJWE-WettbR 1999, 98 „*Drogeriemärktevergleich*" hat hingegen bei einem Warenvergleich den Anwendungsbereich der damals entscheidenden Richtlinie 97/95/EG überhaupt nicht geprüft.

924 BGH GRUR 1967, 113 „*Leberwurst*"; GRUR 1976, 268, 269 „*Warentest II*"; GRUR 1981, 658, 660 „*Preisvergleich*"; *Koos*, in: Fezer, UWG, § 6 Rdn. 311; *Ohly*, in: Piper/Ohly, UWG, § 6 Rdn. 73.

925 *Köhler*, in: Hefermehl/Köhler/Bornkamm, UWG, § 6 Rdn. 32; *Menke*, in: MünchKomm, UWG, § 6 Rdn. 39; *Koos*, in: Fezer, UWG, § 6 Rdn. 53; *Ohly*, in: Piper/Ohly, UWG, § 6 Rdn. 25; *Eck/Ikas*, in: Hasselblatt, Gewerblicher Rechtsschutz, § 23 Rdn. 14.

926 So OLG München GRUR 2003, 719 „*JUVE-Handbuch*"; *Sack*, in: Harte-Bavendamm/Henning-Bodewig, UWG, § 6 Rdn. 44; *ders.*, WRP 2001, 327, 335; *Illing*, Vergleichende Werbung, S. 24; a.A. KG GRUR 2000, 242 „*Punkte-Vergleich*"; NJWE-WettbR 2000, 185; OLG Dresden GRUR 2000, 916 „*Hochleistungstarif*" hinsichtlich der Mitbewerbereigenschaft zwischen einem Versicherungsmakler und den Versicherungsunternehmen; ebenso *Heydn*, GRUR 2000, 657, 659: allerdings überzeugt der Verweis der Gegenmeinung auf BGH GRUR 1999, 69, 70 „*Preisvergleichsliste II*" nicht, da in diesem Fall die Beklagte als Einkaufsgemeinschaft mittelbar dieselben Waren vertrieb wie die Klägerin.

927 D.VII.1., S. 385 ff.

insbesondere die Merkmale der Werbung und des Mitbewerberbezugs als problematisch dar.

Soweit mit der h.M. davon ausgegangen wird, dass Werbung sich nicht an eine Vielzahl von Personen richten muss, kann auch in einem Verkaufsgespräch grundsätzlich Werbung gesehen werden.[928] Angezweifelt wird jedoch in diesen Konstellationen die Absicht, durch diese Aussage den Absatz von Waren zu fördern. *Köhler* führt als Beispiel für eine mangelnde Wettbewerbsförderungsabsicht an, dass ein Gastwirt einem Kunden auf dessen Frage hin mitteilt, dass ihm der Wein A besser munde als der Wein B.[929] Es solle dann keine Werbung vorliegen.

Vordergründig erscheint es in der Tat so, dass es dem Verkäufer in der Regel nicht darum geht, durch den Vergleich den Absatz einer der genannten Waren zu fördern. Grundsätzlich kann es ihm gleich sein, welches Produkt der Kunde kauft, solange er es eben bei ihm erwirbt. Jedoch muss beachtet werden, dass der Verkäufer sehr wohl ein Interesse daran haben kann, dass er bestimmte Produkte absetzt, wenn er bei diesen höhere Gewinnmargen als bei anderen von ihm ebenfalls vertriebenen Produkten erhält. Weisen im Beispielsfall etwa die Weine einen Preisunterschiede auf, wird der Wirt bei einer unterstellten gleichen Gewinnmarge von 20% ein Interesse daran haben, den teueren Wein abzusetzen, da dann sein Gewinn absolut gesehen höher ist. Erst recht wird er mit der Absicht der Förderung fremden Wettbewerbs handeln, wenn er möglicherweise den einen Wein günstiger bezieht als den anderen und damit unterschiedliche Gewinnmargen mit den Weinen erzielen kann. Daher wird die Absatzförderungsabsicht und damit auch Werbung in der Regel vorliegen.[930]

Ferner sind der Markeninhaber und der Händler grundsätzlich als Mitbewerber einzuordnen. Insoweit wurde bereits oben dargelegt, dass auch zwischen einem Händler und dem Produzenten ein konkretes Wettbewerbsverhältnis beste-

928 *Koos*, in: Fezer, UWG, § 6 Rdn. 50; *Köhler*, in: Hefermehl/Köhler/Bornkamm, UWG, § 6 Rdn. 33; *Menke*, in: MünchKomm, UWG, § 6 Rdn. 41; *Ohly*, in: Piper/Ohly, UWG, § 6 Rdn. 24; *Plaß*, in: HK-WettbewerbsR, § 6 UWG, Rdn. 26; *Beater*, Unlauterer Wettbewerb, § 15 Rdn. 51; *Lettl*, Das neue UWG, Rdn. 467; *Buck-Freytag*, Auswirkungen der Richtlinie 97/55/EG, S. 24; *Freund*, Vergleichende Werbung, S. 42 f.; *Kebbedies*, Vergleichende Werbung, S. 160; *Saßmann*, Das Binnenmarktrecht der vergleichenden Werbung, S. 106; *Ziervogel*, Rufausbeutung im Rahmen vergleichender Werbung, S. 51; *Eck/Ikas*, WRP 1999, 251, 252 f. u. 266; *Scherer*, WRP 2001, 89, 92.

929 *Köhler*, in: Hefermehl/Köhler/Bornkamm, UWG, § 6 Rdn. 31.

930 So auch *Menke*, in: MünchKomm, UWG, § 6 Rdn. 42; auf den Einzelfall abstellend *Koos*, in: Fezer, UWG, § 6 Rdn. 51; a.A. *Nordmann*, GRUR Int. 2002, 297, 301.

hen kann.[931] Damit kann auch ein Vergleich eines Händlers in seinem Geschäft oder im Rahmen eines Verkaufsgesprächs vergleichende Werbung sein.[932]

b) Mögliche Unlauterkeit gemäß § 6 Abs. 2 UWG

Wie bereits bei der Fallgruppe der Ersatz- und Zubehörteile herausgestellt, will diese Arbeit nicht erschöpfend die Voraussetzungen der vergleichenden Werbung untersuchen. Aufgezeigt werden sollen nur solche Punkte, die im Rahmen der Markennennung Schwierigkeiten bereiten können.

1) § 6 Abs. 2 Nr. 1 UWG

(a) Gleicher Bedarf bzw. dieselbe Zweckbestimmung

Gemäß § 6 Abs. 2 Nr. 1 UWG muss sich die Werbung auf Waren oder Dienstleistungen des gleichen Bedarfs oder derselben Zweckbestimmung beziehen, d.h. die Produkte müssen entweder funktionsidentisch sein oder aus Sicht der angesprochenen Verbraucher als Substitutionsprodukte in Betracht kommen.[933] Soweit der Mitbewerberbegriff wie in dieser Arbeit eng ausgelegt wird, ist im Rahmen des § 6 Abs. 2 Nr. 1 UWG hinsichtlich der Funktionsidentität und der Substituierbarkeit auf die gleichen Kriterien abzustellen wie im Rahmen des Mitbewerberbegriffs.

Gegen die Gleichstellung wird angeführt, dass § 6 Abs. 2 Nr. 1 UWG dann keine eigene Bedeutung zukäme.[934] Daher will es der EuGH für den Mitbewerberbegriff ausreichen lassen, dass die sich in der Werbung gegenüberstehenden Unternehmen irgendein substituierbares Produkt anbieten. Ob die konkret beworbenen Produkte austauschbar sind, soll dann im Rahmen des Art. 4 lit. b) Richtlinie 2006/114/EG (§ 6 Abs. 2 Nr. 1 UWG) geprüft werden.

---

931 D.I.1.a), S. 192 f.

932 *Ohly/Spence*, GRUR Int. 1999, 681, 685; *Scherer*, WRP 2001, 89, 92; a.A. *Köhler*, in: Hefermehl/Köhler/Bornkamm, UWG, § 6 Rdn. 31; *Menke*, in: MünchKomm, UWG, § 6 Rdn. 43; so auch *Sack*, in Harte-Bavendamm/Henning-Bodewig, UWG, § 6 Rdn. 45 außer wenn der Händler eine Eigenware mit einer Fremdware vergleicht.

933 Zur Auslegung dieses Begriffs siehe D.II.1.b)1), S. 250 ff.

934 EuGH GRUR 2007, 511, 514 (Rdn. 45) „*De Landtsheer/CIVC*"; bereits vor dieser Entscheidung im selben Sinne *Illing*, Vergleichende Werbung, S. 23, wobei nicht eindeutig herausgestellt wird, in welchen Konstellationen der Mitbewerberbegriff bejaht, § 6 Abs. 2 Nr. 1 UWG hingegen verneint wird; ebenso *Ziervogel*, Rufausbeutung im Rahmen der vergleichenden Werbung, S. 98.

Wie oben bereits dargelegt, überzeugt eine solche Auslegung nicht, da sie zu willkürlichen Ergebnissen führt.[935] Zudem ist bereits die Ausgangsüberlegung unzutreffend, dass § 6 Abs. 2 Nr. 1 UWG gegenüber der Prüfung der Mitbewerbereigenschaft jede Bedeutung verlieren würde. Die Vorschrift dient weiterhin dazu, persönliche und unternehmensbezogene Vergleiche, bei denen ein Mitbewerberverhältnis durchaus vorliegen kann, als pauschal unzulässig zu qualifizieren.[936] Daher sind die Begriffe des gleichen Bedarfs und derselben Zweckbestimmung wie die Substituierbarkeit im Rahmen des Mitbewerberbegriffs auszulegen.[937]

(b) Vergleich zwischen No-Name-Produkten und Luxusprodukten

Ein auch für die Markennennung wesentliches Problem im Rahmen des § 6 Abs. 2 Nr. 1 UWG ist die Bezugnahme auf Luxusprodukte. Die Subsituierbarkeit von No-Name-Produkte mit Luxusprodukten wird damit in Frage gestellt, dass Letztere allein aus Prestigegründen erworben werden würden.[938] Konsequenz der mangelnden Substituierbarkeit wäre, dass No-Name-Produkte und Luxusprodukte aufgrund des Imageunterschieds weder demselben Bedarf noch derselben Zweckbestimmung dienten und damit ein Vergleich zwischen ihnen nicht möglich wäre.

Dieser Auffassung ist jedoch nicht zu folgen. Auch bei solchen Vergleichen kann es bei § 6 Abs. 2 Nr. 1 UWG nur darauf ankommen, ob die Produkte prinzipiell die gleiche Grundfunktion erfüllen.[939] So erfüllt eine No-Name-Uhr die

935 Siehe dazu ausführlich D.II.1.a)2)(b), S. 245 ff.

936 Ebenso *Sack*, WRP 2008, 1141, 1143.

937 Dazu bereits *Blankenburg*, WRP 2008, 186, 189; ebenso *Freund*, Vergleichende Werbung, S. 103 f.; *Riedel*, Spannungsverhältnis, S. 171; wohl auch *Sack*, WRP 2008, 1141, 1143.

938 Gegen eine Substituierbarkeit solcher Produkte *Ohly*, in: Piper/Ohly, UWG, § 6 Rdn. 43; *Saßmann*, Das Binnenmarktrecht der vergleichenden Werbung, S. 129; *Somarriello*, Vergleichende Werbung in Italien und Deutschland, S. 77; *Kotthoff*, BB 1998, 2217, 2218; wohl auch *Plaß*, in: HK-WettbewerbsR, § 6 UWG Rdn. 65; auf einer Abwägung im Einzelfall abstellend *Hasselblatt*, Vergleichende Werbung, S. 329; *Illing*, Vergleichende Werbung, S. 106; *Kebbedies*, Vergleichende Werbung, S. 186; *Ziervogel*, Rufausbeutung im Rahmen der vergleichenden Werbung, S. 126; *Eck/Ikas*, WRP 1999, 251, 262.

939 Wie hier *Koos*, in: Fezer, UWG, § 6 Rdn. 122; *Köhler*, in: Hefermehl/Köhler/Bornkamm, UWG, § 6 Rdn. 48; *Menke*, in: MünchKomm, UWG, § 6 Rdn. 117; *Buck-Freytag*, Auswirkungen der Richtlinie 97/55/EG, S. 58; *Freund*, Vergleichende Werbung, S. 103 f.; *Heister*, Vergleichende Werbung, S. 68; *Menke*, WRP 1998, 811, 822; *Scherer*, WRP 2001, 89, 91; ebenso *Plaß*, NJW 2000, 3161, 3164, die jedoch ihre Meinung in HK-WettbewerbsR, § 6 UWG Rdn. 65 revidiert hat.

gleiche Funktion wie beispielsweise eine imagestarke *Rolex*-Uhr, da beide Gegenstände primär dazu dienen, die Zeit anzuzeigen. Es besteht kein Bedarf, Luxusprodukte vor einer generellen Vergleichbarkeit mit anderen Produkten zu schützten. Der eigentliche Grund, der die Literaturauffassung dazu bewegt, eine Vergleichbarkeit abzulehnen, liegt in der Befürchtung, dass Hersteller von No-Name-Produkten einen Vergleich mit unerheblichen Merkmalen vornehmen, um so am Ruf des Luxusproduktes zu partizipieren.[940] Um diesen berechtigten Schutz zu gewähren, bedarf es indes nicht einer restriktiven Auslegung des § 6 Abs. 2 Nr. 1 UWG, vielmehr kann dieses Ziel über § 6 Abs. 2 Nr. 2 UWG und § 6 Abs. 2 Nr. 4 UWG erreicht werden. Wird beispielsweise eine No-Name-Uhr mit einer *Rolex*-Uhr in der Weise verglichen, dass lediglich herausgestellt wird, dass beide Uhren die Zeit anzeigen können, so fehlt es an einem Vergleich einer wesentlichen und relevanten Eigenschaft, da die Fähigkeit, die Zeit zumessen, bei einer *Rolex*-Uhr kein kaufentscheidendes Merkmal mehr ist. Vielmehr wird dieser Umstand bei allen Uhren vorausgesetzt. Anders kann sich die Wertung jedoch darstellen, wenn auf die Genauigkeit der Zeitmessung abgestellt wird. Kommt es dem Verkehr auf diesen Umstand beim Erwerb der Markenuhr an, so wäre nicht verständlich, warum dann ein Hersteller eines No-Name-Produktes dieses nicht mit der Markenware bezüglich dieses konkreten Umstandes vergleichen könnte. Daher ist eine flexible Lösung über § 6 Abs. 2 Nr. 2 UWG einer starren restriktiven Auslegung des § 6 Abs. 2 Nr. 1 UWG vorzuziehen.

2) § 6 Abs. 2 Nr. 2 UWG

Weiterhin muss sich der Vergleich gemäß § 6 Abs. 2 Nr. 2 UWG objektiv auf eine oder mehrere wesentliche, relevante, nachprüfbare und typische Eigenschaften der genannten Produkte beziehen. Ob diese Voraussetzungen erfüllt sind, hängt im Wesentlichen mit der im Vergleich vorgenommenen Aussage zusammen. Daher stellt dieser Prüfungspunkt in der Regel kein spezifisches Problem der Markennennung dar, so dass auf die Spezialliteratur zur vergleichenden Werbung verwiesen werden muss.[941] Dennoch werden zwei Probleme, die typischerweise im Zusammenhang mit der Markennennung auftreten können, vorliegend eingehender behandelt, nämlich pauschale Vergleiche und Vergleiche in Verkaufsgesprächen.

940 Explizit *Kotthoff*, BB 1998, 2217, 2218.

941 *Koos*, in: Fezer, UWG, § 6 Rdn. 154 ff.; *Köhler*, in: Hefermehl/Köhler/Bornkamm, UWG, § 6 Rdn. 49 ff.; *Menke*, in: MünchKomm, UWG, § 6 Rdn. 120 ff.; *Berlit*, Vergleichende Werbung, Rdn. 79 ff.; *Buck-Freytag*, Auswirkungen der Richtlinie 97/55/EG, S. 61 ff.; *Freund*, Vergleichende Werbung, S. 112 ff.; *Kebbedies*, Vergleichende Werbung, S. 188 ff.

(a) Pauschale Vergleiche

Ein pauschaler Vergleich beschränkt sich darauf, lediglich kritisierend oder anlehnend auf die Fremdmarke Bezug zu nehmen. Als Beispiele sind folgende Aussagen vorstellbar: „*Besser Produkt AB kaufen als Produkt XY*" oder „*Produkt AB schmeckt genauso gut wie Produkt XY*". Diese Art von Vergleichen kann sowohl an der Objektivität als auch an der Nachprüfbarkeit scheitern.

Ein Vergleich ist objektiv, wenn sich dieser aus einer objektiven Feststellung und nicht aus einer subjektiven Wertung des Urhebers ergibt.[942] Soweit daher behauptet wird, dass ein Produkt „besser" schmecke, rieche oder sich anfühle, beruht dies auf einer subjektiven Einschätzung des Werbenden, die von seinem Geschmack abhängig ist. Es gibt keine allgemeingültigen Kriterien, nach denen die Güte des Aussehens oder des Geruchs bestimmt werden kann.

Ferner wird es bei pauschalen Vergleichen an einer nachprüfbaren Eigenschaft fehlen.[943] Nachprüfbar bedeutet, dass die Eigenschaften nachgewiesen werden können.[944] Ausreichend ist es insoweit, dass die Aussage zumindest einen

---

942 EuGH GRUR 2007, 69, 73 (Rdn. 46) „*LIDL*"; nunmehr ebenso *Köhler*, in: Hefermehl/Köhler/Bornkamm, UWG, § 6 Rdn. 53; nach dem bisherigen deutschen Verständnis wurde die Objektivität als Sachlichkeitsgebot aufgefasst und wies daher erhebliche Überschneidungen mit dem Irreführungsverbot und der Nachprüfbarkeit auf (siehe dazu ausführlich *Koos*, in: Fezer, UWG, § 6 Rdn. 140 ff. mwN und *Menke*, in: MünchKomm, UWG, § 6 Rdn. 131 ff.). Der BGH hat sich zwar grundsätzlich der Definition der EuGH angeschlossen. Dennoch leitet er weiterhin aus der Objektivität auch das Gebot der Sachlichkeit ab (BGH GRUR 2007, 896, 898 (Rdn. 17) „*Eigenpreisvergleich*"). Aufgrund des ungeklärten Sachverhalts konnte der BGH aber im konkreten Fall die Abgrenzung zwischen der Objektivität und dem Irreführungsverbot offenlassen (Rdn. 18).

943 So auch OLG München WRP 1999, 692, 693 „*Satte Mehrheit*"; LG Köln ZLR 1999, 522, 525 „*Geschmackstest*"; *Sack*, in: Harte-Bavendamm/Henning-Bodewig, UWG, § 6 Rdn. 106; *Buck-Freytag*, Auswirkungen der Richtlinie 97/55/EG, S. 73; *Freund*, Vergleichende Werbung, S. 120; *Ohly*, in: Piper/Ohly, UWG, § 6 Rdn. 55; *Fröndhoff*, Irreführende und vergleichende Werbung, S. 112: *Heister*, Vergleichende Werbung, S. 75; *Illing*, Vergleichende Werbung, S. 120; *Kebbedies*, Vergleichende Werbung, S. 197 f.; *Saßmann*, Das Binnenmarktrecht der vergleichenden Werbung, S. 133; *Stadelmann*, Die Entwicklung der kritisierenden Werbung, S. 167; *Ziervogel*, Rufausbeutung im Rahmen der vergleichenden Werbung, S. 130; *Plassmann*, GRUR 1996, 377, 379; *Gloy/Bruhn*, GRUR 1998, 226, 236; *Henning-Bodewig*, GRUR Int. 1999, 385, 391; *Sack*, WRP 2001, 327, 342; *Nordmann*, GRUR Int. 2002, 297, 300; schlicht pauschal auf Art. 4 lit. c) Richtlinie 2006/114/EG Bezug nehmend *Tillmann*, GRUR 1997, 790, 795; i.E. ebenso, dieses jedoch aufgrund Art. 10 EMRK anzweifelnd *Ohly/Spence*, GRUR Int. 1999, 681, 697.

944 EuGH GRUR 2007, 69, 74 (Rdn. 64) „*LIDL*".

Tatsachenkern enthält, dessen Richtigkeit durch einen Sachverständigen überprüft werden kann.[945] Bereits an einer Tatsachenbehauptung und damit an einer Eigenschaft fehlt es, wenn lediglich behauptet wird, dass das beworbene Produkt „besser" oder „genauso" gut schmecke, rieche oder sich anfühle.[946] Selbst wenn der Aussage aber ein Tatsachenkern entnommen werden kann,[947] wird bei pauschalen Vergleichen jedoch die ausreichende Tatsachengrundlage fehlen, um den Kern der Aussage nachprüfen zu können. Daher sind pauschale Vergleiche mittels einer Markennennung unzulässig, soweit sie als vergleichende Webung angesehen werden.

Wird entgegen der hier vertretenden Auffassung der Mitbewerberbegriff weit gefasst und damit auch die Rufanlehnung unter die vergleichende Werbung gefasst, ergäbe sich aus der Anwendung des § 6 UWG auf diese Fallgruppe eine erhebliche Verschärfung der Voraussetzungen gegenüber der früheren Rechtslage. So wäre der Ausspruch *„Ein Champagner unter den Mineralwässern"* mangels eines nachprüfbaren Tatsachenkerns ohne weitere Wertungsmöglichkeit unzulässig. Vor der Einführung der Vorschriften zur vergleichenden Werbung hat der BGH indes entschieden, dass es für die wettbewerbsrechtliche Beurteilung jeweils auf die besonderen Umstände des Falles ankomme.[948] Dies wäre bei der pauschalen Bezugnahme so nicht mehr aufrecht zu halten.[949]

(b) Vergleiche bei Verkaufsgesprächen

Ein weiterer Punkt, der vorliegend exemplarisch behandelt wird, ist die Anwendung des § 6 Abs. 2 Nr. 2 UWG im Rahmen von Verkaufsgesprächen. Wie oben dargestellt, stellt die vergleichende Markennennung in Verkaufsgesprächen vergleichende Werbung dar.[950] Insoweit ergibt sich die Frage, ob die Äußerung objektiv ist und ob sie eine wesentliche, relevante und typische Eigenschaft enthält, die nachprüfbar ist. Insbesondere bei Fragen des Kunden wird sich der Verkäufer

---

945 So nunmehr EuGH GRUR 2007, 69, 75 (Rdn. 73) „*LIDL*", der die Möglichkeit einer Überprüfung durch Dritte bei mangelnder eigner Sachkenntnis ausreichend lässt; bereits vorher BGH GRUR 2005, 172, 175 „*Stresstest*".

946 So auch OLG München WRP 1999, 692, 693 „*Satte Mehrheit*"; *Köhler*, in: Hefermehl/Köhler/Bornkamm, UWG, § 6 Rdn. 51.

947 Für eine weite Auslegung des Eigenschaftsbegriffs auch bei subjektiven Empfindungen *Koos*, in Fezer, UWG, § 6 Rdn. 132.

948 BGH GRUR 1988, 453, 455 „*Ein Champagner unter den Mineralwässern*".

949 So geht *Ziervogel*, Rufausbeutung im Rahmen der vergleichenden Werbung, S. 165 in der Tat davon aus, dass solche Werbeformen nunmehr aufgrund § 2 Abs. 2 Nr. 1 und Nr. 2 UWG ohne Interessenabwägung unzulässig seien.

950 D.Iv.1.a)4)(c), S. 315 f.

genötigt sehen, zu bestimmten Eigenschaften Stellung zu nehmen oder aber seine Meinung kundzutun.

Unproblematisch wird die Aussage das Merkmal der Wesentlichkeit erfüllen. Wesentlich ist eine Eigenschaft, wenn ihre Bedeutung für den jeweils angesprochenen Verkehr aus dessen Sicht im Hinblick auf die vorgesehene Verwendung des Produktes nicht völlig unerheblich ist.[951] Bei einem Verlaufsgespräch ist der angesprochene Verkehr der konkret fragende Kunde, so dass sich aus seinem expliziten Verlangen die Erheblichkeit der Information für ihn ergibt.[952]

Schwierigkeiten bereiten hingegen die Merkmale Relevanz und Typizität. Relevant ist eine Eigenschaft, wenn sie den Kaufentschluss einer nicht völlig unerheblichen Zahl von Verbrauchern zu beeinflussen vermag.[953] Typisch ist sie ferner, wenn sie die Eigenart der verglichenen Produkte aus der Sicht der angesprochenen Verkehrskreise im Hinblick auf den Bedarf oder die Zweckbestimmung prägt und damit repräsentativ oder aussagekräftig für deren Wert als Ganzes ist.[954] Sowohl die Relevanz als auch die Typizität werden grundsätzlich nicht individuell, sondern nach einem Kreis von Verbrauchern bestimmt. Verlangt der Kunde daher einen Vergleich hinsichtlich einer Eigenschaft, die auch die Kaufentscheidung einer nicht völlig unerheblichen Zahl von Verbrauchern nicht zu beeinflussen vermag und aus Sicht der angesprochenen Verkehrskreise nicht repräsentativ oder aussagekräftig für deren Wert als Ganzes ist, so wäre eine Antwort auf diese Frage unzulässig.[955] Zutreffend weist jedoch *Scherer* darauf hin, dass es von den Verbraucherinteressen zwei völlig unterschiedliche Situationen sind, ob sich die Werbung an eine Vielzahl unbekannter Verbraucher richtet oder ob sie sich im Rahmen eines individuellen Verkaufsgesprächs abspielt.[956] Insoweit ist daher auch der Zweck der Richtlinie zu beachten, nach dem den Verbrauchern die möglichen Vorteile durch vergleichende Werbung gesichert werden sollen. Die Verbraucher sollen davor geschützt werden, dass sie durch nicht relevante Informationen irregeführt werden. Ferner sollen die Mitbewerber vor Schäden durch einen verzerrten Wettbewerb geschützt werden.[957] Diese Ziele können in der Tat grundsätzlich nur erreicht werden, wenn sich der Vergleich ob-

951 BGH GRUR 2004, 607, 612 „*Genealogie der Düfte*".

952 a.A. *Plaß*, WRP 1999, 766, 768; *dies.*, NJW 2000, 3161, 3164, da sie nicht auf den angesprochenen Verkehrskreis, sondern auf die übliche Verwendung des Produktes abstellt. Daher könne hinsichtlich einer objektiv unwesentlichen Eigenschaft der Verkäufer keinen Vergleich zwischen zwei Produkten vornehmen.

953 BGH GRUR 2004, 607, 612 „*Genealogie der Düfte*".

954 BGH GRUR 2004, 607, 612 „*Genealogie der Düfte*".

955 So *Hartlage*, Vergleichende Werbung, S. 213.

956 *Scherer*, WRP 2001, 89, 92.

957 So die 5. und 7. Begründungserwägung der Richtlinie 97/55/EG.

jektiv darstellt und sich auf wesentliche, relevante und typische Eigenschaften bezieht. Indes wird dieser Zweck nicht gefährdet, wenn der Vergleich nicht von dem Werbenden initiiert wird, sondern wenn der Verbraucher selbst die Information anfordert. Dann sollte es darauf ankommen, ob der konkrete Verbraucher die Information für sein Verhalten als wesentlich und relevant ansieht.[958] Fragt der Verbraucher nach einer Eigenschaft und möchte er hierzu einen Vergleich mit verschiedenen Produkten, so ist für ihn im konkreten Fall die Eigenschaft typisch.[959] Aus derselben Erwägung wird schließlich auch hinsichtlich der Objektivität nur zu fordern sein, dass eine verlangte Meinungsäußerung auf objektiven Grundlagen fußt und nicht von sachfremden Einflüssen bestimmt ist.[960] Daher scheitert nach der hier vertretenen Auffassung die Nennung einer fremden Marke in Verkaufsgesprächen grundsätzlich nicht an § 6 Abs. 2 Nr. 2 UWG.

3) § 6 Abs. 2 Nr. 3 UWG

Ferner darf es gemäß § 6 Abs. 2 Nr. 3 UWG nicht zu einer Verwechslung zwischen den Produkten des Werbenden und des Mitbewerbers kommen. Wie bereits oben dargelegt, ist im Rahmen des § 6 Abs. 2 Nr. 3 UWG lediglich zu prüfen, ob die Verwendung der Fremdmarke zu einer Verwechslungsgefahr führt. Ob die Verwendung der Eigenmarke des Werbenden zulässig ist, beurteilt sich nur nach dem MarkenG und nicht nach § 6 UWG.[961]

958 *Koos*, in: Fezer, UWG, § 6 Rdn. 155; *Sack*, in: Harte-Bavendamm/Henning-Bodewig, UWG, § 6 Rdn. 112; *Köhler*, in: Hefermehl/Köhler/Bornkamm, UWG, § 6 Rdn. 56 f.; *Ohly*, in: Piper/Ohly, UWG, § 6 Rdn. 53; *Fröndhoff*, Irreführende und vergleichende Werbung, S. 115; *Heister*, Vergleichende Werbung, S. 77; *Illing*, Vergleichende Werbung, S. 118; *Tillmann*, GRUR 1999, 546, 549; *Scherer*, WRP 2001, 89, 92; *Sack*, WRP 2001, 327, 343; sich ganz vom Wortlaut lösend und allein auf das Verbraucherinteresse abstellend *Paech*, Irreführende und vergleichende Werbung, S. 201 f.

959 So *Koos*, in: Fezer, UWG, § 6 Rdn. 155; *Köhler*, in: Hefermehl/Köhler/Bornkamm, UWG, § 6 Rdn. 63; *Menke*, in: MünchKomm, UWG, § 6 Rdn. 147; *Ohly*, in: Piper/Ohly, UWG, § 6 Rdn. 56; *Berlit*, Vergleichende Werbung, Rdn. 108; *Lettl*, Das neue UWG, Rdn. 504; *Buck-Freytag*, Auswirkungen der Richtlinie 97/55/EG, S. 34; *Fröndhoff*, Irreführende und vergleichende Werbung, S. 115; *Somarriello*, Vergleichende Werbung in Italien und Deutschland, S. 81; *Eck/Ikas*, WRP 1999, 251, 266; *Scherer*, WRP 2001, 89, 93 f.; *Berlit*, BB 2000, 1305, 1307; a.A. *Freund*, Vergleichende Werbung, S. 117.

960 Ebenso *Scherer*, WRP 2001, 89, 92.

961 Dazu C.II.3.a)3)(b), S. 154 ff.

(a) Verwechslungsgefahr bei der kritisierenden vergleichenden Werbung

Bei der ***kritisierenden vergleichenden Werbung*** wird es in der Regel nicht zu einer Verwechslungsgefahr kommen.[962] Stellt der Werbende eine Eigenschaft heraus, die das Produkt des fremden Markeninhabers nicht aufweist, oder weist er auf die bessere Qualität seines Produktes hin, hat er ein Interesse daran, dass sein Produkt nicht mit dem fremden Produkt verwechselt wird. Anderenfalls bestünde die Gefahr, dass die negativ herausgestellten Eigenschaften des Konkurrenzproduktes auf das eigene Produkt übertragen werden. Daher wird schon aus den Eigeninteressen des Werbenden die kritisierende vergleichende Werbung meist so ausgestaltet sein, dass eine Verwechslung nicht zu befürchten ist. Lediglich wenn es sich bei der vordergründig kritisierenden Werbung um versteckte anlehnende vergleichende Werbung handelt, d.h. wenn die Kritik nicht zur Abgrenzung erfolgt, sondern nur um den Ruf zu übertragen, erscheint eine Fehlzuordnung möglich. Denkbar wäre eine solche Situation der Gestalt, dass zwar eine sekundäre Eigenschaft unter Beachtung des § 6 Abs. 2 Nr. 2 UWG kritisiert wird, die Bezugnahme jedoch primär der Anlehnung an den Ruf dient. Diese Werbung wäre dann ebenso zu behandeln, wie die nachfolgend dargestellte anlehnende vergleichende Werbung.

(b) Verwechslungsgefahr bei der anlehnenden vergleichenden Werbung

Die Problematik der Fehlzuordnung wird sich gerade bei der ***anlehnenden vergleichen Werbung*** ergeben.[963] Denn der Werbende versucht durch die Anlehnung an eine bekannte oder besonders geschätzte Marke seinen Absatz zu steigern. Diese Absatzsteigerung wird für ihn aber auch dann eintreten, wenn der Verkehr das Produkt dem Markeninhaber zuordnet. Vielleicht ist dies sogar die effektivste Möglichkeit. Daher ist bei der anlehnenden vergleichenden Werbung jeweils sorgfältig zu prüfen, ob durch die Gestaltung ausreichend zum Ausdruck kommt, dass der Inhaber der Fremdmarke nicht der Hersteller der beworbenen

962 So auch allgemein für die vergleichende Werbung *Ohly*, GRUR 2008, 701. Vergleichende Werbung, die über die betriebliche Herkunft der verglichenen Produkte täusche, sei ein „kariertes Maiglöckchen", da es gerade Zweck des Werbevergleichs sei, beide Produkte klar gegenüberzustellen. Er übersieht jedoch, dass insoweit zwischen der kritisierenden und der anlehnenden vergleichenden Werbung zu differenzieren ist.

963 So auch *Koos*, in: Fezer, UWG, § 6 Rdn. 182; *Menke*, in: MünchKomm, UWG, § 6 Rdn. 158; *Buck-Freytag*, Auswirkungen der Richtlinie 97/55/EG, S. 85; *Freund*, Vergleichende Werbung, S. 126; *Paech*, Irreführende und vergleichende Werbung, S. 205; *Eck/Ikas* WRP 1999, 251, 268; *Henning-Bodewig* GRUR Int. 1999, 385, 387.

Ware ist und auch nicht wirtschaftlich mit dem beworbenen Produkt verflochten ist. Ein solches Verkehrsverständnis kann insbesondere dadurch entstehen, dass allein die Fremdmarke in den Vordergrund der Werbung gestellt wird und die Eigenmarke des Werbenden nur peripher auftaucht. Speziell dann wird die Gefahr bestehen, dass der Adressat nur das beworbene Produkt und die Fremdmarke wahrnimmt, nicht aber die Marke des Werbenden selbst. Wirbt beispielsweise ein Schokoladenhersteller damit, dass seine Schokolade ebenso gut schmecke wie *Milka*-Schokolade und ist die gesamte Werbung in Lila gehalten, so wird der Verkehr möglicherweise trotz der Eigenmarke des Werbenden davon ausgehen, dass die beworbene Schokolade vom Inhaber der Marke *Milka* stammt.

4) § 6 Abs. 2 Nr. 4 UWG

Weiterhin darf gemäß § 6 Abs. 2 Nr. 4 UWG die vergleichende Werbung nicht die Wertschätzung der verwendeten Kennzeichen in unlauterer Weise ausnutzen oder beeinträchtigen.

(a) Ausnutzen der Wertschätzung

Die Voraussetzungen für das Ausnutzen der Wertschätzung wurden bereits oben dargestellt. Danach ist zwischen dem „Ob" der Verwendung einer Marke und dem „Wie" zu differenzieren.[964]

Soweit es sich bei der Werbung tatsächlich um kritisierende vergleichende Werbung handelt, d.h. dass der Werbende die Vorzüge seiner Ware tatsächlich herausstellen will, wird § 6 Abs. 2 Nr. 4 UWG in der ersten Alternative in der Regel nicht einschlägig sein. Denn wenn der Werbende die Produkte des Mitbewerbers schlechter als seine Produkte ansieht und entsprechend darstellt, wäre es kontraproduktiv, wenn sich der Ruf der Marke des vermeintlich schlechteren Produktes auf die eigene Marke übertragen würde. Ein Ausnutzen der Wertschätzung kommt bei kritisierender vergleichender Werbung entsprechend den Ausführungen zur Verwechslungsgefahr nur dann in Betracht, wenn die Werbung lediglich vordergründig kritisierend ist, nach der eigentlichen Intention oder dem objektiven Gehalt sich jedoch als anlehnende Werbung darstellt. Diese Werbung wäre dann ebenso zu behandeln, wie die nachfolgend dargestellte anlehnende vergleichende Werbung.

Der Hauptanwendungsbereich des § 6 Abs. 2 Nr. 4 UWG liegt bei der anlehnenden vergleichenden Werbung. Hinsichtlich des „Ob" der Verwendung werden auch bei der vergleichenden Werbung in der Regel keine Bedenken bestehen.

964 D.II.1.b)4)(b)(2)(B), S. 266 ff.

Diese muss aufgrund des § 6 Abs. 2 Nr. 2 UWG ein Sachaussage beinhalten. Da eine Sachaussage über das fremde Produkt in effektivster Weise nur durch die Nennung der Marke des Produktes erfolgen kann, gelten bei der anlehnenden vergleichenden Werbung keine Unterschiede zur bereits im Rahmen der Fallgruppe der Ersatz- und Zubehörteile dargestellten allgemeinen Rechtslage.[965]

Dementsprechend liegt der Hauptprüfungspunkt bei der konkreten Art der Verwendung. Auch insoweit kann erneut auf die oben gemachten Ausführungen verwiesen werden.[966]

(b) Beeinträchtigung der Wertschätzung

Ferner darf die vergleichende Werbung nicht zu einer Beeinträchtigung der Kennzeichen der Mitbewerber führen.

(1) Herabsetzung des verwendeten Kennzeichens

Trotz des weitergehenden Wortlauts erfasst § 6 Abs. 2 Nr. 4 Alt. 2 UWG in richtlinienkonformer Auslegung nur die Herabsetzung oder Verunglimpfung des verwendeten Kennzeichens.[967] Eine Herabsetzung der Wertschätzung des Kennzeichens liegt dann vor, wenn durch die Werbung der Ruf dieses Kennzeichens herabgezogen wird, d.h. wenn ihm durch den Verkehr eine geringere Wertschätzung zuteil wird.[968] Der Verunglimpfung kommt dagegen keine eigene Bedeutung zu.[969]

§ 6 Abs. 2 Nr. 4 Alt.2 UWG wird in der Regel nur bei kritisierender vergleichender Werbung einschlägig sein, da die anlehnende vergleichende Werbung nur zu einem Ausnutzen, nicht aber zu einem Herabsetzen der Wertschätzung führt.[970]

---

965 Siehe D.II.1.b)4)(b)(2)(B)(i), S. 266 f.

966 D.II.1.b)4)(b)(2)(B)(ii), S. 267 f.

967 Dazu D.II.1.b)4)(c), S 269.

968 *Ohly*, in: Piper/Ohly, UWG, § 6 Rdn. 64.

969 *Koos*, in: Fezer, UWG, § 6 Rdn. 233; *Sack*, in: Harte-Bavendamm/Henning-Bodewig, UWG, § 6 Rdn. 144; *Menke*, in: MünchKomm, UWG, § 6 Rdn. 197; *Freund*, Vergleichende Werbung, S. 135; *Kebbedies*, Vergleichende Werbung, S. 217 f.; *Nordmann*, GRUR Int. 2002, 297, 302; a.A. *Eck/Ikas*, WRP 1999, 251, 269 nach denen Herabsetzung eine negative Aussage im Hinblick auf die verglichenen Eigenschaften sein soll, die Verunglimpfung hingegen eine negative Aussage in nicht sachbezogener Hinsicht; *Beater*, Unlauterer Wettbewerb, § 15 Rdn. 77 will allein auf die Verunglimpfung abstellen.

970 Dazu bereits D.II.1.b)4)(c), S 269 f.

Die kritisierende vergleichende Werbung geht hingegen immer mit einer Herabsetzung der Wertschätzung der Marke einher. Dies ist ihr immanent, da durch sie gerade die Überlegenheit des beworbenen Produktes gegenüber dem Produkt des Mitbewerbers herausgestellt werden soll.[971] Wird dem Verkehr aufgezeigt, dass er eine bestimmte Eigenschaft bei der beworbenen Sache besser oder preisgünstiger bekommen kann, wirkt sich dies zwangsläufig auf den Absatz des kritisierten Produktes aus. Mit der Feststellung der Herabsetzung ist die Werbung indes noch nicht als unzulässig zu bewerten, vielmehr muss sich die Herabsetzung als unlauter darstellen.

(2) Unlauterkeit der Herabsetzung

Nicht jede Herabsetzung der Wertschätzung eines Kennzeichens kann unlauter sein, da anderenfalls jede kritisierende Werbung unzulässig wäre.[972] Vergleichende Werbung, welche die Voraussetzungen des § 6 Abs. 2 Nr. 1 – 3 UWG erfüllt, stellt sich daher zunächst nicht als unlauter dar. Die Herabsetzung des Rufs, die mit der zutreffenden Eigenschaftsbehauptung einhergeht, ist hinzunehmen.

Kann für die Unlauterkeit nicht allein auf die Herabsetzung abgestellt werden, so bedarf es Kriterien zur Ausfüllung dieses unbestimmten Rechtsbegriffs.

Zunächst könnte es sich anbieten, ähnlich wie bei dem Ausnutzen der Wertschätzung darauf abzustellen, ob die konkrete Art der Werbung erforderlich ist.[973] Nur soweit sie der Markttransparenz diente und damit Vorteile für den

971 So auch *Eck/Ikas*, WRP 1999, 251, 269.

972 In diesem Sinne auch EuGH GRUR 2003, 533, 538 „*Pippig Augenoptik/Hartlauer*“ und BGH GRUR 1998,824, 828 „*Testpreis-Angebot*“; GRUR 1999, 501, 503 „*Vergleichen Sie*“; GRUR 2002, 72, 73 „*Preisgegenüberstellung im Schaufenster*“; GRUR 2002, 633, 635 „*Hormonersatztherapie*“; ebenso *Koos*, in: Fezer, UWG, § 6 Rdn. 221; *Plaß*, in: HK-WettbewerbsR, § 6 UWG Rdn. 123; *Menke*, in: MünchKomm, UWG, § 6 Rdn. 193; *Ohly*, in: Piper/Ohly, UWG, § 6 Rdn. 63; *Berlit*, Wettbewerbsrecht, Rdn. 146m; *Emmerich*, Unlauterer Wettbewerb, S. 137; *Lettl*, Das neue UWG, Rdn. 510; *Freund*, Vergleichende Werbung, S. 135; *Hasselblatt*, Vergleichende Werbung, S. 334; *Heister*, Vergleichende Werbung, S. 82; *Kebbedies*, Vergleichende Werbung, S. 216; *Saßmann*, Das Binnenmarktrecht der vergleichenden Werbung, S. 135; *Plassmann*, GRUR 1996, 377, 380; *Sack*, GRUR Int. 1998, 263, 271; *ders.*, WRP 2001, 327, 346; *Menke*, WRP 1998, 812, 816: *Henning-Bodewig*, GRUR Int. 1999, 385, 392 f.; *Eck/Ikas*, WRP 1999, 251, 269.

973 So OLG Jena GRUR-RR 2003, 254, 255 „*Fremdgehen*“; *Köhler*, in: Hefermehl/Köhler/Bornkamm, UWG, § 6 Rdn. 72; *Plaß*, in: HK-WettbewerbsR, § 6 UWG Rdn. 126; *dies.*, NJW 2000, 3161, 3167; *Steinbeck*, in: FS Ullmann, S. 418; zustimmend *Paech*, Irreführende und vergleichende Werbung, S. 209 f., der jedoch das Ergebnis dadurch relativiert, dass es auf die Notwendigkeit für eine zeitgemäße und sinnvolle Werbung ankomme. Unklar *Ohly*, in: Piper/Ohly, UWG, § 6 Rdn. 64

Verbraucher begründete, wäre die mit der Werbung einhergehende Herabsetzung hinzunehmen. Nach der Rechtsprechung des EuGH bezüglich der anlehnenden vergleichenden Werbung ist die Erforderlichkeit dann nicht mehr gegeben, wenn eine mildere Bezugnahme ohne Nachteile für die Verbraucher möglich ist.

Indes erscheint die Forderung nach dem mildesten Mittel im Rahmen der Herabsetzung als zu eng. Vergleichende Werbung lebt gerade davon, dass sich in ihr auch in ironischer oder humorvoller Weise mit den Konkurrenten auseinander gesetzt wird. Ironische Werbung wird aber nie das mildeste Mittel sein, denn die Verbraucher würden dadurch keine Nachteile erleiden, wenn die für sie erforderlichen Informationen in rein informativer Weise und nicht in humorvoller Form veranschaulicht werden würden.[974]

Dementsprechend stellt die Rechtsprechung auch nicht auf die schlichte Erforderlichkeit ab, sondern verlangt besondere Umstände, die den Vergleich in unangemessener Weise abfällig, abwertend oder unsachlich erscheinen lassen.[975] Allerdings wird so der unbestimmte Rechtsbegriff der „Herabsetzung“ durch weitere Begriffe ersetzt, die ebenfalls einer Ausfüllung bedürfen. Weder in der Rechtsprechung noch in der Literatur sind die Begriffe „abfällig“, „abwertend“ und „unsachlich“ bisher nachvollziehbar definiert worden.[976] Faktisch wird daher

u. 68, der einerseits darauf abstellt, dass es grundsätzlich auf die Erforderlichkeit ankomme, andererseits aber auch nicht zwingend erforderliche Werbeformen zulassen will, da der Verkehr an aggressive Werbung gewöhnt sei und nicht jeden Werbespruch ernst nehme. Gleiches gilt für *Lettl*, Das neue UWG, Rdn. 512.

974 Beispielhaft kann dafür ein Urteil des OLG München herangezogen werden. Danach hatte das Magazin *Stern* in einer Werbung die eigene Reichweite mit der der Magazine *Spiegel* und *Fokus* verglichen. Unter den Zahlen, aus denen der *Stern* als Sieger hervorging, waren für den *Stern* eine Dogge und für die anderen beiden Magazine jeweils ein Schosshündchen abgebildet. Das OLG München sah in der Werbung keine unlautere Herabsetzung der Kennzeichen der Mitbewerber, da die angesprochenen Verkehrskreise die Ironie in der Bilddarstellung, die die sachlich zutreffende Information zu den Reichweitezahlen ersichtlich nicht maßstabsgetreu umsetze, erkennen würden (so OLG München GRUR-RR 2003, 189, 190 „*Dogge*“).

975 BGH GRUR 1999, 501, 503 „*Vergleichen Sie*“; GRUR 2003, 633, 635 „*Hormonersatztherapie*“; GRUR 2008, 443, 445 „*Saugeinlagen*“; ebenso zu § 1 UWG a.F. BGH GRUR 1999, 1100, 1102 „*Generika-Werbung*“; GRUR 2001, 752, 753 „*Eröffnungswerbung*“; GRUR 2002, 75, 77 „*Sooo...Billig!?*“; GRUR 2002, 982, 983 „*Die STEINZEIT ist vorbei*“; in GRUR 1998, 824, 828 „*Testpreis-Angebot*“ stellte der BGH noch darauf ab, ob das Angebot als minderwertig dargestellt wird.

976 In der Entscheidung *Preisgegenüberstellung im Schaufenster* führt der BGH zwar aus, dass der Vergleich nicht unangemessen scharf, abfällig, verächtlich oder zu Unrecht verallgemeinernd kritisieren dürfe, zieht sich jedoch im weiteren Verlauf des Urteils wieder auf die Begriffe „abfällig, abwertend und unsachlich“ zurück (BGH

eine jeweils einzelfallabhängige Abwägung zwischen den Interessen des Werbenden an der konkreten Werbeform und den Interessen des Markeninhabers an der Wertschätzung seiner Marke vorgenommen. Überschreitet die konkrete Werbung den Grad der Zumutbarkeit für den Markeninhaber, stellt sie eine Herabsetzung dar. Wann diese Schwelle überschritten ist, wird durch eine kaum noch zu übersehende Vielzahl von Kriterien bestimmt.

Zur besseren Übersichtlichkeit wird vorliegend hinsichtlich der Unzumutbarkeit zwischen der Verwendung der Marke an sich, der Art der Verwendung und der Auswirkung der sonstigen Werbungsaussage auf das Kennzeichen unterschieden.

(A) Verwendung der Marke an sich

Die Verwendung einer Marke an sich wird grundsätzlich keine unlautere Herabsetzung der Wertschätzung darstellen. Soweit die Voraussetzungen des § 6 Abs. 2 Nr. 1 – 3 UWG erfüllt sind, ist es dem Werbenden erlaubt, zur Identifizierung die Marke des Mitbewerbers herauszustellen. Eine Umschreibung oder die Verwendung einer bestimmten Marke des Mitbewerbers bei mehreren Produktmarken kann nicht verlangt werden. Nicht aufrechterhalten lässt sich daher die Entscheidung des KG *Alternative zur Marke* aus dem Jahre 1984.[977] Dort hatte ein Händler den Preis für seine Eigenmarke dem für Markencornflakes gegenübergestellt. Das KG sah darin eine unsachliche Beeinflussung der Verbraucher und ein unnötige Anprangerung des Markenartikels. Die unsachliche Beeinflussung wurde damit begründet, dass der Eindruck erweckt werde, dass beide Produkte qualitativ gleichwertig seien. Es erscheint indes zweifelhaft, ob einem Preisvergleich eine derartige Aussage entnommen werden kann. Es wird vielmehr lediglich eine Substituierbarkeit behauptet, nicht aber die genaue qualitative Gleichwertigkeit.[978] Ist daher der Preis für die Verbraucher bei den verglichenen Waren eine Eigenschaft im Sinne des § 6 Abs. 2 Nr. 2 UWG, so kann nicht darauf abgestellt werden, dass eine Prangerwirkung zulasten des Markenartikels entstehe. Diese ist wie bei jeder kritisierenden vergleichenden Werbung grundsätzlich hinzunehmen. Erst wenn die Werbung weitere Elemente enthält, die den Markenartikel herabsetzen, kann von einer Unlauterkeit ausgegangen werden.[979]

GRUR 2002, 72, 73 „*Preisgegenüberstellung im Schaufenster*"); Ansätze einer Definition bei *Sack*, WRP 2001, 327, 346.

977 KG GRUR 1985, 228 „*Alternative zur Marke*".

978 So BGH GRUR 2007, 896, 898 (Rdn. 22) „*Eigenpreisvergleich*" im Rahmen des § 6 Abs. 2 Nr. 2 UWG.

979 Zur Irreführung in diesen Fällen siehe *Menke*, WRP 1998, 812, 823.

Die Feststellung, dass die Verwendung der Marke an sich keine unlautere Herabsetzung darstellt, könnte in Zweifel gezogen werden, wenn eine exklusive Marke im Zusammenhang mit der Werbung für ein No-Name-Produkt genannt wird.[980] In diesen Fällen könnte allein aus der Nennung der Exklusivmarke eine Herabsetzung daraus rühren, dass dem Markenprodukt vom Verkehr eine verminderte Qualität zugeschrieben wird, weil es im Zusammenhang mit dem No-Name-Produkt vertrieben oder beworben wird und damit möglicherweise auf eine gleiche Stufe gestellt wird.[981] Diese Feststellung würde indes der Wertung des § 6 Abs. 2 Nr. 2 UWG zuwiderlaufen. Vergleicht der Werbende sein Produkt mit dem eines Mitbewerbers hinsichtlich einer wesentlichen, relevanten, nachprüfbaren und typischen Eigenschaft, so muss sich der fremde Markeninhaber den Vergleich unabhängig davon gefallen lassen, ob es sich um Massen- oder Luxusware handelt.[982] Das Korrektiv bilden die Wesentlichkeit und Relevanz der Eigenschaft, d.h. die Eigenschaft muss für die Kaufentscheidung von Ausschlag sein. So könnte etwa ein Preisvergleich gemäß § 6 Abs. 2 Nr. 2 UWG unzulässig sein, wenn der Preis für die Kaufentscheidung hinsichtlich des Luxusproduktes keine wesentliche Eigenschaft mehr ist,[983] sondern allein Qualität und Image die Kaufentscheidung beeinflussen.

Die Verwendung der Marke an sich stellt daher keine unlautere Herabsetzung dar.[984]

(B) Konkrete Art der Verwendung der Marke

Eine unlautere Herabsetzung kann sich indes aus der konkreten Verwendung der Marke ergeben. Diese kann in vielfältiger Weise wiedergegeben werden, so dass vorliegend nur allgemeine Richtlinien für die Einzelfallprüfung herausgearbeitet werden können.

Hinsichtlich der konkreten Art der Verwendung ist insbesondere danach zu differenzieren, ob die Marke in Originalgröße und Originaldesign oder aber verzerrt bzw. verstellt verwendet wird. Eine Herabsetzung wird umso eher anzunehmen sein, je stärker die Marke verzerrt wiedergegeben wird. So stellte der BGH hinsichtlich der Wiedergabe einer fremden Werbeanzeige darauf ab, dass

980 So etwa *Koos*, in Fezer, UWG, § 6 Rdn. 224 f.

981 *Koos*, in Fezer, UWG, § 6 Rdn. 224.

982 Ebenso *Plaß*, in: HK-WettbewerbsR, § 6 UWG Rdn. 127; *Nordmann*, GRUR Int. 2002, 297, 302.

983 Entgegen dem bisherigen deutschen Verständnis muss in richtlinienkonformer Auslegung auch der Preis als eine Eigenschaft der Ware angesehen werden, so EuGH GRUR 2007, 69, 74 (Rdn. 56) „*LIDL*", ebenso *Ohly*, GRUR 2007, 3, 7.

984 So auch BGH GRUR 2002, 72, 74 „*Preisgegenüberstellung im Schaufenster*".

diese mit größtmöglicher Authentizität wiedergegeben wurde, und verallgemeinerte, dass die wörtliche Wiedergabe oder Abbildung des konkurrierenden Angebots regelmäßig nicht als herabsetzend oder verunglimpfend empfunden werde.[985] Daher kann auch bei Marken davon ausgegangen werden, dass grundsätzlich die Wiedergabe im Original nicht herabsetzend ist. Soweit die Marke verzerrt oder verändert wiedergegeben wird, bedarf es hingegen einer Abwägung, ob die konkrete Form dem Markeninhaber noch zumutbar ist. So wird der Markeninhaber die Verzerrung oder Veränderung dann nicht mehr hinzunehmen haben, wenn die Marke dadurch lächerlich wirkt oder dem Spott preisgegeben wird.[986] Zugunsten des Werbenden ist dann jedoch zu beachten, dass Werbung von Ironie und Humor lebt. Soweit die Ironie lediglich Aufmerksamkeit und Schmunzeln erzielt und mit ihr keine Abwertung des Mitbewerbers verbunden ist, liegt darin noch keine unzulässige Herabsetzung.[987] Anders wird es sich hingegen verhalten, wenn das Markenprodukt lächerlich gemacht wird. So wäre es beispielsweise problematisch, wenn die Marke des Mitbewerbers so dargestellt wird, als würde ihr die Luft entweichen. Der Verkehr könnte dies dahin deuten, dass hinter der dargestellten Marke nur heiße Luft stecke und daher ihr Ruf nicht gerechtfertigt sei.

Wird die Marke in ihrer Originalgestalt wiedergegeben, kann sich eine Herabsetzung noch aus den sonstigen Umständen der Werbung ergeben. Es muss dann in diesen Fällen eine Abwägung vorgenommen werden, ob die konkrete Darstellung noch durch die Sachaussage gerechtfertigt ist und ob der Markeninhaber insoweit eine gewisse humorvolle Herabsetzung hinzunehmen hat.

(C) Sonstige Werbeaussagen

Nicht nur die Darstellung der Marke an sich, sondern auch die mit dem Vergleich verbundenen Aussagen können zu einer Beeinträchtigung der Marke des Mitbewerbers führen. Wird das Produkt durch die Aussage abfällig, abwertend oder unsachlich behandelt, wirkt sich die Beeinträchtigung des Produktes auch auf die Wertschätzung der Marke aus, da sich diese nicht vom Produktimage subtrahieren lässt. Folglich muss auch der Kontext der Markenverwendung beachtet werden.

---

985 BGH GRUR 2002, 72, 74 „*Preisgegenüberstellung im Schaufenster*“.

986 So *Menke*, in: MünchKomm, UWG, § 6 Rdn. 203; *Koos*, in: Fezer, UWG, § 6 Rdn. 241, allerdings nur im Rahmen des § 6 Abs. 2 Nr. 5 UWG.

987 BGH GRUR 2002, 72, 74 „*Preisgegenüberstellung im Schaufenster*“; *Sack*, in: Harte-Bavendamm/Henning-Bodewig, UWG, § 6 Rdn. 155; *Menke*, in: MünchKomm, UWG, § 6 Rdn. 198 u. 203; *Lettl*, Das neue UWG, Rdn. 511; *Koos*, WRP 2005, 1096, 1098.

Der Gegenstand dieser Arbeit ist nur die Markennennung, d.h. Verwendung der Marke an sich. Es überschritte den Rahmen, würden auch alle denkbaren Werbeaussagen auf ihre Zulässigkeit untersucht, die mit der Markennennung einhergehen können. Diesbezüglich kann daher grundsätzlich nur auf die Spezialliteratur zur vergleichenden Werbung verwiesen werden.[988]

5) § 6 Abs. 2 Nr. 5 UWG

Wie bereits oben dargelegt, kann bei einer Markennennung eine weitergehende Unzulässigkeit aus § 6 Abs. 2 Nr. 5 UWG gegenüber Nr. 4 nicht hergeleitet werden.[989]

6) § 6 Abs. 2 Nr. 6 UWG

§ 6 Abs. 2 Nr. 6 UWG wird in der Regel nur bei anlehnender vergleichender Werbung in Erscheinung treten, da bei einer kritisierenden Werbung die Produkte gerade voneinander abgegrenzt und nicht als identisch dargestellt werden sollen.

Wie bereits oben dargelegt, ist § 6 Abs. 2 Nr. 6 UWG eng auszulegen und auf die Fälle zu begrenzen, bei denen die Ware oder die Dienstleistung offen als Imitation oder Nachahmung vertrieben wird. Dies kann durch die Worte „Imitation" bzw. „Nachahmung" direkt oder implizit über ein Synonym überfolgen.[990]

Die Problematik soll beispielhaft am Sachverhalt des *Tchibo/Rolex*-Urteils des BGH, das noch unter Geltung des UWG a.F. entschieden wurde, illustriert werden.[991] Das Unternehmen *Tchibo* vertrieb Uhren, die frappierende Ähnlichkeit zu den Uhren der Firma *Rolex* hatten. In seiner Werbung wies *Tchibo* darauf hin, dass die Uhren eine *Rolex*-Ähnlichkeit aufwiesen. Obwohl in der Werbung die Uhren nicht ausdrücklich mit den Begriffen „Imitat" oder „Nachahmung" beworben werden, könnte in dem Begriff „Ähnlichkeit" zumindest eine synonyme Bezeichnung als „Nachahmung" gesehen und damit § 6 Abs. 2 Nr. 6 UWG als einschlägig betrachtet werden. Allerdings sollte § 6 Abs. 2 Nr. 6 UWG auch hinsichtlich der Synonyme eng ausgelegt werden,[992] da anderenfalls die Gefahr

988 Ausführlich dazu *Koos*, in: Fezer, UWG, § 6 Rdn. 233 ff.; *Menke*, in: MünchKomm, UWG, § 6 Rdn. 199 ff.

989 D.II.1.b)5), S. 270 f.

990 Dazu bereits D.II.1.b)6), S. 273.

991 BGH GRUR 1985, 876 „*Tchibo/Rolex*".

992 *Menke*, in: MünchKomm, UWG, § 6 Rdn. 225 will außerhalb von Parfümvergleichen aufgrund der Historie und des Sinn und Zwecks der Vorschrift die implizite

besteht, dass die grundsätzlich zulässige anlehnende vergleichende Werbung häufig an § 6 Abs. 2 Nr. 6 UWG scheitert. Korrektiv ist hier vielmehr § 6 Abs. 2 Nr. 2 UWG. Schon durch die dort aufgestellten Voraussetzungen werden schlichte Anlehnungen ohne Verbraucherinformation verhindert. Plumpe Vergleiche, die lediglich auf eine Ausbeutung des Rufs aus sind und keine Informationen für die Verbraucher enthalten, können bereits über diese Norm als unzulässig bewertet werden. Folglich sollten als Synonyme zur „Imitation" oder „Nachahmung" nur Begriffe angesehen werden, aus denen eindeutig hervorgeht, dass das Produktdesign faktisch ohne weiteres übernommen wurde. Dies wäre etwa bei den Begriffen wie „Nachbildung" oder „Kopie" der Fall. Wird hingegen aus dem Vergleich lediglich deutlich, dass das Originalprodukt als Vorlage gedient habe, sollte dies noch nicht den Tatbestand des § 6 Abs. 2 Nr. 6 UWG erfüllen. Daher erscheint es geboten, Begriffe wie „ähnlich", „ersetzt" oder „entsprechend" nicht für eine offene Nachahmungsbehauptung im Sinne § 6 Abs. 2 Nr. 6 UWG ausreichen zu lassen. Aufgrund dieser restriktiven Auslegung würde daher die Werbung im Ausgangsfall nicht an § 6 Abs. 2 Nr. 6 UWG scheitern.

7) § 5 Abs. 3 Alt. 1 UWG

Vergleichende Werbung darf nicht irreführend sein. Allein durch die Nennung einer fremden Marke wird noch keine Irreführung eintreten. Probleme ergeben sich nur aus den damit verbundenen expliziten oder impliziten Werbeaussagen. Daher ist auf die Spezialliteratur zur vergleichenden Werbung zu verweisen.[993]

c) Zwischenergebnis

Soweit die Mitbewerbereigenschaft zu bejahen ist, beurteilt sich die Zulässigkeit der Markennennung im Rahmen der vergleichenden Werbung primär nach § 6 UWG. Der Schwerpunkt bei der kritisierenden vergleichenden Werbung liegt dann bei § 6 Abs. 2 Nr. 2 und Nr. 4 in Form der Herabsetzung der Wertschätzung. Bei der anlehnenden vergleichenden Werbung liegen die Probleme bei der Verwechslungsgefahr gemäß § 6 Abs. 2 Nr. 3 UWG, dem Ausnutzen der Wertschätzung gemäß § 6 Abs. 2 Nr. 4 UWG und dem Verbot der Imitationswerbung gemäß § 6 Abs. 2 Nr. 6 UWG.

Darstellung generell aus dem Anwendungsbereich des § 6 Abs. 2 Nr. 6 UWG herausnehmen.

993 So insbesondere *Dilly*, Das Irreführungsverbot des Art. 3a der Richtlinie über irreführende und vergleichende Werbung, S. 53 ff., ferner *Koos*, in: Fezer, UWG, § 6 Rdn. 288 ff.; *Köhler*, in: Hefermehl/Köhler/Bornkamm, UWG, § 6 Rdn. 14; *Eck/Ikas*, WRP 1999, 251, 257 ff.

2. Markenrechtliche Ansprüche

Bereits oben wurde dargelegt, dass auch bei vergleichender Werbung prinzipiell markenrechtliche Ansprüche in Betracht kommen. Eine Einschränkung besteht nur insoweit, dass vergleichende Werbung, die nach § 6 UWG zulässig ist, nicht durch das MarkenG untersagt werden kann.[994] Daher wird im Folgenden untersucht, welche markenrechtlichen Ansprüche einer Markenverwendung im Rahmen der vergleichenden Werbung einschlägig sind und wie diese Ansprüche mit § 6 UWG zu harmonisieren sind. Dies ist insbesondere deshalb geboten, da sich die markenrechtlichen Ansprüche gegenüber den wettbewerbsrechtlichen Ansprüchen als vorteilhaft erweisen.[995]

Untersuchungsgegenstand dieser Arbeit ist nur, ob durch die Bezugnahme auf die Fremdmarke eine Markenrechtsverletzung eintreten kann. Nicht geprüft wird hingegen, ob die Verwendung der Eigenmarke des Werbenden markenrechtlich zulässig ist. Dazu wurde bereits oben dargestellt, dass diese Frage nach normalen markenrechtlichen Regelungen zu entscheiden ist, da es unerheblich ist, ob die Eigenmarke in einem Werbevergleich oder in einer sonstigen Werbeform verwendet wird.[996]

a) Markenrechtsverletzung gemäß § 14 Abs. 2 Nr. 1 MarkenG

1) Tatbestandsvoraussetzungen

Wird eine Bezugnahme auf ein Produkt eines Dritten mit der originalgetreuen Marke hergestellt und sind das Produkt des Werbenden und des Dritten identisch, kann diese Bezugnahme den Tatbestand des § 14 Abs. 2 Nr. 1 MarkenG erfüllen.[997] Problematisch gestaltet sich jedoch in diesen Fällen die markenmäßige

994 Siehe dazu C.II.3.a)3)(b), S. 151 ff.

995 Markenrechtliche Ansprüche sind für den Markeninhaber insbesondere vorteilhafter, da das MarkenG für ihn günstigere Verjährungsvorschriften – 3 Jahre (§ 20 MarkenG) statt 6 Monate (§ 11 Abs. 1 UWG) – vorsieht. Ferner beinhaltet das MarkenG klarere Regelungen für einen Vernichtungsanspruch (§ 18 MarkenG) und einen Auskunftsanspruch (§ 19 MarkenG).

996 C.II.3.a)3)(b), S. 154 ff.

997 Wie bereits dargestellt, kommt es für eine Doppelidentität gemäß § 14 Abs. 2 Nr. 1 MarkenG darauf an, dass das beworbene Produkt mit dem Produkt identisch ist, für das die Marke eingetragen ist (siehe dazu C.II.3.g)1)(c), S. 176 ff.). Als Bezugspunkt kann nicht das Markenprodukt selbst herangezogen werden (so aber *Egerer*, Die markenrechtliche Zulässigkeit beschreibender Angaben, S. 211, der folglich bei jeder kritisierenden vergleichenden Werbung § 14 Abs. 2 Nr. 1 MarkenG anwenden

Verwendung des Zeichens. Diese ist gegeben, wenn dem Markeninhaber aufgrund des verwendeten Zeichens eine Produktverantwortung für das beworbene Produkt zugeschrieben wird.[998]

Bei der ***kritisierenden vergleichenden Werbung*** wird es in der Regel an einer markenmäßigen Benutzung mangeln. Ein Verkehrsverständnis dahin, dass der Markeninhaber Hersteller des beworbenen Produktes sei, wäre für die kritisierende vergleichende Werbung gerade kontraproduktiv. Der Werbende will eine bestimmte Eigenschaft seiner Produkte oder das ganze Produkt von dem Produkt eines bestimmten Konkurrenten abgrenzen und positiv herausstellen. Dies kann aber nur dann gelingen, wenn der Verkehr deutlich zwischen dem beworbenen Produkt und dem Bezugsprodukt unterscheiden kann.

Eine markenmäßigen Benutzung des Zeichens kommt indes bei der ***anlehnenden vergleichenden Werbung*** in Betracht. Diese Werbeart ist dadurch geprägt, dass durch den Vergleich versucht wird, den der Fremdmarke innewohnenden Imagewert auf das beworbene Produkt zu übertragen.

Es wird daher bei der anlehnenden vergleichenden Werbung genau zu prüfen sein, ob trotz zweier objektiv vorhandener Marken der Eindruck entsteht, dass der Markeninhaber Hersteller des beworbenen Produktes sei oder zumindest dafür die Produktverantwortung übernommen habe. Insbesondere die Gestaltung der Bezugnahme wird dabei entscheidend sein. Wird etwa die Fremdmarke überproportional zur Eigenmarke herausgestellt, besteht die Gefahr, dass der Verkehr nur noch erstere wahrnimmt und damit das beworbene Produkt dem Markeninhaber zuordnet.

Soweit hingegen die Eigenmarke ausreichend zum Ausdruck kommt und bestimmte Eigenschaften der Produkte verglichen werden, wird in der Regel eine Zurechnung der Produktverantwortung zum Fremdmarkeninhaber ausscheiden. Begegnen dem Publikum zwei Marken, die für sich genommen zu keiner Zurechnung der Produktverantwortung führen, begründet auch ein Vergleich diese nicht.

Mangels einer markenmäßigen Benutzung scheidet eine Markenrechtsverletzung gemäß § 14 Abs. 2 Nr. 1 MarkenG sowohl bei der kritisierenden als auch bei der anlehnenden vergleichenden Werbung grundsätzlich aus.[999] Nur soweit

---

will, unabhängig davon wie das beworbene Produkt zu dem Markenprodukt steht; ebenso *Kur*, MarkenR 2001, 137, 142).

998 Siehe dazu ausführlich unter C.II.3.g)2)(e), S. 185 ff.

999 A.A. aufgrund eines weiteren Verständnisses des Benutzungsbegriffs *Fezer*, MarkenR, § 14 Rdn. 496; *Danger*, Die rechtsverletzende Benutzungshandlung im Markenrecht, Rdn. 527 ff.; *v. Linstow*, WRP 2000, 955, 956; *Lange*, WRP 2003, 323, 332; partiell *Egerer*, Die markenrechtliche Zulässigkeit beschreibender Angaben, S. 212 der nur in der kritisierenden vergleichenden Werbung eine markenmäßige Benutzung sieht, nicht aber in der anlehnenden vergleichenden Werbung.

sich ausnahmsweise aus der besonderen Gestaltung der Bezugnahme eine Zurechnung der Produktverantwortung ergibt, kommen markenrechtliche Ansprüche in Betracht.

2) Rechtfertigung

Erfolgt dennoch ausnahmsweise eine Zurechnung der Produktverantwortung und greift damit § 14 Abs. 2 Nr. 1 MarkenG ein, scheidet eine Rechtfertigung prinzipiell aus.

Als Rechtsfertigungstatbestand käme zunächst § 23 Nr. 2 MarkenG in Betracht. Danach darf eine fremde Marke zur Beschreibung der Produktmerkmale der eigenen Ware verwendet werden. Unabhängig davon, ob die Anwendung des § 23 Nr. 2 MarkenG bereits deshalb ausscheidet, weil die Angaben in einer vergleichenden Werbung nicht als beschreibend im Sinne dieser Norm anzusehen sind,[1000] scheitert eine Rechtfertigung der zuvor dargelegten Markenrechtsverletzung an einem Verstoß gegen die guten Sitten. Wie sich aus der Wertung des § 6 Abs. 2 Nr. 3 UWG ergibt, darf vergleichende Werbung nicht zu einer Verwechslungsgefahr führen. Diese ist jedoch gegeben, wenn der Verkehr dem Markeninhaber aufgrund der Verwendung seiner Marke in dem Werbevergleich eine Produktverantwortung zurechnet. Ein solcher Vergleich entspricht dann nicht dem Gebot der guten Sitten.

Als weitere Rechtsfertigungsmöglichkeit wird ferner die Erschöpfung gemäß § 24 MarkenG herangezogen.[1001] Danach darf die Marke für die Waren verwendet werden, die unter dieser Marke in den Verkehr gebracht wurden. Indes muss bei dieser Vorschrift ebenso wie bei § 14 Abs. 2 Nr. 1 MarkenG der Bezugspunkt

1000 Gegen eine Anwendung des § 23 Nr. 2 MarkenG mit beachtlichen Argumenten *Ingerl/Rohnke*, MarkenG, § 14 Rdn. 56; *Ingerl*, GRUR Int. 2001, 581, 586; *ders.*, WRP 2002, 861, 864 f.; ebenso *Egerer*, Die markenrechtliche Zulässigkeit beschreibender Angaben, S. 46; *Hacker*, GRUR Int. 2002, 502, 506; dagegen für dessen Anwendung OLG Frankfurt a.M. GRUR-RR 2004, 359, 360 „*Markenparfüm*"; *Fezer*, MarkenR, § 14 Rdn. 496; *Koos*, in: Fezer, UWG, § 6 UWG Rdn. 183; *Stuckel*, in: v. Schultz, MarkenG, § 23 Rdn. 23; *Lange*, Marken- und Kennzeichenrecht, Rdn. 1873; *Buck-Freytag*, Auswirkungen der Richtlinie 97/55/EG, S. 105; *Danger*, Die rechtsverletzende Benutzungshandlung im Markenrecht, Rdn. 543; *Heister*, Vergleichende Werbung, S. 80; *Nägele*, Die rechtsverletzende Benutzung im Markenrecht, S. 177; *ders.*, MarkenR, 1999, 177, 181; *v. Linstow*, WRP 2000, 955, 958; wohl auch BGH GRUR 2004, 607, 612 „*Genealogie der Düfte*", ohne dies jedoch auch nur ansatzweise zu begründen.

1001 *Kur*, GRUR 1997, 241, 250 (Fn. 109); *dies.*, MarkenR 2001, 137, 142; ohne Begründung für das Eingreifen dieser Norm auch *Sack*, in: Harte-Bavendamm/Henning-Bodewig, UWG, § 6 Rdn. 190; *ders.*, WRP 2004, 1405, 1418.

die Ware oder Dienstleistung des Zeichenverwenders sein. § 24 MarkenG soll nicht jede Markennennung, sondern nur den Weitervertrieb der Ware ermöglichen. Dies ergibt sich insbesondere daraus, dass sich § 24 MarkenG nur auf Waren bezieht. Wäre jede Markennennung gerechtfertigt, so wäre fraglich, warum diese nicht auch bei Dienstleistungen möglich sein sollte.[1002] Daher scheidet § 24 MarkenG als Rechtfertigungsgrund aus.[1003]

Dass eine Markenrechtsverletzung gemäß § 14 Abs. 2 Nr. 1 MarkenG bei der vergleichenden Werbung nicht gerechtfertigt werden kann, steht auch in Einklang mit § 6 UWG. Gemäß § 6 Abs. 2 Nr. 3 UWG darf es nicht zu einer Verwechslungsgefahr und damit nicht zu einer Zurechnung der Produktverantwortung kommen. Damit ist vergleichende Werbung, bei der der Verkehr die Produktverantwortung für das beworbene Produkt dem Fremdmarkeninhaber zuordnet, sowohl nach § 14 Abs. 2 Nr. 1 MarkenG als auch über § 6 Abs. 2 Nr. 3 UWG unzulässig. Eine Divergenz ist nicht zu befürchten.[1004]

b) Markenrechtsverletzung gemäß § 14 Abs. 2 Nr. 2 MarkenG

Sind die verglichenen Produkte nicht identisch, kommt bei einer Ähnlichkeit der Produkte eine Markenrechtsverletzung gemäß § 14 Abs. 2 Nr. 2 MarkenG in Betracht.

Wie bereits beim Identitätsschutz dargestellt, werden die Marken bei der ***kritisierenden vergleichenden Werbung*** nicht in einer Art und Weise verwendet, die zu einer Zurechnung der Produktverantwortung führen kann. Daher scheidet auch eine Verwechslungsgefahr gemäß § 14 Abs. 2 Nr. 2 MarkenG aus.

1002 Diese Problematik gesteht auch *Kur* ein (MarkenR 2001, 137, 141). Die Beschränkung des § 24 MarkenG auf Waren sei in deutliches Indiz dafür, dass sich die Erschöpfung nur auf das Vertriebsrecht beziehe. Allerdings solle nach *Kur* darin allein noch kein hinreichender Grund zu sehen sein, eine sachgerechte Weiterentwicklung des Erschöpfungsgrundsatzes zu verweigern.

1003 Ebenso *Danger*, Die rechtsverletzende Benutzungshandlung im Markenrecht, Rdn. 550.

1004 Nunmehr hat der EuGH entschieden, dass Art. 5 Abs. 1 S. 2 lit. b) MRL und Art. 3 Abs. 1 lit. d) Richtlinie 84/450/EG gleich auszulegen sind (EuGH GRUR 2008, 698, 700 f. (Rdn. 49 u. 67) „*O2/Hutchison*"; zustimmend *Blankenburg*, WRP 2008, 1294, 1297). Demgegenüber bestand in der deutschen Literatur und Rechtsprechung weitgehend Einigkeit, dass es im Rahmen des Markenrechts auf eine abstrakte Verwechslungsgefahr und im Rahmen des § 6 UWG auf eine konkrete Verwechslungsgefahr ankommt (so BGH GRUR 2004, 860, 863 „*Internet-Versteigerung*"; *Fezer*, MarkenG, § 14 Rdn. 117; *Ingerl/Rohnke*, MarkenG, § 14 Rdn. 268; *Hacker*, in: Ströbele/Hacker, MarkenG, § 9 Rdn. 18; *Steinbeck*, in: FS Ullmann, S. 409, 417).

Die Verwendung einer Fremdmarke in der ***anlehnenden vergleichenden Werbung*** kann hingegen zu Verwechslungen führen. Wird die Fremdmarke derart verwendet, dass sie vom Verkehr als Herkunftshinweis für das beworbene Produkt wahrgenommen wird, muss eine gespaltene Verkehrsauffassung bestehen.[1005] Nur wenn mindestens ein Teil des Verkehrs erkennt, dass ein Bezug auf ein fremdes Produkt erfolgt, liegt noch vergleichende Werbung vor. Eine solche Konstellation kann insbesondere dann eintreten, wenn die Fremdmarke gegenüber der Marke des Werbenden in erheblichem Umfang herausgestellt wird.

Ist eine Verwechslungsgefahr gegeben, scheidet ebenso wie schon bei § 14 Abs. 2 Nr. 1 MarkenG dargestellt eine Rechtfertigung aus.

c) Markenrechtsverletzung gemäß § 14 Abs. 2 Nr. 3 MarkenG

Scheitert die Anwendung des § 14 Abs. 2 Nr. 1 und Nr. 2 MarkenG aufgrund der Eigenart der anlehnenden und insbesondere der kritisierenden vergleichenden Werbung regelmäßig an dem Merkmal der markenmäßigen Benutzung oder der Verwechslungsgefahr, gilt dies nicht für § 14 Abs. 2 Nr. 3 MarkenG. Diese Alternative des § 14 Abs. 2 MarkenG setzt weder eine markenmäßige Benutzung noch eine Verwechslungsgefahr voraus. Es kommt vielmehr allein darauf an, ob durch die Werbung die Unterscheidungskraft bzw. die Wertschätzung ausgenutzt oder beeinträchtigt wird.[1006] Ein Handeln im geschäftlichen Verkehr unterstellt, bildet § 14 Abs. 2 Nr. 3 MarkenG die primäre markenrechtliche Vorschrift in dieser Fallgruppe, soweit auf eine bekannte Marke Bezug genommen wird.

1) Ausnutzen oder Beeinträchtigen der Wertschätzung

(a) Ausnutzen der Wertschätzung

Ein Ausnutzen der Wertschätzung setzt voraus, dass positive Assoziationen der bekannten Marke auf ein anderes Produkt übertragen werden.[1007] Es muss mithin

1005 *Lehmler*, MarkenG, § 6 Rdn. 62.

1006 Zur allgemeinen Auslegung der markenmäßigen Benutzung im Rahmen des § 14 Abs. 2 Nr. 3 MarkenG siehe C.II.3.e), S. 165 ff.

1007 BGH GRUR 2005, 583, 584 „*Lila-Postkarte*"; OLG Köln MarkenR 2005, 445, 448 „*Kleiner Feigling*"; *Ingerl/Rohnke*, MarkenG, § 14 Rdn. 851; *Dorndorf*, Der Schutz vor Herkunftstäuschung und Rufausbeutung, Rdn. 397; *Miller*, Irreführung von Internet-Suchmaschinen, S. 235; *Riedel*, Spannungsverhältnis, S. 106; *Worm*, Hyperlinks, Inline-Frames und Meta-Tags, S. 86; *Wagner*, Sonderschutz für bekannte Kennzeichen, S. 94; *Piper*, GRUR 1996, 429, 434; *Berlit*, MarkenR, Rdn. 190; *ders.*, GRUR 2002, 572, 577; ausführlich zur Auslegung dieser Tatbestandsalternative D.I.2.c)2)(a)(2), S. 220 ff.

ein Imagetransfer erfolgen, d.h. der Imagekern des Markenproduktes muss auf das Produkt des Zeichenverwenders übertragen werden.

Wie schon bei § 6 Abs. 2 Nr. 4 UWG dargestellt, fehlt es bei der ***kritisierenden vergleichenden*** Werbung grundsätzlich an einem Ausnutzen der Wertschätzung. Bei dieser Art der Werbung will sich der Werbende von dem Markeninhaber gerade absetzen, so dass eine Rufübertragung zumeist sogar schädlich wäre. Ein Anderes kann nur dann gelten, wenn es sich um versteckte anlehnende Werbung handelt, d.h. dass nur ein untergeordnetes Merkmal kritisiert wird, um sich hauptsächlich in anlehnender Weise in Bezug zu dem Markenprodukt zu setzen. Dann gelten die folgenden Ausführungen zur anlehnenden vergleichenden Werbung entsprechend.

Durch die ***anlehnende vergleichende Werbung*** wird grundsätzlich die Wertschätzung ausgenutzt. Insbesondere wenn es an einer vergleichbaren Eigenschaft fehlt, mithin ein pauschaler Vergleich vorgenommen wird, ist der einzige Zweck der Werbung, die Gütevorstellung des einen Produktes auf das andere zu übertragen.

Indes fehlt es an der Unlauterkeit des Ausnutzens, wenn die Voraussetzungen des § 6 Abs. 2 UWG erfüllt sind. Verstößt die Werbung nicht gegen die § 6 Abs. 2 Nr. 1 – 3 UWG, sind die gleichen Unlauterkeitskriterien heranzuziehen, die bereits im Rahmen des § 6 Abs. 2 Nr. 4 UWG dargelegt wurden.[1008] Ein weitergehender Schutz kann aus dem Markengesetz nicht hergeleitet werden.

(b) Beeinträchtigung der Wertschätzung

Zu einer Minderung der Wertschätzung wird es in der Regel bei der kritisierenden vergleichenden Werbung kommen. Dieser Werbeform ist es immanent, dass die Wertschätzung der Konkurrenzware gemindert wird.

Ob es bei der anlehnenden vergleichenden Werbung zu einer Beeinträchtigung der Wertschätzung kommen kann, erscheint fraglich. Dies würde voraussetzen, dass zumindest Teile des Images des beworbenen Produktes auf das bekannte Produkt übertragen werden. Der Verkehr wird indes durch Werbesprüche wie „*Unser Produkt ist genauso gut wie...*" dem bekannten Produkt keine anderen Wertvorstellungen zuordnen.

Ist eine Beeinträchtigung der Wertschätzung gegeben, muss im Rahmen der Unlauterkeit auf die gleichen Voraussetzungen wie bei § 6 Abs. 2 Nr. 4 UWG zurückgegriffen werden. Es kommt also insbesondere darauf an, ob dem Vergleich eine Sachaussage entnommen werden kann, deren Aussagegehalt den An-

1008 Siehe dazu die Ausführungen hinsichtlich des Ersatzteil- und Zubehörhandels unter D.II.1.b)4)(b)(2), S. 263 ff.

forderungen des § 6 Abs. 2 Nr. 2 UWG standhält. In diesem Fall ist eine Beeinträchtigung der Wertschätzung hinzunehmen.

Die Wertung des § 6 Abs. 2 Nr. 4 UWG sollte die Auslegung der Unlauterkeit des § 14 Abs. 2 Nr. 3 MarkenG auch dann prägen, wenn die Werbung mangels Mitbewerbereigenschaft des Markeninhabers nicht als vergleichende Werbung im Sinne des § 6 Abs. 1 UWG einzuordnen ist. Anderenfalls bestünde die Gefahr, dass jeweils identische Markenverwendungen rechtlich unterschiedlich behandelt werden, obwohl die Mitbewerbereigenschaft kein Wertungskriterium des MarkenG ist.

2) Ausnutzen oder Beeinträchtigen der Unterscheidungskraft

Ein Beeinträchtigen der Unterscheidungskraft kann dann gegeben sein, wenn die Produktverantwortung für das beworbene Produkt dem Markeninhaber zugeordnet wird.[1009] Soweit allerdings in diesen Fällen die Produkte identisch oder ähnlich sind, ist vorrangig auf § 14 Abs. 2 Nr. 1 und Nr. 2 MarkenG zurückzugreifen.

Bei der kritisierenden vergleichenden Werbung kommt es nicht zu einer Beeinträchtigung der Unterscheidungskraft, da es Grundvoraussetzung ist, dass die Produkte auseinandergehalten werden. Hingegen kann die anlehnende vergleichende Werbung so gestaltet sein, dass die Zuordnung der Produktverantwortung nicht klar erscheint. Entsprechend der Wertung des § 6 Abs. 2 Nr. 3 UWG stellt sich diese Beeinträchtigung der Unterscheidungskraft als unlauter dar.

Das Ausnutzen der Unterscheidungskraft spielt bei der vergleichenden Werbung keine Rolle. Es ist vielmehr vorrangig auf das Ausnutzen der Wertschätzung abzustellen, da die anlehnende vergleichende Werbung gerade darauf abzielt, bestimmte Gütervorstellungen zu übertragen.[1010]

3. Sonstige wettbewerbsrechtliche Ansprüche

Die Zulässigkeitsvoraussetzungen für vergleichende Werbung sind wettbewerbsrechtlich abschließend in § 6 UWG geregelt. Soweit daher die Werbung die Vor-

1009 Zur konkreten Auslegung dieses Tatbestandmerkmals siehe die Ausführungen unter D.I.2.c)2)(b), S. 230 ff.

1010 Ein Anderes gilt, soweit als vergleichende Werbung auch die blickfangmäßige Verwendung einer Ware verstanden wird. Bei diesen Konstellationen kann auch das Ausnutzen der Unterscheidungskraft an Bedeutung gewinnen. Allerdings werden diese Fallgestaltungen erst unter näher dargestellt (siehe dazu D.V.2.c)2)(b), S. 352 f.)

aussetzungen des § 6 Abs. 1 UWG erfüllt, ist deren Zulässigkeit allein an § 6 Abs. 2 UWG zu messen.

Um vergleichende Werbung im Sinne dieser Fallgruppe, die nicht in den Anwendungsbereich des § 6 UWG fällt, kann es sich insbesondere dann handeln, wenn es an der Mitbewerbereigenschaft des Markeninhabers fehlt, auf dessen Marke Bezug genommen wird. Als verletzte Normen kommen in dieser Konstellation § 4 Nr. 7 UWG und § 5 Abs. 1 UWG in Betracht.

a) § 4 Nr. 7 UWG

Ein Verstoß gegen § 4 Nr. 7 UWG ist gegeben, wenn Kennzeichen, Waren, Dienstleistungen, Tätigkeiten oder persönliche bzw. geschäftliche Verhältnisse eines Mitbewerbers herabgesetzt oder verunglimpft werden. Die Anwendbarkeit dieser Norm setzt daher ebenso wie § 6 Abs. 1 UWG ein Mitbewerberverhältnis voraus. Zwar kann, wie bereits oben dargelegt, nicht unbesehen an den Mitbewerberbegriff im Sinne des § 6 Abs. 1 UWG angeknüpft werden,[1011] jedoch werden die Ergebnisse in der Regel übereinstimmen, da zumindest auf die weite Auslegung der früheren Rechtsprechung nicht mehr zurückgegriffen werden kann.[1012] Allein die Beeinträchtigung des Rufs der Marke reicht zur Begründung der Mitbewerbereigenschaft nicht aus. Erforderlich ist vielmehr, dass zumindest eine Wechselwirkung zwischen den Vor- und Nachteilen der betroffenen Unternehmen entsteht. Folglich scheidet ein Anspruch aus § 4 Nr. 7 UWG neben § 6 UWG aus. Primäre Anspruchsnorm, um die Herabsetzung einer Marke außerhalb eines Mitbewerberverhältnisses zu verhindern, ist vielmehr § 14 Abs. 2 Nr. 3 MarkenG.

b) § 5 UWG

Ein Anspruch aus § 5 UWG könnte sich aus zwei Aspekten ergeben. Der Vergleich könnte zum einen über die geschäftlichen Verhältnisse und zum anderen über sonstige Umstände der Produkte oder des Vertriebs irreführen.

Wie bereits bei den anderen Fallgruppen dargelegt, ging die bisher h.M. davon aus, dass einer Irreführung über die geschäftlichen Verhältnisse, soweit sie aus der Markenverwendung resultiert, nicht über § 5 UWG begegnet werden konnte.[1013] Vielmehr sollten die Regelungen des § 14 Abs. 2 MarkenG vorrangig sein. Fehlte es daher an einer markenrechtlichen Verwechslungsgefahr, so war

---

1011 Zum gespaltenen Mitbewerberbegriff siehe FN. 862.
1012 Siehe dazu D.II.3.a)1), S. 290 ff.
1013 Siehe zu diesem Verhältnis und den europarechtlichen Bedenken D.I.3.b), S. 238 f.

diese konkrete Art der Markenverwendung hinzunehmen. Ein Anspruch aus § 5 UWG konnte folglich nur aus den über die reine Markenverwendung hinausgehenden Umstände, insbesondere die konkreten Werbeaussagen, hergeleitet werden.

Aufgrund des Art. 6 Abs. 2 lit. a) Richtlinie 2005/29/EG kann indes an dieser Auffassung nicht mehr festgehalten werden. Nunmehr kann einer Verwechslungsgefahr auch über § 5 UWG begegnet werden, soweit diese dazu geeignet ist, den Verbraucher zu einer Entscheidung zu veranlassen, die er ansonsten nicht getroffen hätte.[1014]

4. Gesamtergebnis zu dieser Fallgruppe

Primärer Anknüpfungspunkt bei einer Markennennung im Rahmen der vergleichenden Werbung ist § 6 UWG. Der Schwerpunkt bei der kritisierenden vergleichenden Werbung liegt dann bei § 6 Abs. 2 Nr. 2 und Nr. 4 UWG in Form der Herabsetzung der Wertschätzung. Bei der anlehnenden vergleichenden Werbung liegen die Probleme bei der Verwechslungsgefahr gemäß § 6 Abs. 2 Nr. 3 UWG, dem Ausnutzen der Wertschätzung gemäß § 6 Abs. 2 Nr. 4 UWG und dem Verbot der Imitationswerbung gemäß § 6 Abs. 2 Nr. 6 UWG.

Ferner kann die Verwendung einer fremden Marke gegen die Vorschriften des § 14 Abs. 2 MarkenG verstoßen. § 14 Abs. 2 Nr. 1 und Nr. 2 MarkenG werden allerdings nur bei der anlehnenden vergleichenden Werbung erfüllt sein. Bei der kritisierenden vergleichenden Werbung fehlt es regelmäßig an einer markenmäßigen Benutzung. Greifen die Verletzungstatbestände des § 14 Abs. 2 Nr. 1 und Nr. 2 MarkenG ein, scheidet eine Rechtfertigung gemäß § 23 Nr. 2 UWG grundsätzlich aus. Im Rahmen des § 14 Abs. 2 Nr. 3 MarkenG sind bei der Unlauterkeit die Wertungen des § 6 UWG zu beachten.

Sonstige wettbewerbsrechtliche Ansprüche scheiden allein aufgrund der Markenverwendung aus. Diese können sich vielmehr nur aus den sonstigen damit einhergehenden Werbeaussagen ergeben.

V. Begleitende und blickfangmäßige Verwendung fremder Marken in der Werbung

Wird eine Marke nicht als Bezugsobjekt für den Bestimmungszweck des Produktes oder für einen Werbevergleich verwendet, kann die Marke in der Werbung

1014 Ausführlich zu dieser Problematik unter D.I.3.b), S. 238 ff.

auch begleitend oder blickfangmäßig herausgestellt werden. Insoweit ergibt sich dann für den Markeninhaber die Frage, welche Verwendungsformen seiner Marke er dulden muss.

1. Rechtsverletzung nach § 6 UWG

Ein Unterlassungsanspruch für den Markeninhaber könnte sich zunächst aus einem Verstoß gegen § 6 UWG ergeben. Dies setzt voraus, dass die begleitende oder blickfangmäßige Verwendung die Definition der vergleichenden Werbung erfüllt.

a) Vergleichende Werbung gemäß § 6 Abs. 1 UWG

Die Merkmale „Werbung" und „Erkennbarmachen der von einem Unternehmen angebotenen Waren oder Dienstleistungen" sind in dieser Fallgruppe grundsätzlich gegeben. Entscheidend für die Einordnung dieser Werbung als vergleichende Werbung ist daher, ob es sich um die Produkte eines Mitbewerbers handelt und ob das Vergleichserfordernis erfüllt ist.

1) Mitbewerbereigenschaft

Die kenntlich gemachten Markenprodukte müssen die eines Mitbewerbers sein. Dazu bedarf es gemäß § 2 Abs. 1 Nr. 3 UWG eines konkreten Wettbewerbsverhältnisses zwischen dem Werbenden und dem Markeninhaber. Nach der neusten Rechtsprechung kommt es dazu darauf an, dass die Produkte substituierbar sind.[1015] Diese Substituierbarkeit kann sich entweder aus der Natur der Produkte an sich oder aber aus der konkreten Werbeaussage ergeben. Soweit daher die in der Werbung gezeigten Fremdprodukte mit dem beworbenen Produkt austauschbar sind, besteht eine Mitbewerberbeziehung zwischen den Beteiligten.

Problematisch gestaltet sich dieses Verhältnis allerdings dann, wenn der Werbende und der Markeninhaber vollkommen verschiedenen Branchen angehören. Allein durch das Abbilden der Ware in der Werbung wird grundsätzlich keine Austauschbarkeit begründet. Indes ist zu beachten, dass es der EuGH für die Substituierbarkeit ausreichen lässt, wenn der Werbende seine Ware hinsichtlich des Images mit den fremden Waren gleichstellt.[1016] Unabhängig davon, ob der

1015 EuGH GRUR 2007, 511, 513 (Rdn. 32) *„De Landtsheer/CIVC"*, in diesem Sinne schon BGH GRUR 2002, 828, 829 *„Lottoschein"*.

1016 EuGH GRUR 2007, 511, 514 (Rdn. 42) *„De Landtsheer/CIVC"*.

schlichten Abbildung der Ware eine solche Aussage entnommen werden kann, ist diesem Ansatz des EuGH nicht zu folgen.[1017] Allein eine Imagegleichstellung führt noch nicht zu einer Austauschbarkeit der Waren. Sind die Produkte in ihrer Funktion nicht austauschbar, wird kein Kunde aufgrund eines Imagevergleichs davon absehen, dass herausgestellte Markenprodukt zu kaufen, um stattdessen das Beworbene zu erwerben. So wurde beispielweise in der Fallgestaltung, die dem *Rolls-Royce*-Urteil zugrunde lag,[1018] der Werbeadressat durch die Werbung nicht dazu verleitet, statt eines *Rolls-Royce* nunmehr den beworbenen Whiskey zu erwerben, mag er aufgrund der Werbung auch davon ausgehen, dass der beworbene Whiskey ebenso wie der *Rolls-Royce* ein absolutes Luxus- und Exklusivitätsprodukt ist.

Auch auf den früheren Ansatz des BGH, in diesen Konstellationen auf die Störung eines fiktiven Lizenzverhältnisses abzustellen,[1019] kann nicht zurückgegriffen werden. Zum einen ist dieser nicht mehr mit der Begriffsbestimmung des EuGH kompatibel. Zum anderen wurde bereits dargelegt, dass dieser Ansatz auch schon bisher inhaltlich nicht überzeugte.[1020]

Für die Anwendung des § 6 Abs. 1 UWG bleiben daher nur solche Fallkonstellationen, bei denen ein Produkt eines branchengleichen Unternehmens gezeigt wird.

2) Vergleichserfordernis

In den Fällen, bei denen die Mitbewerbereigenschaft bejaht werden kann, hängt die Anwendbarkeit des § 6 UWG schließlich von dem Vorliegen eines Vergleichs ab.

Bei der *begleitenden Markennennung* fehlt es immer an diesem Merkmal. Diese Art der Markennennung zeichnet sich gerade dadurch aus, dass die Marke nur als Teil der Umwelt wahrgenommen wird. Ist ein solches Verständnis geben, liegen keine Umstände vor, aus denen der Verkehr eine Vergleichsaussage zwischen dem Produkt des Werbenden und dem Markenprodukt herleiten könnte.

Fraglich ist daher allein, ob in der *blickfangmäßigen Verwendung* ein Vergleich gesehen werden kann. Möglicherweise kann dieser Art der Werbung ein impliziter Vergleich mit der Aussage entnommen werden, dass dem beworbenen Produkt das gleiche Image oder die gleiche Qualität wie dem Markenprodukt zukommt. Insoweit wird es nach der weiten Auffassung des EuGH ausreichen, dass

1017 Siehe dazu auch die Ausführungen unter D.IV.1.a)2)(b)(2), S. 310 f.

1018 BGH GRUR 1983, 247 ff. „*Rolls-Royce*“.

1019 So insbesondere BGH GRUR 1983, 247, 249 „*Rolls-Royce*“; GRUR 1985, 550, 552 „*DIMPEL*“.

1020 D.II.3.a)1), S. 290 ff.

eine implizite Gleichstellungsbehauptung aufgestellt wird. Eine solche Gleichstellungsbehauptung scheint grundsätzlich nicht ausgeschlossen zu sein. Allerdings sollte ein impliziter Vergleich bei dieser Fallgruppe nicht reflexartig bejaht werden.[1021] Vielmehr bedarf es einer genauen Prüfung, ob der Verkehr der Werbung wirklich diese Imagegleichstellung entnehmen kann. Bewirbt beispielsweise ein bisher vollkommen unbekannter Hersteller seine 29,99 € kostende Hifi-Anlage damit, dass er blickfangmäßig in einer Anzeige die Marke eines Herstellers von Luxusmusikanlagen herausstellt, dessen Anlagen zum Teil mehrere tausend Euro kosten, wird der Verkehr schwer davon ausgehen können, dass der Werbende seine Hifi-Anlage in Prestige und Qualität der Luxusanlage gleichsetzt. Vielmehr wird der Verkehr erkennen, dass es sich dabei um eine plumpe Aufmerksamkeitswerbung handelt. Ein Vergleich liegt dann nicht vor.

Noch deutlicher werden die Zweifel an einem Vergleich, wenn zur Aufmerksamkeitswerbung nicht nur eine Marke, sondern mehrere Marken herausgestellt werden. Bewirbt der Hersteller seine Hifi-Anlage des vorangegangenen Beispiels derart, dass er in seiner Anzeige groß alle gängigen Marken der Konkurrenz herausstellt und darauf hinweist, dass sich die Konkurrenz nunmehr auch ihm stellen müsse, so wird darin schwerlich die implizite Aussage zu sehen sein, dass das beworbene Produkt allen anderen Produkten in Qualität und Image gleichstehe. Daher bedarf es immer einer genauen Einzelfallprüfung, ob in dem blickfangmäßigen Herausstellen tatsächlich ein impliziter Vergleich liegt, sei es bezogen auf das Image oder auf die Qualität.

b) Unlauterkeit gemäß § 6 Abs. 2 UWG

Soweit vergleichende Werbung bejaht wird, verstößt diese regelmäßig gegen § 6 Abs. 2 Nr. 2 UWG. Zweifelhaft ist insoweit bereits, ob überhaupt eine wesentliche, relevante und typische Eigenschaft durch das schlichte Herausstellen der Fremdmarke angegeben wird.[1022] Mag dies bei einem impliziten Qualitäts- oder Imagevergleich noch in der Qualität oder dem Image selbst gesehen werden, so fehlt es in jedem Fall an der Nachprüfbarkeit. Es werden keine Kriterien angegeben, an denen die Übereinstimmung der Qualität oder des Images festgemacht werden können. Vielmehr handelt es sich bei beiden Merkmalen um Wertungsfragen, die der Kunde nur für sich selbst treffen kann. Soweit daher in dem blick-

1021 So geschehen vom KG MMR 2005, 315 „*Eye-Catcher*"; obwohl das KG dort selber ausführt, dass die Marke lediglich als Vorspann eingesetzt worden ist und damit in einer Weise verwendet wurde, die nach Lage der Dinge nicht auf Information des Interessenten, sondern ausschließlich auf deren Anlocken ausgerichtet war, bejaht es die Anwendbarkeit des § 6 UWG in einem knappen Satz.

1022 Zur Auslegung dieser Begriffe siehe D.II.1.b)2), S. 252 f.

fangmäßigen Herausstellen einer Marke eine vergleichende Werbung gesehen wird, ist diese gemäß § 6 Abs. 2 Nr. 2 UWG unlauter. Entgegen dem KG bedarf es daher keiner Prüfung mehr, ob die Verwendung der Marke gegen § 6 Abs. 2 Nr. 4 UWG verstößt, wenn sie lediglich zum Anlocken und ohne jeglichen Informationsgehalt verwendet wird.[1023]

Würde entgegen dem hier vertretenen Lösungsansatz der Definition der vergleichenden Werbung doch ein weiter Mitbewerberbegriff zugrunde gelegt und auf das Erfordernis eines Vergleichs verzichtet, könnte in dieser Fallgruppe entgegen dem *Rolls-Royce*-Urteil keine Wertung mehr vorgenommen werden, ob die Markenverwendung noch zulässig oder bereits unzulässig ist. Aufgrund des abschließenden Charakters des § 6 Abs. 2 UWG wäre die Markennennung ohne Wertungsmöglichkeit unzulässig.

2. Markenrechtliche Ansprüche

Da die begleitende Verwendung niemals und die blickfangmäßige Verwendung selten vergleichende Werbung darstellt, liegt die Hauptprüfung auf den markenrechtlichen Vorschriften. Diese sind prinzipiell auch neben § 6 UWG anwendbar.[1024]

a) Markenrechtsverletzung gemäß § 14 Abs. 2 Nr. 1 MarkenG

Zunächst könnte sich ein Unterlassungsanspruch des Markeninhabers wegen einer Markenrechtsverletzung gemäß § 14 Abs. 2 Nr. 1 MarkenG ergeben. Dazu müsste der Werbende für ein identisches Produkt ein identisches Zeichen markenmäßig verwendet haben.

Wie bereits dargelegt, kommt es hinsichtlich der Produktidentität darauf an, ob das beworbene Produkt und das Produkt des Markeninhabers identisch sind.[1025] Die Identität kann nicht schlicht damit begründet werden, dass der Werbende mit dem Zeichen das Markenprodukt adressiert und daher das Zeichen nur für dieses benutzt. Bezugsobjekt auf Seiten des Werbenden kann nur sein Produkt und nicht das des Markeninhabers sein. Folglich wird eine Markenrechtsverletzung häufig an der Produktidentität scheitern, da zur Aufmerksamkeitserregung zumeist keine Konkurrenzprodukte, sondern bekannte Produkte anderer

---

1023 So aber KG MMR 2005, 315 „*Eye-Catcher*".
1024 Siehe dazu C.II.3.a)3), S. 147 ff.
1025 C.II.3.g)1)(c), S. 176 ff.

Branchen herausgestellt werden. Beispielweise hätte es in der *Rolls-Royce*-Konstellation an der Identität der Produkte gemangelt.[1026]

Ist die Produktidentität hingegen gegeben, wird in dieser Fallgruppe regelmäßig ein identisches Zeichen verwendet. Die Markenrechtsverletzung hängt demnach in diesen Fällen davon ab, ob durch die begleitende oder blickfangmäßige Verwendung das mit der geschützten Marke identische Zeichen markenmäßig benutzt wird. Eine markenmäßige Benutzung ist nach dem hier vertretenen Lösungsansatz gegeben, wenn dem Markeninhaber eine Produktverantwortung für das beworbene Produkt zugeschrieben wird.[1027]

Bei der lediglich *begleitenden Markennennung* fehlt es an einer markenmäßigen Verwendung. Tritt die Marke als Teil der Umwelt auf, kann der Verkehr daraus nicht schließen, dass der Markeninhaber in irgendeiner Weise die Verantwortung für das Produkt übernimmt.

Anders kann es sich hingegen bei der *blickfangmäßigen Verwendung* darstellen. Wird die Fremdmarke dominierend in der Werbung herausgestellt und kommt die Marke des Werbenden nicht ausreichend zum Ausdruck, kann die Gefahr bestehen, dass der Verkehr den Markeninhaber als Hersteller des beworbenen Produktes ansieht und der Eigenmarke des Werbenden überhaupt keine Aufmerksamkeit schenkt. Von der Annahme einer Herstellereigenschaft wird daher umso eher auszugehen sein, je mehr die Eigenmarke hinter die Fremdmarke zurücktritt.

Treten hingegen die Marken gleichberechtigt auf oder dominiert die Eigenmarke des Werbenden die Werbung, erscheint es zweifelhaft und bedarf daher einer genauen Prüfung, ob der Verkehr den Markeninhaber als Hersteller ansieht. Indes kann die Produktverantwortung auch dadurch begründet werden, dass der Markeninhaber zwar nicht als Hersteller betrachtet wird, dass jedoch eine wirtschaftliche Verbindung und damit eine Produktkontrolle unterstellt wird. Von einem solchen Verkehrsverständnis muss bei dem blickfangmäßigen Herausstellen einer fremden Marke ausgegangen werden. Dient die Fremdmarke weder einem Vergleich noch als Beschaffenheitshinweis und erscheint sie nicht lediglich als Teil der Umwelt, wird der Verkehr zwingend davon ausgehen, dass zwischen den beiden Markeninhabern irgendeine wirtschaftliche Verbindung besteht, da nicht ersichtlich ist, wieso anderenfalls die Fremdmarke in der Werbung für ein anderes Produkt verwendet wird. Wird daher die Marke als Aufmerksamkeitserreger in der Werbung für ein identisches Produkt verwendet, ist grundsätzlich eine markenmäßige Benutzung und damit eine Markenrechtsverletzung gemäß § 14

1026 A.A. *Danger*, Die rechtsverletzende Benutzungshandlung im Markenrecht, Rdn. 654.

1027 C.II.3.g)2)(e), S. 185 ff.

Abs. 2 Nr. 1 MarkenG gegeben. Diese lässt sich auch nicht über die Schranken des Markengesetzes rechtfertigen.[1028] Zunächst ist § 23 Nr. 2 MarkenG nicht einschlägig, da die fremde Marke nicht dazu dient, ein Merkmal oder eine Eigenschaft der beworbenen Ware zu beschreiben.[1029] Die Anwendung des § 24 MarkenG scheitert daran, dass die Marke nicht für die durch den Markeninhaber in den Verkehr gebrachte Ware, sondern für die des Werbenden verwendet wird.

b) Markenrechtsverletzung gemäß § 14 Abs. 2 Nr. 2 MarkenG

Auch wenn die Produkte nur ähnlich sind, wird der Verkehr zumindest von einer wirtschaftlichen Verbindung ausgehen, wenn die Fremdmarke in der Werbung für ein anderes Produkt verwendet wird. Allenfalls wenn die Produkte einen besonders großen Abstand aufweisen und die Fremdmarke eine geringere Bekanntheit hat, kann eine solche Annahme abgelehnt werden.

Ebenso wie bei einer Markenrechtsverletzung gemäß § 14 Abs. 2 Nr. 1 MarkenG scheidet eine Rechtfertigung grundsätzlich aus.

c) Markenrechtsverletzung gemäß § 14 Abs. 2 Nr. 3 MarkenG

Liegt keine Markenrechtsverletzung gemäß § 14 Abs. 2 Nr. 1 oder Nr. 2 MarkenG vor, kommt zugunsten einer bekannten Marke noch der Schutz nach § 14 Abs. 2 Nr. 3 MarkenG in Betracht. Fraglich ist dann insoweit, welche Tatbestandsalternativen dieser Norm durch die Markennennung verwirklicht werden.

1) Ausnutzen oder Beeinträchtigung der Wertschätzung

(a) Ausnutzen der Wertschätzung

Die Markennennung könnte zunächst zu einem Ausnutzen der Wertschätzung führen. Dies setzt voraus, dass positive Assoziationen der bekannten Marke auf

---

1028 So auch *Danger*, Die rechtsverletzende Benutzungshandlung im Markenrecht, Rdn. 655.

1029 Ebenso *Nägele*, Die rechtsverletzende Benutzung im Markenrecht, S. 178 f., der jedoch bei der begleitenden Markennennung die Freistellung aus § 23 MarkenG mittels eines Erst-Recht-Schlusses herleiten will. Wenn den Mitbewerbern schon freigestellt sei, mit der Marke identische oder ähnliche Zeichen als beschreibende Angabe oder als Bestimmungshinweis zu benutzt, müsse dies erst recht gelten, wenn diese Zeichen in ihrem natürlichen Umfeld dargestellt werden. Diesen Erst-Recht-Schluss bedarf es vorliegend nicht, da es bei der begleitenden Benutzung bereits an der markenmäßigen Verwendung fehlt.

ein anderes Produkt übertragen werden.[1030] Es muss mithin ein Imagetransfer erfolgen, d.h. der Imagekern des Markenproduktes muss auf das Produkt des Zeichenverwenders übertragen werden.

Bei der *begleitenden Benutzung* kann von einer Imageübertragung nicht ausgegangen werden. Da dem Verkehr in diesen Fällen die Marke nur beiläufig begegnet, wird er keine Assoziationen zwischen der beworbenen Ware und dem Markenprodukt herstellen.

Anders wird es sich aber dann verhalten, wenn eine Marke nicht mehr als nur zufällig betroffen erscheint, sondern als Aufmerksamkeitserreger, mithin *blickfangmäßig herausgestellt* wird. Insoweit ist dann für die Prüfung der Imageübertragung entscheidend, ob die Imagekerne beider Produkte identisch sind und ob damit eine Übertragung des Images überhaupt möglich erscheint. Insofern ist es ausreichend, dass ein Teil des Images der bekannten Marke auch bei den Verkehrskreisen an Bedeutung erlangen kann, die durch das beworbene Produkt angesprochen werden. Eine Übertragung ist nur dann ausgeschlossen, wenn die Imagevorstellungen vollkommen inkompatibel sind.[1031]

Eine Übertragung wird zumeist in Betracht kommen, wenn sich die Produkte zumindest ähnlich sind.[1032] Bei ähnlichen Produkten ist die Kaufentscheidung häufig von gleichen Motiven geleitet, so dass die positiven Vorstellungen des einen Produktes auf das andere ausstrahlen können.

Liegt hingegen keine Ähnlichkeit vor, bedarf es einer genauen Prüfung, ob eine Übertragung des Images möglich ist. Gerade wenn die Produkte vollkommen unterschiedliche Nutzungsbedürfnisse befriedigen, kann es an einem gemeinsamen Imagekern fehlen. So sind etwa für den Erwerb eines teuren Luxusproduktes und eines Reinigungsmittels unterschiedliche Attribute für die Kaufentscheidung maßgeblich.[1033]

1030 BGH GRUR 2005, 583, 584 „*Lila-Postkarte*“; OLG Köln MarkenR 2005, 445, 448 „*Kleiner Feigling*“; *Ingerl/Rohnke*, MarkenG, § 14 Rdn. 851; *Dorndorf*, Der Schutz vor Herkunftstäuschung und Rufausbeutung, Rdn. 397; *Miller*, Irreführung von Internet-Suchmaschinen, S. 235; *Riedel*, Spannungsverhältnis, S. 106; *Worm*, Hyperlinks, Inline-Frames und Meta-Tags, S. 86; *Wagner*, Sonderschutz für bekannte Kennzeichen, S. 94; *Piper*, GRUR 1996, 429, 434; *Berlit*, MarkenR, Rdn. 190; *ders.*, GRUR 2002, 572, 577; ausführlich zu Auslegung dieser Tatbestandsalternative D.I.2.c)2)(a)(2), S. 220.

1031 Zu den Anforderungen an die Übertragung eines Imagekerns siehe die Ausführungen unter D.I.2.c)2)(a)(2)(A)(i), S. 221.

1032 Allerdings wird es in diesen Fällen häufig nicht mehr auf § 14 Abs. 2 Nr. 3 MarkenG ankommen, da dann bereits § 14 Abs. 2 Nr. 2 MarkenG eingreift.

1033 Ebenso der BGH, der eine Rufübertragung von einem Whiskey auf Putzmittel ausgeschlossen hat (BGH GRUR 1985, 551, 553 „*DIMPEL*“).

Insoweit ist zu beachten, dass entgegen der gelegentlich aufgestellten Behauptung zur Bestimmung der Verkehrskreise nicht allein auf die Branchennähe abgestellt werden kann.[1034] Die Branchennähe ist zwar ein Indikator für die Überschneidung der Verkehrskreise. Allerdings ist es nicht ausgeschlossen, dass auch bei einer Branchenferne noch die gleichen Verbraucher angesprochen werden.[1035] So besteht etwa zwischen einer Automarke und einem Herrenrasierwasser keine Branchenähe. Indes können sich die angesprochenen Verkehrskreise überschneiden, da Automarken gerade bei der männlichen Bevölkerung einen hohen Bekanntheitsgrad aufweisen. Daher wird eine mit hoher Kennzeichnungskraft ausgestattete Automobilmarke auch bei Herrenkosmetikprodukten Assoziationen zu dem Markenprodukt wecken.

Folglich muss für das Ausnutzen jeweils genau untersucht werden, an welchen Imagebestandteil der bekannten Marke die Werbung anknüpft und ob dieser auch maßgeblich für die beworbene Ware ist.

Wird ein Ausnutzen der Wertschätzung bejaht, ist damit zugleich bei dieser Fallgruppe die Unlauterkeit indiziert.[1036] Für die Verwendung einer fremden Marke als Blickfang sind keine Interessen des Dritten vorhanden.

(b) Beeinträchtigung der Wertschätzung

Die Markennennung könnte ferner zu einer Beeinträchtigung der Wertschätzung führen. Dies setzt voraus, dass durch die konkrete Zeichenverwendung Vorstel-

---

1034 In diese Richtung aber OLG Frankfurt a.M. GRUR 2000, 1063, 1065 „*Spee-Fuchs*"; OLG Hamburg GRUR-RR 2002, 190, 191 „*HDI*"; *Hacker*, in: Ströbele/Hacker, MarkenG, § 14 Rdn. 174; wohl auch *Thomasberger*, Rufausbeutung im Wettbewerbsrecht, S. 202.

1035 So auch *Keller*, Der Schutz eingetragener Marken gegen Rufausbeutung, S. 59; *Mayrhofer*, Rufausbeutung im Recht des unlauteren Wettbewerbs, S. 103; *Wagner*, Sonderschutz für bekannte Kennzeichen, S. 108; Ähnlich *Ingerl/Rohnke*, MarkenG, § 14 Rdn. 866 ff., die zwar grundsätzlich auf den Branchenabstand abstellen, jedoch davon abweichen, soweit die beiderseitigen Verkehrskreise aus produktübergreifenden Gründen Überschneidungen aufweisen.

1036 BGH GRUR 2005, 583, 584 „*Lila-Postkarte*"; OLG Stuttgart GRUR-RR 2007, 313, 315 „*Carrera*"; *Fezer*, MarkenR, § 14 Rdn. 428; *Ekey*, in: HK-MarkenR, § 14 Rdn. 137; *Raab*, in: Hasselblatt, Gewerblicher Rechtsschutz, § 35 Rdn. 135; *Koch*, Markenverunglimpfung, S. 134; *Will*, Der Markenschutz nach § 14 Markengesetz, S. 175, *Sack*, GRUR 1995, 81, 82; *Berlit*, GRUR 2002, 572, 577; a.A. *Hacker*, in: Ströbele/Hacker, MarkenG, § 14 Rdn. 183, der nur bei der Rufschädigung und dem Ausnutzen der Unterscheidungskraft, nicht aber beim Ausnutzen der Wertschätzung die Unlauterkeit in der Regel als gegeben ansieht.

lungen auf die bekannte Marke übertragen werden, die die mit ihr verbundenen Vorstellungen schmälern.[1037]

Die *begleitende Markennennung* wird die Wertschätzung grundsätzlich nicht beeinträchtigen. Der Verkehr wird der Markenware kein negatives Image zuschreiben, wenn sie lediglich als Teil der Umgebung abgebildet wird. Anders kann es sich nur dann verhalten, wenn die Markenware in einem von der Norm negativen Zustand dargestellt oder in einem Umfeld gezeigt wird, das ihrem Image vollkommen widerspricht.

Ist eine Beeinträchtigung der Wertschätzung bei der begleitenden Verwendung nur ausnahmsweise anzunehmen, kann dieses Merkmal gerade durch das blickfangmäßige Herausstellen einer Fremdmarke erfüllt werden. Durch diese Art der Markenverwendung ist nicht nur der Imagetransfer von der bekannten Marke auf das beworbene Produkt möglich, vielmehr kann dieser auch andersherum erfolgen. Verwendet beispielsweise ein Erotikgeschäft in der Werbung für seine Waren als Blickfang eine bekannte Marke, wird Letztere möglicherweise über diese Werbung hinaus mit der Erotikbranche und den daran anknüpfenden Attributen verbunden. Stehen diese Attribute im Widerspruch zu dem aufgebauten Image, kann dieses durch die Markenverwendung beeinträchtigt werden.

Ebenso wie bei dem Ausnutzen der Wertschätzung sind in diesen Fällen keine Interessen zugunsten des Zeichenverwenders erkennbar, so dass die Handlung auch unlauter ist.

2) Ausnutzen oder Beeinträchtigen der Unterscheidungskraft

(a) Beeinträchtigung der Unterscheidungskraft

Führt die konkrete Werbung dazu, dass der Verkehr die geschützte Marke als Zeichen für die Produktverantwortung des beworbenen Produktes ansieht, kann der Inhaber einer bekannten Marke diese Verwässerung über § 14 Abs. 2 Nr. 3 MarkenG abwehren, wenn es für eine Markenrechtsverletzung gemäß § 14 Abs. 2 Nr. 1 und Nr. 2 MarkenG an der Produktidentität bzw. -ähnlichkeit mangelt.[1038] Diese Verwässerung ist auch unlauter.

1037 In diesem Sinne *Lange*, Marken- und Kennzeichenrecht, Rdn. 2260; *Dorndorf*, Schutz vor Herkunftstäuschung und Rufausbeutung, Rdn 397; *Miller*, Irreführung von Internet-Suchmaschinen, S. 239; *Riedel*, Spannungsverhältnis, S. 105; *Piper*, GRUR 1996, 429, 435; *Eichmann*, GRUR 1998, 201, 204; *Berlit*, GRUR 2002, 572, 578; siehe zur Auslegung dieser Tatbestandsalternative ferner unter D.I.2.c)2)(a)(3), S. 226 ff.

1038 Zur Auslegung dieses Tatbestandsmerkmals siehe D.I.2.c)2)(b)(2)(A), S. 231 ff.

(b) Ausnutzen der Unterscheidungskraft

Wie bereits oben dargestellt, kommt entgegen Teilen der Literatur auch dem Ausnutzen der Unterscheidungskraft ein eigenständiger Anwendungsbereich zu.[1039] Dies zeigt sich insbesondere an der vorliegenden Fallgruppe.

Erfolgt aufgrund der inkompatiblen Imagekerne ein Rufübertragung weder in die ein noch in die andere Richtung und schreibt der Verkehr dem Markeninhaber keine Produktverantwortung für das beworbene Produkt zu, greift keine der übrigen Fallalternativen des § 14 Abs. 2 Nr. 3 MarkenG ein. Dennoch macht sich der Dritte durch die Verwendung der bekannten Marken möglicherweise deren besondere Aufmerksamkeitswirkung zu eigenen. Die Markennennung kann dazu führen, dass die Werbung für ein unbekanntes Produkt vom Verkehr schneller wahrgenommen wird und dass sich damit der Werbende einen Kommunikationsvorsprung gegenüber anderen Mitbewerbern verschafft. Es wird mithin die besondere Unterscheidungskraft der bekannten Marke ausgenutzt.

Da als Korrektiv die Unlauterkeit des Handelns vorhanden ist, sollte das Ausnutzen der Unterscheidungskraft weit ausgelegt werden. Insoweit kann von einem Ausnutzen der Unterscheidungskraft bereits dann ausgegangen werden, wenn der Verkehr die bekannte Marke bewusst wahrnimmt. Dies wird bei einer blickfangmäßigen Verwendung immer der Fall sein. Die begleitende Verwendung wird der Verkehr in der Regel nicht wahrnehmen. Anders kann es sich hingegen verhalten, wenn besonders viele fremde Markenprodukte als Teil der Umgebung in der Werbung kenntlich gemacht werden. In diesen Fällen wird zwar dann kein einzelnes Produkt blickfangmäßig herausgestellt, jedoch wird die Aufmerksamkeit durch die Vielzahl der Produkte erregt.

Das Ausnutzen der Unterscheidungskraft muss sich als unlauter darstellen. Zur Bestimmung dieses Merkmals können die bereits im *Rolls-Royce*-Urteil aufgestellten Kriterien herangezogen werden.[1040] Dort hat der BGH festgestellt, das es kaum vermeidbar und daher auch unbedenklich sei, wenn die Abbildung der Marke nur beiläufig und ohne sich aufdrängende Beziehung zur Werbeaussage verwendet werde, etwa als Darstellung der Umwelt, in der das eigene Produkt verwendet wird oder verwendet werden soll.[1041] Folglich ist bei einer begleitenden Markennennung grundsätzlich das Ausnutzen der Unterscheidungskraft hinzunehmen.[1042] Anders verhält es sich hingegen, wenn die Marke blickfangmäßig herausgestellt wird. Da der Werbende in der Regel keine berechtigten Interessen

---

1039 Siehe D.I.2.c)2)(b)(3), S. 234 f.

1040 Ebenso *Danger*, Die rechtsverletzende Benutzungshandlung im Markenrecht, Rdn. 659.

1041 BGH GRUR 1983, 247, 248 „*Rolls-Royce*“.

1042 So auch *Keller*, Der Schutz eingetragener Marken gegen Rufausbeutung, S. 68 ff.

an der Verwendung der Marke hat, überwiegen die Interessen des Markeninhabers, so dass sich die Verwendung als unlauter darstellt.

3. Sonstige wettbewerbsrechtliche Ansprüche

Neben den zuvor dargestellten Ansprüchen kann dem Markeninhaber ferner ein Unterlassungsanspruch aufgrund der Verletzung des § 4 Nr. 7 UWG zustehen. Wie bereits oben dargelegt, ist die Norm neben § 14 Abs. 2 Nr. 3 MarkenG sowohl für bekannte als auch unbekannte Marken anwendbar.[1043] Allerdings bleibt dieser Anspruch hinter § 14 Abs. 2 Nr. 3 MarkenG zurück, da die Marken nur gegen eine Herabsetzung geschützt sind und da es sich um Kennzeichen eines Mitbewerbers handeln muss. § 4 Nr. 7 UWG wird daher allenfalls bei nicht bekannten Marken Bedeutung erlangen.

Ein Verstoß gegen § 4 Nr. 9 UWG scheidet in dieser Fallgruppe aus. Unabhängig davon, ob über diese Norm auch die reine Kennzeichennachahmung erfasst wird, werden die Marken in dieser Fallgruppe nicht als Teil der angebotenen Produkte verwendet.

Ferner kann, wie bereits oben dargelegt, eine mögliche Verwechslungsgefahr hinsichtlich der Markenverwendung nicht über § 5 UWG untersagt werden.[1044]

Da Verstöße gegen wettbewerbsrechtliche Spezialnormen ausscheiden, stellt sich die Frage, ob das Ausnutzen der Wertschätzung oder Unterscheidungskraft nicht entsprechend der früheren Rechtsprechung über die Generalklausel des § 3 UWG als sittenwidriges Verhalten untersagt werden kann.[1045] Gegen einen Rückgriff auf die Generalklausel spricht indes, dass der Gesetzgeber die Beeinträchtigung von Marken explizit im Rahmen des § 4 Nr. 7 UWG geregelt hat. Zwar handelt es sich bei § 4 UWG nur um einen offenen Beispielskatalog, so dass grundsätzlich der Weg über die Generalklausel nicht versperrt ist.[1046] Allerdings kann aus dem Umstand, dass nur die Herabsetzung als wettbewerbswidriges Verhalten in § 4 Nr. 7 UWG aufgenommen wurde, auf den Willen des Gesetzgebers geschlossen werden, über das Herabsetzen hinausgehende Verhaltensweisen nicht mehr über das Wettbewerbsrecht zu erfassen. Die gleichen Be-

---

1043 D.I.3.a), S. 237 f.

1044 Siehe dazu die Ausführungen unter D.I.3.b), S. 238 f.; eine andere Bewertung könnte sich jedoch aus der Umsetzung des Art. 6 Abs. 2 lit. a) Richtlinie 2005/29/EG ergeben.

1045 Dafür *Sack*, GRUR 1995, 81, 95 f.; *ders.*, WRP 2004, 1405, 1421; dagegen *Schaefer*, Normenkonkurrenz, S. 234.

1046 Begr. Reg.-Entw. BT-Drucks. 15/1487, S. 17; ebenso *Köhler*, in: Hefermehl/Köhler/Bornkamm, UWG, § 4 Rdn. 2.

denken bestehen hinsichtlich einer Anwendung des § 823 Abs. 1 BGB auf diese Fallgruppe. Daher kann einem Partizipieren an der Aufmerksamkeitswirkung einer Marke nur noch über das Markenrecht begegnet werden.

4. Gesamtergebnis zu dieser Fallgruppe

Die begleitende Markennennung kann prinzipiell nicht untersagt werden. Insoweit greifen weder markenrechtliche noch wettbewerbsrechtliche Ansprüche ein.

Dem blickfangmäßigen Herstellen einer Marke kann grundsätzlich über das Markenrecht begegnet werden. Die Verwendung bekannter Marken verstößt generell gegen § 14 Abs. 2 Nr. 3 MarkenG. Hinsichtlich nicht bekannter Marken kommt es auf die Ähnlichkeit der beworbenen Ware und der beeinträchtigten Markenware an. Ist diese gegeben, wird in der Regel § 14 Abs. 2 Nr. 2 MarkenG eingreifen, da das blickfangmäßige Verwenden einer Marke generell auf eine Produktverantwortung des Markeninhabers hindeutet.

Wettbewerbsrechtliche Ansprüche spielen entgegen der bisherigen Rechtsprechung hingegen nicht mehr die entscheidende Rolle. Die Anwendbarkeit des § 6 UWG scheitert zumeist an der Mitbewerbereigenschaft und dem Vergleichserfordernis. Sind diese beiden Merkmale indes ausnahmsweise zu bejahen, so verstößt die Werbung gegen § 6 Abs. 2 Nr. 2 UWG. Im Übrigen kann nur noch die Herabsetzung des Markenimages wettbewerbsrechtlich über § 4 Nr. 7 UWG untersagt werden. Der Rückgriff auf die Generalklausel, um ein Ausnutzen der Wertschätzung oder Unterscheidungskraft zu verhindern, ist nicht mehr möglich.

5. Exkurs: Markenverwendung in Meta-Tags und Adwords

Die Entwicklung zur Informationsgesellschaft führt dazu, dass die Präsentation im Internet einen immer höheren Stellenwert einnimmt. Um insbesondere bei den Suchmaschinen eine erhöhte Internetpräsenz zu erreichen, sind Unternehmen dazu übergegangen, die Suchanfragen der Internetnutzer für bestimmte Marken auf ihre Produkte umzuleiten. Dies kann insbesondere durch die Verwendung fremder Marken entweder in Meta-Tags oder beim so genannten Advertising Keywords (Adwords) erreicht werden.

Meta-Tags sind in den nicht sichtbaren Quellecode integrierte Wörter. Diese werden in einem HTML-Programm benutzt, das den Aufbau der Internetseite gewährleistet. Sowohl das Programm selbst als auch die Metatags sind für den Benutzer auf dem Bildschirm regelmäßig nicht sichtbar. Insbesondere in den Anfängen der Internetsuchmaschinen wurden die Meta-Tags aber dazu verwendet, die Seiten bestimmten Suchbegriffen zuzuordnen. Durch die häufige Verwendung einer Marke konnte daher erreicht werden, dass die Seite des Meta-Tag-Verwenders im Suchergebnis für eine bestimmte Marke möglichst weit oben auf der Trefferliste angegeben wurde.[1047]

Im Gegensatz zu Meta-Tags werden Adwords nicht dazu eingesetzt, ein bestimmtes Suchergebnis zu manipulieren, sondern dienen dazu, bei Eingabe eines bestimmten Suchbegriffs neben dem Suchergebnis gezielt Werbeanzeigen für bestimmte Internetseiten anzuzeigen. Gibt beispielsweise der Internetbenutzer bei der Suchmaschine *Google* den Begriff *BMW* ein, so erscheint neben dem eigentlichen Suchergebnis die als solche gekennzeichnet Werbeanzeige des Unternehmens, das sich das Adword *BMW* gesichert hat.[1048]

In beiden Fallgruppen verwendet der Dritte eine fremde Marke, um durch deren Ausstrahlungswirkung auf die eigenen Waren aufmerksam zu machen. Dem Grunde nach unterscheidet sich die Art der Markenverwendung nicht von der sonstigen Nennung einer Fremdmarke in der eigenen Werbung, so dass grundsätzlich auf die vorausgegangenen Ausführungen verwiesen werden kann. Indes ist zu beachten, dass anders als bei der sonstigen werbungsmäßigen Verwendung die Marken für den Verbraucher nicht wahrnehmbar sind. Es stellt sich daher die Frage, ob dieser Umstand zu einer abweichenden Beurteilung der Sachverhalte führt.

a) Meta-Tags

1) Markenrechtsverletzung

Hinsichtlich der Verwendung von fremden Marken in Meta-Tags entbrannte in der Rechtsprechung[1049] und der Literatur[1050] ein Streit, ob eine Markenrechtsver-

1047 *Ott*, MMR 2007, 123 weist zutreffend darauf hin, dass Meta-Tags für die Suchergebnisse heutzutage nahezu irrelevant sind, da sich die Suchmaschinen an anderen Merkmalen orientieren (siehe dazu auch seine ausführliche Darstellung unter http://www.linksandlaw.de/suchmaschinen-leitfaden-zur-Manipulation-von-Suchergebnissen.htm, gesehen am 03.12.2007).

1048 Zur wirtschaftlichen Bedeutung des Keyword Advertising siehe *Hüsch*, Keyword Advertising und Keyword Buying, S, 20 ff.; *Horak*, MarkenR 2007, 240 ff.

1049 Für eine Markenrechtsverletzung OLG München MMR 2000, 546, 547 „*Hanseatic*"; OLG Karlsruhe WRP 2004, 507, 508 „*fremde Marke als Metatag*"; OLG Hamburg GRUR-RR 2005, 118, 119 „*AIDOL*"; LG Hamburg, CR 2000, 121; CR 2002, 136; LG Frankfurt a.M. MMR 2000, 493, 495 „*DiaProg*"; LG München I MMR 2004, 689, 690 „*Impulsonline.de*"; LG Köln CR 2006, 64, 64 „*Rose*"; offen gelassen, aber wohl bejahend OLG Frankfurt a.M. GRUR-RR 2005, 319, 320 „*Cartier*"; gegen eine Markenrechtsverletzung OLG Düsseldorf GRUR-RR 2003,

letzung überhaupt möglich ist, wenn die Marke vom Verbraucher optisch nicht wahrgenommen wird. In einer Grundsatzentscheidung hat nunmehr der BGH festgestellt, dass die mangelnde Wahrnehmbarkeit einer Markenrechtsverletzung nicht entgegen steht.[1051] Der Verbraucher bediene sich einer technischen Einrichtung, mit deren Hilfe er in kurzer Zeit eine große Zahl von Internetseiten nach dem eingegebenen Wort durchsuche, um auf ihn interessierende Seiten zugreifen zu können. Dabei sei nicht entscheidend, dass das Suchwort für den Nutzer auf der entsprechenden Internetseite nicht sichtbar werde. Maßgeblich sei vielmehr, dass mit Hilfe des Suchwortes das Ergebnis des Auswahlverfahrens beeinflusst und der Nutzer auf diese Weise zu der entsprechenden Internetseite geführt werde. Das Suchwort diene somit dazu, den Nutzer auf das dort werbende Unternehmen und sein Angebot hinzuweisen.[1052]

An dieser Auffassung, die auch schon zuvor der h.M. entsprach, wird nicht mehr vorbeizukommen sein, so dass die Verwendung von Meta-Tags eine Markenrechtsverletzung darstellen kann. Indes ist damit noch nicht festgelegt, ob auch die sonstigen Voraussetzungen einer der drei Tatbestandsalternativen des § 14 Abs. 2 MarkenG erfüllt werden.

Da ein mit der geschützten Marke identisches Zeichen verwendet wird, kommt zunächst eine Markenrechtsverletzung gemäß § 14 Abs. 2 Nr. 1 MarkenG in Betracht. Problematisch erscheint aber die zweite Voraussetzung, nämlich dass

---

340, 342 „*Impuls*"; GRUR-RR 2004, 353, 354 „*Kotte & Zeller*"; offen gelassen durch das OLG Köln MMR 2003, 186, 187 „*Anwalt-Suchservice*", jedenfalls verneint für den Fall, dass es sich bei der Marke um einen rein beschreibenden Begriff handelt.

1050 Die Möglichkeit einer Markenrechtsverletzung trotz mangelnder Wahrnehmbarkeit bejahen *Fezer*, MarkenR, § 3 Rdn. 342; *Büscher*, in: Büscher/Dittmer/Schiwy, § 14 MarkenG Rdn. 125; *Ingerl/Rohnke*, MarkenG, Nach § 15 Rdn. 83; *Eichhammer*, Die markenmäßige Benutzung, S. 207 ff.; *Geiseler-Bonse*, Internet-Suchmaschinen als rechtliches Problemfeld, S. 54; *Heim*, Einflussnahme auf Trefferleisten von Internet-Suchdiensten, S. 37 ff.; *Holtkotte*, Marken- und wettbewerbsrechtliche Probleme bei Suchmaschinen, S. 94 ff.; *Miller*, Irreführung von Internet-Suchmaschinen, S. 211 f.; *Wendlandt*, Cybersquatting, Metatags und Spam, S. 538 f.; *Wolf*, Die Schutzschranke des § 23 MarkenG, Rdn. 494 (teleologische Extension); *Lotze*, in: Hasselblatt, Gewerblicher Rechtsschutz, § 31 Rdn. 189; *Menke*, WRP 1999, 982, 984 f.; *Ullmann*, GRUR 2007, 633, 636; *Viefhues*, MMR 1999, 336, 338; *Kur*, CR 2000, 448, 451; *Ernst*, CR 2000, 122; *Varadinek*, GRUR 2000, 279, 282; *Heim*, CR 2005, 200, 203; *Kazemi*, MarkenR 2006, 192, 195; dagegen *Worm*, Hyperlinks, Inline-Frames und Meta-Tags, S. 80 f.; *Kotthoff*, K&R 1999, 157, 160; *Kaufmann*, MMR 2005, 348, 350.

1051 BGH GRUR 2007, 65 „*Impuls*"; bestätigt durch BGH WRP 2007, 1095, 1097 „*AIDOL*".

1052 BGH GRUR 2007, 65, 67 (Rdn. 17) „*Impuls*".

das Zeichen für identische Produkte verwendet werden muss. Diesbezüglich ist darauf abzustellen, welche Waren oder Dienstleistungen über die Internetseite vertrieben werden.[1053] Soweit daher die angezeigte Internetseite dazu dient, ausschließlich identische Produkte zu vertreiben, kann ohne weiteres von einer Produktidentität ausgegangen werden. Vertreibt der Werbende über die Seite auch nicht identische Produkte, erscheint die Identität indes fraglich. Allerdings muss es insoweit ausreichen, dass zumindest ein Teil der vertriebenen Produkte identisch ist, so dass auch in diesen Fällen von einer Produktidentität ausgegangen werden kann.

Ferner muss das Zeichen markenmäßig verwendet werden. Allein aus der Aussage, dass die mangelnde Wahrnehmbarkeit eine Markenrechtsverletzung nicht ausschließt, kann noch nicht auf eine markenmäßige Benutzung geschlossen werden. Vielmehr kommt es darauf an, ob der Verkehr von einer Produktverantwortung des Markeninhabers für die gekennzeichneten Produkte ausgeht.[1054] Der BGH hat diesbezüglich festgestellt, dass die Gefahr bestünde, dass der Verkehr aufgrund des Suchergebnisses das Angebot des Werbenden mit dem des Kennzeicheninhabers verwechsle. Dem stehe auch nicht entgegen, dass der Verkehr mit einer Fülle von Treffern rechne, die nichts mit der ihm interessierenden Dienstleistung zu tun hätten.[1055]

Dieser Auffassung kann nicht ohne weiteres gefolgt werden. Sie verkennt die tatsächlichen Gegebenheiten des Internets. Zutreffend stellt der BGH heraus, dass der Verkehr mit einer Fülle von Treffern rechne, die nichts mit dem ihm interessierenden Produkt zu tun haben. Begegnet dem Verbraucher ein Treffergebnis, bei dem weder in der Kopfzeile, weder dem dazugehörigen Text noch in der angezeigten Domain der Markenbegriff erscheint, kann nicht davon ausgegangen werden, dass der Verbraucher nun unterstellt, dass der Markeninhaber für die unter dieser Domain angebotenen Produkte die Verantwortung übernehme. Es mag zwar sein, dass das Suchergebnis den Verbraucher neugierig macht und dieser daher die Seite aufsucht, jedoch reicht dies allein für die Bejahung einer markenmäßigen Benutzung nicht aus. Erscheint die Marke des Markeninhabers daher

---

1053 So die h.M. vgl. *Ingerl/Rohnke*, MarkenG, Nach § 15 Rdn. 101; *Hacker*, in: Ströbele/Hacker, MarkenG, § 15 Rdn. 51; *Heim*, Einflussnahme auf Trefferleisten von Internet-Suchdiensten, S. 164; *Holtkotte*, Marken- und wettbewerbsrechtliche Probleme bei Suchmaschinen, S. 108: *Miller*, Irreführung von Internet-Suchmaschinen, S. 231; *Wendlandt*, Cybersquatting, Metatags und Spam, S. 548; *Worm*, Hyperlinks, Inline-Frames und Meta-Tags, S. 83; *Wiebe*, CR 1998, 157, 162 f.; *Menke*, WRP 1999, 982, 986; *Biermann*, WRP 1999, 997, 999 f.; *Viefhues*, MMR 1999, 336, 339; a.A. LG Düsseldorf, GRUR 1999, 159. 162 „*Epson.de*".

1054 Siehe dazu die Ausführungen unter C.II.3.g)2)(e), S. 185 ff.

1055 BGH GRUR 2007, 65, 67 (Rdn. 17) „*Impuls*".

nicht im angezeigten Suchergebnis, liegt eine markenmäßige Benutzung nicht vor, so dass Ansprüche aus § 14 Abs. 2 Nr. 1 und Nr. 2 MarkenG ausscheiden.[1056]

Entscheidend kommt es folglich in dieser Fallgruppe auf § 14 Abs. 2 Nr. 3 MarkenG an, da eine solche Markenrechtsverletzung gerade keinen markenmäßigen Gebrauch voraussetzt.[1057] Durch die Verwendung der Marken in den Meta-Tags und damit mittelbar in den Suchergebnissen wird die Aufmerksamkeit des Verbrauchers von der Marke auf ein fremdes Produkt gelenkt, dem anderenfalls diese Aufmerksamkeit so nicht zugekommen wäre. Ebenso wie beim blickfangmäßigen Herausstellen einer Marke wird die Unterscheidungskraft der verwendeten Marke ausgenutzt. Da insoweit keine berechtigten Interessen des Werbenden zur Verwendung der Marke bestehen, ist dieses Ausnutzen auch unlauter, so dass sich der Markeninhaber gemäß § 14 Abs. 2 Nr. 3 MarkenG gegen dieses Verhalten wehren kann, wenn seine Marke im Verkehr bekannt ist.[1058]

2) Wettbewerbsrechtsverletzung

Allein aus der Markenverwendung wird sich ein wettbewerbsrechtlicher Anspruch ebenso wie beim blickfangmäßigen Herausstellen einer Marke nicht erge-

1056 So auch OLG Düsseldorf GRUR-RR 2003, 340, 343 „*Impuls*"; GRUR-RR 2004, 353, 354 „*Kotte & Zeller*"; GRUR-RR 2006, 265, 266 „*Post-DomainPfad*"; *Hüsch*, Keyword Advertising und Keyword Buying, S, 72 ff.; *Viefhues*, MMR 1999, 336, 339; *Varadinek*, GRUR 2000, 279, 282; *Schmidt-Bogatzky*, GRUR 2000, 959, 962; *Kazemi*, MarkenR 2006, 192, 196; *Hartl*, MMR 2007, 12, 14; *Renner*, WRP 2007, 49, 51; zweifelnd *Kur*, CR 2000, 448, 451; einen vollkommen anderen Ansatz verfolgt *Danger*, Die rechtsverletzende Benutzungshandlung im Markenrecht, Rdn. 690. Er stellt darauf ab, dass schon die Verwendung im Quelltext der Internetseite eine Markenrechtsverletzung darstelle, ohne dass es auf einen Abruf durch die Suchmaschine ankomme. Insoweit ist aber zu beachten, dass *Danger* eine Markenrechtsverletzung bereits annimmt, wenn das Zeichen als Produktname verstanden wird. Wird hingegen wie hier eine Zurechnung der Produktverantwortung gefordert, kann nicht auf den Quelltext abgestellt werden, da kein Verbraucher davon ausgehen wird, dass der Markeninhaber für die Internetseite verantwortlich ist, bei der nur im Quelltext, nicht aber im sichtbaren Teil die Marke erscheint.

1057 C.II.3.e), S. 165 ff.

1058 Ebenso *Geiseler-Bonse*, Internet-Suchmaschinen als rechtliches Problemfeld, S. 74 f.; *Wendlandt*, Cybersquatting, Metatags und Spam, S. 557; *Menke*, WRP 1999, 982, 988; *Kur*, CR 2000, 448, 454; ausdrücklich gegen eine Anwendung des § 14 Abs. 2 Nr. 3 MarkenG, wenn lediglich die Unterscheidungskraft durch die Verwendung in den Meta-Tags ausgenutzt wird *Holtkotte*, Marken- und wettbewerbsrechtliche Probleme bei Suchmaschinen, S. 124 ff.

ben.[1059] Insbesondere kann eine Rufausbeutung einer Marke weder über § 4 Nr. 9 UWG noch über § 3 UWG erfasst werden.[1060]

Allerdings kann in der Verwendung von Fremdmarken in Meta-Tags insbesondere ein Verstoß gegen das Behinderungsverbot des § 4 Nr. 10 UWG in Form des unzulässigen Abfangens von Kunden liegen. Wettbewerbswidrig ist eine Beeinträchtigung im Allgemeinen dann, wenn gezielt der Zweck verfolgt wird, den Mitbewerber an seiner Entfaltung zu hindern und ihn dadurch zu verdrängen. Ist eine solche Zweckrichtung nicht festzustellen, muss die Behinderung doch derart sein, dass der beeinträchtigte Mitbewerber seine Leistung am Markt durch eigene Anstrengung nicht mehr in angemessener Weise zur Geltung bringen kann.[1061] Speziell beim Abfangen der Kunden ist eine solche Unlauterkeit gegeben, wenn sich der Werbende gewissermaßen zwischen den Kaufinteressenten und den Mitbewerber schiebt, um ihm eine Änderung seines Kaufentschlusses aufzudrängen.[1062]

Indem der Werbende versucht, sich durch die Markenverwendung in den Meta-Tags vor das Angebot des Markeninhabers zu stellen, behindert er diesem in dem Absatz seiner Waren. Insbesondere wenn viele Mitbewerber das Suchergebnis durch Meta-Tags verfälschen, würde der Markeninhaber auf der Trefferliste zurückgedrängt. Viele Kunden würden den Zugang zum Markeninhaber über die Suchmaschine nicht mehr finden.

Soweit daher die Mitbewerbereigenschaft bejaht wird, kann die Markenverwendung in den Meta-Tags über § 4 Nr. 10 UWG untersagt werden.[1063] Diesem Anspruch steht auch nicht der Vorrang des MarkenG entgegen, da der Verstoß

1059 Siehe dazu D.V.3., S. 353 f.

1060 A.A. OLG Köln, K&R 2006, 240, 241 *„Flüssiggas“*, ohne sich jedoch mit dem Verhältnis zwischen MarkenG und UWG auseinanderzusetzen.

1061 BGH GRUR 2001, 1061, 1062 *„Mitwohnzentrale.de“*.

1062 BGH GRUR 1960, 431, 433 *„Kraftfahrzeugnummernschilder“*; GRUR 1963, 197, 201 *„Zahnprothesen-Pflegemittel“*; GRUR 1986, 547, 548 *„Handzettelwerbung“*.

1063 Ebenso LG Hamburg, CR 2000, 121, 122; LG Essen MMR 2004, 692, 693 *„lexikonartiges Kompendium“*; LG Köln CR 2006, 64, 66 *„Rose“*; *Holtkotte*, Marken- und wettbewerbsrechtliche Probleme bei Suchmaschinen, S. 142; *Geiseler-Bonse*, Internet-Suchmaschinen als rechtliches Problemfeld, S. 116 ff.; *Kotthoff*, K&R 1999, 157, 161; *Ernst*, CR 2000, 122, 123; *Varadinek*, GRUR 2000, 279, 284; *Pellens*, CR 2000, 136, 137; *Rössel*, CR 2003, 349, 351; *Renner*, WRP 2007, 49, 52 f.; a.A. OLG Düsseldorf GRUR-RR 2004, 353, 354 *„Kotte & Zeller“*; GRUR-RR 2006, 265, 267 *„Post-DomainPfad“*; *Heim*, Einflussnahme auf Trefferleisten von Internet-Suchdiensten, S. 223 f.; *Miller*, Irreführung von Internet-Suchmaschinen, S. 278 f.; *Kaufmann*, MMR 2005, 348, 350 f.; *Hartl*, MMR 2007, 12, 14; offen gelassen für die Markenverwendung noch in OLG Düsseldorf GRUR-RR 2003, 48 f. *„unzutreffende Meta-Tags“*; zweifelnd *Menke*, WRP 1999, 982, 990; *Pankoke*, MMR 2004, 690, 692.

nicht an die Markenverwendung an sich, sondern an eine bestimmte Vertriebsmethode anknüpft. Eine Umgehung der Wertung des MarkenG ist insoweit nicht zu befürchten.

b) Adwords

Ein wirtschaftlich wichtigeres Phänomen als die Meta-Tags ist die Verwendung von Adwords. Über diese Art der Werbung können die Unternehmen mit relativ wenig Aufwand effektiv ihre Produkte gegenüber einem breiten Publikum bewerben. Zudem bestreiten die Suchmaschinenbetreiber damit einen Großteil ihre Einnahmen.

1) Markenrechtsverletzung

Anders als bei der Markenverwendung in Meta-Tags hat sich hinsichtlich der Verwendung in Adwords noch keine einheitliche Linie der Rechtsprechung herausgebildet. Der Unterschied zu den Meta-Tags liegt darin, dass die durch das Adword initialisierte Anzeige nicht innerhalb des Suchergebnisses, sondern daneben erscheint und zudem als Werbung gekennzeichnet ist. Ob aufgrund dieser Umstände der markenmäßige Gebrauch entfällt, ist in der instanzgerichtlichen Rechtsprechung umstritten. Ein Urteil des BGH zu dieser Problematik steht zurzeit noch aus.

Ein Teil der Rechtsprechung unter der Führung des OLG Braunschweig[1064] geht davon aus, dass Adwords mit Meta-Tags gleichzusetzen sind.[1065] Eine andere Beurteilung sei auch nicht deshalb geboten, weil die Werbung bei der Adword-Verwendung als Anzeige gekennzeichnet und außerhalb der eigentlichen Trefferliste angezeigt werde. Auch bei Anzeigen außerhalb der Trefferliste erwarte der Verbraucher, dass die auf den angezeigten Seiten angebotenen Waren

---

1064 OLG Braunschweig MMR 2007, 110 „*Impuls*“; GRUR-RR 2007, 71 ff. „*weitgehend passende Keywords*“; ebenso KG Berlin GRUR-RR 2007, 68; OLG Stuttgart MMR 2007, 649 „*PCB-Pool*“; OLG München MMR 2008, 334, 335 „*Impuls*“; MMR 2008, 541 „*Lounge-Poster*“; LG München I MMR 2004, 261 „*Werbekeywords*“; LG Braunschweig MMR 2006, 178 „*Impuls*“; GRUR 2008, 243 „*Schokolade*“; MMR 2007, 121 f. „*Bananabay*“; GRUR 2007, 204 „*Saroso*“; LG Leipzig MMR 2007, 265 f. „*Ad-Word Bananabay*“; LG Berlin GRUR-RR 2007, 202 f. „*Möbel*“; LG Köln GRUR-RR 2007, 204 „*FunFactory*“.

1065 Dieser Rechtsprechung zustimmend *Büscher*, in: Büscher/Dittmer/Schiwy, § 14 MarkenG Rdn. 126; *Horak*, MarkenR 2007, 240, 242; *Schmelz*, MarkenR 2008, 196, 198; *Terhaag*, MMR 2007, 111.

entweder vom Markeninhaber selbst oder von autorisierten Händlern angeboten würden.[1066]

Dieser Auffassung sind mehrere Oberlandesgerichte entgegengetreten.[1067] Aus der Kennzeichnung als Anzeige erkenne auch der unerfahrene Internetnutzer, dass es sich nicht um Treffer der Suche, sondern um Anzeigekunden des Betreibers der Internetsuchmaschine handele. Bei der Suche sei der Benutzer auch darauf eingerichtet, zwischen den Treffern in der Liste und den Anzeigen zu unterscheiden. Solange die Anzeige keinen Hinweis auf die Marke beinhalte, werde der Verbraucher nicht von einer geschäftlichen Verbindung ausgehen.[1068]

Die letztgenannte Ansicht ist vorzugswürdig.[1069] Ebenso wie bei den Meta-Tags ist auch bei den Adwords genau zu untersuchen, wie der Verbraucher das Anzeigeergebnis auffasst. Zunächst ist darauf hinzuweisen, dass sowohl das OLG Braunschweig als auch das LG Berlin nicht ausreichend zwischen den angebotenen Waren und der Handelsdienstleistung unterscheiden.[1070] Verwendet ein Internethändler eine Marke als Adword, so wird der Verkehr sicherlich nicht davon ausgehen, dass der Markeninhaber die Verantwortung für alle dort angebotenen Produkte übernimmt, wenn die Marke weder in der Anzeige neben der Trefferliste noch auf der Internetseite selbst erscheint. Daher kann allenfalls die Produktverantwortung für die Einzelhandelsdienstleistung unterstellt werden. Aber auch insoweit wird der Verkehr nicht auf eine wirtschaftliche Verbindung zum Markeninhaber schließen, wenn dessen Marken nicht in einem weiteren Zusammenhang mit der Leistung auftreten. Gerade beim Vertrieb im Internet ist den

---

1066 OLG Braunschweig GRUR-RR 2007, 71, 73 „*weitgehend passende Keywords*".

1067 OLG Düsseldorf MMR 2007, 247 ff. „*Beta Layout*"; OLG Köln MarkenR 2008, 117 ff. „*AdWords*"; OLG Frankfurt a.M. MMR 2008, 471; ebenso LG Frankfurt a.M K&R 2001, 173 „*Buderus*"; LG Hamburg MMR 2005, 632, 633 „*Preispiraten*"; MMR 2005, 629 „*Berliner Seilfabrik*"; LG Leipzig MMR 2005, 622, 623 „*Plakat 24*"; LG München I MMR 2007, 125, 126 f.; *Eichhammer*, Die markenmäßige Benutzung, S. 210 ff.; *Schaefer*, MMR 2005, 807, 808; *Hüsch*, Keyword Advertising und Keyword Buying, S, 74 f.; *ders.*, K&R 2006, 223, 224; *ders.*, CR 2007, 190; *Renner*, WRP 2007, 49, 54; *ders.*, CR 2007, 258; *Ott*, MMR 2007, 124; *Ullmann*, GRUR 2007, 633, 638; offen gelassen durch OLG Dresden MMR 2006, 326 ff. „*Plakat 24*".

1068 OLG Düsseldorf MMR 2007, 247, 248 „*Beta Layout*"; ebenso OLG Köln MarkenR 2008, 117, 118 „*AdWords*".

1069 Ebenso zustimmend *Hüsch*, MMR 2007, 249.

1070 Dies trifft insbesondere für das LG Berlin (GRUR-RR 2007, 202, 203 „*Möbel*") zu. Dieses sieht die Verwechslungsgefahr darin, dass der Verkehr davon ausgehen könnte, dass der Internethändler die konkreten Markenprodukte vertreibt, obwohl dies in Wirklichkeit nicht zutrifft. Für welche Produkte dann aber der Dritte die Marke benutzt, ist nicht ersichtlich. Konsequenterweise müsste er die Marke für die nicht angebotenen Waren benutzen.

Verbrauchern bewusst, dass Markenprodukte dort auch außerhalb der Vertriebsbindung angeboten werden.[1071] Nun zu unterstellen, dass die Verbraucher trotzdem generell von einer Autorisierung durch den Markeninhaber ausgingen, entspräche nicht dem modernen Verbraucherbegriff des EuGH.[1072]

Fehlt es an einer Zurechnung der Produktverantwortung, scheiden zwar Ansprüche aus § 14 Abs. 2 Nr. 1 und Nr. 2 MarkenG aus. Eine Markenrechtsverletzung kann sich insoweit aber noch aus § 14 Abs. 2 Nr. 3 MarkenG ergeben. Auch wenn keine Qualitätsvorstellungen der Marken auf das Angebot des Werbenden übertragen werden, so nutzt dieser doch ebenso wie bei den Meta-Tags die Unterscheidungskraft der Marke aus.[1073] Erst die besondere Anziehungskraft der Marke führt den Verbraucher zu der Anzeige. Dieses Ausnutzen der Unterscheidungskraft ist auch unlauter, soweit die Marke nicht als Angabe gemäß § 23 Nr. 2 und Nr. 3 oder § 24 MarkenG verwendet wird. Denn über diese Verwendungsmöglichkeiten hinaus hat der Werbende kein berechtigtes Interesse daran, fremde Marken für seine Werbung zu verwenden.[1074]

2) Wettbewerbsrechtsverletzung

Ebenso wie bei den Meta-Tags wird sich allein aus der Markenverwendung kein wettbewerbsrechtlicher Anspruch ergeben. Entgegen den dortigen Ausführungen

---

1071 A.A. wohl *Horak*, MarkenR 2007, 240, 242, der allerdings davon auszugehen scheint, dass für eine markenmäßige Benutzung im Rahmen des § 14 Abs. 2 Nr. 1 MarkenG jede gedankliche Verbindung ausreicht, die zur geschützten Marke aufgebaut wird.

1072 Ebenso *Heim*, Einflussnahme auf Trefferleisten von Internet-Suchdiensten, S. 160, der darauf abstellt, dass dem Verkehr bisher noch nicht bekannt ist, dass die Werbeanzeigen außerhalb der Ergebnisliste durch das Suchwort bedingt sind. In Zukunft soll sich aber ein solches Verständnis entwickeln können, bei dem dann eine Markenrechtsverletzung in Betracht komme.

1073 Auch das LG Leipzig sieht in der Verwendung als Adword ein Ausnutzen der von dem Markeninhaber aufgebauten Kraft der Marke. Allerdings scheint es nicht auf § 14 Abs. 2 Nr. 3 MarkenG, sondern auf § 14 Abs. 2 Nr. 2 MarkenG abzustellen, da im Anschluss noch die Verwechslungsgefahr geprüft wird (MMR 2007, 265 f. „Ad-Word *Bananabay*").

1074 A.A. in Bezug auf die wettbewerbsrechtliche Beurteilung der Rufausbeutung *Hüsch*, Keyword Advertising und Keyword Buying, S, 127; *Hüsch* geht jedoch unzutreffend davon aus, dass nunmehr die Rufausbeutung über § 4 Nr. 11 UWG erfasst sei. Ein solches Verständnis ist weder mit dem Wortlaut der Norm noch mit der Systematik des UWG zu vereinbaren. Dieses Missverständnis offenbart sich insbesondere darin, dass auch die Rufbeeinträchtigung einer Marke unter § 4 Nr. 11 UWG subsumiert wird, obwohl diese Art der Markenbeeinträchtigung explizit in § 4 Nr. 7 UWG geregelt ist.

scheidet m.E. nach aber auch ein Verstoß gegen § 4 Nr. 10 UWG aus. Anders als bei Meta-Tags wird durch die Markenverwendung in Adwords nicht das Suchergebnis verfälscht. Dem Markeninhaber bleibt es weiterhin möglich, an unverfälschter Position im Suchergebnis angezeigt zu werden. Die Anzeige des Dritten erscheint daher nicht anstatt des Angebots des Markeninhabers, sondern neben diesem. In einem solchen Fall kann aber nicht von einem Aufdrängen ausgegangen werden, da die Internetbenutzer in ihrer Entscheidung völlig frei sind, ob sie einen Link verfolgen und auf einer aufgerufenen Internetseite einen Kauf tätigen möchten.[1075]

VI. Produktgestaltender Gebrauch

Eine fremde Marke kann als Designmerkmal einer Ware, d.h. produktgestaltend eingesetzt werden. Ein solcher produktgestaltender Gebrauch kann in zwei Arten auftreten, nämlich zum einen in Form von originalgetreuen Nachbildungen der Markenware und zum anderen in Form von Merchandisingartikeln, die als Aufmacher mit der fremden Marke versehen werden.[1076]

In beiden Fallkonstellationen stellt sich für den Markeninhaber die Frage, ob und wie er es verhindern kann, dass ein Dritter die Aufmerksamkeitswirkung der Marke für seine Produkte ausnutzt.

1. Rechtsverletzung nach § 6 UWG

Ein Unterlassungsanspruch könnte sich aufgrund eines Verstoßes gegen die Vorschriften zur vergleichenden Werbung ergeben. Indes scheint schon vom natürlichen Sprachsinn ausgehend diese Fallgruppe wenig mit vergleichender Werbung zu tun zu haben. Die Fremdmarke wird vielmehr lediglich als aufmerksamkeitserregendes Gestaltungselement für das eigene Produkt eingesetzt. Folglich wird der produktgestaltende Gebrauch einer Marke in der Literatur vornehmlich dem er-

---

1075 So auch *Heim*, Einflussnahme auf Trefferleisten von Internet-Suchdiensten, S. 223; *Hüsch*, Keyword Advertising und Keyword Buying, S, 119 ff.; *ders.*, K&R 2006, 223, 225; ebenso OLG Düsseldorf MMR 2007, 247, 248 „*Beta Layout*"; OLG Köln MarkenR 2008, 117, 118 f. „*AdWords*"; LG Frankfurt a.M., K&R 2001, 173, 174 „*Buderus*"; wohl auch LG München I MMR 2007, 125, 127; a.A. LG Berlin K&R 2001, 171 „Online-Blumen-Versand"; LG Leipzig MMR 2007, 265, 266 „*Ad-Word Bananabay*"; *Ernst*, MarkenR 2006, 57, 59; *Renner*, WRP 2007, 49, 54, *ders.*, CR 2007, 258.

1076 Für eine ausführliche Beschreibung dieser Fallgruppe siehe unter B.VI., S. 83.

gänzenden wettbewerbsrechtlichen Leistungsschutz gemäß § 4 Nr. 9 UWG und nicht den Regelungen der vergleichenden Werbung unterstellt.[1077] Je nachdem wie weit jedoch die einzelnen Merkmale des § 6 Abs. 1 UWG gefasst werden, könnte aber auch diese Fallgruppe der vergleichenden Werbung zugeordnet werden.

a) Vergleichende Werbung gemäß § 6 Abs. 1 UWG

1) Werbung

Um als vergleichende Werbung eingeordnet werden zu können, müsste die produktgestaltende Verwendung der Marke zunächst eine Werbung im Sinne des § 6 Abs. 1 UWG darstellen.

Werbung ist gemäß Art. 2 lit. a) Richtlinie 2006/114/EG „*jede Äußerung bei der Ausübung eines Handels, Gewerbes, Handwerks oder freien Berufs mit dem Ziel, den Absatz von Waren oder die Erbringung von Dienstleistungen, einschließlich unbeweglicher Sachen, Rechte und Verpflichtungen zu fördern*". Wie bereits oben dargestellt, ist diese Definition nicht auf vom Produkt losgelöste Äußerungen beschränkt, sondern erfasst auch Produktaufschriften.[1078] Damit ist jedoch noch nicht abschließend festgelegt, dass jede Produktaufschrift auch Werbung darstellt. Vielmehr verlangt die Definition eine „Äußerung". An einer solchen könnte es beim schlichten Abdruck einer Fremdmarke auf dem Produkt fehlen. Es erscheint fraglich, ob bei einem T-Shirt, das ohne weitere Aussage mit einer Fremdmarke versehen wird, oder bei einem Spielzeugauto, dass lediglich die Originalmarke des Originalfahrzeugherstellers trägt, noch eine „Äußerung" vorliegt und damit eine Werbung gegeben ist.

Jedoch dürfen keine hohen Anforderungen an das Merkmal „Äußerung" gestellt werden. Unzweifelhaft wird eine Anzeige, die lediglich das eigene Produkt oder die eigene Marke ohne weitere Angaben abbildet, als Werbung eingeordnet. Eventuell kann gerade eine solche Aufmerksamkeitswerbung dazu dienen, die Neugier des Verkehrs an dem Produkt zu wecken, so dass sich dieser selbständig darüber informiert. Dann muss aber eine Anzeige, die mit einer Fremdmarke versucht, die Aufmerksamkeit zu erwerben, ebenfalls als Werbung eingeordnet werden.

1077 So etwa *Karl*, WRP 2006, 848 ff, der sich für den Bereich der Modellherstellung auf die Darstellung des Geschmacksmusterrecht, Urheberrechts, Markenrechts und des ergänzenden wettbewerbsrechtlichen Leistungsschutz beschränkt.

1078 C.II.3.a)2)(a)(1), S. 126.

Gerade um eine solche Aufmerksamkeitswerbung geht es beim produktgestaltenden Gebrauch einer Fremdmarke. Durch sie wird entweder überhaupt erst der Kaufgrund für das Produkt begründet oder der Verkaufswert gesteigert. Möglicherweise nimmt der Verkehr das Produkt erst aufgrund der Fremdmarke wahr. Die Verkaufsförderung stellt das primäre Ziel der Verwendung der Fremdmarke dar. Insofern erscheint es zweifelhaft, diese Verwendungsart nicht als Werbung anzusehen.

2) Mitbewerbereigenschaft

Ferner muss ein Mitbewerber oder sein Produkt erkennbar gemacht werden. Mitbewerber sind gemäß § 2 Abs. 1 Nr. 3 UWG solche Unternehmen, die in einem konkreten Wettbewerbsverhältnis zueinander stehen. Wie bereits oben dargelegt, ist ein solches gegeben, wenn die Produkte der beiden Unternehmen originär substituierbar sind oder wenn eine grundsätzlich fehlende Substituierbarkeit durch die Werbeaussage hergestellt wird.[1079] An einer originären Substituierbarkeit wird es in den Konstellationen dieser Fallgruppe häufig fehlen, da das bekannte Markenprodukt zumeist nicht dem gleichen Zweck dient wie das Merchandisingprodukt. Wird beispielsweise die Marke eines Brausegetränkeherstellers auf einem T-Shirt abgebildet, erfüllen das Getränk und das T-Shirt nicht den gleichen Verwendungszweck und sind folglich auch nicht substituierbar. Eine solche funktionelle Substituierbarkeit wird auch nicht durch den Aufdruck hergestellt, denn der potentielle Käufer eines Merchandisingartikels wird nicht deshalb von dem Erwerb des Originalproduktes absehen, weil er ein mit derselben Marke versehenes T-Shirt oder Modell erworben hat. Darauf, dass durch die Merchandisingartikel oder die Modelle die Lizenztätigkeit des Markeninhabers beeinträchtigt wird, kann zur Begründung des Mitbewerberverhältnisses im Rahmen des § 6 UWG nicht mehr abgestellt werden.[1080]

Eine Mitbewerbereigenschaft ist daher allenfalls dann gegeben, wenn der Markeninhaber selbst entsprechende Merchandisingprodukte mit seiner Marke vertreibt. Lediglich in diesen Fällen kann der produktgestaltende Gebrauch unter die Regelungen zur vergleichenden Werbung fallen.

1079 Siehe dazu D.I.1.a)2), S. 194.
1080 Dazu die Ausführungen unter D.II.1.a)2)(c), S. 247 f.

3) Vergleichserfordernis

Die Anwendung des § 6 Abs. 1 UWG scheitert jedoch grundsätzlich an dem Erfordernis eines Vergleichs.[1081] Durch die Verwendung der Fremdmarke wird weder eine Überlegenheit des Produktes ausgedrückt noch erfolgt eine Gleichstellungsbehauptung. Es kann nicht unterstellt werden, dass der Verkehr davon ausgehen wird, ein T-Shirt oder ein Modell sei von herausragender Qualität, nur weil die Produkte des Markeninhabers auf ihrem originären Segment eine solche Qualität haben. Auch eine Imagegleichstellung wäre eine reine Fiktion.

b) Ergebnis

Die Verwendung fremder Marken als produktgestaltendes Element fällt mangels Vergleichs nicht unter die Regelung des § 6 UWG. Soweit jedoch entgegen der hier vertretenen Auffassung auf das Merkmal eines Vergleichs verzichtet und der Mitbewerberbegriff weit ausgelegt wird, verstößt der produktgestaltende Gebrauch einer Marke gegen § 6 Abs. 2 Nr. 2 UWG, denn ebenso wie durch das blickfangmäßige Herausstellen einer Marke in der Produktwerbung wird durch den produktgestaltenden Gebrauch keine nachprüfbare Eigenschaft des fremden Produkts angegeben.[1082] Folglich wäre bei einer weiten Auslegung der Tatbestandsmerkmale des § 6 UWG die produktgestaltende Markenverwendung entgegen der bisherigen Rechtsprechung ohne Wertungsmöglichkeit unzulässig.

2. Markenrechtliche Ansprüche

Da § 6 UWG mangels Vergleichs nicht anwendbar ist, könnten sich Abwehransprüche hauptsächlich aus dem MarkenG ergeben.

a) Verwendung der Marke für Waren oder Dienstleistungen

Die Anwendung der markenrechtlichen Vorschriften im Rahmen des produktgestaltenden Gebrauchs wird von Teilen der Literatur damit in Frage gestellt, dass in diesen Fällen das Zeichen nicht für Waren oder Dienstleistungen verwendet wer-

1081 Zum Erfordernis dieses Merkmals und seiner Auslegung vgl. C.II.3.a)2)(b)(4), S. 140 ff.

1082 *Egerer*, Die markenrechtliche Zulässigkeit beschreibender Angaben, S. 221 geht von einem Verstoß gegen § 6 Abs. 2 Nr. 1 UWG aus, ohne allerdings vorher zu prüfen, ob die Vorschrift zur vergleichenden Werbung überhaupt anwendbar ist.

de, sondern vielmehr erst die Ware begründe.[1083] Plakativ wird insoweit behauptet, dass ein unbedrucktes Stück Papier noch kein Poster und ein Stück Plastik noch kein Spielzeug sei.[1084]

Diese Auffassung verkennt indes den Regelungsgehalt des Tatbestandsmerkmals „für Waren oder Dienstleistungen". Auch beim produktgestaltenden Gebrauch dient das Zeichen dazu, die konkrete Ware einem bestimmten Markeninhaber zuzuordnen. Dass dem Gegenstand ohne die Marke ein bestimmter Wert zukommen muss, wird hingegen vom Gesetz nicht gefordert. Zudem führt die Ansicht auch zu widersinnigen Ergebnissen. So vertritt *Engeländer* die Ansicht, dass das Markenrecht Merchandisingartikel nicht erfasse, da insoweit das Zeichen lediglich das Produkt ausmachen würde. Hingegen soll die Verwendung als Produktdekor auf Kleidung oder Schmuckstücken und die Verwendung auf Modellen erfasst sein.[1085] Gerade solche Artikel sind jedoch typische Merchandisingartikel. So gibt es mittlerweile zu nahezu jeden halbwegs erfolgreichen Film passende T-Shirts. Worin aber der Unterschied zwischen einem „Merchandisingartikel im engeren Sinne" und einer Ware mit Markendekor bestehen soll, ist nicht ersichtlich. Daher muss in beiden Fällen das Tatbestandsmerkmal „für Waren oder Dienstleistungen" bejaht werden.[1086]

b) Markenrechtsverletzung gemäß § 14 Abs. 2 Nr. 1 MarkenG

Ein markenrechtlicher Abwehranspruch könnte sich zunächst aus dem Identitätsschutz gemäß § 14 Abs. 2 Nr. 1 MarkenG ergeben.

1) Tatbestandsvoraussetzungen

Wird eine Marke als Produkt vermarktet, liegt ein Handeln im geschäftlichen Verkehr regelmäßig vor. Folglich kommt es entscheidend auf die Doppelidentität und die markenmäßige Benutzung an.

1083 *Engeländer*, Der ergänzende Schutz von Marken durch das Wettbewerbsrecht, S. 104 ff *Schoene*, Der Benutzungszwang im Markengesetz, S, 202; ebenso *Fezer*, MarkenR, § 14 Rdn. 49 und 438, der dann allerdings mittels einer analogen Anwendung auf § 14 Abs. 2 MarkenG zurückgreifen will. In der Rechtsprechung wurde dieses Merkmal bisher nicht problematisiert. So hat sich beispielsweise das LG Nürnberg-Fürth WRP 2007, 840 „*Opel/Autec II*", mit dieser Problematik an keiner Stelle des Urteils auseinandergesetzt.

1084 So *Schoene*, Der Benutzungszwang im Markengesetz, S, 202.

1085 *Engeländer*, Der ergänzende Schutz von Marken durch das Wettbewerbsrecht, S. 104 ff.; ebenso *Schoene*, Der Benutzungszwang im Markengesetz, S, 202 f.

1086 Ebenso *Großner*, Der Rechtsschutz bekannter Marken, S. 260.

(a) Doppelidentität

Soweit die Marken originalgetreu und nicht parodiert wiedergeben werden, ist eine Identität der Marken gegeben. Ferner muss eine Produktidentität bestehen. Wie oben dargelegt, sind hinsichtlich der Produktidentität aufgrund der restriktiven Auslegung des § 14 Abs. 2 Nr. 1 MarkenG als Bezugspunkte das Produkt des Zeichenverwenders und das Produkt des Markeninhabers, für das die Marke eingetragen wurde, heranzuziehen.[1087] Die Produktidentität kann somit nicht allein aus der Adressierung des Markenproduktes abgeleitet werden. Dementsprechend kann § 14 Abs. 2 Nr. 1 MarkenG nur dann eingreifen, wenn die verwendete Marke nicht nur für das Originalprodukt, sondern auch für ein dem angegriffenen Merchandisingartikel entsprechendes Produkt eingetragen wurde.[1088] Daran kann es jedoch häufig fehlen. Beispielsweise ist die Marke *Rolex* nur für Uhren und Schmuck eingetragen,[1089] so dass es an einer Identität fehlt, wenn diese Marke auf einem T-Shirt abgedruckt wird.[1090] Allerdings ist der Wandel der Produktvermarktung zu beachten. Während früher die wirtschaftliche Bedeutung von Merchandisingartikeln unterschätzt wurde und es dementsprechend an Markeneintragungen fehlte, erstrecken sich heutzutage viele Marken auch auf solche Produkte.[1091] So lag der *Opel/Autec*-Entscheidung des EuGH der Sachverhalt zugrunde, dass das *Opel*-Logo sowohl für Kraftfahrzeuge als auch für Spielzeug eingetragen war.[1092] Liegt eine entsprechende Markenanmeldung vor, kann somit abhängig von den weiteren Voraussetzungen der Tatbestand des § 14 Abs. 2 Nr. 1 MarkenG erfüllt sein.

1087 Siehe dazu C.II.3.g)1)(c), S. 176 ff.

1088 Ebenso *Egerer*, Die markenrechtliche Zulässigkeit beschreibender Angaben, S. 220; *Nägele*, Die rechtsverletzende Benutzung im Markenrecht, S. 26 Fn. 83; *Anschütz/Nägele*, WRP 1998, 937, 943.

1089 Vgl. DPMA-Registernummer 725886.

1090 A.A. *Danger*, Die rechtsverletzende Benutzungshandlung im Markenrecht, Rdn. 618, ohne allerdings die Anwendbarkeit des § 14 Abs. 2 Nr. 1 MarkenG zu problematisieren.

1091 Diese Entwicklung lässt sich am Urteil des OLG Hamburg GRUR-RR 2005, 258 „*Ahoj-Brause*" dokumentieren. Die Traditionsmarke *Ahoj-Brause* in Form einer Wort-/Bildmarke wurde auf einem T-Shirt verwendet. Zum Zeitpunkt der Verletzungshandlung war die Marke nur für die Klassen 32 und 30 (insbesondere Brause) eingetragen. Mittlerweile ist diese Marke auch für die Klassen 18 und 25 eingetragen und umfasst damit nunmehr ebenfalls Bekleidungsstücke und sonstige Accessoires.

1092 EuGH GRUR 2007, 318 (Rdn. 4) „*Opel/Autec*"; siehe auch EuGH GRUR 2003, 55 ff. „*Arsenal*", wonach die Zeichen des Fußballclubs *Arsenal London* auch für Konfektionsartikel, Sportbekleidung und Schuhe als Marken eingetragen sind.

(b) Markenmäßige Benutzung

Zudem muss das Zeichen markenmäßig verwendet werden. Nach der hier vertretenen Auffassung liegt eine markenmäßige Verwendung vor, wenn dem Markeninhaber aufgrund des verwendeten Zeichens die Produktverantwortung zugerechnet wird.[1093]

Zu einer solchen Zurechnung wird es nicht kommen, wenn mehrere Marken unterschiedlicher Markeninhaber auf dem Produkt verwendet werden.[1094] So hatte beispielsweise der BGH den Fall zu entscheiden, bei dem ein Pullover mit sieben Marken beschriftet war, u.a. mit *Cartier*, *Rolex* und *Omega.*[1095] Es wäre eine nicht zu belegende Unterstellung, wenn davon ausgegangen würde, dass der Verkehr allen diesen Markeninhabern die Produktverantwortung für den Pullover zurechnete. Es wird vielmehr deutlich, dass es sich um eine reine Anlehnung an die Marken handelt, um einen Kaufanreiz für dieses Kleidungsstück zu begründen.[1096]

Fraglich ist daher, ob der Verkehr dem Markeninhaber die Produktverantwortung zurechnet, wenn nur eine Fremdmarke oder mehrere Marken desselben Markenprodukts verwendet werden. Insoweit sollte zunächst von dem oben aufgestellten Grundsatz ausgegangen werden, dass bei der Verwendung einer identischen Marke für ein identisches Produkt zunächst die Produktverantwortung zu vermuten ist.[1097] Diese Vermutung muss der Zeichenverwender widerlegen. Er muss dazu substantiiert darlegen, dass der Verkehr das Zeichen lediglich als dekorative Verzierung und nicht als Kennzeichen für eine Produktverantwortung wahrnimmt. Insoweit kann zwischen den allgemeinen Merchandisingprodukten und den Modellen unterschieden werden.

1093 Siehe C.II.3.g)2)(e), S. 185 ff.

1094 Ebenso *Kur*, MarkenR 2001, 137, 143.

1095 BGH GRUR 1994, 635 „*Pulloverbeschriftung*".

1096 Zwar verlangen auch *Ingerl/Rohnke* grundsätzlich eine herkunftshinweisende Verwendung, allerdings wollen sie es bei dem produktgestaltenden Gebrauch für eine markenmäßige Benutzung ausreichen lassen, dass die fremde Marke noch als solche, d.h. als Herkunftskennzeichnung vom Verkehr erkannt wird, ohne dass sie jedoch auf das so ausgestaltete Produkt selbst bezogen werden müsste (*Ingerl/Rohnke*, MarkenG, § 14 Rdn. 166; ebenso *Ingerl*, WRP 2002, 861, 867). Dieser systematische Bruch in der Argumentation ist jedoch nur erforderlich, da eine einheitliche Auslegung aller Tatbestandsalternativen des § 14 Abs. 2 MarkenG verlangt wird. Wird eine markenmäßige Benutzung im Rahmen des § 14 Abs. 2 Nr. 3 MarkenG hingegen nicht verlangt, können die Fälle, bei denen eine solche Benutzung fehlt, adäquat über diese Vorschrift bewältigt werden.

1097 Siehe dazu C.II.3.g)2)(e), S. 186 ff.

(1) Allgemeine Merchandisingprodukte

Bei allgemeinen Merchandisingprodukten wird die Vermutung in den meisten Fällen nicht zu widerlegen sein. Bezieht sich ein Merchandisingartikel auf eine bekannte Marke, wird der Verkehr grundsätzlich davon ausgehen, dass der Markeninhaber entweder der Hersteller der Ware ist oder für sie zumindest die Produktverantwortung in Form einer Lizenzvergabe innehat.[1098] Es besteht dann zumindest die Gefahr, dass mangelnde Qualität dem Markeninhaber zugerechnet wird. So geht die deutsche Rechtsprechung zutreffend davon aus, dass die auf der Brustseite eines T-Shirts verwendeten Zeichen vom Verkehr über ihren dekorativen Gehalt hinaus grundsätzlich als Herkunftshinweis verstanden werden.[1099] Auch der EuGH hatte in der *Arsenal*-Entscheidung keinen Zweifel daran, dass die Marken des Fußballclubs *Arsenal* auf Fanschals als Herkunftshinweis und damit als Hinweis auf die Produktverantwortung verstanden werden.[1100]

Diese Vermutung wird sich zumeist nur in zwei Fällen widerlegen lassen.

Zum einen wird dies bei den so genannten Retro-Marken der Fall sein. Diese Marken kennzeichnen sich dadurch aus, dass sie aus Symbolen bestehen, die dem Verkehr früher bekannt waren und heutzutage in ihrer eigentlichen Funktion nicht mehr verwendet werden, so z.B. die Symbole von DDR-Staatseinrichtungen wie der *FDJ*. In diesen Fällen wird der Verkehr das Zeichen nur mit dem ihm aus früheren Zeiten bekannten Symbol assoziieren, es jedoch nicht für einen Hinweis auf die Produktverantwortung halten. Es wäre eine nicht zu belegende Unterstellung, würde man davon ausgehen, dass in diesen Fällen der Verkehr alle Produkte mit demselben Kennzeichen einem Markeninhaber zuordnet.[1101] Allerdings ist

1098 Ebenso OLG Hamburg GRUR-RR 2005, 258, 260 „*Ahoj-Brause*"; LG Braunschweig NJOZ 2004, 3564, 3566 „*Interflug*"; *Kur*, MarkenR 2001, 137, 143; *Hackbart/Kurtz*, WRP 2007, 1152, 1155; a.A. *Buhrow*, Markenmäßiger Gebrauch im Spannungsfeld von horizontaler und vertikaler Benutzung, S. 117 f.; differenzierend *Steinbeck*, GRUR 2005, 108, 112. Es soll nur dann der Eindruck einer Produktverantwortung entstehen, wenn ein Know-how-Transfer vom Hersteller der Markenware auf das Merchandisingprodukt zu erwarten ist. (zu beachten ist allerdings, dass sich die dortigen Ausführungen nur auf die Produktverantwortung zur Bestimmung der Warenähnlichkeit, nicht aber zur Bestimmung der markenmäßigen Benutzung beziehen).

1099 So OLG Hamburg GRUR-RR 2005, 258, 260 „*Ahoj-Brause*"; MarkenR 2005, 332, 336 „*Junge Pioniere*"; GRUR-RR 2006, 224, 225 „*Trabi 03*"; BPatG GRUR 2007, 240, 241 „*Seid bereit*"; zustimmend *Hacker*, GRUR Int. 2002, 506, 509.

1100 EuGH GRUR 2003, 55, 58 (Rdn. 57) „*Arsenal*".

1101 Im Ergebnis wohl zutreffend hat das OLG Hamburg entschieden, dass das Symbol der *Jungen Pioniere* von großen Teilen der Gesamtbevölkerung als solches nicht erkannt werde (OLG Hamburg MarkenR 2005, 332, 334 f. „*Junge Pioniere*"). Ob der Bevölkerung dieses Zeichen aber tatsächlich so unbekannt wie vom OLG Hamausdrücklich darauf hinzuweisen, dass es sich insoweit um eine enge Ausnahme von dem oben aufgestellten Grundsatz handelt. Faktisch greift diese Ausnahme nur bei alten DDR-Symbolen ein, da in der Regel nur bei diesen bekannt ist, dass sie in ihrer ursprünglichen Funktion nicht mehr verwendet werden.[1102]

Zum anderen wird sich die Vermutung widerlegen lassen, wenn die verwendete Marke in einer bestimmten Aussage aufgeht, ohne darin als Marke noch erkennbar zu sein. So hat das LG Köln zutreffend entschieden, dass der Verkehr die Marke „Kölsche Jung" in dem T-Shirt-Aufdruck „Ich ben ne Kölsche Jung" nicht mehr als Produktverantwortungshinweis ansieht, da er den Aufdruck nur als witziges Statement auffasst.[1103]

(2) Modelle

Problematischer gestaltet sich die Zurechnung der Produktverantwortung, wenn Fremdmarken auf Modellen angebracht werden, um diese möglichst detailgetreu darzustellen. So hat das LG Nürnberg-Fürth als Vorlagegericht in der Rechtssache *Opel/Autec* festgestellt, *„dass der normal informierte und angemessen aufmerksame und verständige Durchschnittsverbraucher von Waren der Spielzeugindustrie in Deutschland daran gewöhnt sei, dass die Modelle sich an realen Vorbildern anlehnten, und dass er sogar weitgehend Wert auf absolute Originaltreue lege, so dass der genannte Verbraucher das Opel-Logo auf Waren der Autec AG als Hinweis darauf verstehen werde, dass es sich um eine Nachbildung eines Fahrzeugs der Marke Opel in verkleinertem Maßstab handele."*[1104] Der EuGH griff diese Argumentation auf und führte dazu aus: *„Wenn das vorlegende Gericht mit diesen Ausführungen darauf hinweisen wollte, dass die maßgeblichen Verkehrskreise das mit dem Opel-Logo identische Zeichen auf von Autec vertriebenen verkleinerten Modellen nicht als Angabe darüber verstünden, dass diese Waren von Adam Opel oder einem mit dieser wirtschaftlich verbundenen Unternehmen stammten, dann müsste es zu dem Ergebnis gelangen, dass die im Ausgangsverfahren in Rede stehende Benutzung die Hauptfunktion des Opel-*

burg behauptet ist, kann nur durch eine Verkehrsbefragung sicher festgestellt werden.

1102 Zu weitgehend daher *Spieker*, WRP 2004, 895, 992, der beispielsweise auch für die Marke *Ahoj-Brause* davon ausgeht, dass der Verkehr diese nicht als Hinweis für die Produktverantwortung wahrnehme. Da der Verkehr aber keine Hinweise darauf hat, dass die Marke heutzutage nicht mehr verwendet wird, kann nicht unterstellt werden, dass nicht die Gefahr besteht, dass dem Markeninhaber die Produktverantwortung zugerechnet wird.

1103 LG Köln NJOZ 2008, 1981, 1983 f. *„Kölsche Jung"*.

1104 So zitiert in EuGH GRUR 2007, 318, 319 (Rdn. 23) *„Opel/Autec"*.

Logos als für Spielzeug eingetragene Marke nicht beeinträchtigt.“[1105] Der EuGH überließ zwar die Auslegung im konkreten Fall dem vorlegenden Gericht, jedoch ist den Ausführungen zu entnehmen, dass er rechtlich eine solche Auslegung billigte.

Sowohl das LG Nürnberg-Fürth als auch das OLG Nürnberg haben nunmehr im Anschluss an die EuGH-Entscheidung ausführlich dargelegt, dass der verständige Durchschnittsverbraucher bei einer originalgetreuen Verwendung der Marke auf einem Modell dem Markeninhaber weder die Produktverantwortung zurechne noch eine wirtschaftliche Verbindung in Form einer Lizenzierung unterstelle.[1106] Begründet wird dies insbesondere mit der jahrzehntelangen Tradition, dass unabhängige Spielzeughersteller ihre Modelle mit den Originalmarken versehen.

Grundsätzlich ist dieser Rechtsprechung zuzustimmen, allerdings entbindet auch sie nicht davon, im Einzelfall genau zu prüfen, wie der Verkehr die nachgebildete Marke aufnimmt. Bei Modellfahrzeugen besteht insoweit die Besonderheit, dass der Verkehr über Jahrzehnte daran gewöhnt wurde, dass die Hersteller der Originale es geduldet haben, dass ihre Marken originalgetreu auf Modellen wiedergegeben wurden.[1107] Eine Produktverantwortung konnte der Verkehr nicht unterstellen, da jeder Spielzeughersteller seine Waren mit fremden Originalmarken versehen konnte. Dass nunmehr die Hersteller die Lukrativität dieses Marktes entdeckt haben und mit eigenen Markenanmeldungen diesem Verhalten entgegen steuern wollen, ändert zunächst nichts an der Verkehrsauffassung.[1108] Daher erscheint die Auffassung zutreffend, dass mangels Beeinträchtigung der geschützten Markenfunktion eine Markenverletzung ausscheidet, wenn sie auch angreifbar[1109] und wohl erst durch eine Verkehrsbefragung zu klären ist. Insoweit ist auch hinzunehmen, dass damit die für Spielzeug eingetragene Marke zum Teil entwertet wird. Der Markenanmeldung hätte schon gemäß § 8 Abs. 1 Nr. 1 MarkenG die Eintragung wegen fehlender Unterscheidungskraft verwehrt werden müssen.[1110] Soweit die Eintragung trotzdem erfolgte, ist die Rechtsprechung zwar

1105 EuGH GRUR 2007, 318, 319 (Rdn. 23) „*Opel/Autec*“.

1106 LG Nürnberg-Fürth WPR 2007, 840, 842 „*Opel/Autec II*“; OLG Nürnberg WRP 2008, 1257, 1260 „*Opel/Autec*“.

1107 Zur historischen Entwicklung des Modellbaus siehe die Ausführungen von *Anschütz/Nägele*, WRP 1998, 937, 938 f. und *Karl*, WRP 2006, 848.

1108 So auch LG Nürnberg-Fürth, WPR 2007, 840, 843 „*Opel/Autec II*“; Ebenso *Anschütz/Nägele*, WRP 1998, 937, 943; *Karl*, WRP 2006, 848, 853, die allerdings nicht allein auf die historische Entwicklung abstellen, sondern allgemein bei Modellen die Annahme des Verkehrs verneinen wollen, dass der Markeninhaber auch Hersteller des Modells sei; a.A. *Ingerl/Rohnke*, MarkenG, § 14 Rdn. 170; *Hackbarth/Kurtz*, WRP 2007, 1152, 1156.

1109 Siehe dazu die Ausführungen von *Hackbarth/Kurtz*, WRP 2007, 1152, 1157.

1110 Ebenso *Lerach*, MarkenR 2007, 303, 308.

an die Existenz gebunden, nicht aber daran gehindert, den Schutzumfang zu begrenzen.[1111]

Möglicherweise ist aber hinsichtlich der markenmäßigen Benutzung danach zu differenzieren, ob die Marke auf der Ware selbst oder auf der Packung bzw. der Werbung verwendet wird. So vertritt *Roland Karl* die Auffassung, dass zwar bei der Verwendung der Marke auf dem Modell selbst der markenmäßige Gebrauch fehle, nicht aber bei der Verwendung auf der Packung oder in der Werbung.[1112] Dieser Ansicht ist zu widersprechen. Wenn der Verkehr davon ausgeht, dass die Marke auf dem Modell nicht die Produktverantwortung kennzeichnet, so ist es fraglich, warum der Verkehr eine Produktverantwortung des Markeninhabers unterstellen sollte, wenn die Marke auf der Packung oder in der Werbung erscheint. Wird die Marke auf der Verpackung oder in der Werbung nur dazu genutzt, darauf hinzuweisen, dass das Modell ein Nachbau eines bestimmten Markenproduktes ist, ist davon auszugehen, dass der Verkehr die Marke auch nur als einen solchen Hinweis aufnimmt. Eine gespaltene Verkehrsauffassung hinsichtlich des Modells einerseits und der Verpackung andererseits entbehrt jeglicher Grundlage. Anders kann es sich nur dann verhalten, wenn auf der Verpackung nicht ausreichend zum Ausdruck kommt, dass ein Dritter die Ware produziert. Hat der Verkehr keine Hinweise auf den Produzenten, muss er davon ausgehen, dass dem Markeninhaber die Ware zuzuordnen ist.

2) Zwischenergebnis

Grundsätzlich besteht die Vermutung einer markenmäßigen Benutzung im Sinne des § 14 Abs. 2 Nr. 1 MarkenG, wenn die Fremdmarke auch für den entsprechenden Merchandisingartikel Schutz genießt. Diese Vermutung wird jedoch in den Fällen zu widerlegen sein, bei denen mehrere bekannte Marken auf dem Merchandisingartikel verwendet werden oder bei denen der Verkehr die Marke lediglich als Teil einer detailgetreuen Nachbildung des Originals auffasst und dieses Modell nicht ohne weiteres dem Markeninhaber zuordnet.

3) Rechtfertigung

Ist eine Markrechtsverletzung gemäß § 14 Abs. 2 Nr. 1 MarkenG gegeben, wird sich diese in dieser Fallgruppe prinzipiell nicht rechtfertigen lassen.

1111 Dazu BGH GRUR 2005, 414 „*Russisches Schaumgebäck*"; GRUR 2005, 1044, 1046 „*Dentale Abformmasse*"; GRUR 2007, 780, 782 (Rdn. 24) „*Parlinenform*"; *Bergmann*, GRUR 2006, 793, 796; kritisch zu dieser Bindung an die Eintragung *Rohnke*, GRUR 2001, 696, 699 ff.

1112 *Karl*, WRP 2006, 848, 854.

§ 23 Nr. 2 MarkenG greift unstreitig nicht bei den allgemeinen Merchandisingprodukten ein. Bei diesen wird durch die Marke weder ein Merkmal noch eine Eigenschaft der Ware bezeichnet. Streitig stellt sich hingegen die Anwendung des § 23 Nr. 2 MarkenG bei der Verwendung einer fremden Marke auf Modellen dar. Während ein Teil der Literatur davon ausgeht, dass durch die Marke die Ware dahin beschrieben wird, dass es sich um eine Nachbildung des Vorbildes handele,[1113] hat der EuGH nunmehr entschieden, dass § 23 Nr. 2 MarkenG auf diese Fallkonstellation nicht anwendbar sei.[1114] Die Marke diene nur dazu, dass Modell originalgetreu abzubilden, nicht jedoch dazu, eine Angabe über ein Merkmal der genannten Modelle zu machen. Sie sei vielmehr nur ein Teil der originalgetreuen Nachbildung der Originalfahrzeuge. Dieser Rechtsprechung ist zuzustimmen. Die Abbildung der Marke macht das Modell erst zu einer originalgetreuen Abbildung und kann folglich nicht gleichzeitig dazu dienen, diese Authentizität zu beschreiben.

Auch § 24 MarkenG findet keine Anwendung, da das konkrete Merchandisingprodukt gerade nicht vom Markeninhaber in den Verkehr gebracht wurde.

c) Markenrechtsverletzung gemäß § 14 Abs. 2 Nr. 2 MarkenG

§ 14 Abs. 2 Nr. 2 MarkenG wird bei der produktgestaltenden Verwendung einer Marke keine Bedeutung gewinnen. Denn entweder ist die Fremdmarke für die betreffenden Merchandisingartikel eingetragen, so dass eine Identität gegeben ist und damit bereits der Schutz nach § 14 Abs. 2 Nr. 1 MarkenG eingreift oder die Merchandisingprodukte beziehen sich auf bekannte Markenprodukte, die nicht als ähnlich mit Merchandisingartikel eingeordnet werden können. Sind die Produkte dennoch ähnlich, so wird ebenso wie bei § 14 Abs. 2 Nr. 1 MarkenG die Annahme einer Produktverantwortung und damit einer Verwechslungsgefahr zumeist nur dann ausscheiden, wenn mehrere Marken verwendet werden oder die Marke in der Detailtreue der Nachbildung untergeht.

d) Markenrechtsverletzung gemäß § 14 Abs. 2 Nr. 3 MarkenG

Soweit eine Marke nicht auch für mögliche Merchandisingartikel eingetragen ist, stellt § 14 Abs. 2 Nr. 3 MarkenG die Hauptanspruchsgrundlage dar, da diese Norm bei der Warenähnlichkeit keinen Halt macht. Nachteilig für den Marken-

---

1113 So *Anschütz/Nägele*, WRP 1998, 937, 946; *Karl*, WRP 2006, 848, 855; *Kur*, GRUR Int. 2008, 1, 7.

1114 EuGH GRUR 2007, 318, 320 „*Opel/Autec*“; ebenso vorher *Ingerl/Rohnke*, MarkenG; § 14 Rdn. 166; *Egerer*, Die markenrechtliche Zulässigkeit beschreibender Angaben, S. 50 f.

rechtsinhaber ist allerdings, dass ihm nur dann Schutz gewährt wird, wenn seine Marke den Bekanntheitsstatus erreicht hat.[1115]

Hinsichtlich der Markenrechtsverletzung gemäß § 14 Abs. 2 Nr. 3 MarkenG bietet es sich aufgrund der unterschiedlichen Interessenlagen bei den verschiedenen Konstellationen an, zwischen der Markenverwendung bei Produktnachbildungen und der Markenverwendung als Produktdesign zu unterscheiden.

1) Markenverwendung bei Produktnachbildungen

Fraglich ist, ob eine Tatbestandsalternative des § 14 Abs. 2 Nr. 3 MarkenG verwirklicht wird, wenn die Marke auf einem Modell der Originalware abgebildet wird.

(a) Ausnutzen oder Beeinträchtigen der Wertschätzung

(1) Ausnutzen der Wertschätzung

Zunächst könnte die Wertschätzung der Marke der Originalware durch die Abbildung auf dem Modell für dieses ausgenutzt werden. Ein Ausnutzen liegt dann vor, wenn positive Assoziationen der Marken auf ein anderes Produkt übertragen werden.[1116] Es muss mithin ein Imagetransfer erfolgen, d.h. der Imagekern des Markenproduktes muss auf das Produkt des Zeichenverwenders übertragen werden.

Bei der Abbildung auf einem Modell dient die Marke dazu, dieses möglichst originalgetreu nachzubilden. Es soll dadurch jedoch kein bestimmtes Image übertragen werden. Für die Kaufentscheidung hinsichtlich des Modells ist es unerheblich, ob das Original das Image einer besonders luxuriösen oder sportlichen Ware hat. Es kommt dabei nur darauf an, ob das Modell das Original möglichst detailgetreu nachbildet. Die beiden Produkte haben insoweit ein inkompatibles Image. Daher wird die Wertschätzung nicht ausgenutzt.[1117]

1115 Zu diesen Anforderungen siehe D.I.2.c)1), S. 217 ff.

1116 BGH GRUR 2005, 583, 584 „*Lila-Postkarte*"; OLG Köln MarkenR 2005, 445, 448 „*Kleiner Feigling*"; *Ingerl/Rohnke*, MarkenG, § 14 Rdn. 851; *Dorndorf*, Der Schutz vor Herkunftstäuschung und Rufausbeutung, Rdn. 397; *Miller*, Irreführung von Internet-Suchmaschinen, S. 235; *Riedel*, Spannungsverhältnis, S. 106; *Worm*, Hyperlinks, Inline-Frames und Meta-Tags, S. 86; *Wagner*, Sonderschutz für bekannte Kennzeichen, S. 94; *Piper*, GRUR 1996, 429, 434; *Berlit*, MarkenR, Rdn. 190; *ders.*, GRUR 2002, 572, 577; ausführlich zu Auslegung dieser Tatbestandsalternative D.I.2.c)2)(a)(2), S. 220 ff.

1117 Ebenso *Karl*, WRP 2006, 848, 855, der jedoch an den Begriff der Rufausbeutung anknüpft.

(2) Beeinträchtigen der Wertschätzung

Eine Beeinträchtigung der Wertschätzung setzt voraus, dass ein negatives Image von dem Produkt des Zeichenverwenders auf das Markenprodukt übertragen wird.[1118] Ein solcher Imagetransfer könnte in der vorliegenden Fallgruppe derart erfolgen, dass eine schlechte Qualität des Modells auf das Original übertragen wird. Indes weiß der Verkehr zwischen Originalen und Modellen zu unterscheiden. Bricht beispielsweise bei dem Modell ein Rad ab, so wird der durchschnittlich informierte Verbraucher nicht davon ausgehen, dass solche Verarbeitungsmängel auch bei den Originalkraftfahrzeugen auftreten. Folglich wird die Wertschätzung der Originalware nicht beeinträchtigt.[1119]

(b) Ausnutzen oder Beeinträchtigen der Unterscheidungskraft

(1) Beeinträchtigen der Unterscheidungskraft

Möglicherweise führt die Verwendung einer Originalmarke auf Modellen aber zu einer Beeinträchtigung der Unterscheidungskraft. Dazu müsste es zu einer Zuordnungsverwirrung kommen, die wiederum voraussetzt, dass der Verkehr dem Markeninhaber zumindest die Produktverantwortung für das Modell zuschreibt.[1120]

Bei Modellen wird es indes in den meisten Fällen an einer solchen Zuordnungsverwirrung fehlen. Wie bereits oben dargestellt, schreibt der Verkehr dem Markeninhaber aufgrund der Verkehrsgeflogenheiten keine Produktverantwor-

1118 In diesem Sinne *Lange*, Marken- und Kennzeichenrecht, Rdn. 2260; *Dorndorf*, Schutz vor Herkunftstäuschung und Rufausbeutung, Rdn 397; *Miller*, Irreführung von Internet-Suchmaschinen, S. 239; *Riedel*, Spannungsverhältnis, S. 105; *Piper*, GRUR 1996, 429, 435; *Eichmann*, GRUR 1998, 201, 204; *Berlit*, GRUR 2002, 572, 578; siehe zur Auslegung dieser Tatbestandsalternative ferner unter D.I.2.c)2)(a)(3), S. 226 ff.

1119 Ebenso OLG Nürnberg WRP 2008, 1257, 1262 „*Opel/Autec*"; LG Nürnberg-Fürth, WRP 2007, 840, 844 „*Opel/Autec II*"; *Kur*, GRUR Int. 2008, 1, 6; a.A. *Hackbarth/Kurtz*, WRP 2007, 1152, 1158, die allerdings schon von der Prämisse ausgehen, dass der Verkehr grundsätzlich eine wirtschaftliche Verbindung unterstellt. In diesem Fall wäre es in der Tat zutreffend, dass ein Negativimage des Modells sich auf das Hauptprodukt überträgt; auch *Körber/Lee*, WRP 2007, 609, 611 gehen unter Hinweis auf das Urteil des EuGH grundsätzlich von einer Rufbeeinträchtigung aus. Dabei wird allerdings verkannt, dass der EuGH hinsichtlich der Qualitätsbeeinträchtigung nur die Rechtsauffassung der Adam Opel AG referierte, ohne sich diese aber zu Eigen zu machen.

1120 Siehe D.I.2.c)2)(b)(2)(A)(i), S. 232.

tung zu, wenn die Originalmarke auf Modellen erscheint.[1121] Es kommt mithin nicht zu einer Verwässerung der Marken.[1122] Vielmehr wirken die Modelle gerade Marken verstärkend, da die Marke so auch in Verkehrskreisen für die Originalware Bekanntheit erlangt, an die sich diese Ware normalerweise nicht richtet. So werden etwa Kinder durch Spielzeugkaufmannsläden an bestimmte Warenmarken gewöhnt, mit denen sie sonst möglicherweise keinen Kontakt hätten (z.B. Waschmittel).

(2) Ausnutzen der Unterscheidungskraft

Ferner könnte die Verwendung der Originalmarken auf dem Modell die Unterscheidungskraft der Fremdmarke ausnutzen. Dies ist dann der Fall, wenn allein die Verwendung der bekannten Marke dazu führt, dass sich der Zeichenverwender einen Kommunikationsvorsprung gegenüber anderen Mitbewerbern verschafft.[1123] Durch die Verwendung der Originalmarke genießt das Modell prinzipiell eine größere Aufmerksamkeit. Allein aufgrund der größeren Originaltreue wird sich der Verkehr eher für das gekennzeichnete Produkt entscheiden. Daher nutzt der Dritte durch die produktgestaltende Verwendung der Fremdmarke deren Unterscheidungskraft aus.[1124]

Fraglich ist allerdings, ob das Ausnutzen der Unterscheidungskraft in diesen Fällen unlauter ist. Es müssen dazu die beiden widerstreitenden Interessen abgewogen werden. Für den Markenrechtsinhaber spricht, dass er prinzipiell ein Recht hat, seine Marken zu kommerzialisieren und daher für die Verwendung eine entsprechende Lizenzgebühr zu verlangen. Er muss Dritte nicht kostenlos an seinem Erfolg partizipieren lassen. Der Hersteller des Modells kann sich dagegen zunächst auf kein geschütztes Recht berufen. Wie bereits oben dargelegt, greift zu seinen Gunsten weder die Freistellung nach § 23 Nr. 2 noch nach § 24 MarkenG ein. Daher stellt sich das Ausnutzen grundsätzlich als unlauter dar.[1125]

1121 D.VI.2.b)1)(b)(2), S. 371 ff.

1122 A.A. aufgrund eines anderen Verkehrsverständnisses *Hackbarth/Kurtz*, WRP 2007, 1152, 1159.

1123 *Ingerl/Rohnke*, MarkenG, § 14 Rdn. 861; *Dorndorf*, Schutz vor Herkunftstäuschung und Rufausbeutung, Rdn 394; *Riedel*, Spannungsverhältnis, S. 99.; Zur eigenständigen Anwendung dieser Tatbestandsalternative und deren Voraussetzungen siehe ferner D.I.2.c)2)(b)(3), S. 234 ff.

1124 So auch OLG Nürnberg, WRP 2008, 1257, 1262 *„Opel/Autec"*; *Riedel*, Spannungsverhältnis, S. 52; ebenso in diesem Sinne *Kur*, GRUR Int. 2008, 1, 7.

1125 Ebenso *Hackbarth/Kurtz*, WRP 2007, 1152, 1160; A.A. OLG Nürnberg, WRP 2008, 1257, 1262 *„Opel/Autec"*; *Körber/Lee*, WRP 2007, 609, 615, wonach nur beim Hinzutreten weiterer Umstände ein unlauteres Verhalten vorliegen soll.

Anders kann es sich nur in solchen Branchen verhalten, in denen jahrelang der Gebrauch der Marken auf den Modellen von den Markeninhabern toleriert wurde. Die Modellhersteller haben sich einen gewissen Besitzstand aufgebaut, der ihnen durch den zunächst untätigen Markeninhaber nicht ohne weiteres genommen werden kann. Dieser würde widersprüchlich gegenüber seinem früheren Verhalten handeln, würde er nunmehr den Modellherstellern die Verwendung der Marke verbieten. In diesen spezifischen Konstellationen ist daher die Verwendung nicht unlauter.

2) Markenverwendung als Produktdesign

Auch wenn die fremde Marke als Produktdesign eingesetzt wird, stellt sich die Frage, ob und welche Tatbestandsmerkmale des § 14 Abs. 2 Nr. 3 MarkenG dieses Verhalten erfüllt.

(a) Ausnutzen oder Beeinträchtigung der Wertschätzung

(1) Ausnutzen der Wertschätzung

Ebenso wie bei der Verwendung auf Modellen wird bei der Verwendung einer bekannten Marke als Produktdesign deren Wertschätzung nicht ausgenutzt.[1126] Zwischen Merchandisingprodukten und den Hauptprodukten fehlt es an einem übertragbaren Imagekern. Beispielhaft hierzu ist die Verwendung einer Luxusmarke auf einem T-Shirt. In diesem Fall dient die Marke lediglich dazu, die Aufmerksamkeit für das T-Shirt zu erregen, nicht aber um eine bestimmte Wertschätzung von der Markenware auf das T-Shirt zu übertragen. Dieses wird sich nicht mit den gleichen Attributen aufladen lassen. Selbst wenn die Marke der Inbegriff von Luxus ist, wirkt das T-Shirt dadurch nicht gegenüber anderen Produkten besonders luxuriös.[1127]

1126 A.A. *Eichmann*, GRUR 1998, 201, 203, der bei einer Pulloverbeschriftung mit exklusiven Uhrenmarken von einer Rufübertragung ausgeht, ohne aber zu präzisieren, welcher Ruf oder welches Image übertragen wird.

1127 Ungenau sind insoweit die Ausführungen des OLG Hamburg GRUR-RR 2005, 258, 260 *„Ahoj-Brause“*. Das Gericht stellte zwar fest, dass ein Imagetransfer eigentlich nicht in Betracht komme. Da der Verkehr das T-Shirt jedoch nur wegen der Marke erwerbe, will das OLG dennoch ein Ausnutzen der Wertschätzung annehmen. Insoweit verkennt das Gericht, dass es sich dabei um eine typische Konstellation des Ausnutzens der Unterscheidungskraft handelt.

(2) Beeinträchtigung der Wertschätzung

Ferner führt allein die Verwendung einer bekannten fremden Marke auf einem Merchandisingprodukt noch nicht zu einer Beeinträchtigung der Wertschätzung. Die Qualität des Merchandisingartikels schlägt grundsätzlich nicht auf das Markenprodukt durch. Anders wird es sich nur verhalten, wenn von dem gekennzeichneten Artikel an sich ein negatives Image ausgeht. Schon die Verbindung zwischen dieser Ware und dem Markenprodukt könnte bei jener zu negativen Assoziationen führen. Wird die Marke daher beispielsweise auf einem Kondom verwendet, beeinträchtigen die mit diesem Artikel verbundenen negativen Assoziationen die Wertschätzung der Marke, da sich nicht ausschließen lässt, dass der Verkehr sich an diese erinnert, wenn er das nächste Mal der Marke begegnet.

Liegt eine Beeinträchtigung der Wertschätzung vor, so ist diese auch unlauter. Anders kann es sich nur dann verhalten, wenn es sich um ein satirisches und damit künstlerisches Produkt handelt. Diesbezüglich ist jedoch auf die Ausführungen zur Markenparodie zu verweisen.[1128]

(b) Ausnutzen oder Beeinträchtigen der Unterscheidungskraft

(1) Beeinträchtigen der Unterscheidungskraft

Häufig wird es zu einer Beeinträchtigung der Unterscheidungskraft der Marke kommen, wenn diese auf einem Merchandisingprodukt verwendet wird. Grundsätzlich wird der Verkehr davon ausgehen, dass der Markeninhaber zum Hersteller dieses Artikels zumindest durch eine Lizenzvergabe in wirtschaftlichen Beziehungen steht. Im Warenähnlichkeitsbereich kann auf die § 14 Abs. 2 Nr. 1 und Nr. 2 MarkenG zurückgegriffen werden. Außerhalb der Warenähnlichkeit kann der Schutz über § 14 Abs. 2 Nr. 3 MarkenG gewährt werden. Erfolgt eine Zurechnung der Produktverantwortung, stellt sich diese auch als unlauter dar.

Die Zurechnung kann indes ausgeschlossen sein, wenn nicht nur eine, sondern gleich mehrere Marken verwendet werden. Beispielhaft dazu ist der Sachverhalt des Urteils *Pulloverbeschriftung* des BGH.[1129] Dort wurden auf einem Pullover die Marken mehrerer Luxusuhrenhersteller verwendet. In diesem Fall konnte der Verkehr nicht davon ausgehen, dass alle Uhrenhersteller, die sich im Allgemeinen als Konkurrenten gegenüberstehen, die Produktverantwortung für das Merchandisingprodukt übernommen haben. Der Verkehr ordnet folglich keiner Marke dieses Produkt zu, so dass deren Unterscheidungskraft nicht tangiert wird.

1128 Siehe dazu D.VIII.1.b)4)(a)(2), S. 399 f.
1129 BGH GRUR 1994, 635 ff. „*Pulloverbeschriftung*“.

(2) Ausnutzen der Unterscheidungskraft

Erfolgt keine Übertragung der Wertvorstellung und wird die Unterscheidungskraft aufgrund einer mehrfachen Benutzung fremder Marken nicht beeinträchtigt, so kommt es entscheidend darauf an, ob die Unterscheidungskraft der Marken ausgenutzt wird. Dies ist dann der Fall, wenn allein die Verwendung der fremden Marke dazu führt, dass sich der Zeichenverwender einen Kommunikationsvorsprung gegenüber anderen Mitbewerbern verschafft.

Ein solcher Effekt muss in der Regel bejaht werden. Bei Merchandisingartikeln handelt es sich zumeist um Artikel, die nicht um ihrer selbst willen gekauft werden. Wie das OLG Hamburg hinsichtlich der Verwendung einer Marke auf einem T-Shirt zutreffend dargestellt hat, wäre der Käufer an dem blanken T-Shirt nicht interessiert.[1130] Erst die Marke macht den Verkaufswert der Ware aus. In diesen Fällen zieht sich die Ware nicht nur an der Marke hoch, vielmehr begründet die Marke erst den Verkaufswert. Es handelt sich daher um die intensivste Form des Ausnutzens der Unterscheidungskraft.

Das Ausnutzen der Unterscheidungskraft ist auch grundsätzlich unzulässig. Allein dem Markeninhaber ist der Werbewert der Marke zugewiesen. Es steht in seinem Ermessen, wie dieser Wert vermarktet wird. Dritten ist es daher untersagt, sich diesen Wert ohne Einwilligung des Markeninhabers zu nutze zu machen. Eine Ausnahme gilt allerdings auch in diesen Fällen wieder, wenn die Marke zu satirischen und damit künstlerischen Zwecken eingesetzt wird. Es ist insoweit auf die Ausführungen zur Markenparodie zu verweisen.[1131]

3. *Sonstige wettbewerbsrechtliche Ansprüche*

a) § 4 Nr. 9 UWG

Ein wettbewerbsrechtlicher Unterlassungsanspruch könnte sich in dieser Fallgruppe aus einem Verstoß gegen § 4 Nr. 9 UWG ergeben.[1132] Danach ist die Nachahmung von Waren oder Dienstleistungen unlauter, wenn sie zu einer vermeidbaren Herkunftstäuschung führt oder die Wertschätzung der nachgeahmten Ware oder Dienstleistung unangemessen ausnutzt oder beeinträchtigt. Nach der h.M. ist der Waren- und Dienstleistungsbegriff weit zu fassen, so dass auch Teile

---

1130 OLG Hamburg GRUR-RR 2005, 258, 260 „*Ahoj-Brause*".

1131 Siehe dazu D.VIII.1.b)4)(a)(2), S. 399 f.

1132 So *Karl*, WRP 2006, 848, 850; *Körber/Lee*, WRP 2007, 609, 615; grundsätzlich auch auf § 1 UWG a.F. abstellend, aber die tatbestandlichen Voraussetzungen verneinend *Anschütz/Nägele*, WRP 1998, 937, 947.

dieser Produkte und damit auch Kennzeichen vom Nachahmungsschutz umfasst werden.[1133] Im Falle einer vermeidbaren Herkunftstäuschung oder einer unangemessenen Rufausbeutung begründet folglich eine produktgestaltende Verwendung einer fremden Marke ein unlauteres Verhalten im Sinne des § 4 Nr. 9 UWG.

Ob diese Vorschrift allerdings neben markenrechtlichen Ansprüchen überhaupt Anwendung findet, gehört zu den umstrittensten Fragen des Verhältnisses zwischen MarkenG und UWG.[1134] Es kommt an dieser Stelle zum Schwur, inwieweit der Vorrangthese gefolgt werden kann. Die Problematik ergibt sich aus folgenden zwei Überlegungen, die kaum in Einklang zu bringen sind: Zum einen besteht die Gefahr, dass durch den wettbewerbsrechtlichen Anspruch die markenrechtlichen Anspruchsgrenzen umgangen werden. Erfüllt ein Zeichen nicht die Anforderungen des Markenschutzes und ist es damit als Marke nicht schutzfähig, darf diese Wertung nicht ohne weiteres dadurch umgangen werden, dass die markenrechtlich zulässige Verwendung des Zeichens über einen anderen Normenkomplex sanktioniert wird. Gleiches gilt für die Wertung in Bezug auf bekannte Marken. Der spezielle markenrechtliche Schutz für bekannte Marken darf nicht über das UWG faktisch auf alle anderen Marken erweitert werden. Dieser Gefahr lässt sich am effektivsten begegnen, wenn die markenrechtlichen Ansprüche den ergänzenden wettbewerbsrechtlichen Leistungsschutz komplett verdrängen. Ein solcher Ausschluss führt jedoch zur zweiten diese Problematik prägenden Überlegung. Sind wettbewerbsrechtliche Ansprüche auch dann ausgeschlossen, wenn für einen markenfähigen Umstand keine Marke angemeldet wurde und damit der Markenschutz von vornherein ausscheidet, so werden die Unternehmen zu einer Markenanmeldung gezwungen. Wie *Bornkamm* zutreffend anmerkt, würde jede Erweiterung des Markenschutzes zu einer Geißel für die Unternehmen werden.[1135]

Der BGH versucht diesen Konflikt über die Vorrangthese des Markenrechts zu lösen. Danach ist das Markenrecht gegenüber den wettbewerbsrechtlichen Ansprüchen zwar prinzipiell vorrangig. Dieser Vorrang gilt indes nur im Anwen-

---

1133 *Köhler*, in: Hefermehl/Köhler/Bornkamm, UWG, § 4 Rdn. 9.22; *Piper*, in: Piper/ Ohly, UWG, § 4 Rdn. 9/20; *Dorndorf*, Der Schutz vor Herkunftstäuschung und Rufausbeutung, Rdn. 62; a.A. *Stieper*, WRP 2006, 291, 301; wohl auch *Ingerl*, WRP 2004, 809, 816.

1134 Siehe dazu nur die Ausführungen bei *Köhler*, in: Hefermehl/Köhler/Bornkamm, UWG, § 4 Rdn. 9.9; *ders.*, GRUR 2007, 548 ff; *Dorndorf*, Der Schutz vor Herkunftstäuschung und Rufausbeutung, Rdn. 439 ff.; *Schaefer*, Normenkonkurrenz, S. 242 ff.; *Steinbeck*, in: FS Ullmann, S. 409 ff.; *Bornkamm*, GRUR 2005, 97 ff.; *Stieper*, WRP 2006, 291, 300 ff. jeweils mwN.

1135 *Bornkamm*, GRUR 2005, 97, 102.

dungsbereich des Markenrechts.[1136] In dieser Einschränkung liegt jedoch die Problematik dieser Rechtsprechung. Bisher ist nicht abschließend geklärt, wann der Anwendungsbereich des Markenrechts eröffnet ist. Daher besteht die Gefahr, dass die Rechtsprechung von Billigkeitserwägungen geprägt wird und immer dann den Anwendungsbereich des Markenrechts als nicht eröffnet ansieht, um auf das Wettbewerbsrecht zuzugreifen, wenn die strikte Anwendung der Vorrangthese zu nicht mehr als *„gerecht“* empfundenen Ergebnissen kommt.

Die Klärung des Verhältnisses zwischen dem Markenrecht und dem UWG kann und braucht im Rahmen dieser Arbeit nicht abschließend geklärt zu werden. Vorliegend wird lediglich untersucht, wie eine Markennennung rechtlich zu bewerten ist. Da eine Markennennung schon begriffsmäßig voraussetzt, dass das betroffenen Zeichen als Marke geschützt ist, kann dahingestellt bleiben, wie das Verhältnis zu bestimmen ist, wenn ein Umstand zwar dem Markenschutz zugänglich wäre, für diesen aber noch keine Marke existiert. Es bedarf damit nur einer Klärung, wie das Verhältnis auszugestalten ist, wenn für den nachgeahmten Umstand bereits eine Marke besteht.

Insoweit wird einer in der Literatur vordringenden Meinung gefolgt. Diese geht davon aus, dass ein Rückgriff auf § 4 Nr. 9 UWG dann ausscheidet, wenn der nachgeahmte Umstand markenrechtlichen Schutz genießt.[1137] Dieser Ansatz führt insbesondere aufgrund des gewandelten Verständnisses der markenmäßigen Benutzung zu handhabbaren Ergebnissen. Da § 14 Abs. 2 Nr. 3 MarkenG eine markenmäßige Benutzung nicht mehr voraussetzt, bedarf es eines ergänzenden wettbewerbsrechtlichen Leistungsschutzes für markenrechtlich geschützte Umstände nicht mehr. Der Gesetzgeber hat mit der Norm des § 14 Abs. 2 Nr. 3 MarkenG zum Ausdruck gebracht, dass die Wertschätzung und die Unterscheidungskraft einer Marke nur bei bekannten Marken umfassend geschützt sind. Bei sonstigen Marken kann lediglich die Herabsetzung gemäß § 4 Nr. 7 UWG verhindert werden. Hätte der Gesetzgeber einen umfassenden Schutz der Wertschät-

---

1136 BGH GRUR 1999, 161, 162 *„Mac Dog“*; ebenso in BGH GRUR 1999, 992, 995 *„BIG PACK“*; GRUR 2000, 608. 610 *„ARD-1“*; GRUR 2002, 340, 342 *„Fabergé“*; GRUR 2002, 622, 623 *„Shell.de“*; GRUR 2005, 163, 165 *„Aluminiumräder“*; GRUR 2005, 419, 422 *„Räucherkate“*; GRUR 2005, 423, 427 *„Staubsaugerfiltertüten“*; GRUR 2005, 583, 585 *„Lila-Postkarte“*; GRUR 2006, 329, 332 (Rdn. 36) *„Gewinnfahrzeug mit Fremdemblem“*; zum Teil findet sich in den BGH-Entscheidungen auch die Formulierung, dass der Vorrang des Markenrechts nicht gelte, wenn sich die Ansprüche „gegen ein wettbewerbswidriges Verhalten richten, das als solches nicht Gegenstand der markenrechtlichen Regelung ist“ (BGH GRUR 2002, 167, 171 *„Bit/Bud“*; GRUR 2003, 332, 335 *„Abschlussstück“*).

1137 *Köhler*, in: Hefermehl/Köhler/Bornkamm, UWG, § 4 Rdn. 9.10 f.; *Wiebe*, in: MüKo, UWG, § 4 Nr. 9 Rdn. 37 f.; *Piper*, in: Piper/Ohly, UWG, § 4 Rdn. 9/10; *Hacker*, in: Ströbele/Hacker, MarkenG, § 14 Rdn. 10.

zung und Unterscheidungskraft durch das UWG normieren wollen, so ist nicht ersichtlich, warum dies nicht durch eine entsprechende Fassung des § 4 Nr. 7 UWG eindeutig zum Ausdruck gebracht wurde. Ein Rückgriff auf § 4 Nr. 9 UWG ist daher hinsichtlich des Ausnutzens und Beeinträchtigens der Wertschätzung nicht mehr möglich.[1138]

Auch hinsichtlich einer herkunftstäuschenden Verwendung einer Marke bedarf es keines wettbewerbsrechtlichen Leistungsschutzes. Eine solche Verwendungsweise wird grundsätzlich durch § 14 Abs. 2 Nr. 2 MarkenG erfasst. Bei bekannten Marken wird der Schutz ferner mittels des Verwässerungsschutzes verstärkt. Durch einen Rückgriff auf das Wettbewerbsrecht darf diese Wertung nicht umgangen werden.

Dieser Auslegung könnte jedoch die Richtlinie gegen unlautere Geschäftspraktiken entgegenstehen. Gemäß Art.6 Abs. 2 lit. a) Richtlinie 2005/29/EG sind die Verbraucher nunmehr davor zu schützen, dass sie durch die Verwendung von Kennzeichen irregeführt werden. Insoweit wird daher argumentiert, dass nunmehr jedenfalls für den Bereich der Herkunftstäuschung § 4 Nr. 9 UWG neben dem MarkenG anwendbar sein soll.[1139] Gegen eine solche Argumentation spricht allerdings, dass hinsichtlich der Anwendbarkeit des § 4 Nr. 9 UWG zwischen den beiden Alternativen differenziert werden müsste. Systematisch sauberer ist es daher, das Irreführungsverbot in § 5 UWG zu implementieren und § 4 Nr. 9 UWG wie im bisherigen Sinne auszulegen.

Konsequenz dieser Auffassung ist es, dass der produktgestaltenden Verwendung einer Marke nicht über § 4 Nr. 9 UWG begegnet werden kann.

b) § 4 Nr. 7 UWG

Die Verwendung seiner Marken auf Merchandisingprodukten und Modellen kann der Markeninhaber nicht über § 4 Nr. 7 UWG verbieten. Zwar findet diese Norm neben den markenrechtlichen Vorschriften Anwendung, allerdings setzt der produktgestaltende Gebrauch regelmäßig nicht die Wertschätzung der Marke des Originalproduktes herab. Dies wurde bereits im Rahmen des § 14 Abs. 2 Nr. 3 MarkenG dargelegt.[1140]

1138 Ebenso *Schaefer*, Normenkonkurrenz, S. 226.

1139 So wohl *Köhler*, in: Hefermehl/Köhler/Bornkamm, UWG, § 4 Rdn. 9.6.

1140 Siehe dazu D.VI.2.d)1)(a)(2), S. 376 f. und D.VI.2.d)2)(a)(2), S. 379.

c) § 5 UWG

Ein Anspruch aus § 5 Abs. 1 UWG aufgrund der Täuschung über die wirtschaftlichen Verbindungen mittels der Verwendung der Fremdmarke schied aufgrund des Vorrangs des Markenrechts bisher aus. Einer solchen Verwechslungsgefahr konnte nur über § 14 Abs. 2 Nr. 2 MarkenG begegnet werden.[1141] Aufgrund des Art. 6 Abs. 2 lit. a) Richtlinie 2005/29/EG erscheint es aber nunmehr geboten, die Fälle der Herkunftstäuschung auch über § 5 Abs. 1 UWG zu erfassen. Da eine Täuschung des Verkehrs über die Herkunft der Konstellation entspricht, dass der Verkehr die Produktverantwortung für das gekennzeichnete Produkt dem Markeninhaber zuordnet, kann diesbezüglich auf die Ausführungen zu § 14 Abs. 2 Nr. 1 und Nr. 2 MarkenG verwiesen werden.[1142]

4. Gesamtergebnis zu dieser Fallgruppe

Die Zulässigkeit der Verwendung einer Fremdmarke zum produktgestaltenden Gebrauch beurteilt sich primär nach dem MarkenG. Der Markeninhaber kann eine solche Benutzung über § 14 Abs. 2 Nr. 1 MarkenG verhindern, wenn er die Marken auch für die entsprechenden Merchandisingprodukte hat eintragen lassen. Fehlt es an einer solchen Eintragung, kommt nur der Bekanntheitsschutz gemäß § 14 Abs. 2 Nr. 3 MarkenG in Betracht. Insoweit wird durch den produktgestaltenden Gebrauch zumeist die Unterscheidungskraft der bekannten Marke unlauter ausgenutzt. Ein solches Verhalten stellt sich nur dann nicht als unlauter dar, wenn diese Art der Verwendung sich über Jahre hinweg etabliert hat, wie z.B. beim modellhaften Nachbau von Sportwagen.

Wettbewerbsrechtliche Ansprüche scheiden dagegen grundsätzlich aus. Für die Anwendung des § 6 UWG fehlt es an einem Vergleich. Der ergänzende wettbewerbsrechtliche Leistungsschutz und § 5 UWG sind aufgrund des Vorrangs des Markenrechts bei eingetragenen Marken nicht anwendbar. Ein Anspruch aus § 4 Nr. 7 UWG scheitert zumeist an der fehlenden Herabsetzung der verwendeten Marken.

1141 Zu den Bedenken hinsichtlich des Vorrangs des MarkenG gegenüber § 5 UWG aufgrund des Art. 6 Abs. 2 lit. a) Richtlinie 2005/29/EG siehe D.I.3.b), S. 238 f.

1142 D.VI.2.b)1)(b), S. 369 ff. und D.VI.2.c), S. 374.

VII. Sonstige Markennennungen (sog. redaktionelle Benutzung)

1. Redaktionelle Benutzung im eigentlichen Sinne

Die Verwendung fremder Marken in redaktionellen Publikationen ist übliche Praxis. Das anschaulichste Beispiel dafür sind die Automobilfachmagazine. In nahezu jedem Artikel wird die Marke eines Kfz genannt. Insoweit wird sich kaum bestreiten lassen, dass die Art der Markenverwendung grundsätzlich als zulässig angesehen werden muss, da anderenfalls eine sinnvolle Berichterstattung über Markenprodukte nicht möglich wäre. Im Folgenden wird untersucht, aufgrund welcher Vorschriften der Markeninhaber eine Benutzung seiner Marke verhindern kann und wo die Grenzen für eine zulässige Markennennung zu ziehen sind.

a) Rechtsverletzung gemäß § 6 UWG

Ein Unterlassungsanspruch aufgrund der Verletzung der Vorschriften zur vergleichenden Werbung kommt in der Regel nicht in Betracht.

Problematisch ist in diesen Fällen bereits, ob der redaktionelle Beitrag als eine Wettbewerbshandlung im Sinne des § 2 Abs. 1 Nr. 1 UWG einzuordnen ist, die jedoch die Grundvoraussetzung für die Anwendung der wettbewerbsrechtlichen Vorschriften darstellt. Eine Wettbewerbshandlung setzt nach der h.M. sowohl eine objektive Eignung zur Förderung des eigenen oder fremden Absatzes als auch eine subjektive Wettbewerbsförderungsabsicht voraus.[1143] Eine solche Absicht ist grundsätzlich zu vermuten.[1144] Indes gilt dies nicht für redaktionelle Beiträge von Medienunternehmen oder Journalisten. In diesen Fällen kann von einer Wettbewerbsförderungsabsicht nur dann ausgegangen werden, wenn der

---

1143 So zum UWG n.F. OLG Hamburg GRUR-RR 2005, 385, 386 „*Ladenhüter*“; GRUR-RR 2007, 206, 208 „*Emissionsprospekt*“; KG GRUR-RR 2005, 162 „*Arzneimitteleigenschaften kraft Präsentation*“; OLG Brandenburg NJW 2005, 2091; 2092; OLG München GRUR-RR 2006, 268, 271 „*Trivial-Patente*“; OLG Frankfurt a.M. GRUR-RR 2007, 16 „*ÖKO-Test*“; *Köhler*, in: Hefermehl/Köhler/Bornkamm, § 2 UWG Rdn. 24; *Veil*, in: MüKo, UWG, § 2 Rdn. 23 ff.; *Keller*, in: Harte-Bavendamm/Henning-Bodewig, § 2 UWG Rdn. 28; a.A. *Fezer*, in: Fezer, § 2 UWG Rdn. 32; *ders.*, in: FS Schricker, S:671 ff,; *Piper*, in: Piper/Ohly, § 2 UWG Rdn. 22.

1144 OLG München GRUR-RR 2006, 268, 271 „*Trivial-Patente*“; *Köhler*, in: Hefermehl/Köhler/Bornkamm, § 2 UWG Rdn. 25; *Lehmler*, UWG, § 2 Rdn. 50; so auch zu § 1 UWG a.F. der BGH in st. Rspr., siehe dazu BGH GRUR 2002, 1093, 1094 „*Kontostandsauskunft*“.

werbende den informativen Charakter des Beitrags überwiegt.[1145] Beschränkt sich daher der Beitrag, in dem die Fremdmarke verwendet wird, lediglich auf eine informative Berichterstattung, scheitert ein Anspruch bereits am Vorliegen der Wettbewerbshandlung.

Weiterhin setzt die vergleichende Werbung voraus, dass durch diese ein Mitbewerber kenntlich gemacht wird. Es muss daher ein Mitbewerberverhältnis zwischen dem Werbenden und dem beeinträchtigen Unternehmen bestehen. Daran wird es aber in der Regel bei redaktionellen Beiträgen fehlen. So stehen etwa Zeitschriftenherausgeber und Kfz-Hersteller in keinem konkreten Wettbewerbsverhältnis zu einander. Lediglich wenn über ein Produkt berichtet wird, das auch der Herausgeber des redaktionellen Beitrags vertreibt, kann ein konkretes Wettbewerbsverhältnis und damit die Mitbewerbereigenschaft vorliegen.

Grundsätzlich sind daher redaktionelle Beiträge nicht von § 6 UWG erfasst. Soweit sie hingegen doch einmal die vorgenannten Voraussetzungen erfüllen, wird es sich bei dem Beitrag um versteckte vergleichende Werbung handeln, die dann nach den allgemeinen zu dieser Werbeform dargestellten Grundsätzen zu beurteilen ist.[1146]

b) Markenrechtliche Ansprüche

Ein markenrechtlicher Unterlassungsanspruch gemäß § 14 Abs. 5 MarkenG setzt zunächst voraus, dass das angegriffene Zeichen im geschäftlichen Verkehr verwendet wird. Ein Zeichen wird im geschäftlichen Verkehr benutzt, wenn die Benutzung im Zusammenhang mit einer auf einen wirtschaftlichen Vorteil gerichteten gewerblichen Tätigkeit und nicht im privaten Bereich erfolgt.[1147] Es kommt mithin darauf an, ob die Handlung der Förderung eines beliebigen eigenen oder fremden Geschäftszwecks dient.[1148] Ebenso wie zur Bestimmung der Wettbe-

1145 OLG Hamburg GRUR-RR 2005, 385, 386 „*Ladenhüter*“; OLG Frankfurt a.M. GRUR-RR 2007, 16, 17 „*ÖKO-Test*“; *Veil*, in: MüKo, UWG, § 2 Rdn. 80; *Lehmler*, UWG, § 2 Rdn. 50; ebenso für wissenschaftliche Tätigkeiten OLG Hamburg GRUR-RR 2007, 206, 208 „*Emissionsprospekt*“; so auch zum UWG a.F. der BGH in st. Rspr., zuletzt in BGH GRUR 2006, 875, 876 (Rdn. 23) „*Rechtsanwalts-Ranglisten*“ mwN.; siehe zur bisherigen Rechtsprechung des BGH *Messer*, in: FS v. Gamm, S. 95 ff.; *Abeltshauser*, WRP 1997, 1143, 1144 ff.

1146 Siehe dazu die Ausführungen unter D.IV.1., S. 307 ff.

1147 EuGH GRUR 2003, 55, 57 (Rdn. 40) „*Arsenal*“; BGH GRUR 2004, 241, 242 „*GeDios*“; GRUR 2007, 780, 782 (Rdn. 20) „*Pralinenform*“.

1148 So die in der Literatur gängige Definition, siehe dazu *Fezer*, § 14 MarkenG, Rdn. 41; *Ekey*, in: HK-MarkenR, § 14 Rdn. 52; *Ingerl/Rohnke*, § 14 MarkenG Rdn. 48; *Schweyer*, in: v. Schultz, § 14 MarkenG, Rdn. 9; ähnlich *Hacker*, in: Ströbele/Hacker, § 14 MarkenG, Rdn. 27.

werbshandlung soll dabei maßgeblich die erkennbar nach außen tretende Zielrichtung des Handelnden sein.[1149] Dementsprechend unterliegen redaktionelle Handlungen nur dann dem MarkenG, wenn die Zielrichtung nicht auf einen informativen, sondern überwiegend werbenden Beitrag ausgerichtet ist. Folglich wird die Anwendbarkeit des MarkenG bei der redaktionellen Markenbenutzung häufig bereits am Merkmale des geschäftlichen Verkehrs scheitern.[1150]

Wird entgegen der hier vertretenen Auffassung das Merkmal des geschäftlichen Verkehrs bejaht, kann die Anwendung des § 14 Abs. 2 MarkenG bei der redaktionellen Benutzung ferner daran scheitern, dass die Marke in diesen Fällen nicht zum Zwecke des Produktabsatzes verwendet wird.[1151] Dieses Erfordernis wird aus der Formulierung „für Waren oder Dienstleistungen", die sich in den jeweiligen Tatbestandsalternativen des § 14 Abs. 2 MarkenG findet, gezogen.[1152]

Werden diese beiden Anwendungsvoraussetzungen des § 14 Abs. 2 MarkenG entgegen der hier vertretenen Auffassung bejaht, werden in der Regel nur Ansprüche aus § 14 Abs. 2 Nr. 3 MarkenG einschlägig sein. Sowohl die erste als auch die zweite Alternative des § 14 Abs. 2 MarkenG scheitern daran, dass der Verkehr dem Markeninhaber für den redaktionellen Beitrag keine Produktverantwortung zuschreiben wird.[1153]

Da § 14 Abs. 2 Nr. 3 MarkenG keinen markenmäßigen Gebrauch voraussetzt, kommt es darauf an, ob die redaktionelle Verwendung eine der in dieser Vorschrift enthaltenen Tatbestandsalternativen verwirklicht. Allein die Markennennung in einem redaktionellen Beitrag wird noch nicht zu einer Markenrechtsverletzung führen. In Betracht käme allenfalls ein Ausnutzen der Wertschätzung

1149 BGH GRUR 2002, 622, 624 *„Shell.de"*; *Ingerl/Rohnke*, § 14 MarkenG Rdn. 48.

1150 So auch *Engeländer*, Der ergänzende Schutz von Marken durch das Wettbewerbsrecht, S. 96; Ebenso *Schweyer*, in: v. Schultz, § 14 MarkenG, Rdn. 17, der an einer Benutzung im geschäftlichen Verkehr zweifelt, aber jedenfalls eine markenmäßige Benutzung ablehnt; a.A. *Ingerl/Rohnke*, § 14 MarkenG Rdn. 54, die ohne Begründung das Handeln im geschäftlichen Verkehr bejahen, um dann markenrechtlichen Ansprüche im Ergebnis doch an der fehlenden markenmäßigen Benutzung scheitern zu lassen.

1151 *Fezer*, § 14 MarkenG, Rdn. 69; *Hacker*, in: Ströbele/Hacker, § 14 MarkenG, Rdn. 44; *Miller*, Irreführung von Internet-Suchmaschinen, S. 132.

1152 *Fezer*, § 14 MarkenG, Rdn. 69; *Miller*, Irreführung von Internet-Suchmaschinen, S. 132.

1153 Für *Danger*, Die rechtsverletzende Benutzungshandlung im Markenrecht, Rdn. 561 stellt sich auch die redaktionelle Verwendung einer Marke als ein markenmäßiger Gebrauch dar, da er es ausreichend lässt, dass mit den angegriffenen Zeichen die Originalmarke bezeichnet wird (ebenso *v. Linstow*, WRP 2000, 955, 958). Dass diese Ansicht nicht systemgerecht ist, zeigt sich aber daran, dass *Danger* zu einer Zulässigkeit der redaktionellen Benutzung erst über eine analoge Anwendung der markengesetzlichen Schranken (§§ 23 f. MarkenG) kommt.

oder Unterscheidungskraft. Selbst wenn von einem solchen Ausnutzen auszugehen wäre, könnte dieses Verhalten nicht als unlauter eingeordnet werden. Zugunsten des Verwenders greift in diesen Fällen die Wertung des Art. 5 Abs. 1 GG ein. Die Berichterstattung wird von der Pressefreiheit erfasst. Insoweit muss es der Markeninhaber hinnehmen, dass seine geschützte Marke als Gegenstand der Berichterstattung verwendet wird.

Eine andere Wertung kann sich lediglich aus dem Inhalt des Beitrags ergeben. Insbesondere wenn der Artikel zu einer Herabsetzung der Marke führt, bedarf es einer einzelfallbezogenen Abwägung, ob diese konkrete Art der Berichterstattung der Lauterkeit entspricht.

c) Sonstige Wettbewerbsrechtliche Ansprüche

Als sonstiger wettbewerbsrechtlicher Anspruch kommt § 4 Nr. 7 UWG in Betracht. Allerdings wird die Anwendung dieser Normen ebenso wie die des § 6 UWG regelmäßig an dem Fehlen einer Wettbewerbshandlung oder der Mitbewerbereigenschaft scheitern.[1154]

d) Bürgerlich-rechtliche Ansprüche

Versagt ein wettbewerbsrechtlicher und markenrechtlicher Schutz zumeist am Fehlen einer Wettbewerbs- bzw. geschäftlichen Handlung, kann diese Lücke teilweise durch die deliktsrechtlichen Vorschriften des BGB ausgeglichen werden. Allerdings wird allein die Markennennung in einem redaktionellen Beitrag noch nicht zu einer Verletzung eines der durch die §§ 823 ff. BGB geschützten Rechte, insbesondere das sonstige Recht des eingerichteten und ausgeübten Gewerbebetriebs, führen. Aufgrund der Wertung des Art. 5 Abs. 1 GG stellt sich allein die Nennung der Marke nicht als unlauter dar.[1155] Erst die weiteren mit der Markennennung verknüpften Aussageinhalte können das Recht des Markeninhabers beeinträchtigen.[1156]

1154 Ebenso in dieser Fallkonstellation zu § 1 UWG a.F. *Hauck/Fischoeder*, GRUR 2004, 185, 190.

1155 Anders kann es sich verhalten, wenn die Marke nicht zur Adressierung des Markenprodukts, sondern als Gattungszeichen verwendet wird (dazu *Hauck/ Fischoeder*, GRUR 2004, 185, 190).

1156 Allerdings erscheint es zweifelhaft, hinsichtlich des Schutzes von Marken auf § 823 Abs. 1 MarkenG zurückzugreifen. Unter Geltung des WZG wurde über die deliktischen Normen ein Schutz für berühmte Marken begründet, da sich diese weder über das Warenzeichenrecht noch über das Wettbewerbsrecht, insbesondere aufgrund des häufig fehlenden Wettbewerbsverhältnisses, ausreichend schützen ließen. Diese Schutzlücke besteht aufgrund des § 14 Abs. 2 Nr. 3 MarkenG bei der

2. Sonstige Bezugnahmen auf fremde Marken im geschäftlichen Verkehr

Über die in den Fallgruppen I. bis IV. dargestellten Bezugnahmen sind eine Vielzahl weiterer Bezugnahmen eines Unternehmens auf fremde Produkte und damit fremde Marken denkbar. Da es kaum möglich erscheint, alle denkbaren Alternativen vorliegend aufzuzeigen und abzuhandeln, wird als Anknüpfungspunkt für eine exemplarische Darstellung der Sachverhalt der *Photokina*-Entscheidung des BGH herangezogen.[1157] Dort hatte ein Hersteller darauf hingewiesen, dass er die *Photokina* verlasse, da der bisher an ihn vergebene Stand anderweitig vergeben wurde. Der Begriff *Photokina* war als Warenzeichen geschützt.

a) Markenrechtliche Ansprüche

Mangels eines Vergleichs muss ein Unterlassungsanspruch wegen eines Verstoßes gegen § 6 UWG ausscheiden. Primärer Anknüpfungspunkt für einen Unterlassungsanspruch ist daher das Markenrecht.

Entgegen der zuvor dargestellten Fallgruppe lässt sich bei dieser Fallkonstellation das Merkmal des Handelns im geschäftlichen Verkehr bejahen. Problematisch stellt sich aber auch in diesem Fall dar, ob das Zeichen für Waren oder Dienstleistungen verwendet wird. Da sich die Aussage nur auf das allgemeine Verhalten des Zeichenverwenders bezieht und nicht auf konkrete, von ihm vertriebene Waren, scheitert ein Verstoß gemäß § 14 Abs. 2 MarkenG grundsätzlich an diesem Merkmal. Erneut ist darauf hinzuweisen, dass insoweit als Bezugsobjekt nur die Waren oder Dienstleistungen des Zeichenverwenders in Betracht kommen. Die Verwendung für Waren oder Dienstleistungen kann folglich nicht damit bejaht werden, dass der Zeichenverwender das geschützte Markenprodukt benennen wollte und daher es für diese Waren oder Dienstleistungen benutzt habe. Ein markenrechtlicher Anspruch kann sich dementsprechend nur dann ergeben, wenn sich die Aussage auf ein konkretes Produkt bezieht. Beispielhaft hierfür ist ein Fall des OLG Nürnberg. Dieses hatte die Konstellation zu entscheiden, dass ein Händler damit warb, dass sich sein Geschäft „neben M." befände. In diesem Fall wird die Marke „M." mit der Einzelhandelsdienstleistung des Werbenden verbunden.

---

heutigen Rechtslage nicht mehr. Durch die Anwendung des § 823 Abs. 1 BGB bestünde daher die Gefahr, dass die Wertungen des § 14 Abs. 2 Nr. 3 MarkenG umgangen werden könnten. Gerade durch die Begrenzung des MarkenG auf ein geschäftliches Handeln hat der Gesetzgeber zum Ausdruck gebraucht, dass private Handlungen in Bezug auf die Marke grundsätzlich hinzunehmen sind.

1157 BGH GRUR 1983, 467 ff. „*Photokina*".

Soweit eine Verwendung für eine Ware oder eine Dienstleistung bejaht wird, scheitern Ansprüche aus § 14 Abs. 2 Nr. 1 und Nr. 2 MarkenG in der Regel daran, dass dem Markeninhaber eine Produktverantwortung für das gekennzeichnete Produkt nicht zugeschrieben wird.[1158] So wird der Verkehr im Ausgangsbeispiel nicht den Eindruck gewinnen, dass der Inhaber der Marke *Photokina* in irgendeiner Weise Einfluss auf die Produkte des Äußernden hat.

Dementsprechend kann sich eine Markenrechtsverletzung allenfalls aus § 14 Abs. 2 Nr. 3 MarkenG ergeben, da insoweit keine markenmäßige Benutzung erforderlich ist. Ebenso wie beim redaktionellen Gebrauch wird allein die Markennennung an sich nicht die Wertschätzung ausnutzen oder beeinträchtigen. Dies kann sich erst aus den sonstigen Aussagen ergeben, die im Zusammenhang mit der Marke gemacht werden.

Indes erscheint ein Ausnutzen der Unterscheidungskraft durch die Markennennung grundsätzlich möglich. Erforderlich ist insoweit, dass sich der Dritte die besondere Aufmerksamkeitswirkung der bekannten Marke zu eigenen macht und so einen Kommunikationsvorsprung gegenüber anderen Mitbewerbern verschafft.[1159] Dazu bedarf es dann einer Prüfung des Einzelfalles. Erneut kann als Beispiel der Fall des OLG Nürnberg herangezogen werden, bei dem ein Händler auf sein Geschäftslokal mit der Aussage „Neben M." hinwies. Entgegen dem OLG nutzt der Dritte die Aufmerksamkeitswirkung der bekannten Marke aus. Käme der Marke keine besondere Aufmerksamkeitswirkung zu, so wäre nicht erklärlich, warum der Werbende diese und nicht allein die Adresse des Geschäftslokals angegeben hat. Ob diese Markenverwendung als lauter zu beurteilen ist, erscheint sehr fraglich. Das OLG Nürnberg schien das Verhalten deshalb als zulässig zu erachten, da der Kennzeicheninhaber in solchen Fällen regelmäßig keine Lizenzgebühren nehme, so dass es an einer Kommerzialisierung des Kennzeichens fehle.[1160] Indes ist es für die Unlauterkeit regelmäßig unerheblich, ob andere Markeninhaber ein solches Verhalten hinnehmen. Es kommt vielmehr allein darauf an, ob der Dritte in diesem konkreten Fall ein berechtigtes Interesse an der Markenverwendung hat. Für ein solches Interesse könnte hier § 23 Nr. 2 MarkenG herangezogen werden, da durch die Angabe möglicherweise die geographische Herkunft angegeben wird. Insoweit wird jedoch im Einzelfall abzuwägen sein, ob die konkrete Verwendungsform wirklich erforderlich ist, um auf den Leistungsort hinzuweisen. Unzulässig wird insbesondere eine blickfangmäßige und gehäufte Verwendung der Marke sein.

1158 Ebenso das OLG Nürnberg MD 1999, 212, 213 „*Neben M.*" in Bezug auf § 14 Abs. 2 MarkenG.

1159 *Ingerl/Rohnke*, MarkenG, § 14 Rdn. 861; *Riedel*, Spannungsverhältnis, S. 99.

1160 OLG Nürnberg MD 1999, 212, 214 „*Neben M.*".

b) Wettbewerbsrechtliche Ansprüche

Mögliche wettbewerbsrechtliche Ansprüche können sich aus § 4 Nr. 7 UWG und § 5 UWG ergeben. Wie bereits oben dargestellt, findet § 4 Nr. 7 UWG neben markenrechtlichen Ansprüchen Anwendung.[1161] Soweit daher die Mitbewerbereigenschaft und die unlautere Herabsetzung der Marke festgestellt werden können, steht dem Markeninhaber bei einer Herabsetzung seiner Marken neben § 14 Abs. 2 Nr. 3 MarkenG auch ein wettbewerbsrechtlicher Unterlassungsanspruch zur Verfügung.[1162]

Darüber hinaus führt die schlichte Zeichenverwendung nicht zu einer Irreführung der Verbraucher gemäß § 5 UWG. Diese kann sich vielmehr nur aus den weiteren Aussagen ergeben.

Deliktische Ansprüche treten subsidiär hinter die wettbewerbsrechtlichen Ansprüche zurück.

VIII. Markenparodie

Bei der Markenparodie handelt es sich um keine eigenständige Fallgruppe der Markennennung. Vielmehr kann sie in allen vorher dargestellten Fallgruppen auftreten, indem nicht die Originalmarke, sondern diese in verfremdeter Form wiedergegeben wird. Grundsätzlich gelten dann auch bei der Markenparodie die zuvor aufgezeigten Lösungsansätze. Aufgrund der grundgesetzlich geschützten Meinungs- und Kunstfreiheit sind jedoch einige Besonderheiten zu beachten, die im Nachfolgenden aufgezeigt werden.

Wie sich schon bei der Darstellung der Rechtsprechung gezeigt hat, ist die parodistische oder satirische Markenverwendung fast ausschließlich beim produktgestaltenden und redaktionellen Gebrauch zu finden.[1163] Daher beschränkt sich die folgende Darstellung auf diese beiden Unterarten. Soweit die Markenparodie in den anderen Fallgruppen dennoch auftreten sollte, sind die folgenden Besonderheiten der Markenparodie entsprechend auf die allgemeinen Grundsätze dieser Fallgruppen zu übertragen.

1161 D.I.3.a), S. 237 f.

1162 Zur Güterabwägung zwischen den Rechten des Markeninhabers und der Meinungs- oder Kunstfreiheit gemäß Art. 5 GG siehe *Köhler*, in: Hefermehl/Köhler/Bornkamm, UWG, § 4 Rdn. 4.18 ff.

1163 Siehe dazu B.VIII., S. 90 ff.

1. Produktgestaltender Gebrauch

Die bisherige Rechtsprechung hat sich hauptsächlich mit der Markenparodie als produktgestaltendem Element auseinandergesetzt. Streitgegenstand waren zumeist typische Merchandisingartikel wie Bekleidungsstücke oder Postkarten. Diese Konstellationen der Markenparodie sind nach den folgenden Grundsätzen zu beurteilen.

a) Rechtsverletzung nach § 6 UWG

Die Markenparodie erfüllt grundsätzlich nicht die Voraussetzungen der vergleichenden Werbung im Sinne des § 6 Abs. 1 UWG. Zumeist wird es an einem der folgenden drei Punkte fehlen:

Die Anwendung des § 6 UWG kann zunächst an dem Erfordernis einer Wettbewerbshandlung scheitern. Durch die Verweisung des § 6 Abs. 2 UWG auf § 3 UWG greifen die Regelungen zur vergleichenden Werbung nur dann ein, wenn das Verhalten eine Wettbewerbshandlung darstellt. Wie bereits bei der redaktionellen Verwendung einer Marke dargestellt, erfordert eine Wettbewerbshandlung gemäß § 2 Nr. 3 UWG nach der h.M. sowohl eine objektive Eignung zur Förderung des eigenen oder fremden Absatzes als auch eine subjektive Wettbewerbsförderungsabsicht,[1164] die grundsätzlich vermutet wird.[1165] Im Rahmen der Markenparodie ist allerdings zu beachten, dass es sich dabei auch um einen schöpferischen Akt und damit möglicherweise um eine künstlerische Tätigkeit handelt. Hinsichtlich solcher künstlerischen Tätigkeiten hat der BGH festgestellt, dass die Einordnung eines Produktes als Kunstwerk im Sinne des Art. 5 Abs. 3 GG der Annahme einer Wettbewerbshandlung nicht entgegensteht.[1166] Grundsätzlich

---

1164 So zu § 2 Nr. 1 UWG n.F. OLG Hamburg GRUR-RR 2005, 385, 386 „*Ladenhüter*"; GRUR-RR 2007, 206, 208 „*Emissionsprospekt*"; KG GRUR-RR 2005, 162 „*Arzneimitteleigenschaften kraft Präsentation*"; OLG Brandenburg NJW 2005, 2091; 2092; OLG München GRUR-RR 2006, 268, 271 „*Trivial-Patente*"; OLG Frankfurt a.M. GRUR-RR 2007, 16 „*ÖKO-Test*"; *Köhler*, in: Hefermehl/Köhler/Bornkamm, § 2 UWG Rdn. 24; *Veil*, in: MüKo, UWG, § 2 Rdn. 23 ff.; *Keller*, in: Harte-Bavendamm/Henning-Bodewig, § 2 UWG Rdn. 28; a.A. *Fezer*, in: Fezer, § 2 UWG Rdn. 32; *Piper*, in: Piper/Ohly, § 2 UWG Rdn. 22.

1165 Zu § 2 Nr. 1 UWG n.F. OLG München GRUR-RR 2006, 268, 271 „*Trivial-Patente*"; *Köhler*, in: Hefermehl/Köhler/Bornkamm, § 2 UWG Rdn. 25; *Lehmler*, UWG, § 2 Rdn. 50; ebenso zu § 1 UWG a.F. der BGH in st. Rspr., siehe dazu nur BGH GRUR 2002, 1093, 1094 „*Kontostandsauskunft*".

1166 So BGH GRUR 1995, 744, 747 „*Feuer, Eis & Dynamit I*" zu § 1 UWG a.F.; so schon OLG Frankfurt a.M. GRUR 1962, 323 „*Der Bundeszauberer*"; ebenso für die Begriffsbestimmung in § 2 Nr. 1 UWG *Fezer*, in: Fezer, UWG, § 2 Rdn. 18;

werde durch die Eigenschaft eines Produktes als Kunstwerk weder seine objektive Eignung zur Wettbewerbsförderung noch eine entsprechende subjektive Absicht des Herstellers oder Vertreibers ausgeschlossen, wo diese neben der rein künstlerischen Intention erkennbar wird und hinter letztere nicht gänzlich zurücktritt.[1167] Für die Markenparodie bedeutet dies, dass von einer Wettbewerbshandlung ausgegangen werden muss, wenn die Ware in erster Linie dazu hergestellt worden ist, um sie kommerziell zu vertreiben. Ein Indiz dafür kann es beispielsweise sein, dass eine Vielzahl solcher Waren produziert wird. Insbesondere bei Scherzartikeln wird die kommerzielle Vermarktung der Ware im Vordergrund stehen und damit eine Wettbewerbsabsicht anzunehmen sein, auch wenn der Gestaltung künstlerischer Wert zukommt oder wenn sie einen gesellschaftskritischen Inhalt hat.[1168] In den bisher durch die Rechtsprechung entschiedenen Fällen der Markenparodie lag zumeist ein Wettbewerbsverhältnis vor. Lediglich in der *Mordoro*-Entscheidung des BGH[1169] war ein solches zweifelhaft, da hier allein die gesundheitspolitische Aufklärung im Vordergrund stand.

Mag die Markenparodie häufig die Eingangshürde der Wettbewerbshandlung noch überschreiten, so stellen sich insbesondere die Merkmale der Mitbewerbereigenschaft und des Vergleichs als problematisch dar. Ebenso wie beim schlichten produktgestaltenden Gebrauch einer Marke werden der Hersteller des Parodieproduktes und der Markeninhaber sich nicht als Mitbewerber gegenüberstehen, da die Produkte nicht substituierbar sind. Auf eine mögliche Beeinträchtigung der Lizenztätigkeit des Markeninhabers kann entgegen der früheren Rechtsprechung im Rahmen des § 6 UWG nicht mehr abgestellt werden.[1170] Lediglich wenn der Markeninhaber ebenfalls entsprechende Merchandisingartikel herstellt, besteht ausnahmsweise ein Mitbewerberverhältnis.

Letztlich wird die Anwendung des § 6 UWG indes grundsätzlich am Erfordernis des Vergleichs scheitern. Danach muss die konkrete Werbung Angaben über das beworbene Produkt und das beeinträchtigte Mitbewerberprodukt in vergleichender Weise zueinander in Bezug setzen.[1171] In allen bisherigen durch die Rechtsprechung entschiedenen Fällen der Markenparodie fehlte es an solchen

---

Köhler, in: Hefermehl/Köhler/Bornkamm, § 2 UWG Rdn. 24: *Piper*, in: Ohly/Piper, UWG, § 6 Rdn. 6.

1167 BGH GRUR 1995, 744, 747 „*Feuer, Eis & Dynamit I*".

1168 Ebenso *Grünberger*, GRUR 1994, 246, 251 f.

1169 BGH GRUR 1984, 684 ff. „*Mordoro*".

1170 A.A. noch zum UWG a.F. *Kleiner*, WRP 1987, 99 f.; *Grünberger*, GRUR 1994, 246, 252; *Schultze/Schwenn*, WRP 1997, 536, 540; kritisch dazu bereits *Götting*, JZ 1995, 206, 208.

1171 Siehe zur Auslegung des Vergleichserfordernisses C.II.3.a)2)(c), S. 143 ff.

vergleichenden Angaben. Es wurde immer nur singulär ein Produkt kritisiert oder lächerlich gemacht.

Sollte die Situation auftreten, dass ausnahmsweise durch die Markenparodie zwei Produkte miteinander verglichen werden, könnte zwar das Vergleichserfordernis bejaht werden. Allerdings würde es in diesen Fällen wiederum an der Mitbewerbereigenschaft fehlen. Bezugspunkt für die Bestimmung der Mitbewerbereigenschaft ist das in dem Vergleich genannte Produkt. In dem Vergleich wird lediglich das eigentliche Markenprodukt genannt, nicht aber die von dem Markeninhaber vertriebenen Merchandisingprodukte. Hinsichtlich des eigentlichen Markenproduktes wird aber in der Regel kein Mitbewerberverhältnis zwischen dem Markeninhaber und dem Hersteller des Merchandisingproduktes bestehen.

Folglich scheidet bei der Markenparodie ein Unterlassungsanspruch wegen der Verletzung des § 6 UWG aus.

b) Markenrechtliche Ansprüche

Das Hauptaugenmerk hinsichtlich der Zulässigkeitsprüfung der Markenparodie liegt daher auf den markenrechtlichen Ansprüchen.

1) Handeln im geschäftlichen Verkehr

Zunächst ist allen markenrechtlichen Tatbeständen gemeinsam, dass die Markenverwendung im geschäftlichen Verkehr erfolgen muss. Eine Handlung gehört dann zum geschäftlichen Verkehr, wenn sie der Förderung eines beliebigen eigenen oder fremden Geschäftszwecks dient.[1172] Ebenso wie zur Bestimmung der Wettbewerbshandlung soll dabei maßgeblich die erkennbar nach außen tretende Zielrichtung des Handelnden sein.[1173] Soweit sich daher die künstlerische Tätigkeit nicht allein auf den schöpferischen Akt beschränkt, wird sie im Regelfall geschäftlicher Natur sein.[1174] Ebenso wie die Wettbewerbshandlung dient auch das Merkmal des Handels im geschäftlichen Verkehr bei der Markenparodie nur als Grobraster, aufgrund dessen die meisten Fälle nicht aus dem markenrechtlichen Regelungskomplex ausscheiden.

1172 *Fezer*, § 14 MarkenG, Rdn. 41; *Ekey*, in: HK-MarkenR, § 14 Rdn. 52; *Ingerl/Rohnke*, § 14 MarkenG Rdn. 48; *Schweyer*, in: v. Schultz, § 14 MarkenG, Rdn. 9; ähnlich *Hacker*, in: Ströbele/Hacker, § 14 MarkenG, Rdn. 27.

1173 BGH GRUR 2002, 622, 624 „*Shell.de*“; *Ingerl/Rohnke*, § 14 MarkenG Rdn. 48.

1174 Ebenso *Hacker*, in: Ströbele/Hacker, § 14 MarkenG, Rdn. 27; wohl auch *Fezer*, MarkenR, § 14 Rdn. 41.

2) Markenrechtsverletzung gemäß § 14 Abs. 2 Nr. 1 MarkenG

Unabhängig vom Erfordernis der markenmäßigen Benutzung wird es bei der Markenparodie in der Regel an der Doppelidentität, insbesondere an der Zeichenidentität fehlen.[1175] Die Markenparodie setzt gerade voraus, dass durch Hinzufügungen oder Veränderungen der Marke von dieser nunmehr ein veränderter Eindruck ausgeht, der die Originalmarke persifliert. Sollte die Veränderung für den Verkehr überhaupt nicht ersichtlich sein und daher der prägende Teil des Zeichens nicht von der Originalmarke abweichen, liegt ein schlichter Fall des produktgestaltenden Gebrauchs vor, so dass insoweit auf die dortigen Ausführungen verwiesen werden kann.[1176]

3) Markenrechtsverletzung gemäß § 14 Abs. 2 Nr. 2 MarkenG

Sind das Markenprodukt und das mit der persiflierten Marke versehene Produkt als ähnlich zu bewerten, was insbesondere dann der Fall sein wird, wenn die Marke auch für Merchandisingartikel eingetragen ist,[1177] liegt eine Markenrechtsverletzung gemäß § 14 Abs. 2 Nr. 2 MarkenG vor, wenn es aufgrund der Zeichenähnlichkeit zu einer Verwechslungsgefahr kommt. Eine Zeichenähnlichkeit ist bei der Markenparodie in der Regel gegeben, da diese gerade nur dann ihren Zweck erzielen kann, wenn der Verkehr die parodierte Marke in der Parodie auch wiederzufinden glaubt.[1178] Eine Verwechslungsgefahr liegt dann vor, wenn der Verkehr dem Markeninhaber die Verantwortung für das mit dem ähnlichen Zeichen gekennzeichnete Produkt zurechnet.[1179]

Aufgrund der Vielschichtigkeit der denkbaren Markenparodien können vorliegend nur einige grundsätzliche Prüfungspunkte herausgearbeitet werden, die zur Bestimmung der Verwechslungsgefahr herangezogen werden können. Über diese allgemeinen Grundsätze hinaus ist immer im Einzelfall zu beachten, wie groß die Ähnlichkeit zwischen den Zeichen und den Produkten ist sowie welche Kennzeichnungskraft der betroffenen Originalmarke zukommt.

Von einer Zurechnung der Produktverantwortung ist auszugehen, wenn das Produkt aufgrund des verwendeten Zeichens als Werbeprodukt des Markeninhabers erscheint. Entsprechend der Rechtsprechung zum markenmäßigen Gebrauch wird es an diesem Anschein jedenfalls dann fehlen, wenn es sich um eine obszö-

---

1175 Ebenso *Koch*, Markenverunglimpfung, S. 44; *Schultze/Schwenn*, WRP 1997, 536.
1176 D.VI.2.b), S. 367 ff.
1177 Ausführlich zur Bestimmung der Zeichen- und Warenähnlichkeit bei der Markenparodie *Koch*, Markenverunglimpfung, S. 61 ff.
1178 So auch *Koch*, Markenverunglimpfung, S. 62.
1179 Siehe dazu C.II.3.g)2)(e), S. 185 ff.

ne Markenparodie handelt.[1180] Dann besteht für den Verkehr keine Veranlassung zu unterstellen, dass der Markeninhaber selbst oder ein mit diesem wirtschaftlich verbundener Dritter die Ware hergestellt hat. Beispielhaft dazu ist der Sachverhalt der *BMW*-Entscheidung des BGH.[1181] Die Beklagte vertrieb einen Aufkleber mit dem Emblem der *BMW AG*, der jedoch den Zusatz „*BMW – Bums mal wieder*" trug. In diesem Fall kann nicht davon ausgegangen werden, dass der Verkehr den Aufkleber als Werbemaßnahme der *BMW AG* ansieht, da sich dieser erkennbar obszön und abwertend zur der eigentlichen Marke verhält.

Handelt es sich nicht um eine obszöne Markenparodie, kommt es auf den von der Parodie ausgehenden Aussagegehalt an. Nach dem modernen Verbraucherleitbild ist davon auszugehen, dass es zu keiner Zurechnung der Produktverantwortung kommt, wenn der Markenparodie ohne weiteres eine kritische Aussage über das Produkt des Markeninhabers zu entnehmen ist.[1182] Beispielsweise mangelte es an einer solchen Zurechnung in dem vom KG zu entscheidenden Fall, bei dem eine Postkarte mit dem Ausspruch „*Bild Dir keine Meinung*" vertrieben wurde. Auch wenn für diesen Ausspruch das Originallogo der *Bild*-Zeitung verwendet wird, entsteht aufgrund der kritischen Auseinandersetzung mit dem Markenprodukt für den angesprochenen Verkehr nicht der Eindruck, dass der Inhaber der Marke *Bild* die Verantwortung für dieses Produkt trüge. Ein solcher „Werbeträger" wäre gerade kontraproduktiv für die eigene Werbekampagne, die mit dem Ausspruch „*Bild Dir Deine Meinung*" durchgeführt wurde. Aufgrund der Wertung des Art. 5 Abs. 1 und Abs. 3 GG reicht es in diesen Fällen auch nicht aus, dass lediglich die abstrakte Gefahr für einen kleinen Teil der Verbraucher besteht, dass sie die Parodie nicht erkennen, wenn sie das Produkt nur flüchtig wahrnehmen.

Hingegen wird es zu einer Zurechnung der Produktverantwortung kommen, wenn der Markenparodie nicht ohne weiteres eine inhaltliche Aussage zu dem Markenprodukt entnommen werden kann. Bereits unter Geltung des WZG hat der BGH in diesen Fällen eine Warenzeichenrechtsverletzung bejaht, da insoweit die Gefahr bestünde, dass der Verkehr die Produkte als neue Form der Werbung

---

1180 So die Interpretation des *BMW*-Urteils durch BGH GRUR 1994, 808, 810. „*Markenverunglimpfung* I"; wohl auch BGH GRUR 1995, 57, 60 „*Markenverunglimpfung II*"; a.A. *Koch*, Markenverunglimpfung, S. 59, die allerdings für die Verwechslungsgefahr grundsätzlich die Gefahr des gedanklichen Inverbindungbringens ausreichend lässt.

1181 BGH GRUR 1986, 759 ff. „*BMW*".

1182 Ebenso KG GRUR 1997, 295, 296 „*Alles wird teurer*"; OLG Hamburg NJW-RR 1999, 1060, 1061 „*Bild Dir keine Meinung*"; NJWE-WettbR 2000, 83, 84 „*Fit for Fun*"; *Büttner*, in: FS Ullmann, S. 162; *Deutsch*, GRUR 1995, 319, 320; a.A. wohl OLG Hamm AfP 2002, 442, 443 „*Milka*"; *Ingerl/Rohnke*, § 14 MarkenG, Rdn. 174.

für den Markeninhaber einordnen könnte.[1183] Dementsprechend wurde eine Markenparodie auf Kondompackungen mangels eines weitergehenden Aussageinhalts als eine Warenzeichenrechtsverletzung angesehen. An diesen Grundsätzen scheint der BGH auch nach Inkrafttreten des MarkenG durch die Entscheidung *Lila-Postkarte* festgehalten zu haben. Dort stellte er fest, dass eine Markenrechtsverletzung auch deshalb nicht in Frage komme, da nicht festzustellen gewesen sei, dass der Postkarte nach Auffassung des Verkehrs keine satirische Auseinandersetzung mit den Marken der Klägerin oder ihrer Werbemethoden zukomme.[1184] Obwohl sich mangels Warenähnlichkeit die Ausführungen nur auf § 14 Abs. 2 Nr. 3 MarkenG beziehen, kann davon ausgegangen werden, dass diese Überlegungen entsprechend auf § 14 Abs. 2 Nr. 2 MarkenG Anwendung finden, da die Zulässigkeit einer Markenparodie nicht von dem Zufall der Warenähnlichkeit abhängen kann.

Dieser Linie folgend stellen sich auch die jüngsten Entscheidungen des OLG Hamburg zur Markenparodie auf Abi-T-Shirts als zutreffend dar. In der Entscheidung *Bildmarke AOL* sah das Gericht den Aufdruck auf das Abi-T-Shirt als zulässig an, da diesem eine ironische Anspielung auf die Werbetätigkeit der Klägerin entnommen werden konnte.[1185] Hingegen war in dem Urteil *Trabi 03* dem Aufdruck eine solche Aussage nicht zu entnehmen.[1186] Ohne Hervorhebung des Wortes „Abi“ und ohne weiteren Hinweis auf einen Schulabschluss konnte der Verkehr das T-Shirt auch für ein Werbeprodukt des Inhabers der Marke *Trabant* halten.

Wird eine Verwechslungsgefahr bejaht, kommt eine Rechtfertigung dieses Verhaltens grundsätzlich nicht in Betracht. Die Marke wird weder zu einer Angabe im Sinne des § 23 MarkenG benutzt noch kann sich der Verwender auf die Erschöpfung berufen. Auch eine analoge Anwendung der Schranken ist nicht erforderlich.[1187] Eine Rechtfertigung des Verhaltens aufgrund höherrangigen

1183 BGH GRUR 1994, 808, 809 f. „*Markenverunglimpfung* I“; in diese Richtung auch, allerdings sich auf § 1 UWG a.F. stützend BGH GRUR 1995, 57, 58 f. „*Markenverunglimpfung II*“; zur ersten BGH-Entscheidung merkt *Götting*, JZ 1995, 206, 207 kritisch an, dass die Einschätzung, dass das Kondom als Werbeartikel des Markeninhabers aufgefasst werden könnte, jeder realistischen Grundlage entbehre.

1184 BGH GRUR 2005, 583, 585 „*Lila-Postkarte*“.

1185 OLG Hamburg GRUR-RR 2006, 231, 232 „*Bildmarke AOL*“.

1186 OLG Hamburg GRUR-RR 2006, 224 „*Trabi 03*“.

1187 So aber *Danger*, Die rechtsverletzende Benutzungshandlung im Markenrecht, Rdn. 643, der grundsätzlich in jeder Markenparodie, die zu einer Benennung des Originalprodukts führt, eine Markenrechtsverletzung gemäß § 14 Abs. 2 Nr. 1 MarkenG sieht. Insbesondere an diesem Analogieerfordernis zeigt sich, dass sich eine extensive Auslegung der markenmäßigen Benutzung und der Produktidentität nicht in das Markenrecht einfügt.

Rechts scheidet aus. Die Meinungs- und Kunstfreiheit können dem Eigentumsschutz nicht überwiegen, wenn das Produkt dem Verantwortungsbereich des Markeninhabers zugeordnet wird.[1188]

4) Markenrechtsverletzung gemäß § 14 Abs. 2 Nr. 3 MarkenG

Fehlt es an der Eintragung der Marke für Merchandisingartikel, besteht zwischen den Merchandisingartikeln und den parodierten Markenprodukten häufig keine Produktähnlichkeit, so dass eine Verwechslungsgefahr von vornherein ausscheidet. In diesen Fällen kann sich ein markenrechtlicher Anspruch nur noch aus § 14 Abs. 2 Nr. 3 MarkenG ergeben, sofern es sich um eine bekannte Marke handelt. An Letzterer wird es zumeist nicht fehlen, da nur bekannte Marken die Assoziationen wecken, die die Parodie überhaupt ermöglichen.[1189]

Gemeinsame Voraussetzung aller Alternativen des § 14 Abs. 2 Nr. 3 MarkenG ist, dass das verwendete Zeichen zumindest ähnlich mit der geschützten Marke ist. Soweit dieses Merkmal bejaht wird, kommt es nach der hier vertreten Auffassung nur noch darauf an, ob die Wertschätzung bzw. die Unterscheidungskraft ausgenutzt oder beeinträchtigt wird. Auf das Merkmal der markenmäßigen Benutzung ist im Rahmen des § 14 Abs. 2 Nr. 3 MarkenG zu verzichten.[1190]

(a) Ausnutzen oder Beeinträchtigen der Wertschätzung

(1) Ausnutzen der Wertschätzung

Die Wertschätzung einer Marke wird ausgenutzt, wenn positive Assoziationen der Marke auf ein anderes Produkt übertragen werden.[1191] Es muss mithin ein Imagetransfer erfolgen, d.h. der Imagekern des Markenproduktes muss auf das Produkt des Zeichenverwenders übertragen werden.

1188 Siehe dazu die Ausführungen im folgenden Abschnitt unter D.VIII.1.b)4)(c), S. 401 ff.

1189 So auch *Koch*, Markenverunglimpfung, S. 97.

1190 Dazu die ausführliche Auslegung des Merkmals der markenmäßigen Benutzung unter C.II.3.e), S. 165 ff.

1191 BGH GRUR 2005, 583, 584 „*Lila-Postkarte*“; OLG Köln MarkenR 2005, 445, 448 „*Kleiner Feigling*“; *Ingerl/Rohnke*, MarkenG, § 14 Rdn. 851; *Dorndorf*, Der Schutz vor Herkunftstäuschung und Rufausbeutung, Rdn. 397; *Miller*, Irreführung von Internet-Suchmaschinen, S. 235; *Riedel*, Spannungsverhältnis, S. 106; *Worm*, Hyperlinks, Inline-Frames und Meta-Tags, S. 86; *Wagner*, Sonderschutz für bekannte Kennzeichen, S. 94; *Piper*, GRUR 1996, 429, 434; *Berlit*, MarkenR, Rdn. 190; *ders.*, GRUR 2002, 572, 577; ausführlich zur Auslegung dieser Tatbestandsalternative D.I.2.c)2)(a)(2), S. 220 ff.

Ein solcher Effekt tritt bei der Markenparodie prinzipiell nicht ein.[1192] Dem Markenverwender geht es nicht darum, seine Ware durch den Bezug auf eine bestimmte Ware in einem besonderen Licht erscheinen zu lassen. Deutlich wird dies zunächst in den Fällen, in denen sich kritisch mit der Originalmarke auseinandergesetzt wird. Würde beispielsweise eine gelbe Postkarte mit der Aufschrift *„Deutsche Pest"* versehen, wäre nicht ersichtlich, welche positiven Assoziationen übertragen werden sollen.[1193]

Aber auch wenn die Hauptintention nicht die Kritik an einer bestimmten Marke, sondern nur der Vermarktungseffekt ist, kommt es in der Regel nicht zu einer Übertragung von positiven Assoziationen. Eine solche scheitert daran, dass das Merchandisingprodukt und das Hauptprodukt inkompatible Imagekerne haben. So stellt sich beispielsweise ein T-Shirt nicht als besonders luxuriös dar, nur weil es eine Luxusmarke parodiert.

Dass auch die Rechtsprechung häufig nur in einer Art Lippenbekenntnis auf das Ausnutzen der Wertschätzung abstellt, zeigt sich besonders deutlich an der *Stiftung Gentest*-Entscheidung des LG Berlin. Verlangte das LG zunächst in der allgemeinen Definition noch eine Übertragung von Gütevorstellungen, stellte es im weiteren Verlauf zunächst nur auf das Ausnutzen der Aufmerksamkeit und später auf das Beeinträchtigen der Wertschätzung ab.[1194] Die Übertragung der Gütevorstellung wurde an keiner Stelle des Urteils mehr erwähnt.

(2) Beeinträchtigen der Wertschätzung

Erfolgt in der Regel kein Imagetransfer vom Markenprodukt auf das Parodieprodukt, so wird die Markenparodie doch häufig zu einer Beeinträchtigung der

1192 Ebenso *Grünberger*, GRUR 1994, 246, 256; a.A. *Schultze/Schwenn*, WRP 1997, 536, 537; *Koch*, Markenverunglimpfung, S. 117, die es für ein Ausnutzen der Wertschätzung bereits ausreichen lassen wollen, dass sich durch die Markenparodie ein Kontrasteffekt zwischen dem guten Ruf der Marke und der gänzlich umpassenden Präsentation einstellt (ebenso in diese Richtung *Hacker*, GRUR Int. 2002, 502, 510). Dem kann nicht gefolgt werden, da eindeutig kein Ruf übertragen wird. (so auch *Schultze/Schwenn* selbst an späterer Stelle, WRP 1997, 536, 539) Es wird vielmehr durch die Anlehnung an die bekannte Marke lediglich eine besondere Aufmerksamkeitswirkung für das Produkt begründet. Dieses Verhalten fällt jedoch eindeutig unter das Ausnutzen der Unterscheidungskraft.

1193 So der Sachverhalt der Entscheidung Hamburg GRUR 2000, 514 *„Markenbeeinträchtigung Deutsche Post"*.

1194 LG Berlin GRUR-RR 2007, 40, 41 *„Stiftung Gentest"*; ähnlich OLG Hamm AfP 2002, 442, 443 *„Milka"*.

Wertschätzung des Markenproduktes führen.[1195] Setzt sich die Parodie kritisch oder herabwertend mit der Originalmarke auseinander, werden dadurch deren Gütervorstellungen geschmälert. Es besteht dann die Gefahr, dass das Markenprodukt auch über den Parodieartikel hinaus mit der Kritik oder der Obszönität in Verbindung gebracht wird. So führt *Deutsch* plastisch aus, dass die vom BGH im Urteil *Markenverunglimpfung I*[1196] beanstandeten *Mars*-Kondome dazu führen werden, dass derjenige, der das Scherzkondom kenne, beim Verzehr von *Mars*-Riegeln unwillkürlich an sexuelle Praktiken denken und vielleicht auch entsprechende Bemerkungen machen werde.[1197]

Soweit daher die Parodie nicht allein humoristisch aufzufassen ist und lediglich ein Schmunzeln hervorruft, das zu keiner negativen Assoziation führt, verwirklicht die Markenparodie § 14 Abs. 2 Nr. 3 MarkenG in der Alternative der Beeinträchtigung der Wertschätzung. Allerdings muss sich diese Beeinträchtigung als unlauter darstellen. Hinsichtlich der Unlauterkeit scheint es indes zweckmäßig, diese zusammen für alle Alternativen des § 14 Abs. 2 Nr. 3 MarkenG darzustellen, so dass zunächst die beiden weiteren möglichen Alternativen dargestellt werden.

(b) Ausnutzen oder Beeinträchtigen der Unterscheidungskraft

Zu einer ***Beeinträchtigung der Unterscheidungskraft*** wird es nur dann kommen, wenn der Verkehr dem Markeninhaber die Verantwortung für das mit der Parodie versehene Produkt zuordnet.[1198] Insoweit kann auf die Ausführungen zur Verwechslungsgefahr verwiesen werden.[1199]

Ist das Eingreifen der sonstigen Alternativen des § 14 Abs. 2 Nr. 3 MarkenG grundsätzlich durch die konkrete Ausgestaltung der Markenparodie bedingt, so gilt dies nicht für das ***Ausnutzen der Unterscheidungskraft***. Diese wird durch jede Markenparodie ausgenutzt.[1200] Ein solches Ausnutzen ist gegeben, wenn al-

1195 Allgemein zur Auslegung des Merkmals der Beeinträchtigung der Wertschätzung siehe D.I.2.c)2)(a)(3), S. 226 ff.

1196 BGH GRUR 1994, 808 ff. „*Markenverunglimpfung I*".

1197 *Deutsch*, GRUR 1995, 319, 320; im gleichen Sinne zur BMW-Entscheidung des BGH *Hubmann*, JZ 1986, 1110; a.A. *Säcker*, WRP 2004, 1199, 1208, der den Schaden an der Marke *Mars* negiert.

1198 A.A. *Schultze/Schwenn*, WRP 1997, 536, 537, der die Unterscheidungskraft immer als beeinträchtigt ansieht.

1199 D.VIII.1.b)3), S. 395 ff.

1200 Ebenso *Born*, GRUR 2006, 192, 193, nach dem die Aufmerksamkeitsausbeutung der verfremdeten Marke gerade das Wesen der zulässigen wie unzulässigen Markenparodie sein soll; ähnlich schon vorher *Schultze/Schwenn*, WRP 1997, 536, 537.

lein die Verwendung der fremden Marke dazu führt, dass sich der Zeichenverwender einen Kommunikationsvorsprung gegenüber anderen Mitbewerbern verschafft.[1201] Wie bereits beim produktgestaltenden Gebrauch dargelegt, erlangen die sonst nur schwer verkäuflichen Merchandisingprodukte erst durch die Markenverwendung ihre Marktfähigkeit, denn in der Regel werden weder die Qualität des Produktes noch deren eigentliches Primärnutzen die Kaufentscheidung auslösen. Diese beruht vielmehr allein auf der verwendeten Marke, so dass der Markenverwender die Bekanntheit der Marke für seine Zwecke ausnutzt.

(c) Unlauterkeit

Da folglich bei der Markenparodie entweder die Alternative des Beeinträchtigens der Wertschätzung oder des Ausnutzens der Unterscheidungskraft bejaht werden kann, bildet im Rahmen des § 14 Abs. 2 Nr. 3 MarkenG die Unlauterkeit das erforderliche Korrektiv und damit den Hauptprüfungspunkt. Insoweit sind die Interessen des Markeninhabers mit denen des Markenverwenders abzuwägen.[1202]

Zugunsten des Markenverwenders können als geschützte Interessen die Meinungsfreiheit gemäß Art. 5 Abs. 1 GG und die über Art. 5 Abs. 3 GG geschützte Kunstfreiheit eingreifen. Während die frühere Rechtsprechung zumeist auf die Meinungsfreiheit zurückgegriffen hat,[1203] orientiert sich die neuere Rechtsprechung an der Kunstfreiheit.[1204] Insoweit hat der BGH festgestellt, dass dem Schutz der Kunstfreiheit nicht nur solche Werke unterfallen, die über eine gewisse Gestaltungshöhe verfügen, sondern dass jede freie schöpferische Gestaltung, in der Eindrücke, Erfahrungen und Erlebnisse des Künstlers durch das Medium einer bestimmten Formsprache zu unmittelbarer Anschauung gebracht werden,

---

1201 *Ingerl/Rohnke*, MarkenG, § 14 Rdn. 861; *Dorndorf*, Schutz vor Herkunftstäuschung und Rufausbeutung, Rdn 394; *Riedel*, Spannungsverhältnis, S. 99; Zur eigenständigen Anwendung dieser Tatbestandsalternative und deren Voraussetzungen siehe D.I.2.c)2)(b)(3), S. 234 ff.

1202 D.I.2.c)2)(a)(2)(B), S. 223 ff.

1203 BGH GRUR 1984, 684, 685 f. „*Mordoro*"; GRUR 1994, 808, 810 „*Markenverunglimpfung I*"; KG GRUR 1997, 295, 297 „*Alles wird teurer*"; OLG Hamburg NJW-RR 1999, 1060, 1061 „*Bild Dir keine Meinung*"; NJWE-WettbR 2000, 83, 84 „*Fit for Fun*"; OLG Köln NJWE-WettbR 2000, 242 „*Kampagne gegen die Jagd*"; differenzierter OLG Hamburg NJW-RR 1998, 1121, 1122 „*Shell-Muschel*", das zunächst den Schutzbereich der Kunstfreiheit im konkreten Fall nicht als eröffnet ansieht und anschließend auf die Meinungsfreiheit abstellt.

1204 BGH GRUR 2005, 583, 584 „*Lila-Postkarte*"; OLG Hamburg GRUR-RR 2006, 231, 231 „*Bildmarke AOL*"; LG Berlin GRUR-RR 2007, 40, 42 „*Stiftung Gentest*".

geschützt ist.[1205] Diese Voraussetzungen erfüllen Markenparodien zumeist, da sich die Abänderung der Marke als freie schöpferische Gestaltung darstellt.

Da weder die Kunst- noch die Meinungsfreiheit schrankenlos gewährleistet sind, müssen diese Rechte in Einklang mit den Rechten Dritter gebracht werden. Dies erfolgt im Rahmen der Kunstfreiheit über die praktische Konkordanz[1206] und im Rahmen der Meinungsfreiheit über die Wechselwirkungslehre.[1207] Als ein Recht Dritter steht der Markenparodie das Markenrecht des Markeninhabers gegenüber, das durch die Eigentumsgarantie des Art. 14 Abs. 1 MarkenG geschützt ist.[1208]

Hinsichtlich dieser Abwägung differenziert die neuere Rechtsprechung zunächst danach, ob die Markenparodie der kritischen Auseinandersetzung mit der Originalmarke dient oder ob ihr allein kommerzielle Aspekte zugrunde liegen. Ist alleiniger Zweck der Parodie, ein sonst nicht verkäufliches Produkt auf den Markt zu bringen, überwiegt das Markenrecht des Markeninhabers.[1209] Dieser Differenzierung ist zuzustimmen. Wie bereits beim produktgestaltenden Gebrauch dargestellt, muss es der Markeninhaber nicht hinnehmen, dass seine Marke für fremde Produkte vermarktet wird. Insoweit ist es dann Dritten auch nicht zuzugestehen, unter dem Deckmantel der Kunst- oder Meinungsfreiheit eine solche Vermarktung vorzunehmen. Verfehlt war daher die frühere Rechtsprechung, die einen Unterlassungsanspruch erst dann zusprach, wenn die Markenparodie zu einer Herabsetzung der Marke führte.[1210]

1205 BGH GRUR 2005, 583, 584 „*Lila-Postkarte*“; so allgemein zur Kunstfreiheit BVerfGE 30, 173, 188 f. „*Mephisto*“; 67, 213, 226 „*Anachronistischer Zug*“; NJW 2002, 3767 „*Bonnbons*“; ebenso *Jarass*, in: Jarass/Pieroth, GG, Art. 5 Rdn. 106a; *Bethge*, in: Sachs, GG, Art. 5 Rdn. 186.

1206 BVerfGE 30, 173, 193 „*Mephisto*“; 67, 213, 228 „*Anachronistischer Zug*“; *Jarass*, in: Jarass/Pieroth, GG, Art. 5 Rdn. 113.

1207 So st. Rspr. Seit BVerfGE 7, 198, 208 „*Lüth*“; dazu jeweils mwN *Jarass*, in: Jarass/Pieroth, GG, Art. 5 Rdn. 57; *Bethge*, in: Sachs, GG, Art. 5 Rdn. 145.

1208 BVerfGE 51, 193, 216 ff. „*Weinbergsrolle*“; BGH GRUR 2005, 583, 584 „*Lila-Postkarte*“; siehe dazu auch *Fezer*, MarkenR, Einl. Rdn. 22.

1209 BGH GRUR 2005, 583, 585 „*Lila-Postkarte*“; OLG Hamburg NJW-RR 1998, 1121, 1122 „*Shell-Muschel*“; NJW-RR 1999, 1060, 1061 „*Bild Dir keine Meinung*“; GRUR-RR 2006, 224 „*Trabi 03*“; OLG Köln NJWE-WettbR 2000, 242, 243 „*Kampagne gegen die Jagd*“; OLG Hamm AfP 2002, 442, 443 „*Milka*“; *Hacker*, in Ströbele/Hacker, § 14 MarkenG, Rdn. 117; *Grünberger*, GRUR 1994, 246, 256.

1210 So noch BGH GRUR 1986, 759, 761 „*BMW*“, der mangels einer konkreten Aussage über die Markenprodukte oder das Unternehmen auch in einer obszönen Markenparodie keine Beeinträchtigung der Interessen des Markeninhabers sah; ebenso OLG Frankfurt a.M. GRUR 1982, 319, 320 f. „*Lusthansa*“.

Schwierigkeiten können sich allerdings hinsichtlich der Bestimmung der eigentlichen Intention ergeben. Grundsätzlich scheint der BGH dahin zu tendieren, keine allzu hohen Anforderungen an eine kritische Auseinandersetzung zu stellen. So wird beispielsweise aus der *Lila-Postkarte*-Entscheidung kaum ersichtlich, welchen kritischen Aussagegehalt der Postkarte zukam. Es wurde lediglich eine satirische Auseinandersetzung mit den Marken und den Werbemethoden der Markeninhaberin erwähnt. Dazu stellte der BGH fest, dass die kritische Auseinandersetzung den Verbrauchern nicht verborgen bleiben werde.[1211]

Ist der Markenparodie eine bestimmte Aussage zu entnehmen und dominieren damit nicht nur kommerzielle Interessen, kann sich nach der Rechtsprechung die Unlauterkeit dennoch daraus ergeben, dass die Marke herabgesetzt oder verunglimpft wird.[1212]

Allein auf das Herabsetzen kann m.E. jedoch nicht abgestellt werde. Das Herabsetzen wird allgemein dahin definiert, dass der Ruf dieses Kennzeichens herabgezogen wird, d.h. dass ihm durch den Verkehr eine geringere Wertschätzung zuteil wird (§ 6 Nr. 4 UWG) oder dass durch die konkrete Zeichenverwendung Vorstellungen auf die bekannte Marke übertragen werden, die die mit ihr verbundenen Vorstellungen schmälern (§ 14 Abs. 2 Nr. 3 MarkenG). Ein solcher Effekt ist aber gerade der kritischen Markenparodie immanent. Folglich müssen zur Begründung der Unlauterkeit des Verhaltens über die Herabsetzung weitere Umstände hinzutreten.

Aufgrund des hohen Status der Kunstfreiheit wird daher zu fordern sein, dass eine Bewertung als unlauter erst dann in Betracht kommt, wenn die Kritik diffamierend ist.[1213] Ob die der Markenparodie zugrunde liegende Aussage diffamierend ist, wird sich nur nach dem jeweiligen Einzelfall beurteilen lassen. Allerdings können insbesondere aus der Instanzrechtsprechung einige allgemeine Anhaltspunkte herausgearbeitet werden.

1211 BGH GRUR 2005, 583, 585 „*Lila-Postkarte*"; ebenso *Büttner*, in: FS Ullmann, S. 162, der einen erkennbar kritischen Aussagegehalt attestiert; kritisch dazu *Born*, GRUR 2006, 192, 194, der anmerkt, dass wohl jeder Anbieter von Markenparodien einen gesellschaftskritischen Aspekt seines gut verkäuflichen Scherzartikels darlegen können wird.

1212 BGH GRUR 2005, 583, 584 „*Lila-Postkarte*"; OLG Köln NJWE-WettbR 2000, 242, 243 „*Kampagne gegen die Jagd*"; LG Hamburg GRUR 2000, 514, 515 „*Markenbeeinträchtigung Deutsche Post*"; zustimmend *Mahr*, WRP 2006, 1083, 1086; ebenso, jedoch diese Wertung im Rahmen des § 1 UWG a.F. vornehmend KG GRUR 1997, 295, 297 „*Alles wird teurer*".

1213 So auch in Bezug auf Art. 5 Abs. 1 GG BGH GRUR 1984, 684, 686 „*Mordoro*"; OLG Hamburg NJW-RR 1060, 1062 „*Bild Dir keine Meinung*"; OLG Köln NJWE-WettbR 2000, 242, 243 „*Kampagne gegen die Jagd*"; ebenso *Born*, GRUR 2006, 192, 194.

Der Markeninhaber wird eine umso stärker abwertende Kritik hinnehmen müssen, je mehr er diese Kritik durch sein Verhalten veranlasst hat.[1214] Fordert ein bestimmtes Verhalten erhebliche Kritik heraus, so muss die Eigentumsfreiheit gegenüber der Kunst- oder Meinungsfreiheit zurücktreten. Hat der Markeninhaber überhaupt keinen Anlass zu der auf seine Marken bezogenen Kritik gegeben, wird sich das Recht aus Art. 14 Abs. 1 GG umso eher gegenüber der Meinungs- oder Kunstfreiheit durchsetzen. Zutreffend ist daher das *Stiftung-Gentest*-Urteil des LG Berlin.[1215] Dem Urteil lag der Sachverhalt zugrunde, dass T-Shirts mit der Aufschrift „*Stiftung Gentest Sehr gut 08/15 test*" bedruckt und vertrieben wurden. Die Kritik an menschlichen Gentests richtete sich allerdings nicht gegen die Klägerin, die Inhaberin der Marke *Stiftung Warentest* ist, sondern vielmehr allgemein gegen Gentests. Da sich diese Intention aber nicht aus der Markenparodie ergab, musste die Kunstfreiheit aufgrund der eindeutigen Bezugnahme auf die Klägerin hinter deren Eigentumsrechte zurücktreten. Bedenklich erscheint insoweit das Urteil *Bildmarke AOL*.[1216] Die dort vorgebrachte Kritik richtete sich nicht gegen den Markeninhaber, sondern gegen das Schulsystem allgemein. Dass der Markeninhaber darauf irgendeinen Einfluss genommen habe, ist nicht ersichtlich. Insoweit muss er es dann auch nicht hinnehmen, dass seine Marke zusammenhangslos für diese Parodie verwendet wird.[1217]

Selbst wenn der Markeninhaber einen Anlass zu Kritik gegeben haben sollte, so muss diese umso schonender ausfallen, je weiter dieser Anlass zurückliegt. Für eine erheblich abwertende Kritik wird zu fordern sein, dass der Anlass noch Thema der aktuellen Diskussion ist.[1218] Fehlt es daran, muss sich der Markenverwender zurückhaltender verhalten.

c) Wettbewerbsrechtliche Ansprüche

Grundsätzlich kann hinsichtlich wettbewerbsrechtlicher Ansprüche bei der Markenparodie auf die entsprechenden Ausführungen zum allgemeinen produktgestaltenden Gebrauch von Marken verwiesen werden. Es wurde bereits dargestellt, dass § 4 Nr. 9 UWG keine Anwendung findet, soweit der nachgeahmte Umstand

1214 In diese Richtung OLG Hamburg NJWE-WettbR 2000, 83, 84 „*Fit for Fun*"; ähnlich auch BGH GRUR 1984, 684, 686 „*Mordoro*"; *Mahr*, WRP 2006, 1083, 1087.

1215 LG Berlin GRUR-RR 2007, 40 ff. „*Stiftung Gentest*".

1216 OLG Hamburg GRUR-RR 2006, 231 „*Bildmarke AOL*".

1217 A.A. *Mahr*, WRP 2006, 1083, 1088, die darauf abstellt, dass die Parodie zumindest eine eigenständige kreative Leistung darstellt.

1218 So OLG Hamburg NJW-RR 1998, 1121, 1122 „*Shell-Muschel*"; NJW-RR 1060, 1062 „*Bild Dir keine Meinung*".

markenrechtlichen Schutz genießt.[1219] Folglich ist diese Norm auch für die Beurteilung der Markenparodie irrelevant.

Als einschlägige wettbewerbsrechtliche Norm kommt daher allenfalls § 4 Nr. 7 UWG in Betracht. Grundsätzlich ist der wettbewerbsrechtliche Schutz vor der Herabsetzung einer Marke neben den markenrechtlichen Ansprüchen anwendbar.[1220] Die Bedeutung dieser Norm für die Markenparodie wird allerdings gering sein. Zum einen kann die Anwendung häufig schon daran scheitern, dass es an einem Mitbewerberverhältnis zwischen dem Markeninhaber und dem Anbieter des Parodieproduktes fehlt. Zum anderen geht der Schutz des § 4 Nr. 7 UWG nicht über § 14 Abs. 2 Nr. 3 MarkenG hinaus. Die Herabsetzung entspricht der Beeinträchtigung der Wertschätzung, so dass davon auszugehen ist, dass eher auf das weiterreichende Markenrecht zurückgegriffen wird.

Unter Geltung des WZG griff die Rechtsprechung in den Fällen der Markenparodie auch auf § 823 Abs. 1 BGB zurück.[1221] Danach waren berühmte Marken gegen die Herabsetzung und Verwässerung geschützt. Die Grundsätze dieses außermarkenrechtlichen Kennzeichenschutzes können jedoch unter Geltung des MarkenG nicht mehr herangezogen werden. Durch § 14 Abs. 2 Nr. 3 MarkenG sollte der Kennzeichenschutz einheitlich in das MarkenG integriert werden, so dass der Vorrang des Markenrechts dem außermarkenrechtlichen Kennzeichenschutz entgegensteht.[1222] Ein Rückgriff auf § 823 Abs. 1 BGB erscheint allenfalls dann möglich, wenn die Handlung außerhalb des geschäftlichen Verkehrs erfolgt.

2. Redaktioneller Gebrauch

Grundsätzlich kann auf die Ausführungen des vorherigen Prüfungspunktes zurückgegriffen werden, wenn eine Marke nicht auf einem Produkt, sondern im Rahmen eines redaktionellen Beitrags verwendet wird. Allerdings ergeben sich insoweit an zwei Punkten Besonderheiten.

Wie schon beim allgemeinen redaktionellen Gebrauch dargestellt, fehlt es in diesen Fällen häufig an einem Handeln im geschäftlichen Verkehr. Reine redaktionelle Beiträge fallen daher nicht in den Anwendungsbereich des Markenrechts.[1223]

1219 Siehe zur ausführlichen Darstellung dieser Problematik D.VI.2.a), S. 380 ff.

1220 Dazu unter D.I.3.a), S. 237 f.

1221 BGH GRUR 1984, 684 ff. „*Mordoro*“; GRUR 1986, 759, 761 „*BMW*“; OLG Frankfurt GRUR 1982, 319, 320 „*Lusthansa*“.

1222 So explizit für die Regelung des § 823 BGB BGH GRUR 1998, 161, 162 „*MAC Dog*“.

1223 Siehe dazu D.VII.1.b), S. 386 f.

Wird ein Handeln im geschäftlichen Verkehr bejaht, kommt in der Regel nur ein Anspruch aus § 14 Abs. 2 Nr. 3 MarkenG in Betracht. Anders als bei der produktgestaltenden Markenparodie sind beim redaktionellen Gebrauch kaum Fälle ersichtlich, bei denen die Marke lediglich zu kommerziellen Zwecken verwendet wird. Ein unzulässiges Handeln wird daher nur dann gegeben sein, wenn sich der Parodie keine Aussage zu einem sachlichen Bezug den Markeninhaber betreffend entnehmen lassen kann. In diesen Fällen handelt es sich dann um eine unzulässige Schmähkritik.[1224] In den sonstigen Fällen wird sich die Parodie zumeist über Art. 5 Abs. 1 oder Abs. 3 MarkenG rechtfertigen lassen.[1225]

3. Gesamtergebnis zur Markenparodie

Ein Verstoß gegen § 6 UWG kommt bei der Markenparodie mangels eines Mitbewerberverhältnisses oder mangels eines Vergleichs grundsätzlich nicht in Betracht. Das Hauptaugenmerk der Prüfung liegt dementsprechend auf markenrechtlichen Ansprüchen.

Soweit die Markenparodie produktgestaltend eingesetzt wird, findet dieses Handeln im geschäftlichen Verkehr statt, so dass das MarkenG Anwendung finden kann. Anders verhält es sich hingegen bei der Verwendung im redaktionellen Bereich.

Die produktgestaltende satirische Verwendung einer Marke verstößt gegen § 14 Abs. 2 Nr. 2 MarkenG, wenn der Anschein entsteht, dass es sich dabei um ein Werbeprodukt des Markeninhabers handelt. Ein solcher Anschein wird sich in der Regel dann ausschließen lassen, wenn sich die Parodie kritisch oder obszön mit der Marke auseinandersetzt.

Wird das Produkt dem Markeninhaber nicht als Werbemittel zugerechnet, erfüllt die Markenparodie dennoch zunächst immer den Tatbestand des § 14 Abs. 2 Nr. 3 MarkenG und zwar entweder in der Form des Herabsetzens der Wertschätzung oder des Ausnutzens der Unterscheidungskraft. Aufgrund der Wertung des Art. 5 GG ist in diesen Fällen jedoch immer eine umfassende Interessenabwägung erforderlich, um die Unlauterkeit des Handelns festzustellen. Diesbezüglich kommt es darauf an, ob der Markenparodie eine kritische Auseinandersetzung mit der Marke entnommen werden kann oder ob allein kommerzielle Aspekte für die Markenparodie entscheidend sind. Im letzteren Fall ist die Verwendung der fremden Marke ohne weiteres unlauter. Erfolgt hingegen eine kritische Ausei-

---

1224 So auch OLG Köln NJWE-WettbR 2000, 242 f. „*Kampagne gegen die Jagd*“.
1225 So auch *Ekey*, in: HK-MarkenR, § 14 Rdn. 19.

nandersetzung mit der Marke, kann von einer Unlauterkeit nur dann ausgegangen werden, wenn die Markenparodie diffamierend ist.

Sonstige wettbewerbsrechtliche Regelungen greifen nicht ein, da es dafür an einem Mitbewerberverhältnis fehlt.

E. Zusammenfassung

Primäres Ziel dieser Bearbeitung war es, für sämtliche Fallgruppen der Markennennung eine stringente Lösung zu finden. Dazu wurden die einzelnen Fallgruppen einer umfassenden rechtlichen Untersuchung unterzogen, an deren Ende sich jeweils eine Zusammenfassung der wesentlichen Ergebnisse zu der Fallgruppe findet. Da eine noch kompaktere Zusammenfassung dieser Ergebnisse nicht möglich erscheint, wird zur Vermeidung von Wiederholungen auf die jeweiligen Zusammenfassungen am Ende der Kapitel verwiesen.[1226] Die Gesamtzusammenfassung beschränkt sich daher auf diejenigen Punkte, die für alle Fallgruppen entscheidend sind.

1. Ein wesentlicher Teil der Untersuchung bezog sich auf die markenmäßige Benutzung. Dazu können folgende Ergebnisse festgehalten werden:
   a) Die Untersuchung hat zunächst ergeben, dass auf das Erfordernis des markenmäßigen Gebrauchs im Rahmen des § 14 Abs. 2 Nr. 2 und Nr. 3 MarkenG verzichtet werden kann. Alle Wertungskriterien, welche die Rechtsprechung bezüglich des ungeschriebenen Tatbestandsmerkmals „markenmäßiger Gebrauch" prüft, können bei den jeweiligen geschriebenen Tatbestandsmerkmalen dieser Normen untergebracht werden. Anders verhält es sich hingegen mit § 14 Abs. 2 Nr. 1 MarkenG. Diese Norm erfordert weiterhin einen markenmäßigen Gebrauch des Zeichens.
   b) Ein markenmäßiger Gebrauch im Sinne des § 14 Abs. 2 Nr. 1 MarkenG ist dann gegeben, wenn dem Markeninhaber die Produktverantwortung für das mit der Marke versehene oder beworbene Produkt zugeordnet wird. Dieses Erfordernis resultiert daraus, dass im Rahmen des § 14 Abs. 2 Nr. 1 und Nr. 2 MarkenG lediglich eine im Sinne der Produktverantwortung verstandene Herkunftsfunktion der Marke geschützt wird. Kann diese Begrenzung des Schutzumfanges bei § 14 Abs. 2 Nr. 2 MarkenG über die

---

1226 Siehe dazu Zusammenfassung zur Händlerwerbung D.I.4., S. 241 f.; Zusammenfassung zur Markennennung bei Ersatz und Zubehörteilen, D.II.4., S. 294; Zusammenfassung zur Markennennung bei Dienstleistungen D.III.4., S. 305; Zusammenfassung zur vergleichenden Werbung D.IV.4., S. 342; Zusammenfassung zur begleitenden und blickfangmäßigen Verwendung D.V.4., S. 354; Zusammenfassung zum produktgestaltenden Gebrauch D.VI.4., S. 384; Zusammenfassung zur Markenparodie D.VIII.3., S. 406 f.

Verwechslungsgefahr gewährleistet werden, bedarf es hinsichtlich des § 14 Abs. 2 Nr. 1 MarkenG der markenmäßigen Benutzung als Korrektiv.

2. Der zweite Schwerpunkt dieser Untersuchung lag auf den Voraussetzungen der vergleichenden Werbung und dem Verhältnis des § 6 UWG zum Markenrecht
   a) Der Begriff des Mitbewerberverhältnisses ist im Rahmen der vergleichenden Werbung restriktiv auszulegen. Es kommt allein auf eine tatsächliche oder durch die Werbung postulierte Substituierbarkeit der Produkte an. Auf den weiten Begriff der früheren BGH-Rechtsprechung kann nicht mehr zurückgegriffen werden, insbesondere begründet eine Beeinträchtigung der Lizenztätigkeit nicht ein Mitbewerberverhältnis.
   b) Entsprechend dem natürlichen Wortverständnis erfordert die Definition der vergleichenden Werbung einen Vergleich. Die von der Rechtsprechung gegenteilig vertretene Auffassung wird von den Gerichten nicht konsequent verfolgt und führt insbesondere im Rahmen der Markennennung zu nicht mehr praxisgerechten Ergebnissen.
   c) Für das Verhältnis zwischen § 6 UWG und dem MarkenG kommt es entscheidend darauf an, gegen welche Art der Markenverwendung sich der Markeninhaber wehrt. Geht dieser gegen die Verwendung seiner Marke als Unterscheidungszeichen für die Waren eines Dritten vor, so beurteilt sich diese Streitigkeit allein nach den Normen des MarkenG, mag die Marke auch im Rahmen eines Werbevergleichs verwendet werden. Benutzt der Dritte hingegen die Marke nicht zur Kennzeichnung seiner eigenen Waren, sondern stellt er durch deren Nennung den Bezug zwischen den fremden Markenwaren und seinen eigenen Waren her, so ist § 6 UWG der primär anzuwendende Regelungskomplex. Hinter diesen tritt das MarkenG zwar nicht zurück, jedoch scheidet eine Markenrechtsverletzung von vornherein aus, wenn die Werbung die Voraussetzungen des § 6 Abs. 2 UWG erfüllt. Die Untersuchung hat gezeigt, dass diese abschließende Wertung des § 6 UWG ausreichend über die wertungsoffenen Tatbestandsmerkmale des MarkenG berücksichtigt werden kann. Einer teleologischen Reduktion der Verletzungsnormen bedarf es folglich nicht.

FSC
www.fsc.org
MIX
Papier | Fördert gute Waldnutzung
FSC® C083411

Kolibri 360 GmbH
Ferdinand-Jühlke-Straße 7
99095 Erfurt, Deutschland
produktsicherheit@kolibri360.de